DEUTSCHE FÜRSTEN DES MITTELALTERS

Deutsche Fürsten des Mittelalters

Fünfundzwanzig
Lebensbilder
herausgegeben
von Eberhard Holtz
und Wolfgang Huschner

EDITION LEIPZIG

Die Deutsche Bibliothek – CIP-Einheitsaufnahme
Deutsche Fürsten des Mittelalters : Fünfundzwanzig Lebensbilder /
[hrsg. von Eberhard Holtz und Wolfgang Huschner]. – Leipzig :
Ed. Leipzig, 1995
ISBN 3-361-00437-3
NE: Holtz, Eberhard

© 1995 by Edition Leipzig
Gestaltung: Dietmar Senf, Leipzig
Reproduktion: Reprocolor, Leipzig
Satz, Druck und Bindearbeiten:
Offizin Andersen Nexö Leipzig GmbH
Printed in Germany

INHALT

ABKÜRZUNGEN UND SIGLEN

ad a.	ad annum (zum Jahre)
AfD	Archiv für Diplomatik, Schriftgeschichte, Siegel- und Wappenkunde
AfK	Archiv für Kulturgeschichte
AmrhKG	Archiv für mittelrheinische Kirchengeschichte
Anm.	Anmerkung
Bd.	Band
bearb.	bearbeitet
Bf.	Bischof
Bggf.	Burggraf
BlldtLG	Blätter für deutsche Landesgeschichte
Br.	Bruder
BSt	Baltische Studien
cap.	caput (Kapitel)
CDB	Codex diplomaticus Brandenburgensis
Const.	Constitutiones et acta publica imperatorum et regum
DA	Deutsches Archiv für Erforschung des Mittelalters
DD	Diplomata
Diss.	Dissertation
Ebf.	Erzbischof
Erg.-Bd.	Ergänzungs-Band
erl.	erläutert
F	Fürst
f. ff.	folgende
FBPG	Forschungen zur Brandenburgischen und Preußischen Geschichte
FMSt	Frühmittelalterliche Studien
Gem.	Gemahl/Gemahlin
Gf.	Graf
Ghz.	Großherzog
H.	Heft
hg.	herausgegeben
HGBll	Hansische Geschichtsblätter
HZ	Historische Zeitschrift
Hz.	Herzog

JbGF	Jahrbuch für Geschichte des Feudalismus
JbKGV	Jahrbuch des Kölnischen Geschichtsvereines
JbRG	Jahrbuch für Regionalgeschichte
JGMODtl	Jahrbuch für die Geschichte Mittel- und Ostdeutschlands
Jh.	Jahrhundert
JWLG	Jahrbuch für westdeutsche Landesgeschichte
Kf.	Kurfürst
Kg.	König
Ldgf.	Landgraf
lib.	liber (Buch)
M.	Mutter
MecklJbb	Mecklenburgische Jahrbücher
MGH	Monumenta Germaniae historica
MIÖG	Mitteilungen des Instituts für österreichische Geschichtsforschung
Mkgf.	Markgraf
ms.	maschinenschriftlich
N. F.	Neue Folge
N. R.	Neue Reihe
n. s.	nova series
NA	Neues Archiv der Gesellschaft für ältere deutsche Geschichtskunde
Pfgf.	Pfalzgraf
PommJbb	Pommersche Jahrbücher
PommMonatsBll	Pommersche Monatsblätter
R.	Reihe
RhVjbll	Rheinische Vierteljahrsblätter
RTA	Deutsche Reichstagsakten
S.	Seite
S.	(im Register) Sohn
Schw.	Schwester
Sp.	Spalte
SS.	Scriptores
SS. in us. schol.	Scriptores rerum Germanicarum in usum scholarum
SS. rer. Germ.	Scriptores rerum Germanicarum
T.	Teil
u.	und
UB	Urkundenbuch
v.	von
V.	Vater
vgl.	vergleiche
ZBLG	Zeitschrift für bayerische Landesgeschichte
ZfG	Zeitschrift für Geschichtswissenschaft

GEISTLICHE UND WELTLICHE GROSSE IM HOCH- UND SPÄTMITTELALTERLICHEN REICHSVERBAND

von Wolfgang Huschner und Eberhard Holtz

Unter den vielfachen Sorgen um das Gemeinwohl,
die unsere Gedanken ständig bewegen, hat unsere Hoheit
nach gründlicher Erwägung für nötig erachtet,
daß die Kurfürsten des heiligen Reiches zu Beratungen über sein Wohl
und das der ganzen Welt sich öfter als gewöhnlich versammeln.
Als gediegene Stützen und unerschütterliche Säulen des Reiches,
die nun einmal durch weite Strecken voneinander getrennt leben,
können sie derart über aufkommende Mängel in den
ihnen bekannten Gegenden berichten,
sie vergleichen und mit klugen vorausschauenden Ratschlägen
durch geeignete Veränderungen Hilfe bringen.[1]

Diese Bestimmungen finden sich im Kapitel 12 der berühmten Goldenen Bulle von 1356. In jenem grundlegenden Reichsgesetz, das nach Verhandlungen zwischen Kaiser Karl IV. (1346–1378) und den geistlichen und weltlichen Kurfürsten auf den Reichsversammlungen von Nürnberg und Metz zustande gekommen war, wurden die Rechte der Kurfürsten und die Festlegungen hinsichtlich der Königswahl kodifiziert. Die wahrscheinlich auf Initiative Karls IV. zurückgehenden Vereinbarungen im zwölften Kapitel waren offenbar darauf gerichtet, die Kurfürsten in Form eines regelmäßig tagenden Kurfürstenrates stärker als bisher für die Belange des Reiches in die Pflicht zu nehmen.[2] Von nun an sollten die Erzbischöfe von Mainz, Trier und Köln sowie der König von Böhmen, der Pfalzgraf bei Rhein, der Herzog von Sachsen und der Markgraf von Brandenburg immer vier Wochen nach Ostern in einer Stadt des Reiches, die jeweils bei der Zusammenkunft des Vorjahres festzulegen war, zu Beratungen mit dem Herrscher zusammenkommen. Dieser Kurfürstenrat war zumindest von seiten Karls IV. als eine ständige Einrichtung gedacht. Deshalb findet sich in der Goldenen Bulle auch eine Reihe von Bestimmungen, welche die Dauerhaftigkeit und Effektivität des Gremiums sichern sollte. Außer der Einschränkung von übermäßigen Vergnügungen und häufigen Tafelrunden mit vielen fürstlichen Gästen, die den Fortgang der Beratungen in der Vergangenheit nicht selten verzögert hatten, legte man besonders auf die sprachliche Bildung der weltlichen Kurfürsten Wert: *Sie sollen viele Leute verstehen und von vielen verstanden werden, um den er-*

*habenen Kaiser bei der Sorge um die Nöte so vieler Menschen zu unterstützen. Wir be-
stimmen daher, daß die Söhne, Erben oder Nachfolger der erhabenen Fürsten, nämlich
des Königs von Böhmen, des Pfalzgrafen bei Rhein, des Herzogs von Sachsen und des
Markgrafen von Brandenburg, die doch wahrscheinlich als Kinder die deutsche Sprache
auf natürliche Weise erlernt haben, vom siebenten Jahr an in der lateinischen, italienischen und slawischen Sprache unterrichtet werden. Je nach der von Gott gegebenen Begabung sollen sie mit 14 Jahren in ihnen ausgebildet sein.*[3] Eine solche sprachliche Vorbereitung der künftigen weltlichen Kurfürsten – bei den geistlichen setzte man
derartige Kenntnisse voraus – auf die Übernahme der kurfürstlichen Würde und ihre
Mitwirkung im Rat wurde damit begründet, daß vor allem diese Sprachen im Heiligen Römischen Reiche gesprochen und in ihnen auch die Reichsgeschäfte verhandelt wurden.

Mit dem angestrebten Fürstenrat, der letzlich aber zu keiner dauerhaften Einrichtung wurde, hatte Karl IV. keineswegs gundsätzliche Neuerungen einzuführen
versucht. Im Gegenteil, die Mitwirkung der Fürsten an den Angelegenheiten des
Reiches und ihre Funktion als Ratgeber des Königs besaßen eine jahrhundertelange
Tradition. Außer der Wahrnehmung von Aufgaben in ihren eigenen Herrschaftsbereichen hatte besonders im hohen Mittelalter eine Vielzahl von Fürsten zusammen
mit dem König in den unterschiedlichsten Formen Verantwortung für das Reich getragen. So wie noch im 11. und 12. Jahrhundert mehr als hundert geistliche und
weltliche Große an den Königswahlen teilnahmen, gab es eine große Zahl von Fürsten, die sowohl in ihrem regionalen Herrschaftsbereich bzw. kirchlichen Sprengel
wirkte, als auch an der Regierung des Reiches in angemessener Weise partizipierte.
Mit der Begrenzung des Fürstenrates auf die sieben geistlichen und weltlichen
Großen akzeptierte Karl IV. nur das offensichtliche Ergebnis einer Verfassungsentwicklung im späteren Mittelalter, welche diese sieben aus dem Kreise der anderen
Fürsten deutlich heraushob. Die Stellung der Fürsten im und zum Reich hatte sich
in der Tat mehrfach in grundlegender Weise verändert. Dies vollzog sich einerseits
in Verbindung mit dem Umfang und der spezifischen Gestaltung ihrer regionalen
Herrschaftsbereiche sowie andererseits in Wechselwirkung mit den sich wandelnden
Verfassungsstrukturen und politischen Organisationsformen des Reiches im hohen
und späten Mittelalter.

Der römisch-deutsche Reichsverband, zu dem seit der Regierungszeit Kaiser Konrads II. (1024–1039) das deutsche, italienische und das burgundische Königreich
gehörten, wies im Laufe des Mittelalters unterschiedliche Verfassungsstrukturen
auf. So war das hochmittelalterliche Reich vor allem kein institutionalisierter
Flächenstaat moderner Prägung, sondern es existierte in Gestalt eines Verbandes von
Personen, die auf der Grundlage von angestammten oder erworbenen Rechten und
Besitzungen Herrschaft ausübten. Die Verbindungen zwischen den adligen Herrschaftsträgern wurden in erster Linie durch personale Beziehungen hergestellt, die
vornehmlich auf Verwandtschaft, dem Lehnswesen und den adeligen Gefolgschaf-
ten beruhten. Dabei konnten institutionelle Elemente zur längerfristigen Gestaltung
der personalen Verbindungen beitragen. Das Königtum mußte unter diesen Bedin-

gungen in besonderer Weise als zentraler Integrationsfaktor für die verschiedenen adligen und kirchlichen Gewalten im Reich wirksam werden, die in ihren Herrschaftsbereichen ebenfalls integrierende personale Beziehungsgefüge errichteten und förderten. Funktionsfähigkeit und Kontinuität des Reiches beruhten in erheblichem Maße auf dem Zusammenwirken des Königs mit den wichtigsten Herrschaftsträgern, den Fürsten, bei der Regierung. Der König hatte dabei den Großen eine Teilhabe an der Herrschaft zu ermöglichen, die ihrem Rang und ihrer Machtposition entsprach. Vor allem durch die Koordinierung der königlichen und fürstlichen Herrschaftsgewalt erreichte der mittelalterliche Reichsverband erst eine relativ funktionsfähige Form politischer Organisation mit staatlichem Charakter.[4]

Das hochmittelalterliche Reich besaß aber auch Züge einer politischen Raumordnung, in der Herrschaftsordnung und Raumerfassung miteinander verbunden waren. Das betraf besonders die Herzogtümer Bayern, Schwaben, Franken, Sachsen und Lotharingien, die sich im Hinblick auf ihre Entstehung und Strukturen allerdings deutlich voneinander unterschieden.[5] An den Grenzen des Reiches existierten Markgrafschaften, die u. a. dem Schutz und der Vorbereitung von Feldzügen dienten. Insbesondere an den östlichen Grenzbereichen wurden Markgrafschaften für die spezifische Organisation und Verteidigung neu eroberter Gebiete eingerichtet. Dazu zählten etwa die Nordmark sowie die Marken Lausitz und Meißen im Raum zwischen Elbe/Saale und Oder.[6]

Unter den Bedingungen mittelalterlicher »Staatlichkeit«, die sich über mehr oder weniger organisierte personale Beziehungsgefüge herstellte, trugen König und Fürsten gemeinsam Verantwortung für das Reich. Aufgrund jener Relationen zwischen König, Großen und Reich sind die Fürsten des Mittelalters nicht als die partikularistischen Kräfte im pejorativen Sinne anzusehen, denen das Königtum als Symbol des Einheitsstaates gegenüberstand. Für den hochmittelalterlichen Reichsverband war vielmehr die Koexistenz von König und adligen bzw. fürstlichen Herrschaftsträgern charakteristisch, die durch verschiedene und ständig zu erneuernde Integrationsformen einen Personenverband bildeten.

Die Teilhabe am Reich, die Beteiligung an Reichsangelegenheiten, stellt daher auch eines der beiden Hauptmerkmale dar, welche in der Forschung heute allgemein für die Charakterisierung von Fürsten, ihre Unterscheidung von anderen Herrschaftsträgern im hochmittelalterlichen Reich zugrunde gelegt werden. In der hegemonialen Position innerhalb einer Region des Reiches sieht man das zweite wesentliche Kriterium. Fürsten, die durch hochadlige Herkunft, Besitz und Herrschaftsrechte hervorragten, hoben sich in der Regel durch den Umfang oder auch durch die Konzentration ihrer regionalen Machtbereiche von den übrigen Herrschaftsträgern ab. Vor allem durch die eigenen Machtpositionen verfügten sie über eine Herrschaftsgewalt, die unabhängig von der des Königs existierte. Die Fürsten wahrten Recht und Frieden in ihren Herrschaftsbereichen, ohne daß der König daran beteiligt war.

Das Wort »Fürst« (althochdeutsch *furisto*, mittelhochdeutsch *fürste*), das dem lateinischen *princeps* entspricht, bezeichnet sinngemäß den Ersten einer Gruppe.

Häufig war mit *princeps* in den überlieferten schriftlichen Quellen aus frühmittelalterlicher Zeit der Herrscher eines politischen Verbandes gemeint, während mit dem Plural *principes* die führende Gruppe der Großen angesprochen wurde. In den spätantiken bzw. frühmittelalterlichen Germanenreichen und besonders im fränkischen Reich der Merowinger bezog sich die Bedeutung von *princeps* in erster Linie auf den König, was sich vom Prinzipat des antiken Römischen Reiches herleitete. Diese Verwendung führte dazu, daß man mit dem Begriff *princeps* die Vorstellung von einer relativ unabhängigen Herrschaft verbinden konnte. Seit dem ausgehenden 7. Jahrhundert wurden mit dem Begriff *princeps* auch nichtkönigliche Herrschaftsträger bezeichnet, zuerst die karolingischen Hausmeier. Infolge der Auflösung des merowingischen und später des karolingischen Großreiches entstanden seit Ende des 7. bzw. 9. Jahrhunderts jeweils Fürstentümer, deren Inhaber eine vizekönigliche oder königsähnliche Stellung einnahmen. Sie geboten vor allem über ehemalige fränkische Teilreiche oder Randprovinzen. Bedingt durch die zunehmende Schwäche des karolingischen Königtums erreichten im ausgehenden 9. und beginnenden 10. Jahrhundert einzelne Familien fürstliche Positionen in den verschiedenen Teilen des ostfränkisch-deutschen Reiches. Dieser Aufstieg vollzog sich oftmals über die Ämter von Grafen, Markgrafen oder Herzögen, die bald mit den eigenen Besitzungen und Herrschaftsrechten der jeweiligen Adelsfamilien verbunden wurden. Das betraf beispielsweise die Liutpoldinger in Bayern, die Hunfridinger in Schwaben, die Konradiner in Franken und die Liudolfinger in Sachsen. Es ist allerdings noch nicht völlig aufgeklärt, in welchem Umfang und mit welcher Intensität jene Fürsten Herrschaft in ihren Provinzen übten, zumal die politischen und sozialen Strukturen in den Gebieten recht unterschiedlich waren. Nachdem der letzte ostfränkische Karolingerkönig, Ludwig das Kind (900–911), gestorben war, kamen mit Konrad I. (911–918) und Heinrich I. (919–936) dessen Nachfolger im Königtum aus den Kreisen dieser Großen. Heinrich I. akzeptierte für die Anerkennung seines Königtums die unabhängige Stellung der anderen Fürsten in ihren Gebieten; sie nahmen als Herzöge eine hervorragende Position in der Reichsverfassung ein. Die selbständige Herrschaftsgewalt dieser Fürsten kam u. a. darin zum Ausdruck, daß Herzog Arnulf von Bayern (907–937) nach dem Tode Konrads I. möglicherweise eigene Königspläne verfolgte.[7] Heinrich I. und besonders seinem Sohn Otto I. (936–973) gelang es aber nach und nach, die Herzöge ihrer Königsherrschaft etwas deutlicher unterzuordnen. Allerdings wurde ihnen die hegemoniale Position in ihren Regionen – mit Ausnahme Frankens, dessen Herzogswürde unbesetzt blieb – grundsätzlich nicht bestritten.

Seit dem 10. Jahrhundert werden die Großen des Reiches, dessen Könige bis 1024 aus der Familie der Liudolfinger und dann aus der Dynastie der Salier (1024–1125) kamen, in der Überlieferung *principes regni* oder *principes imperii* genannt. Der König erscheint in diesem Zusammenhang teilweise als *primus inter pares*, als Erster unter Gleichen. In den historiographischen und urkundlichen Quellen werden die Großen bzw. die Fürsten auch als *magnates, optimates, proceres, primates* u. a. bezeichnet. Die fürstliche Stellung konnte aber ebenso durch andere Begriffe wie *dux*

(Herzog), *marchio* (Markgraf) oder Rangbezeichnugen wie *vir illustrissimus* ausgedrückt werden.[8]

Die Fürsten bildeten während des Mittelalters keine homogene Gruppe. In hochmittelalterlicher Zeit gehörten zu den führenden Großen vor allem die Herzöge sowie die Inhaber herzogsgleicher Herrschaftsbereiche. Zu den fünf Herzogtümern Bayern, Schwaben, Franken, Sachsen und Lothringen kamen im Laufe der Zeit weitere hinzu. In Ober- und Niederlothringen gab es seit der zweiten Hälfte des 10. Jahrhunderts jeweils eigene Herzöge. Durch die Loslösung Kärntens von Bayern entstand im 10. Jahrhundert ebenfalls ein neues Herzogtum. Aus den herzoglichen Familien kamen in der Regel auch die Thronkandidaten, wenn es nach dem Aussterben einer Königsdynastie galt, einen neuen Herrscher zu wählen, oder wenn man einen Gegenkönig erheben wollte. Nach unten war die Gruppe der Fürsten bis zum 12. Jahrhundert nicht deutlich begrenzt. So zählten dazu auch Herrschaftsträger, die über eine Grafschaft oder einen vergleichbaren Wirkungsbereich geboten. Zudem war die Gruppe der *principes* nicht fest umrissen, sondern konnte zu einem nicht geringen Teil von König zu König wechseln oder sogar innerhalb der Regierungszeit eines Herrschers schwanken. Die Großen stellten demnach keinen homogenen Verband dar, sondern bildeten eine Gruppe, die in sich vielfach abgestuft und durch die verschiedensten Interessenlagen und -gegensätze gekennzeichnet sein konnte. Trotzdem traten immer wieder Situationen ein, in denen die Fürsten relativ geschlossen handelten. So stellten die geistlichen und weltlichen Großen, die sich im Januar 1066 zu einer Versammlung mit König Heinrich IV. (1056–1106) in Tribur eingefunden hatten, den überraschten Herrscher vor eine eindeutige Alternative. Heinrich IV. sollte entweder seinen engsten Ratgeber, den über alle Maßen königstreuen Erzbischof Adalbert von Hamburg-Bremen (1043–1072), sofort entlassen oder aber seiner Königsherrschaft entsagen. Die Fürsten präsentierten sich in dieser Situation in einer so geschlossenen Front, daß Heinrich IV. keine andere Wahl blieb, als Adalbert fallenzulassen.[9] Mehr oder weniger gemeinsam handelten die Fürsten auch bei Königswahlen im Hochmittelalter.

In der Teilnahme an der Königswahl bestand ein besonders wichtiges Recht der Großen. Dieses Recht kam immer dann deutlich zum Tragen, wenn eine Königsdynastie keinen Thronfolger mehr präsentieren konnte, wie etwa die Liudolfinger 1024 nach dem Tode Kaiser Heinrichs II. War ein Thronfolger vorhanden, dann wurde das Wahlrecht der Großen oftmals durch die Designation des Nachfolgers von seiten des regierenden Königs eingeschränkt. Jedoch nahmen die Großen für sich Anspruch, dem künftigen König nicht vorbehaltlos Treue zu versprechen. Als Kaiser Heinrich III. (1039–1056) seinen noch nicht dreijährigen Sohn Heinrich IV. im Jahre 1053 von den versammelten Fürsten zu Tribur zum König wählen ließ, gelobten diese dem künftigen König nur unter der Bedingung ihre Treue, daß er sich als gerechter Herrscher erweisen würde.[10]

Die Fürsten brachten ihre Opposition zum König in verschiedenen Formen zum Ausdruck, zu denen nicht selten auch der bewaffnete Widerstand gehörte.[11] Wenn ein Fürst allerdings in den Verdacht geriet, dem König nach dem Leben zu trachten, konnte dies – wie im Falle Ottos von Northeim – sehr schnell zum Verlust von Amt und Würden führen.[12] Opposition artikulierte man aber auch durch bestimmte Rituale und Zeremonien. In einer Zeit, die mehr durch Oralität als durch Schriftlichkeit geprägt war, in der die Reichsorganisation vornehmlich auf personalen Beziehungsgefügen beruhte, besaß zeremonielles Handeln in der Öffentlichkeit für die Darstellung von Gleichrangigkeit, Über- und Unterordnung von Herrschaftsträgern sowie von Herrschaftsansprüchen eine eminente Bedeutung.[13] Der Chronist Thietmar von Merseburg († 1018) unterrichtet uns zum Jahre 972 darüber, wie sächsische Große ihren Dissens gegenüber Kaiser Otto I., der sich seit sechs Jahren ununterbrochen in Italien aufhielt, zum Ausdruck brachten. Im Rahmen einer Versammlung von Großen empfing Erzbischof Adalbert von Magdeburg (968–981) den Markgrafen Hermann Billung († 973), der während der Abwesenheit Ottos I. die Regentschaft in Sachsen führte, mit einem Zeremoniell, das eigentlich nur dem König vorbehalten war. Der Markgraf hatte mit Zustimmung Erzbischof Adalberts und anderer sächsischer Großer eine Form königlicher Repräsentation, den feierlichen Herrschereinzug, für sich in Anspruch genommen. Solche politischen und repräsentativen Akte fanden gewöhnlich an hohen kirchlichen Festtagen statt, welche die Bedeutung dieser Handlungen noch erhöhten.[14] Da Kaiser Otto I. nach der Erhebung Magdeburgs zum Erzbistum 968 der Elbmetropole selbst noch keinen Besuch abgestattet hatte, erhielt der königliche Einzug des Markgrafen noch eine zusätzliche Brisanz. Ob man mit einer solchen demonstrativen Inanspruchnahme königlicher Rechte in Magdeburg den Unmut über die lange Abwesenheit des Herrschers, eine nunmehr etablierte Stellung Hermann Billungs gegenüber den Liudolfingern in Sachsen oder auch beides zum Ausdruck bringen wollte, wird in der Forschung gegenwärtig noch diskutiert.[15]

Als der Kaiser in Italien von den Magdeburger Vorgängen erfuhr, richtete sich sein Zorn zunächst gegen Erzbischof Adalbert. Er befahl dem Metropoliten, so viele Pferde nach Italien zu schicken, wie für den Herzog Glocken geläutet und Leuchter angezündet worden waren. Nach seiner Rückkehr in das nordalpine Reichsgebiet reagierte Otto I. ein Jahr später auf diese Usurpation königlicher Rechte durch die sächsisch-thüringischen Großen zudem in einer Art und Weise, die den Vorstellungen jener Zeit entsprach. Mit einem besonders feierlichen Einzug in Magdeburg am Palmsonntag 973, mit prunkvollen Prozessionen zur Kathedrale sowie durch außerordentlich reiche und wertvolle Geschenke repräsentierte Otto I. sein König- bzw. Kaisertum sehr eindrucksvoll. Damit wurden zugleich die Nachwirkungen der demonstrativen Handlungen Hermann Billungs und Erzbischof Adalberts von 972 begrenzt oder sogar aufgehoben.[16]

Durch die Inanspruchnahme königlicher Rechte wollte nach dem Tode Kaiser Ottos III. (983–1002) auch Markgraf Ekkehard I. von Meißen (985–1002) seine Anwartschaft auf den Thron zum Ausdruck bringen. Er nahm in der Pfalz Werla an der reich gedeckten königlichen Tafel Platz und speiste dort mit dem Halberstädter Bischof und dem Herzog von Sachsen, was den beiden anwesenden Schwestern Ottos III. und den zahlreichen Gästen offenbar sehr mißfiel. Kurz darauf ließ sich der Markgraf durch Bischof Bernward (993–1022) einen königlichen Empfang in Hildesheim bereiten. Doch besaß Markgraf Ekkehard neben Anhängern auch erbitterte Feinde unter den sächsisch-thüringischen Großen, die seinen Königsplänen ein jähes Ende bereiteten. Am 30. April 1002 wurde er von ihnen im Schlaf überrascht und ermordet.[17]

Die Fürsten nahmen für sich sogar das Recht in Anspruch, einen König abzusetzen, wenn er sich seines Amtes nicht würdig zeigte, sowie einen neuen Herrscher zu erheben. Erstmals geschah dies im Jahre 1077, als eine Gruppe von geistlichen und weltlichen Großen den Herzog Rudolf von Rheinfelden gegen Heinrich IV. zum König (1077–1080) erhob.[18]

Der Geschichtschreiber Wipo (nach † 1046) bezeichnet die Fürsten, die sich nach dem Tode Kaiser Heinrichs II. Anfang September 1024 zur Königswahl versammelten, als *vires et viscera regni*,[19] als Kräfte, ohne die das Reich nicht existieren kann. So wie auch andere zeitgenössische Autoren unterscheidet Wipo zwischen geistlichen und weltlichen Fürsten. Zu den ersteren gehörten im Hochmittelalter die Erzbischöfe und Bischöfe sowie die Äbte und Äbtissinnen der Reichsklöster und -stifter. Zu den weltlichen Großen rechnete man neben den Herzögen vor allem die Mark-, Pfalz- und Landgrafen sowie eine Reihe von Grafen. Ausschlaggebend für die Zugehörigkeit zur Gruppe der Fürsten waren aber weniger der Titel oder das vom König verliehene Amt, sondern eine entsprechende politische und ökonomische Machtgrundlage, verbunden mit dem Anspruch, an Reichsangelegenheiten mitzuwirken.

Dieser Anspruch wurde vor allem durch die Teilnahme der Fürsten an den Beratungen am Königshof (*consilium*), ihr Zustimmungsrecht (*consensus*), Waffenhilfe (*auxilium*) sowie durch die Wahrnehmung von öffentlichen Funktionen realisiert. Die Großen besaßen zwar allgemein das Recht auf Teilhabe am Reich, jedoch war im einzelnen nicht festgelegt, welche Angelegenheiten ihrer Zustimmung bedurften und welche nicht. Sie suchten ihr Recht vor dem Fürstengericht, das in Anwesenheit des Königs tagte. Das Urteil wurde durch den Spruch der jeweils versammelten Fürsten gefällt.[20]

Da die einzelnen Individuen mit ihren spezifischen biographischen Charakteristika in den Quellen des frühen und hohen Mittelalters entweder gar nicht oder nur sehr begrenzt zu erfassen sind,[21] ist man seit einiger Zeit verstärkt dazu übergegangen, Personengruppen zu erforschen. Durch die Untersuchung der verschiedenen Gemeinschaften, in die der jeweilige Mensch hineingeboren wurde, in denen er im Laufe seines Lebens wirkte oder die er selbst initiiert hatte, werden Rückschlüsse auf die Einzelperson gezogen. Die Person wird also über ihre Einbindung in Sozialgefüge der Zeit beobachtet.[22] Das bedeutet auch für die in diesen Band aufgenommenen biographischen Skizzen, nach den Verhältnissen der Fürsten zu Verwandten, Freunden, Getreuen, anderen Großen, König, Mönchen, Klerikern und weiteren Personengruppen zu fragen, zu denen sie während ihres Lebens engere Verbindungen unterhielten. Diese Gemeinschaften konnten von der Zeitdauer her kurz- oder langfristig sowie dauerhaft über das irdische Leben hinaus angelegt sein. Im Hinblick auf ihre Kohärenz existierten sie sowohl in lockeren Verbindungen als auch in relativ festgefügten Formen.

Eine erhebliche gemeinschaftsstiftende Wirkung besaß die Memoria, das liturgische Gedenken für die Lebenden und die Toten. Die Aufzeichnung von Namen und die dadurch gesicherte stetige Fürbitte für das Seelenheil der Lebenden und der Toten war das wichtigste Anliegen der Memoria. Wie neuere Forschungen zur Memorialüberlieferung zeigen, werden in diesen Einträgen von Personennamen häufig soziale Gruppen faßbar. In die Gedenk- und Meßbücher, Sakramentare und Necrologien wurden zusammenhängend die Namen von mehreren oder vielen Personen aufgenommen, die durch bestimmte Beziehungen miteinander verbunden waren. Das betrifft beispielsweise Adelsfamilien und ihre Verwandten, Stifter und Stiftergruppen, Teilnehmer an Heerzügen, Angehörige von politischen Bündnissen und die Partner im Rahmen von Verträgen. Die Absprache gegenseitiger Gebetshilfe wurde von den Zeitgenossen offenbar als besonders enge und verpflichtende Beziehung betrachtet.[23]

Fürstliche und königliche Familien errichteten oder förderten eigens Klöster, um die Memoria für sich selbst, ihre Angehörigen, Verwandten, und andere Personen, zu denen sie enge persönliche Beziehungen besaßen, dauerhaft zu sichern. Die Leitung dieser geistlichen Kommunitäten wurde auf Dauer meist einem Mitglied der Stifterfamilie übertragen. Zudem erhielten die Konvente umfangreiche Zuwendungen, um die Gedenkverpflichtungen frei von materiellen Existenzsorgen erfüllen zu können.[24] In diesen Zusammenhang gehört auch die überlieferte Vielzahl von Stiftungen in den unterschiedlichsten Formen. Für die materielle Dotation übernahmen die Begünstigten die Gebetsfürsorge für den Stifter und seine Angehörigen. Zwischen den mit der Stiftung verbundenen Personen und dem Stifter entstand auf diese Weise eine Wechselbeziehung im Sinne des Gabentausches, die über das irdische Leben hinaus wirksam blieb.[25]

In Zeiten der Not und Bedrängnis wurden Verpflichtungen zur gegenseitigen Gebetshilfe besonders intensiviert. Dies geschah zum Beispiel im ostfränkisch-deutschen Reich in Vorbereitung auf die Abwehrschlacht gegen die Ungarn im Jahre 933. Auf den Synoden von Erfurt und Dingolfing wurde im Jahre 932 beschlossen, daß jeder weltliche Herr für sich und seine mittellosen abhängigen Leute jeweils einen Denar an den zuständigen Bischof entrichten sollte. Dafür verpflichteten sich die kirchlichen Großen, für die Spender sowie für ihre lebenden und verstorbenen Angehörigen zu beten.[26] Die Fürbitten für das Seelenheil der Lebenden und der Toten wurden auch künftig vor allem den Mönchen und den Klerikern anvertraut. In einer seit dem 11. Jahrhundert verbreiteten theoretischen Vorstellung, wonach die mittelalterliche Gesellschaft auf der Grundlage von hauptsächlichen Funktionen in *oratores, bellatores* und *laboratores* gegliedert sei – in solche, die beten, in jene, die kämpfen, und andere, die arbeiten –, erscheinen Klerus und Mönche daher gemeinsam innerhalb eines Standes. Im Unterschied zu älteren Theorien untergliedert dieses Schema der funktionalen Dreiteilung der Gesellschaft die Laien in zwei Stände, während Klerus und Mönche zu dem der *oratores* gehören.[27]

Nach dieser Einteilung sind die weltlichen Großen eindeutig den *bellatores* zuzuordnen. Dagegen lassen die verschiedenen Funktionen, welche besonders die Bischöfe im hochmittelalterlichen Reich wahrnahmen, die dem Herrscher die größten Kontingente für das Reichsheer zuführten und ihn auch sonst militärisch unterstützten, erkennen, daß die geistlichen Großen oftmals sowohl *oratores* als auch *bellatores* waren.[28]

In der Tat trugen zur Zeit der Ottonen und Salier vor allem die geistlichen Fürsten, insbesondere die Bischöfe, ein hohes Maß an Mitverantwortung bei der Ausübung einer relativ wirksamen Königsherrschaft. Die Bischöfe im ottonisch-frühsalischen Reich wurden durch den König in ihr Amt eingesetzt, der auch bei der Kandidatenauswahl oftmals entscheidend mitwirkte. In der Forschung ist allerdings umstritten, inwieweit die Könige bei den Erhebungen der Bischöfe und Äbte von Reichskirchen eigene bzw. amtsrechtliche Vorstellungen durchsetzen konnten oder die Interessen hochadliger Familien berücksichtigen mußten.[29] Es kam jedoch nur selten vor, daß Bistümer von regionalen Adelsfamilien über einen längeren Zeitraum hinweg beherrscht wurden. Um der kontinuierlichen Besetzung von Bistümern mit Angehörigen aus den Adelsfamilien der jeweiligen Region entgegenzuwirken, sollen sich besonders die Herrscher des 11. Jahrhunderts darum bemüht haben, Bischöfe zu investieren, die nicht aus dem Gebiet des Reiches stammten, in dem ihre Diözese gelegen war. Dadurch sei ein beachtliches Maß an regionalem Austausch erreicht worden.[30] Dennoch bildete sich keine dauerhafte Gruppe von besonders königsnahen Bistümern heraus, deren wechselnde Inhaber immer sehr enge Beziehungen zu den ottonisch-salischen Herrschern besessen hätten. Allerdings erhielt in spätottonisch-frühsalischer Zeit eine beträchtliche Anzahl von ehemaligen Mitgliedern der Hofkapelle ein Bistum.

Die Hofkapelle besaß im Rahmen des Zusammenwirkens zwischen König und hoher Geistlichkeit bei der Reichsregierung bis in die Zeit Heinrichs IV. eine große Bedeutung. Seit Otto I. traten nicht mehr vornehmlich Mönche, sondern vor allem Kanoniker aus den Domkapiteln in die Hofkapelle ein, die im allgemeinen aus hochadligen bzw. fürstlichen Familien stammten. Sie blieben während der Tätigkeit in der königlichen Kapelle mit ihren Herkunftskirchen verbunden, durch die sie überdies wirtschaftlich abgesichert waren. Neben dem Gottesdienst übernahmen die Hofkapelläne insbesondere die Geschäfte in der Kanzlei, die mit der Ausfertigung der königlichen Urkunden betraut war. An der Spitze der Kanzlei, die für das deutsche Reichsgebiet zuständig war, stand als Erzkapellan bzw. Erzkanzler seit 965 regelmäßig der Erzbischof von Mainz. So bekleidete beispielsweise Erzbischof Willigis von Mainz (975–1011) diese Würde während der Königsherrschaft Ottos II. (973–983), Ottos III. und Heinrichs II. (1002–1024). Als Erzkanzler für Italien fungierte seit der Regierungszeit Konrads II. für lange Zeit der jeweilige Erzbischof von Köln. Das trifft beispielsweise auf Erzbischof Anno II. (1056–1072) zu, der sich während seiner Amtszeit in der Tat besonders für die Belange des italienischen Königreiches zuständig fühlte. Die Erzkanzler konnten aber nicht ständig am Hofe weilen, weil sie sich auch den Aufgaben in ihren Erzbistümern widmen mußten. Daher übernahm bald ein Hofkapellan als Kanzler die eigentliche Verantwortung für die königliche Urkundenausstellung. Die Kanzler und anderen Hofkapelläne dienten dem Herrscher darüber hinaus als Legaten bzw. Gesandte oder auch als Königsrichter in Italien. Da die Mitglieder der Hofkapelle und insbesondere die Kanzler beim Übergang von einem König auf den nächsten nicht komplett ausgewechselt wurden, sondern ihren Tätigkeiten in der Regel weiter nachgingen, verlieh dieser Personalverband der Reichsregierung ein gewisses Maß an Kontinuität.[31]

Die aus der Hofkapelle hervorgegangenen Bischöfe unterhielten auch nach ihrer Erhebung enge Verbindungen zum Königshof und wirkten nun auf andere Weise an der Regierung des Reiches mit. Durch die Bischofspromotion ehemaliger Mitglieder der Hofkapelle, die sich im Königsdienst bewährt hatten und nun über Erfahrungen im politischen, diplomatischen, militärischen Bereich sowie in der Regierungs- und Kanzleipraxis verfügten, entstand auch auf der Ebene der Kirchenorganisation ein Geflecht von personalen Beziehungen, in dem der Königshof die dominierende Rolle spielte. Einerseits fanden diese Bischöfe den erforderlichen Rückhalt am Königshof, andererseits kannten sich viele Würdenträger in den verschiedenen Gebieten des Reiches vom langjährigen gemeinsamen Dienst in der Hofkapelle her. Dies mußte nicht bedeuten, daß den Bischöfen die Verbindungen zu ihren Adelsfamilien bzw. deren Interessen weniger wichtig waren. Vielmehr konnten sie mit Hilfe ihrer Beziehungen zum Königshof und zu anderen Bischöfen einerseits und zu ihren eigenen Familien und deren Verbündeten andererseits selbst ausgleichend bzw. integrierend wirken.

Die Bischöfe in spätottonisch-salischer Zeit waren vor allem hochadeliger Herkunft. Die nachgeborenen Söhne in den führenden Familien des Reiches wurden für eine geistliche Laufbahn bestimmt. Diese begann mit der Erziehung an einer Domschule und führte über die Erlangung einer Domherrenpfründe zur Übernahme eines höheren Amtes in einem Domkapitel. Vor ihrer Bischofserhebung bewährten sich die Kleriker in der Regel im Königsdienst, vor allem im Rahmen der Hofkapelle. Verwandtschaftliche Beziehungen zur Königsfamilie scheinen darüber hinaus äußerst förderlich für die Erlangung eines Bistums gewesen zu sein. Dennoch stammten nicht alle Bischöfe aus dem Hochadel. Für nichtadelige Kleriker oder solche, die nicht aus den vornehmen Familien des Reiches kamen, bildete das Studium an einer angesehenen Domschule eine vielversprechende Ausgangsposition für die höhere geistliche Laufbahn. Für sie war die Anknüpfung von engeren Beziehungen zu Personen aus der Umgebung des Königs, zu ihren Lehrern sowie von Studienfreundschaften besonders wichtig. Im Unterschied zu den Kanonikern hochadeliger Abstammung, die durch ihre Familien oftmals von vornherein über entsprechende Verbindungen zu einflußreichen Personen oder zu Mitgliedern der Königsfamilie verfügten, mußten sich jene erst durch besondere Leistungen im Laufe ihres Studiums und ihres weiteren Werdeganges dem entsprechenden Personenkreis für ein künftiges Bischofsamt empfehlen.[32] Ein solcher Aufstieg ist beispielsweise den Erzbischöfen Willigis von Mainz und Anno II. von Köln gelungen. Sie entstammten in den Augen der Zeitgenossen keiner vornehmen Familie. Willigis verdankte die Erhebung zum Erzbischof wohl vor allem seiner Tätigkeit als Kanzler Ottos I. und Ottos II. Anno erhielt seine geistliche Ausbildung im Stift St. Stephan zu Bamberg. Später war er viele Jahre Leiter der Domschule an diesem Ort. König Heinrich III. nahm ihn dann in seine Hofkapelle auf und erhob ihn 1056 zum Erzbischof von Köln.[33]

Für das Zusammenwirken von geistlichen Fürsten und Herrschern spielte der Königsdienst der Bischöfe und Reichsäbte, das *servitium regis*, eine wichtige Rolle.[34] Es umfaßte im Rahmen der zu jener Zeit üblichen reisenden Regierungsweise die Beteiligung an Heerzügen sowie die Pflicht, an den Versammlungen des Königs mit den Großen am Hofe teilzunehmen. Die geistlichen Fürsten stellten mit ihren Kontingenten den Hauptteil des Heeres bei den zahlreichen Feldzügen der Herrscher. Zudem traten Erzbischöfe und Bischöfe am Hofe als Ratgeber sowie als Gesandte des Königs in Erscheinung. Des weiteren gehörten die Gebetspflicht, die Aufnahme und Betreuung hochrangiger Gefangener sowie die Erziehung der Thronfolger zu den Aufgaben der Bischöfe im Königsdienst. Darüber hinaus übernahmen vor allem geistliche Große in Zeiten einer Thronvakanz oder während der Minderjährigkeit des regierenden Königs eine besondere Verantwortung für die Angelegenheiten des Reiches. So trug beispielsweise Erzbischof Willigis von Mainz entscheidend dazu bei, daß nach dem Tode Kaiser Ottos II. die Thronfolge seines dreijährigen Sohnes, Otto III., gegen die Ambitionen Heinrichs des Zänkers, Neffe Kaiser Ottos I. und Herzog von Bayern (955–995), gesichert wurde. Als Otto III. starb, war es wiederum Erzbischof Willigis, der Herzog Heinrich IV. von Bayern als einen der drei Thronbewerber – seine Konkurrenten waren Herzog Hermann II. von Schwaben (997–1003) und Markgraf Ekkehard I. von Meißen – bei der Erlangung der Königswürde unterstützte. Die Erzbischöfe von Mainz, die der weitaus größten Kirchenprovinz im Reich vorstanden, sowie jene von Köln spielten während des gesamten Mittelalters immer wieder eine hervorragende Rolle in der Reichspolitik, die sich schließlich auch in entsprechenden Bestimmungen der Goldenen Bulle von 1356 widerspiegelte.

Damit die Bischöfe ihren Aufgaben im Königsdienst nachkommen konnten, übertrugen die Herrscher seit dem ausgehenden 10. Jahrhundert häufig königliche Rechte wie Markt-, Münz- und Zollprivilegien, teilweise die Hochgerichtsbarkeit und sogar ganze Grafschaften an bischöfliche Kirchen. Im Hinblick auf die Grafschaftsverleihungen standen der Überlieferung nach die sächsischen Bistümer an der Spitze, gefolgt von den lothringischen und den fränkischen.[35] Besonders Bischof Meinwerk von Paderborn (1009–1036) erhielt in dieser Hinsicht großzügige Zuwendungen. Außer umfangreichen Grundbesitzungen und Forstrechten übertrugen die Kaiser Heinrich II. und Konrad II. seiner Kirche nicht weniger als vier Grafschaften.[36] Bischof Meinwerk versuchte offenbar, die Grund- und Immunitätsherrschaft seiner Kirche mit der Verwaltung der Grafschaften innerhalb seiner Diözese zu verbinden und so einen relativ geschlossenen Herrschaftsbereich zu errichten. Allerdings sollte die Bedeutung der Grafschaftsverleihungen für den Aufbau geistlicher Herrschaftsbereiche auch nicht überschätzt werden. Zumindest ein Teil der

Grafschaften, die an bischöfliche Kirchen übertragen worden waren, verblieb oder gelangte von neuem unter gräfliche Gewalt. Mit den Grafschaftsverleihungen wurde teilweise wohl die Absicht verfolgt, die Grafen lehnrechtlich enger an die Bischöfe zu binden.[37]

Der zur Zeit Bischof Meinwerks einsetzende Prozeß der Territorialisierung in den Herrschaftsbereichen geistlicher Fürsten spiegelt sich seit der Mitte des 11. Jahrhunderts noch deutlicher in den Quellen wider. So berichtet uns der Geschichtsschreiber Adam von Bremen, daß sich Erzbischof Adalbert von Hamburg-Bremen in bezug auf die Gestaltung der Herrschaftsverhältnisse in seinem Sprengel ein sehr hohes Ziel gesetzt habe. Dem Bischof von Würzburg nacheifernd, soll er versucht haben, seiner Kirche die gräflichen und herzoglichen Rechte innnerhalb des Bistums zu verschaffen.[38] Adalberts Bemühungen scheiterten zwar, dennoch werden hier die Vorstellungen geistlicher Fürsten deutlich. Sie waren vielfach bestrebt, weltliche Herrschaftsrechte und kirchlichen Amtssprengel in Übereinstimmung zu bringen. Dabei versuchten die geistlichen Fürsten, übergräfliche bzw. herzogsgleiche Herrschaftsbereiche zu errichten.[39] Solche Bestrebungen lassen sich im 11. und 12. Jahrhundert auch bei den Erzbischöfen von Köln beobachten. Mit Erzbischof Brun von Köln (953–965), dem sein Bruder, König Otto I., auch das lothringische Herzogsamt übertragen hatte, verwaltete überhaupt zum ersten Mal ein geistlicher Fürst ein Herzogtum. Jedoch blieb die Übertragung des lothringischen Herzogtums an Erzbischof Brun durch Otto I. im Jahre 953 noch für lange Zeit ein singulärer Vorgang.[40]

Mit der Verdichtung der fürstlichen Herrschaftsbereiche, dem Prozeß der Territorialisierung, ging oftmals die architektonische und kulturelle Ausgestaltung von Herrschaftsmittelpunkten einher. Als repräsentatives Beispiel kann in dieser Hinsicht der schon genannte Bischof Meinwerk von Paderborn angesehen werden. Bereits wenige Tage nach seiner Ankunft in Paderborn verfügte er, den gerade im Bau befindlichen Dom wieder abzureißen. Er gedachte, eine viel prächtigere und damit auch repräsentativere Kathedrale zu errichten. Meinwerk beließ es aber nicht bei der architektonischen Neukonzipierung der Bischofskirche, sondern entwickelte ein ganzes Bauprogramm. Im Umkreis des Domes entstanden eine neue Königspfalz, ein neuer Bischofspalast sowie zwei Klöster. Die räumliche Anordnung der Bauten wurde in Form eines Kreuzes geplant und ausgeführt. Wie auch an anderen Bischofssitzen jener Zeit richtete man sich bei den Kirchenbauten in Paderborn nach architektonischen Vorbildern in Rom und Jerusalem.[41] Nachrichten über eine umfangreiche Bautätigkeit an Bischofssitzen im 11. Jahrhundert besitzen wir u. a. aus Mainz, Köln, Worms, Speyer, Straßburg, Würzburg, Konstanz, Eichstätt, Würzburg, Hildesheim und Bremen. Oftmals förderte man im Rahmen dieser Ausgestaltung von Herrschaftszentren bereits Elemente städtischen Lebens. Außerdem wurde mit der Einrichtung von Archidiakonaten und Dekanaten der organisatorische Aufbau der Bistümer effektiver gestaltet.[42]

Für die Entwicklung der geistlichen Fürstentümer, welche die politische Struktur des hoch- und spätmittelalterlichen Reichsverbandes besonders prägten, waren die

Bestimmungen des sogenannten Wormser Konkordates 1122 von eminenter Bedeutung. Vor dieser Übereinkunft hatten die Bischöfe im 10. und 11. Jahrhundert ihr Bistum im Rahmen einer feierlichen Handlung, der in der Regel andere geistliche und weltliche Fürsten beiwohnten, durch die Übergabe des Bischofsstabes aus der Hand des Königs empfangen. In salischer Zeit wurde zusätzlich noch der Bischofsring bei der Investitur übergeben. Im Rahmen einer kirchlichen Zeremonie erfolgte dann die Konsekration durch den zuständigen Erzbischof, der die zuvor geweihten Symbole der bischöflichen Würde nochmals an den neuen Bischof überreichte. Häufig waren die Geweihten stolz darauf, wenn eine größere oder bestimmte Zahl von Erzbischöfen und Bischöfen aktiv an ihrer Konsekration mitwirkte. So hielt etwa Erzbischof Adalbert von Hamburg-Bremen, bei dessen Weihe zwölf Bischöfe mitgewirkt hatten, seinen Widersachern entgegen, daß ihn ein Fluch gar nicht treffen könne, weil er von so vielen würdigen Häuptern der Kirche feierlich gesegnet worden sei.[43]

Auf der Grundlage einer theoretischen Unterscheidung zwischen den geistlichen und weltlichen Bestandteilen des Amtes von Bischöfen und Äbten, den Spiritualia und Temporalia, schlossen Kaiser Heinrich V. (1106–1125) und der durch einen Kardinallegaten vertretene Papst Calixt II. (1119–1124) am 23. September 1122 das Wormser Konkordat, mit dem der Investiturstreit im Reich endete. Diese Vereinbarung besteht aus einer kaiserlichen (Heinricianum) und einer päpstlichen Urkunde (Calixtinum). Heinrich V. verzichtete in seinem Diplom auf die bisher geübte Praxis, Bischöfe sowie Äbte und Äbtissinnen von Reichskirchen mit den kirchlichen Symbolen Ring und Stab einzusetzen. Des weiteren wurde in das Heinricianum die freie kanonische Wahl sowie die ungehinderte Weihe des Erwählten aufgenommen. Im Calixtinum wird zugestanden, daß die kanonische Wahl in Anwesenheit des Königs stattfinden solle, dem man bei zwiespältiger Wahl überdies einen gewissen Entscheidungsspielraum einräumte. Die königliche Investitur des Erwählten in die Temporalia sollte im deutschen Königreich vor, in Italien und Burgund innerhalb von sechs Monaten nach der Weihe des Erwählten erfolgen. Für die Verleihung der weltlichen Rechte an den jeweiligen Bischof oder Abt durch den König hatten diese dem Herrscher entsprechende Gegenleistungen zu erbringen, die aber nicht näher definiert wurden. Das Wormser Konkordat war erst nach zweijährigen zähen Verhandlungen und vor allem durch die erfolgreiche Vermittlung sowie durch Rat und Zustimmung von Fürsten zustande gekommen. Eine Reihe von geistlichen und weltlichen Großen unterzeichnete zudem das Heinricianum und repräsentierte auf diese Weise gemeinsam mit dem Herrscher das Reich gegenüber dem Papst.[44]

Der Investiturstreit war deshalb nicht nur eine Angelegenheit zwischen Kaisertum und Papsttum, sondern er trug auch in erheblichem Maße dazu bei, das Kräfteverhältnis zwischen Fürsten und Herrscher sowie auch der Großen des Reiches untereinander zu verändern. Insbesondere durch die im 11. Jahrhundert zügig fortschreitende Territorialisierung der adeligen und fürstlichen Herrschaftsbereiche, die den königlichen in dieser Hinsicht sogar einen Schritt voraus waren, forderten die Großen ein größeres Mitspracherecht in Reichsangelegenheiten, das ihrer nunmehr deutlich gefestigten Machtposition entsprach. Während des Investiturstreites fanden sie wiederholt Rückhalt bei der päpstlichen Seite, die den Widerstand der Fürsten gegen den König im Rahmen des Kampfes für die Freiheit der Kirche legitimierte. Die Begleiterscheinungen des Investiturstreites wie Gewalt, Plünderungen, Raub, Neid, Mißgunst und Ränkespiele beeinflußten oftmals sogar das persönliche Verhältnis von König und Fürsten bzw. auch das der Großen untereinander. So wurde beispielsweise der ehemalige Freund und wichtigste Berater Heinrichs V., Erzbischof Adalbert I. von Mainz (1109–1137), zum entschiedensten Gegner des Herrschers. Der Mainzer Metropolit, der auch zu den Mitunterzeichnern des Heinricianums gehörte, schreckte nicht einmal davor zurück, gegen seinen eigenen Bruder, den königstreuen Bischof Bruno von Speyer († 1123), den Bannstrahl zu schleudern.[45]

Im Hinblick auf die Stellung der geistlichen Fürsten im Reich ist die im Wormser Konkordat geregelte unmittelbare Übertragung der Temporalia bzw. der Regalien durch den König von Bedeutung. Unter Regalien sind der Grundbesitz, die Gerichts-, Herrschafts- und anderen Rechte zu verstehen, die den Bischofskirchen und Abteien im Laufe der Zeit von den Herrschern übertragen wurden. Dazu gehörten u. a. Herzogtümer, Grafschaften, Münz-, Markt- und Zollrechte, Vogteien und Höfe mit ihrem Zubehör. Ausgenommen von den Regalien waren 1122 die erblichen Besitzungen der Kirchen, die nicht von den Herrschern herstammten. Trotzdem setzte sich im Laufe des 12. Jahrhunderts allmählich die Auffassung durch, daß die königliche Investitur in die Regalien die Bischöfe, Äbtissinnen und Äbte zur Wahrnehmung ihrer weltlichen Herrschaftsrechte insgesamt berechtige.[46]

Mit dem Wormser Konkordat wurde auch ein neues Investitursymbol, das Zepter, eingeführt. Es fand bis zum 15. Jahrhundert bei der Lehnsübertragung der Regalien an die geistlichen Fürsten Verwendung. Danach setzte man statt dessen die Fahne ein, die zuvor nur bei weltlichen Belehnungen verwendet wurde.[47] Während Stab und Ring, mit denen die Herrscher vor dem Wormser Konkordat die Bischöfe und Äbte in ihre Ämter einwiesen, geistliche Symbole darstellten, handelte es sich beim Zepter um ein ausgesprochen weltliches Herrschaftszeichen. Es bildete seit den Regierungszeiten Heinrichs II. und Konrads II. bis zum Ende des Alten Reiches 1806 ein wesentliches Attribut der Herrscherdarstellung auf den Königssiegeln. Daher ist zu vermuten, daß die Könige das Zepter seit dem Wormser Konkordat nicht nur als Symbol für den Übertragungsvorgang ansahen, sondern es als Zeichen ihrer Oberherrschaft über die Regalien verstanden, die sie dem jeweils Erwählten für die Dauer seines Pontifikats nun persönlich übergaben.[48]

Das Wormser Konkordat bildete die entscheidende Voraussetzung dafür, daß die Vergabe der Regalien an die Bischöfe und Reichsäbte künftig auf der Grundlage des Lehnrechtes erfolgte. Damit konnten sich die Reichsbistümer zu Fürstentümern auf der Basis des Reichslehnrechtes entwickeln.[49] Das Hauptkriterium für die Zugehörigkeit zu den geistlichen Fürsten bildete seit dem Wormser Konkordat die königliche Investitur mit den Regalien. Traf dies auch nach 1122 auf die Bistümer im allgemeinen zu, so scheinen hingegen nicht alle Reichsabteien jenen Status erhalten zu haben. Diese Frage ist in der Forschung allerdings umstritten. Dennoch bleibt festzuhalten, daß nur die auf lehnrechtlicher Grundlage erfolgende königliche Investitur die jeweiligen Kirchenvorsteher als Reichsfürsten erscheinen ließ. Überdies ermöglichte die konsequente Vornahme der Regalieninvestitur vor der Konsekration eine relativ effektive Bindung zwischen Herrscher und Bischöfen. Zur Zeit Friedrich Barbarossas (1152–1190) wurde die königliche Regalienleihe zum entscheidenden Akt bei der Erhebung von Reichsbischöfen. Demgegenüber erschien die Weihe als ein nachgeordneter Vorgang.[50]

Die königliche Einsetzung in die Regalien in lehnrechtlicher Form entschied somit darüber, wer zu den geistlichen Reichsfürsten zählte und wer nicht. Insofern waren Reichsunmittelbarkeit und lehnrechtliche Bindung an den König die hauptsächlichen Kriterien für die Zugehörigkeit zu den geistlichen Reichsfürsten nach 1122, die sich seither auf diese Weise von den übrigen kirchlichen Würdenträgern unterschieden und absonderten.[51]

Trotz einer solchen Abschließung bildeten die geistlichen gegenüber den weltlichen *principes* im Reich der Staufer die bei weitem größere Gruppe. Für das 13. Jahrhundert hat man insgesamt 92 geistliche Fürsten ermittelt. Diese Gesamtzahl setzte sich aus 47 Erzbischöfen und Bischöfen, 17 Äbtissinnen und 28 Äbten zusammen. Dem standen 22 weltliche Reichsfürsten um 1190 und nur noch 13 Mitte des 13. Jahrhunderts gegenüber.[52] Da die reichsfürstliche Stellung der Geistlichen nicht auf ihrer Position im Rahmen der Kirchenorganisation, sondern auf ihrer weltlichen Herrschaft und deren lehnrechtlicher Verankerung beruhte, glichen sich die Merkmale des geistlichen und weltlichen Fürstenstandes einander an. So ist zu erklären, daß man in den Quellen seit dem 12./13. Jahrhundert häufig nicht mehr zwischen geistlichen und weltlichen Großen unterschied, sondern allgemein nur von »Fürsten« sprach.[53]

Die im Laufe des 11. Jahrhundert verstärkt einsetzende Konzentration der weltlichen Herrschaftsbereiche beruhte auf einer Kombination von eigenen Grundbesitzungen, Vogteien, Grafschaften, Rodung und Burgenbau. Außerdem kam es wie bei den geistlichen Fürsten auch bei den weltlichen Großen zunächst zur Errichtung von Herrschaftsmittelpunkten und später zur Ausbildung von Residenzen.[54]

Im Laufe des 12. Jahrhunderts setzte unter den weltlichen Großen eine Differenzierung ein, in deren Folge sich der sogenannte jüngere Reichsfürstenstand konstituierte. Dieser Prozeß war einerseits mit der Entstehung neuer Reichsfürstentümer und andererseits mit dem Ausscheiden einer Reihe von adligen Herrschaftsträgern aus dem nun engeren Kreis der führenden Großen verbunden. Zu den Vorgängen, die markante Veränderungen in der Verfassungsstruktur des Reiches im 12. Jahrhundert bewirkten, gehörten beispielsweise die Herausbildung der Landgrafschaft Thüringen und der Mark Brandenburg sowie die Verankerung der Zähringer im Königreich Burgund.

Zu den Fürsten, deren Namen im Heinricianum von 1122 aufgeführt wurden, hatten außer Erzbischof Adalbert I. von Mainz der Metropolit von Köln, sechs Bischöfe, der Abt von Fulda, vier Herzöge, zwei Markgrafen, zwei Pfalzgrafen und ein Graf gehört. Neben den Herzögen von Bayern, Schwaben und Oberlothringen war auch der von Zähringen in die Urkunde Heinrichs V. aufgenommen worden. In den Augen des Bischofs Otto von Freising (1138–1158) waren die Zähringer aber gar keine richtigen Herzöge. Seiner Meinung nach führten sie nur den leeren Titel eines Herzogs, ohne über ein wirkliches Herzogtum zu gebieten.[55] Der Zähringer Berthold II. hatte am Ende des 11. Jahrhunderts für etwa sechs Jahre die schwäbische Herzogswürde inne. Als er im Jahre 1098 auf das Herzogtum verzichtete, gestattete ihm Kaiser Heinrich IV., den Titel eines Herzogs weiterzuführen. Dies taten dann auch seine Nachfahren. Als König Lothar III. (1125–1137) nach der Ermordung Graf Wilhelms III. von Burgund († 1127) den Herzog Konrad von Zähringen (1122–1152) mit der Wahrnehmung von Regierungsaufgaben im burgundischen Königreich betraute, nahm der Zähringer in bestimmten Gebieten dieses Reiches bald eine Art vizeköniglicher Stellung ein. Obwohl Herzog Konrad seinen Herrschaftsbereich im Südwesten des deutschen Königreiches keineswegs vernachlässigte, ermöglichte ihm besonders sein Engagement in Burgund die Errichtung einer herzogsgleichen Herrschaft. Diese hatte ihre hauptsächliche Basis außerhalb des deutschen Reichsgebietes, im burgundischen Teil des mittelalterlichen römisch-deutschen Kaiserreiches. Dem entsprach es, wenn die Kanzlei König Konrads III. (1138–1152) den Zähringer mit dem Titel *dux Burgundiae* bezeichnete.[56] Andererseits wurden Gebiete des deutschen und des burgundischen Königreiches durch die Herrschaft der Zähringer im Rahmen des Kaiserreiches miteinander verbunden.

Anders als bei den Zähringern war man mit dem Askanier Albrecht dem Bären († 1170) verfahren, der von 1138 bis 1142 Herzog von Sachsen war. Die meisten sächsischen Großen akzeptierten Albrecht nicht als Herzog. Sie hielten weiter zu dessen Vorgänger, Heinrich dem Stolzen aus dem jüngeren Welfenhause, der sich im Konflikt mit König Konrad III. befand und der Reichsacht verfallen war. Als Heinrich der Stolze 1139 plötzlich starb, verdächtigte man Herzog Albrecht sogar des Giftmordes, 1142 mußte der Askanier schließlich zugunsten Heinrichs des Löwen, Sohn Heinrichs des Stolzen, auf die sächsische Herzogswürde verzichten. Danach orientierte sich Albrecht der Bär zunächst wieder auf die sächsische Nordmark, die ihm 1134 von Lothar III. übertragen worden war. Er führte aber nicht den Titel eines Herzogs weiter, sondern trug fortan den eines Markgrafen, der seinem Amtsbereich entsprach. Eine neue Chance zur Rangerhöhung eröffnete sich für Albrecht den Bären nach dem Tode des Hevellerfürsten Pribislav von Brandenburg (1127–1150). Er übernahm nach mehrjährigen Nachfolgekämpfen im Jahre 1157 endgültig die Herrschaft in diesem Gebiet. Dieser neue Herrschaftsbereich Albrechts des Bären bildete die Grundlage für die Entstehung eines neuen Fürstentums, der Mark Brandenburg.[57]

Die Übernahme des ehemaligen Hevellerfürstentums mit dem Zentrum Brandenburg durch Albrecht den Bären vollzog sich im Zusammenhang mit einer in dieser Zeit einsetzenden Ex- und Intensivierung des Landesausbaus. Die Fürsten aus den östlichen Teilen des deutschen Reichsgebietes betrieben diesen Landesausbau vor allem in den bisher vornehmlich von Slawen bewohnten Regionen zwischen Elbe/Saale und Oder. Jene Gebiete waren im 10. Jahrhundert nach ihrer Eroberung schon einmal in Form von mehreren Markgrafschaften locker mit dem Reich verbunden. Diese Bindungen traten zwischenzeitlich jedoch teilweise oder völlig in den Hintergrund. Mit den Vorgängen des 12. Jahrhunderts setzte nunmehr eine festere Einbeziehung dieser Regionen in den Reichsverband ein. An der herrschaftlichen, kirchen- und siedlungsorganisatorischen Erfassung des Raumes zwischen Elbe/Saale und Oder waren geistliche und weltliche Große führend beteiligt. Außer Albrecht dem Bären kann auch Erzbischof Wichmann von Magdeburg (1152–1192) als repräsentatives Beispiel genannt werden.

Der Metropolit setzte die Orientierung des Magdeburger Erzbistums nach Norden und Osten fort, die seit seiner Gründung im Jahre 968 bestand. So ließ er beispielsweise vom Papst das pommersche Bistum Kammin seiner Kirchenprovinz angliedern. Zudem versuchte er, den Magdeburger Einfluß in Pommern durch Klostergründungen und Reliquienschenkungen zu verankern. Darüber hinaus erwarb Wichmann das Land Jüterbog für seine Kirche. Er förderte Rodungen und Entwässerung sowie die Ansiedlung von Personen aus den westlichen Reichsgebieten. Zu diesem Zweck setzte er sogenannte Lokatoren als Siedlungsleiter ein, was als beispielgebend für andere Große wirkte. Wichmann ließ im Rahmen seiner Siedlungspolitik nicht nur Dörfer anlegen, sondern betrieb auch zielgerichtet den Aufbau von Marktorten. Überdies hat man sogar vermutet, daß Wichmann plante, ein ostelbisches Herzogtum zu errichten.[58]

Wichtige Veränderungen der territorialen Struktur des Reiches, die sich auch auf die Zusammensetzung des weltlichen Reichsfürstenstandes auswirkten, ergaben sich durch die Bildung der Landgrafschaften Thüringen und Hessen sowie durch die Umgestaltung bzw. Verkleinerung der beiden traditionellen Herzogtümer Bayern und Sachsen.

Um endlich zu einem Ausgleich mit dem mächtigen Herzog Heinrich dem Löwen (1142–1180) zu gelangen, der das Königtum Friedrich Barbarossas 1152 anerkannt hatte, einigte sich der Staufer 1156 im Einvernehmen mit den Fürsten im Hinblick auf die Bayern betreffenden Ansprüche des Herzogs auf einen Kompromiß. Man kam überein, die Markgrafschaft Österreich von Bayern abzutrennen und zu einem selbständigen Herzogtum zu erheben. Nachdem der Babenberger Heinrich Jasomirgott, ein Onkel Friedrich Barbarossas, auf das Herzogtum Bayern verzichtet hatte, übertrug es der Kaiser an Heinrich den Löwen. Danach verlieh der Herrscher das in den Rang eines Herzogtums erhobene Österreich an Heinrich Jasomirgott (1156–1177) und dessen byzantinische Gemahlin Theodora. Der Babenberger erhielt überdies eine Reihe von besonderen Rechten für sein neues Herzogtum, wie sie bisher kein anderer weltlicher Reichsfürst besaß. So wurden ihm u. a. die Zusicherung der freien Verfügung in der Erbfolge sowie die Begrenzung der Heerfolge und des Besuchs von Hoftagen in einer Kaiserurkunde verbrieft, die man in der Forschung als Privilegium minus bezeichnet. Heinrich Jasomirgott konnte auf diese Weise seinen Herzogtitel weiterführen und zugleich auch seine Position innerhalb der »protokollarischen« Hierarchie der weltlichen Reichsfürsten wahren, in der die Herzöge vor den Mark-, Pfalz- und Landgrafen erschienen.[59]

Galt bei der Belehnung der geistlichen Fürsten das Zepter als Investitursymbol, so fand bei der lehnsrechtlichen Übertragung der weltlichen Fürstentümer die Fahne bzw. Fahnen als Zeichen der militärischen und gerichtlichen Gewalt Verwendung. Fahnenlanzen bildeten aber auch schon um die Jahrtausendwende bei der Übertragung von Grafschaften und Herzogtümern die geeigneten Symbole.[60] Im Zusammenhang mit der Verleihung Bayerns und Österreichs im Jahre 1156 berichtet der Chronist Otto von Freising auch über die Einbindung der Fahnen in das Zeremoniell der Belehnung:

Heinrich der Ältere (Heinrich Jasomirgott) *gab das Herzogtum Bayern durch sieben Fahnen zurück. Nachdem diese dem jüngeren Heinrich* (Heinrich dem Löwen) *überreicht worden waren, trat dieser durch zwei Fahnen die Mark Österreich mit den seit jeher dazugehörigen Grafschaften ab. Darauf errichtete er* (der Kaiser) *aus dieser Mark und den genannten Grafschaften … durch einen Beschluß der Fürsten ein Herzogtum und übertrug es mit zwei Fahnen nicht nur ihm allein, sondern auch seiner Gemahlin …*[61]

Als eines der spektakulärsten Ereignisse in der politischen und Verfassungsgeschichte des mittelalterlichen Reiches sieht man häufig die Absetzung Herzog Heinrichs des Löwen von Sachsen und Bayern im Jahre 1180 an, der zu den umstrittensten Gestalten der älteren deutschen Geschichte zählt. Das hängt wohl in erster Linie damit zusammen, daß man früher in ihm oftmals primär den Gegenspieler Friedrich Barbarossas erblickte. In der modernen Forschung dominiert eine ausgewogene Beurteilung der historischen Leistung Heinrichs des Löwen sowie eine differenziertere Sichtweise auf das Verhältnis der beiden Männer zueinander.

Nachdem Herzog Heinrich der Löwe der Ladung an den Hof zweimal nicht Folge geleistet hatte, strengte der Staufer ein lehnrechtliches Verfahren gegen den Welfen an. Unter dem Vorsitz Friedrich Barbarossas trat im Januar 1180 während eines Hoftages in Würzburg ein Fürstengericht zusammen, das Heinrich dem Löwen durch ein einhelliges Urteil die Herzogtümer Bayern und Sachsen sowie alle anderen Reichslehen aberkannte. Damit schied Heinrich der Löwe aus dem Kreise der Reichsfürsten aus. Bereits im Laufe des Jahres 1180 wurde im Einvernehmen mit den Fürsten in der Frage Sachsens und Bayerns neu entschieden. Das westliche Sachsen übertrug der Kaiser als Herzogtum Westfalen an die erzbischöfliche Kirche von Köln. Das östliche Sachsen erhielt Graf Bernhard von Anhalt, ein Sohn Markgraf Albrechts des Bären. Das Herzogtum Bayern gelangte an den bayerischen Pfalzgrafen Otto I. von Wittelsbach. Wie im Jahre 1156 wurde dabei eine Markgrafschaft von Bayern abgetrennt. Dieses Mal erhob man die Steiermark zu einem selbständigen Herzogtum, das der bisherige Inhaber der Mark, Otakar, als Reichslehen erhielt. Zudem wurden die Markgrafen von Istrien von ihrer Bindung an Bayern gelöst.

Von der Herrschaft Heinrichs des Löwen gingen aber verschiedene Impulse für andere Fürstentümer des Reiches aus. Dazu gehört der Ausbau Braunschweigs zu einer Residenz, die sich durch eine Reihe von Merkmalen auszeichnete, und die für die Residenzbildung anderer Fürsten Vorbildwirkung besaß. Wie im späteren Mittelalter allgemein üblich war die Braunschweiger Residenz durch eine institutionelle Seite gekennzeichnet. Die Erfordernisse der Herrschaftspraxis führten hier wie auch anderswo bald zur Entstehung ortsfester Behörden mit Regierungsfunktionen, die zunächst langfristige und schließlich dauerhafte Aufenthalte der Fürsten am Zentralort nach sich zogen. Außer der Funktion als Herrschaftszentrum wurde die Residenz Heinrichs des Löwen zugleich hohen Ansprüchen herrscherlicher Repräsentation gerecht. Dies traf in Braunschweig sowohl in architektonischer als auch in künstlerischer und kultureller Hinsicht zu. Die Kaiserpfalz in Goslar mit der Stiftskirche St. Simon und Juda war ein Vorbild für die Residenz des Welfen. Überdies wurden in Braunschweig Herrschaftszentrum und stadtbürgerliche Siedlungen zu einer räumlichen Einheit verbunden. Zusammen mit dem Evangeliar Heinrichs des Löwen trugen die Grablege, das Löwendenkmal und die Memoria in religiösen wie weltlichen Dimensionen vor allem dazu bei, daß die Erinnerung an die herausragende Herkunft der Welfen, die ihre Herrschaft legitimierte, stets wachgehalten wurde.[62]

Mit den Vorgängen des Jahres 1180 war die Gliederung des Reiches in weltliche Fürstentümer vorläufig abgeschlossen. Die Zugehörigkeit zu den weltlichen Reichsfürsten war seither durch die unmittelbare lehnrechtliche Bindung an den König sowie durch die Herrschaft über ein Gebiet bzw. Territorium bestimmt, in der andere Herrschaftsträger der fürstlichen Gewalt untergeordnet waren. Die Aufnahme in den Reichsfürstenstand setzte nun die Errichtung eines neuen Fürstentums voraus. Durch die Etablierung der geistlichen Fürstentümer nach 1122 und die Formierung der weltlichen im Laufe des 12. Jahrhunderts war der Kreis der Reichsfürsten nunmehr klar abgegrenzt. Aus der früher größeren und offeneren Gruppe der Fürsten hatte sich eine obere Schicht abgesondert.[63]

Seit dem 13. Jahrhundert fand außerdem eine auf lehnrechtlichen Kriterien beruhende Rangfolge des Adels, die Heerschildordnung, Eingang in Rechtsbücher wie den Sachsenspiegel des Eike von Repgow. Diese Rangordnung stellt sich in Form einer mehrstufigen Pyramide dar, an deren Spitze der König stand. Den zweiten Heerschild bildeten die geistlichen Reichsfürsten, den dritten die weltlichen. Es folgten die freien Herren, die Schöffenbarfreien und Vasallen der freien Herren sowie deren Vasallen. Aus dieser Rangordnung ergab sich u. a. die Konsequenz, daß Lehen nur von Angehörigen eines höheren Heerschildes angenommen werden durften. Kein Vasall konnte von einem anderen, welcher demselben Heerschild oder einer niedrigeren Stufe angehörte, ein Lehen erhalten, ohne seinen Rang innerhalb dieser Lehnspyramide zu gefährden bzw. zu erniedrigen. Lehnsverhältnisse, die den Normen der Heerschildordnung nicht entsprachen, galten daher als standeswidrig.[64]

Bereits am Ende des 12. Jahrhunderts setzte innerhalb der Reichsfürsten ein weiterer Differenzierungsprozeß ein, der zur Entstehung des Kurfürstenkollegiums führte, dem zunächst vier und dann sieben Kurfürsten angehörten. Die Verengung des aktiven Königswahlrechtes auf diese sieben Fürsten, die Erzbischöfe von Mainz, Trier und Köln, den König von Böhmen, den Pfalzgrafen bei Rhein, den Herzog von Sachsen und den Markgrafen von Brandenburg, zählt zu den noch ungeklärten Pro-

blemen in der Forschung. Wahrscheinlich besaßen diese Fürsten bereits bei der Doppelwahl von 1198, sicher aber bei der Wahl König Konrads IV. 1237 ein Vorstimm-
recht. Seit der Doppelwahl Richards von Cornwall und Alfons' von Kastilien 1257
traten die sieben Fürsten als alleinige Königswähler in Erscheinung. Für Richard von
Cornwall (1257–1272) hatte außer dem Erzbischof von Mainz und dem Pfalzgraf
bei Rhein auch der Kölner Metropolit Konrad von Hochstaden (1238–1261)
gestimmt. Er hatte sich besonders für die Wahl des englischen Grafen eingesetzt.
Dafür versprach Richard dem Kölner Erzbischof eine hohe Geldsumme sowie eine
entsprechende Berücksichtigung seiner Interessen im nordwestdeutschen Raum. An
Christi Himmelfahrt 1257 (17. Mai) krönte Konrad von Hochstaden Richard von
Cornwall in Aachen.[65]

Die Rechte und Pflichten der Kurfürsten wurden dann in der Goldenen Bulle von
1356 grundsätzlich geregelt. Dieses Reichsgesetz setzte kein neues, sondern kodifi-
zierte bereits bestehendes Recht. Mit der Goldenen Bulle akzeptierte Kaiser Karl IV.
die Stellung der Kurfürsten bei der Königswahl und in der Reichsverfassung. Zugleich versuchte er aber, die Kurfürsten stärker in die Verantwortung für das Reich
einzubinden. Dies sollte besonders in Form eines jährlich tagenden Kurfürstenrates
erfolgen, der sich letztlich aber nicht realisieren ließ. Wesentliche Bestimmungen wie
die zur Wahrung des Majoritätsprinzips und zur Unteilbarkeit der Kurfürstenstim-
men sollten künftige Doppelwahlen und den damit verbundenen Unfrieden im
Reich verhindern. Mit der Kodifizierung der Goldenen Bulle wurde überdies der von
päpstlicher Seite erhobene Anspruch, die Wahl des Königs und künftigen Kaisers zu
approbieren, zurückgewiesen. Allein durch die Wahl der Kurfürsten erlangte der
neue König die Regierungsfähigkeit.[66]

Die Herausbildung des Kurfürstenkollegiums war Kennzeichen und Ergebnis
tiefgreifender Veränderungen, die sich seit dem 13. Jahrhundert in der Struktur des
Reiches vollzogen. Durch die Entstehung dieses Gremiums auserwählter Fürsten
wurde eine gesamtständische Vertretung des Reichs auf fürstlicher Ebene lange Zeit
verhindert.[67] Für die übrigen Fürsten hatte dies eine Minderung ihrer politischen
Einflußmöglichkeiten und damit ihres Interesses an der Teilhabe am Reich zur Folge.
Waren die Fürsten des Hochmittelalters häufig im Dienst des Königs tätig und ver-
nachlässigten, wie beispielsweise Erzbischof Adalbert von Hamburg-Bremen, infolge
längerer Abwesenheit ihren eigentlichen Herrschaftsbereich, so konzentrierten sie
sich nun in erster Linie auf ihre Besitzungen und bemühten sich, diese abzurunden,
zu festigen und zu Landesherrschaften auszubauen.[68]

Der Begriff »Landesherr« (*dominus terrae*) taucht erstmals urkundlich im Jahre
1217 und damit wohl nicht zufällig in einer Zeit auf, in der sich die fürstlichen Territorien auf Kosten der staufischen Königsmacht mehr und mehr zu konsolidieren
begannen. In den Jahren 1220 und 1231/32 mußte der Staufer Friedrich II.
(1211/12–1250) in dem »Bündnis mit den geistlichen Fürsten« und dem »Statut
zugunsten der Fürsten« zunächst den geistlichen und dann auch den weltlichen
Großen versprechen, den königlichen Herrschaftsbereich nicht auf Kosten ihrer
Territorien zu erweitern. Wenngleich damit weder – wie in der älteren deutschen

Historiographie zum Teil betont – die Konstituierung fürstlicher Landesherrschaften in die Wege geleitet, noch die Entwicklungschancen für einen deutschen Nationalstaat zunichte gemacht wurden, hinderten die Zugeständnisse gleichwohl das Königtum daran, in seinem Konkurrenzkampf mit den Fürsten um politische Macht einen Vorsprung bei der Festigung eines Königsterritoriums gegenüber den Landesherrschaften zu erreichen.[69]

Beide Dokumente spiegelten zugleich in anschaulicher Weise den bereits erreichten Konsolidierungsgrad der fürstlichen Territorien wider, der von den Landesherren in den folgenden letzten Jahrzehnten des staufischen Imperiums und dem anschließenden »Interregnum« weiter ausgebaut wurde. Hierbei konnten sie sich in ihrer Politik auf ein vielfältiges Instrumentarium stützen, das von der Erwerbung von Land und Gerechtsamen durch Eroberung, Kauf, Verpfändung oder Erbschaft und der Ausdehnung ihres Einflußbereiches auf auswärtige Mächte, über den Ausbau der Gerichts- und Friedenshoheit und der Vereinheitlichung der Rechtsverhältnisse bis hin zur Errichtung eines landesherrlichen Kirchenregiments und der Herausbildung von Verwaltungsstrukturen reichte. Welche Mittel und Methoden zur Anwendung kamen, hing von den gegebenen inneren und äußeren Bedingungen und Kräfteverhältnissen, aber auch von den subjektiven Vorstellungen und Entscheidungen der einzelnen Fürsten ab. Für Herzog Barnim I. von Pommern (1220–1278) spielte zum Beispiel der Landesausbau, verbunden mit der Neugründung von Städten, eine wichtige Rolle, währenddessen Erzbischof Johann II. von Mainz über seine direkte Einflußnahme auf die Wahl und spätere Politik des Reichsoberhauptes Vorteile zugunsten seines Stifts zu erreichen suchte.[70]

Ausschlaggebend für die Bedeutung eines Fürstentums waren oftmals nicht dessen Ausdehnung oder Geschlossenheit, sondern seine wirtschaftliche Kraft. So stellte die nicht sonderlich große Kurpfalz am Ausgang des 15. Jahrhundert jenes deutsche Fürstentum dar, das vor allem durch die Rheinzölle über die meisten Einnahmen verfügte.[71] Die Ausweitung des wirtschaftlichen und vor allem finanziellen Potentials bildete somit einen Kernpunkt fürstlicher Politik überhaupt. Mit der Anlage neuer und der Förderung bereits bestehender Städte trug eine Reihe von Fürsten maßgeblich zum Aufschwung von Handel und Gewerbe in ihren Territorien bei. Durch die Errichtung von Zoll- und Münzstätten, Betreibung von Bergbau, den Ausbau des Steuersystems und eine verbesserte Finanzverwaltung suchten sie wirtschaftlicher Schwierigkeiten Herr zu werden und neue Geldquellen zu erschließen. Mit Hilfe von Landbüchern und Urbaren verschaffte man sich, wie Graf Eberhard II. von Württemberg (1344–1392), einen Überblick über die eigenen Ressourcen. Für die Befriedigung des gestiegenen Geldbedarfs scheute man, so Erzbischof Balduin von Trier (1307–1354), nicht davor zurück, Nutzen aus Judenpogromen zu ziehen.[72] Die ständigen Verkäufe, Verpfändungen oder sonstigen Veräußerungen von Territorien, Städten, Dörfern, Rechten und Einkünften führten dazu, daß die fürstlichen Herrschaftsgebiete bis ins 15. Jahrhundert hinein laufenden territorialen Veränderungen unterworfen waren. Deren Inhaber konnten nicht über genau eingrenzbare Territorien, sondern nur dort herrschen, wo sie über Menschen geboten.[73] Zum politischen

Konkurrenzkampf mit dem König und den übrigen Fürsten kam ein wirtschaftlicher hinzu, den die Landesherren insbesondere gegen die ökonomisch starken Reichsstädte zu führen hatten – erbittert rang man um jeden Untertan, der in deren Mauern vor der fürstlichen Gewalt Zuflucht suchte.

Genauso hart mußten die Fürsten in ihren eigenen Gebieten Konflikte mit dem niederen Adel und den Städten austragen, deren Bestrebungen nach Ausbau eines eigenen Herrschaftsterritoriums und weitgehender Unabhängigkeit mit den Bemühungen um die Konsolidierung der fürstlichen Landesherrschaft kollidierten. Im Verlauf der Auseinandersetzungen begannen Adel, Geistlichkeit und Städte sich zu Landständen zu formieren und um Mitsprache bei wichtigen Entscheidungen zu ringen. Auch hier bildete Geld, vor allem die Bewilligung von Steuern für den Landesherrn, ein auslösendes Moment. Die Herausbildung der Stände führte allerdings nicht, wie häufig betont, zu einem wirklichen Herrschafts-Dualismus von Landesherrn auf der einen und Adel und Städten auf der anderen Seite. Es gab weder festgeschriebene Normen, wann und zu welchen Anlässen ständische Beratungen einberufen, noch Regeln, nach welchen diese geführt und der Teilnehmerkreis konstituiert wurden. Zudem war ihre Zusammenkunft an die Person des Herrschers gebunden, an dessen Hof sie stattfand und der für die Unterbringung und Verpflegung der Versammelten aufkam.[74]

Trotz aller politischer und ökonomischer Erfolge war die wichtigste Voraussetzung bei der Festigung der Landesherrschaft das Fortbestehen der Dynastie. Das eigene Überleben und das Beerben aussterbender Adelsgeschlechter, deren Gebiete teilweise intensiver ausgebaut waren, ermöglichten beispielsweise den Wittelsbachern, im Laufe des 13. Jahrhunderts zur weitaus bedeutendsten Herrscherfamilie in Bayern aufzusteigen.[75] Es ist nicht verwunderlich, daß die Fürsten in ihrer »Heiratspolitik« vorteilhaften dynastischen Verbindungen für sich und ihre Kinder, zu erwartenden Erbfällen und Anwartschaften besondere Aufmerksamkeit widmeten. So ist auch die große Freude Eberhards II. von Württemberg verständlich, als am Tage der Schlacht von Döffingen, in der sein einziger Sohn Ulrich den Tod fand, sein Urenkel geboren und damit der Bestand der Grafschaft gesichert wird. Doch nicht nur das Aussterben einer Dynastie, sondern auch die Minderjährigkeit des Herrschers konnte negative Folgen für das fürstliche Territorium – Auseinandersetzungen um die Regentschaft, territoriale Ansprüche anderer Fürsten oder gar bürgerkriegsähnliche Zustände – bewirken, Gründe, die schließlich ausschlaggebend für die sogenannte Arrogation Kurfürst Friedrichs I. von der Pfalz (1449–1476) waren.[76]

Die seit der Mitte des 13. Jahrhunderts zu verzeichnenden Erbteilungen stellten eine weitere Gefahr für den Bestand der Fürstentümer dar, welche bis dahin als unteilbar galten. Durch sie wurden nicht nur die fürstlichen Herrschaftsgebiete auseinandergerissen, sondern auch häufig Konflikte zwischen den Vertretern der einzelnen Nebenlinien um Titel und Besitzrechte hervorgerufen, die nicht gerade zur Stärkung der Gesamtdynastie beitrugen. Bei der Auseinandersetzung um die Vorrangstellung der einzelnen Linien konnte es – wie im Falle der Grafen von Henneberg – auch zu grotesken Legitimationsversuchen kommen. Die Vertreter der Römhilder Linie konstruierten eine bereits aus der Römerzeit herrührende Abstammung von den italienischen Colonna, mit denen sie angeblich den gleichen Namen »von der Säule« getragen hatten, erwirkten von Antonio Colonna († 1472) die Erlaubnis zum Tragen des Wappens der Colonna und ließen sich dies vom Papst und Kaiser Friedrich III. (1440–1493) bestätigen, um der Schleusinger Linie, die den Fürstentitel besaß, ebenbürtig zu sein.[77]

Infolge der unterschiedlichen territorialen und wirtschaftlichen Entwicklung kam es nach dem »Interregnum« zwischen den einzelnen Fürstentümern hinsichtlich ihrer politischen Bedeutung zu erheblichen Unterschieden.[78] Seit dem Beginn des 14. Jahrhunderts wurden die politischen Geschicke des Reiches im wesentlichen durch das Zusammenspiel und die Konkurrenz der drei Großdynastien Habsburg, Luxemburg und Wittelsbach bestimmt, die ab 1298 zugleich wechselseitig den Inhaber der Königswürde stellten. Diese Großdynastien vereinigten mehrere Fürstentümer unter sich und brachten sich zeitweise in den Besitz relativ großer Hausmachtkomplexe, die zum Teil auch über die Reichsgrenzen hinausragten, ohne daß ihnen ein Aufgehen des Reiches in ihren Territorien gelang.

Daneben existierte eine Gruppe von Fürstentümern, die in einzelnen Gebieten des Reiches über eine regionale Vormachtstellung verfügten und den Großdynastien durchaus ebenbürtig waren, wie zum Beispiel die Wettiner im thüringisch-sächsischen Raum, die Hohenzollern in Brandenburg und Franken oder die drei geistlichen Kurfürstentümer Mainz, Köln und Trier. Während die beiden erstgenannten Dynastien vor allem seit dem 15. Jahrhundert einen unaufhaltsamen politischen Aufstieg nahmen, behaupteten die geistlichen Kurfürstentümer ihre Position im Reich nur mühsam und in erster Linie aufgrund ihrer herkömmlichen Vorrechte. Aus territorialer Sicht sahen sie sich zunehmend der Konkurrenz aufsteigender weltlicher Fürstentümer ausgesetzt, wie beispielsweise das Mainzer Erzstift der Hessens. Zu ihren erwähnten Vorrechten gehörte das zusammen mit ihren weltlichen Kurkollegen ausgeübte Recht zur Wahl des Reichsoberhauptes, von dem sie 1298 im Falle Adolfs von Nassau (1292–1298) und 1400 im Falle Wenzels (1376–1400) auch das Recht zur Absetzung des Herrschers ableiteten. Die Kurfürsten bildeten damit gegenüber dem König die politisch einflußreichste Fürstengruppierung im Reich.

Neben diesen aufgrund ihres ausgedehnten Territorialbesitzes oder ihrer besonderen rechtlichen Stellung herausgehobenen Fürsten existierte im spätmittelalterlichen Reich eine Zahl Dynasten von mittlerer Machtfülle, zu der man erst relativ spät entstandene, im Laufe der Zeit zu wachsender politischer Bedeutung gelangte Territorien wie Hessen, Braunschweig, Mecklenburg und Pommern ebenso rechnen kann wie die ihre Position behauptenden Hochstifter Bremen, Magdeburg, Salzburg, Münster, Würzburg oder Bamberg.

Zahlenmäßig am größten war die Gruppe von weltlichen und geistlichen Fürsten, die nur wenig politischen Spielraum besaßen, manchmal nicht einmal über ein eigenes Territorium verfügten. Das traf vor allem auf die kleinen Bistümer in den mittleren und nordöstlichen Reichsgebieten zu, die mehr und mehr ihren direkten Kontakt zum König verloren und in politische Abhängigkeit von mächtigeren weltlichen

Fürsten gerieten, so Brandenburg, Lebus und Havelberg in die der brandenburgischen oder Meißen, Naumburg und Merseburg in die der sächsischen Kurfürsten.

Generell läßt sich im Spätmittelalter die Tendenz erkennen, daß die weltlichen Fürsten, obwohl in der Minderzahl, den geistlichen in ihrer politischen Bedeutung den Rang abliefen. Eine wesentliche Ursache für diesen Prozeß war im Erbrecht und damit politischer Kontinuität bei den weltlichen Fürstentümern begründet, während die geistlichen durch die kanonische Wahl ständigen Wechseln unterlagen. Die Besetzung geistlicher Fürstentümer mit Angehörigen der eigenen Familie war ein wichtiges Ziel dynastischer Politik, um im territorialen Rahmen wie im Verhältnis zum König und Papst politischen Einfluß auszuüben. Dabei gelang es Familien, wie den Nassauer Grafen in Mainz, jahrzehntelang dasselbe Stift zu behaupten und dessen Entwicklung wesentlich zu prägen. Eine weitere Schwierigkeit der geistlichen Fürsten bestand außerdem darin, daß sich ihr weltlicher Herrschaftsbereich nicht mit dem weitaus größeren kirchlichen deckte, und sie gerade durch die weitgezogenen Diözesangrenzen fast ständig in Konflikt mit ihren Suffraganen oder den dortigen weltlichen Fürsten gerieten.

Weltliche wie geistliche Fürsten, große wie kleine Dynasten hatten im Laufe der Jahrhunderte bei der Bewahrung und dem Ausbau ihrer Herrschaft schwere Existenzkämpfe zu überstehen. Ihr politischer Alltag war von ständigen Auseinandersetzungen mit dem König, anderen Fürsten, den Städten und dem niederen Adel geprägt, bei denen sich die Kräftekonstellation laufend veränderte. Wer heute noch Feind war, konnte morgen engster Verbündeter sein und übermorgen wieder bekriegt werden. Typische Beispiele für Fürsten, die ständig die Fronten wechselten, stellten Landgraf Hermann I. von Thüringen und Herzog Albrecht II. von Mecklenburg dar.[79] Wenngleich die Fürsten infolge gleichgerichteter Interessen aufeinander angewiesen waren und durchaus gemeinsam handelten, wie im Krieg von 1388/89 gegen die Reichsstädte, gab es zwischen ihnen mehr Unterschiede als Verbindendes, letzteres, was die Reichsebene betrifft, bis zum Ende des 15. Jahrhunderts auch nicht im Verhältnis zum König.[80] Dies mag überraschend erscheinen, wird doch die deutsche Geschichte des Mittelalters oft hauptsächlich unter dem Gesichtspunkt des politischen Machtkampfes zwischen Fürsten und König betrachtet. Bei aller Konkurrenz und Gegnerschaft auf der einen Seite waren beide politischen Kräfte auf der anderen im starken Maße aufeinander angewiesen. Jeder Fürst benötigte zur Legitimierung seiner rechtlichen Position die Belehnung bzw. Regalienerteilung und Privilegienbestätigung durch den Herrscher, und wer wie Friedrich I. von der Pfalz dennoch ohne königliche Anerkennung regierte, bot damit anderen fürstlichen Konkurrenten eine nicht zu unterschätzende Angriffsfläche. Zugleich besaß der König für die Fürsten als Quelle neuer Privilegien und Vergünstigungen sowie als oberste Gerichts- und Appellationsinstanz große Bedeutung.

Aus dem Blickwinkel des Herrschers stellten sich die Fürsten keineswegs als homogene, sondern als stark differenzierte Schicht dar, die in unterschiedlicher Weise in seinem politischen Kalkül zu berücksichtigen waren. Aus seiner Sicht lassen sich die fürstlichen Landesherrschaften im Reich zu verschiedenen Gruppen zusammenfassen: neben dem eigenen königlichen Territorienkomplex existierten die Herrschaftsgebiete der rivalisierenden Großdynastien, die übrigen Kurfürstentümer sowie die Territorien der königsnahen und königsfernen Fürsten. Im Hinblick auf die politischen Aktivitäten der Fürstentümer setzte sich das Reich faktisch aus etwa 14 regionalen Bereichen zusammen, in denen ein oder auch mehrere Fürsten die Hegemonie ausübten bzw. darum rangen.[81]

Besonders die in den einzelnen Regionen dominierenden Fürsten waren die Adressaten zur Durchsetzung königlicher Macht in den verschiedenen Reichsteilen. Sie schlichteten anstelle des Herrschers Rechtsstreite, vollzogen die Acht und andere Strafmaßnahmen, trieben Steuern ein oder nahmen Schutzfunktionen wahr. Demgegenüber mußten alle Fürsten dem König militärische und finanzielle Hilfe leisten, vor allem seit mit den Hussiten, Armagnaken, Türken oder Ungarn äußere Feinde das Reich bedrohten. Die Teilnahme an den zur Organisierung militärischer Abwehraktionen einberufenen Reichstagen sowie die in den dortigen Beratungen vorgebrachten Vorstellungen zur Kirchen- und Reichsreform[82] waren Ausdruck der Teilhabe am Reich von seiten der Fürsten, die aber eben nur unter diesem äußeren Druck reichspolitisch wirksam wurden. Die fürstliche Politik richtete sich in erster Linie auf die Region, da sich hier die entscheidenden Prozesse bei der Ausformung der Territorien vollzogen. So war es kein Wunder, daß die Reichstage häufig schwach besucht wurden, sich die einzelnen Fürsten nur durch Gesandte vertreten ließen oder gar keine Abordnung entsandten.

Eine Veränderung dieser Situation erfolgte erst gegen Ende des 15. Jahrhunderts mit der Entwicklung des Reichstages zu einer institutionalisierten Ständevertretung, in die auch die Fürsten einbezogen waren und in der sie dem Königtum als sichtbare Verfassungsinstanz gegenübertraten. Dieser Dualismus war Ausdruck einer Herrschaftsteilung zwischen Kaiser und Fürsten, die dem gegenseitigen Kräfteverhältnis entsprach und auf deren Grundlage beide Seiten in der Folgezeit ihre Herrschaft ausübten.[83]

In etwa der gleichen Zeit war die Konsolidierung vor allem der größeren deutschen Fürstentümer, die den Kampf um territoriale Vorherrschaft gegen andere fürstliche Konkurrenten für sich entschieden hatten, im wesentlichen abgeschlossen. Deren Inhaber übten die oberste Friedens- und Kriegsgewalt über ihr Land und dazu das landesherrliche Kirchenregiment aus. Der Ausbau der inneren Struktur ihrer Territorien wurde durch Entwicklungen wie die Vervollkommnung des Steuerwesens, die Einführung der Ämterverfassung oder die Ausweitung des Verwaltungs- und Beamtenapparates vorangetrieben.

Für die Territorien wurde nun auch die bereits bei Heinrich dem Löwen als frühes Beispiel zu verzeichnende Bildung einer festen fürstlichen Residenz typisch, die nicht nur einen politischen und verwaltungsmäßigen, sondern auch einen kulturellen Mittelpunkt bildete. Dies manifestierte sich vor allem in der regen Bautätigkeit, bei der sich das Streben nach angemessener Repräsentation niederschlug, ferner in der Förderung von Malerei und Dichtung. Eine Reihe von Fürsten richtete ihre Aufmerksamkeit auf Bildung und Wissenschaft, gründete Universitäten und versammelte an ihren Hof Philosophen und Gelehrte, die dem Humanismus nahestanden. Zu Ende des 15. Jahrhunderts und in den folgenden Jahrzehnten gelang es auch, eine Anzahl von Fürstentümern, die in mehrere Linien gespalten waren, wieder zu vereinigen und den negativen Folgen der Erbteilungen durch entsprechende Hausgesetze einen Riegel vorzuschieben.

Diese Teilungen waren übrigens ebenso wie die Verbindung mehrerer Fürstentümer in einer Hand oder die gleichzeitige Herrschaft von mehreren Familienmitgliedern ausschlaggebend dafür, daß die Zahl der Personen fürstlichen Standes ständig schwankte. Hinzu kam, daß die Äbte vom kaiserlichen Hof im unterschiedlichen Maß als reichsfürstlich betrachtet wurden, wobei die Äbtissinen zugleich die einzigen weiblichen deutschen Fürsten überhaupt darstellten. Die Zahl der Fürstentümer im Reich veränderte sich auch durch Verlust an äußere Mächte, etwa an Frankreich, sowie durch die Erhebung von weiteren Adelsfamilien in den Fürstenstand.[84]

Geht man der Frage nach, was im deutschen Spätmittelalter die Fürsten von anderen Adligen unterschied, so ist als ein entscheidendes Kriterium ihre unmittelbare Stellung zum König zu nennen, von dem sie direkt ihre Lehen empfingen und dem sie den Treueid leisteten. Von den übrigen Vertretern ihres Standes hoben sie sich außerdem durch eine Reihe von persönlichen Vorrechten sowie Herrschaftsrechten ab,[85] auch wenn es durchaus Beispiele gab, daß der König an einzelne Grafen und Herren fürstenähnliche Rechte quasi auf Lebenszeit verlieh, und jene ebenfalls als Fürsten bzw. Fürstgenossen bezeichnet wurden. Die persönlichen Vorrechte der Fürsten dokumentierten sich bereits in ihrer Titulierung als Glieder des Reiches. Die weltlichen unter ihnen wurden mit *illustris* oder hochgeboren, die geistlichen mit *venerabilis* oder ehrwürdig angesprochen. Hinzu kamen Ehrenämter am Königshof und zeremonielle Ehrenrechte, wie ein besonders feierlicher Lehnsempfang aus der Hand des Herrschers. Bei Gerichtsverfahren gegen weltliche Fürsten mußten mindestens zwei weitere Fürsten anwesend sein, während geistliche Fürsten auch vor das Hofgericht und ohne fürstliche Beisitzer geladen werden konnten.

Zu den besonderen Herrschaftsrechten der Fürsten zählte das der ungeladenen Teilnahme an Hoftagen sowie der Mitwirkung an Rechtsprüchen. Sie übten außerdem die hohe Gerichtsbarkeit aus, wobei bei den geistlichen Fürsten der König lange Zeit den Blutbann an Vögte verlieh, richteten Hofämter[86] nach Vorbild des Königs ein und besaßen das Zoll- und Münzregal. Nur Fürsten konnten Grafen und freien Herren Lehen erteilen, während nichtfürstliche Prälaten keine Vasallen besaßen. Umgekehrt durfte sich nach dem Schwabenspiegel nur der Fürst nennen, der keinen anderen Laienfürsten als Lehnsherr außer dem Kaiser besaß. Aus diesem Grund kämpfte Herzog Bogislaw X. von Pommern (1474–1523) jahrzehntelang gegen die von den brandenburgischen Kurfürsten beanspruchte Lehnshoheit, durch die er aus der Reihe der Reichsfürsten verdrängt zu werden drohte.[87]

Hinter Titel, Rechten und Ehren stand also reale politische Macht, sie waren innerhalb der mittelalterlichen Gesellschaft Ausdruck einer bestimmten Rangfolge und Wertigkeit. Aus diesem Grund führte Erzbischof Balduin von Trier ein Exemplar der sogenannten Balduineen, in denen die wichtigsten Privilegien und damit die herausgehobene politische Stellung des Erzstifts in prachtvoller Weise dokumentiert waren, auf seinen Reisen mit sich. Die Festschreibung fürstlicher und anderer Vorrechte und Aufwertung der Standesqualität, die ihren Niederschlag in entsprechenden kaiserlichen Urkunden fanden, ist eine besonders für das 15. Jahrhundert zu verzeichnende Tendenz. Dabei konnte es auch vorkommen, daß der Kaiser und die kaiserliche Kanzlei wie im Falle der Burggrafen von Meißen falschen Angaben Glauben schenkten, und ihnen den Fürstentitel bestätigten, den sie nie getragen hatten, aber zur Aufwertung ihrer Position gegenüber den sächsischen Kurfürsten für sich reklamierten.[88]

Es gehört zu den Eigenheiten der spätmittelalterlichen Reichsgeschichte, daß auch Vertreter des Adels, die nicht zu den Fürsten zählten, die Königswürde erlangen oder aufgrund ihrer Machtfülle eine anderweitige herausragende Position einnehmen konnten. Zu ersteren gehören die Grafen-Könige Rudolf von Habsburg (1273–1291), Adolf von Nassau, Heinrich VII. von Luxemburg (1308–1313) und Günther von Schwarzburg (1349), von denen Rudolf und Heinrich die ersten Vertreter der späteren Großdynastien Habsburg und Luxemburg auf dem Thron waren. Als Beispiel für die zweite Gruppe kann insbesondere Graf Eberhard II. von Württemberg gelten. Wenngleich die Württemberger Grafen erst 1495 in den Fürstenstand aufgenommen wurden, gehörten sie seit dem 14. Jahrhundert zu den herausragenden politischen Kräften in Südwestdeutschland. Diese Position wird anschaulich durch ein im 15. Jahrhundert entstandenes Gemälde verdeutlicht, das den Grafen Eberhard III. († 1417) im Kreis seiner Räte zeigte, unter denen sich mit den Bischöfen von Basel und Konstanz auch zwei Fürsten befinden.[89]

Der vorliegende Band enthält aus diesem Grund nicht nur Lebensdarstellungen von Personen, die in Besitz des Fürstentitels waren, sondern auch von Adligen, deren Bedeutung weit über die der meisten anderen Fürsten hinausging, wie etwa Eberhard II. von Württemberg, oder deren fürstliche Legitimation wie im Falle der Herzöge Barnim I. und Bogislaw X. von Pommern umstritten war. Die Auswahl der 25 biographischen Skizzen aus der Vielzahl der mittelalterlichen Fürsten erfolgte sowohl nach sachlichen Gesichtspunkten, unter denen verfassungsrechtliche dominierten, als auch aus dem Bestreben heraus, eine möglichst breite zeitliche und geographische Streuung zu erreichen. Selbstverständlich hätten auch biographische Skizzen von vielen anderen geistlichen und weltlichen Großen des mittelalterlichen Reiches Aufnahme finden können, doch erfordert der vorgegebene Rahmen eines Bandes notwendigerweise eine Selektion. Entsprechend der herausragenden Bedeutung des 12. Jahrhunderts in der Verfassungsentwicklung des mittelalterlichen römisch-deutschen Reiches liegt der Schwerpunkt des Buches in diesem Zeitraum. Der Bogen der Biographien spannt sich in chronologischer Folge von Herzog Arnulf von Bayern zu Herzog Bogislaw X. von Pommern, vom Zerfall des karolingischen Großreichs bis hin zur Schwelle zwischen Mittelalter und Neuzeit sowie zur Reformation. Räumlich erfaßt der Band fürstliche Herrschaftsgebiete aus dem Reichsgebiet nördlich der Alpen, die von Pommern im Nordosten bis zur burgundischen Grenze im Südwesten reichen.

Die einzelnen Autoren haben sich in ganz unterschiedlicher Weise ihren »Helden« genähert und versucht, deren Leben und Wirken in längeren oder kürzeren biographischen Skizzen einem größeren Leserkreis darzubringen, der Lehrer und Studierende ebenso umfassen soll wie Fachkollegen und historisch Interessierte. Sie betrachten dabei die Fürsten nicht nur als politisch Handelnde, sondern beleuchten auch ihr persönliches Umfeld und ihre Charaktereigenschaften, sofern dies aufgrund der Quellenlage möglich ist. Als Ergebnis liegen 25 Lebensbilder von Persönlichkeiten vor, die innerhalb der mittelalterlichen Gesellschaft zwar annähernd den gleichen rechtlichen Stand besaßen, angesichts differierender politischer Rahmenbedingungen, Handlungsspielräume und persönlicher Fähigkeiten aber durchaus ganz verschiedene Herrschertypen verkörperten und sich in unterschiedlichen Wirkungsfeldern hervortaten – sei es im Rahmen des Gesamtreiches oder ihres eigenen Territoriums, sei es im Dienst des Königs oder in dessen Gegnerschaft, sei es als Politiker, Feldherr und Diplomat oder als Wirtschaftsförderer, Bauherr und Mäzen.

1 Die Goldene Bulle Kaiser Karls IV. vom Jahre 1356. Text, bearb. v. W. D. FRITZ, Weimar 1972 (Fontes iuris Germanici antiqui in us. schol. ex Monumentis Germaniae historicis separatim editi 11), cap. 12: De congregatione principum; Die Goldene Bulle. Das Reichsgesetz Kaiser Karls IV. vom Jahre 1356. Deutsche Übersetzung von W. D. FRITZ. Geschichtliche Würdigung von E. MÜLLER-MERTENS, Weimar 1978, S. 65.
2 MÜLLER-MERTENS, Geschichtliche Würdigung, S. 15f. und S. 23.
3 FRITZ, Reichsgesetz, S. 88.
4 H. KELLER, Grundlagen der ottonischen Königsherrschaft, in: Reich und Kirche vor dem Investiturstreit, hg. v. K. SCHMID, Sigmaringen 1985, S. 17–34; DERS., Zwischen regionaler Begrenzung und universalem Horizont. Deutschland im Imperium der Salier und Staufer 1024 bis 1250, Frankfurt a. M./Berlin 1986 (Propyläen Geschichte Deutschlands 2), S. 15ff.; DERS., Reichsorganisation, Herrschaftsformen und Gesellschaftsstrukturen im Regnum Teutonicum, in: Il secolo di ferro: mito e realtà del secolo X, Spoleto 1991 (38. Settimana internazionale di studio), S. 159–195.
5 Zur Forschungsdiskussion über den Charakter und die Struktur der Herzogtümer vgl. H.-W. GOETZ, Herzog, Herzogtum, in: Lexikon des Mittelalters, Bd. 4, München/Zürich 1989, Sp. 2189–2193.
6 H. K. SCHULZE, Hegemoniales Kaisertum. Ottonen und Salier, Berlin 1991 (Das Reich und die Deutschen), S. 92ff.
7 Zur Forschungsdiskussion über Arnulfs Königtum und dessen Bezugsrahmen vgl. die Ausführungen von E. MÜLLER-MERTENS in der biographischen Skizze Herzog Arnulfs von Bayern (907–937) in diesem Bd.
8 Zur Geschichte der Fürsten im mittelalterlichen Reich nach wie vor grundlegend J. FICKER, Vom Reichsfürstenstande. Forschungen zur Geschichte der Reichsverfassung, zunächst im 12. und 13. Jahrhunderte, 2 Bde. in 4 Teilen, ab Bd. 2,1 hg. u. bearb. v. P. PUNTSCHART, Innsbruck/Graz 1861–1923; F. SCHÖNHERR, Die Lehre vom Reichsfürstenstande des Mittelalters, Diss. Leipzig 1914. Vgl. zudem H. KOLLER, Die Bedeutung des Titels »princeps« in der Reichskanzlei unter den Saliern und Staufern, in: MIÖG 68 (1960), S. 63–80; K. BRUNNER, Die fränkischen Fürstentitel im neunten und 10. Jahrhundert, in: Intitulatio II. Lateinische Herrscher- und Fürstentitel im 9. und 10. Jahrhundert, hg. v. H. WOLFRAM, Wien/Köln/Graz 1973 (MIÖG, Erg.-Bd. 24), S. 179–325; H.-W. GOETZ, Fürst, Fürstentum, in: Lexikon des Mittelalters 4, Sp. 1029f.

9 Vgl. die biographische Skizze Erzbischof Adalberts von Hamburg-Bremen (1043–1072) von W. Huschner in diesem Bd.

10 Herimanni Augiensis chronicon, hg. v. G. H. Pertz, in: MGH. SS. 5, Hannover 1844, S. 67–133, ad a. 1053.

11 K. J. Leyser, Herrschaft und Konflikt. König und Adel im ottonischen Sachsen, Göttingen 1984 (Veröffentlichungen des Max-Planck-Instituts für Geschichte 76); F. R. Erkens, Fürstliche Opposition in ottonisch-salischer Zeit. Überlegungen zum Problem der Krise des frühmittelalterlichen Reiches, in: AfK 64 (1982), S. 307–370; G. Althoff, Königsherrschaft und Konfliktbewältigung im 10. und 11. Jahrhundert, in: FMSt 23 (1989), S. 265–290.

12 Vgl. die biographische Skizze Ottos von Northeim, Herzog von Bayern (1061–1070), von O. B. Rader in diesem Bd.

13 H. Keller, Die Investitur. Ein Beitrag zum Problem der ›Staatssymbolik‹ im Hochmittelalter, in: FMSt 27 (1993), S. 51–86.

14 H. M. Schaller, Der heilige Tag als Termin mittelalterlicher Staatsakte, in: DA 30 (1974), S. 1–24; W. Huschner, Kirchenfest und Herrschaftspraxis. Die Regierungszeiten der ersten beiden Kaiser aus liudolfingischem Hause (936–983), in: ZfG 41 (1993), S. 24–55 und S. 117–134.

15 Thietmari Merseburgensis episcopi Chronicon, hg. v. R. Holtzmann, Berlin 1935 (MGH. SS. rer. germ. n. s. 9), lib. II, cap. 28 und 30; G. Althoff, Das Bett des Königs in Magdeburg. Zu Thietmar II,28, in: Festschrift für Berent Schwineköper, hg. v. H. Maurer/H. Patze, Sigmaringen 1982, S. 141–153; Leyser, Herrschaft und Konflikt, S. 46f. und S. 151f.; Ders., Ritual, Zeremonie und Gestik: Das ottonische Reich, in: FMSt 27 (1993), S. 10ff.

16 Vgl. die biographische Skizze Erzbischof Adalberts von Magdeburg (968–981) von O. B. Rader in diesem Bd.

17 Thietmari Chronicon, lib. V, cap. 4–6; vgl. die biographische Skizze Markgraf Ekkehards I. von Meißen (985–1002) von W. Bleiber in diesem Bd.

18 H. Keller, Schwäbische Herzöge als Thronbewerber: Hermann II. (1002), Rudolf von Rheinfelden (1077), Friedrich von Staufen (1125). Zur Entwicklung von Reichsidee und Fürstenverantwortung, Wahlverständnis und Wahlverfahren im 11. und 12. Jh., in: ZGO 131 (1983), S. 123–162.

19 Wipo, Gesta Chuonradi II. imperatoris, in: Wiponis opera, hg. v. H. Bresslau, 3. Aufl., Hannover/Leipzig 1915, cap. 2.

20 G. Theuerkauf, Fürst, in: Handwörterbuch zur Deutschen Rechtsgeschichte, hg. v. A. Erler/ E. Kaufmann, mitbegr. v. W. Stammler, Bd. 1, Berlin 1971, Sp. 1337ff.; A. Krah, Absetzungsverfahren als Spiegelbild von Königsmacht. Untersuchungen zum Kräfteverhältnis zwischen Königtum und Adel im Karolingerreich und seinen Nachfolgestaaten, Aalen 1987 (Untersuchungen zur deutschen Staats- und Rechtsgeschichte N. F. 26), S. 249–372.

21 G. Tellenbach, Der Charakter Kaiser Heinrichs IV.. Zugleich ein Versuch über die Erkennbarkeit menschlicher Individualität im hohen Mittelalter, in: Person und Gemeinschaft im Mittelalter, hg. v. G. Althoff/D. Geuenich/O. G. Oexle/J. Wollasch, Sigmaringen 1988, S. 345–367.

22 K. Schmid, Über das Verhältnis von Person und Gemeinschaft im früheren Mittelalter, in: FMSt 1 (1967), S. 225–249; K. Schmid/J. Wollasch, Societas et fraternitas. Begründung eines kommentierten Quellenwerkes zur Erforschung der Personen und Personengruppen im Mittelalter, in: FMSt 9 (1975), S. 1–48; G. Althoff, Verwandte, Freunde und Getreue. Zum politischen Stellenwert der Gruppenbindungen im früheren Mittelalter, Darmstadt 1990; Ders., Amicitiae und pacta. Politik, Einung, Ungarnabwehr und Gebetsgedenken im beginnenden 10. Jahrhundert, München 1992 (Schriften der MGH 37).

23 O. G. Oexle, Memoria und Memorialüberlieferung im früheren Mittelalter, in: FMSt 10

(1976), S. 70–95; K. SCHMID, Das liturgische Gedenken in seiner historischen Relevanz, in: Freiburger Diözesan-Archiv 99 (1979), S. 20–44; J. WOLLASCH, Die mittelalterliche Lebensform der Verbrüderung, in: Memoria. Der geschichtliche Zeugniswert des liturgischen Gedenkens im Mittelalter, hg. v. K. SCHMID/J. WOLLASCH, München 1984, S. 215–232; G. TELLENBACH, Die historische Dimension der liturgischen Commemoratio im Mittelalter, in: ebenda, S. 200–214; G. ALTHOFF, Gebetsgedenken für Teilnehmer an Italienzügen. Ein bisher unbeachtetes Trienter Diptychon, in: FMSt 15 (1981), S. 36–67.

24 G. ALTHOFF, Adels- und Königsfamilien im Spiegel ihrer Memorialüberlieferung. Studien zum Totengedenken der Billunger und Ottonen, München 1984 (Münstersche Mittelalter-Schriften 47).

25 M. BORGOLTE, Die Stiftungen des Mittelalters in rechts- und sozialhistorischer Sicht, in: ZRG KA 74 (1988), S. 71–94; DERS., Die mittelalterliche Kirche, München 1992 (Enzyklopädie Deutscher Geschichte 17), S. 121f.; DERS., Stiftungen des Mittelalters im Spannungsfeld von Herrschaft und Genossenschaft, in: Memoria in der Gesellschaft des Mittelalters, hg. v. D. GEUENICH/O. G. OEXLE, Göttingen 1994 (Veröffentlichungen des Max-Planck-Instituts für Geschichte 111), S.267–285.

26 G. ALTHOFF, Zur Verschriftlichung von Memoria in Krisenzeiten, in: Memoria in der Gesellschaft des Mittelalters, S. 56–73;

27 O. G. OEXLE, Die funktionale Dreiteilung der ›Gesellschaft‹ bei Adalbero von Laon. Deutungsschemata der sozialen Wirklichkeit im früheren Mittelalter, in: FMSt 12 (1978), S. 1–54; Ders., Deutungsschemata der sozialen Wirklichkeit im frühen und hohen Mittelalter. Ein Beitrag zur Geschichte des Wissens, in: Mentalitäten im Mittelalter. Methodische und inhaltliche Probleme, hg. v. F. GRAUS, Sigmaringen 1987 (Vorträge und Forschungen 35), S. 65–117.

28 F. PRINZ, Klerus und Krieg im früheren Mittelalter, Stuttgart 1971 (Monographien zur Geschichte des Mittelalters 2); G. TELLENBACH, Die historische Dimension der liturgischen Commemoratio im Mittelalter, in: Memoria. Der geschichtliche Zeugniswert des liturgischen Gedenkens im Mittelalter, S. 212.

29 R. SCHIEFFER, Der ottonische Reichsepiskopat zwischen Königtum und Adel, in: FMSt 23 (1989), S. 291–301.

30 A. GRAF FINCK VON FINCKENSTEIN, Bischof und Reich. Untersuchungen zum Integrationsprozeß des ottonisch-frühsalischen Reiches (919–1056), Sigmaringen 1989 (Studien zur Mediävistik 1).

31 J. FLECKENSTEIN, Die Hofkapelle der deutschen Könige. T. 2: Die Hofkapelle im Rahmen der ottonisch-salischen Reichskirche, Stuttgart 1966 (Schriften der MGH 16,2); DERS., Problematik und Gestalt der ottonisch-salischen Reichskirche, in: Reich und Kirche vor dem Investiturstreit, S. 83–98.

32 H. ZIELINSKI, Der Reichsepiskopat in spätottonischer und salischer Zeit (1002–1125), Stuttgart 1984, S.19 ff. und S. 74ff.

33 Vgl. die biographischen Skizzen der Erzbischöfe Willigis und Anno II. VON G. BEYREUTHER und W. EGGERT in diesem Bd.

34 C. BRÜHL, Fodrum, Gistum, Servitium regis. Studien zu den wirtschaftlichen Grundlagen des Königtums im Frankenreich und in den fränkischen Nachfolgestaaten Deutschland, Frankreich und Italien vom 6. bis zur Mitte des 14. Jahrhunderts, 2 Bde., Köln/Graz 1968 (Kölner Historische Abhandlungen 14,1 u. 2); W. METZ, Das Servitium regis. Zur Erforschung der wirtschaftlichen Grundlagen des hochmittelalterlichen deutschen Königtums, Darmstadt 1978 (Erträge der Forschung 89).

35 ZIELINSKI, Reichsepiskopat, S. 201f.

36 H. BANNASCH, Das Bistum Paderborn unter den Bischöfen Rethar und Meinwerk (983–1036), Paderborn 1972 (Studien und Quellen zur Westfälischen Geschichte 12), S. 308ff.

37 H. Hoffmann, Grafschaften in Bischofshand, in: DA 46 (1990), S. 375–480.

38 Adam von Bremen, Gesta Hammaburgensis ecclesiae pontificium, hg. v. B. Schmeidler, 3. Aufl., Hannover/Leipzig 1917 (MGH. SS. in us. schol.), lib. III, cap. 5, 46/45.

39 K. Heinemeyer, König und Reichsfürsten in der späten Salier- und frühen Stauferzeit, in: BlldtLG 122 (1986), S. 21ff.

40 Zu Erzbischof Brun von Köln vgl. die biographische Skizze von B. Pätzold in diesem Bd.

41 Vgl. M. Balzer, Zeugnisse für das Selbstverständnis Bischof Meinwerks von Paderborn, in: Tradition als historische Kraft. Interdiziplinäre Forschungen zur Geschichte des früheren Mittelalters, hg. v. N. Kamp/J. Wollasch, Berlin/New York 1982, S. 267–296 und die biographische Skizze Bischof Meinwerks von G. Beyreuther in diesem Bd.

42 St. Weinfurter, Herrschaft und Reich der Salier. Grundlinien einer Umbruchzeit, Sigmaringen 1991, S. 58ff.

43 Adam von Bremen, Gesta, lib. III, cap. 1; Keller, Investitur, S. 64f.

44 MGH, Const. I, Nr. 107, S. 159f.; A. Hofmeister, Das Wormser Konkordat. Zum Streit um seine Bedeutung. Mit einer textkritischen Beilage, in: Forschungen und Versuche zur Geschichte des Mittelalters und der Neuzeit. Festschrift D. Schäfer, Jena 1915, S. 64–148; P. Classen, Das Wormser Konkordat in der deutschen Verfassungsgeschichte, in: Investiturstreit und Reichsverfassung, hg. v. J. Fleckenstein, Sigmaringen 1973 (Vorträge und Forschungen 17), S. 411–460; M. Minninger, Von Clermont zum Wormser Konkordat, Köln/Wien 1978 (Forschungen zur Kaiser- und Papstgeschichte. Beihefte zu J. F. Böhmer, Regesta Imperii 2); R. Schieffer, Die Entstehung des päpstlichen Investiturverbots für den deutschen König, Stuttgart 1981 (Schriften der MGH 28); W. Hartmann, Der Investitursstreit, München 1993 (Enzyklopädie Deutscher Geschichte 21), S. 42f.

45 Vgl. die biographische Skizze Erbischof Adalberts I. von Mainz (1109–1137) von P. Neumeister in diesem Bd.

46 Heinemeyer, König, S. 10ff.

47 R. Boerger, Die Belehnungen der deutschen geistlichen Fürsten, Leipzig 1901 (Leipziger Studien aus dem Gebiet der Geschichte 8,1), S. 66ff. und S. 83ff.

48 Heinemeyer, König, S. 15.

49 Hartmann, Investiturstreit, S. 91f.

50 B. Töpfer, Kaiser Friedrich I. Barbarossa und der deutsche Reichsepiskopat, in: Friedrich Barbarossa. Handlungsspielräume und Wirkungsweisen des staufischen Kaisers, hg. v. A. Haverkamp, Sigmaringen 1992 (Vorträge und Forschungen 40), S. 389–433.

51 K. F. Krieger, Die Lehnshoheit der deutschen Könige im Spätmittelalter (ca. 1200–1437), Aalen 1979 (Untersuchungen zur deutschen Staats- und Rechtsgeschichte N. F. 23), S. 156ff.

52 Ebenda, S. 168 und S. 173; Heinemeyer, König, S. 17.

53 Ebenda, S. 21.

54 Weinfurter, Herrschaft, S. 64ff.

55 Ottonis et Rahewini gesta Friderici I. imperatoris, hg. v. G. Waitz, 3. Aufl., Hannover/Leipzig 1912, lib. I, cap. 9.

56 Vgl. die biographische Skizze Herzog Konrads von Zähringen (1122–1152) von P. Neumeister in diesem Bd. und Th. Zotz, Dux de Zaringen – dux Zaringiae. Zum zeitgenössischen Verständnis eines neuen Herzogtums im 12. Jahrhundert, in: ZGO 139 (1991), S. 1–44.

57 Vgl. die biographische Skizze Markgraf Albrechts des Bären von H. Assing in diesem Bd.

58 Vgl. die biographische Skizze Erzbischof Wichmanns von Magdeburg (1152–1192) von M. Springer in diesem Bd.

59 Die Urkunden Friedrichs I. 1152–1158, bearb. v. H. Appelt unter Mitwirkung v. R. M. Herkenrath/W. Koch/J. Riedmann/W. Stelzer/K. Zeillinger, Hannover 1975 (MGH. Diplomata regum et imperatorum Germaniae 10,1), Nr. 151; H. Appelt, Privilegium minus,

2. Aufl., Wien/Köln/Graz 1976; vgl. die entsprechenden Abschnitte in den Biographien Heinrichs des Löwen und Heinrichs Jasomirgott von E.-M EIBL und M. LINDNER in diesem Bd.

60 J. FRIED, Otto III. und Boleslaw Chrobry, Stuttgart 1989 (Frankfurter Historische Abhandlungen 30), S. 24f. und S. 42ff.; KELLER, Investitur, S. 56ff. und S. 71.

61 Ottonis et Rahewini gesta Friderici, lib. II, cap. 57.

62 Vgl. die biographische Skizze Heinrichs des Löwen von E.-M. EIBL in diesem Bd; zum Prozeß von 1180 vgl. zuletzt K. HEINEMEYER, Kaiser und Reichsfürst. Die Absetzung Heinrichs des Löwen durch Friedrich Barbarossa (1180), in: Macht und Recht. Große Prozesse in der Geschichte, hg. v. A. DEMANDT, München 1990, S. 59—79; zum Verhältnis von Memoria und welfischer Residenz vgl. O. G. OEXLE, Die Memoria Heinrichs des Löwen, in: Memoria in der Gesellschaft des Mittelalters, S. 171ff.

63 HEINEMEYER, König, S. 34ff..

64 KRIEGER, Lehnshoheit, S. 117ff.; DERS., Heerschild, -ordnung, in: Lexikon des Mittelalters 4, Sp. 2007f.

65 Vgl. die Biographie Konrads von Hochstaden, Erzbischof von Köln (1238–1261), von E. ENGEL in diesem Bd.

66 MÜLLER-MERTENS, Geschichtliche Würdigung, S. 21.

67 Vgl. H. THOMAS, Deutsche Geschichte des Spätmittelalters 1250–1500, Stuttgart/Berlin/Köln/Mainz 1983, S. 18.

68 Vgl. zur Landesherrschaft, über deren Wesen und Inhalt in der Mediävistik eine durchaus kontroverse Diskussion geführt wird, D. WILLOWEIT, Die Entwicklung und Verwaltung der spätmittelalterlichen Landesherrschaft, in: Deutsche Verwaltungsgeschichte, hg. v. K. G. A. JESERICH/H. POHL/G. CH. v. UNRUH, Bd. 1: Vom Spätmittelalter bis zum Ende des Reiches, Stuttgart 1983, S. 67ff.; P. MORAW, Die Entfaltung der deutschen Territorien im 14. und 15. Jahrhundert, in: Landesherrliche Kanzleien im Spätmittelalter, Bd. 1, München 1984, S. 61ff.; DERS., Von offener Verfassung zu gestalteter Verdichtung. Das Reich im späten Mittelalter 1250 bis 1490, Berlin 1985 (Propyläen Geschichte Deutschlands 3), S. 183ff.; E. SCHUBERT, König und Reich. Studien zur spätmittelalterlichen deutschen Verfassungsgeschichte, Göttingen 1979 (Veröffentlichungen des Max-Planck-Instituts für Geschichte 63), S. 308ff.; K. CZOK, Charakter und Entwicklung des feudalen deutschen Territorialstaates, in: ZfG 21 (1973), S. 925ff. sowie die Beiträge in den Sammelbänden Der deutsche Territorialstaat im 14. Jahrhundert, hg. v. H. PATZE, Bd. 1 u. 2, Sigmaringen 1970/71 (Vorträge und Forschungen 13 u. 14).

69 Vgl. E. KLINGELHÖFER, Die Reichsgesetze von 1220, 1231/32 und 1235, Weimar 1955 (Quellen und Studien zur Verfassungsgeschichte des Deutschen Reichs im Mittelalter 8,2); B. TÖPFER/E. ENGEL, Vom staufischen Imperium zum Hausmachtkönigtum. Deutsche Geschichte vom Wormser Konkordat bis zur Doppelwahl von 1314, Weimar 1976, S. 191ff.

70 Vgl. zu Barnim I. von Pommern und Johann II. von Mainz die beiden Biographien v. H. BÖCKER und E. HOLTZ in diesem Bd.

71 Vgl. H. BOOCKMANN, Stauferzeit und spätes Mittelalter. Deutschland 1125–1517, Berlin 1987 (Das Reich und die Deutschen), S. 320.

72 Vgl. zu Eberhard II. von Württemberg und Balduin von Trier die beiden Biographien von E. HOLTZ und W. EGGERT in diesem Bd.

73 Vgl. E. SCHUBERT, Einführung in die Grundprobleme der deutschen Geschichte im Spätmittelalter, Darmstadt 1992, S. 197ff.

74 Ebenda, S. 205ff.

75 Vgl. ebenda, S. 199f. sowie die Biographie über Herzog Ludwig I. von Bayern von M. LINDNER in diesem Bd.

76 Vgl. die Biographie Friedrichs I. von der Pfalz von E. HOLTZ in diesem Bd.

77 Vgl. E. Holtz, Kaiser Friedrich III. und Thüringen, in: Kaiser Friedrich III. (1440–1493) in seiner Zeit. Studien anläßlich des 500. Todestages am 19. August 1493/1993, hg. v. P.-J. Heinig, Köln/Weimar/Wien 1993 (Forschungen zur Kaiser- und Papstgeschichte des Mittelalters. Beihefte zu J. F. Böhmer, Regesta Imperii 12), S. 253.

78 Vgl. zu folgendem P. Moraw, Fürstentum, Königtum und »Reichsreform« im deutschen Spätmittelalter, in: BlldtLG 122 (1986), S. 121ff.; Ders., Entfaltung, S. 95ff.

79 Vgl. die Biographien Hermanns I. von Thüringen und Albrechts II. von Mecklenburg von P. Neumeister und W. Huschner in diesem Bd.

80 Vgl. zum Verhältnis des Königs zu den Fürsten Schubert, König und Reich, S. 297ff.

81 Vgl. Moraw, Entfaltung, S. 95ff.

82 Vgl. H. Angermeier, Die Reichsreform 1410–1555, München 1984, S. 131ff.

83 Vgl. Moraw, Von offener Verfassung, S. 416ff., Ders., Fürstentum, S. 127ff.; Schubert, Einführung, S. 232ff.

84 Vgl. zur Zahl der Fürstentümer und zur territorialen Entwicklung des Reiches im Spätmittelalter Moraw, Fürstentum, S. 122; Boockmann, Stauferzeit, S. 296ff.

85 Vgl. zu folgendem K. F. Krieger, Fürstliche Standesvorrechte im Spätmittelalter, in: BlldtLG 122 (1986), S. 91ff.

86 Vgl. W. Rösener, Hofämter an mittelalterlichen Fürstenhöfen, in: DA 45 (1989), S. 485ff.

87 Vgl. die Biographie Bogislaws X. von Pommern von H. Böcker in diesem Bd.

88 Vgl. T. Märcker, Das Burggrafthum Meissen, Leipzig 1842, S. 371f.

89 Vgl. Boockmann, Stauferzeit, S. 318f.

Arnulf

HERZOG VON BAYERN
(907–937)

von Eckhard Müller-Mertens

Danach erwarb unser Herzog Arnulf auch zuerst Ruhm,
er, dem ein Höherer Tugend verliehen,
berühmt ob seiner Tapferkeit, und erhaben im Glanz des Sieges;
denn er stammt aus der Nachkommenschaft von Kaisern und Königen,
und durch ihn ist das Christenvolk vom Wüten des heidnischen Schwertes befreit
und in ein freies Leben versetzt worden.
(Zeitgenössisches »Bruchstück vom Herzog Arnulf«)

Arnulf von Bayern, unser ruhmreicher und erhabener Herzog, wie ihn ein bayerischer Zeitgenosse pries,[1] wurde nach der herrschenden Auffassung in der Abtei St. Emmeram zu Regensburg beigesetzt. Den Besuchern wird die Deckplatte seines Hochgrabes im nördlichen Nebenchor der Kirche gezeigt, eine romanische Grabplatte, die nach dem Klosterbrand von 1166 angefertigt worden ist. Zugleich erfahren die Besucher, daß es sich um ein leeres Grab handelt. Weil Arnulf ein Kirchenräuber gewesen sei, wäre sein Leichnam wieder aus der Kirche herausgeschafft worden.

Die Nachricht von einer Beisetzung Arnulfs in St. Emmeram und seiner alsbaldigen Entfernung von dem geweihten Ort findet sich zuerst in einer Wundergeschichte über den schrecklichen Tod des Herzogs, die in der Mitte des 12. Jahrhunderts im Kloster Tegernsee entstand. In St. Emmeram selbst wurde der Anspruch auf das Grab nicht vor dem Ende des 15. Jahrhunderts erhoben. Damals ordnete man die genannte Grabplatte Arnulf zu. Für wen sie ursprünglich ausgeführt wurde, vielleicht einen Regensburger Bischof, ist unbekannt. Der Subprior Erasmus Daum verfaßte eine Inschrift für das angebliche oder vermeintliche Arnulfgrab und bat den Humanisten Konrad Celtis in einem Brief aus dem Jahre 1494 um eine Verbesserung der beigelegten Inschrift.[2] Auch fand die Angelegenheit in einem gleichzeitigen, von Daum oder dem Prior Lorenz Aicher geschriebenen Gedicht *Über den gottlosen, den bösen Herzog Arnulf* ihren Niederschlag.[3] Wo Herzog Arnulf tatsächlich begraben wurde und was mit seinem Grab geschah, ist unbekannt.

All dies weist zunächst auf das Dunkel, welches durch die spärliche Überlieferung über den Lebenslauf Arnulfs von Bayern und allgemein über das 10. Jahrhundert bis in dessen sechziger Jahre ausgebreitet ist. Dann aber auf den entscheidenden Umstand: Die Geschichte Herzog Arnulfs wurde – so oder so – maßgeblich aufgrund der Urteile geschrieben, welche die Nachwelt über ihn fällte, der Verdikte Kirchenräuber, Reichsfeind, Gegenkönig, Tyrann sowie der Lobpreisungen Gründer des bayerischen Staates, weiser Fürst, unter den guten Fürsten der beste. Die wenigen bekannten Ereignisse erfuhren durch die Chronisten und Historiker vom Ausgang des 10. Jahrhunderts über die Jahrhunderte hinweg je nach dem kirchlichen, klerikalen oder konfessionellen wie den politischen, dynastisch-territorialen oder nationalen Wertvorstellungen und Leitbildern eine sehr unterschiedliche Auslegung. In sie fanden angenommene Taten und unterstellte Absichten auf konstitutive Weise Eingang. Erst in den letzten Jahrzehnten waltet in der Geschichtsschreibung ein Bemühen um ausgewogene Urteile.[4]

Herzog Arnulf[5] starb am 14. Juli 937. Das Geburtsdatum ist nicht bekannt. Sein Vater war Markgraf Liutpold, der an der Spitze des bayerischen Herzogshauses der Liutpoldinger gesehen wird und am 4. Juli 907 in der Schlacht bei Preßburg fiel. In einigen ihrer Urkunden bezeichneten Kaiser Arnulf von Kärnten und König Ludwig das Kind Arnulfs Vater Liutpold als ihren Verwandten. Vermutlich wurde die verwandtschaftliche Verbindung durch Liutpolds Tante Liutswind vermittelt. Diese – nach dem zeitgenössischen Urteil eine hochedle Frau – hatte in einem nichtehelichen Verhältnis zu König Karlmann von Bayern und Italien gestanden. Daraus war der spätere Kaiser Arnulf, geboren um 850, hervorgegangen. Entsprechend der hochadligen Herkunft und Stellung Liutswinds sind ihr Vater oder Bruder oder andere Anverwandte zu den bayerischen Adligen zu rechnen, welchen die Karolingerkönige Ämter verliehen hatten. Sicher waren sie Grafen. Arnulfs Mutter war Kunigunde, eine Schwester der schwäbischen Grafen Erchanger und Berthold, die dem Adelsgeschlecht der Alaholfinger zugerechnet werden und politische Spitzenpositionen in Schwaben einnahmen. Aus der Ehe ging außer Arnulf noch ein jüngerer Sohn, Berthold, hervor. Weiter lassen sich die Herkunft und verwandtschaftlichen Beziehungen Arnulfs und der Liutpoldinger nicht verfolgen. Augenscheinlich gehörten sie in die den Karolingern verbundenen, von ihnen mit Ämtern versehenen und in überregionalen Beziehungen stehenden Adelskreise Bayerns. Aus dem Tatbestand, daß Arnulfs Mutter Kunigunde nach dem Tode ihres Mannes Liutpold noch einmal heiratete, wurde auf ein noch jugendliches Alter der beiden Söhne Arnulf und Berthold beim Tode des Vaters 907 geschlossen.

So mag Arnulf in den achtziger Jahren des 9. Jahrhunderts das Licht der Welt erblickt haben.

Sein Vater Liutpold, von dem das neue bayerische Herzogshaus seinen Ausgang nahm, ist in den Quellen zuerst 895 faßbar. Sein Aufstieg ging einher mit dem Sturz der Grafen Ruodbert von Karantanien und Engelschalk in Oberpannonien 893 sowie 895 Engildeos, Markgraf der Bayern und mächtigster Mann nach dem König im bayerischen Stammesgebiet. Liutpold zeigt sich 895 und danach im Besitz ihrer Ämter, jetzt Markgraf der Bayern und Graf in den östlichen Teilen, genannt Karantanien, in Oberpannonien, auch Graf im Nord- und im Donaugau. Das bedeutete eine Ämterhäufung, eine Machtkonzentration in Bayern, die praktische Ausschaltung konkurrierender Adelshäuser. Im Einvernehmen mit dem Kaiser vereinte Liutpold die Herrschaft über das Stammland, die Ostmarken und den bayerischen Nordgau. Der tatsächlichen Machtbefugnis nach nahm er eine herzogliche Stellung ein. Als nach dem Tode Kaiser Arnulfs Ludwig das Kind 900 in Forchheim zum König gewählt wurde, dürfte Liutpold zu den Königswählern gehört haben. Er erschien im Regentschaftsrat für das königliche Kind. Der Überlieferung nach griff er seit 903 vom Nordgau auf Ostfranken aus. Das führte in eine Konkurrenz, in eine Gegnerschaft zu den mainfränkischen Babenbergern. Durch diese Konstellation kam es zu einer übereinstimmenden Interessenlage und Verbindung mit den rheinfränkischen Konradinern.

Die Konradiner stritten damals um die vorherrschende Position in Franken und Lothringen. Sie nahmen dafür König Ludwig das Kind in Anspruch, an dessen Hof sie bald dominierten. Die Konkurrenz mit den Babenbergern um die Hegemonie in Franken führte von 902 bis 906 zu schweren Kämpfen. Markgraf Liutpold beteiligte sich 906 am Feldzug der Konradiner mit dem König gegen Adalbert von Babenberg. Dieser unterlag und wurde hingerichtet. Die Konradiner hatten ihren Führungsanspruch in Franken endlich durchgesetzt. Jedoch räumten sie dem in Bayern dominierenden Markgrafen Liutpold eine bedeutende Einflußsphäre in Ostfranken ein. Das Jahr 906 bildete damit eine Zäsur. König Ludwig das Kind ist seitdem nicht mehr in Bayern nachzuweisen. Er wurde entgegen der herrschenden Meinung auch nicht im Kloster St. Emmeram zu Regensburg begraben. Bayerische Große erschienen von nun an kaum noch am Königshof. Liutpold konnte uneingeschränkt eine vizekönigliche Stellung in Bayern einnehmen, in Konkordanz mit den rheinfränkischen Konradinern und dem von diesen bestimmten Königshof.

Betrieb Markgraf Liutpold einerseits eine Machtkumulation bis hin zur politischen Führung in Bayern, so stellte er sich andererseits der Aufgabe der Ungarnabwehr. Die Ungarn waren seit dem Ende des 9. Jahrhunderts im Besitz der Theißebene und unternahmen fortan unaufhörlich Beute- bzw. Raubzüge in die Räume des Großmährischen und des alten Karolingerreiches. Liutpold trat ihnen entgegen. Ungarische Scharen erlitten 900 bei Linz, 901 an der Fischa eine Niederlage. Auch 903 kam es zum Kampf zwischen Bayern und Ungarn. Nachdem diese 905/906 das Großmährische Reich zerschlagen hatten, entschloß sich der Markgraf der Bayern zum Gegenangriff. Er stieß gegen die Ungarn vor. Am 4. Juli 907 kam es bei Preßburg zur Schlacht, in der die Ungarn das bayerische Heer vernichteten. Als dessen Führer fand Markgraf Liutpold den Schlachtentod. Im Kampf fielen auch drei bayerische Bischöfe, unter ihnen Erzbischof Theotmar von Salzburg. Die Bayern verloren nicht nur die Schlacht, sondern auch weite Gebiete an die Ungarn, die bayerischen Ostmarken bis zur Enns.

In jener Situation, der Machtausdehnung Liutpolds nach Ostfranken durch den Sieg über den Babenberger Adalbert im Bunde mit den Konradinern 906 und der schweren Niederlage gegen die Ungarn 907, trat Arnulf das Erbe seines Vaters an. Dieser hatte die beiden maßgeblichen Herausforderungen seiner Zeit an die hochadligen Geschlechter, Grundherren und Herrschaftsträger angenommen. In den Auflösungsprozessen des Karolingerreiches hatte sich der Aufstieg regionaler, mit den Karolingern zwar verwandter und in Ämter eingesetzter, aber regional verwurzelter und getragener Adelskräfte vollzogen. In Konkurrenz miteinander nahmen diese in den politischen Regionen, den Reichsteilen oder abermals geteilten Teilreichen, den Königsprovinzen oder Stammesgebieten den Kampf um die politische Führung auf. Er wurde ausgefochten bis zur Ausschaltung der Konkurrenten und der Durchsetzung vizeköniglicher oder königlicher Positionen.[6] Angesichts des Ungarnsturmes, der sich um 900 zu voller Stärke erhob, sollten die Adelsrivalitäten in den Ungarn nahe gelegenen oder ihnen leicht erreichbaren Räumen wie Bayern und Sachsen zurücktreten. Diese Bedrohung stellte die zweite Herausforderung dar. Die Abwehr der einbrechenden Raubscharen wie Schutzmaßnahmen gegen die schweifenden Invasoren bedurften der Organisation und des Organisators, die Abwehrkämpfe der Führung.[7]

In den achtziger Jahren des 9. Jahrhunderts geboren, wuchs Arnulf in diese seine Zeit insbesondere bestimmenden politischen und militärischen Vorgänge hinein. Das geschah von Kindesbeinen an mit den Gesichtspunkten, Beziehungen und Beteiligungen eines Grafensohnes und Repräsentanten eines hochadligen Geschlechts. Der heranwachsende Arnulf erlebte den Aufstieg seines Vaters zum politisch führenden Mann Bayerns, das Siechtum und die Regierungsunfähigkeit Kaiser Arnulfs in dessen letzten Lebensjahren, den Beginn des Ungarnsturms. Durch seinen Vater bewegte er sich von vornherein auf der bayerischen Führungsebene – fixiert auf die aktuellen Fragen der hegemonialen Position und Ungarnabwehr.

Urkundlich wird Arnulf zuerst in einem Diplom König Ludwigs des Kindes für den Bischof von Eichstätt vom 5. Februar 908 erwähnt. Indes war er nicht zugegen, als die Urkunde ausgestellt wurde. Er wird lediglich als Besitzer einer Grafschaft im Nordgau genannt, die vorher seinem Vater gehörte. Es besteht kein Zweifel, daß Arnulf diesem in den Ämtern und im Besitz nachfolgte, vermutlich unter bestimmter Beteiligung seines jüngeren Bruders Berthold. Umstritten und offen ist, wie das geschah. Wurde Arnulf von König Ludwig eingesetzt, wurde er von den Bayern als Herzog gewählt, oder brachte er die Ämter seines Vaters aus eigener Machtvollkommenheit an sich? Hochadlige Positionskämpfe hat es nach dessen Tod offenbar nicht gegeben. Es bestand ein gutes Verhältnis zum Königshof. So ist mit dessen Anerkennung Arnulfs in der Ämternachfolge, mit der Zustimmung und

Erhebung seitens des bayerischen Adels wie der Wirkung eigener Macht zugleich zu rechnen.

Alsbald nach seinem Herrschaftsantritt hat Arnulf in großem Stil die Säkularisation von Kloster- und Kirchengut betrieben. Listen über enteignete Güter sind überliefert von den Klöstern Tegernsee, Benediktbeuren und Wessobrunn, Klagen über entfremdete Besitzungen bezeugt aus Kremsmünster, Münchsmünster, Niederaltaich, Schäftlarn und anderen. Bischöfe und weltliche Herren müssen in den Vorgang einbezogen gewesen sein oder sich an der Aneignung von Klostergut beteiligt haben, da sie später als Inhaber früherer monastischer Besitzungen nachgewiesen werden. Bekannt ist, daß der Freisinger Bischof die Klöster Isen, Moosburg und Schäftlarn plünderte. Von der weitaus größeren Zahl der tatsächlich von Enteignungen oder Plünderungen der Ungarn betroffenen Klöster gingen viele ganz zu Grunde.

Es liegen keine Nachrichten darüber vor, daß das säkularisierte Kloster- und Kirchengut zur Ausstattung von Vasallen, für die Aufstellung eines Heeres und Verteidigungsmaßnahmen gegen die Ungarn verwendet worden ist. Indes errangen Arnulf und die Bayern im Kampf gegen die Ungarn Erfolge und Siege, während für andere Räume Niederlagen zu verzeichnen sind. Offenbar wurde die bayerische Abwehr- und Schlagkraft unmittelbar nach der Vernichtung des bayerischen Heerbannes in der Schlacht bei Preßburg, in den Jahren 907 bis 913 sehr gesteigert, sie blieb erhalten oder wurde sogar noch weiter verstärkt. So dürften enteignete Klostergüter mit Gewißheit eingesetzt worden sein, um das Vasallenheer zu verstärken und andere militärische Maßnahmen zu treffen.

Nach dem Sieg über die Bayern 907 siegten die Ungarn 908 über Sachsen und Thüringer. 909 plünderten sie Schwaben. Auf dem Rückweg stellte und schlug sie Arnulf an der Rott. Nach Siegen der Ungarn erst über ein schwäbisches, dann ein fränkisches Heer unter König Ludwig 910 bereitete ihnen Arnulf auf dem Rückzug bei Neuching abermals eine Niederlage. Schließlich errang er mit einem bayerischen Aufgebot und schwäbischen Truppen unter seinen Oheimen, den Grafen Erchanger und Berthold, 913 am Inn einen großen Sieg. Unter diesem Eindruck dürfte Arnulf ein Abkommen mit den Ungarn geschlossen haben. Er gewährte ihnen Durchzug, sie verschonten Bayern mit Plünderungen und Heimsuchung. Dabei sollte es bis 926 bleiben. Die Verheerung in diesem Jahr blieb eine Ausnahme. Arnulf schloß 927 einen neuen Waffenstillstand, der wahrscheinlich hielt, solange der Herzog lebte.

Von einem Zeitgenossen, der noch zu Arnulfs Lebzeiten oder kurz nach dessen Tod eine Würdigung seiner Taten schrieb, wurde diese Leistung hoch gerühmt und in die Vorstellung Arnulfs als Träger des Königsheils eingebracht.[8] Doch nicht die Befreiung Bayerns von den ungarischen Beutezügen, sondern die Enteignung von Klostergut hat das Urteil der Nachwelt über Arnulf maßgeblich bestimmt.

Seine historiographische Verfemung hatte ihren Ursprung in Augsburg. Sie wurde in der Lebensbeschreibung des 973 verstorbenen Bischofs Ulrich formuliert, die der Augsburger Dompropst Gerhard zwischen 982 und 993 verfaßte und Bischof Gebhard von Augsburg (996–1001) kurz darauf überarbeitete.[9] Danach war Ulrich von

Augsburg in einer Vision Zeuge, wie der Apostel Petrus selbst mit vielen Bischöfen und Heiligen Arnulf, den damals noch lebenden Herzog der Bayern, auf dem Lechfeld als Kirchenräuber verurteilte.[10] Bischof Ulrich bildete auch die Bezugsperson in der Sage vom schrecklichen Tod Arnulfs, die in der Mitte des 12. Jahrhunderts im Kloster Tegernsee ihren Ausgang nahm. Ulrich habe den Herzog gemahnt, das Unrecht an den Klöstern wiedergutzumachen, sonst würde er an einem vorhergesagten Tage sterben. Arnulf verlachte den Heiligen. Doch traf die Prophezeiung ein. Plötzlich vom Tode getroffen, bemächtigten sich höllische Geister seiner Seele. Nach dem Begräbnis im Kloster St. Emmeram forderten sie auch seinen Leib. Als man diesen darauf aus der Kirche heraustrug, stürzten die Höllengeister den Leichnam in einen nahegelegenen See.[11]

Fast alle spätmittelalterlichen bayerischen Chronisten wie viele neuzeitliche Historiker gehen von einem seit Anbeginn feindlichen Verhältnis Arnulfs zu König Konrad I. aus. Diese Auffassung dürfte unter dem Eindruck des späteren Kampfes Konrads mit Arnulf und seines angeblichen Strebens nach dem Königtum, der Vorstellung eines Gegenkönigtums, gebildet worden sein. Doch gibt es keinen Hinweis, daß sich die Beziehungen zwischen den Konradinern und den Liutpoldingern im Zusammenhang mit Konrads Aufstieg zum Königtum in der Nachfolge Ludwigs des Kindes geändert hätten, zumal sich Konrad I. als neuer König zunächst dem Rückgewinn des abgefallenen Reiches Lothringen zuwandte. Konrad war vorher nicht nur der maßgebliche weltliche Große am Hofe des letzten ostfränkischen Karolingers gewesen. Seit sein Vater, Konrad der Ältere, 906 in der Babenberger Fehde den Tod gefunden hatte, erschien er als Haupt der Konradiner, nach der Vernichtung der Babenberger als führender Großer und Herzog Frankens. Diese Position, den Sieg über die Babenberger hatten er, der spätere König, und die Konradiner entscheidend durch die Unterstützung des bayerischen Markgrafen Liutpold gewonnen, wobei neben diesem seine zu jener Zeit erwachsenen Söhne Arnulf und Berthold zu sehen sind. Durch die Verbindung zu den Konradinern festigten die Liutpoldinger ihrerseits die vom Nordgau aus bezogenen ostfränkischen Positionen. Unter dieser Konstellation trat Arnulf nach dem Tode Liutpolds 907 das Erbe an. Nichts spricht dagegen, daß er 911 an der Spitze der bayerischen Großen an der Königswahl in Forchheim an der fränkisch-bayerischen Grenze teilnahm, als die Bayern zusammen mit den Franken, Sachsen und Schwaben Konrad zum König wählten. Bezeichnenderweise gehörten Arnulf, wahrscheinlich auch sein Bruder Berthold wie ihr Onkel Erchanger zu den Fürbittern für das ostfränkische Bistum Eichstätt, als Konrad auf einem Hoftag zu Ulm 912 diesem die Schenkungen seiner Vorgänger bestätigte. Im Jahre 913 schließlich ging König Konrad die Ehe mit Arnulfs Mutter Kunigunde ein, der Witwe Markgraf Liutpolds und Schwester der schwäbischen Grafen Erchanger und Berthold.

In dieser Zeit begann Konrads Politik in Sachsen und Schwaben bereits zu greifen, die etablierten oder sich etablierenden Führungsrollen regionaler Adelskräfte zurückzudrängen, um nach karolingischem Vorbild in den Stammesgebieten ohne Mittelgewalten zu herrschen. Der König trat Erchanger entgegen, der – im Pfalzgrafenamt und im Bodensee-Neckar-Raum reich begütert – um die Führung in Schwaben mit dem Markgrafen Burchard II. von Rätien rivalisierte. Der Zwist sollte mittels Heiratspolitik, durch Konrads Ehe mit Erchangers Schwester Kunigunde, behoben werden, die darüber hinaus ein gutes Verhältnis zu Arnulf bekräftigte. Der Bruch erfolgte im Herbst 914, nachdem Erchanger gewaltsam gegen den maßgeblichen Vertreter einer den weltlichen Mittelgewalten feindlichen Königs- und Bischofspolitik vorgegangen war. Das war Bischof Salomo von Konstanz, Kanzler Konrads I. Dieser rückte in Schwaben ein. Erchanger unterlag und wurde vom König des Landes verwiesen. Da sich Arnulf offenbar hinter seinen Onkel stellte, wurde auch er von Konrad vertrieben. Arnulf floh zu den Ungarn, gegebenenfalls in die von diesen beherrschten Donaugrafschaften jenseits der Enns.

Über die folgenden Kämpfe von 914 bis 918 berichten die einzelnen, zu verschiedenen Überlieferungssträngen zusammenfließenden Quellen jeweils aufgrund unterschiedlicher Ereignisse und Vorgänge, mit chronologischen Ungenauigkeiten oder unterschiedlichen zeitlichen Zuordnungen desselben Geschehens. Daraus ergeben sich scheinbar unklare und widersprüchliche Aussagen, worauf sich kontroverse Darstellungen in der Literatur gründen. Der König vermochte die Anfangserfolge des Jahres 914 nicht zu behaupten. In Schwaben griff Markgraf Burchard nach der Herzogsgewalt, in Sachsen wurde ein königliches Heer von Heinrich I., dem Herzog der Sachsen, geschlagen. Wie Erchanger nach Schwaben – kurz darauf von den Schwaben zum Herzog ausgerufen -, kehrte auch Arnulf nach Bayern zurück. Wie hätte ihn Konrad hindern können? Die Königsmacht geriet im Laufe des Jahres 915 im Kampf mit den neuen Mittelgewalten in den Stammesgebieten, mit den auf die Stämme bezogenen neuen Herzogtümern, an den Rand des Zusammenbruchs.

In dieser Situation verstand sich Konrad zu einem Schritt, zu einer Verbindung, die mit Blick auf das Jahr 919 zukunftsträchtig und in quasi-konstitutiver Bedeutung erscheint. Der König kam mit Heinrich I. überein. Er erkannte die vizekönigliche Position des Sachsenherzogs an. Vielleicht schloß er ein Freundschaftsbündnis mit ihm. Das fränkisch-sächsische Abkommen gab Konrad I. die Rückendeckung, um im nächsten Jahr gegen Arnulf von Bayern vorzugehen.

Im Juni 916 eroberte Konrad I. Regensburg, wo er am 29. des Monats urkundete. Die bayerischen Bischöfe begaben sich an den reisenden Königshof und sind am 6. Juli im Gefolge Konrads festzustellen. Sie nahmen am 20. September 916 zusammen mit fränkischen und schwäbischen Bischöfen an der Synode von Hohenaltheim teil, welche sich nachdrücklich – unter Verhängung und Androhung schwerer Strafen – hinter das Königtum stellte. Arnulf, sein Bruder Berthold und ihre Anhänger wurden aufgefordert, sich am 7. Oktober 916 in Regensburg vor einer Synode zu verantworten. Nach dieser Frist müssen sie sich in erreichbarer Nähe, das heißt in Bayern befunden haben. Es ist nicht bekannt, aber unwahrscheinlich, daß die Regensburger Synode stattgefunden hat. Zu fragen ist, wann sich Arnulf Regensburgs wieder bemächtigte. Daß dieser nach dem Verlust der Stadt im Juni und vor der Synode von Hohenaltheim im September 916 ganz Bayern an Konrad verloren haben sollte, ist den Umständen nach nicht anzunehmen. Er wird nach dem Herbst 916 in Regensburg alsbald wieder Einzug gehalten haben. Auch schlug Arnulf 918 einen neuen Angriff des Königs zurück, der auf diesem Feldzug schwer verwundet wurde.

Konrad I. starb am 23. Dezember 918, ohne einen Waffenstillstand oder eine Übereinkunft mit Arnulf von Bayern oder mit Burchard von Schwaben – dort 917 endgültig als Herzog durchgesetzt – geschlossen zu haben. Das Königreich, dessen Herrschaft der Konradiner 911 angetreten hatte, dem er das abgefallene Lothringen nicht wieder hatte eingliedern können, war bereits vor seinem Tode praktisch in Stammesgebiete und Reichsteile oder – wenn die Reichsteilung von 876 ins Auge gefaßt wird – in Teilreichen ähnliche, selbständige Herrschaftsbereiche auseinander gebrochen.

Seit wann Arnulf den Herzogstitel führte, ist unbekannt. Legte er sich den Titel selbst zu? Rief ihn das Heer zum Herzog aus? Wählten ihn die Grafen und Herren zum Herzog der Bayern? Auch diese Fragen sind nicht zu beantworten. Doch nahm bereits Markgraf Liutpold die Führungsposition in Bayern ein. Arnulf folgte ihm in diese und bezog eine vizekönigliche oder königsähnliche Stellung – auch unabhängig vom Herzogstitel. Sein Herzogstitel wies auf die Zusammenfassung und Vereinigung der Herrschaftsgewalt in oder über Bayern. Nach dem Sturz des bayerischen Stammesherzogs Tassilo 788 war Bayern unter Karl dem Großen ein politisch organisierter Raum mit einem Präfekten an der Spitze geblieben. Es erhielt eine eigene Kirchenprovinz, Salzburg, und stellte sich im Karolingerreich als eine *provincia*, eine Provinz, und zugleich als ein *regnum*, ein Reich, dar. 815 bis 817 und 830 bis 833 hatte es mit Lothar (König in Bayern) bzw. Ludwig dem Deutschen (König der Bayern) Unterkönige gehabt, 876 bis 880 erschien es unter König Karlmann (König der Bayern) als ein eigenes Teilreich und Königreich. Arnulf konnte seine Herzogsgewalt sowohl an das agilolfingische Stammesherzogtum als auch an das karolingische Unterkönigtum und das karolingische Teilreich anknüpfen, sich in der Nachfolge von Herzögen und Königen sehen. Wesentlich erscheint, daß das Herzogtum eindeutig und entschieden entweder auf die Bayern, den Stamm bzw. das Volk, oder auf das Stammes- bzw. Volksgebiet, Land oder Reich Bayern, bezogen wurde, wobei der gentile Bezug überwog. Die Bezeichnungen Reich der Bayern und Reich Bayern waren den Zeitgenossen geläufig.

Arnulfs eigene Auffassung seines Amtes und seiner Stellung ist durch zwei Herzogsurkunden überliefert. Die eine stammt aus den zwanziger Jahren,[12] die andere weist bezeichnenderweise einen Datierungsspielraum von 908 bis 926 auf. Arnulf führte in dieser den Titel *Durch göttliche Vorsehung Herzog der Bayern und der angrenzenden Regionen* und sprach von seinem *regnum*, seinem Reich.[13] Die Urkunde wurde den Königsurkunden nachgebildet. Sie weist darauf, daß sich der Herzog der Bayern durch Gottes Gnade legitimiert und in einer königsähnlichen Stellung begriff. Ebenso führte Arnulfs jüngerer Bruder Berthold den Herzogstitel. Auch er urkundete mit der Legitimationsformel Herzog von Gottes Gnaden und lehnte seine Urkunde formal an die Königsurkunden an. Der Schwerpunkt von Bertholds Herrschaftstätigkeit wird in Kärnten gelegen haben. Arnulf wird in den in Betracht kommenden Königsurkunden vor ihm angeführt und nahm die erste Stelle ein.

Die die Reichsordnung betreffenden Vorgänge des Jahres 917 bedeuteten de facto einen Auseinanderfall, eine Aufgliederung des Königreiches Konrads I., welches im wesentlichen das Ausmaß des Ostfrankenreiches König Ludwigs des Deutschen von 843 bis 870 hatte. Die Herzöge und Herzogtümer von Bayern und Schwaben waren 917 der Königsherrschaft entzogen. Einigung und vielleicht ein Freundschaftsbündnis verband seit 915 Konrad I. mit dem Herzog und Herzogtum von Sachsen. Die Situation erinnert an die Teilreiche von 876. Ihr entsprach es, daß es nach dem Tode Konrads Ende 918 zu keiner übergreifenden Königswahl kam.

Überliefert ist eine Königserhebung im fränkisch-sächsischen Ausmaß. Von Franken und Sachsen wurde der sächsische Herzog zum König gewählt. Das geschah im Mai 919 in Fritzlar an der fränkisch-sächsischen Grenze. Bayern und Ostfranken forderten Herzog Arnulf auf, König zu werden, was dieser auch selbst begehrte. So berichtet Liutprand von Cremona in seinem um 960 geschriebenen Buch Antapodosis. Liutprand datiert den Vorgang in die Zeit nach dem Tode Konrads I., ohne den Zeitpunkt näher zu bestimmen.[14] Daß in diesem Fall tatsächlich eine Königserhebung vollzogen wurde und Arnulf den Königstitel annahm und führte, diese herrschende Auffassung wird durch jüngste Arbeiten in Frage gestellt.[15] Eine Entscheidung darüber erfordert weitere, sehr eingehende neue Forschungen.

Während die Auffassung von einer Wahl Arnulfs zum König nach dem Tode Konrads I. bislang uneingeschränkt galt, wurde und wird in der Literatur heftig gestritten, worauf das Königtum des Bayernherzogs bezogen gewesen sei. Die Behauptung eines Anspruches auf das Ostfrankenreich, das Gesamtreich und die Vorstellung eines Gegenkönigtums fanden neue Nahrung durch die erst 1921 entdeckten Auszüge aus verlorenen Salzburger Annalen. Sie brachten die Nachricht, daß die Bayern Herzog Arnulf zum König oder – anders übersetzt – zum Träger königlicher/königsgleicher Herrschaftsgewalt im Reich der Deutschen (regnum Teutonicorum) machten.[16] Die Nachricht war deshalb so aufregend und hochstimmend, weil sie – bei gegebener Authentizität von regnum Teutonicorum – den ersten Beleg für eine deutsche Reichsauffassung bietet.

In die kontroverse Diskussion[17] auch über die politisch-ideengeschichtliche Konsequenz wurde erst unlängst die Meinung eingebracht, Arnulf habe – gestützt auf das werdende deutsche Volksbewußtsein – eine deutsche Reichskonzeption vertreten. Bei der Verfechtung seines Herrschaftsanspruches auf das ostfränkische Reich gegenüber Heinrich I., der König der Franken sein wollte, habe der Bayer nach einer nichtfränkischen Definition des Reiches gesucht und sie in der Vorstellung eines Reiches der Deutschen gefunden.[18] Das Quellenexzerpt mit dem Begriff regnum Teutonicorum ist jedoch lediglich durch eine Abschrift des 12. Jahrhunderts überliefert. So muß offenbleiben, ob der um 950 schreibende Salzburger Annalist tatsächlich den Begriff regnum Teutonicorum verwendet hat. Auch fragt sich dann, wen er unter den Teutonici verstanden hat, doch kaum die Angehörigen eines die Franken, Schwaben, Bayern, Thüringer und Sachsen zusammenfassenden deutschen Volkes?

Entscheidend ist aber, welche Reichsvorstellungen Herzog Arnulf und diejenigen hatten, die ihn 919 zum König begehrten. Die volkssprachige Entsprechung zu dem lateinisch-gelehrten Begriff *regnum Teutonicorum – diutiskono richi* – war in dieser Zeit nicht gebildet, geschweige geläufig. Sie erscheint Sprachwissenschaftlern für den Anfang des 10. Jahrhunderts ein sprachliches Unding.[19] So werden der Herzog der Bayern wie die bayerischen und auch ostfränkischen Großen, die ihn aufforderten König zu werden, nicht in der Kategorie diutiskono richi/regnum Teutonicorum/ Reich der Deutschen gedacht haben.

Hinzu kommt ein Gesichtspunkt aus der praktischen Politik. Während sich Heinrich I. nach seiner Königswahl sofort Schwaben, dann Lothringen zuwandte und damit einen weitergreifenden Herrschaftsanspruch bekundete und umsetzte, beschränkte sich Arnulf auf Bayern. Er hatte die Heerzüge Konrads I. nach Bayern nicht mit Gegenangriffen über Bayern hinaus beantwortet, sondern es in den Jahren 915 bis 918 dabei belassen, seine bayerischen Herrschaftspositionen zurückzugewinnen oder zu verteidigen. Er suchte nach dem Tode Konrads I. Ende 918 weder im fränkisch-sächsischen Bereich Fuß zu fassen oder Schwaben zu gewinnen, noch griff er Heinrich I. an. Dem politischen Handeln Arnulfs nach ist das Königtum des Herzogs der Bayern bzw. dessen Anspruch auf das Königtum auf das Reich der Bayern oder das Reich Bayern mit dessen eigener karolingischen Teil- oder Königreichstradition zu beziehen.

Die zu einem festen Bestandteil der Geschichtsschreibung werdende Verdammung Arnulfs als Eindringling in die Königsherrschaft, Räuber des Reiches, Thronrivale Heinrichs I. und Gegenkönig nahm wie die Verfemung als Kirchenzerstörer am Ende des 10. Jahrhunderts ihren Ausgang in Augsburg. Als erste Quellen für sie erscheinen die Ulrichs-Viten. In der bereits angeführten Vision des Bischofs Ulrich zeigte der Apostel Petrus diesem im weiteren Verlauf zwei Schwerter, das eine mit, das andere ohne Handgriff. Während in der Erstfassung der Ulrichsvita Heinrich I. mit dem Schwert ohne Griff gemeint ist, weil er 919 die Königssalbung abgelehnt und damit das Reich ohne bischöflichen Segen innegehabt hatte, wurde in der nur wenig jüngeren Bearbeitung durch Bischof Gebhard von Augsburg Arnulf mit dem Schwert ohne Griff verglichen.[20] Dieser Vergleich wurde im 12. Jahrhundert von der Weltchronistik rezipiert und fand seine erweiterte und maßgebliche Formulierung durch den Bischof Otto von Freising. Dieser schrieb in seiner Weltchronik: Der selige Bischof Ulrich *hörte die Worte, das Schwert mit Griff sei König Heinrich, Arnulf aber das Schwert ohne Griff, und das bedeutete: ohne Kopf und ohne Rechtsanspruch. Das ist Arnulf, der die Kirchen und Klöster Bayerns erbarmungslos zugrunde gerichtet und ihre Besitzungen unter seine Vasallen verteilt hat.*[21] Die aus der Zeit selbst überlieferte, in Bayern verfaßte Würdigung stellte Arnulf, *unseren ruhmvollen Herzog,* dagegen als Träger des Königsheils vor: *Von Gott mit Tugend bekleidet, berühmt durch Tapferkeit, erhaben im Glanze des Sieges, von Kaisern und Königen abstammend.*[22]

Der Anspruch Heinrichs I., des von Franken und Sachsen gewählten Königs, auf das ganze Reich stieß nach der einzigen zeitgenössischen Nachricht, dem Fragmentum de Arnulfo duce, auf bayerischen Unwillen. Der Sachse Heinrich sei in das Reich Bayern feindlich eingedrungen, wo keiner seiner Vorfahren auch nur einen Fußbreit Boden besessen hätte.[23] Das Fragmentum weiß von einer anfänglichen Niederlage Heinrichs – dann wohl 920 – zu berichten. Andere zeitnahe Chronisten – Liutprand von Cremona und Widukind von Corvey, der nach 962 schrieb – kennen nur einen Feldzug König Heinrichs nach Bayern.[24] Dieser erschien mit einem mächtigen Heere, stellte militärische Stärke zur Schau. Doch war Heinrich I. anders als Konrad I. nicht auf kriegerische Unterwerfung, sondern auf friedliche Übereinkunft gemäß dem gegebenen Kräfteverhältnis bedacht. Sie erfolgte im Laufe des Jahres 921, nachdem Heinrich bereits in Lothringen Position bezogen hatte. In die Verhandlungen wurden die bayerischen Großen einbezogen. Im Ergebnis schloß der König sächsischen Stammes mit dem Herzog der Bayern einen Freundschaftsvertrag.[25] Arnulf huldigte Heinrich mit seinem ganzen Reich; als König anerkannt oder nachgewählt, bestätigte dieser den Bayernherzog in seiner königsähnlichen Stellung, insbesondere erkannte er Arnulf die Herrschaft über die Bischöfe in ganz Bayern und das Recht zu, im Todesfall die Nachfolger einzusetzen.[26]

König Heinrich I. hat danach Bayern nicht wieder aufgesucht.[27] Auch König Otto I. hat sich zu Lebzeiten Arnulfs nicht nach Bayern begeben. Andererseits ist Arnulf selbst bis 926 nicht am Königshof in Franken oder Sachsen nachzuweisen. Zwei Vorgänge des Jahres 926 bewirkten offenbar eine Annäherung, zunächst der Tod Herzog Burchards von Schwaben und die Einsetzung des Konradiners Hermann als neuem Herzog. Heinrich teilte damals die Markgrafschaft Rätien. An Arnulfs Bruder, Herzog Berthold, und damit an das bayerische Herzogshaus und Bayern fielen der Vintschgau und das Unterengadin. Dann kam es 926 – in diesem Jahre schloß Heinrich einen Waffenstillstand mit den Ungarn – erstmals seit 913 wieder zu einer Verheerung Bayerns durch die Ungarn. Arnulf konnte 927 einen neuen Waffenstillstand mit ihnen schließen. Vermutlich verständigten sich der König und der Herzog jetzt – auf einem Hoftag zu Ingelheim Ende 927 – auf gemeinsame Maßnahmen zur Ungarnabwehr. Tatsächlich hat im März 933 ein bayerisches Aufgebot an der Schlacht bei Riade teilgenommen, nachdem König Heinrich seinen Waffenstillstand mit ihnen aufgekündigt hatte und die Ungarn darauf in Sachsen und Thüringen einfielen.

Das Jahr 926 stellte eine Zäsur in den Beziehungen zwischen Herzog und König dar: Arnulf traf seit 926 wiederholt mit Heinrich zusammen. Dazu begab er sich nicht nach Sachsen, nicht in den neuen ostsächsischen Zentralraum des Königreiches. Die Begegnungen erfolgten auf den fränkisch-sächsisch-bayerischen Verbindungswegen, in den ostfränkischen Pfalzen Rohr und Salz, wie in der alten rheinfränkischen Kernlandschaft des Karolingerreiches. Auch haben Heinrich und Arnulf 929 einen gemeinsamen Heereszug nach Böhmen unternommen. Dieses wurde wieder in die Abhängigkeit gezwungen, wie sie zeitweilig unter den ostfränkischen Karolingern bestanden hatte. Einem eigenen Feldzug Arnulfs nach Böhmen 922 war ein solcher Erfolg versagt geblieben.

Es ist nicht zu unterstellen, daß der bayerische Episkopat vor 921 einmütig hinter Herzog Arnulf gestanden hätte. Kurz nachdem Konrad I. im Juni 916 Regensburg erobert und Bayern seinem Bruder Eberhard übergeben hatte, sind die bayerischen Bischöfe am Königshof festzustellen. Sie nahmen an der Synode von Hohenaltheim teil und standen hinter deren Beschlüssen. Andererseits kann die Auffassung einer Feindschaft, eines Bruches der Bischöfe mit Arnulf nicht geteilt werden. Anders als die schwäbischen Grafen Erchanger und Berthold wurden deren bayerische Neffen Arnulf und Berthold in Hohenaltheim nicht verurteilt.

921 gestand Heinrich I. dem Bayernherzog das Recht der Bischofseinsetzung zu. Bis zu Arnulfs Tode fand in sämtlichen bayerischen Bistümern jeweils mindestens eine Bischofseinsetzung statt. Doch sind genaue Angaben wegen der ungewissen Daten nicht möglich. Auch läßt sich der von Arnulf tatsächlich ausgeübte Einfluß nicht fassen. Die Meinung, Erzbischof Odalbert von Salzburg sei 923 zunächst ohne Mitwirkung Arnulfs eingesetzt worden, kann nicht überzeugen. Nach der Überlieferung waren Fragen des Tausches und der Schenkung von Gütern in Kärnten wiederholt Gegenstand der Übereinkunft zwischen Odalbert und Arnulf wie dessen Bruder Berthold, welcher dabei den Herzogtitel führte. Das Verhältnis zu anderen Bischöfen ist kaum faßbar. Arnulf nahe gestanden hat der Abt Egilolf von Niederaltaich. Wenn es sich bei ihm um den späteren Salzburger Erzbischof Egilolf handelt, hat Arnulf den Niederaltaicher Abt 935 zum Nachfolger Odalberts gemacht. *Während der ehrwürdige Herzog Arnulf* bzw. *während Herzog Arnulf in Bayern herrschte* versammelten sich im Januar und Juli 932 zwei Synoden zu Regensburg und Dingolfing.[28] Neben allen bayerischen Bischöfen war der Bischof von Eichstätt in Regensburg anwesend, in Dingolfing durch Boten vertreten. Die Themen dieser Synode weisen auf eine Entsprechung zur Synode von Erfurt im Juni 932, auf der u. a. die Erzbischöfe von Mainz, Trier und Hamburg, aber keine bayerischen Bischöfe teilnahmen.

Erzbischof Odalbert von Salzburg, welcher den Vorsitz auf den bayerischen Synoden führte, begleitete Arnulf 933/934 auf seinen Italienzug. In den Auseinandersetzungen um die Königsherrschaft über Italien und über Burgund hatte König Hugo von Italien um 931/932 auf die Südprovence verzichtet, während ihm König Rudolf II. von Hochburgund zusicherte, entgegen der Aufforderung italienischer Großer nicht mehr in Italien einzugreifen. Die Gegner König Hugos riefen darauf Herzog Arnulf an, jenem sein Reich zu nehmen. Die Krone Italiens sollte Arnulfs Sohn Eberhard erhalten. Es bestanden nicht nur feste bayerisch-italienische Beziehungen über die Jahrhunderte und ein aktuelles Interesse der Liutpoldinger an Italien, worauf der Erwerb des Vintschgau und Unterengadin 926 weisen, sondern Bayern und Italien waren als karolingische Teilreiche unter König Karlmann – 877 bis 879 König der Bayern und in Italien – kurze Zeit schon einmal allein für sich verbunden gewesen.[29] Das bayerische Heer unter Herzog Arnulf und Erzbischof Odalbert erreichte Verona. Doch Hugo, er brach seinen Romzug ab, zog heran und besiegte einen bayerischen Heeresteil vermutlich nördlich von Verona. Der Bayernherzog verzichtete auf eine militärische Entscheidung, er kehrte um. Ein beabsichtigter neuer Italienzug unterblieb. Das Unternehmen, die Krone Italiens für die Liutpoldinger zu gewinnen, war gescheitert.

Im Jahre 935, vor dem 22. Juli, trug Arnulf Sorge für die Nachfolge im Herzogtum. Das geschah in einer Form, die der Designation eines Königs entsprach. Nach seinem Tode, verfügte der Herzog, sollte sein Sohn Eberhard über das Reich Bayern herrschen. König Heinrich I. hatte 929 eine Hausordnung getroffen und vielleicht bereits in dieser Zeit seinen Sohn Otto zum alleinigen Nachfolger im Königtum bestimmt. Jedenfalls designierte er Otto auf einer nach Erfurt einberufenen Reichsversammlung im Frühjahr 936 zum König. Das erfolgte sicher mit Zustimmung der versammelten Großen. Wer in Erfurt anwesend war, ob Arnulf von Bayern dabei war, ob Heinrich sich mit diesem in der Thronfolge vorher, gegebenenfalls 929 verständigte, ob es zu einer wechselseitigen Übereinkunft zwischen Heinrich und Arnulf in ihren Nachfolgeangelegenheiten kam,[30] ist völlig unbekannt.

Der Bayernherzog nahm mit den Herzögen von Franken, Lothringen und Schwaben an der Königserhebung und Krönung Ottos I. am 7. August 936 in Aachen teil, wenige Wochen nach dem Tode König Heinrichs I. am 2. Juli 936. Mit den anderen Herzögen und führenden weltlichen Großen setzte Herzog Arnulf den neuen König Otto auf den Thron Karls des Großen und leistete die Lehnshuldigung. Nach der Königsweihe, der Salbung und Krönung durch die Erzbischöfe von Mainz und Köln nahm Arnulf nach dem späteren Bericht Widukinds von Corvey[31] mit den anderen Herzögen die vier Hofämter wahr. Der Herzog der Bayern versah das Erzamt des Marschalls und war damit für die Ordnung des gesamten Hoflagers zuständig.[32]

König Otto I. praktizierte von vornherein einen anderen Stil der Königsherrschaft als sein Vater. Er brach dessen Praxis, mit den führenden Großen als Erster unter Gleichen zu verkehren und Freundschaftsverträge mit den Herzögen abzuschließen. Otto verlangte Unterordnung, entschied selbstherrlich nach dem Vorbild der karolingischen Königsgewalt. Das führte sehr bald zu politischen Konflikten im Königreich.[33] Mit dem Nachfolger Arnulfs von Bayern, dessen Sohn Eberhard, bzw. den Söhnen des 937 verstorbenen Bayernherzogs kam es zum Bruch und 938 zum Krieg. Doch gibt es keine Hinweise, daß es in der Arnulf noch verbleibenden Lebenszeit zu Unstimmigkeiten mit dem neuen König gekommen wäre.

Fragen wirft eine ottonisch-liutpoldingische Eheverbindung in diesen Jahren auf. Ottos jüngerer Bruder Heinrich heiratete Arnulfs Tochter Judith. Der Zeitpunkt wie die mit der Ehe verknüpften Absichten und Erwartungen lassen sich nicht erhellen. Anders als der ältere Otto war Heinrich in der Königszeit des Vaters geboren worden. Er meinte darum ein besseres Anrecht auf die Krone zu haben. Vor und nach König Heinrichs I. Tod beanspruchte er die Nachfolge. Vor Begierde nach dem Königtum brennend, wie Widukind von Corvey festhielt,[34] suchte Heinrich 938/939 und nochmals 941 durch Gewalt oder Mord seinem Bruder die Krone zu entreißen. Die Königin Mathilde begünstigte ihren jüngeren Sohn, den sie lieber auf dem Thron gesehen hätte. Doch hatte König Heinrich I. sich bereits 929 für Otto entschieden. Unter den Bedingungen eines seitdem versteckten und schwelenden, in Ottos Königszeit wiederholt auch offen und mit den Waffen geführten Thronstreites wirft die Eheverbindung des Thronrivalen Heinrich mit der Tochter Herzogs Arnulf von Bayern Probleme auf, ganz gleich, ob die Ehe zu Lebzeiten Arnulfs verabredet und geschlossen wurde oder nachdem Otto 938 Arnulfs Bruder Berthold mit Bayern belehnt hatte.

Herzog Arnulf starb am 14. Juli 937. Seine Vorstellung sei beendet durch eine Zusammenschau seiner Taten und Wirkungen in seiner Ära. Dabei stellen die permanent diskutierten und kontroversen Grundfragen fränkischer und deutscher Reichsgeschichte von Kaiser Arnulf bis zu Otto dem Großen den Hintergrund dar.

Arnulf, der als von Gottes Gnaden Herzog der Bayern und der angrenzenden Gebiete urkundete, war der zweite Liutpoldinger, der ganz Bayern beherrschte. Seit Vater Liutpold, Markgraf der Bayern, Graf in Karantanien, Oberpannonien, im Nord- und Donaugau, Herzog der Böhmen, hatte im Konsens mit Kaiser Arnulf von Kärnten die politischen Führungspositionen in seiner Hand vereint und eine vizekönigliche Stellung in der politischen Region, der Provinz oder dem Reich Bayern bezogen. Mit Zustimmung des Königs Ludwig das Kind folgte Arnulf in das Herzogtum, festigte dessen politische Einheit und die königsähnliche Stellung des Herzogs der Bayern. Im Auflösungsprozeß des Karolingerreiches und bei der Entstehung des Ottonenreiches stellte er die übergreifende Königsherrschaft der ostfränkischen Karolinger und sächsischen Ottonen nicht in Frage. Er fügte sich in sie, trat für sie ein, sofern seine vizekönigliche bzw. königsähnliche Stellung anerkannt und geachtet wurde. Als König Konrad diese angriff und die Mittelgewalten in den Stammesgebieten zu beseitigen suchte, stellte sich Arnulf mit den Waffen dagegen. Von den Bayern und Ostfranken in der offenen Situation nach dem Tode Konrads I. zum König erhoben bzw. mit königlicher Gewalt versehen oder aufgefordert, König zu werden, beschränkte sich Arnulf auf seinen bayerischen Herrschaftsraum. Er übergab sich und sein Reich König Heinrich I., als sich dieser einerseits mächtig in der übergreifenden Königsherrschaft und Königsnachfolge zeigte und andererseits den Herzog der Bayern in seiner königsähnlichen Position anerkannte und bekräftigte.

Der Thronwechsel im Sommer 936 hatte die Ungarn zu einem neuen Einfall herausgefordert. Im Februar 937 fielen ihre Reiterheere in das Reich Ottos I. ein, sie durchstreiften auch das Westfrankenreich, Burgund und auf dem Rückweg Italien. Es läßt sich aber nicht erfahren, ob die Ungarn bei ihrem Durchzug im Februar 937 Bayern geplündert haben. Das wäre dann noch zu Lebzeiten Herzog Arnulfs geschehen, der die Verteidigung Bayerns, den Schutz vor den Ungarn entschieden organisiert, diese mehrfach besiegt hatte und darauf – nach 913, also über zwanzig Jahre lang – Bayern durch Verträge vor Verheerung und Heimsuchung durch die Ungarn bewahrte. Die Ausnahme machte das Jahr 926. Der zeitgenössische bayerische Chronist der Taten Arnulfs und Zeuge der Ungarnnot pries diesen als erhabenen Herzog, welcher das Christenvolk vom wütenden Schwert der Heiden errettete und ihm die Freiheit des Lebens zurückgab.[35]

Bei seinem Tod muß Arnulf mindestens fünfzig Jahre alt gewesen sein. Ob ihn seine Frau überlebte, bleibt verborgen. Über diese oder gegebenenfalls über seine Frauen ist nichts bekannt. Der Herzog hinterließ fünf Söhne und zwei Töchter. Ihn überlebte ferner sein jüngerer Bruder Berthold, der wie Arnulf den bayerischen Herzogstitel führte. Wie eingangs dargelegt, wurde Arnulf nicht im Kloster St. Emmeram zu Regensburg beigesetzt. Nach einer jüngsten Mutmaßung könnte er seine letzte Ruhestätte im Kloster Niederaltaich gefunden haben.[36] Für dieses sind mehrere Grablegen der Liutpoldinger verzeichnet. Es ist das einzige bayerische Kloster, welches Arnulf im Totenbuch führt.[37]

1 Fragmentum de Arnulfo duce Bavariae, hg. v. Ph. Jaffé, in: MGH. SS. 17, Hannover 1861, S. 570. Deutsche Übersetzung: Das Bruchstück vom Bayernherzog Arnulf, in: Widukind, Sächsische Geschichten, neu übertr. und bearb. v. P. Hirsch, 5. Aufl., Leipzig 1931 (Geschichtsschreiber der deutschen Vorzeit 33), Beilage, S. 176.

2 A. Schmid, Die Herrschergräber in St. Emmeram, in: DA 32 (1976), S. 133–369.

3 K. Reindel, Ein neues Gedicht zum Tode Herzog Arnulfs von Bayern, in: ZBLG 20 (1957), S. 153–160, mit deutscher Übersetzung.

4 A. Schmid, Das Bild des Bayernherzogs Arnulf (907–937) in der deutschen Geschichtsschreibung von seinen Zeitgenossen bis zu Wilhelm von Giesebrecht, Kallmünz 1976 (Regensburger Historische Forschungen 5).

5 Kommentierte Texte der Quellen: K. Reindel, Die bayerischen Luitpoldinger 893–989. Sammlung und Erläuterung der Quellen, München 1953 (Quellen und Erörterungen zur bayerischen Geschichte N. F. 11). Überblickswerke mit Verzeichnissen des Schrifttums: Handbuch der bayerischen Geschichte, hg. v. M. Spindler, Bd. 1, 2., überarb. Aufl., München 1981; E. Hlawitschka, Vom Frankenreich zur Formierung der europäischen Staaten- und Völkergemeinschaft 840–1046. Ein Studienbuch, Darmstadt 1986. Eingehende biographische Darstellung: K. Reindel, Herzog Arnulf und das Regnum Bavariae, in: ZBLG 17 (1954), S. 187–252, Nachdruck in: Die Entstehung des deutschen Reiches. Ausgewählte Aufsätze aus den Jahren 1928–1954, Darmstadt 1956 (Wege der Forschung 1), S. 213–288.

6 Hlawitschka, Frankenreich, S. 201–205; G. Althoff/H. Keller, Heinrich I. und Otto der Große: Neubeginn auf karolingischem Erbe, Göttingen/Zürich 1985 (Persönlichkeit und Geschichte 122/123), S. 41–56.

7 R. Lüttich, Ungarnzüge in Europa im 10. Jahrhundert, Berlin 1910 (Eberings Historische Studien 84); S. de Vajay, Der Eintritt des ungarischen Stämmebundes in die europäische Geschichte 862–933, Mainz 1968 (Studia Hungarica 4).

8 Fragmentum de Arnulfo; Schmid, Bild, S. 7–9.

9 Ebenda, S. 38–44; E. Karpf, Herrscherlegitimation und Reichsbegriff in der ottonischen Geschichtsschreibung des 10. Jahrhunderts, Stuttgart 1985 (Historische Forschungen 10), S. 105–111.

10 Gerhardi vita S. Oudalrici episcopi Augustani, hg. v. G. Waitz in: MGH. SS. 4, Hannover 1841, cap. 3, S. 388f. Deutsche Übersetzung: Das Leben Oudalrichs, Bischofs von Augsburg, übers. v. G. Grandauer, 2. Aufl., Leipzig 1941 (Geschichtsschreiber der deutschen Vorzeit 31b), S. 22f.

11 G. Waitz, Jahrbücher des deutschen Reiches unter König Heinrich I., 3. Aufl., Leipzig 1885, S. 227f.; Reindel, Luitpoldinger, Nr. 91, S. 180f.

12 Ebenda, Nr. 65, S. 134–138.

13 Ebenda, Nr. 48, S. 77–80.

14 Liutprands Buch der Vergeltung, lib. II, cap. 20 und 21, definitive Datierung in Liutprands Inhaltsverzeichnis von lib. II, in: Quellen zur Geschichte der sächsischen Kaiserzeit, neu hg. v. A. Bauer/R. Rau, Darmstadt 1971 (Ausgewählte Quellen zur deutschen Geschichte des Mittelalters. Freiherr vom Stein-Gedächtnisausgabe 8), S. 314–317 und S. 294–295. Die Angabe von C. Brühl, Deutschland – Frankreich. Die Geburt zweier Völker, Köln/Graz 1990,

S. 420f., daß Liutprand zu 917 darüber berichtet, muß auf einem Versehen im Anschluß an H. C. FAUSSNER, Zum Regnum Bavariae Herzog Arnulfs 907–938, Wien 1984 (Österreichische Akademie der Wissenschaften. Philosophisch-historische Klasse. Sitzungsberichte 426), S. 28–30 beruhen. FAUSSNER entwickelt zum regnum Bavariae Arnulfs eine Reihe neuer Thesen, die in entscheidenden Punkten von den Quellen nicht verifizierbar erscheinen und der fachwissenschaftlichen Diskussion bedürfen.

15 KARPF, Herrscherlegitimation, S. 19–24; BRÜHL, Deutschland – Frankreich, S. 419–427.

16 *Bauuarii sponte se reddiderunt Arnulfo duci et regnare eum fecerunt in regno Teutonicorum.* Vgl. Annales ex Annalibus Iuvavensibus antiquis exerpti, hg. v. H. BRESSLAU, in: MGH. SS. 30,2, Hannover 1934, S. 742. Deutsche Übersetzung: Auszüge aus den verlorenen Salzburger Annalen, in: WIDUKIND, Sächsische Geschichten, S. 172.

17 Exkurs zur Forschungslage mit Literaturangaben: HLAWITSCHKA, Frankenreich, S. 207f.; als eigenen Beitrag möchte der Verf. sein Buch E. MÜLLER-MERTENS, Regnum Teutonicum. Aufkommen und Verbreitung der deutschen Reichs- und Königsauffassung im früheren Mittelalter, Berlin 1970 (Forschungen zur mittelalterlichen Geschichte 15), S. 35–42 und S. 105–121 anführen.

18 W. SCHLESINGER, Die Königserhebung Heinrichs I. zu Fritzlar im Jahre 919, in: Fritzlar im Mittelalter. Festschrift zur 1250-Jahr-Feier, Fritzlar 1974, S. 121–143; Nachdruck in: Ausgewählte Aufsätze von Walter Schlesinger 1965–1979, Sigmaringen 1987 (Vorträge und Forschungen 34), S. 199–220; DERS., Die Königserhebung Heinrichs I., der Beginn der deutschen Geschichte und die deutsche Geschichtswissenschaft, in: HZ 221 (1975), S. 529–552.

19 H. THOMAS, Regnum Teutonicorum = Diutiskono richi? Bemerkungen zur Doppelwahl des Jahres 919, in: RhVjbll 40 (1976), S. 17–45; DERS., Theodiscus – Diutiskus – Regnum Teutonicorum. Zu einer neuen Studie über die Anfänge des deutschen Sprach- und Volksnamens, in: ebenda 51 (1987), S. 287–302.

20 Gerhardi vita S. Oudalrici, S. 389; Gebhards Version S. 389 Anm. 14; Das Leben Udalrichs, S. 23 mit Anm. 3.

21 Ottonis episcopi Frisingensis Chronica sive Historia de duabus civitatibus, hg. v. A. HOFMEISTER, 2. Aufl., Hannover/Leipzig 1912 (MGH. SS. in us. schol.), lib. VI, cap. 18; Otto Bischof von Freising, Chronik oder die Geschichte der zwei Staaten, neu hg. v. W. LAMMERS, übers. v. A. SCHMIDT, Darmstadt 1960 (Ausgewählte Quellen zur deutschen Geschichte des Mittelalters. Freiherr vom Stein-Gedächtnisausgabe 16), lib. VI, cap. 18, S. 458/459.

22 Fragmentum de Arnulfo, S. 5 bzw. S. 176.

23 Ebenda, S. 5 bzw. S. 175.

24 Liutprands Buch der Vergeltung, lib. II, cap. 21–23, S. 316–319; Widukindi monachi Corbeiensis res gestae Saxonicae libri tres, hg. v. P. HIRSCH/H. E. LOHMANN, 5. Aufl., Hannover 1935 (MGH. SS. in us. schol.), lib. I, cap. 27; Widukinds Sachsengeschichte, in: Quellen zur Geschichte des sächsischen Kaiserzeit, lib. I, cap. 27., S. 58/59. Der dritte zeitnahe ottonische Chronist, Adalbert, der seine Fortsetzung der Chronik Reginos von Prüm um 966/967 schrieb, weiß von der ganzen Sache überhaupt nichts zu berichten. Nach seiner Kenntnis wurde Herzog Heinrich *durch Übereinstimmung der Franken, Alamannen, Bayern, Thüringer und Sachsen zum König gewählt,* Adalberts Fortsetzung der Chronik Reginos, in: ebenda, zum Jahre 920, S. 192/193.

25 Zu den Freundschaftsbündnissen und Heinrichs I. Herrschaftsstil: ALTHOFF/KELLER, Heinrich I., S. 62–65.

26 Ebenda, S. 68f.; BRÜHL, Deutschland – Frankreich, S. 426f.

27 Vermutlich auf dem Rückweg vom Böhmenfeldzug 929 hat Heinrich I. im Beisein Arnulfs in Nabburg im bayerischen Nordgau geurkundet, REINDEL, Luitpoldinger, Nr. 75, S. 147/148. K. SCHMID, Die Thronfolge Ottos des Großen, in: ZRG GA 81 (1964), S. 80–163; Nach-

druck in: Königswahl und Thronfolge in ottonisch-frühdeutscher Zeit, Darmstadt 1971 (Wege der Forschung 178), S. 452 vermutet, jedoch ohne jeden Beleg oder Quellenhinweis, »daß der König gelegentlich dieses Zuges Regensburg aufgesucht hat«.

28 Die Konzilien Deutschlands und Reichsitaliens 916–1001, hg. v. E.-D. Hehl, Hannover 1987 (MGH. Concilia 6,1), Nr. 7 (Regensburg), S. 95; Nr. 9 (Dingolfing), S. 120.

29 A. Schmid, Bayern und Italien vom 7. bis 10. Jahrhundert, in: Die transalpinen Verbindungen der Bayern, Alemannen und Franken bis zum 10. Jahrhundert, hg. v. H. Beumann/ W. Schröder, Sigmaringen 1987 (Nationes 6), S. 51–91.

30 Brühl, Deutschland – Frankreich, S. 463.

31 Widukinds Sachsengeschichte, lib. II, cap. 1 und 2, S. 84–91.

32 Zur Kritik an Widukinds Schilderung der Königserhebung Ottos I. in Aachen und Arnulfs Anteil: Brühl, Deutschland – Frankreich, S. 465–469 mit Anm. 63.

33 Zu Ottos Regierungsstil: Althoff/Keller, Heinrich I., S. 121–133.

34 Widukinds Sachsengeschichte, lib. II, cap. 15, S. 100/101.

35 Fragmentum de Arnulfo, S. 570 bzw. S. 176.

36 Schmid, Herrschergräber, S. 363f.

37 Schmid, Bild, S. 24.

𝕭𝖗𝖚𝖓

ERZBISCHOF VON KÖLN, HERZOG VON LOTHRINGEN (953–965)

von Barbara Pätzold

Daß du bist, was du heißt,
Darauf achte!
Daß du von deiner Sippschaft nicht abfällst,
Diesen Sieg erringe dir mit allem Ernst!
Daß man beim Alten nicht verweile,
Sondern von Tugend zu Tugend eile,
Danach trachte!
(Ruotger, Vita Brunonis, cap. 28)

Fast alle, die ihn näher kannten, konnten sich nicht genugtun, seine Worte und Werke zu bewundern. Vereinigten sich doch in diesem einen Menschen Dinge ganz unterschiedlicher Art: edle Abstammung, hohe Ämter und Würden und ein so hohes Maß an Wissen, wie es sonst gewöhnlich eitel macht, so daß man hätte glauben mögen, es gehe nicht mehr tiefer hinab.

Aus diesen Worten, die der Mönch Ruotger in seiner Biographie über Brun, Erzbischof von Köln und Herzog von Lothringen, findet,[1] spricht Verehrung und Bewunderung für einen Mann, der zu den bedeutendsten Persönlichkeiten der mittelalterlichen deutschen Geschichte zählt. Die eingangs als Motto zitierten Verse, die Brun einem Abt anläßlich dessen Weihe widmete, scheinen als seine eigene Lebensmaxime dieses Urteil Ruotgers zu bestätigen.

Brun wurde im Jahre 925 – wohl im Frühjahr – geboren.[2] Er war das jüngste der fünf Kinder, die sein Vater, der ostfränkisch-deutsche König Heinrich I., und dessen zweite Gemahlin Mathilde hatten. Seinen Namen erhielt der kleine Prinz nach einem Onkel seines Vaters, der 880 im Kampf gegen die Dänen gefallen war. Nicht nur durch die Königswürde, die sein Vater seit seiner Wahl auf den Thron des werdenden mittelalterlichen deutschen Reiches im Jahre 919 innehatte, gehörte Brun einer Familie an, die zu den vornehmsten und den mächtigsten zählte. Den Grundstein dafür hatte bereits der als Stammvater des Geschlechts geltende Graf Liudolf (gest. 866) gelegt, der es verstanden hatte, seine Machtposition vor allem im ostsächsischen Raum, wo er begütert war, auszubauen und unter dem Adel Sachsens eine führende Position zu erlangen. Diese Stellung war zu einem erheblichen Teil dem Zusammengehen mit den im Lande herrschenden Karolingern geschuldet, zu deren Vertrauten er gezählt hatte. Sichtbarer Ausdruck dessen war die Ehe seiner Tochter Liutgard mit dem ostfränkischen Karolingerkönig Ludwig dem Jüngeren, einem Urenkel Karls des Großen.

Von nicht minder vornehmer Herkunft war die Mutter Bruns. Mathilde führte ihre Abstammung auf den legendären Herzog Widukind zurück, der in den dreißigjährigen Kämpfen der Sachsen gegen Karl den Großen Ruhmeslorbeer errungen hatte. Der Name ihrer Familie wie auch ihr Reichtum hatten Bruns Vater Heinrich einst gleichermaßen veranlaßt, seine erste Frau Hatheburg zugunsten Mathildes zu verlassen. Der aus dieser Ehe stammende Sohn Thankmar, ein Halbbruder Bruns mithin, fühlte sich wohl Zeit seines Lebens gegenüber seinen Halbgeschwistern benachteiligt.

Seine hohe Geburt prädestinierte den kleinen Brun eo ipso für einen Aufstieg in die höchsten Ämter, seien es geistliche oder weltliche, die im Reich überhaupt zu vergeben waren. Seine Eltern bestimmten ihn frühzeitig für die geistliche Laufbahn, die den jüngeren Söhnen des Hochadels üblicherweise gewiesen wurde. Neben der Sorge um das eigene Seelenheil, das man sich mit der Übereignung eines Kindes in den Schoß der Kirche zu sichern glaubte, lag der Grund für diese Entscheidung wohl in der Hauptsache darin, daß Heinrich als seinen Nachfolger bereits den ältesten Sohn Otto ins Auge gefaßt hatte. Dessen jüngerer Bruder Heinrich, den seine Mutter als Thronfolger favorisierte, konnte mit einem Herzogtum ausgestattet werden.

Die Entscheidung über Bruns Weg dürfte spätestens im Jahre 929 gefallen sein, als Heinrich I. im Rahmen seiner Hausordnung für den Fall seines Todes den einzelnen Familienmitgliedern ihre Position innerhalb des Herrscherhauses zuwies.[3] In diesem Jahr, so berichtet uns Ruotger, wurde der vierjährige Brun dem Bischof Balderich von Utrecht zur Erziehung und Ausbildung überantwortet. Balderich, der sein bischöfliches Amt im Jahre 918 angetreten hatte und es bis zu seinem Tode 976 ausübte, dürfte zu diesem Zeitpunkt noch sehr jung und damit auch nach heutigen Maßstäben gut geeignet gewesen sein, mit Brun in einer Weise umzugehen, die dessen kindlichem Alter entsprach. Doch das war für die Eltern wohl nicht der Grund, für die Ausbildung des kleinen Prinzen gerade dieses Bistum auszusuchen, das von den sächsischen Pfalzen, dem gewöhnlichen Aufenthaltsort der königlichen Familie, weit entfernt an der äußersten westlichen Landesgrenze lag und zudem wegen häufiger Normanneneinfälle ziemlich unsicher war. Auch durch wissenschaftliche Leistungen hatte sich Utrecht bis dahin noch keinen besonderen Ruf erworben.[4] Die Entscheidung dürfte vor allem aus politischen Gründen getroffen worden sein: Utrecht lag in Lothringen, und dieses hatte Heinrich erst 925 für sein Reich gewonnen.

Um die Beweggründe für König Heinrichs Entscheidung zu verstehen, ist es unerläßlich, einen Blick auf die sehr wechselvolle Geschichte des lothringischen Territoriums im Verlaufe des 9. Jahrhunderts zu richten. Dieses Land gehörte zu den Kerngebieten des karolingischen Großreiches, war aber kein eigentliches Stammesgebiet. Es wurde von einer teils romanisch, teils germanisch sprechenden Mischbevölkerung bewohnt. Lothringens Entstehung geht auf die im Verlaufe des 9. Jahrhunderts mehrfach erfolgten dynastischen Teilungen des ehemaligen Reichs Karls des Großen, respektive seines Sohnes Ludwigs des Frommen, unter die Angehörigen der karolingischen Familie zurück. Sein Name *regnum Lotharii* – Reich Lothars –, wie es in den zeitgenössischen Quellen heißt, woraus dann Lotharingien, Lothringen, wird, leitete sich von König Lothar II. her. Dieser hatte das zwischen Burgund und der Nordsee gelegene Gebiet von seinem Vater, Kaiser Lothar I., bei der Teilung des sogenannten Mittelreiches, das durch den Vertrag von Verdun 843 entstanden war, zugesprochen bekommen. Da Lothar II. 869 ohne legitime Erben starb, wurde das regnum Lotharii zum begehrlichen Objekt sowohl für die westfränkischen als auch für die ostfränkischen Karolinger. 870 im Vertrag von Meersen entlang der Maas-Mosel-Linie zwischen dem Ost- und Westreich geteilt, war es 879/80 in den Verträgen von Verdun und Ribémont durch militärischen Druck des ostfränkischen Königs Ludwig des Jüngeren wieder an das Ostreich gefallen. Hier blieb Lotharingien, abgesehen von einem kurzen Intermezzo, als es 895 bis 900 von Arnulf von Kärnten für seinen Sohn Zwentibold als Unterkönigreich eingerichtet wurde, bis zum Jahre 911. Damals sagte sich der Adel vom Ostreich los und huldigte dem Westfranken Karl dem Einfältigen als seinem König.

Die Bedeutung Lothringens lag vor allem in den riesigen Krongutkomplexen, die sich hier konzentrierten, in den großen und reichen Klöstern Prüm, Echternach, Stablo-Malmedy, Nivelles, Gorze, Moyenmoutier, um nur einige zu nennen, und in bedeutenden Städten wie Köln, Trier, Metz, Toul, Verdun, Straßburg, Utrecht, Lüttich und Cambrai, die alle zugleich auch Bischofsstädte waren. In dieser Zeit, seit Mitte des 9. Jahrhunderts, als Lothringen zeitweise auch als selbständiges Teilreich existierte, bildete sich ein gewisses Eigenständigkeitsbewußtsein heraus.[5]

In die Machtkämpfe, die zwischen König Karl dem Einfältigen und rivalisierenden westfränkisch-französischen Adelsgruppen ausbrachen, waren auch die lothringischen Großen verstrickt. Insbesondere Reginar I. und sein Sohn Giselbert traten in offene Gegnerschaft zu Karl dem Einfältigen. Nachdem dieser 923 in Gefangenschaft des Grafen Heribert von Vermandois geraten war, wandte sich der taktierende Giselbert gemeinsam mit dem Trierer Erzbischof hilfesuchend an König Heinrich I., wohl nicht so sehr, um Frieden zu stiften, sondern vielmehr in der Absicht, ein Gegengewicht zu dem inzwischen zum westfränkischen König ausgerufenen Herzog Rudolf von Burgund herzustellen. Heinrich griff daraufhin erstmals 923 in Lothringen ein. Als sich Giselbert wenig später mit einem Teil des lothringischen Adels dem Gegenkönig Rudolf zuwandte, fiel Heinrich erneut mit Heeresmacht in das Land ein und zwang den gesamten Adel, ihm zu huldigen. König Heinrich war sich aber offensichtlich der Tatsache bewußt, daß seine militärische Überlegenheit allein Lothringen nicht dauerhaft an sein Reichsgebiet binden konnte. Das zeigte sich in seiner Bereitschaft zum Kompromiß und in weiteren auf die Herstellung vielfältiger Bindungen Lothringens an das Königreich gerichteten Maßnahmen. Wenn auch mit einiger Zurückhaltung, so erkannte Heinrich doch Giselberts Führungsstellung unter den Großen Lothringens an und bestätigte 928 ausdrücklich dessen Stellung als Herzog. Damit nicht genug, gab Heinrich um die gleiche Zeit Giselbert seine etwa fünfzehnjährige Tochter Gerberga zur Frau, eine ausgesprochen politische, trotz des großen Altersunterschiedes – Giselbert dürfte fast 50 Jahre alt gewesen sein – durchaus nicht unübliche Eheschließung. Es war Heinrich offenkundig wichtig, den mächtigsten Mann im wiedergewonnenen Lande auch auf diese Weise fest an sich zu binden, dadurch zugleich die Opposition innerhalb des lothringischen Adels zu schwächen oder ganz auszuschalten und auf diese Weise die Integration dieses Gebietes in das Ostreich voranzubringen.[6]

Die Wahl Utrechts als Ort der Ausbildung für einen seiner Söhne entsprang sichtlich den gleichen Zielen, die noch deutlicher hervortreten, wenn man berücksichtigt, daß Bischof Balderich ein Verwandter Herzog Giselberts war und selbst einer der vornehmsten lothringischen Familien entstammte. Der kleine Prinz erhielt in Utrecht eine den üblichen Gepflogenheiten entsprechende Grundausbildung in den Freien Künsten, d. h. in Grammatik, Rhetorik, Dialektik, Arithmetik, Geometrie, Musik und Astronomie. Besonderer Wert wurde nach der Schilderung Ruotgers auf die Grammatik, d. h. die lateinische Sprachausbildung, sowie auf das Lesen klassischer Autoren, unter ihnen vor allem Prudentius, gelegt. Darüber hinaus lernte Brun auch Griechisch, was in dieser Zeit nicht allgemein üblich war und ihm die Bewunderung seiner Zeitgenossen einbrachte. Der junge Eleve besaß überdurchschnittliche Begabung, die, mit einem immensen Fleiß gepaart, ihn bald mit seinen Lehrern gleichziehen ließ. Diese Wißbegierde, das Bestreben, seine Kenntnisse ständig zu erweitern, war ihm sein Leben lang eigen. Ruotger schildert, wie Brun später selbst in angespannten Situationen immer Zeit fand, in seinen Büchern, die ihn auf allen Reisen begleiteten, zu lesen. Meist nutzte er dazu die frühen Morgenstunden oder die mittägliche Ruhepause. Von geistiger Beschäftigung, die ihm das höchste Vergnügen bereitete und die sich *auf alle Gebiete der freien Wissenschaften griechischer und lateinischer Gelehrsamkeit* erstreckte, konnte ihm *weder Reichtum und Überfluß noch die lärmende Menge, die beständig um ihn war, noch irgendeine Unlust, die ihn überkommen hätte*, wie Ruotger schreibt, abhalten. Seine späteren Diskussionsrunden zu philosophischen Fragen, zu denen er Gelehrte einlud und an denen, wenn es seine Zeit erlaubte, auch sein Bruder, König Otto, teilnahm, erlangten bald Berühmtheit. Die Kenntnis davon wurde von den am Hofe weilenden ausländischen Gästen verbreitet.

Ungefähr zehn Jahre hatte Bruns Schulzeit gedauert, als er 939 oder Anfang 940, nunmehr vierzehnjährig, von seinem ältesten Bruder Otto, der im August 936 die Nachfolge seines Vaters auf dem Thron angetreten hatte, an den Hof zurückgerufen wurde. Dies geschah in der Absicht, dem gebildeten und begabten Brun verantwortungsvolle Aufgaben zu übertragen und ihn in die alltäglichen Regierungsgeschäfte einzubeziehen. Zwischen den Brüdern entwickelte sich ein enges Vertrauensverhältnis, und bald wurde Brun zum engsten Berater seines königlichen Bruders, der seinem diplomatischen Geschick wie auch seinem weitblickenden strategischen Denken die Lösung mancher komplizierten Situation verdankte.

Als geeignetes Betätigungsfeld kam für Brun aufgrund seiner Ausbildung und seines geistlichen Standes, in dem er die Weihen als Diakon besaß, die Hofkapelle in Frage. Den Angehörigen dieser seit karolingischer Zeit existierenden Institution oblagen zwei Aufgabenbereiche: die Ausrichtung der Gottesdienste und aller übrigen kirchlichen Handlungen für die Herrscherfamilie und die Erledigung des gesamten am Hofe anfallenden Schriftverkehrs, vor allem das Konzipieren und Ausstellen von Urkunden. Für diese Tätigkeit war innerhalb der Hofkapelle die Kanzlei mit ihren Angehörigen, dem Kanzler sowie den für die Schreibarbeit zuständigen Notaren, verantwortlich. Unter Otto I. kamen die Angehörigen der Hofkapelle in wachsender Zahl aus den Domkapiteln, d. h. sie gehörten dem Hochadel an. Die geistliche Spitze der Hofkapelle war der Erzkapellan. Dieses Amt, seit Ende des 9. Jahrhunderts mehr und mehr eine geistliche Würde, wurde einem Erzbischof übertragen.[7] Da dieser jedoch nicht ständig am Hofe anwesend sein konnte, war der eigentliche Leiter der Kapelle der Kanzler. Dieser hatte eine absolute Vertrauensstellung inne, liefen doch über seinen Tisch alle an den Hof gerichteten wie auch die von hier ausgehenden Schriftstücke. Der Kanzler war damit der bestinformierte Mann am Hof und hatte oft maßgeblichen Einfluß auf politische Entscheidungen.

Diese wichtige Funktion bekam Brun alsbald trotz seines jugendlichen Alters von seinem Bruder übertragen. Über seine Arbeit in der Kanzlei berichten uns die Quellen direkt nichts. Wir können jedoch aus den Urkunden Ottos einige Rückschlüsse ziehen. Eingeführt wurde Brun in sein Amt als Kanzler von Poppo, einem Verwandten des Herrscherhauses, der diese Tätigkeit bereits unter König Heinrich I. innegehabt hatte. Wohl um Erfahrungen zu sammeln, führte Brun zunächst gemeinsam mit Poppo die Kanzleigeschäfte. Erstmals im September 940 erscheint er in einer Urkunde zusammen mit ihm als Kanzler, während die letzte gemeinsam rekognoszierte Urkunde vom 23. April 941 stammt.[8] Ab Mai 941 führte Brun die Geschäfte allein. Zeigte sich anfänglich noch eine gewisse Unsicherheit in der Beurkundungstätigkeit, ist er doch nach kurzer Zeit vollständig in sein Amt hineingewachsen, und seine Bemühungen, die Verwaltung, vor allem aber die Ausbildung der Hofgeistlichkeit zu verbessern, zeitigten bald Erfolge. Zu diesem Zweck richtete Brun eine Klosterschule ein, an der junge Kleriker ihr Rüstzeug für ihre Tätigkeit in der Kanzlei erhielten. Mit den wachsenden Aufgaben in der Kanzlei durch die zunehmende Urkundentätigkeit des Königs erhöhte Brun nicht nur die Zahl der Kapelläne und Notare, seine eigenen geistigen Ansprüche und der Wunsch, sich mit gelehrten Männern zu umgeben, wirkten sich auch auf die qualitative Zusammensetzung der Hofkapelle aus. So konnten einzelne ihrer Mitglieder zu politischen und kirchlichen Sonderaufgaben herangezogen werden.[9]

Bruns steigender Einfluß auf seinen königlichen Bruder bei politischen Entscheidungen erwies sich nicht nur in der wachsenden Zahl von Urkunden, in denen er als Intervenient, d. h. als Vermittler und Fürsprecher, auftrat.[10] Als Leiter der Kanzlei und gleichsam als rechte Hand Ottos I. begleitete er diesen auch auf dessen erstem Zug nach Italien. Die erhöhten Anforderungen, die bei diesem schwierigen Unternehmen an sein diplomatisches Geschick bei der Formulierung manchen Textes und der Führung mancher Verhandlung mit dem italienischen Adel gestellt wurden, hat er ganz offensichtlich zur Zufriedenheit des Königs erfüllt, denn dieser beförderte ihn noch in Italien *aus brüderlicher Liebe*, wie eine zeitgenössische Quelle berichtet, zum Erzkapellan. Als solcher tritt er uns in einer in Pavia am 15. Oktober 951 ausgestellten Urkunde entgegen.[11] Seine Ernennung stellt etwas Ungewöhnliches dar, war doch bisher das Amt des Erzkapellans dem Inhaber eines Bischofssitzes vorbehalten gewesen. Man hat vermutet, daß sie im Zusammenhang mit der zeitweiligen Suspendierung des bisherigen Erzkapellans, des Erzbischofs Friedrich von Mainz, stand, als es zwischen diesem und dem König während des Italienzuges zu Unstimmigkeiten kam. Doch behielt Brun diese Funktion auch nach der Wiedereinsetzung Friedrichs als Erzkapellan bei, so daß es nunmehr gleichzeitig zwei Erzkapelläne gab. Zugleich hatte sich Brun auch die Leitung der Kanzlei vorbehalten, womit sein Einfluß weiter stieg. Er nutzte ihn wohl auch dazu, die Zahl der Erzkapelläne zu reduzieren, denn seit 954 übte er dieses Amt zumindest zeitweilig allein aus. Erst seit 956 teilte er es mit seinem mit ihm rivalisierenden Neffen, Erzbischof Wilhelm von Mainz.[12]

Bruns Ansehen, seine diplomatischen Fähigkeiten und seine auf Ausgleich bedachte Persönlichkeit kamen wenige Monate später erstmals in einer für Otto I. äußerst gefahrvollen Situation zum Tragen, mit der sich der König bei seiner Rückkehr aus Italien im Frühjahr 952 konfrontiert sah. Ihr Verursacher war Ottos Sohn Liudolf, der sich mit anderen Unzufriedenen gegen seinen Vater erhob.

Der Keim zu diesem Konflikt war bereits in Italien gelegt worden. Liudolf, der in der Hoffnung, sein eigenes, im Süden an Italien grenzendes Herzogtum Schwaben erweitern oder doch wenigstens dort Einfluß gewinnen zu können, bereits vor seinem Vater ohne dessen Wissen mit bewaffneter Macht dorthin gezogen war, hatte sich nach dem Scheitern seines Abenteuers dem König wieder anschließen und um Verzeihung nachsuchen müssen. Die Benachteiligung gegenüber Ottos Bruder Heinrich, dem Herzog von Bayern, bei der Aufteilung einiger der gewonnenen Gebiete und die Befürchtung, durch die rasche Hochzeit seines seit 946 verwitweten Vaters mit der jungen italienischen Königin Adelheid im Herbst 951 um die Thronfolge gebracht zu werden, hatten ihn in Opposition zum König gebracht. Heimlich verließ er mit einigen Gleichgesinnten das königliche Heer in Italien. Unter ihnen befand sich auch der Mann seiner Schwester Liutgard, Konrad der Rote, Herzog von Lothringen. Nach heimlicher Vorbereitung brach 953 im Frühjahr der Aufstand los. Ziel der Empörer, zu deren Köpfen auch Erzbischof Friedrich von Mainz gehörte, war es offensichtlich, stärkere Einflußmöglichkeiten am Hofe zu erlangen sowie ihre Machtbefugnisse in ihren eigenen Herzogtümern gegenüber dem Königtum zu erweitern. Vor allem forderte Liudolf wohl Garantien hinsichtlich seiner Thronfolge, zumal seine Stiefmutter Adelheid um die Jahreswende 952/53 ihren ersten Sohn geboren hatte.

Der Aufstand weitete sich rasch über Bayern, Schwaben und Franken aus. Auch Teile des sächsischen Adels schlossen sich an. Die Aufständischen einte in ihrer gegen den König gerichteten Haltung das Gefühl, ungerecht behandelt oder benachteiligt worden zu sein. Es war wohl mehr oder weniger ein Krieg zwischen den Generationen um Erbschaften und Erwartungen, so hat die Forschung über die noch immer mit vielen Rätseln behafteten Ursachen des Aufstandes gemutmaßt.[13] In der für den König bedenklich werdenden Situation setzten seine Anhänger auf das Ansehen, das Brun auch in den Kreisen der Aufrührer besaß. Doch selbst dessen Versuch, in einem vertraulichen Gespräch mit seinem Neffen Liudolf einen Vergleich herbeizuführen, blieb erfolglos.

In diese dramatischen Monate des Frühjahrs 953 fielen zwei Ereignissse, die für Bruns weiteres Leben bestimmend werden sollten. Bald nach dem Tode des seit längerem kränkelnden Erzbischofs Wigfrid von Köln wurde Brun im Juli 953 zu dessen Nachfolger gewählt. Die Weihe erfolgte am 25. September.[14] Die Entscheidung, den königlichen Kanzler Brun auf einen der wichtigsten Erzstühle des Reiches zu berufen und nicht, wie sonst allgemein üblich, einen Kandidaten aus dem eigenen Domkapitel, ist zweifellos auf den König zurückzuführen. Dieser benötigte in dem inmitten Lothringens gelegenen Köln jemanden, dem er unumschränkt vertrauen konnte, der politische Erfahrungen besaß und sich durch seine Persönlichkeit Autorität verschaffen konnte, Eigenschaften, die auf Brun zutrafen.

In engem Zusammenhang mit seiner Erhebung zum Erzbischof ist das zweite für Brun wichtige Ereignis zu sehen, seine fast gleichzeitig erfolgte Einsetzung zum Herzog von Lothringen. Den bisherigen lothringischen Herzog, seinen Schwiegersohn Konrad, hatte der König zuvor abgesetzt. Obwohl unmittelbarer Anlaß dazu die Teilnahme Konrads an Liudolfs Aufstand gewesen war, spielten bei Ottos Entscheidung offenbar noch andere Gründe eine Rolle. Konrad hatte in seinem Herzogtum nur eine geringe Akzeptanz gefunden, sei es wegen seines Vorgehens gegen den lothringischen Adel, sei es wegen mangelnder persönlicher Eignung oder als landfremder Franke. Der König befürchtete in einer Situation, in der ihm die Hände durch den Aufruhr Liudolfs gebunden waren, mit Recht ein Aufflammen der Selbständigkeitsbestrebungen des lothringischen Adels unter Führung der mächtigen Reginar-Familie, die die bisher erreichte Stabilisierung der Zugehörigkeit Lothringens zum Reich hätte gefährden können. Bruns Ernennung zum Erzbischof von Köln und Herzog von Lothringen ist durchaus in diesem Zusammenhang zu sehen.[15]

Mit seiner Entscheidung, auf Brun gleichzeitig ein geistliches und ein weltliches Amt zu übertragen, beschritt der König absolutes Neuland. Auch die Zeitgenossen reflektierten das Ungewöhnliche dieser Doppelfunktion. Bruns Biograph Ruotger prägte dafür den treffenden Ausdruck *Archidux* – Erzherzog –, der wohl eine Parallele zu dem lateinischen Wort *archiepiscopus* – Erzbischof – darstellt und damit die Funktion des »Erzherzogs« als »Beschützer und Verwalter« (tutor et provisor), wie sie Ruotger (cap. 20) definiert, treffend umschreibt. Damit würde auch die Bemerkung des Autors der Fortsetzung der Chronik Reginos von Prüm, des Abtes Adalbert aus dem lothringischen Kloster Weißenburg, korrespondieren, der schreibt, Brun habe die Herzogswürde und die Regierung des gesamten lothringischen Reiches übernommen. Diese Formulierung läßt durchaus den Schluß zu, daß Brun in Lothringen gleichsam eine Stellvertreterrolle des Königs übernehmen sollte.[16]

Diese Form des Erzherzogs ist ganz und gar auf die Person Bruns gemünzt gewesen und einmalig geblieben. Unter den Zeitgenossen hat die Berufung eines Erzbischofs in das weltliche Amt eines Herzogs kontroverse Diskussionen ausgelöst, war es doch Angehörigen des geistlichen Standes nach den Geboten der Kirche untersagt, Waffen zu tragen und an kriegerischen Handlungen teilzunehmen, wie es die Aufgabe eines Herzogs war. Ruotger, der auf diese Diskussionen Bezug genommen hat, verteidigt Brun folgendermaßen: *Aber vielleicht kommen einige, die die göttliche Weltordnung nicht begreifen, mit dem Einwand, wieso ein Bischof Politik getrieben und sich mit dem gefährlichen Kriegshandwerk befaßt habe, obwohl er doch nur die Sorge für die Seelen übernommen habe. Denen erteilt, wenn sie nur ein Fünkchen gesunden Verstandes haben, die Sache selbst hinlänglich Antwort. Sie brauchen nur hinsehen, wie das so große und gerade in diesen Gegenden so ungewohnte Gut des Friedens durch diesen Schützer und Lehrer des gläubigen Volkes weit und breit hinausgetragen worden ist. Dann werden sie aufhören, sich hieran gleichsam wie in lichtlosem Dunkel zu stoßen. Auch war es gar nichts Neues oder den Lenkern der heiligen Kirche Gottes bis dahin Ungewohntes, diese Welt zu regieren. Beispiele dafür sind, wenn man danach sucht, jederzeit zu haben.* In dieser Argumentation Ruotgers wird deutlich, worum es dem König ging und welche Aufgabe Brun zu erfüllen hatte: die Befriedung Lothringens und seine feste Eingliederung in das ottonische Reich. Dazu bedurfte es sowohl kirchlicher als auch weltlicher Mittel, die diplomatischer und militärischer Natur waren, und dabei hat Brun auch selbst zur Waffe gegriffen.[17]

In der Tat waren unter der Herzogsgewalt Konrads, wie bereits erwähnt, die Kämpfe zwischen ihm und den lothringischen Großen unter der Führung von Graf Reginar III. von Hennegau wieder aufgeflammt. Dieser erhoffte sich von einem Sturz Konrads die Rückgewinnung der durch seinen Verwandten Giselbert 939 verlorengegangenen Herzogswürde.[18] Dazu kamen noch die von jeher vorhandenen Konflikte zwischen dem lothringischen und dem westfränkisch-französischen Adel, die Konrad nicht auszugleichen vermocht hatte, so daß ständige Unruhen in Lothringen herrschten.

Doch bevor der neuernannte Herzog Brun sich den Angelegenheiten in seinem Herzogtum zuwenden konnte, mußte er zunächst einige Male auf Bitten des Königs schlichtend im Aufstand Liudolfs eingreifen. Im Sommer 953 rief ihn Otto in sein Heerlager vor Mainz. Hinter den festen Mauern der Stadt hatten sich Liudolf und Konrad der Rote verschanzt. Auf Bitten des Königs sollte Brun vermitteln und die Rebellen zum Aufgeben bewegen. Aber auch seine Bemühungen waren vergeblich, obwohl seine eindringlichen Worte von dem Willen getragen waren, Frieden zu stiften. Im Gegenteil, wenig später rüstete Konrad gegen Brun, den er als seinen Widersacher betrachtete. Im Oktober 953 stießen beide bei Rimlingen im Bliesgau aufeinander. Glücklicherweise kam es nicht zum Kampf.

Der Aufruhr Liudolfs und seiner Anhänger konnte erst ein Jahr später, im Juni 954, auf dem Reichstag zu Langenzenn bei Fürth beigelegt werden, wo sich Konrad unterwarf. Liudolf tat dies erst einige Monate später. Wieder war es Brun, der sich um den Neffen kümmerte. Diesen hatte inzwischen der König als Herzog abgesetzt, und Brun versuchte, für ihn eine neue, seiner Herkunft angemessene Aufgabe zu finden. Er lud Liudolf ein, nach Bonn zu kommen, um mit ihm zu reden, *in der Überzeugung, dadurch dem Reich und dem König am besten zu dienen*, wie Ruotger (cap. 36) glaubt. Wenn Liudolf von seinem Vater alsbald mit der Verwaltung Italiens beauftragt wurde, hatte er dies sicherlich auch der Fürsprache und dem Einfluß seines Onkels zu verdanken.

Während dieses Treffens erfuhren beide von Ottos großem Sieg über die Ungarn am 10. August 955 auf dem Lechfeld bei Augsburg. Brun hatte sich mit seinen Truppen nicht an dem Heeresaufgebot beteiligt, dies mit der Begründung, das ihm anvertraute Land nicht ohne Schutz lassen zu können. Die lothringischen Verhältnisse waren also alles andere als sicher, obwohl Brun in seiner bisherigen zweijährigen Amtstätigkeit als Erzbischof und Herzog bereits einige wichtige Weichen für eine Befriedung und eine dauerhafte und sichere Einbindung Lothringens in das ottonische Reich gestellt hatte.

Als erste Amtshandlung hatte Brun am 21. September 953 eine Versammlung des geistlichen und weltlichen Adels Lothringens nach Aachen einberufen, wohl vornehmlich, um sich der Treue der Großen gegenüber dem König zu versichern und sich selbst als dessen Stellvertreter zu präsentieren. Noch im gleichen Jahr tat er den ersten Schritt, wichtige kirchliche Posten mit Leuten seines Vertrauens zu besetzen, um die königliche Stellung stärker zur Geltung zu bringen: Er vergab den eben vakant gewordenen Bischofssitz Lüttich an den aus seinem Bistum vertriebenen Rather, einen Gelehrten von hohem Rang, den Brun auch wegen seiner positiven Einstellung zu der von Lothringen ausgehenden Kirchenreformbewegung schätzte. Dieser Versuch der Einflußnahme scheiterte jedoch 955 zunächst einmal am Widerstand des Lütticher Domkapitels, das gegen den eigenwilligen Gelehrten heftige Vorbehalte hegte, vor allem wahrscheinlich wegen dessen Haltung zur Kirchenreform. Unterstützt in seinem Widerstand wurde der Lütticher Klerus von Graf Reginar III. von Hennegau, der mit Waffengewalt in Lüttich einfiel, Rather vertrieb und an dessen Stelle einen seiner Verwandten zum Bischof wählen ließ. Erst nach Reginars Vertreibung durch den westfränkisch-französischen König Lothar im Jahre 959 konnte Brun Lüttich wieder mit einem eigenen Kandidaten besetzen, einem seiner Schüler aus vornehmem sächsischem Geschlecht.

Diesen Weg, die vakanten lothringischen Bischofssitze mit Männern zu besetzen, die seine Schüler gewesen waren und von deren Treue gegenüber dem sächsischen Herrscherhaus, mit dem sie zum Teil verwandt waren, er überzeugt war, hat Brun von nun an konsequent weiterverfolgt.[19] Zu diesem Zweck gründete er an seinem Dom in Köln eine Schule, deren Absolventen zu absoluter Treue gegenüber dem Königtum erzogen wurden. Nach Ruotgers Zeugnis bezog Brun jedoch auch einflußreiche Große in den Kreis seiner hochgestellten engsten Freunde ein, sofern sie dem König vorbehaltlos ergeben waren. Diesem Kreis, der sich nicht nur bei Lesung, Beratung und gelehrtem Gespräch um ihn versammelte, sondern dessen Teilnehmer auch an Schlachten teilnahmen, wie Bruns Biograph berichtet, gehörten auch sein Neffe Wilhelm, seit 954 Erzbischof von Mainz, sowie Erzbischof Heinrich von Trier an. Bei seinem Tode im Jahre 965 hatte es Brun geschafft, seinen Einfluß nicht nur in seiner eigenen Diözese Köln, sondern im gesamten Episkopat Lothringens durchzusetzen. Die damit verbundene Gewinnung und Dienstbarmachung geistlichen Territoriums hatte nicht nur für die Festigung von Ottos Königtum große Bedeutung, sondern bildete auch für seine Nachfolger eine gesicherte Herrschaftsgrundlage. Denn seitdem wurden die Bischöfe mehr und mehr für den Reichsdienst herangezogen: sie hatten dem König militärische Kontingente im Kriegsfall und auf dessen Italienzügen zu stellen, sie wurden zu diplomatischen Missionen herangezogen, sie mußten den König und seinen Hof bei dessen in ständigem Umzug durch das Reich erfolgender Regierungstätigkeit Unterkunft und Verpflegung gewähren, sofern sich der König nicht auf seinem eigenen Haus- oder auf Krongut aufhielt. Die dafür benötigten immensen materiellen Aufwendungen zog der Klerus aus seinem riesigen Grundbesitz. In gleicher Weise wurden die großen, unter Königsschutz stehenden Abteien für den Reichsdienst herangezogen. Im Gegenzug stattete der König Bischöfe und Abteien mit sogenannten Immunitätsprivilegien aus, die ihnen ursprünglich nur dem König zustehende Rechte einräumten, wie die Gerichtsbarkeit, Markt-, Münz- und Zollrecht. Dieses System, das sogenannte Reichskirchensystem, wurde unter den Nachfolgern Ottos I., insbesondere den salischen Herrschern, ausgebaut und perfektioniert und bildete für mehr als anderthalb Jahrhunderte die stabile Grundlage des Königtums. Brun hat mit seiner in Lothringen praktizierten Politik dafür Wesentliches geleistet.

In diesem Zusammenhang muß ein weiteres Wirkungsfeld Bruns erwähnt werden: sein Engagement in der Klosterreformbewegung. Diese Bewegung war um 930 von dem lothringischen Kloster Gorze ausgegangen. Sie hatte bald viele Klöster zunächst in Lothringen erfaßt und sich von hier aus im gesamten ostfränkisch-deutschen Raum verbreitet. Ihr Ziel war die Abkehr von dem verweltlichten klösterlichen Leben und die Rückbesinnung auf die monastischen Ideale der Armut und der Keuschheit, den Verzicht auf irdische Güter und die Hinwendung zu einem demütigen, ganz auf Gott bezogenen Leben, wie es die Regeln Benedikts von Nursia vorschrieben.

Dieser Bewegung stand die königliche Familie von Anfang an nahe. Otto I. besiedelte seine 937 gegründete Lieblingsstiftung, das Magdeburger Moritzkloster, mit Reformmönchen aus der Trierer Abtei St. Maximin. Auch Brun war Anhänger der Reformbewegung. Entscheidende geistige Anregungen dafür dürfte er von dem als Mönch in St. Maximin lebenden irischen Bischof Israel empfangen haben,[20] den

Ruotger als einen seiner wichtigsten Lehrer bezeichnet. Israel dürfte dem jungen Brun die geistigen Grundsätze des von Gorze ausgehenden Reformprogramms nahegebracht haben und damit auch prägend für dessen im Sinne der Reformbewegung praktizierte Lebenshaltung gewesen sein. Denn nicht nur geistige Demut habe Brun gekennzeichnet, sondern auch überaus bescheidene materielle Lebensführung, bescheinigt ihm Ruotger, der es wohl aus eigener Anschauung wußte. Er habe nicht, wie es seiner edlen Herkunft entsprochen hätte, kostbare Kleider getragen, sondern er habe tiefen Abscheu vor königlichem Luxus gehegt und sei inmitten seiner purpurtragenden Diener und goldglänzenden Ritter in einfachem Gewande und ländlichem Schafpelz erschienen.

Sicherlich mag an dieser Schilderung einiges übertrieben dargestellt sein, geht es doch Ruotger, der selbst Reformmönch war, darum, das reformerische Wirken Bruns auch in seiner Tätigkeit als Erzbischof hervorzuheben und seinen Helden panegyrisch zu erhöhen, um seine Vorbildwirkung um so wirksamer zu unterstreichen. Das heiligmäßige Leben eines Angehörigen der herrschenden Dynastie war auch geeignet, ein glänzendes Licht auf diese zu werfen und ihre göttliche Legitimation zu unterstreichen. Doch steht zweifelsfrei fest, daß Brun einem übermäßigen Luxus abhold war. Als Verfechter einer Erneuerung des klösterlichen Lebens hat er sich diesem Anliegen auch tatsächlich praktisch gewidmet: Er war zeitweilig Abt verschiedener Klöster, von denen nur Lorsch namentlich bekannt ist, und zwar solange, bis er die Reform eingeführt hatte; er reformierte die Kollegiatstifter gegen den Widerstand ihrer Mitglieder, indem er sie durch die Einführung einer strengen Regel einer regelrechten Klosterdisziplin unterwarf; nach gleichem Muster richtete er Kanonissenstifter ein; er war bemüht, das ungebundene Leben der sich im 10. Jahrhundert stark verbreitenden Eremiten durch eine kirchliche Anbindung und Betreuung zu steuern; er ließ neue Kirchen, Klöster und Stifter errichten und bestehende erneuern und erweitern.[21] Eine Intensivierung der Kirchenreform ist nach einer Synode festzustellen, die am 19. November 947 in Verdun stattfand. Ihr Hauptergebnis war die wirtschaftliche und rechtliche Absicherung der Abteien hinsichtlich ihres Vermögens und ihrer Privilegien, wodurch sie in die Lage kamen, die nun ganz in die Regie des Klosters Gorze überantwortete Reformtätigkeit dauerhaft zu sichern.

Brun, der an dieser Synode als Kanzler und Vertreter des Königs teilnahm, war die treibende Kraft bei der Verwirklichung der gefaßten Beschlüsse. Die Durchsetzung einer geordneten Verwaltung des Klosterbesitzes durch das Königtum, das die wirtschaftliche Kraft der Abteien für die Sicherung der eigenen Macht zu nutzen begann, die Unterwerfung der Abteien unter die Aufsicht der Bischöfe, die ebenfalls im Königsdienst standen, machte das Reformmönchtum zum Reichsmönchtum und damit zu einer der Säulen des ottonischen Reichskirchensystems neben den Bistümern. Durch die Identifikation Bruns mit dem Reformmönchtum konnte dieses zugleich für Lothringen zu einem Instrument zur stärkeren Integration in das hier von Brun repräsentierte ottonische Reich werden.

In seinem politischen Handeln als Herzog und Ottos Reichsverweser im Westen ist Brun ebenso zielstrebig wie geschickt vorgegangen, um die innere Eingliederung

Lothringens ins ottonische Reich zu vollziehen. Eine entscheidende Voraussetzung war die Ausschaltung der lothringischen Opposition, vor allem Graf Reginars III., des mächtigsten Mannes zwischen Maas und Schelde, woran Konrad der Rote gescheitert war. Gegen die Bestrebungen Bruns versuchte Reginar, sich eine möglichst unabhängige Stellung aufzubauen. Sein Vorgehen gegen den von dem Kölner Erzbischof eingesetzten Lütticher Bischof Rather war ein Beispiel dafür. Einen weiteren Versuch in diese Richtung startete Reginar mit der Okkupierung des Witwengutes, mit dem Bruns Schwester Gerberga von ihrem ersten Gatten Giselbert ausgestattet worden war. Nachdem der westfränkisch-französische König Lothar zur Verteidigung der Rechte seiner Mutter Gerberga gegen Reginar vorgegangen war und dessen Frau und Kinder gefangengenommen hatte, griff Brun im Jahre 957 ebenfalls militärisch ein. Reginar wurde geschlagen, und im Juni 958 wurde in Köln ein Hoftag anberaumt, auf dem über das Schicksal des Lothringers und die damit verbundene Neuordnung des Landes entschieden wurde. Das Urteil lautete auf ewige Verbannung nach Böhmen. Sein Besitz wurde konfisziert und an königstreue Vasallen verteilt. Die Ausschaltung Reginars gab Brun Gelegenheit, die Besetzung des Lütticher Bischofssitzes wieder nach eigenen Vorstellungen vorzunehmen. Nachdem 959 dort der von dem Lothringer Grafen eingesetzte Balderich gestorben war, erhielt ein Schüler Bruns diesen wichtigen Bischofsstuhl.[22]

Ähnlich hart ging Brun gegen die Stadt Cambrai vor, deren Bürger den von ihm eingesetzten königstreuen Bischof Berengar, einen Verwandten der Königsfamilie, gewaltsam vertrieben hatten. 959 mußte Brun einen letzten Aufstand lothringischer Großer, der Grafen Immo von Chèvremont und Robert von Namur, niederschlagen. Sie hatten sich der Forderung des Erzherzogs widersetzt, ihre befestigten und widerrechtlich, d. h. ohne die Erlaubnis des Königs, errichteten Burgen niederzureißen. Die Schleifung dieser festen Kastelle, die dem Adel als militärische Stützpunkte zur Beherrschung des Landes und als Rückhalt dienten, trug durch die dabei praktizierte Zerlegung der großen feudalen Machtkomplexe und die Ausschaltung der feudalen Zwischengewalten zweifellos zur Stärkung der Reichsgewalt in Lothringen bei.[23]

Die traditionell engen Verknüpfungen des lothringischen mit dem westfränkischen Adel führten zwangsläufig dazu, daß Brun auch in die zwischen diesen beiden Gruppen stattfindenden Auseinandersetzungen eingriff. Die engen verwandtschaftlichen Beziehungen des ottonischen Hauses mit den führenden westfränkischen Familien durch die Ehen der Schwestern Gerberga mit König Ludwig IV. und Hathui mit dessen Rivalen Hugo dem Großen aus der Familie der Kapetinger mögen dabei zwar oft als unmittelbarer Anlaß erschienen sein, schlichtend einzugreifen, doch war dies nicht der eigentliche Grund. Ziel des ottonischen Königtums dürfte es vielmehr gewesen sein, eine durch die ständigen Kämpfe rivalisierender Adelsgruppen drohende Entmachtung des westfränkisch-französischen Königs zu verhindern. Auch Brun hat in Übereinstimmung mit seinem Bruder diese politische Linie verfolgt. Seit etwa 958 verlagerte sich sein hauptsächliches Betätigungsfeld ins Westfrankenreich. War er hier nach dem Tode seiner Schwäger, König Ludwigs IV. 954 und Hugos 956, als Schützer von deren minderjährigen Kindern, seinen Nichten und Neffen, angesehen worden, brachen schon wenige Jahre später die alten Rivalitäten zwischen den beiden Geschlechtern, Karolingern und Kapetingern, wieder auf. Es hat den Anschein, als hätten die Streitigkeiten zwischen beiden den Ottonen die Möglichkeit gegeben, ihre westfränkische Politik als familienpolitisches Problem aufzufassen. So vermittelt Brun im Frühjahr 959 in Compiègne in einem Streit zwischen König Lothar und den Söhnen Hugos um einige burgundische Burgen, die Lothar zurückverlangt hatte. Während des in Köln wenige Wochen später gemeinsam begangenen Osterfestes erhielt Brun – offenbar als Dank für seine Bemühungen – von seiner Schwester Gerberga und von Lothar Sicherheit wegen Lothringen zugesagt, wie der französische Annalist Flodoard von Reims berichtet. Ein halbes Jahr später, im Oktober 959, zog Brun erneut gen Westen und unterstützte mit einem starken militärischen Aufgebot seinen Neffen Lothar bei der Belagerung von Dijon und Troyes gegen den Grafen Robert; auf Bitten Gerbergas kam er nach Vermandois und griff vermittelnd in Streitigkeiten ihres Sohnes mit westfränkischen Großen ein; er beriet Gerberga bei der Besetzung des wichtigen Erzbistums Reims, wo schließlich der von ihm favorisierte Kandidat, der Metzer Kanoniker Odalrich, gewählt wurde.[24]

Bruns ständige Aktivitäten im westfränkisch-französischen Raum machten es erforderlich, für die innere Ruhe seines eigenen Herzogtums Sorge zu tragen und eine zuverlässige Stütze gegen den, wie das Beispiel des Grafen Immo zeigt, noch immer nicht völlig bezwungenen Adel zu gewinnen. So setzte er 959 den mächtigen, in Oberlothringen begüterten Grafen Friedrich, der durch seine Heirat mit einer Tochter Hugos und Hathuis mit der ottonischen Familie verwandt war, als seinen Stellvertreter ein. Für das niederlothringische Gebiet erhielt diese Aufgabe 958 Gottfried übertragen, der als Herzog das lothringische Panzerreiteraufgebot auf Ottos Italienzug 961 zu führen hatte. Mit diesen Maßnahmen hat Brun zugleich die Integration der seit Reginars Ausschaltung führenden lothringischen Geschlechter in die Reichspolitik fortgeführt.[25]

War aufgrund seines Engagements im Westen Bruns Wirken als Erzbischof etwas weniger deutlich sichtbar, so trat dies in Vorbereitung des zweiten, der Kaiserkrönung dienenden Italienzuges seines königlichen Bruders in wichtiger Funktion in Erscheinung. Im Mai 961 wurde Brun gemeinsam mit seinem Neffen, Erzbischof Wilhelm von Mainz, von Otto die vormundschaftliche Sorge für dessen kleinen gleichnamigen Sohn für die Zeit seiner Romfahrt übertragen. In Anbetracht der Gefahren, mit denen dieses Unternehmen behaftet war, trug der König für den Fall, daß ihm etwas zustoße, auch für seine Nachfolge Sorge. Am 26. Mai ließ Otto im Aachener Münster, also an der gleichen Stätte, an der auch er zum König gekrönt worden war, seinen sechsjährigen Sohn zum König salben. Den feierlichen Akt nahmen gemeinsam mit Brun die Erzbischöfe Wilhelm von Mainz und Heinrich von Trier vor.

Während der folgenden dreieinhalb Jahre, der Dauer von Ottos Italienzug, übernahm Brun die Reichsverweserschaft und führte die Regierungsgeschäfte. Erst im Februar 964 trafen sich die Brüder in Worms wieder.

Ein weiterer Höhepunkt in Bruns staatsmännischer Laufbahn dürfte das Pfingstfest 965 gewesen sein, das er für die gesamte königliche Familie in Köln ausrichtete. Das Fest war verbunden mit einem Reichstag, zu dem vor allem die Vertreter Lothringens und Westfrankens erschienen. Damit wollte man Brun wohl Reverenz erweisen für die Leistung, die er als *tutor et provisor* hinsichtlich der Befriedung Lothringens erbracht hatte.

Die Strapazen eines solchen intensiven Lebens hinterließen ihre Spuren. Auf einer Reise, die Brun im September 965 nach Compiègne führte, um wieder einmal zwischen seinen Neffen Frieden zu stiften, erkrankte er schwer. Erst vierzigjährig starb er am 11. Oktober 965 in Reims. Auf dem Krankenlager diktierte er, als er sein Ende kommen fühlte, sein Testament. Darin vermachte er seinen gesamten Besitz verschiedenen Kirchen Kölns, wobei er seine eigene Gründung, das vor den Mauern Kölns gelegene Reformkloster St. Pantaleon, besonders reich bedachte. Nach seinem Willen wurde er dort am 19. Oktober beigesetzt. Im Hochaltar befindet sich noch heute sein Grab.

Die Spuren, die Brun in seinem zwölfjährigen Wirken als Erzbischof von Köln, als Herzog von Lothringen und als Vertrauter und Berater Ottos I. hinterlassen hat, sind überaus tief. Von ihm ging eine Wirkung aus, die eine qualitative Neugestaltung der Verbindung von Königtum und Episkopat nach sich zog und die in den folgenden anderthalb Jahrhunderten ausschlaggebend für das Verhältnis zwischen beiden Kräften und für die Stärke des deutschen Königtums wurde.

1 Vita sancti Brunonis archiepiscopi Coloniensis auctore Ruotgero, hg. v. I. Ott, Weimar 1951 (Nachdruck 1958) (MGH. SS. n. s. 10), deutsche Übersetzung (im folgenden hiernach zitiert): Das Leben des hl. Bruno, Erzbischofs von Köln, verfaßt von Ruotger, übers. v. H. Kallfelz, in: Lebensbeschreibungen einiger Bischöfe des 10. bis 12. Jahrunderts, 2. Aufl., Darmstadt 1986 (Ausgewählte Quellen zur deutschen Geschichte des Mittelalters. Freiherr vom Stein-Gedächtnisausgabe 22), cap. 2, S. 183. Ruotger schrieb die Vita 968/69 im Auftrag Erzbischof Folkmars, des Amtsnachfolgers Bruns. Zur Persönlichkeit Ruotgers vgl. H. Schrörs, Ruotgers Lebensgeschichte des Erzbischofs Bruno von Köln. Übersetzt und erläutert, in: Annalen des historischen Vereins für den Niederrhein 88 (1910), S. 1–95; ders., Die Vita Brunonis des Ruotger, in: ebenda 90 (1911), S. 61–100.

2 Das genaue Geburtsdatum ist unbekannt. Es muß aber vor dem 14. Mai liegen, heißt es doch bei Ruotger (cap. 42), daß Brun Pfingsten 965 – das war der 14. Mai – gerade sein 40. Lebensjahr vollendet hatte.

3 G. Althoff/H. Keller, Heinrich I. und Otto der Große: Neubeginn auf karolingischem Erbe, Bd. 1, Göttingen/Zürich 1985 (Persönlichkeit und Geschichte 122), S. 103. Zur Hausordnung Heinrichs vgl. auch K. Schmid, Die Thronfolge Ottos des Großen, in: ZRG GA 81 (1964), S. 102ff.

4 Vgl. R. Grosse, Das Bistum Utrecht und seine Bischöfe im 10. und frühen 11. Jahrhundert, Köln/Wien 1987 (Kölner historische Abhandlungen 33), S. 31.

5 Zur Gesamtproblematik vgl. E. Hlawitschka, Lotharingien und das Reich an der Schwelle der deutschen Geschichte, Stuttgart 1968 (Schriften der MGH 21).

6 Zu den verworrenen Ereignissen vgl. H. Sproemberg, Die lothringische Politik Ottos des Großen, in: RhVjbll 11 (1941), S. 20ff.; E. Hlawitschka, Vom Frankenreich zur Formierung

der europäischen Staaten- und Völkergemeinschaft 840–1046. Ein Studienbuch, Darmstadt 1986, S. 107; R. E. Barth, Der Herzog in Lothringen im 10. Jahrhundert, Sigmaringen 1990, S. 75. Zu den Lebensdaten Gerbergas und Giselberts vgl. W. Glocker, Die Verwandten der Ottonen und ihre Bedeutung in der Politik. Studien zur Familienpolitik und zur Genealogie des sächsischen Kaiserhauses, Köln/Wien 1989 (Dissertationen zur mittelalterlichen Geschichte 5), S. 272f. mit Quellennachweisen.

7 Vgl. J. Fleckenstein, Die Hofkapelle der deutschen Könige, T. 2: Die Hofkapelle im Rahmen der ottonisch-salischen Reichskirche, Stuttgart 1966 (Schriften der MGH 16,2), besonders S. 20ff.

8 Die Urkunden Konrad I., Heinrich I. und Otto I., hg. v. Th. Sickel, Hannover 1879/84 (MGH. Diplomata regum et imperatorum Germaniae 1), Nr. 35–38.

9 Unter den Kapellänen befanden sich etliche mit künstlerischen Neigungen, von denen auch die ottonische Buchmalerei Impulse empfing, so durch Egbert von Trier, Gero von Köln und Notker von Lüttich, vgl. J. Fleckenstein, Königshof und Bischofsschule unter Otto dem Großen, in: AfK 38 (1956), S. 45ff.; Ders., Hofkapelle 2, S. 50f.

10 Insgesamt in 24 Urkunden während seiner Kanzlerschaft, vgl. ebenda, S. 31. Auf seinen Rat hin beauftragte zum Beispiel Otto auch den Bischof Adalbero von Metz, aus dem Kreis seiner Geistlichkeit eine Gesandtschaft an den Kalifen von Córdoba zusammenzustellen, vgl. R. Köpke/E. Dümmler, Kaiser Otto der Große, Leipzig 1876 (Nachdruck 1962) (Jahrbücher der deutschen Geschichte), S. 217.

11 Zur Quelle: Vita Mathildis reginae posterior, hg. v. G. H. Pertz, in: MGH. SS. 4, Hannover 1841, cap. 9, S. 289; DD Ottos I., Nr. 139; Fleckenstein, Hofkapelle 2, S. 25.

12 R. Holtzmann, Geschichte der sächsischen Kaiserzeit, Berlin o. J. (1955), S. 149; Fleckenstein, Hofkapelle 2, S. 25ff.

13 So beurteilt dies K. J. Leyser, Herrschaft und Konflikt. König und Adel im ottonischen Sachsen, Göttingen 1984 (Veröffentlichungen des Max-Planck-Instituts für Geschichte 76), S. 40. Zu den Gesamtereignissen des Aufstandes vgl. H. Naumann, Rätsel des letzten Aufstandes gegen Otto I. (953–954), in: AfK 46 (1964), S. 133–184; Köpke/Dümmler, Otto der Große, S. 212–240.

14 Vgl. die Quellen zur Wahl und für die Regierung als Erzbischof überhaupt: Die Regesten der Erzbischöfe von Köln, bearb. v. F. W. Oediger, Bd. 1, Bonn 1954/61 (Nachdruck Düsseldorf 1978) (Publikationen der Gesellschaft für rheinische Geschichtskunde 21), hier Nr. 383.

15 Barth, Herzog, S. 114ff. sowie Anm. 40 mit Quellenbelegen; W. Mohr, Geschichte des Herzogtums Lothringen, Bd. 1, Saarbrücken 1974, S. 38.

16 Reginonis abbatis Prumiensis Chronicon cum continuatione Treverensi, hg. v. F. Kurze, Hannover 1890 (MGH. SS. in us. schol.), zu 953; vgl. Mohr, Geschichte Lothringens 1, S. 38.

17 Ruotger, cap. 23. Der Gedanke des »regnum Lotharii« war noch immer nicht völlig erloschen, wie man in der Fortsetzung der Chronik Reginos von Prüm des Abtes Adalbert von Weißenburg lesen kann, wenn er schreibt: *Brun nahm die Herzogsgewalt und die Führung über das gesamte lotharingische Reich zusammen mit dem Episkopat an.* Siehe auch Barth, Herzog, S. 116f. Zu Bruns aktiver Teilnahme an den Kämpfen vgl. L. Auer, Der Kriegsdienst des Klerus unter den sächsischen Kaisern. T. 1: Der Kreis der Teilnehmer, in: MIÖG 79 (1971), S. 336ff.

18 Vgl. Sproemberg, Lothringische Politik, S. 39; Barth, Herzog, S. 113.

19 Vgl. zum Folgenden Sproemberg, Lothringische Politik, S. 43ff.; Holtzmann, Geschichte, S. 157f.; Fleckenstein, Hofkapelle 2, S. 56.

20 H. Stehkämper, Brun von Sachsen, Erzbischof von Köln (953–965), und das Mönchtum, in: JbKGV 40 (1966), S. 305. Zu Israel vgl. auch F. Lotter, Die Vita Brunonis des Ruotger, Bonn 1958 (Bonner historische Forschungen 9), S. 76.

21 Vgl. ebenda, S. 29; Schrörs, Ruotgers Lebensgeschichte, S. 32 und S. 66; H. Fichtenau,

Lebensordnungen des 10. Jahrhunderts, 1. und 2. Halbbd., Stuttgart 1984 (Monographien zur Geschichte des Mittelalters 30,1 und 2), S. 330f.

22 Vgl. LOTTER, Vita Brunonis, S. 83; SPROEMBERG, Lothringische Politik, S. 53.

23 Zu Berengar vgl. GLOCKER, Verwandte, S. 129, OEDIGER, Regesten 1, Nr. 432; SPROEMBERG, Lothringische Politik, S. 59f. und S. 78.

24 Vgl. OEDIGER, Regesten 1, Nr. 427, 428, 433, 434, 445 und 447; HLAWITSCHKA, Vom Frankenreich, S. 119; B. SCHNEIDMÜLLER, Französische Lothringenpolitik im 10. Jahrhundert, in: JWLG 5 (1979), S. 23; KÖPKE/DÜMMLER, Otto der Große, S. 307.

25 Vgl. SPROEMBERG, Lothringische Politik, S. 60ff. Zu der aus diesen Ereignissen abgeleiteten These, Brun habe im Jahre 959 Lothringen geteilt, zuletzt ablehnend BARTH, Herzog, S. 167 und S. 178.

Adalbert

ERZBISCHOF VON MAGDEBURG
(968–981)

von Olaf B. Rader

Adalbert, der von dem, was seine Worte lehrten,
in Sitte und Leben niemals abwich ...
(Johannes Canaparius)

Adalbert, der erste Erzbischof von Magdeburg, war einer der schillerndsten Fürsten des 10. Jahrhunderts. Benediktinermönch, Urkundenschreiber am Hof, Missionsbischof in Kiew, Verfasser einer der wichtigsten Quellen zur Geschichte des 10. Jahrhunderts und Metropolit eines neugeschaffenen Erzbistums im unruhigen deutsch-slawischen Grenzgebiet waren einige Stationen im facettenreichen Leben eines Mannes, dessen Vita uns leider nur bruchstückhaft überliefert wurde. Die Zeit in der er wirkte, trug die Merkmale des Umbruchs und Neugestaltens.

Im 10. Jahrhundert konsolidierte sich aus dem östlichen Teil des karolingischen Großreiches ein neues Reich, in dessen Rahmen vorwiegend die Stämme der Sachsen, Franken, Thüringer, Bayern und Schwaben, ethnisch germanischen Ursprungs, zum deutschen Volk zusammenwuchsen. Zwischen Ostsee und der Donau grenzte dieses neue Reich an westslawische Stämme, von denen die Böhmen relativ schnell zu eigener Staatlichkeit fanden und ab 950 zum Reich in Bindung standen, die Stämme zwischen Elbe und Oder aber auf spätgentiler Entwicklungsstufe verharrten. Schon seit der Zeit der Karolinger bildete der Flußlauf der sächsischen Saale und der Elbe nicht nur die Grenze zwischen den ethnisch unterschiedlichen Stämmen, sondern zwischen der Christenheit und dem Heidentum im Osten überhaupt. Ein militärisches Hinausgreifen in diesen Raum galt also nicht nur schlechthin der Herrschaftserweiterung, sondern als Tat im Dienste des Herrn.

Unter dem ersten Herrscher aus liudolfingischem Haus, Heinrich I., wurden immer häufiger Kriegszüge in die Slawenländer unternommen. Er eroberte die Brandenburg und gründete als Befestigung Meißen. Ein ausgedehntes Markensystem sollte das Errungene sichern. Die Ausdehnung der Herrschaft über die Slawen, die über eine tributäre Abhängigkeit hinaus gehen sollte, ging mit einer breiten Christianisierung einher. Die Träger der Mission im nördlichen Teil des slawischen Gebietes waren die Erzbistümer Hamburg/Bremen und Mainz, dem die neugegründeten Wendenbistümer Brandenburg und Havelberg im Jahr 948 unterstellt wurden.[1] Allerdings zeigte sich seit Mitte des 10. Jahrhunderts immer deutlicher, daß eine kraftvolle Missionierung die Einrichtung eines neuen Erzbistum nötig machte. Zentrum dieser neuen Kirchenprovinz sollte ein befestigter, schon im Jahr 805 im Diedenhofer Kapitular genannter Handelsplatz mit den Slawenländern werden: Magdeburg.

Zur Keimzelle des neuen Domstifts wurde ein von Otto dem Großen, Sohn Heinrichs I., im Jahr 937 gegründetes Kloster. Zum Schutzpatron wählte man den Heiligen Mauritius aus Afrika, der als Anführer der Thebanischen Legion für seinen Glauben den Märtyrertod gestorben war, als er und seine Gefährten Ende des 3. Jahrhunderts sich geweigert hatten, heidnischen Göttern zu opfern. So weist das Moritzpatrozinium deutlich auf den Missionsauftrag des neuen Klosters hin. Für seine zukünftigen Aufgaben wurde das Kloster mit großzügigen königlichen Zuwendungen bedacht. Seit seinem großen Ungarnsieg im Jahr 955 scheint der Plan einer Erzbistumsgründung für Otto I. immer mehr Gestalt angenommen zu haben.[2] Im Jahre 968 wurde er dann Wirklichkeit.

Die familiäre Herkunft des ersten Erzbischofs der neuen Kirchenprovinz ist ein Streitpunkt in der Forschung. Lange erklärten viele Mediävisten Lothringen zu seiner Heimat. Das lag vor allem deshalb nahe, da Adalbert im Dienste des Erzbischofs von Köln stand und im Trierer Kloster St. Maximin Mönch war. Da das für das Kloster wichtige Nachrichten überliefernde Buch »Miracula S. Maximini« von einem lothringischen Lehensträger Adalbert spricht, der der Vater »unseres« Adalbert sei[3], glaubte man die Herkunft hinreichend begründen zu können.

Auffälliges aber spricht dagegen: Ein auf einen Erzstuhl Erhobener, aus dem lothringischen niederen Adel stammend, darf wohl bei einem sächsischen Kaiser eher als Günstling gelten, da Metropolitan- und Bischofsstühle oft Angehörigen aus gräflichen Häusern, die sich in königlichem Dienst bereits verdient gemacht hatten, vorbehalten blieben. Der Erzbischof Wilhelm von Mainz entstammte als illegitimer Sohn Kaiser Ottos I. sogar herrscherlichem Geblüt. Ebenso Erzbischof Brun von Köln, denn er war ein Bruder des Kaisers. Hinzu kommt: Das Mirakelbuch des Klosters St. Maximin entstand in den Jahren 962 und 963, als Adalbert längst nicht mehr dort weilte. Ein Klostervogt gleichen Namens läßt sich für das Jahr 960 im Kloster selbst nachweisen. Denkbar ist, daß er mit *nostri Adalberti* gemeint war.[4]

In einem Necrolog des Klosters Borghorst in der Nähe von Münster, einem Gebetsgedächtnisbuch, in das besonders Personen, die der monastischen Gemeinschaft nahe standen, verzeichnet wurden, gibt es einen weiteren Hinweis auf Adalberts mögliche Herkunft. Das dem Ritus in der Liturgie dienende Buch verzeichnet auch die Klostergründerin Berta. Sie war die Frau eines in Sachsen überaus mächtigen Grafen Bernhard zur Zeit König Heinrichs I. Sie selbst stammte wohl aus einer Hochadelsfamilie aus dem alemannisch-burgundischen Raum. Als Stifter wurden die Billunger im Kloster besonders verehrt. Völlig unbegründet würde uns die Erwähnung Erzbischof Adalberts im Gebetbuch erscheinen, wenn er nicht durch eine Familienbeziehung als Bruder der Klostergründerin Berta genannt wäre.[5] Als Mitglied eines südwestdeutschen Hochadelgeschlechts und Schwager des sächsischen Grafen Bernhard wäre Adalbert tatsächlich prädestinierter für das Amt des Hirten in Ostsachsen. Wie dem auch sei, beide Theorien haben einiges Für und Wider. Genaueste Klarheit wird sich die Forschung wohl nur unter Zuhilfenahme neuer Auswertungsmethoden verschaffen können.

Der spätere erste Metropolit der neuen Kirchenprovinz Adalbert trat erstmals in das Licht der Geschichte, als er im Jahr 948 namentlich eine Urkunde, die der Erzbischof Wicfrid von Köln ausstellte, schrieb und 950 eine andere Beurkundung herstellte und rekognoszierte, also auf ihre Richtigkeit prüfte.[6] Drei Jahre später finden wir ihn in der königlichen Kapelle, in die er auf Empfehlung Erzbischof Bruns von Köln aufgenommen wurde und der auch die Urkundenausstellung oblag. Hier schrieb und konzipierte er für den Herrscher Urkunden. Mit dem Dienst in der Hofkapelle empfahlen sich Kleriker dem Herrscher bei treuer und erfolgreicher Arbeit für einen freigewordenen Erzbischofs- oder Bischofssitz des Reiches. Bis zum Investiturstreit und partiell darüber hinaus wurden die wichtigsten Sitze der Reichskirche, die eine so bedeutende Stütze für das Königtum darstellte, zum größten Teil Mitgliedern der Hofkapelle anvertraut.

Adalbert ist zwischen 953 und 959 am umherziehenden Hof des Herrschers nachweisbar, wo er neben dem geistlichen Dienst insgesamt 14 Urkunden für Otto den Großen schrieb.[7] Die ersten drei Urkunden verfertigte Adalbert im August 953 in der Nähe von Mainz, das Otto der Große wegen einer schweren Rebellion seines Sohnes Liudolf erfolglos belagerte. Im Mai 954 war Adalbert erstmalig nachweisbar in Magdeburg, der Stadt seines späteren Wirkens als Erzbischof. Im Frühjahr 955 befand er sich noch an der Seite des Herrschers in Brüggen. Ob er aber im Sommer des Jahres Augenzeuge der berühmten Lechfeldschlacht wurde, die den Plünderungszügen der Ungarn für immer Einhalt gebot und in nicht unerheblicher Weise zu deren Seßhaftwerdung beitrug, wissen wir nicht. Als Otto im Frühjahr 956 in Rheinfranken Hof hielt, war auch Adalbert in Lorsch und Frankfurt an seiner Seite. Sicher traf er beim Hoftag im März in Frankfurt auch mit dem Italiener Liutprand, Bischof von Cremona, zusammen, der hier von Otto aufgefordert wurde, die Geschichte seiner Zeit zu schreiben und dem wir außerdem eine detaillierte Beschreibung byzantinischer Hofverhältnisse dieser Zeit verdanken.

Im Jahr 958 trat Adalbert in das Kloster St. Maximin in Trier ein. Ein Jahr später finden wir seinen Namen in einem Präkarievertrag zwischen dem Kloster und einem Adligen, den er selbst geschrieben hatte.[8] Zwischenzeitlich war er aber immer wieder für den Herrscher mit dem Schreiben von Urkunden beschäftigt. In Quedlinburg diktierte Adalbert im April 959 letztmalig für zwei Diplome Ottos I. den Text. Vielleicht hätte er sein ganzes Leben als Hofkleriker oder in der klösterlichen Stille von St. Maximin zugebracht, wenn er sich nicht durch eine große Aufgabe für die Besteigung des Erzstuhls in einem Missionsgebiet gewisse Erfahrungen erworben hätte: Am Hof Ottos I. traf im Jahr 959 eine Gesandtschaft aus Kiew ein. Entsandt von Olga, der Mutter des russischen Großfürsten Svatoslav, die sich bei der Annahme des Christentums auf den Namen Helena hatte taufen lassen, baten die Gesandten den Herrscher um einen seiner Bischöfe, *damit er ihnen den Weg der Wahrheit zeigen möge.*[9] In dem Bemühen, ihr Land dem Christentum zu öffnen, hatte Olga vergeblich bei dem zwar gelehrten, aber als Herrscher weniger geeigneten byzantinischen

Kaiser Konstantin VII. Porphyrogennetos um missionarische Unterstützung nachgesucht. Otto I. erkannte wohl die Bedeutung dieses Wunsches und ließ Weihnachten 959 Libutius, einen Mönch aus St. Alban bei Mainz, zum Bischof der Russen
weihen. Einige Schwierigkeiten verzögerten die Abreise des Missionars, und ehe er
seine Aufgabe antreten konnte, starb Libutius im Februar 961. Auf Anraten Erzbischof Wilhelms von Mainz wurde als Nachfolger Adalbert geweiht. Adalbert emp-
fand die Aufgabe aber nicht als Auszeichnung, sondern eher als Strafe. So beklagte
er sich später über Wilhelm, daß, obwohl *er Besseres von ihm erwartet und sich niemals gegen ihn vergangen hatte*, Wilhelm ihn dennoch beim Herrscher für die gefährliche Aufgabe empfohlen habe.[10] Die Mission endete indes auch als Fehlschlag.
In Kiew war inzwischen eine eher feindliche Stimmung gegen Adalbert und die ihn
begleitenden Missionare eingetreten. Großfürst Svatoslav begünstigte das missionarische Engagement aus Konstantinopel, das nach einem Herrscherwechsel am Goldenen Horn von Konstantin VII. zu Romanos II. wieder stärker entfaltet worden
war. Nach dem Verlust einiger seiner Gefährten kehrte Adalbert im Jahr 962 ohne
jeden Erfolg an den Hof Ottos II. zurück, dessen Vater gerade in Italien zum Kaiser
gekrönt worden war. Die Erfolglosigkeit legte man ihm nicht persönlich zur Last; ja,
Erzbischof Wilhelm nahm ihn brüderlich, *quasi frater a fratre*[11], wie es wörtlich
heißt, auf. Während der Rückreise aus Kiew hatte sich Adalbert auch bei dem
böhmischen Fürsten Slavnik in Libice aufgehalten. Hier firmierte er dessen Sohn
Vojtech, der später den Namen seines Firmpaten annahm und nach seiner Ausbildung an der Magdeburger Domschule im Jahr 983 die Investitur als Bischof von Prag
erhielt.[12] Als Missionar bei den heidnischen Preußen erlitt er sein Martyrium. In dem
Italiener Johannes Canaparius fand Vojtech/Adalbert seinen Biographen, dem wir einige spärliche Notizen über den Firmpaten Adalbert verdanken.

An den herrscherlichen Hof zurückgekehrt, schrieb Adalbert auch wieder Urkunden. Vier Herrscherurkunden Ottos II. sind uns von ihm überliefert. Im Jahr 965
trat er bei einem Rechtsgeschäft des Halberstädter Bischofs als Zeuge auf.[13] Da er in
der Urkunde *episcopus* ohne Stadtnamen genannt wurde, genoß er nach der vergeblichen Mission in Kiew weiter die Würde eines Bischofs, für die er die Weihen erhalten hatte.

Im Frühjahr 966 verließ Adalbert den Hof des Herrschers, da Otto I. ihn nach
dem Tode des Abtes Erchanbert von Weißenburg nach einer Wahl durch die Mönche an die Spitze des Klosters im Elsaß gestellt hatte.[14] In den anderthalb Jahren bis
zum Herbst 967 studierte er hier in klösterlicher Stille eifrig die Überlieferungen in
der Bibliothek der Abtei und begann mit einer Arbeit, durch die er sich besondere
Verdienste auf neuem Gebiet erwarb: Adalbert gehörte zu den wenigen Erzbischöfen des deutschen Mittelalters, die auch als Geschichtsschreiber hervortraten.

Der Schöpfer der Prümer Annalen, Regino, Abt von St. Martin in Trier, hatte im
Jahr 915 sein Leben in der Erzbischofsstadt beschlossen und war dort im Kloster
St. Maximin bestattet worden. Seine Weltchronik steht ganz in der glanzvollen Tradition der karolingisch-lothringischen Geschichtsschreibung. Adalbert, als ehemaliger Kleriker des Klosters St. Maximin, kannte dessen Werk und setzte es nach einem

halben Jahrhundert im Stil der alten Reichsannalen fort. Obwohl er nie namentlich als Verfasser genannt wurde, darf aus der äußerst guten Kenntnis der Hofangelegenheiten, der genauen Beschreibung der Missionsreise und der Darstellung der Gefühle des Bischofs der Russen geschlußfolgert werden, daß Adalbert die Fortsetzung selbst schrieb. In seinen Annalen behandelte er die Jahre 907 bis Dezember 967. Für die ersten Jahrzehnte eher dürftig aus anderen Annalenwerken kompiliert, gelang es aber dem Fortsetzer, die letzten drei Dezennien mit großem reichsgeschichtlichem Blick abzufassen. Seine Arbeit leistete Adalbert offenbar in einer sehr kurzen und intensiven Schaffensperiode, da mehrere Eintragungen die Kenntnis späterer Ereignisse erforderten. In seinem Werk lassen sich die Benutzung der Reichenauer Annalen in einer heute nicht mehr existenten Fassung, Maximiner Klosternachrichten und die Fuldaer Annalen nachweisen, die ihm in der Bibliothek zur Verfügung gestanden haben dürften.[15] Daß Adalbert zu den bestinformiertesten Männern seiner Zeit gehörte, ist gewiß. Umsomehr muß die Tatsache erstaunen, daß ihm eine Reihe von Fehlern und Ungenauigkeiten aus der Feder flossen, die ein erstaunliches Bild des Verhältnisses zur Zahlenwelt des Mittelalters in ottonischer Zeit zeichnen. Daß man in der Umgebung Ottos I. zum Beispiel nicht mehr genau wußte, wann die Schlacht bei Riade war und wie sie verlief,[16] wird uns sicher erstaunen, bezeichnet aber deutlich die Relativität des Zeitempfindens in dieser Zeit. Trotzdem gilt die Continuatio für die fünfziger und sechziger Jahre des 10. Jahrhunderts als eine der wichtigsten Quellen.

Im Herbst 967 zog Adalbert mit Otto II. nach Italien. Er begleitete den Hof und war sicher bei den synodalen Verhandlungen im Herbst 968 in Ravenna zugegen. Als neuer Amtsträger war er anfangs jedoch nicht vorgesehen. Erst ein vorher dem Kaiser zugespielter und den eigentlichen Kandidaten schwer belastender Brief und die offenbar erneute Empfehlung Erzbischof Wilhelms kurz vor seinem Tod im März 968 ließen Otto I. den Weißenburger Abt in Erwägung ziehen. Die Kenntnis der slawischen Sprache und Gebräuche, die Adalbert bei seiner vergeblichen Missionsreise erworben hatte, sprachen für ihn.

Auf den Synoden vom Frühjahr 967 und Herbst 968 in Ravenna wurden die Grundlagen des neuen Erzbistums an der Elbe gelegt, indem die Erzdiözese Mainz ihre Suffragane Brandenburg und Havelberg entließ und das Bistum Halberstadt einen Teil seines Territoriums an Magdeburg abtrat. Zusammen mit den Bistumsneugründungen Merseburg, Zeitz und Meißen wurden Brandenburg und Havelberg unter der Metropole Magdeburg vereint. Bis in das Spätmittelalter existierte die sogeschaffene Erzbistumsgliederung des Reiches fort, in der das neue Erzbistum die vom Umfang zweitkleinste der sechs Kirchenprovinzen blieb. Der Kaiser bestimmte Adalbert zum ersten Erzbischof der neuen sechsten Kirchenprovinz des Reiches. Adalbert begab sich nach seiner Erhebung im Oktober nach Rom, um vom Papst das Pallium, einen wollenen Schal, der als Signum erzbischöflicher Macht für Rechtshandlungen nötig war, zu erbitten. *Der Knecht der Knechte Gottes* Johannes XII., wie sich die Päpste selbst nannten, verglich Adalbert in der Ernennungsurkunde mit dem Heiligen Bonifatius. Über den Hof des Kaisers in Ancona, der weiter in Italien blieb, reiste Adalbert in Begleitung zweier päpstlicher Legaten zurück nach Deutschland. Mit sich trug er nicht nur Legitimationsurkunden des Papstes und des Kaisers, sondern auch einen Brief Ottos des Großen, in dem dieser alle Getreuen in Sachsen aufforderte, Adalberts Aufgabe zu befördern und seinen Befehlen zu gehorchen, denn die Wünsche des Oberhirten seien auch die seinen. Außerdem forderte er sie auf, den gemäß dem Willen Gottes erhobenen Adalbert durch Akklamation zu legitimieren.[17]

Als Adalbert im Spätherbst seinem neuen Erzbistumssitz zustrebte, ereignete sich eines der vielen Naturereignisse, die den mittelalterlichen Menschen stark beschäftigten und deshalb oft in den Quellen Erwähnung fanden: Hermann der Lahme vom Kloster Reichenau, der sich auch viel mit mathematischen und astronomischen Problemen beschäftigt hatte, berichtete von einer Sonnenfinsternis, die am 21. November den Himmel verdunkelte, und die vielleicht auch Adalbert auf seiner Reise beobachtet hat.[18]

Es mag wohl schon Schnee gelegen haben, als Adalbert, der von Klerus und Volk prachtvoll aufgenommen worden war, am Weihnachtstag 968 inthronisiert wurde und danach selbst die Suffraganbischöfe weihte. Die Ordnung des Erzbistums nahm einige Jahre in Anspruch, und so finden wir Adalbert erst wieder am Hof, als der Kaiser 972 aus Italien zurückgekehrt war. Adalbert begleitete den Herrscher von Ingelheim nach Tribur und empfing ihn im März 973 in seiner Metropolitanstadt Magdeburg. Zusammen mit der Kaiserin und seinem Sohn Otto II. führte der Herrscher Festprozessionen zum Dom, bei denen Kreuze, Heiligenreliquien, Kerzen und Rauchfässer von den in strenger Rangfolge begleitenden Bischöfen, Priestern, Herzögen und Grafen getragen wurden. Es war der letzte der 22 nachweisbaren Besuche Otto I. in der Stadt, die er offenbar allen anderen Städten im Reich vorzog.[19] Nach einem letzten Hoftag zu Ostern 973 in Quedlinburg, zu der Gesandte vieler Länder mit reichen Geschenken gekommen waren, starb der Herrscher in der Pfalz Memleben. Sein Leichnam wurde Anfang Juni 973 seinem Wunsche entsprechend in Magdeburg von Erzbischof Adalbert und vielen assistierenden Bischöfen im Dom beigesetzt.

Auch am Hof des Nachfolgers, Ottos II., ist Erzbischof Adalbert mehrmals nachweisbar. Oft ritt er mit Gefolge dem Herrscher entgegen, wenn dieser zu einem Hoftag nach Magdeburg kam und begleitete ihn auf dem Weg. Auf den Magdeburger Hoftagen wurden wichtige Verhandlungen mit östlichen Nachbarn geführt und Gericht gehalten. Hinsichtlich dieser Fragen war Adalbert ein wohl wichtiger Ratgeber des Herrschers. Zu Ostern 978 entschied Otto II. über das Schicksal der bayerischen Rebellen, die die Empörung der drei Heinriche vom Zaune gebrochen hatten: Heinrich der Zänker, Heinrich der Jüngere von Kärnten und Bischof Heinrich von Augsburg mußten von Magdeburg aus ins Exil gehen. Im August 980 traf Otto II. ein letztes Mal mit Adalbert in Magdeburg zusammen.

Neben seinem reichspolitischem Engagement pflegte Adalbert die Beziehungen zu seinen Suffraganen und den Magdeburg benachbarten Diözesen. In seiner Regierungszeit schlossen er und sein Halberstädter Amtsbruder eine Jahrhunderte geltende Abmachung, nachder derjenige Bischof, der den anderen überlebt, an der Beisetzung des Verstorbenen teilzunehmen habe. Dem ansässigen Adel gegenüber betrieb er eine zwiespältige Politik. Einerseits ließ er schon zu seinen Lebzeiten als ungerecht hart empfundene Urteile an Frevlern vollstrecken. Andererseits konnte er von ihm wohlgeschätzte Große so festlich empfangen, daß dieses den Unwillen des Kaisers hervorrief. Adalbert hatte den Herzog Hermann Billung, der in Abwesenheit des Herrschers die Regentschaft in Sachsen führte, wie den Kaiser selbst bewirtet. Nicht nur, daß er während des Mahls zwischen den Bischöfen sitzen durfte, er schlief auch in des Kaisers Bett. Der Großvater unseres Chronisten Thietmar von Merseburg hatte diese Anmaßung dem Herrscher, der in Italien weilte, hinterbracht. Zur Strafe mußte Adalbert *ihm so viele Pferde zusenden, wie er dem Herzog habe Glocken läuten und Kronleuchter anzünden lassen.* Lange konnte man diesen Vorfall nicht deuten. Wenn es sich nur um eine diplomatische Ungeschicklichkeit gehandelt hat, fällt schwer zu glauben, daß das einem in Hofdingen so erfahrenen Mann wie Adalbert passiert sein soll. Wenn der Erzbischof allerdings mit den Billungern in verwandtschaftlichen Beziehungen stand, ist ein solches Verhalten viel erklärlicher. Vielleicht steckt aber auch etwas ganz anderes dahinter; politisches Kalkül etwa. Genaueres wissen wir leider nicht.[20]

Erzbischof Adalbert vergrößerte in seiner Amtszeit den Besitz des Erzstifts durch königliche Schenkungen und ließ sich diese urkundlich bestätigen. Vieles an Besitzrechten Magdeburgs kennen wir nicht durch die beurkundete Übertragung Ottos I., sondern erst durch Bestätigungsdiplome seines Nachfolgers Ottos II. Eines der für Magdeburg wichtigsten Rechte war die urkundliche Zusicherung an die Brüder, ihren Erzbischof selbst zu wählen. Das Privileg bewahrte man in einem Buch auf, das der Kaiser geschenkt hatte und dessen und seiner Frau Theophanu goldenes Bild enthielt. Adalbert selbst verlas im Meßgewand in Gegenwart des Herrschers öffentlich den königlichen Willen und bedrohte, in dem er ihnen das Buch zeigte, alle, die die Bestimmungen antasten sollten, mit der furchtbaren Strafe der Exkommunikation. Zur Bekräftigung stimmten alle Anwesenden mit dem Ruf *so sei es, so sei es* zu.[21]

Obwohl Adalbert erzbischöfliche Urkundenausstellung aus seiner Zeit im Dienste des Kölner Metropoliten kannte und über die Urkundenpraxis am Hof im Bilde war, stellte er selbst keine einzige Urkunde als Erzbischof von Magdeburg aus. Auch seine Nachfolger nicht. Erst aus der Mitte des 11. Jahrhunderts sind uns Urkunden des Magdeburger Erzbischofs überliefert. Offenbar reichten in Sachsen bei Rechtsübertragungen die dem germanischen Recht entstammenden symbolischen Handlungen aus. So dienten zum Beispiel Halm und Erde bei Grundbesitzübereignungen vor Zeugen als rechtskräftige Symbole.

Unter dem Episkopat Adalberts blühte in Magdeburg eine Domschule, die im Reich großes Ansehen genoß. Zu ihren besonders gepflegten Künsten gehörte die Reimprosa. Der Leiter der Schule war der Kleriker Othrich, den der Geschichtsschreiber Brun von Querfurt mit Cicero verglich, und der später am Hof des Herrschers mit berühmten Gelehrten seiner Zeit disputierte. Adalbert hielt offenbar auch viel auf Zucht und Ordnung. Der Chronist Thietmar von Merseburg berichtet uns, *mit welchem Eifer er über die ihm untergebenen Herden wachte: Oftmals ist er mit nur zwei Begleitern in der Stille der Nacht zu ihnen in den Stall* (bibl.) *des Hl. Johannes des Täufers und des Hl. Mauritius gekommen und hat unerwartet beobachtet, wie sich die Mitbrüder zur Matutin* (Nachtmesse) *versammelten und wer im Schlafsaal zurückblieb; und war alles in Ordnung, hat er Gott gedankt, wenn aber nicht, dann hat er die Schuldigen mit verdienter Buße belegt.*[22]

Adalbert genügte auch seiner erzbischöflichen Pflicht der Visitation der Suffraganbistümer, denn auf einer solchen Reise starb er. Visitationen als persönliche Besichtigung des Oberen hatten eine lange kirchenrechtliche Tradition. Sie erfolgten in regelmäßigen Abständen und dienten nicht dem gerichtlichen Aburteilen von Mißständen, sondern eher der väterlichen Anleitung der Gemeinden. Als der Herrscher im Jahr 981 in Italien weilte und zu seinem Gefolge auch der Bischof von Merseburg gehörte, bereiste Adalbert dessen Diözese. *Die Seinen unterweisend und firmend* feierte er am 19. Juni die Messe in Merseburg.[23] Zwei Tage später klagte er nach dem Aufstehen über heftige Kopfschmerzen, bestieg aber trotzdem sein Pferd, um nach Freckleben zu reiten. In Zscherben westlich von Halle sank er auf dem Pferd in sich zusammen und wäre sicherlich zu Boden gestürzt, wenn seine Begleiter nicht seinen Fall gehindert hätten. Der Merseburger Chronist Thietmar, der uns das Ende Erzbischof Adalberts sehr genau schilderte, führte weiter aus: *Man legte ihn auf eine Decke, und nachdem die Priester alle vorgeschriebenen Sterbegebete gesprochen hatten, ging er am 20. Juni gläubig hinüber zu Christus. Sein Leichnam wurde nach Giebichenstein gebracht, mit dem bischöflichen Ornat bekleidet und mit dem Schiff nach Magdeburg überführt. Dort empfingen ihn die geistlichen Brüder und besonders die Mönche mit besonderer Trauer. Hildeward, der hochwürdigste Bischof der Hl. Halberstädter Kirche, assistiert vom hochwürdigsten Abt Harding, übergab ihn der Gruft mitten in der Kirche beim Altare der Apostel Phillipus und Jacobus.*

Die Zeit des Episkopats Erzbischof Adalberts kann als große Zeit der Diözese und der Stadt Magdeburg gelten. Die zahlreichen königlichen Schenkungen, die Entwicklung zu einem kulturellen Zentrum und die doch relativ friedliche Zeit ermöglichten einen raschen Aufschwung. An allem hatte Adalbert einen großen Anteil. Gleich einem böses Omen – in Magdeburg stürzte im Todesjahr Adalberts ein Gebäude von erstaunenswürdiger Größe ein[24] – begann kurz nach seinem Tod schon der Niedergang. Die Auflösung der Suffragandiözese Merseburg zerriß die Geistlichkeit. Durch den großen Slawenaufstand vom Jahr 983 verlor die Kirchenprovinz den nördlichen Teil für anderthalb Jahrhunderte. Eine große Zeit schien offenbar zu Ende. So schrieb der Chronist Johannes Canaparius am Ende des 10. Jahrhunderts über Magdeburg: *Er* (Adalbert) *aber war Vorsteher jener heiligen Stadt, die lateinisch civitas virginum, griechisch Parthenopolis genannt wird, einstmals berühmt bei den Völkern, und so lange der erste Otto die königlichen Szepter geführt hat, eine der großen Städte, jetzt in Folge großer Sünden ein halb zertrümmertes Haus und eine trügende Zuflucht der Schiffer.*[25]

1 Annales Magdeburgenses, hg. v. G. H. Pertz, in: MGH. SS. 16, Hannover 1859, S. 143, ad a. Vgl. D. Claude, Geschichte des Erzbistums Magdeburg bis in das 12. Jahrhundert, T. 1, Köln/Wien 1972 (Mitteldeutsche Forschungen 67,1), S. 86f.

2 Vgl. Claude, Geschichte 1, S. 66ff.

3 Ex miraculis S. Maximini auctore Sigehardo, hg. v. G. Waitz, in: MGH. SS. 4, Hannover 1841, cap. 16, S. 233. Vgl. Claude, Geschichte 1, S. 115.

4 Vgl. H. Bresslau, Zum Continuator Reginonis, in: NA 25 (1900), S. 671, Anm. 1.

5 Vgl. G. Althoff, Das Necrolog von Borghorst, Münster 1978. S. 220f.; ders., Adels- und Königsfamilien im Spiegel ihrer Memorialüberlieferung, München 1984, S. 34f.; W. Metz, Adalbert von Magdeburg und die Nekrologe, in: AfD 30 (1984), S. 68 und S. 221.

6 Urkundenbuch für die Geschichte des Niederrheins, hg. v. Th. J. Lacomblet, Bd. 1, Düsseldorf 1840, Nr. 103, S. 60: *Ego Adalbertus indignus diaconus scripsi hanc cartam,* und Quellen zur Geschichte der Stadt Köln, hg. v. L. Ennen/G. Eckertz, Bd. 1, Köln 1860, Nr. 11, S. 465: *Ego Adalbertus ad vicem Meinheri cancellarii scripsit.* Vgl. dazu auch W. Wattenbach/ R. Holtzmann, Deutschlands Geschichtsquellen im Mittelalter. Bd. 1, Darmstadt 1967, S. 167.

7 Adalbert=Luitolf Adalbert. Von ihm stammen die Urkunden Nr. 166, 168–174, 176, 177, 179, 194, 199 und 200 in: Die Urkunden Konrad I., Heinrich I. und Otto I., hg. v. Th. Sickel, Hannover 1879/84 (MGH. Diplomata regum et imperatorum Germaniae 1). Vgl. auch J. Fleckenstein, Die Hofkapelle der deutschen Könige, T. 2: Die Hofkapelle im Rahmen der ottonisch-salischen Reichskirche, Stuttgart 1966 (Schriften der MGH 16,2), S. 37f.

8 Wattenbach/Holtzmann, Geschichtsquellen 1, S. 167.

9 Lampert von Hersfeld, Annalen, neu übers. v. A. Schmidt, erl. v. W. D. Fritz, Berlin 1957 (Ausgewählte Quellen zur deutschen Geschichte des Mittelalters. Freiherr vom Stein-Gedächtnisausgabe 13), zum Jahr 960, S. 30.

10 Adalberts Fortsetzung der Chronik Reginos, neu bearb. v. A. Bauer/R. Rau, in: Quellen zur Geschichte der sächsischen Kaiserzeit, Darmstadt 1977 (Ausgewählte Quellen zur deutschen Geschichte des Mittelalters. Freiherr vom Stein-Gedächtnisausgabe 8), zum Jahr 961, S. 214ff.

11 Ebenda, zum Jahr 962, S. 218.

12 Vgl. Ch. Lübke, Regesten zur Geschichte der Slawen an Elbe und Oder. T. 2, Berlin 1985 (Giessener Abhandlungen zur Agrar- und Wirtschaftsforschung des europäischen Ostens 133), Nr. 120a, S. 165f., und Nr. 219, S. 314.

13 Die Urkunden Otto des II., hg. v. Th. Sickel, Hannover 1888 (MGH. Diplomata regum et imperatorum Germaniae 2,1), Nr. 6, 7, 10 und 11; Urkundenbuch des Erzstifts Magdeburg, T. 1: 937–1192, bearb. v. F. Israel unter Mitwirkung v. W. Möllenberg, Magdeburg 1937 (Geschichtsquellen der Provinz Sachsen und des Freistaates Anhalt, N. R. 18), Nr. 45.

14 Adalberts Fortsetzung, zum Jahr 966, S. 226.

15 Wattenbach/Holtzmann, Geschichtsquellen 1, S. 169.

16 Vgl. M. Lintzel, Erzbischof Adalbert als Geschichtsschreiber, in: ders. Ausgewählte Schriften, Bd. 2, Berlin 1961, S. 399–406; Adalberts Fortsetzung, zum Jahr 934, S. 226.

17 UB des Erzstifts Magdeburg 1, Nr. 62, 63 und 64; DD Otto I., Nr. 366. Vgl. dazu auch A. Nitschke, Die Einstimmigkeit der Wahlen im Reiche Ottos des Großen, in: MIÖG 70 (1962), S. 31.

18 Hermann von Reichenau, Chronik, bearb. v. R. Buchner, in: Quellen des 9. und 11. Jahrhunderts zur Geschichte der hamburgischen Kirche und des Reiches, Darmstadt 1978 (Ausgewählte Quellen zur Geschichte des Mittelalters. Freiherr vom Stein-Gedächtnisausgabe 11), S. 646.

19 Vgl. E. Müller-Mertens, Die Reichstruktur im Spiegel der Herrschaftspraxis Ottos des Großen, Berlin 1980 (Forschungen zur mittelalterlichen Geschichte 25), S. 256.

20 Vgl. Althoff, Adels- und Königsfamilie, S. 92, besonders Anm. 347 mit der dort angegebe-

nen weiterführenden Literatur und S. 306f. Dazu THIETMAR von Merseburg, Chronik, neu übertr. und erl. v. W. TRILLMICH, 6. Aufl., Darmstadt 1985 (Ausgewählte Quellen zur deutschen Geschichte des Mittelalters. Freiherr vom Stein-Gedächtnisausgabe 9), lib. II, cap. 28, S. 64ff.

21 Ebenda, lib. III, cap. 1, S. 84ff.
22 Ebenda, lib. III, cap. 11, S. 96.
23 Ebenda.
24 LAMPERT von Hersfeld, Annalen, S. 34f.
25 Vita S. Adalberti episcopi, hg. v. G. H. PERTZ, in: MGH. SS. 4, cap. 3, S. 582. Die Wendung *malefida statio nautis* stammt aus der Aeneide II/23.

Willigis

ERZBISCHOF VON MAINZ
(975–1011)

von Gerald Beyreuther

*Ein Gottesmann..., der nach der Bestimmung des Höchsten
herrschen sollte.*
(Thietmar von Merseburg, Chronik, lib. III, cap. 4)

Während sie mit ihm schwanger ging – so schreibt der Chronist und Bischof Thietmar von Merseburg über Willigis' Mutter – *sah sie im Traume, wie ein Sonnenleuchten aus ihrem Schoße die ganze Erde mit Flammenstrahlen erfüllte. Und in der Nacht, in der sie diesen Sohn* (Willigis) *gebar, gebar auch alles Vieh in ihrem Hause, als ob es durch solche Entsprechung der Herrin Glück wünschen wolle. Der damals Geborene war die Sonne, die durch die Strahlen heiliger Verkündigung die Herzen vieler erleuchtete, die nach Christi Liebe lechzten. Und deshalb wurde auch bei seiner Geburt eine solch wunderbare Menge männlicher Lebewesen geboren, weil zum Heile des ganzen Landes ein Gottesmann erschien, der nach der Bestimmung des Höchsten herrschen sollte. Selige Mutter, die der Herr vor ihren Zeitgenossinnen heimsuchte, daß sie einen Sohn gebar, der den Edlen gleich und sogar besser als manche von ihnen wurde und die sichtbar und leibhaftig die Erfüllung der aus ihrer Vision erweckten Hoffnung erfuhr!*[1] Göttliche Gnade war es für Thietmar also, die Willigis auszeichnete und für sein hohes geistliches Amt empfahl. Denn eigentlich, das vergißt der aus einer vornehmen Grafenfamilie stammende, adelsstolze Merseburger Bischof nicht zu erwähnen, eigentlich war Willigis niederer Herkunft, weshalb viele gegen seine Erhebung zum Erzbischof von Mainz durch Kaiser Otto II. im Jahre 975 gewesen seien.[2] Immerhin war Willigis zu diesem Zeitpunkt bereits Kanzler des Ottonen. Eine wenn auch nur unterschwellige

Kritik an der Entscheidung des Herrschers für diesen Kandidaten mußte wohl begründet sein. Doch worin bestand nun dieser Makel des Willigis, der ihn aus der Sicht eines Teils der adligen Oberschicht für das hohe geistliche Amt wenig geeignet scheinen ließ? War er ein Ministeriale, ein »Dienstmann«, nichtadeliger oder gar unfreier Herkunft? Konnten Personen solcher Herkunft im Reich der Ottonen und Salier überhaupt auf einen Bischofsstuhl gelangen?

Die deutsche Kirche des hohen Mittelalters war zweifellos eine Adelskirche. Dennoch sind gerade im ersten Viertel des 11. Jahrhunderts – nur wenige Jahre nach Willigis' Tod – mehrere Kleriker ministerialischer Herkunft Bischöfe geworden: Gundekar I. (1015) und Walter (1020) von Eichstätt, Durand von Lüttich (1021) und Godehard von Hildesheim (1022).[3] Über Willigis' Herkunft ist viel gestritten worden – die Legende sieht in ihm sogar den Sohn eines Wagners. Die jüngere Forschung geht jedoch davon aus, daß er nicht dienstmännischer, gar unfreier Herkunft war, sondern einem unbedeutenden edelfreien Geschlecht aus Sachsen entstammte.[4] Wenn Thietmar von Merseburg seine Mutter als »arme Frau« bezeichnet, meint er damit wohl, daß sie nicht zur adligen Oberschicht gehörte, der die Bischöfe seiner Zeit normalerweise entstammten.[5]

Tag und Jahr von Willigis' Geburt sind – wie sooft im frühen und hohen Mittelalter – nicht überliefert, man wird aber von einem Zeitpunkt um die Jahrhundertmitte ausgehen können.[6] 969 wird er in die Hofkapelle Ottos I. aufgenommen, zwei Jahre später zum Kanzler ernannt und 975 von Kaiser Otto II. an die Spitze der Mainzer Kirche gestellt.

Als Erzbischof von Mainz stand Willigis nun nicht nur einer der altehrwürdigsten Diözesen, sondern auch der mit Abstand größten deutschen Kirchenprovinz vor. Allerdings hatte die daraus resultierende faktische Vorrangstellung unter Willigis' Vorgängern gelitten, war es doch durch die von Erzbischof Wilhelm (954–968) erfolglos bekämpfte Gründung des Erzbistums Magdeburg im Jahre 968 zum Verlust des bedeutenden elbslawischen Missionsgebietes gekommen.[7] Daß Willigis die Mainzer Position im Rahmen der Reichskirche ausbauen und verbessern wollte, wird gleichsam programmatisch schon im ersten Jahr seines Pontifikats deutlich: Einem Wunsche Ottos II. entsprechend erhielt Willigis bei der Verleihung des Palliums im März 975 von Papst Benedikt VII. den Vorrang (Präeminenz) vor allen geistlichen Würdenträgern des Reiches und das Krönungsrecht verliehen. In allen kirchlichen Angelegenheiten, vor allem auf den Synoden, aber auch bei der Königsweihe, wurde Willigis nach dem Papst die Priorität eingeräumt.[8] Mit der Verleihung des Präeminenz-Rechtes an Willigis konnte die Mainzer Vorrangstellung im Reich befestigt werden, die durch die Privilegierung des Trierer Erzbischofs mit dem Primat in »Gallien und Germanien« durch Papst Johannes XIII. gefährdet war.[9] Durch die Bestätigung des Krönungsrechtes, das Mainz bereits 936 erworben hatte, wurde die herausragende Stellung des Mainzer Stuhles auch einer breiten Öffentlichkeit deutlich gemacht. Zu den Anfangserfolgen von Willigis' auf die Festigung und den Ausbau der Mainzer Positionen im Rahmen der Reichskirche gerichteter Politik gehört nicht zuletzt auch die Integration des 975/76 neugegründeten Bistums Prag in die Mainzer Kirchenprovinz, die der Erzdiözese erneut eine neue missionspolitische Dimension gab.[10]

In der Reichspolitik spielte Willigis zunächst noch keine herausragende Rolle. Er unterstützte Otto II. aber bei seinen Auseinandersetzungen mit inneren und äußeren Gegnern. Doch dann wurde der Erzkanzler und Erzbischof gemeinsam mit Herzog Bernhard von Sachsen vom Kaiser als dessen Vertreter im Reich eingesetzt, als dieser im Herbst 980 zu einem Italienzug aufbrach, von dem er nicht mehr zurückkehren sollte. Auf dem Reichstag Pfingsten 983 in Verona, auf dem der dreijährige Otto III. zum Mitkönig gewählt wurde, war Willigis anwesend. In seiner Obhut brachte man den jungen Otto über die Alpen, wo er Weihnachten 983 in Aachen durch Willigis und den Erzbischof Johannes von Ravenna zum König gekrönt wurde.

Inzwischen war Kaiser Otto II. in Italien verstorben, und es stellte sich die Frage der Vormundschaft für den kindlichen Herrscher. Feste Regelungen gab es für einen solchen Fall nicht – es kamen sowohl der nächste männliche Verwandte aus väterlicher Linie als auch die Mutter in Betracht. Zur Tat schritt zunächst der Vetter Ottos II., Heinrich der Zänker, der den kleinen Otto in seine Gewalt brachte. Willigis von Mainz, der sich in der Vormundschaftsangelegenheit anfänglich zurückgehalten hatte, griff jedoch zugunsten der Kaiserin Theophanu ein, als Heinrich der Zänker selbst die Königswürde übernehmen wollte. Durch sein Einschreiten wurde der Zänker gezwungen, auf seine Pläne zu verzichten und den jungen Otto am 29. Mai 984 in Rohr bei Meiningen den aus Italien herbeigeeilten Kaiserinnen Theophanu und Adelheid zu übergeben. Die Überwindung der schweren Krise der ottonischen Königsherrschaft zugunsten Theophanus und des jungen Otto gelang damit vor allem durch das entschiedene Eingreifen des Erzkanzlers und Mainzer Erzbischofs.[11]

Willigis hat sich dann auch an der regentschaftlichen Regierung der beiden Kaiserinnen Theophanu und Adelheid beteiligt. Er trat später aber etwas in den Hintergrund, als Otto III. seit dem Reichstag in Solingen im September 994 zunehmend selbständiger handelte. Sein Verhältnis zu Otto verschlechterte sich in dem Maße, wie dessen eigenwillige politische Konzeption der Renovatio imperii Romanorum – der Erneuerung des Römischen Reiches auf christlicher Grundlage und mit Rom als Zentrum – Gestalt gewann. Nach der Kaiserkrönung Ottos III. im Jahre 996 zog sich Willigis im folgenden Jahre fast gänzlich vom Hof zurück. Das zeigt sich auch an seiner Mitwirkung an der Urkundenvergabe des Herrschers: Mit einem Diplom Ottos III. vom 17. Juli 997 hören die regelmäßigen Interventionen des Mainzer Erzbischofs in den Königsurkunden auf.[12] Neben Erzbischof Giselher von Magdeburg entwickelte sich Willigis schließlich sogar zu einem Hauptgegner der Politik des Kaisers[13], wobei es vor allem die veränderte Ostpolitik Ottos III. war, die den Interessen der beiden Kirchenfürsten zuwiderlief. Der frühe Tod des ohne Nachkommen gebliebenen Herrschers Anfang 1002 verhinderte jedoch einen offenen Ausbruch des schwelenden Konfliktes.

Erneut trat nun eine krisenhafte Situation im Reich ein, die von Willigis eine Entscheidung forderte. Neben dem Bayernherzog Heinrich bewarben sich auch Markgraf Ekkehard von Meißen und Herzog Hermann von Schwaben um die Krone. Mit seinem Gewicht als Mainzer Erzbischof und seinem Krönungsprivileg konnte er den Ausschlag in den Auseinandersetzungen zwischen den Thronkandidaten geben. Und tatsächlich wurde Willigis durch die Salbung und Krönung Heinrichs II. am 7. Juni 1002 erneut zum Königsmacher.[14]

Willigis hat den neuen Herrscher bis zu seinem Tode im Jahre 1011 unterstützt, was besonders bei dessen Plan der Gründung des Bistums Bamberg nicht selbstverständlich war. Für die Realisierung von Heinrichs Lieblingsvorhaben mußte ein neuer Sprengel geschaffen werden, was nach Lage der Dinge nur zu Lasten des Bistums Würzburg und der Diözese Eichstätt möglich war. Die Mainzer Kirchenprovinz betraf das in jedem Fall, und so war Willigis' Zustimmung für den König unverzichtbar. Dem Mainzer Erzbischof mochte die Aussicht auf die Gewinnung eines weiteren Suffraganbistums die Zustimmung erleichtert haben. Als das Bistum Bamberg am 1. November 1007 auf der Synode in Bamberg gegründet wurde, erteilte Willigis dann auch nicht nur seine Zustimmung, sondern weihte noch am selben Tag den von Heinrich vorgeschlagenen Kanzler Eberhard zum Bischof der neu geschaffenen Diözese.

Die bedeutendsten reichspolitischen Aktivitäten Willigis' sind damit erwähnt. Sie zeigen einen geistlichen Reichsfürsten in herausragender Stellung und mit ungewöhnlicher Machtfülle. Doch bleibt das Bild vom Mainzer Erzbischof Willigis unvollständig, wenn nicht auch sein Handeln im »Gandersheimer Streit« angeführt wird, einer Auseinandersetzung, die sich über 20 Jahre seines Pontifikats hingezogen hat.

Worum ging es? Unser Wissen über den Gandersheimer Streit verdanken wir allein dem Hildesheimer Domdekan Thangmar, der – wohl im Auftrag seines Bischofs – um 1002 eine Denkschrift angefertigt hat, die von den Verfassern der Lebensbeschreibungen der Hildesheimer Bischöfe Bernward und Godehard herangezogen worden ist.[15] Der Domdekan Thangmar hat über Jahre hin an den im Zusammenhang mit dem Gandersheimer Streit geführten Verhandlungen selbst teilgenommen und ist insofern eine sehr verläßliche Quelle. Freilich ist er kein neutraler Beobachter und kann sich der Parteinahme für sein Bistum Hildesheim nicht enthalten. Für ihn war die Sache ziemlich klar: Bei der feierlichen Einkleidung der Prinzessin Sophia, der Tochter Ottos II. und späteren Äbtissin von Gandersheim, weigerte sich die hochmütige Kaisertochter, den Schleier von dem Hildesheimer Bischof entgegenzunehmen, und wandte sich statt dessen an Erzbischof Willigis, den sie als Palliumträger allein für würdig hielt.[16] Nun ist mit Recht darauf hingewiesen worden, daß Sophia damals gerade zwölf Jahre alt war und sich hinter ihrem vermeintlichen Eigensinn gewiß Fremdbeeinflussung verbarg.[17] Den Urheber in Willigis von Mainz auszumachen, fällt nicht schwer. Der Mainzer benutzte die an ihn gerichtete Bitte Sophias, um Bischof Osdag von Hildesheim und den zahlreich erschienenen Anwesenden gegenüber seine Ansprüche auf Gandersheim deutlich zu machen. Immerhin fand die feierliche Einkleidung der Jungfrauen in Gegenwart Ottos III., der Kaiserin Theophanu, der Bischöfe von Paderborn, Minden und Worms sowie anderer

Fürsten statt. Es ging bei dem Gandersheimer Streit also letztlich um die bischöfliche Zuständigkeit für das liudolfingisch-ottonische Hausklosters Gandersheim.

852 in Brunshausen etabliert, fand das Kloster nach der Fertigstellung des Stiftsgebäudes, mit dessen Errichtung der Legende nach um 856 begonnen worden war, am südlichen Ufer der Gande, im Grenzgebiet der Diözesen Hildesheim und Mainz, seinen endgültigen Platz. Ob man dabei tatsächlich auf Mainzer Gebiet geraten ist oder nicht, läßt sich bei dem oft unbestimmten Verlauf frühmittelalterlicher Diözesangrenzen letztlich nicht entscheiden.[18] Der Hildesheimer Bischof Altfried, der sich mit Eigengut und Zehntbesitz seiner Kirche an der Ausstattung Gandersheims beteiligt hatte, sowie seine Nachfolger gewannen zunehmenden Einfluß auf das Kloster. Ihr geistliches Aufsichtsrecht über Gandersheim ist auch vor dem Tag der feierlichen Einkleidung Sophias am 18. Oktober 987 von Mainzer Seite aus nie bestritten worden. Man wird daher nicht fehlgehen, Willigis' Ansprüche in einem Zusammenhang mit seiner auf die Festigung und den Ausbau der Mainzer Positionen im Rahmen der Reichskirche gerichteten Politik zu sehen. Wenn auch der durch die Errichtung der Magdeburger Kirchenprovinz bedingte Verlust der Bistümer Havelberg und Brandenburg nicht rückgängig gemacht werden konnte, so sollte offenbar das reich begüterte Gandersheimer Stift in seine Diözese einbezogen werden.

Dieses weitgesteckte Ziel konnte Willigis aber zunächst noch nicht erreichen. Man verständigte sich vielmehr auf einen Kompromiß, demzufolge Sophia vom Hildesheimer Bischof und von Willigis gemeinsam eingekleidet wurde, während die übrigen Jungfrauen den Schleier von Osdag erhielten. Alle leisteten dann gegenüber dem Hildesheimer ein Gehorsamsversprechen.[19]

Willigis gab seine Pläne so leicht jedoch nicht auf, obwohl sich seine Chancen verschlechterten, als der junge Otto III. seinen von ihm sehr geschätzten Lehrer Bernward 993 auf den Hildesheimer Bischofsstuhl brachte. Willigis' stärkster Trumpf war die ihm ganz ergebene Sophia, die für die kranke Äbtissin Gerberga II. de facto die Leitung des Stiftes übernahm und die Diözesanrechte des Hildesheimer Bischofs über Gandersheim bestritt.

Der Streit zwischen Willigis und Bernward spitzte sich zu, als es anläßlich der Einweihung der nach einem Brand neuerrichteten Stiftskirche im September 1000 zu einem weiteren Eklat kam. Sophia hatte auch Willigis dazu eingeladen. Einem ersten Terminvorschlag – dem 14. September – stimmte Bernward zu, während Willigis den Termin auf den 21. September abänderte. Bernward erschien aber dennoch am 14. September in Gandersheim, um Willigis zuvorzukommen, konnte die Kirchweihe wegen des Widerstandes der gegen ihn aufgebrachten Stiftsgemeinschaft aber nicht durchführen. Willigis lud Bernward nun erneut zum 21. September ein. Der erschien nicht und forderte vielmehr den Mainzer per Boten auf, die beabsichtigte Weihe zu unterlassen. Man einigte sich schließlich auf die Abhaltung einer Synode am 28. November in Gandersheim.

Obwohl es sich Bernward inzwischen anders überlegt hatte – er begab sich lieber nach Rom, um dort die Unterstützung Kaiser Ottos III. und Papst Silvesters II. zu erlangen –, erschien Willigis am 28. November in Gandersheim, um die vorgesehene

Synode durchzuführen. Gleich zu Beginn kam es zu einem Tumult, da ein Teil der anwesenden Geistlichen dagegen protestierte, daß Willigis in einer fremden Kirche und in Abwesenheit des zuständigen Bischofs eine Synode abhalten wollte. Die Hildesheimer Partei verließ die Versammlung, während der Mainzer Erzbischof vor den Zurückgebliebenen durch beeidete Zeugenaussagen seine Ansprüche auf Gandersheim bekräftigen ließ.[20]

Doch mit diesem Gewaltakt war die Sache für Willigis noch nicht ausgestanden. Am 13. Januar 1001 brachte nämlich Bernward seine Klagen gegen den Mainzer Erzbischof auf einer von Papst und Kaiser geleiteten Synode in Rom vor. Die Synode entschied, daß der Mainzer keine Rechte an der Gandersheimer Kirche habe und ohne die Zustimmung des zuständigen Diözesanbischofs daher dort auch keine Synoden abhalten dürfe. Die Gandersheimer Beschlüsse wurden daher für nichtig erklärt und Willigis für sein Verhalten getadelt. Ferner wurde in der Angelegenheit eine Synode unter Vorsitz eines päpstlichen Legaten für den 21. Juni 1001 nach Pöhlde einberufen.[21]

Zu der Pöhlder Versammlung erschienen sowohl Willigis als auch Bernward. Dennoch nahm sie einen ganz anderen als den beabsichtigten Verlauf. Willigis beanspruchte gegenüber dem päpstlichen Legaten den Vorsitz der Versammlung, wobei er sich wohl auf das Präeminenzprivileg von 975 berief. Als der vom Papst entsandte Kardinal ihn diesen nicht einräumen wollte, übernahm der Mainzer Erzbischof mit der Unterstützung seiner Anhänger gewaltsam den Vorsitz. Dann las der Legat ein päpstliches Schreiben vor, tadelte Willigis gemäß den Beschlüssen der römischen Synode für sein Verhalten und forderte ihn auf, in allen ihm zur Last gelegten Punkten Genugtuung zu leisten. Als diese Forderung von dem befragten Erzbischof von Hamburg unterstützt wurde, griff Willigis erneut zum Mittel der Gewalt: Er ließ die Kirchentüren öffnen und sein Gefolge eindringen, wodurch die Synode gesprengt wurde. Da Willigis seine Felle fortschwimmen sah, überging er die Mahnung des päpstlichen Legaten, sich am nächsten Tag zur Fortsetzung der Synode einzufinden und reiste heimlich ab. Der Legat enthob Willigis darauf am folgenden Tage seines Amtes bis zum Zeitpunkt seiner Rechtfertigung vor dem Papst.

Willigis zeigte sich davon jedoch wenig beeindruckt. Nachdem er Gandersheim von seinen Vasallen hatte besetzen lassen, beriefen die Bischöfe, die weitere Gewaltanwendungen befürchteten, eine erneute Synode zum 15. August 1001, wahrscheinlich nach Frankfurt, ein. Bernward sah wegen der vorherigen Synodalbeschlüsse, die zu seinen Gunsten ausgefallen waren, keine Veranlassung zum Erscheinen. Willigis, der die Abwesenheit des Hildesheimers heftig beklagte und sich so benahm, als wäre in der Gandersheimer Angelegenheit bisher überhaupt noch nichts entschieden worden, beharrte auch hier auf seinen Ansprüchen und erklärte sich lediglich bereit, bis zu einer erneuten Behandlung des Themas in Gandersheim keine bischöflichen Handlungen vorzunehmen.[22]

Auch eine Synode in Todi im Dezember 1001 konnte das Problem Gandersheim keiner Lösung zuführen. Da veränderte sich mit dem Tod Kaiser Ottos III. Anfang 1002 für Willigis noch einmal schlagartig die Situation zu seinen Gunsten. Durch das entschiedene Eintreten des Mainzers für die Thronfolge Heinrichs II. war dieser dem Erzbischof gegenüber verpflichtet und ließ die Angelegenheit erst einmal einige Jahre ruhen. Da letztlich aber doch eine Entscheidung gefunden werden mußte, sollte der sich nun schon fast 20 Jahre hinziehende Gandersheimer Streit auf einer Versammlung Weihnachten 1006 in Heinrichs bevorzugter Weihnachtspfalz Pöhlde endgültig beigelegt werden.[23]

Die hier unter maßgeblichem Einfluß des Königs getroffenen Entscheidungen fielen gegen Willigis aus. Am 5. Januar 1007 sollte die immer noch nicht erfolgte Weihe der Stiftskirche in Gandersheim durch Bernward erfolgen. Willigis durfte teilnehmen, sollte sich aber aller Amtshandlungen enthalten. So geschah es dann auch, und mehr noch: Willigis räumte vor dem Kirchenportal öffentlich die Rechtmäßigkeit der Hildesheimer Ansprüche von Anfang an ein und übergab Bernward seinen Bischofsstab, wobei er nochmals feierlich auf alle Ansprüche gegenüber Gandersheim verzichtete.

Damit war der Streit entschieden – auch wenn ein anderer ehrgeiziger Mainzer Erzbischof, Aribo, später noch einmal vergeblich Ansprüche gegenüber Gandersheim geltend machen wollte und es dadurch zu einer endgültigen Beilegung erst 1030 in Merseburg kam.[24] Willigis hat die langwierige und über weite Strecken mehr als peinliche, ja geradezu groteske Auseinandersetzung letztlich verloren.

Bei aller Vorsicht, die der aus Hildesheimer Sicht verfaßten Hauptquelle gegenüber angebracht ist, gewinnt man hinsichtlich des Verhaltens in der Gandersheimer Angelegenheit ein etwas fragwürdiges Bild vom Mainzer Metropoliten. Doch wo ist das Maß? Sind Bereitschaft zur Gewaltanwendung, List und eine gewisse Skrupellosigkeit nicht neben Zielstrebigkeit und Ehrgeiz vielleicht sogar notwendige Eigenschaften eines erfolgreichen geistlichen Reichsfürsten und Königsmachers?

Und wenn Willigis auch in der Gandersheimer Angelegenheit letztlich unterlag, die zähe Behauptung der eigenen Positionen und der Ehrgeiz beim Ausbau der Mainzer Stellungen im Rahmen der Reichskirche und des Reiches überhaupt haben sich insgesamt allemal ausgezahlt. Sie haben sicher zum Erfolg seiner Erwerbspolitik und seiner Bemühungen um eine administrative Reorganisation seiner Diözese beigetragen.[25] Jedenfalls fallen in sein Pontifikat die Anfänge einer systematischen Erwerbspolitik zur Abrundung und Sicherung des eigenen Territoriums. Besondere Bedeutung kam der Schaffung fester Stützpunkte für die Beherrschung der großen, weite Teile Niedersachsens und Thüringens umfassenden Erzdiözese zu.

Im Zusammenhang mit dem Ausbau der erzbischöflichen Machtpositionen sind die von Willigis gegründeten Kanonikerstifte zu sehen. Die Gründungen der Stifte St. Stephan und St. Viktor in Mainz gehen auf Willigis zurück, auch das Stift an der Martinskirche in Bingen hat er vielleicht schon gegründet, um 975 hat er jedenfalls das Kloster Disibodenberg mit Säkularkanonikern besetzt. 982 erwarb er in Aschaffenburg das reich ausgestattete Kanonikerstift St. Peter und Alexander, das zusammen mit umfangreichen Forstrechten am Spessart den Ausgangspunkt für die Schaffung der Mainzer Territorialmacht am unteren Main bildete. Und auch in Thüringen gelang es Willigis, die Mainzer Stellung auszubauen. Auch hier gehen Kanoniker-stifte in Oberdorla bei Mühlhausen und in Jechaburg bei Sondershausen auf ihn zurück.[26]

Am 23. Februar 1011 starb Willigis von Mainz. Während seines Pontifikats hat der Mainzer Erzstuhl zweifellos einen Höhepunkt seines Ansehens erlebt. Im Reichs-dienst am Hofe Ottos I. groß geworden, wurde Willigis als Erzbischof und Erz-kanzler zum zeitweilig wichtigsten Anwalt und Garant eines starken ottonischen Kö-nigtums. Durch sein entschlossenes Handeln in durchaus krisenhaften Situationen sicherte er die Thronfolge Ottos III. und Heinrichs II.

Die überragende Stellung, die Willigis von Mainz innerhalb der Reichskirche, als Leiter der Reichsgeschäfte und als Königsmacher innehatte, verlangte auch nach ar-chitektonischer Repräsentation, sollte sich im Neubau seiner Bischofskirche aus-drücken.[27] Seine gewaltige Atriumskirche ist als Versuch gewertet worden, dem Krö-nungsrecht des Mainzer Erzbischofs einen würdigen architektonischen Ausdruck zu geben.[28] Vielleicht hat Willigis mit diesem Bau tatsächlich die Absicht verbunden, den Krönungsort von dem außerhalb seiner Kirchenprovinz gelegenen Aachen nach Mainz zu verlegen. Zu seinem auch sonst gezeigten, wohl fast grenzenlosen Ehrgeiz würde das durchaus passen.

1 Zitiert nach: Thietmar von Merseburg, Chronik, neu übertr. u. erl. v. W. Trillmich (Ausge-wählte Quellen zur deutschen Geschichte des Mittelalters. Freiherr vom Stein-Gedächtnisaus-gabe 9), Berlin o. J., lib. III, cap. 5, S. 91.
2 Ebenda, S. 89.
3 H. Zielinski, Der Reichsepiskopat in spätottonischer und salischer Zeit (1002–1125), T. 1, Stuttgart 1984, S. 20f.
4 W. Heinemeyer, Erzbischof Willigis von Mainz, in: BlldtLG 112 (1976), S. 41–57, besonders S. 42; Zielinski, Reichsepiskopat, S. 20; H. Wolter, Die Synoden im Reichsgebiet und in Reichsitalien von 916 bis 1056 (Konziliengeschichte, R. A: Darstellungen), Paderborn/Mün-chen/Wien/Zürich 1988, S. 182. Zu Willigis siehe ferner: A. Gerlich, Willigis und seine Zeit. Der Staatsmann, der Erzbischof und der Stadtherr, in: 1000 Jahre Mainzer Dom (975–1975). Werden und Wandel, hg. v. W. Jung, Mainz 1975, S. 23–43; H. Büttner, Erzbischof Willigis von Mainz (975–1011), in: Jahresbericht der Görresgesellschaft für 1967, Köln 1967, S. 1–11; H. Büttner, Willigis von Mainz. Ein Beitrag zur Geschichte des deutschen Reiches und der deutschen Kirche in der sächsischen Kaiserzeit, Leipzig 1895 (Leipziger Studien aus dem Ge-biet der Geschichte 1,3).
5 H. Fichtenau, Lebensordnungen des 10. Jahrhunderts. Studien über Denkart und Existenz im einstigen Karolingerreich, 1. Halbbd., Stuttgart 1984 (Monographien zur Geschichte des Mit-telalters 30,1), S. 249.
6 Heinemeyer, Willigis, S. 42, nimmt einen Zeitpunkt um 940 an.
7 E. Boshof, Köln, Mainz, Trier. Die Auseinandersetzung im deutschen Episkopat in ottonisch salischer Zeit, in: JbKGV 49 (1978), S. 19–48.
8 Es spricht einiges dafür, daß diesem Privileg eine verlorene Urkunde für seinen Vorgänger Wil-helm zugrunde liegt, Wolter, Synoden, S. 113; H. Beumann, Die Ottonen, Stuttgart/Ber-lin/Köln/Mainz 1987 (Urban-Taschenbücher 384), S. 91 und S. 114f.

9 Es ist erst jüngst wieder darauf hingewiesen worden, daß das Willigis erteilte Privileg nicht mit dem der Trierer und Magdeburger (981) Erzbischöfe kollidiere, da es ad personam ausgestellt worden sei – G. STREICH, Burg und Kirche während des deutschen Mittelalters. Untersuchungen zur Sakraltopographie von Pfalzen, Burgen und Herrensitzen, T. 1, Sigmaringen 1984 (Vorträge und Forschungen, Sonderbd. 29), S. 261.

10 A. Graf FINCK VON FINCKENSTEIN, Bischof und Reich. Untersuchungen zum Integrationsprozeß des ottonisch-frühsalischen Reiches (919–1056), Sigmaringen 1989 (Studien zur Mediävistik 1), S. 69. Siehe auch: H. BÜTTNER, Erzbischof Willigis von Mainz und das Papsttum bei der Bistumserrichtung in Böhmen und Mähren im 10. Jahrhundert, in: RhVjbll 30 (1965), S. 1–22.

11 Siehe dazu: BEUMANN, Ottonen, S. 129f.

12 WOLTER, Synoden, S. 183.

13 Ebenda, S. 182.

14 H. K. SCHULZE, Hegemoniales Kaisertum. Ottonen und Salier, Berlin 1991 (Das Reich und die Deutschen), S. 299.

15 Siehe WOLTER, Synoden, S. 186.

16 Vita Bernwardi episcopi Hildesheimensis auctore Thangmaro, hg. v. G. H. PERTZ, in: MGH. SS. 4, Hannover 1841, cap. 13, S. 764.

17 WOLTER, Synoden, S. 184.

18 Ebenda, S. 183, mit Anm. 366.

19 Vita Bernwardi episcopi, cap. 13, S. 764.

20 WOLTER, Synoden, S. 184–189.

21 Ebenda, S. 191f.

22 Ebenda, S. 206f.

23 Ebenda, S. 227.

24 Ebenda, S. 343.

25 STREICH, Burg und Kirche 1, S. 279.

26 Ebenda, S. 280f.

27 Ebenda, S. 212.

28 Ebenda, S. 264.

Ekkehard I.

MARKGRAF VON MEISSEN
(985–1002)

von WALTRAUT BLEIBER

Über ganz Thüringen erwarb er ... die Herzogswürde.
Auf die östlichen Grafen rechnete er mit wenigen Ausnahmen – und auf das Reich.
All das führte nun zu solch kläglichem Ende.
(Thietmar von Merseburg, Chronik, lib. V, cap. 7)

Nach dem unerwartet frühen Tod Kaiser Ottos III. im Januar des Jahres 1002 geschah bis dahin bei der Stammesgebiete und Herzogtümer übergreifenden Organisation des frühfeudalen deutschen Staates und der Konstituierung seiner königlichen Zentralgewalt Unübliches: Ein Graf der östlichen Marken, Ekkehard I., seit 985 Markgraf von Meißen, griff nach der Königskrone. Neben den Herzögen Heinrich IV. von Bayern, dem späteren Kaiser Heinrich II., und Hermann von Schwaben trat Ekkehard als einer von drei Prätendenten auf die Würde des Königs im deutschen Reichsgebiet auf.

Der Anspruch des Markgrafen, wenn auch zweifelsohne in hohem Maße vom Ehrgeiz, vom Streben nach Ausweitung der eigenen Macht und der Vermehrung des persönlichen Ruhmes bestimmt, war gleichwohl die elementare Daseinsäußerung eines gesellschaftlichen Gefüges, das sich in einer Phase des sozialen und politischen Umbruches befand.

Die Ekkehardinger waren ein alteingesessenes thüringisches Adelsgeschlecht; ihnen wird nachgesagt, daß die Tradition ihres Hauses bis in die Zeit der Karolinger zurückreichte. Dem Chronisten Thietmar von Merseburg, einem Zeitgenossen Ekkehards I., der von 1009 bis zu seinem Tode im Jahre 1018 Bischof von Merseburg war, galt das Geschlecht als das edelste des östlichen Thüringen. Tatsächlich lagen die Ursprünge der ekkehardingischen Hausmacht zwischen Unstrut und mittlerer Saale. Die Wallburg, bei Klein-Jena oberhalb der Mündung der Unstrut in die Saale gelegen, war spätestens seit der Zeit Ekkehards I. der eigentliche Stammsitz des Geschlechts. An der mittleren Saale gehörten die Naumburg und die dicht bei Naumburg errichtete Altenburg sowie das etwas westlich gelegene Kösen zum ekkehardingischen Allodialgut. An strategisch sehr bedeutsamem Ort, nämlich dort, wo eine alte, von Erfurt kommende und via Kösen und Naumburg zum Elbübergang bei Torgau verlaufende Heer- und Handelsstraße, die »Hohe Straße«, die südöstlichen Ausläufer des Gebirgszuges der Finne passierte, stand oberhalb von Eckartsberga die Eckartsburg. Auch sie gehörte zu den Allodialgütern der Ekkehardinger. Von dieser Ausgangsbasis zwischen Unstrut und Saale griffen sie mit der Erwerbung von Eigengut dann ständig weiter, vor allem aber ostwärts bis zur Mulde hin in die slawischen Siedlungsgebiete aus.

Der älteste namentlich bezeugte Vertreter des Geschlechts der Ekkehardinger war Ekkehards I. Großvater. Gleich ihm trug er den Namen Ekkehard, aber außer diesem Namen ist von ihm nur überliefert, daß er um 950 das Amt eines Grafen innehatte. Selbst die Lage seiner Grafschaft blieb unbekannt.[1]

Es ist ohne Zweifel kein Zufall, daß der erste der Vorfahren Ekkehards I., dessen Wirken deutliche Spuren in den Quellen hinterließ, Ekkehards Vater Günther war. Denn wenngleich davon ausgegangen werden muß, daß den Ekkehardingern um die Mitte des 10. Jahrhunderts in Thüringen bereits seit längerem eine herausragende Stellung eigen war, so ist doch sicher, daß dieses Geschlecht erst während der Herrschaft der Könige aus sächsisch-ottonischem Hause und in engster Bindung an die Politik Ottos I. und seiner beiden Nachfolger Otto II. und Otto III. einen Rang erreichte, der es in die erste Reihe des deutschen Hochadels einrücken ließ.

Bereits das Eintreten Günthers, eines Sohnes des älteren Ekkehard, in das Licht der Geschichte war denn auch auf das Auffälligste mit jenen Mitteln und Wegen der Ausweitung der Macht und des Einflusses seines Hauses verbunden, die später von seinem Sohn Ekkehard I. mit aller Rigorosität und mit überaus großem Erfolg zu gleichen Zwecken weiter genutzt worden sind: der Königsdienst und, als eine seiner dem weiteren Aufstieg der Ekkehardinger höchst dienlichen Folgen, das Vordringen zu weltlichen Ämtern, mit denen ein besonderes Machtpotential verbunden war, das Engagement in der ottonischen Italienpolitik sowie, und dies in besonderem Maße, der rückhaltlose Einsatz in zahllosen Unternehmungen der frühfeudalen Ostexpansion, deren soziale, militärische und politische Träger östlich von Elbe und Saale vorzugsweise gerade sächsisch-thüringische Feudalherren gewesen sind, standen in dieser Politik ganz obenan. Den Ambitionen der Ekkehardinger mußte dabei zunächst zwangsläufig entgegenkommen, daß gerade Günther sich zu einer Zeit an der Seite Ottos I. befand, während der die auf Herrschaftsausweitung in den slawischen Siedlungsgebieten und auf der italienischen Halbinsel gerichtete Politik der sächsisch-ottonischen Könige ihren Höhepunkt erreichte.

Als Otto I. im Jahre 968 das Erzbistum Magdeburg errichtete, um die kirchlichen

Verhältnisse in den Siedlungsgebieten der bereits seit einiger Zeit unterworfenen Heveller und Sorben neu zu ordnen, gehörte Günther zu jenen drei Markgrafen, denen von Otto die besondere Förderung und Unterstützung des soeben bestellten Erzbischofs Adalbert anbefohlen wurde. Günther war damals Markgraf in der Mark Merseburg. Im folgenden Jahr übertrug Otto I. ihm und dem Grafen Siegfried vom thüringischen Hassegau das Kommando über eine Heeresabteilung, die einen Kriegszug gegen Truppen der Süditalien beherrschenden Byzantiner zu bewerkstelligen hatte. Der Ekkehardinger befand sich also während des dritten Italienaufenthaltes Ottos I., der sich über die Jahre 966 bis 972 erstreckte, zumindest zeitweilig im Gefolge des Kaisers.

Ekkehards Vater war nach dem Tode des Markgrafen Gero, eines der energischsten und rücksichtslosesten Helfer Ottos I. in dessen Unternehmungen der Ostexpansion, mit den Amtsbefugnissen eines Markgrafen ausgestattet worden. Denn als Gero im Jahre 965 gestorben war, hatte der Kaiser diesen Tod zum Anlaß genommen, um die ausgedehnte Mark des Verstorbenen in sechs kleinere Marken aufzuteilen. Zu den damals neu bestellten Markgrafen gehörte Günther. Seine markgräfliche Stellung bezog sich auf ein Gebiet beiderseits der Saale, dessen befestigtes Zentrum Merseburg war. Eine Urkunde, ausgestellt im August 974 von Otto II., weist Zwenkau südlich von Leipzig als in der Grafschaft Günthers gelegen aus, und gerade hier, mitten im Siedlungsgebiet der slawischen Sorben, verfügten die Ekkehardinger etwas später über bedeutendes Eigengut.

Es gehört zu den durchaus aufschlußreichen Zeichen jener Zeit, daß über die Mutter Ekkehards I., dessen Kindheit und Jugend ohnehin fast gänzlich im Dunkeln liegen, keine Quelle Auskunft zu geben vermag. Weder der Name noch die Herkunft dieser Frau sind der Nachwelt bewahrt worden. Dagegen sind zwei Brüder Ekkehards, Gunzelin und Brun, durch Thietmar von Merseburg namentlich bezeugt, und da Ekkehard als wohl noch junger, aber bereits waffenfähiger Mann an der Seite seines Vaters gestanden hat, als dieser sich, wie andere sächsisch-thüringische Große auch, dem seit 974 gegen Otto II. rebellierenden bayerischen Herzog Heinrich II. angeschlossen hatte, kann es als sicher gelten, daß er der älteste dieser drei Brüder gewesen ist. Otto II. gelang es zwei Jahre später, die Kämpfe mit der Einnahme von Regensburg fürs erste zu beenden. Herzog Heinrich, ein Neffe Kaiser Ottos I., dem spätere Generationen den Beinamen »der Zänker« gaben, verlor damals sein Herzogtum, und die Treulosigkeit Günthers ahndete der König mit dem Entzug der Mark Merseburg. Darüber hinaus aber belegten vor Regensburg im Heerlager Ottos II. versammelte Bischöfe die *ruchlosen Komplizen und Helfer*[2] Heinrichs des Zänkers mit dem Kirchenbann. Unter den Namen der Gebannten – es waren insgesamt siebenundzwanzig – befanden sich auch die von Günther und Ekkehard. In den folgenden Jahren hat Ekkehard dann, so erzählt es Thietmar von Merseburg, *mit dem lange Zeit seiner Würde entsetzten Vater Günther die Mühen vieler Fehden ... ertragen müssen.*[3]

Günther wurde erst 979 wieder in seine markgräflichen Amtsbefugnisse eingesetzt, und auch sein Sohn gewann zu dieser Zeit *die Gnade Ottos zurück und konnte in Ehren heimkehren.*[4] Noch im gleichen Jahr oder doch nur wenig später ging Ekkehard eine eheliche Verbindung ein, deren dynastischer Rang unverkennbar auf den einflußträchtigen Ausbau der Familienbeziehungen seines Hauses, deren eigentliches machtpolitisches Kalkül aber zweifellos auf jene slawischen Siedlungsgebiete zielte, die der ostthüringischen Ausgangsbasis der Ekkehardinger unmittelbar östlich der Saale und bis zur Elbe hin vorgelagert waren: Ekkehard I. versippte sich durch seine Ehe mit dem mächtigen sächsischen Adelsgeschlecht der Billunger. Er heiratete Schwanhild, eine Tochter des 973 verstorbenen Markgrafen Hermann Billung. Hermann hatte fast vier Jahrzehnte hindurch an der Spitze jener Mark gestanden, die dereinst von Otto I. im Nordosten seines Reiches zur Unterwerfung und Beherrschung der zwischen unterer Elbe und Oder lebenden obodritischen und wilzischen Stammesgruppen eingerichtet worden war. Ein Bruder der Schwanhild war Bernhard. Er führte seit dem Tod ihrer beider Vater den Titel eines Herzogs von Sachsen.

Schwanhild, eine bei ihrer Vermählung mit Ekkehard offensichtlich nicht mehr ganz junge Frau, war in erster Ehe mit einem Markgrafen verheiratet gewesen, der gleich dem bereits wiederholt zitierten Chronisten den Namen Thietmar trug. Wie Ekkehards Vater Günther hatte auch dieser Markgraf zu jenen sächsisch-thüringischen Feudalherren gehört, denen 965 von Otto I. ein Teil der Mark Geros übertragen worden war. Er hatte damals das Gebiet zwischen unterer Saale und Elbe empfangen, und den nach Osten drängenden Ekkehardingern war mit eben diesem Markgrafen ein höchst bedrohlicher Konkurrent erwachsen, als ihm im Krisenjahr 976 von Otto II. nicht nur die Mark Meißen, sondern, und dies in sichtlich wohlbedachter Absicht, auch die Günther gerade entzogene Mark Merseburg verliehen worden war.

Ekkehards Vater hat die gewiß glanzvolle Hochzeit seines ältesten Sohnes nicht lange überlebt, nur etwa zwei Jahre später fand er in Unteritalien den Tod. Sein Ende zeigte ihn, ausgesöhnt mit Otto II., in nächster Nähe des Kaisers und mit diesem in die militärische Katastrophe gerissen, die der expansiven Ausweitung des frühfeudalen Großreiches der Ottonen in Süditalien ihre Grenze setzte: Bei Cotrone an der kalabrischen Küste wurde ein von Otto II. geführtes Heer im Juli 982 von den Arabern geschlagen und aufgerieben, als der Kaiser die Kämpfe, die damals seit einigen Jahren zwischen Byzantinern und von Sizilien auf das Festland vordringenden Arabern ausgetragen wurden, für einen Eroberungszug gegen die byzantinischen Besitzungen in Unteritalien zu nutzen suchte. Unter den Toten des Treffens war neben manch anderem herausragenden weltlichen und kirchlichen Würdenträger auch Markgraf Günther, der unter Otto I. schon einmal, damals allerdings mit für ihn glücklicherem Ausgang in Süditalien gekämpft hatte. Der Kaiser selbst entkam nach der verheerenden Niederlage nur mit äußerster Not der Gefangenschaft.[5]

Ekkehard I. war beim Tode seines Vaters ein erwachsener, in der Kriegsführung und in der Politik bereits erfahrener, durch Herkunft, verwandtschaftliche Bindungen und persönliches Renommee auf eine Karriere im Königsdienst bestens vorbereiteter Mann, und vor seinen Brüdern Gunzelin und Brun genoß er zudem den Vorzug der früheren Geburt: Es war die Gunst der Umstände, in die er hineingeboren worden war, nicht weniger aber waren es seine persönlichen Eigenschaften, die es gerade diesem Ekkehardinger ermöglichten, in den folgenden zwei Jahrzehnten zu den Ersten der deutschen Fürsten emporzusteigen. Thietmar von Merseburg pries Ekkehard I. nach dessen Tod als *eine Zierde des Reiches, ein(en) Hort des Landes, eine Hoffnung seiner Untergebenen, ein(en) Schrecken seiner Feinde,* aber der Chronist kam doch nicht umhin, seine Eloge mit einer bedenkenswerten Einschränkung wie folgt zu Ende zu bringen: *und er wäre ganz vollkommen gewesen, hätte er nur demütig bleiben wollen.*[6] Tatsächlich erweist das von Ekkehard I. praktizierte Eingreifen in die Geschehnisse seiner Zeit, wie es vor allem durch Thietmar von Merseburg bezeugt ist, den Markgrafen nicht nur als politisch und militärisch gleichermaßen befähigt, als unerschrocken und willensstark, sondern es gibt ihn auch als einen feudalen Gewalthaber zu erkennen, der hochfahrend, machtgierig und brutal bis zur Grausamkeit aufzutreten vermochte.

Als Ekkehard I. die Nachfolge seines Vaters antrat, hatte er, zuvörderst durch seine Ehe mit der Billungerin Schwanhild, die bestimmenden machtpolitischen Zielsetzungen seines künftigen Handelns klar benannt: Allem voran galten sie der Forcierung des bereits von Günther eingeleiteten Auf- und Ausbaus eines vorzugsweise nach Osten in die zwischen Saale und Elbe gelegenen sorbischen Siedlungsgebiete ausgreifenden regionalen Herrschaftsbereiches des ekkehardingischen Hauses, als dessen dynastischer Repräsentant Ekkehard fortan ganz und gar auftrat.

Bei der Verwirklichung seiner Ziele konnte sich Ekkehard I. von Anfang an auf einen Besitzstand, auf einen Macht- und Einflußbereich seines Hauses stützen, der bereits beträchtlich über die Saale nach Osten in die slawischen Siedlungsgebiete hineinreichte. Seinem eigenen Handeln hingegen, seiner Fähigkeit, die Möglichkeiten politischer Kräftekonstellationen zu erkennen und rigoros zu seinem eigenen Vorteil zu nutzen, war es zuzuschreiben, daß er dieser seiner Aktionsbasis ein qualitativ ganz neues Gewicht zu verschaffen vermochte, als es ihm drei Jahre nach dem Tod seines Vaters gelang, seine Ernennung zum Markgrafen von Meißen durchzusetzen.

Im Winter 928/929 war von König Heinrich I. die auf Unterwerfung der zwischen Elbe, Saale und Oder lebenden slawischen Stammesgruppen zielende Ostexpansion des im Entstehen begriffenen deutschen Feudalstaates mit zwei Kriegszügen eröffnet worden, von denen der erste Brandenburg, der Hauptburg der im Havelgebiet lebenden Heveller, der zweite dagegen Gana, der Hauptburg der weiter südlich zwischen Mulde und Elbe lebenden Daleminzer, galt. Gana wurde erobert, die Daleminzer wurden unterworfen, und noch im Verlaufe desselben Winters wurde als Stützpunkt der Herrschaft über die soeben erst Unterworfenen, zugleich aber auch als Ausgangsbasis für weitere Expansionszüge an der Elbe die Burg Misni, das ist Meißen, errichtet.

Meißen blieb fortan einer der zentrierenden Stützpunkte ottonisch-deutscher Herrschaft in den von der Saale im Westen, von der Neiße im Osten begrenzten slawischen Ländern der Sorben und der in der Oberlausitz lebenden Milzener. Bei der

Teilung der Mark Geros im Jahre 965 war neben Merseburg und Zeitz auch Meißen zum Vorort einer der damals neu geschaffenen sechs Marken bestimmt worden, und drei Jahre später ließ Otto I. bei eben dieser Burg einen Bischofssitz errichten. Das neue Bistum wurde der Kirchenprovinz des im gleichen Jahr geschaffenen Erzbistums Magedeburg zugeordnet.

Die exponierte, weit nach Osten vorgeschobene Burgsiedlung Meißen beherrschte den Lauf der Elbe an strategisch überaus bedeutsamer Position, und als Vorort einer Grenzmark, Zentrum eines Bistums, ausgestattet zudem mit Flußhafen und kaufmännisch-gewerblicher Siedlung besaß sie bereits während der letzten Herrschaftsjahre Ottos I. überragende machtpolitische Bedeutung. Der Burgsiedlung wuchs endgültig die Rolle des zwischen Saale und Neiße dominierenden Zentralortes zu, nachdem dieser Raum während der letzten Jahre Ottos II. politisch neu organisiert und durch Zusammenfassung der Marken Meißen, Merseburg und Zeitz die Markgrafschaft Meißen gebildet worden war.[7]

Der erste Markgraf dieser Markgrafschaft war der »homo novus«, der »Emporkömmling« Rikdag. Er hatte eine Grafschaft im Nordthüringengau verwaltet, ehe ihm 979 nach dem Tod des damaligen Gatten Schwanhilds, Thietmar, von Otto II. die Mark Meißen übertragen wurde. Nur wenig später erhielt Rikdag vom gleichen Herrscher zudem die Mark Zeitz, und 982, nachdem Günther bei Cotrone sein Ende gefunden hatte, schließlich auch die Mark Merseburg: Es war Ekkehard I., der Sohn Günthers und zweite Gatte der Schwanhild, der nach dem Tode Rikdags 985 an dessen Stelle und damit an die Spitze dieser höchst bedeutsamen Markgrafschaft trat.

Das Einrücken in die Führung der Markgrafschaft Meißen setzte in der Biographie Ekkehards I. eine Zäsur, denn mit der Übernahme dieses Amtes hatte sich der Ekkehardinger endgültig die Basis für seinen Aufstieg zu den Ersten des Reiches geschaffen: Er war an die Spitze einer politischen Landschaft getreten, der nicht nur in den feudalen Fraktionskämpfen, die während des letzten Viertels des 10. Jahrhunderts auf deutschem Reichsgebiet ausgetragen wurden, sondern auch und vor allem in dem mit diesen Kämpfen zeitweilig eng verzahnten Mit- und Gegeneinander deutscher, elbslawischer, polnischer und böhmischer Parteiungen und Interessen eine Schlüsselstellung zufallen sollte.

Otto II. war Anfang Dezember 983 in Rom gestorben. Er ließ einen zwar Monate vorher in Verona zum König gewählten, aber erst dreijährigen Sohn, Otto III., sowie die am schnellen Eingreifen gehinderte, weil von den eigentlichen Plätzen des Geschehens weitab, nämlich in Rom weilende Königs-Mutter, das war die Kaiserin Theophanu, zurück. Diese bedenkliche Konstellation wurde von Heinrich dem Zänker unverzüglich zu einem neuerlichen Versuch genutzt, sich der Königswürde zu bemächtigen. Wie schon zehn Jahre zuvor suchte der Herzog Unterstützung bei den sächsisch-thüringischen Großen, und wie er damals die Bundesgenossenschaft Mieszkos I. von Polen und Boleslavs II. von Böhmen hatte gewinnen können, so vermochte er die beiden Fürsten auch diesmal auf seine Seite zu ziehen. Als sich Heinrich während des Osterfestes 984 in der Pfalz Quedlinburg von seinen

Anhängern zum König wählen ließ, waren dort neben dem Obodritenfürsten Mistui auch Mieszko und Boleslav anwesend.

Es ist nicht bekannt, wo und in welcher Weise Ekkehard I. in den Monaten zwischen der Katastrophe von Cotrone und dem Tod Ottos II. beschäftigt war. Mit ausreichender Sicherheit hingegen ist bezeugt, welche Haltung die Ekkehardinger während der politischen Krise einnahm, die seiner Bestellung zum Markgrafen von Meißen unmittelbar vorausging: Die dramatischen Vorgänge des Jahres 984 zeigten ihn, ganz Herr der Situation, an der Seite der Kaiserin Theophanu und des unmündigen Thronfolgers Otto III. und als entschiedenen Gegner Heinrichs des Zänkers. Ekkehard war auf der Asselburg, als sich dort, während Heinrich in Quedlinburg seine Königswahl in Szene setzte, sächsisch-thüringische Amtsträger höchsten kirchlichen und weltlichen Ranges zusammenfanden, um die Absichten des Bayernherzogs zu durchkreuzen. Mit Ekkehard hatten sich auf der Asselburg Bischof Bernward von Hildesheim, Herzog Bernhard von Sachsen, Markgraf Dietrich von der sächsischen Nordmark und außerdem noch mehrere Grafen eingefunden.[8]

Ekkehard I. hatte in den vorausgegangenen Kämpfen zwischen Heinrich dem Zänker und Otto II. an der Seite seines Vaters gegen den König gestanden und damals die demütigende Erfahrung des dramatischen Verlustes an handhabbarer Gewalt, an politischem Einfluß und gesellschaftlicher Akzeptanz als Folge entzogenen königlichen Wohlwollens mit dem Vater teilen müssen. Er hätte nicht der ehrgeizige und machtbesessene Nachfolger Günthers sein dürfen, der er nur allzu offensichtlich gewesen ist, wenn jene frühen Erfahrungen von ihm in der Krise des Jahres 984 nicht reflektiert und bei der neuerlichen Bestimmung seines politischen Standortes ins Kalkül gezogen worden wären. Tatsächlich muß seine Haltung ihn bei Hofe nachdrücklich empfohlen haben, denn es war Theophanu, die Ekkehard I., und dies nur wenige Monate nach dem gescheiterten Usurpationsversuch Herzog Heinrichs, zum Markgrafen von Meißen bestellte.

Aber das Interesse, das der Ekkehardinger mit seiner raschen und entschiedenen Parteinahme gegen den Bayernherzog und für die vormundschaftliche Regierung der Kaiserin zu befördern suchte, griff über die eng begrenzte Spekulation auf ein zu erlangendes höheres Amt und die damit verbundene größere Macht doch noch beträchtlich hinaus. Es galt unzweifelhaft der Handlungsfähigkeit einer königlichen Zentralgewalt, die ihr rigoroses und ungeteiltes Engagement auch fürderhin ohne Umschweife auf die kompromißlose Behauptung feudalen Herrschaftsanspruches in den slawisch-heidnischen Nachbargebieten Thüringens und Sachsens zu richten gewillt war, denn genau dieser Herrschaftsanspruch war während der letzten Monate Ottos II. auf die entschiedenste Weise zurückgewiesen worden: Im Sommer des Jahres 983 hatten sich zwischen Warnow und oberer Havel lebende slawische Stammesgruppen in einem weitverzweigten Aufstand gegen die deutschen Eindringlinge erhoben. Dieser Aufstand, dem sich auch die Obodriten anschlossen, hatte zum Verlust der Bischofssitze Havelberg und Brandenburg und schließlich zum Zusammenbruch der gesamten deutschen Herrschaft östlich der unteren und mittleren Elbe und nördlich der Lausitz geführt.

Der Entschlossenheit Heinrichs des Zänkers, sich ihrer existentiellen sozialen, politischen und ideellen Intentionen im Osten mit dem von ihnen geforderten Engagement anzunehmen, dürften Ekkehard I. und seine sächsisch-thüringischen Gesinnungsgenossen nicht nur wegen des neuerlichen Zusammengehens des Herzogs mit den slawischen Fürsten mißtraut haben. Auch Heinrichs aus familiären und politischen Bindungen gleichermaßen erwachsene Fixierung auf Bayern und die Nachbarregionen dieses Herzogtums sollte dazu angetan gewesen sein, den Argwohn gegen den Zänker zu nähren. Nicht ohne Grund, wie sich nur allzubald zeigen sollte, denn schon wenige Wochen nach dem Treffen auf der Asselburg brachten Truppen Boleslavs II. von Böhmen, die zur Unterstützung Heinrichs angerückt waren, Meißen in ihre Gewalt. Bischof Folkold wurde vertrieben, die Burg von Boleslav zum Stützpunkt seiner Herrschaft gemacht, und Rikdag, der zu jenem Zeitpunkt noch Markgraf von Meißen war, sah sich binnen weniger Tage auf den westlichen Teil seiner Markgrafschaft zurückgedrängt.

Es war die erste spektakuläre Tat, mit der Ekkehard I. als neubestellter Markgraf von Meißen aufwartete, daß er den Böhmen die Burgsiedlung wieder abnahm und Folkold die Rückkehr zu seinem Bischofssitz ermöglichte.

Der Ekkehardinger hatte sich der Kaiserin Theophanu durch seine während des neuerlichen Usurpationsversuches Heinrichs des Zänkers gezeigte Haltung empfohlen, die Kaiserin aber bereitete mit ihren unmittelbar nach dem endgültigen Scheitern des Bayernherzogs aufgenommenen und bis zu ihrem Tode mit Entschiedenheit betriebenen Versuchen, dem Ottonenreich an seinen nordöstlichen Grenzen verlorengegangenes Terrain zurückgewinnen, den Boden für die unbeirrbare Treue, mit der der Markgraf ihre Herrschaft stützte. Ekkehard I. gehörte sehr bald zu einer Gruppe herausragender kirchlicher und weltlicher Amtsträger, die, angeführt von Willigis, dem Erzbischof von Mainz, in den deutschen Reichsteilen die vormundschaftliche Regierung zunächst Theophanus und, seit Ende 991, auch die vormundschaftliche Regierung der Kaiserin Adelheid durchsetzte. Adelheid, die Großmutter Ottos III., führte, da ihre Schwiegertochter Theophanu im Sommer 991 gestorben war, seit dieser Zeit die Regentschaft für den noch immer unmündigen Thronfolger, und während der Herrschaft dieser beiden überaus bedeutenden Frauenpersönlichkeiten stieg Ekkehard I. am Hofe zu höchstem Ansehen und größtem Einfluß empor. Damals rückte er in die Reihe jener *principes regni*, jener Fürsten des Reiches, ein, mit denen die königliche Zentralgewalt in ottonischer Zeit reichspolitische Aspekte ihrer Herrschaft zu beraten und Angelegenheiten zu erörten pflegte, die einer Beurkundung bedurften:[9] Ekkehard war in der sächsischen Pfalz Grone, als die Kaiserin Adelheid dort Anfang 992 auf einem Hoftag anstehende Reichsangelegenheiten mit dem kirchlichen und weltlichen Hochadel beriet, und er war auch auf dem Hoftag, zu dem sich Ostern 993 in der auf halbem Wege zwischen Mainz und Bingen gelegenen alten karolingischen Königspfalz Ingelheim Fürsten aus dem gesamten Reichsgebiet versammelt hatten.

Eine während des Hoftages zu Grone für die Äbtissin Mathilde ausgestellte Urkunde reflektiert die Stellung, die sich Ekkehard fünf Jahre nach seiner Ernennung zum Markgrafen am königlichen Hof verschafft hatte. Mathilde war eine Tochter König Ottos I. und der Adelheid, und die erwähnte Urkunde betraf ein Nonnenkloster, das sie bei dem von ihr geleiteten Servatiusstift in Quedlinburg zu errichten gedachte. Mit den Erzbischöfen Willigis von Mainz und Gisilher von Magdeburg, den Bischöfen Hildiward von Halberstadt und Hildibald von Worms und dem Herzog Bernhard von Sachsen gehörte Ekkehard zu den Fürsprechern dieser Urkunde. Da Mathilde auf dem Hoftag zu Grone selbst anwesend war, mag bei dieser Begegnung auch eine Übereinkunft getroffen worden sein, deren Verwirklichung für die gesellschaftliche Reputation des Hauses der Ekkehardinger und seine weitere Etablierung im Kreise der führenden Adelsgeschlechter des Reiches höchste Bedeutung zukommen mußte: Liudgard, das erstgeborene Kind Ekkehards und der Schwanhild, fand um jene Zeit im Servatiusstift Aufnahme, damit ihm dort im königlichen Pfalzort Quedlinburg und unter Aufsicht und Leitung der Äbtissin Mathilde Ausbildung und Erziehung zuteil werde.

Als Markgraf der weiträumigen Markgrafschaft Meißen stand Ekkehard I. seit 985 unübersehbar in der machtpolitischen Nachfolge seines Schwiegervaters Hermann Billung, aber auch, und dies eher noch mehr, in der Nachfolge des Markgrafen Gero; denn der lag, kaum einhundert Kilometer von der Wallburg, dem Stammsitz der Ekkehardinger entfernt, zu Gernrode in jener Klosterkirche begraben, die er dereinst dort hatte errichten lassen. Wie vormals Hermann und Gero, so übte nun Ekkehard I. staatlich-politische Macht in einer ausgedehnten Grenzregion, wenngleich im Gebot des Königs stehend, so doch weitgehend selbständig aus. Gleich dem feudalherrlich-christlichen Selbstverständnis seiner beiden Vorgänger galten die Unterwerfung, Beherrschung und Christanisierung slawischen Landes auch seinem Handeln als ein in keiner Weise in Frage zu stellendes Leitmotiv, und die noch im Jahre seiner Ernennung zum Markgrafen erfolgte Rückeroberung der Burgsiedlung Meißen mußte Parteigängern wie Gegnern gleichermaßen kundtun, daß der Ekkehardinger voll und ganz gewillt war, die tradierten politisch-staatlichen und gesellschaftlichen Obligationen seines neu gewonnenen Amtes mit aller Rigorosität in die Tat umzusetzen.

Bei der Verwirklichung seiner Vorstellungen allerdings sah sich Ekkehard I. von allem Anfang an in eine grundlegend andere Situation gestellt, als sie seine beiden Vorgänger hatten bewältigen müssen. Sowohl die Ereignisse von 983 als auch die Tatsache, daß ein zwei Jahre danach bestellter Markgraf von Meißen die Ausübung seines Amtes erst gegen einen böhmischen Herzog hatte erzwingen müssen, zeugten davon, daß die Initiative in den Unternehmungen der Ostexpansion keineswegs mehr unangefochten bei den deutschen Feudalgewalten lag: die wilzischen Stammesgruppen hatten sich vor dem Aufstand von 983 zum Liutizenbund zusammengeschlossen, und auf diese Weise organisiert, vermochten sie ihre Freiheit in den folgenden anderthalb Jahrhunderten gegen die Deutschen zu behaupten. Vor allem aber war um 985 nicht mehr zu übersehen, daß sich mit dem frühfeudalen polnischen und dem frühfeudalen böhmischen Staat während des letzten Viertels des 10. Jahrhunderts ganz neue politische Kräfte anschickten, als sehr reale Gegenspieler des Ottonenreiches nun ihrerseits in die Gebiete westlich der Oder und östlich von Elbe und Saale vorzudringen.

Otto II. hatte den östlich von Oder und Neiße und südlich der Sudeten ablaufenden politisch-staatlichen Formierungsvorgängen und ihren weitreichenden Wirkungen durch Einrichtung der räumlich übergreifenden Markgrafschaft Meißen, mithin also mit einer Zusammenfassung der ökonomischen, politischen und militärischen Kräfte in jenen Grenzregionen, die Polen und Böhmen unmittelbar benachbart waren, zu begegnen gesucht, und Ekkehard I. erwies sich ganz und gar als der feudale Gewalthaber, der Kräfte solcher Art zu handhaben wußte. Er war den während der Regentschaft der Kaiserinnen Theophanu und Adelheid mit alljährlichen Kriegszügen begonnenen und während der ersten drei Jahre der selbständigen Herrschaft Ottos III. zunächst noch fortgesetzten Versuchen, die Gewalt über die verlorenen slawischen Siedlungsgebiete zurückzuerlangen, ein unverwüstlicher Parteigänger. Ekkehard verstand es dabei über alle Maßen geschickt, die Potenzen seines Amtes der forcierten Ausweitung des Einflußbereiches seines Hauses zunutze zu machen, und wie ihm durch die Gunst seiner frühen Geburt die Position des ersten Repräsentanten dieses Hauses zugefallen war, so begünstigten soziale Umstände und politische Kräftekonstellationen, in deren Spannungsfeld zu agieren ihn sein Amt zwang, solche Ambitionen in nicht zu übersehender Weise.

Zwischen Saale und Elbe war, anders als bei den Liutizen, der Auf- und Ausbau eines feudalen Herrschaftssystems weit fortgeschritten, als 983 der große Slawenaufstand ausbrach. Bedeutsames Indiz dieser Entwicklung war das im sorbischen Siedlungsgebiet weithin vorhandene Burgwardsystem, dem eine Vielzahl von Burgen als militärische, häufig aber auch als kirchliche Zentren eines der jeweiligen Burg zugeordneten Bezirkes dienten. In der Krisensituation von 983 erwies sich die Effizienz dieser staatlich-politischen Organisation, denn es war, wenngleich nicht allein, so doch keineswegs zuletzt ihre durchgreifende Wirkung, die die Sorben zwang, sich dem Aufstand zu verweigern.

Ekkehard I. übernahm als Markgraf von Meißen also nicht nur das Kommando über ein Gebiet, das, obwohl seit Jahrhunderten von Slawen besiedelt, am Rande der umstürzenden Ereignisse des Jahres 983 und ihrer unmittelbaren Folgen geblieben war, sondern er trat damals zugleich an die Spitze einer politischen Landschaft, die allen seinen Unternehmungen eine vergleichsweise stabile staatlich-politische Operationsbasis zu bieten vermochte. Die polnisch-böhmischen Rivalitäten, mit denen die wachsende Expansivität dieser beiden frühfeudalen Staaten zwangsläufig einherging, taten ein übriges, um gerade dem Markgrafen von Meißen Handlungsspielraum zu verschaffen.[10]

985 hatte Ekkehard I. Boleslav II. von Böhmen gezwungen, die Markgrafschaft Meißen zu räumen, 990 stand er mit Erzbischof Gisilher von Magdeburg an der Spitze einer schwergerüsteten Truppe, die Theophanu zur Unterstützung Mieszkos I. von Polen gegen Boleslav II. aufgeboten hatte. Der Pole und der Böhme waren wegen der Grenzgebiete an der oberen Oder miteinander in Streit geraten, und Mieszko hatte sich daraufhin um Unterstützung an die Kaiserin gewandt. Gemeinsam such-

ten Markgraf und Erzbischof zwischen den beiden slawischen Herrschern zu vermitteln. Sie erreichten, daß Boleslav auf eine Auseinandersetzung mit den von ihnen
angeführten Panzerreitern verzichtete, ein offener Krieg zwischen Böhmen und dem
Ottonenreich also vermieden wurde, aber die beiden Herzöge vermochten sie nicht
zum wechselseitigen Einlenken zu bewegen. Boleslav konnte auch nicht verhindern,
daß die Liutizen, mit denen er verbündet war, Ekkehard und Giselher mit ihren Rei-
tern von einer Schar ausgesuchter Krieger verfolgen ließen. Doch die *Unseren ..., die
ja nur wenige waren ... erreichten – Dank sei Gott! – Magdeburg unversehrt ...*[11]

Drei Jahre später hielt sich Ekkehard I. wieder, und dies keineswegs zufällig, in
Magdeburg auf, als es zu Kämpfen mit den Liutizen kam. Denn der Erzbischofssitz
an der mittleren Elbe – seit der Herrschaft Ottos I. Zentrum der ottonischen Ostexpansion – war Ort häufiger Aufenthalte des königlichen Hofes, ebenso häufiger
Ausgangsort aber auch für Aktionen, die gegen die jenseits der Elbe gelegenen slawischen Lande gerichtet waren, und so hatte den Markgrafen ein bevorstehender Angriff auf slawisches Gebiet auch im Juli 993 nach Magdeburg geführt.

Anfang des Monats war Ekkehard I. noch in Merseburg gewesen, doch hatten ihn
schon dort, so bezeugt es eine in diesem Pfalzort ausgestellte Urkunde Ottos III., die
Verhältnisse im hevellisch-liutizischen Umland Brandenburgs beschäftigt: Der
Markgraf fungierte ein weiteres Mal als Fürsprecher in einer Urkunde, deren Emp-
fängerin wiederum die Äbtissin Mathilde war. Das Diplom bestätigt, daß der König
seiner Tante zwei weitab vom nördlichen Harzvorland im Gebiet der Heveller gelegene Orte, Poztupimi und Geliti, Potsdam und Geltow, übertragen hatte.[12] Als sächsische Kriegsleute dann vierzehn Tage später versuchten, die Liutizen aus Brandenburg zu verdrängen, waren der königliche Hof und mit ihm Ekkehard I., aber auch
der Markgraf Liuthar von der sächsischen Nordmark sowie eine Anzahl weiterer
sächsischer und thüringischer Grafen bereits in Magdeburg.

Offensichtlich verfolgten königliche Zentralgewalt und eine kirchlich-weltliche
Führungsgruppe Sachsens und Thüringens im Sommer 993 in völliger Übereinstimmung ein strategisches Konzept, das auf die Sicherung einer Machtbasis im von
Brandenburg dominierten slawischen Vorland Magdeburgs zielte, und der Markgraf
von Meißen war nicht nur wegen der flankierenden Lage seiner Markgrafschaft, sondern vor allem wegen ihres Kräftepotentials berufen, einem solchen Unternehmen
entschieden Stütze zu sein.

Tatsächlich war Ekkehard I. dann an den Kämpfen beteiligt, die von dem Versuch
ausgelöst worden waren, Brandenburg in die Gewalt einer ottonisch-sächsischen Besatzung zu bringen. Und tatsächlich, es gelang damals auch, diese höchst bedeutsame
Burgsiedlung, von der alle von Magdeburg kommenden und weiter nach Nordosten
und Osten in Richtung der liutizischen Kernlande sowie in Richtung Polen und
Oderhaff führenden Verbindungswege beherrscht wurden, zu erobern und für einige
Zeit zu behaupten.

993 war das letzte Jahr der vormundschaftlichen Regierung der Kaiserin Adelheid;
es hatte Ekkehard I. in auffälliger Nähe Ottos III. gezeigt: Der Markgraf war am königlichen Hof in Ingelheim, in Merseburg, in Magdeburg, und er trat als Fürspre-

cher in Urkunden des Königs nicht nur für die Äbtissin Mathilde, sondern auch für die erzbischöfliche Kirche zu Magdeburg und den Kapellan Günther auf. Schon damals stand Ekkehard I. sehr offensichtlich in der persönlichen Gunst Ottos III., zum engsten Vertrauten und Berater des Königs wurde er, als dieser 994 die Volljährigkeit erreicht hatte und die Herrschaft selbständig zu führen begann. Thietmar von Merseburg weiß mitzuteilen, daß Otto III. den Ekkehardinger *hoch schätzte und er mehr bei ihm galt als andere Optimaten ...*[13]

Es war überaus symptomatisch, daß dieses enge Verhältnis sein Ende fand und der Ekkehardinger schließlich, wie andere kirchliche und weltliche Amtsträger auch, unverhüllte Eigenmächtigkeit zu demonstrieren begann, als seit 998 Italien und vor allem Rom mehr und mehr in das Zentrum der Herrschaft Ottos III. rückten und seine Politik infolgedessen zu existentiellen sozialen und politischen Interessen bestimmter kirchlicher und weltlicher Führungsgruppen des deutschen Reichsgebietes mehr und mehr in Widerspruch geriet.

Ekkehard I. war 996 mit Otto III. über die Alpen gezogen, als der seinen ersten Italienzug unternahm, um sich in Rom zum Kaiser krönen zu lassen. Schon im Frühsommer des folgenden Jahres jedoch waren beide wieder in den sächsisch-liutizischen Grenzgebieten, wo Otto III. zunächst ein Heer zur oberhalb der Havelmündung an der Elbe gelegenen Arneburg führte und danach die Heveller mit Krieg überzog. Es war das letzte Mal, daß der Markgraf mit seinem Kaiser gemeinsam in einem Unternehmen stand, das sich gegen den Liutizenbund richtete, und es war zugleich das Ende der von den sächsisch-thüringischen Feudalgewalten während eines Jahrzehnts unter engagierter Beteiligung ihrer königlichen Zentralgewalt mit immer neuen Kriegszügen betriebenen Versuche, die Ergebnisse des Aufstandes von 983 rückgängig zu machen.

Noch im Herbst des Jahres 997 brach Otto III. wieder nach Italien auf. Mit ihm zog erneut Ekkehard I., und dieser zweite Italienzug des Kaisers bot dem Markgrafen Gelegenheit, seinen Ruhm auf glanzvolle Weise zu mehren, indem er seine militärischen Fähigkeiten an einer ungewöhnlichen Aufgabe unter Beweis stellte. Der Anlaß zum neuerlichen Zug nach Italien war eine Rebellion in Rom gewesen, in deren Verlauf der 996 vom Kaiser eingesetzte Papst vertrieben und ein Gegenpapst gewählt worden war. Crescentius, der Anführer des Aufruhrs, hatte sich in der bis dahin als uneinnehmbar geltenden Engelsburg verschanzt, als sich Otto III. mit seinem Heer der Stadt näherte: Es war Ekkehard I., der Markgraf von Meißen, unter dessen Führung die Befestigung im April 998 bezwungen, Crescentius gefangen und schließlich auf abscheuliche Weise zu Tode befördert wurde.

Ekkehard I. sah sich in einer neuen politischen Situation, als er, ausgestattet mit dem Ruhm eines Bezwingers der Engelsburg, nach Norden zurückkehrte. Otto III. war in Italien geblieben; der Kaiser legte den Weg über die Alpen vor seinem Tode nur noch einmal zurück, als er im Jahre 1000 nach Posen zog, um der Errichtung des Erzbistums Gnesen beizuwohnen und Boleslaw I. Chrobry mit der Würde eines römischen Patrizius zu bedenken. Mit der Abwendung des sächsisch-ottonischen Königtums von einer entschiedenen Politik der Expansion gegenüber den slawischen Anrainerländern Sachsens, Thüringens und der Markgrafschaft Meißen war eine der grundlegenden Voraussetzungen jener Liaison abhanden gekommen, die den Ekkehardinger mit aller Konsequenz die Partei der Kaiserinnen Theopanu und Adelheid hatte ergreifen und ihn zum engen Vertrauten Ottos III. werden lassen.

Es war eine seinem sozialen und politischen, aber wohl auch seinem geistig-psychischen Habitus ganz und gar gemäße Reaktion, daß Ekkehard I. diese veränderte Konstellation mit einer fortan praktizierten rigorosen Orientierung auf die Sonderinteressen seines Hauses und seine dynastisch-regionalherrschaftlichen Ambitionen beantwortete. Während seiner letzten Lebensjahre demonstrierte der Markgraf einen Herrschaftsanspruch und einen Herrschaftsstil, deren Exorbitans seinen Griff nach der Königskrone im nachhinein eher als wohlbedachte Aktion, denn als spontane Augenblicksreaktion erscheinen lassen. Ohne jedes Zaudern betrieb er nunmehr seine hierarchisch-feudale Rangerhöhung, und er zeigte auch keinerlei Bedenken, wegen der Ausweitung seines eigenen Einflusses in jenseits der Reichsgrenzen ablaufende staatliche Formierungsprozesse einzugreifen.

Etwa zwei Jahre nach seiner militärischen Glanzleistung von Rom verschaffte sich Ekkehard I. durch *allgemeine Wahl des ganzen Volkes*[14] die Würde eines Herzogs von Thüringen, und annähernd zur gleichen Zeit zwang er Boleslav III. von Böhmen, ihm die Lehenshuldigung zu erweisen. Ekkehard war es zudem auch, der Boleslav nötigte, seine Versuche aufzugeben, das Bistum Prag mit einem Angehörigen des böhmischen Herzogshauses zu besetzen und stattdessen einen Mönch aus dem sächsischen Kloster Corvey, Thiedag, mit diesem bedeutsamen Amt zu betrauen.

Es gehörte zu den gleichsam standesgemäßen Äußerungen seiner damals nur allzu offensichtlich mit Macht betriebenen dynastisch-regionalherrschaftlichen Ambitionen, daß sich das Haus der Ekkehardinger und seine einzelnen Glieder, allen voran aber immer Ekkehard I., um das Jahr 1000 als ein Hochadelsgeschlecht darzustellen begann, das auch und gerade genealogisch höchst selbstbewußt, ehrgeizig und weitausgreifend operierte. Eine der bemerkenswertesten Darstellungen dieser Art findet sich im Westchor des Naumburger Domes. Unter den dort stehenden zwölf Stifterfiguren sind die Standbilder des 1038 gestorbenen Markgrafen Hermann von Meißen und seiner Gattin Reglinde zu sehen. Gleich Liudgard war Hermann eines der sieben Kinder, die Schwanhild ihrem Gatten Ekkehard geboren hatte; Reglinde aber war eine Tochter Boleslaws I. Chrobry, Herzog von Polen von 992 bis 1025. Die Ehe zwischen Hermann und Reglinde ist 1002 geschlossen worden.

Ekkehard stand in der Fülle seiner Macht, als Otto III., erst einundzwanzigjährig, im Januar 1002 in Italien starb, ohne Nachkommen zu hinterlassen. Der Markgraf repräsentierte damals ein weitverzweigtes burgsässiges Adelsgeschlecht, dessen einzelne Glieder weltliche Ämter hohen Ranges innehatten oder Inhabern solcher Ämter ehelich verbunden waren – Ekkehards Bruder Brun war Graf, sein Bruder Gunzelin von Kuckenburg mit einer Schwester Boleslaws I. Chrobry verheiratet – und dessen Herrschaftsbereich auf weit ausgreifendem Eigengut basierte, das sich inzwischen von Thüringen bis zur Zwickauer Mulde erstreckte. Den überkommenen Besitzstand seines Hauses hat Ekkehard I. zu mehren, abzurunden und zu sichern gewußt: Thietmar berichtet über Streitigkeiten, die er als Bischof von Merseburg mit Ekkehards Söhnen Hermann und Ekkehard II. um einen Forst austrug, den ihr Vater dereinst gegen einen anderen Forst eingetauscht hatte;[15] eine erste Ansiedlung von Kaufleuten bei Klein-Jena wird mit dem Wirken Ekkehards in Verbindung gebracht, und auf ihn geht wohl auch die Errichtung der Naumburg zurück. Zum umfangreichen Eigengut traten gewichtige Reichslehen, allen voran die Markgrafschaft Meißen; daneben besaß Ekkehard I. Grafenrechte in der Umgebung von Sangerhausen und Eckartsberga sowie im Siedlungsgebiet der sorbischen Chutizi, die auf halbem Wege zwischen Leipzig und Meißen lebten. In Thüringen war es Ekkehard mit seiner Herzogswahl zudem gelungen, einen deutlichen Führungsanspruch gegenüber rivalisierenden Adelshäusern zu artikulieren; vor allem Graf Wilhelm II. von Weimar hatte sich dort seit dem letzten Aufstand Heinrichs des Zänkers als ständiger Widerpart der Ekkehardinger erwiesen.

Ekkehard I. war jedoch, als der Königsthron durch den überraschenden Tod Ottos III. vakant wurde, nicht nur der erste eines dynastischen Hochadelsgeschlechtes, dessen Herrschafts- und Einflußbereich beträchtliche Teile des Nordens und Ostens des deutschen Reichsgebietes dominierte, sondern infolge seiner vieljährigen Teilhabe an der reichsübergreifenden Politik der königlichen Zentralgewalt war er einer der Ersten auch im gesamten sich formierenden Regnum Teutonicorum. Er besaß zudem deutlichen Einfluß jenseits der Grenzen dieses Reiches: Boleslaw Chrobry hatte er sich *durch Freundlichkeit und Drohungen zum vertrauten Freund* gewonnen,[16] und Boleslav III. von Böhmen durch die Überlegenheit seiner Machtmittel in die Lehensabhängigkeit gezwungen. In Italien, nicht zuletzt in Rom, war der *dux Naychardus,* wie Ekkehard in einer von Otto III. im Mai 996 in Ravenna ausgestellten Urkunde[17] genannt wurde, als überragender Heerführer bekannt und man wußte dort von ihm auch sehr genau, daß er nördlich der Alpen ein feudaler Machthaber bedeutenden Ranges war, der beim Kaiser bis zuletzt in hohem Ansehen gestanden hatte; denn als Otto III. im Jahre 1000 von Rom nach Gnesen unterwegs war, erlebte neben mehreren Kardinälen, die zum kaiserlichen Gefolge gehörten, auch der päpstliche Legat Robert, mit welchem fürstliches Selbstbewußtsein demonstrierenden Gepränge Ekkehard den Kaiser zu Meißen empfing.

Mag es deshalb von den Zeitgenossen auch als ein Novum empfunden worden sein, den der Feudalgesellschaft jener Zeit eigenen Existenz- und Organisationsformen war es gemäß, daß ein Mann wie Ekkehard I., die nach dem Tod Ottos III. ungeregelte Nachfolgefrage nutzend, im Frühjahr des Jahres 1002 als Prätendent auf die Königswürde auftrat. Der Versuch des Markgrafen von Meißen, als Konkurrent zweier Herzöge, von denen der eine, Heinrich IV. von Bayern, durch seinen Vater Heinrich den Zänker den Ottonen verwandtschaftlich eng verbunden war, der andere aber, Hermann II. von Schwaben aus dem Hause der Konradiner, einem Geschlecht entstammte, das schon einmal einen der Seinen, nämlich Konrad I., als König gesehen hatte, auf den Thron zu gelangen, reflektierte einen Machtanspruch, der auf Ebenbürtigkeit pochte – Ebenbürtigkeit eines neuen Typs des feudalen Herrschaftsträgers, der als Akteur einer im Gang befindlichen Umstrukturierung des frühfeudalen Staates wesentliche Teilhabe an der Praktizierung staatlich-politischer Gewalt im Reich erlangt hatte und unübersehbar im Begriff stand, reichsfürstliche Regionalherrschaften aufzubauen.

Ekkehard I. hat bei seinem Unterfangen Unterstützung vor allem beim Hochadel des sächsisch-thüringischen Raumes gefunden. Sein Schwager Herzog Bernhard von Sachsen, aber auch die Bischöfe Arnolf von Halberstadt, Bernward von Hildesheim und Rather von Paderborn zählten zu seinen wichtigsten Parteigängern. Doch hatte der Markgraf auch, und dies wiederum gerade in Sachsen, nicht wenige entschiedene Gegner. Brutalität, Skrupellosigkeit und Wortbrüchigkeit, die er in früheren Jahren Konkurrenten hatte zuteil werden lassen, die ihm bei seinem Streben nach Macht und Einfluß in den Weg getreten waren – der Miles Bevo war auf Ekkehards Geheiß geblendet und Heinrich von Katlenburg soll auf sein Betreiben durch Otto III. mit Geißelhieben bestraft worden sein – hatten ihm manch erbitterten Gegner geschaffen. Zu ihren entschiedensten zählte Markgraf Liuthar von der sächsischen Nordmark. Er wurde nach dem Tode Ekkehards I. der Schwiegervater Liudgards, und die Feindschaft zwischen beiden war, wenn nicht verursacht, so doch mit Sicherheit befördert worden durch die Wortbrüchigkeit Ekkehards: Er hatte den Ehekontrakt gebrochen, den er dereinst mit Liuthar über die Verbindung ihrer beiden Kinder geschlossen hatte. Werner, der Sohn Liuthars, entführte daraufhin seine Braut aus der Obhut der Äbtissin Mathilde und mußte sich danach in Magdeburg einem demütigenden Sühneverfahren unterwerfen.

An der Gegnerschaft seiner sächsisch-thüringischen Widersacher, nicht an der Überlegenheit des einen oder anderen seiner beiden Konkurrenten im Streit um den Königsthron ist Ekkehard I. schließlich gescheitert. In der im südwestlichen Harzvorland gelegenen Pfalz Pöhlde wurde *der im Frieden und Krieg ruhmreiche Mann*[18] am 30. April des Jahres 1002 von einer Gruppe gegen ihn Verschworener, zu denen neben zwei Söhnen des Grafen Siegfried von Northeim auch Heinrich von Kathlenburg mit seinem Bruder Udo gehörten, im Schlaf überfallen und ermordet. *Man schnitt sein Haupt ab und plünderte die Leiche elendiglich aus.*[19] Der Abt eines nahegelegenen Klosters hielt die Leichenschau *und verrichtete in größter Ergebenheit die Seelenmesse.*[20] Danach wurde der Tote zur Wallburg gebracht und im dort von ihm errichteten Kloster bestattet.

Der Chronist Thietmar von Merseburg rühmte Tüchtigkeit und Größe Ekkehards I., und er beklagte als seine zerstörerische Schwäche den Mangel an Demut. In der Tat war Demut die Sache dieses feudalen Machthabers nicht. Er war einer der Ersten im Reich und wollte der Erste werden. Die tatsächliche Leistung dieses bedeutendsten der Ekkehardinger rückten Vorgänge ins Licht, die von seinem Tod ausgelöst wurden: Boleslaw I. Chrobry, Herzog von Polen und Schwager des soeben Getöteten, fiel in die Markgrafschaft Meißen ein. Er eroberte Bautzen und besetzte die Burgsiedlung Meißen. Im folgenden Jahr machte er sich auch zum Herrn von Böhmen. König Heinrich II., der Nachfolger Ottos III., hat lange gebraucht, um der Situation an der Ostgrenze seines Reiches wieder wirklich Herr zu werden.

1 Über das Haus der Ekkehardinger, seine Herkunft und seinen Herrschaftsbereich sowie über Ekkehard I. geben Auskunft: Thietmari Merseburgensis episcopi Chronicon, hg. v. R. HOLTZ-MANN, Berlin 1935 (MGH. SS. rer. Germ. n. s. 9); THIETMAR von Merseburg, Chronik, neu übertr. und erl. v. W. TRILLMICH, Berlin 1957 (Ausgewählte Quellen zur deutschen Geschichte des Mittelalters. Freiherr vom Stein-Gedächtnisausgabe 9); H. PATZE, Ekkehard I., Markgraf von Meißen, in: Lexikon des Mittelalters, Bd. 3, München/Zürich 1986, Sp. 1764–1765; DERS., Ekkehardinger, in: ebenda, Sp. 1768–1769, jeweils mit Angaben zur weiterführenden Literatur; Geschichte Thüringens, hg. v. H. PATZE/W. SCHLESINGER, Bd. 2,1: Hohes und spätes Mittelalter, Köln/Wien 1974 (Mitteldeutsche Forschungen 48,2.1); Zum Verhältnis Ekkehards I. zu Otto III. sowie zum Widerstand gegen die Politik des Kaisers jetzt: K. GÖRICH, Otto III. Romanus Saxonicus et Italicus. Kaiserliche Rompolitik und sächsische Historiographie, Sigmaringen 1993 (Historische Forschungen 18); E. SCHUBERT, Der Naumburger Dom, Berlin 1968.
2 Excommunicatio Heinrici ducis, hg. v. J. MERKEL, in: MGH. Leges, Bd. 3, Hannover 1863, S. 485.
3 THIETMAR von Merseburg, Chronik, lib. IV, cap. 39.
4 Ebenda.
5 Ebenda, lib. III, cap. 20 und 21.
6 Ebenda, lib. V, cap. 7.
7 Geschichte Thüringens 2,1, S. 5–8.
8 Zu den Vorgängen des Jahres 984: K. u. M. UHLIRZ, Jahrbücher des Deutschen Reiches unter Otto II. und Otto III., Bd. 2: Otto III. 983–1002, Berlin 1954, S. 10ff.; Deutsche Geschichte, Bd. 1: Von den Anfängen bis zur Ausbildung des Feudalismus Mitte des 11. Jahrhunderts, Berlin 1982 (Deutsche Geschichte in zwölf Bänden), S. 409ff.
9 Hierzu E. MÜLLER-MERTENS, Die Reichsstruktur im Spiegel der Herrschaftspraxis Ottos des Grossen, Berlin 1980 (Forschungen zur mittelalterlichen Geschichte 25), besonders S. 96ff.
10 H. BEUMANN/W. SCHLESINGER, Urkundenstudien zur deutschen Ostpolitik unter Otto III., in: AfD 1 (1955), besonders S. 210ff.
11 THIETMAR von Merseburg, Chronik, lib. IV, cap. 13.
12 Die Urkunden Ottos III., hg. v. TH. SICKEL, Hannover 1893 (MGH. Diplomata regum et imperatorum Germaniae 2,2), Nr. 131, S. 542f.
13 THIETMAR von Merseburg, Chronik, lib. IV, cap. 40.
14 Ebenda, lib. V, cap. 7.
15 Ebenda, lib. VIII, cap. 20.
16 Ebenda, lib. V, cap. 7.
17 DD Ottos III., Nr. 193..
18 THIETMAR von Merseburg, Chronik, lib. V, cap. 6.
19 Ebenda.
20 Ebenda.

Meinwerk

BISCHOF VON PADERBORN
(1009–1036)

von Gerald Beyreuther

…sowohl wegen seiner vornehmen Herkunft
als auch wegen seines Reichtums geeignet…
(Vita Meinwerci episcopi Patherbrunnensis, cap. 11)

Das Weihnachtsfest des Jahres 1008 beging König Heinrich II. zum wiederholten Male in der sächsischen Pfalz Pöhlde. Und auch bei diesem Festaufenthalt waren die Feierlichkeiten mit wichtigen politischen Beratungen und Entscheidungen verbunden. Für den schwerkranken Bischof Wigbert von Merseburg wurde Thietmar als Nachfolger bestimmt, und die Abtei Reichenau erhielt Anfang 1009 einen neuen Abt. Noch bevor Heinrich dann Ostsachsen in Richtung Rheinland wieder verließ, erreichte ihn eine Gesandtschaft der Paderborner Kirche, die ihn bat, einen würdigen Nachfolger für Bischof Rethar zu ernennen, der am 6. März verstorben war. Als der König die traurige Botschaft vernommen hatte, so berichtet die Vita Meinwerci, beweinte er einen solchen Mann mit angemessener Trauer und befahl seine Seele Gott durch eine Erinnerungsfeier mit Messen und Armenspeisungen. Danach wurden die Bischöfe und Fürsten, die anwesend waren, zusammengerufen, und er hielt Rat über einen geeigneten Nachfolger an diesem Sitz zu dieser Zeit. Nachdem die Sache lange geprüft und mehrere in Erwägung gezogen waren, schlug er Meinwerk als denjenigen vor, *der sowohl wegen seiner vornehmen Herkunft als auch wegen seines Reichtums geeignet war.*[1] Die um 1160 in Paderborn entstandene Lebensbeschreibung Bischof Meinwerks, die schon zitierte Vita Meinwerci, fügt dann noch hinzu, daß der König den Wunsch ausgesprochen habe, der neue Bischof möge sich der Armut des Bistums erbarmen und der bedürftigen Kirche zu Hilfe kommen.[2] Wer war nun dieser Mann, in den der ursprünglich selbst für die geistliche Laufbahn bestimmte König so große Hoffnungen setzte?

Der um 975 geborene Meinwerk entstammte dem vornehmen sächsischen Adelsgeschlecht der Immedinger. Über seinen Vater, Graf Immad, war er mit dem bekannten Herzog Widukind verwandt; seitens seiner Mutter Adela stammte er von den sächsischen Grafen von Hamaland in Niederlothringen ab. In Urkunden Heinrichs II. ist Meinwerk als *nepos noster* – als »unser Verwandter« – bezeichnet worden,[3] und tatsächlich waren die Immedinger mit dem ottonischen Königshaus über die Königin Mathilde, die Gemahlin Heinrichs I., verwandtschaftlich verbunden.[4] Zu der vornehmen Herkunft kam noch beträchtlicher materieller Reichtum hinzu, denn Meinwerks Familie verfügte über ausgedehnten Landbesitz in weiten Teilen Sachsens, am Niederrhein und in den westlichen Niederlanden.

Bereits in jungen Jahren wurde Meinwerk für die Ausbildung zum Geistlichen bestimmt. Zunächst besuchte er die traditionsreiche Halberstädter Domschule. Später wechselte er nach Hildesheim über, dessen Schule zu dieser Zeit unter Bischof Bernward von Hildesheim (993–1022) in hoher Blüte stand. Seine Ausbildung muß daher vorzüglich gewesen sein. Nach Absolvierung der Hildesheimer Domschule kehrte Meinwerk wieder nach Halberstadt zurück, wo er Domkanoniker wurde. Von Otto III. an die königliche Hofkapelle geholt, genoß er schon bald das besondere Vertrauen des Herrschers, wovon die zahlreichen Fürsprachen des Kapellans in dessen Königsurkunden zeugen.[5] Und der Kaiser wußte sich erkenntlich zu zeigen: er ernannte ihn zu einem der sieben Kardinaldiakone des von ihm gegründeten und reich ausgestatteten Aachener Pfalzstiftes.

Als Aachener Kardinaldiakon und Kapellan war Meinwerk höchstwahrscheinlich bei der spektakulären, symbolträchtigen Öffnung des Karlsgrabes durch Otto III. im Mai des Jahres 1000 zugegen, auch wenn das in den Quellen nicht ausdrücklich bezeugt ist. Spätestens seit diesem Aachener Aufenthalt Ottos schloß sich Meinwerk dem kaiserlichen Hof an, um dann am letzten Italienzug des Ottonen teilzunehmen, auf dem der Kaiser den Tod fand.

Die vermutlich bereits seit längerem vorbereitete Entscheidung Heinrichs II. für Meinwerk als Nachfolger auf dem Paderborner Bischofsstuhl im Jahre 1009 war also wohl begründet. Hochadlige Abstammung, beträchtlicher materieller Reichtum, Bewährung in der Hofkapelle sowie die Verwandtschaft mit dem Herrscherhaus und die persönliche Zuneigung des Königs empfahlen Meinwerk geradezu als Anwärter auf das Bischofsamt. Sein Bischofssitz Paderborn sollte im Rahmen geänderter königlicher Gastungsgewohnheiten und in neuer Anknüpfung an karolingische Funktionen zu einem der bevorzugtesten Aufenthaltsorte Heinrichs II. und Konrads II. werden.[6]

Als Meinwerk sein Bischofsamt antrat, verfügte Paderborn freilich nicht entfernt über ideale Voraussetzungen für häufige und zeitlich ausgedehnte Herrscheraufenthalte. Besonders für die Feier der hohen Kirchenfeste durch den König fehlten die notwendigen baulichen Voraussetzungen, mangelte es doch an repräsentativen sakralen und weltlichen Gebäuden. Die karolingerzeitliche Domkirche aus dem 9. Jahrhundert hatte im Jahre 1000 ein Brand zerstört. Der Bau eines neuen Domes war zwar bereits unter Meinwerks Vorgänger auf dem Paderborner Bischofsstuhl, Rethar, begonnen und bis zur Fensterhöhe ausgeführt worden. Er entsprach aber offenbar in keiner Weise den Vorstellungen des neuen Bischofs, denn bereits am dritten Tag nach seiner Ankunft in Paderborn soll er die Order zum Abriß des Gebäudes erteilt haben.

Den sich unmittelbar anschließenden Neubau des Paderborner Domes hat Meinwerk selbst mit großem Engagement geleitet. Daß sich Bischöfe als Bauherrn betätigt haben, war nichts Ungewöhnliches. Der Neubau, der Ausbau und die Wiederherstellung sakraler Bauwerke galt vielmehr als eine der ehrenvollsten Aufgaben des Bischofs überhaupt. In den Bischofsviten wird auch immer wieder auf die auf diesem Gebiet erreichten Erfolge hingewiesen. Doch Meinwerk von Paderborn hat in dieser Hinsicht weit mehr als das Übliche getan. Er gehört zu den ganz großen bischöflichen Bauherrn des 11. Jahrhunderts, ja vielleicht des Mittelalters überhaupt. Der Neubau des Domes war dabei nur der Beginn eines gewaltigen Bauprogramms, dessen Ausführung eine wohldurchdachte Konzeption erkennen läßt.

Erfolgte der Beginn der Arbeiten am Domneubau auch vielleicht etwas überhastet, jedenfalls nicht ohne Spontaneität, so zeigen doch die in den Jahren 1978–1983 durchgeführten Ausgrabungen, daß Meinwerk dennoch sehr umsichtig zu Werke gegangen ist, indem er Teile der Fundamente und der Krypta des von seinem Vorgänger begonnenen Baus übernahm. Die Weihe des neuen Domes fand am 15. September 1015 nach nur etwa sechs Jahren Bauzeit statt.

Hatte Meinwerks Aufmerksamkeit zunächst vorrangig der Wiedererrichtung des Domes, des wichtigsten Sakralbaues der Bischofsstadt, gegolten, so setzte er sich auch schon bald für die Instandhaltung und den Neubau weltlicher Repräsentativbauten ein. Die alte karolingische Pfalzanlage war ebenfalls dem Brand im Jahre 1000 zum Opfer gefallen. An ihrer Stelle wurde nördlich des Domes eine neue Kaiserpfalz mit einem massiven Saalbau von beachtlicher Größe errichtet, die über repräsentative Treppenaufgänge mit dem Dom verbunden war. Zwischen dem Saalbau und dem Dom ließ Meinwerk ferner die Bartholomäus-Kapelle als Königskapelle von byzantinischen Bauleuten (Graeci operarii) errichten. Vielleicht war es Meinwerks früheres Wirken am Hofe Ottos III., das sein Interesse an der griechischen Kunst geweckt hat. Jedenfalls entstand auf seine Initiative mit der Bartholomäus-Kapelle ein nördlich der Alpen einzigartiges Kunstwerk, dessen elegante Säulen und dessen ausgefallene Gewölbekonstruktion noch heute bewundert werden können.[7] Damit stand in Paderborn ein beachtliches Ensemble sakraler und profaner Bauten für die herrscherliche Repräsentation zur Verfügung, das von Heinrich II. und Konrad II. auch ausgiebig genutzt worden ist.

Neben der Königspfalz ließ Meinwerk ferner südlich des Domes einen stattlichen, zweigeschossigen Bischofspalast mit zwei Kapellen errichten, von dem bei Grabungen ein über 40 m langer Trakt freigelegt wurde.

Doch Meinwerks ehrgeizige Bauvorhaben reichten noch viel weiter. Westlich der

Pfalz und in der Achse des neuen Domes wurde das große Benediktinerkloster St. Peter und Paul, genannt Abdinghof, angelegt[8], das von Meinwerk als sein Grabkloster vorgesehen war. Der Bau der Abdinghofkirche zog sich länger als geplant hin. Die Kirchweihe war für Weihnachten 1022 vorgesehen, konnte aber zunächst nicht vorgenommen werden, da der Chor der Kirche einstürzte. Am 2. Januar 1023 konnte dann im Beisein Kaiser Heinrichs II. lediglich die Krypta geweiht werden, während der Gesamtbau erst 1031 fertiggestellt wurde.

Und noch einen weiteren Sakralbau ließ Meinwerk von Paderborn im Rahmen seines Bauprogramms errichten: das östlich des Domes gelegene Busdorf-Stift. Die Kirche sollte als Abbild der Jerusalemer Grabeskirche erbaut werden. Zu diesem Zweck sandte Meinwerk den Abt Wino von Helmarshausen nach Jerusalem, der dort die Maße der Anastasis-Rotunde nahm. Dennoch wurde die Kirche dann nicht als Rundbau, sondern – vielleicht unter Anlehnung an die Aachener Pfalzkapelle – als Oktogon ausgeführt. Der Bau der Kirche wurde 1036 begonnen – wenige Tage vor seinem Tod soll Meinwerk die Weihe vollzogen haben.[9] Wahrscheinlich war der Bau zu dieser Zeit noch nicht vollendet. Auf jeden Fall konnte der Plan, ein weiteres, dem hl. Alexius geweihtes Kloster zu errichten, nicht mehr verwirklicht werden, so daß Meinwerk die Vollendung seiner weit ausgreifenden Baupläne nicht mehr erlebte.

Nicht zu Unrecht wurde und wird Meinwerk als zweiter Gründer des Bischofssitzes Paderborn verehrt. Sein umfangreiches Bauprogramm ist vor allem wegen seiner Gesamtkonzeption großartig. Mit der nach römischem Muster (more Romano) angelegten Abdinghof- und der an der Jerusalemer Grabeskirche orientierten Busdorfkirche wird die Bezugnahme auf Rom und Jerusalem deutlich. Die Anordnung der Kloster- und Kirchenbauten nach der Gestalt eines Kreuzes[10] verweist ferner auf die von den vier Enden des Kreuzes ausgehenden Himmelsrichtungen, die die Welt umfassen. Die Bischofsstadt Paderborn, das macht die Symbolik deutlich, sollte den Charakter eines weltumspannenden Mittelpunktes erhalten. Das gewaltige Bauprogramm Meinwerks verlieh dem Bischofssitz ein ganz neues Gesicht. Aus der alten Domburg und Pfalz wurden nun eine um Klöster und Stiftskirchen sowie profane Bauwerke erweiterte, prachtvoll gestaltete Bischofsstadt und ein würdiger Aufenthaltsort für den Herrscher.[11]

Meinwerk hat für die Realisierung seiner ehrgeizigen Bauvorhaben vor allem eigene Mittel bzw. das Vermögen seiner Familie eingesetzt. Bereits im Jahre 1005, also mehrere Jahre vor seiner Bischofserhebung, erfolgten die ersten Zuwendungen an die Paderborner Kirche. Damals überließ er König Heinrich II. das Gut Bökenförde für eine Seelgerät-Stiftung im Paderborner Dom. Als Bischof von Paderborn machte er dann umfangreiche Schenkungen an seine Kirche, die die materiellen Voraussetzungen für die Umsetzung seiner Bauideen darstellten. 1013 übertrug er den gesamten Grundbesitz aus seinem Erbe – fünf Haupthöfe werden genannt –, zur Domweihe 1015 folgten weitere Zuwendungen. Auch Meinwerks Familie stattete die Paderborner Bischofskirche mit Grundbesitz aus, wodurch nicht zuletzt eine enge Bindung der Immedinger an das Bistum entstand, die sich deutlich etwa im Gedächtniswesen fassen läßt. So werden im Necrolog des Klosters Abdinghof, das Meinwerk für das eigene Seelenheil und das seiner Eltern gegründet hat, neben Meinwerk und seinen Eltern auch seine Geschwister Glismod und Dietrich aufgeführt. Da im Paderborner Dom bis in die Neuzeit hinein Glismods an ihrem Todestag gedacht wurde, ist noch mit weiteren, nicht überlieferten Schenkungen zu rechnen.[12]

Doch Meinwerk hat sich nicht nur – wie wir gesehen haben, unter Einbeziehung auch seiner Verwandten – um die Vermehrung des Grundbesitzes seiner Kirche erfolgreich bemüht. Wie seiner Vita zu entnehmen ist, setzte er sich auch für eine effektive Organisation der bischöflichen Grundherrschaft ein. Durch die regelmäßige Visitation der Paderborner Villikationen und Fronhöfe, die strenge Kontrolle der Meier und die Unnachgiebigkeit in den Forderungen gegenüber den Hörigen sollte eine höhere Rentabilität der Paderborner Grundherrschaft erreicht werden. Meinwerk führte ferner – wie in seiner Vita berichtet wird – ein neues Hörigenstatut ein, das die Meier verpflichtete, die Frondienst leistenden Bauern während der Erntezeit mit Fronkost zu versorgen. Daraus ist geschlossen worden, daß der Bischof die sozialen Bedingungen in den Villikationen verbessern und den Arbeitsertrag der bäuerlichen Frondienste durch grundherrliche Gegengaben steigern wollte. Als wegen Ernteausfällen eine Hungersnot die Bauern bedrohte, ließ Meinwerk in Köln zwei Schiffsladungen Getreide kaufen und zu der notleidenden Bevölkerung der Veluwe und des Teisterbants bringen. Vorausschauendes wirtschaftliches Denken im Interesse seines Bistums äußerte sich auch in der von Meinwerk betriebenen Vorratshaltung: Bei seinem Tode waren an seinem Bischofssitz so große Vorräte vorhanden, daß die aus der Umgebung herbeigeeilten Armen sieben Tage lang auf großzügige Weise gespeist werden konnten. Daß hier stets in erster Linie der kluge Ökonom und weniger der Philanthrop gehandelt hat, wird nicht zuletzt darin sichtbar, daß Meinwerk vor körperlicher Züchtigung der Bauern nicht zurückschreckte und etwa Bäuerinnen, deren Gärten durch zu viel Unkraut auffielen, bestrafte.[13]

Doch wie gestaltete sich das Verhältnis Bischof Meinwerks zu seinen Verwandten, besonders zu seiner Mutter? Waren auch hier die Interessen seines Bistums der Maßstab für sein Handeln?

Meinwerk hatte zunächst ein recht gutes Verhältnis zu seiner Mutter und zu seinem Stiefvater Balderich. Als beide aber beschuldigt wurden, zu den Auftraggebern der Ermordung des Billungers Wichmann zu gehören, hielt sich Meinwerk nicht nur neutral zurück, sondern bezog politisch Stellung gegen den Stiefvater und die eigene Mutter, während Adela vom Kölner Erzbischof Unterstützung erhielt. Man hat jüngst daraus geschlußfolgert, daß für Meinwerk die Rücksichtnahme auf die Machtkonstellation in Sachsen und Niederlothringen und die Herstellung günstiger Verhältnisse für das politische Wirken zugunsten der Paderborner Kirche gegenüber familiären Rücksichtnahmen den Vorrang hatten, daß Meinwerk im Konfliktfall die Familienbande dem Dienst für das Bistum untergeordnet hat.[14]

Die Vita Meinwerci berichtet über das zeitweilig gespannte Verhältnis Meinwerks zu seiner Mutter in anekdotenhafter Überspitzung, wie sie überhaupt zahlreiche Anekdoten zu Meinwerks Wirken in Paderborn, besonders auch zu seinem Verhältnis zu Heinrich II. überliefert. Die wohl bekannteste handelt von den angeblich mangelnden Lateinkenntnissen des Bischofs. Kaiser Heinrich II. habe gewußt, daß Meinwerk beim Sprechen und beim Lesen des Lateins gelegentlich Fehler machte. Während seines Weihnachtsaufenthaltes 1022 in Paderborn habe er zum Scherz einen Kaplan damit beauftragt, im Meßbuch an der Stelle, wo für den König und sein Gefolge gebeten wird, durch Wegradieren der Silbe »fa« aus *pro omnibus famulis et famulabus* (für alle Diener und Dienerinnen) *pro omnibus mulis et mulabus* (für alle Maulesel und Mauleselinnen) zu machen. So habe es Meinwerk dann auch tatsächlich vorgelesen. Diese Anekdote, ob wahr oder erfunden, sollte aber wohl eher das vertraute Verhältnis von Herrscher und Bischof als die Lateinschwäche Meinwerks illustrieren, denn in Wirklichkeit hatte der Bischof nicht nur selbst eine gute Ausbildung genossen, er war auch sehr bemüht, das liturgische Leben zu fördern und die kirchliche Disziplin zu steigern.[15]

Das Ende der für Meinwerk wenig schmeichelhaften Geschichte deutet noch einmal auf eine negative Charaktereigenschaft des Bischofs hin. Härte, ja geradezu unchristliche Grausamkeit zeigte Meinwerk gegenüber dem Kaplan, der im Auftrage Heinrichs II. die Rasur vorgenommen hatte: Er ließ ihn vor dem versammelten Domkapitel auspeitschen, hat ihn dann im Anschluß neu eingekleidet und zum Kaiser geschickt.[16]

Das in der Anekdote sichtbar werdende enge, ja fast familiäre Verhältnis zwischen Heinrich II. und Meinwerk ist tatsächlich unstreitig und vielfach belegt. Paderborn war während der Amtszeit Bischof Meinwerks ein besonders königsnahes Bistum, wovon die häufigen und relativ lange währenden Herrscheraufenthalte zeugen. Auch als Empfänger von Urkunden Heinrichs II. nimmt Paderborn eine herausragende Stellung ein: mit 29 überlieferten Diplomen wird Meinwerks Bischofssitz lediglich von dem Bistum Bamberg übertroffen. Andererseits zeichnete sich Meinwerk auch im Königsdienst durch besonderen Eifer aus. Er war sowohl am zweiten Italienzug 1013/14, der Heinrich II. die Kaiserkrone brachte, als auch am dritten beteiligt, während dessen er auch an der großen Synode in Pavia vom 1. August 1022[17] teilnahm. An diesem Unternehmen war er übrigens als einziger Vertreter des sächsischen Episkopats beteiligt. Das besonders enge Verhältnis zwischen Bischof und Herrscher setzte sich auch noch unter Heinrichs salischem Nachfolger Konrad II. fort, der häufig in Paderborn weilte und das Bistum zwar etwas sparsamer, aber immer noch reich mit königlichen Urkunden ausgestattet hat. Dann tritt Paderborn im Herrscheritinerar jedoch deutlich zurück – schon während der Herrschaft von Konrads Sohn Heinrich III. spielt es keine Rolle mehr.[18]

Am 5. Juni 1036 verstarb Meinwerk im Alter von etwa 60 Jahren. Er wurde in der Krypta der von ihm als Grabkirche auserkorenen Abdinghofkirche beigesetzt. Er war zweifellos einer der herausragendsten Repräsentanten der ottonisch-salischen Reichskirche neben Bischöfen wie Brun von Köln, Willigis von Mainz, Bernward von Hildesheim oder Burchard von Worms. Selbstbewußt stand er einem Bistum vor, das sich auf Karl den Großen zurückleitete, das er zu höchster Blüte brachte und zu einem geistlichen Fürstentum ausbaute. Mit dem Wirken für das eigene Bistum war der Dienst für Kaiser und Reich verbunden, in den er seine Person vorbehaltlos

stelle. Ein für die spätottonisch-salische Zeit typischer Reichsbischof[19] war Meinwerk allerdings »nur«, wenn man typisch hier als idealtypisch und nicht als der Norm
entsprechend versteht. Denn sein Engagement für seine Kirche und für das Reich
gingen über das zu seiner Zeit normale Maß deutlich hinaus.

1 Vita Meinwerci episcopi Patherbrunnensis, hg. v. F. Tenckhoff, Hannover 1921 (MGH. SS.
   in us. schol.), cap. 11, S. 17f. Die Übersetzung folgt weitgehend M. Balzer, Berichte und
   Anekdoten von den Königsaufenthalten des 11. Jahrhunderts in Paderborn. Kaiser Heinrich
   II. und die Paderborner Bischöfe Rethar und Meinwerk, Paderborn o. J. (Museum in der Kaiserpfalz Paderborn, Materialien 2), S. 6.
2 H. Fichtenau, Lebensordnungen des 10. Jahrhunderts. Studien über Denkart und Existenz
   im einstigen Karolingerreich, 1. und 2. Halbbd., Stuttgart 1984 (Monographien zur Geschichte des Mittelalters 30,1 und 2), S. 252.
3 E. Hlawitschka, Untersuchungen zu den Thronwechseln der ersten Hälfte des 11. Jahrhunderts und zur Adelsgeschichte Süddeutschlands. Zugleich klärende Forschungen um »Kuno
   von Öhningen«, Sigmaringen 1987 (Vorträge und Forschungen, Sonderbd. 35), S. 96.
4 H. Zielinski, Der Reichsepiskopat in spätottonischer und salischer Zeit (1002–1125), T. 1,
   Stuttgart 1984, S. 36f.
5 Ebenda, S. 91; M. Balzer, Zeugnisse für das Selbstverständnis Bischof Meinwerks von Paderborn, in: Tradition als historische Kraft. Interdisziplinäre Forschungen zur Geschichte des
   früheren Mittelalters, hg. v. N. Kamp/J. Wollasch, Berlin/New York 1982, S. 281.
6 H. Bannasch, Das Bistum Paderborn unter den Bischöfen Rethar und Meinwerk
   (983–1036), Paderborn 1972 (Studien und Quellen zur westfälischen Geschichte 12), S. 158;
   Balzer, Zeugnisse, S. 268.
7 Ebenda, S. 279; G. Streich, Burg und Kirche während des deutschen Mittelalters. Untersuchungen zur Sakraltopographie von Pfalzen, Burgen und Herrensitzen, T. 1, Sigmaringen
   1984 (Vorträge und Forschungen, Sonderbd. 29), S. 195.
8 Ebenda, S. 197.
9 Balzer, Zeugnisse, S. 275f., der vermutet, daß aufgrund der Aachen-Kenntnis Meinwerks und
   der Bedeutung der Karlstradition für ihn bei der Entscheidung für das Achteck neben der Hervorhebung der spirituellen Bedeutung der Kirche eventuell auch die Erinnerung an das Oktogon der Aachener Pfalzkapelle eine Rolle spielte.
10 Die Konzeption eines Kirchenkreuzes entsprach den Auffassungen der Zeit. Heinrich II., Bernward von Hildesheim oder Abt Richard von Fulda haben zeitgleich ähnliches angeregt oder
   verwirklicht. Selbstbewußt hat sich Meinwerk von Paderborn also mit seinem Programm in
   die erste Reihe der Bauherrn seiner Gegenwart gestellt, siehe ebenda, S. 282ff.
11 St. Weinfurter, Herrschaftslegitimation und Königsautorität im Wandel: Die Salier und ihr
   Dom zu Speyer, in: Salier, Adel und Reichsverfassung, hg. v. St. Weinfurter unter Mitarbeit
   v. H. Kluger, Sigmaringen 1991, (Die Salier und das Reich 1), S. 78; ders., Herrschaft und
   Reich der Salier. Grundlinien einer Umbruchzeit, Sigmaringen 1991, S. 59ff.
12 Vita Meinwerci, cap. 10 und cap. 29; Die Urkunden Heinrichs II. und Arduins, hg. v. H. Bresslau u. a., Hannover 1900/03 (Nachdruck 1980) (MGH. Diplomata regum et imperatorum
   Germaniae 3), S. 311, Nr. 261. Vgl. Balzer, Zeugnisse, S. 284ff.
13 Vita Meinwerci, cap. 151; W. Rösener, Bauern in der Salierzeit, in: Gesellschaftlicher und
   ideengeschichtlicher Wandel im Reich der Salier, hg. v. St. Weinfurter unter Mitarbeit v.
   H. Seibert, Sigmaringen 1991 (Die Salier und das Reich 3), S. 56.
14 Vgl. Balzer, Zeugnisse, S. 289ff.

15 WEINFURTER, Herrschaft, S. 59.

16 Die Anekdoten um Meinwerk von Paderborn beinhalten noch ein weiteres Beispiel für Mein-
    werks Härte und Grausamkeit: Ein Asket unfreier Herkunft namens Heimerad oder Heimo
    war in einen Streit mit Abt und Brüdern von Hersfeld geraten. Als er dem Meinwerk von
    Paderborn unter die Augen trat, mit bleichem Gesicht und schlecht gekleidet, fragte dieser,
    *woher jener Teufel denn komme. Man bemerkte, daß der Mann liturgische Bücher bei sich hat, aus
    denen er die Messe zu lesen pflegte; der Bischof sah sie durch, ließ sie ins Feuer werfen und ihren Be-
    sitzer verprügeln.* Siehe dazu FICHTENAU, Lebensordnungen, S. 331.

17 H. WOLTER, Die Synoden im Reichsgebiet und in Reichsitalien von 916 bis 1056, Pader-
    born/München/Wien/Zürich 1988 (Konziliengeschichte, R. A: Darstellungen), S. 284.

18 ZIELINSKI, Reichsepiskopat 1, S. 218, S. 227 und S. 231.

19 H. K. SCHULZE, Hegemoniales Kaisertum. Ottonen und Salier, Berlin 1991 (Das Reich und
    die Deutschen), S. 316.

Adalbert

ERZBISCHOF VON HAMBURG–BREMEN (1043–1072)

von Wolfgang Huschner

Die Willenskraft des Mannes,
der Untätigkeit nicht ertrug, war schon bewundernswert;
obwohl er durch so viele Aufgaben innerhalb und außerhalb seiner Diözese
in Anspruch genommen wurde, ließ sie niemals nach.
(Adam von Bremen, Gesta Hammaburgensis ecclesiae pontificum,
lib. III, cap. 37/36)

Als König Heinrich III. (1039–1056) im November/Dezember 1046 von Oberitalien nach Rom zog, um sich in der Ewigen Stadt zum Kaiser krönen zu lassen, sah er sich alsbald mit einem schwierigen Problem konfrontiert. Von welchem der drei Päpste, die in den vorangegangenen beiden Jahren die cathedra Petri für sich beansprucht hatten, sollte er die Kaiserkrönung vollziehen lassen? Sowohl Benedikt IX. als auch Silvester III. und Gregor VI. wurde eine unrechtmäßige Erhebung bzw. Simonie vorgeworfen. Zur Klärung der heiklen Situation berief Heinrich III. für den 20. Dezember 1046 eine Synode nach Sutri ein, der letzten Reisestation vor Rom. Die versammelten Bischöfe verurteilten Silvester III. als »invasor«. Gregor VI. wurde der Simonie beschuldigt und verbannt. Die förmliche Absetzung Benedikts IX. erfolgte am 24. Dezember in Rom. Aus Sicht König Heinrichs III. sollte der künftige Inhaber der cathedra Petri sowohl den kirchenrechtlichen Normen entsprechen als auch die Gewähr dafür bieten, daß das Papsttum fortan aus den engen Bindungen zu den römischen Adelfraktionen gelöst wurde. In dieser Situation galt nach Darstellung des Geschichtsschreibers Adam von Bremen zunächst der Erzbischof Adalbert von Hamburg–Bremen als ein aussichtsreicher Kandidat. Dieser habe aber den Bischof Suidger von Bamberg statt seiner für diese Würde vorgeschlagen. Suidger wurde dann auch am 24. Dezember 1046 zum Papst erhoben. Am folgenden Weihnachtstag vollzog er nach seiner eigenen Inthronisation die Kaiserweihe an Heinrich III. und dessen Gemahlin Agnes.[1]

Demnach dürfte ursprünglich Erzbischof Adalbert der Wunschkandidat des Königs für den päpstlichen Stuhl gewesen sein. Weshalb dachte Heinrich III. gerade an diesen geistlichen Fürsten? Wer war jener Adalbert, wodurch hatte er sich dem Herrscher für eine solch herausragende Position empfohlen, und warum lehnte der Hamburger Metropolit dieses ehrenvolle Angebot ab?

Mögliche Antworten auf die Fragen lassen sich vor allem in der Bischofsgeschichte der Hamburger Kirche finden, die der bereits genannte Adam von Bremen verfaßte.[2] Am dritten Buch des Werkes, das der Amtszeit Adalberts (1043–1072) gewidmet ist, schrieb Adam wenige Jahre nach dem Tode des Erzbischofs. Er berichtet hier in fast 80 Kapiteln über einen Zeitabschnitt, den er zum Teil selbst miterlebt hatte. 1066/67 war der vorzüglich gebildete Adam aus Bamberg nach Bremen geholt und mit der Leitung der Domschule betraut worden. Der Magister scholarum bemühte sich nach eigener Aussage darum, die hamburgische Kirchengeschichte einschließlich der Zeit Adalberts kritisch und ausgewogen darzustellen. Er zog dazu eine Reihe von historiographischen und urkundlichen Quellen heran und nutzte auch die Gelegenheit zur mündlichen Befragung von Zeitzeugen, wie König Sven Estridson von Dänemark (1047–1076), Bremer Domherren, Missionaren, See- und Kaufleuten.

Es ist jedoch stets zu berücksichtigen, worin Zielstellung und Anlaß der von Adam verfaßten Hamburgischen Kirchengeschichte bestanden. Dem Autor ging es vor allem um die Würdigung seiner Kirche und ihres Missionsauftrages. Außerdem widmete er sein Werk dem Nachfolger Adalberts, Erzbischof Liemar (1072–1101). Der Bremer Magister scholarum beabsichtigte wahrscheinlich, dem neuen Erzbischof durch die Schilderung der Leistungen, Erfolge und Mißerfolge seiner Vorgänger vor Augen zu führen, daß er als Metropolit stets und in erster Linie die Interessen der hamburgisch-bremischen Kirche zu wahren hatte.[3] Dennoch bildet Adams Werk durch die kritische Verarbeitung des Stoffes, das breite Interessenspektrum des Verfassers und die oftmals unkommentiert dargebotene Vielzahl von Ereignissen eine vorzügliche Quelle für die Erforschung der Geschichte der Hamburg-Bremer Kirche und ihrer Metropoliten.[4]

Erzbischof Adalbert wurde bald nach dem Jahre 1000 als dritter Sohn des Grafen Friedrich von Goseck († um 1040) und der Agnes, einer Tochter Graf Wilhelms II. von Weimar, geboren. Nach den Angaben der Gosecker Chronik (I, 2) soll die Familie des Grafen Friedrich von einem alten sächsisch-fränkischen Geschlecht abstammen. Adalberts ältester Bruder Dedo erlangte als erster seines Hauses die Pfalzgrafenwürde für Sachsen. Der Gosecker Chronist (I, 9) stellt einen direkten Zusammenhang zwischen der Teilnahme Dedos am Ungarnfeldzug König Heinrichs III. im Jahre 1042 und der Verleihung der Pfalzgrafenwürde her. Nach der Ermordung Dedos durch einen Geistlichen der Bremer Kirche 1056 folgte Adalberts zweiter Bruder Friedrich († 1088) in der Pfalzgrafschaft. Adalberts Schwester († 1088), die zuerst Hilaria hieß, dann aber in Oda umbenannt wurde, heiratete den Grafen Adalbert von Sommerschenburg. Oda und Friedrich wurden später in dem Kloster beigesetzt, das die drei Brüder nach dem Tode des Vaters in Goseck gegründet hatten. Dedo hingegen bestattete man auf Weisung Kaiser Heinrichs III. in Goslar, dem Lieblings- und Hauptort des Herrschers in Sachsen.

Adalbert wurde vornehmlich auf Betreiben seiner Mutter Agnes, die ihre Erziehung und Bildung in dem berühmten, besonders mit der Herrscherdynastie der Liudolfinger/Ottonen verbundenen Servatius-Stift Quedlinburg erhalten hatte, auf eine geistliche Laufbahn vorbereitet. Diese begann an der Domschule zu Halberstadt. Als der Halberstädter Dompropst Hermann nach Übernahme des erzbischöflichen Amtes von Hamburg–Bremen im Jahre 1032 in der Diözese eintraf, befand sich in seinem Gefolge auch Adalbert im Range eines Subdiakons. Adalbert blieb aber nicht in Bremen, das gut zehn Jahre später der Ort seines Lebenswerkes werden sollte, sondern kehrte bald nach Halberstadt zurück. Er erhielt hier die Würde eines Dompropstes.[5]

Über die Zeit bis zur Erhebung Adalberts zum Erzbischof von Hamburg–Bremen sind uns leider keine Zeugnisse seines Wirkens überliefert. Unter welchen genauen Umständen Adalbert zum Nachfolger des Erzbischofs Bezelin-Alebrand (1035–1043) auserkoren wurde, ist ebenfalls unbekannt. Seinen Aufstieg verdankte er wohl vor allem einer Entscheidung Heinrichs III. Adalbert dürfte schon öfter am Hofe geweilt und sich im Königsdienst bewährt haben. Man vermutet, daß er der königlichen Hofkapelle angehörte.[6] Ein Indiz für Adalberts Königsnähe kann man darin sehen, daß er sich am Hof befand, als Heinrich III. die Nachricht vom Tode Bezelin-Alebrands erhielt. Der Herrscher weilte damals im äußersten Westen seines Reiches, wo er mit König Heinrich I. von Frankreich zu einer Unterredung zusammentraf. Bald nach dieser Zusammenkunft in Ivois (Carignan) am Chiers erfolgte an einem der ersten beiden Maisonntage des Jahres 1043[7] die Investitur und Weihe Adalberts in Aachen.[8]

Adam von Bremen führt an mehreren Stellen seines Werkes aus, daß Adalbert über ausgezeichnete Voraussetzungen und Fähigkeiten für die Leitung eines Bistums bzw. einer Erzdiözese verfügte. Der Magister scholarum (III, 2) verweist in diesem Zusammenhang u. a. auf die hohe Bildung, das umfangreiche Wissen, das hervorragende Gedächtnis Adalberts sowie auf die geradezu einzigartige rhetorische Begabung. Über alle Maßen stolz war Adalbert nach dem Zeugnis seines Biographen (III, 69/68) auf seine hochadelige Abstammung. In einem Brief an den byzantinischen Kaiser Konstantin IX. Monomachos (1042–1055) teilte Adalbert selbstbewußt mit, daß er mit dem griechischen Kaiserhaus verwandt sei, denn Kaiserin Theophanu († 991) und Kaiser Otto II. (973–983) seien Ahnen seines Geschlechts. Die Glaubwürdigkeit dieser Mitteilung Adams (III, 32/31) über die von Adalbert behauptete Herkunft ist in der Forschung allerdings umstritten. Die Form seiner Erhebung zum Erzbischof dürfte den Vorstellungen dieses selbstbewußten, befähigten und ehrgeizigen Mannes vollkommen entsprochen haben. Seine Weihe erfolgte in der Marienkirche zu Aachen in Anwesenheit Heinrichs III., der hier fünfzehn Jahre zuvor zum König erhoben und geweiht worden war, sowie vieler Fürsten des Reiches. Zwölf Bischöfe assistierten bei der Zeremonie der Konsekration. Die Wahl des traditionellen königlichen Hauptortes in Lothringen für die Investitur und Weihe Adalberts war zudem symbolträchtig für das künftige Verhältnis von König und Erzbischof. Heinrich III. erwartete von Adalbert zweifellos eine aktive Unterstützung seiner Königsherrschaft sowie eine wirksame Vertretung der Reichsinteressen im Norden. Die nördliche Kirchenprovinz gehörte nämlich nicht zu jenen Reichsgebieten, welche die Könige zwecks Vornahme von Regierungshandlungen häufig oder wenigstens gelegentlich durchzogen. Heinrichs Vorgänger im Königtum hatten diese Region entweder nie oder höchstens vereinzelt aufgesucht. Um so wichtiger muß es für den König gewesen sein, hier einen Mann im Amt zu wissen, auf den er sich in jeder Beziehung verlassen und der die Königsnähe dieser Region – auch ohne periodische Präsenz des Herrscherhofes – gewährleisten konnte.[9] Andererseits spiegelt die Aachener Weihe auch die Auffassung Adalberts von seinem Bischofsamt wider. Im Königsdienst und in der Herstellung eines möglichst engen Verhältnisses zum Herrscher sah er ein wesentliches Anliegen seiner künftigen Amtszeit.

Welche Aufgaben erwarteten den neuen Erzbischof nun in Hamburg–Bremen?

Kaiser Ludwig der Fromme (814–840) hatte die Gründung des Erzbistums Hamburg im Jahre 832 mit der Maßgabe verbunden, die Völker Skandinaviens und die Slawen jenseits der Elbe zu missionieren und kirchenorganisatorisch zu erfassen. Auch wenn einige von Adalberts Vorgängern bei diesem gewaltigen Vorhaben schon beachtliche Erfolge erzielen konnten, war es bei weitem noch nicht abgeschlossen. Immer wieder hatte es in der Vergangenheit empfindliche Rückschläge bei der Missionierung sowie beim Aufbau einer Kirchenorganisation gegeben. Hier eröffnete sich Adalbert ein schier unerschöpfliches Betätigungsfeld, das weit über die Grenzen des Erzbistums und des Reiches hinausreichte. Aber auch in seiner engeren Diözese hatten sich bei den Bewohnern hartnäckig »heidnische« Vorstellungen, Sitten und Gebräuche gehalten. So berichtet Adam (III, 56/55) von Klagen des Erzbischofs über Verstöße gegen die kirchlichen Fasten- und Speisegebote: Freitags würden sie Fleisch essen und die Vigiltage vor den hohen Kirchenfesten, die Heiligenfeste und die Fastenzeit vor Ostern durch Schlemmerei und Hurerei entweihen. Des weiteren seien Ehebruch und Inzest an der Tagesordnung; viele besäßen sogar mehrere Frauen. Außerdem würden Eidbruch als belanglos und Blutvergießen als rühmenswert gelten. Diese Schilderungen verdeutlichen, daß hier im äußersten Norden des Reiches Lebensformen einer archaischen Gesellschaft nach wie vor lebendig waren. Der für die damalige Zeit hochgebildete Erzbischof wird diese Zustände als ausgesprochen verwerflich und dringend einer Veränderung bedürfend angesehen haben.

Ein weiteres Problem bestand in der Sicherung der Unabhängigkeit der Diözese gegenüber den Kölner Erzbischöfen. Nachdem Hamburg im Jahre 845 von den Normannen gebrandschatzt und nahezu völlig verwüstet worden war, erhielt der damalige Bischof Ansgar einige Jahre danach das Bistum Bremen als Amtssprengel.[10] Die unter Ansgar vollzogene Vereinigung der beiden Bistümer wurde später von Kölner

Seite immer wieder angefochten, um die Oberhoheit über Bremen zurückzugewinnen. Adalbert wollte sich jedoch nicht damit begnügen, die Unabhängigkeit des Sprengels von der Kirchenprovinz Köln durchzusetzen, sondern ihm ging es erklärtermaßen um die Gleichstellung Hamburg–Bremens mit den anderen Erzbistümern des Reiches (Köln, Mainz, Trier, Salzburg, Magdeburg).

Schließlich erforderte die Gestaltung der Herrschaftsverhältnisse innerhalb der Diözese die höchste Aufmerksamkeit des Erzbischofs. Hier sah er sich vor allem mit den Positionen der billungischen Adelsfamilie konfrontiert, die damals auch die Herzöge in Sachsen stellte. In der Zeit Herzog Bernhards II. († 1059) war es den Billungern nach und nach gelungen, einen nahezu geschlossenen Herrschaftskomplex zu errichten, der in einem breiten Streifen von Westfalen bis zum Bardengau reichte. Neben den Billungern verfügten in dieser Region auch die Grafen von Stade und die Grafen von Werl über beachtliche Herrschaftsbereiche. In Hinblick auf die Veränderung der Territorialstruktur in seinem Sprengel stellte sich Adalbert nach dem Bericht Adams (III, 5; 46/45) ein außerordentlich hohes Ziel: wie im Bistum Würzburg sollte kein Herzog, Graf oder anderer Herr künftig noch Gerichtsbefugnisse besitzen.

Im Hinblick auf die Errichtung geschlossener Herrschaftsbereiche in Sachsen waren König und Hamburger Erzbischof von vornherein Verbündete. Heinrich III. forcierte nämlich den Ausbau eines Königsterritoriums im östlichen Sachsen mit dem Zentrum Goslar. Dies mußte ebenso wie die territoriale Zielstellung Adalberts zwangsläufig auf Kosten der Positionen und Vorhaben von sächsischen Großen gehen. Die Billunger sahen in dem neuen Erzbischof denn auch a priori einen Widersacher und treuen Verbündeten des Königs, dessen Plänen man sofort Widerstand entgegensetzen mußte. Herzog Bernhard II. soll wiederholt erklärt haben, daß Adalbert als Spion in diese Gebiete entsandt worden sei, um dem Herrscher die Schwachstellen der Region zu verraten. Dem Erzbischof wiederum dürfte sehr schnell klar geworden sein, daß er ohne festen Rückhalt beim König gegen die hiesigen adeligen Gewalten nichts auszurichten vermochte.

Schon bald nach seiner Ankunft in Bremen schickte Adalbert Gesandtschaften an die Könige des Nordens, um freundschaftliche Beziehungen zu ihnen und ihren Reichen herzustellen. Außerdem versandte er Hirtenbriefe an die in Dänemark, Norwegen, Schweden und Island wirkenden Bischöfe und Priester. In Bremen selbst brachte der neue Erzbischof ohne Rücksicht auf das Werk seiner Vorgänger die eigenen Pläne nachdrücklich zur Geltung. *Allzu rasch entschlossen* – moniert Adam (III, 3) – habe Adalbert, um den Dombau schneller voranzutreiben, die begonnene Ringmauer um die Domburg wieder abreißen und die Steine dem Kirchenbau zuführen lassen. Ein stattlicher Turm, der sieben Räume enthielt, sowie das Domstift wurden ebenfalls zu diesem Zweck abgetragen. Erzbischof Bezelin-Alebrand hatte ursprünglich den damaligen Kölner Dom als architektonisches Vorbild für die Bremer Kirche bestimmt. Adalbert änderte diese Konzeption; er ließ den Bau nach dem Muster der Kathedrale von Benevent, deren Baugestalt wohl durch byzantinische Einflüsse geprägt war, ausführen.[11]

Wie weit seine Pläne im einzelnen gediehen waren, als sich ihm drei Jahre nach seiner Erhebung zum Erzbischof von Hamburg–Bremen die Möglichkeit eröffnete, den päpstlichen Stuhl zu besteigen, ist schwer zu sagen. Er dürfte aber bereits intensiv mit deren Umsetzung beschäftigt gewesen sein. Weshalb Adalbert als Papstkandidat für Heinrich III. in Frage kam, läßt sich in etwa nachvollziehen. Selbst hochgebildet, wußte der König die Kenntnisse und Fähigkeiten dieses Mannes sicher zu schätzen. Hinzu kam Adalberts vornehme Herkunft, die auch in Rom nicht zu beanstanden war. Neben seiner offenkundigen Königstreue war er außerdem in der Lage, selbständig zu agieren. Vor die Wahl Rom oder Hamburg–Bremen gestellt, entschied sich Adalbert für letzteres. Einer der Gründe dafür dürfte die gewaltige Missionsaufgabe im Norden gewesen sein, die einen Mann wie Adalbert reizen mußte. Später, als der Erzbischof durch die Reichspolitik so in Anspruch genommen wurde, daß er im kirchlichen Bereich zurückstecken mußte, reduzierte er zwar seine Tätigkeit innerhalb des Sprengels Hamburg–Bremen, vernachlässigte aber niemals die Mission und Kirchenorganisation im Norden und Osten (Adam III, 24/23). Bei der Lösung dieser Aufgaben in Skandinavien und bei den Slawen konnte er überdies mit Kaiser, Königen und Päpsten zusammenwirken. Als Papst in Rom hätte er sich dagegen doch mehr in vorgezeichneten Bahnen bewegen müssen. Möglicherweise haben aber auch Kenntnisse über die italienischen und insbesondere die römischen Verhältnisse, die Adalbert schon früher erworben hatte,[12] den Erzbischof dazu bewogen, auf die päpstliche Tiara zu verzichten. Ein weiterer wesentlicher Grund für Adalberts Festhalten an Hamburg–Bremen dürfte darin bestanden haben, daß Heinrich III. offenbar auf seinen Vorschlag einging und Bischof Suidger von Bamberg zur päpstlichen Würde verhalf. Adalbert und Suidger kannten sich schon aus Halberstadt und unterhielten seit langem freundschaftliche Beziehungen, die auch nach ihren Berufungen nach Bamberg und Bremen nicht abgerissen waren. Gemeinsam mit einem Kaiser, dessen Vertrauen und Unterstützung er besaß, und mit einem Papst, der ihm freundschaftlich verbunden war, erschien Adalbert wohl ein Großteil seiner Pläne in bezug auf Hamburg–Bremen als realisierbar.

Vor allem die nächsten zehn Jahre bis zum Tode König Heinrichs III. († 5. Oktober 1056) bestärkten Adalbert sicher in der Meinung, zu Weihnachten 1046 die richtige Entscheidung für seine Person getroffen zu haben. Am Ende der Osterwoche des Jahres 1047 erhielt Adalbert von Suidger, der sich als Papst Clemens II. nannte, eine Urkunde, in der dem Hamburger Erzbischof und dessen Nachfolgern u. a. die Oberhoheit über die Bischöfe der Schweden und Dänen sowie die Prälaten im Raum zwischen Niederelbe, Eider und Peene bestätigt wurde. Bekräftigt wurden ferner die Unabhängigkeit der Diözese von der Kirchenprovinz Köln sowie die Untrennbarkeit von Hamburg und Bremen.

In bezug auf die Gewährung der Liste jener kirchlichen Fest- und Feiertage, an denen der Hamburger Erzbischof das Pallium anlegen durfte, enthielt die Papsturkunde eine Gleich-, teilweise sogar eine Vorrangstellung gegenüber den anderen Metropoliten des nordalpinen Reiches. Das Pallium, eine um den Hals zu tragende weiße Wollbinde mit schwarzen Kreuzen, galt als Zeichen des Primats der Erzbischöfe vor den Bischöfen und wurde diesen als päpstliche Anerkennung ihrer Erhebung verliehen. Auf Bitten Adalberts gestand Clemens II. dem Hamburger Erzbischof eine überdurchschnittliche Zahl von Pallientagen zu. Möglicherweise hat Adalbert dem Papst auch eine Liste mit jenen Tagen vorgelegt, die den anderen Erzbischöfen des Reiches bisher als Pallientage konzediert worden waren.[13] Vergleicht man die in der Urkunde enthaltene Aufstellung mit den überlieferten Pallientagen für andere deutsche Erzbistümer jener Zeit, so scheint vor allem das Fest Mariae Verkündigung (25. März) auf besonderen Wunsch Erzbischof Adalberts hinzugefügt worden zu sein. In einer Urkunde Papst Leos IX. (1049–1054), zu dem Adalbert nach Adam (III, 29/28) ein ähnlich gutes Verhältnis wie zu Clemens II. besaß, wurde die Liste dann noch um drei Tage erweitert. Nunmehr konnte sich der Hamburger Erzbischof an mehr als 40 Fest- und Heiligentagen des Kirchenjahres mit dem schmückenden Pallium präsentieren. Leo IX. dehnte zudem den Missionsraum des Hamburger Metropoliten erheblich aus. Neben der kirchlichen Oberhoheit über die Slawen zwischen Eider und Peene, die Dänen und Schweden wurde dem Erzbischof nun auch jene über die Norweger, Isländer und alle Völker des Nordens zuerkannt.[14]

Es sind deren viele, die der Erzbischof für die heidnischen Völker konsekriert hat; ihre Bischofssitze und Namen sind mir durch seine eigene Erzählung bekannt. Mit diesen Worten leitet Adam das 77. Kapitel seines dritten Buches ein, in dem er über die von Adalbert vorgenommenen Bischofsweihen informiert. In der Tat bestand die anzuerkennende Leistung des Metropoliten vor allem in der Konzipierung und Leitung der kirchenorganisatorischen Erfassung und Strukturierung der Missionsgebiete. Zu Beginn seines Pontifikats besaß der Erzbischof nur wenige wirkliche Suffragane wie die Bischöfe von Schleswig, Ripen und Roskilde. Das sollte sich aber bald ändern. Im Verlauf seiner Amtszeit weihte der Hamburger Metropolit wohl mehr als zwanzig Bischöfe, vor allem für den skandinavischen Raum. Außerdem entsandte er Bischöfe zu den Orkneys, nach Island und Grönland. Adalbert ließ an der Mission ebenfalls Männer mitwirken, die andernorts und nicht von ihm geweiht worden waren. Voraussetzung dafür war allerdings, daß sie seine kirchliche Oberhoheit anerkannten. Nur drei der von Adalbert entsandten Bischöfe hätten ihre einst übernommenen Pflichten nicht erfüllt, bemerkt Adam. Die Personalpolitik des Metropoliten gewährleistete somit in der Regel längerfristige Verbindungen zwischen Hamburg–Bremen und den verschiedenen Gebieten des nördlichen und östlichen Missionsraumes.[15]

Die meisten Bischöfe weihte Adalbert für Dänemark. Dabei spielten nicht nur die geographische Nähe, sondern auch die guten Beziehungen zum dänischen König Sven Estridson eine Rolle. Dieser war an einer kirchenorganisatorischen Struktur in seinem Reich interessiert, von der er sich eine stabilisierende Wirkung für die Königsherrschaft versprach.[16] Als die missionarischen und organisatorischen Pläne Adalberts in Schweden und besonders in Norwegen zunehmend auf den Widerstand der dortigen Herrscher stießen, bemühte er sich um eine Annäherung an den dänischen König, was infolge der beiderseitigen Interessenlage bald gelang. Ende 1052 oder Anfang 1053 kam es in Schleswig zu einer Begegnung zwischen Adalbert und

Sven Estridson, die mit dem Abschluß eines Bündnisses endete. Nach der Schilderung Adams (III, 18/17) wurde zur Bekräftigung der Übereinkunft ein acht Tage dauerndes Gelage abgehalten, das man wechselseitig ausrichtete. Bei dessen Gestaltung sowie bei der Übergabe von Geschenken wetteiferten Erzbischof und König miteinander.

Adalbert war demnach durchaus in der Lage, persönliche Grundsätze zurückzustellen, wenn es seinem Hauptvorhaben dienlich war. Er selbst verabscheute ansonsten Schlemmerei und Trunksucht und soll das unter den Menschen seiner Kirchenprovinz weit verbreitete Laster oft mit den durch Adam (III, 56/55) überlieferten Worten: *Deren Gott ist ihr Bauch* verurteilt haben. Das Bündnis mit Sven Estridson verlieh Adalberts Missionswerk offenbar einen beachtlichen Auftrieb, wie man bei Adam von Bremen (III, 18) lesen kann. Während der Beratungen in Schleswig dürfte auch die Einrichtung eines eigenständigen dänischen Erzbistums sowie eines Hamburger Patriarchats zur Sprache gekommen sein. Nach Adam (III, 33) sei das Vorhaben unter Berücksichtigung der kanonischen Bestimmungen auch von päpstlicher Seite unterstützt worden, nur die Zustimmung des Hamburger Erzbischofs habe noch ausgestanden. Dieser habe dem dänischen Herrscher – wenn auch widerwillig – sein Einverständnis unter der Voraussetzung in Aussicht gestellt, daß ihm und seiner Kirche durch ein päpstliches Privileg die Patriarchenwürde verliehen würde. Die Schaffung einer dänischen Kirchenprovinz mußte die Lösung der dänischen Bistümer vom Erzbistum Hamburg–Bremen zur Folge haben. Adalbert suchte deshalb nach einem Ausweg, der eine kirchliche Oberhoheit Hamburg–Bremens über die geplante dänische Kirchenorganisation dennoch gewährleisten konnte. Eine solche Möglichkeit sah er offenbar in der Erhebung Hamburgs zum Patriarchat. Dabei ging es ihm in erster Linie um eine künftige Mitwirkung bei der Kandidatenauswahl für die Bischofsstühle im Norden. Als Inhaber der Patriarchenwürde hätte ihn der dänische Erzbischof über die Weihekandidaten sowie die Zustimmung von Klerus und Volk zu deren Kanditatur unterrichten müssen. Außerdem stand dem Patriarchen das Recht zu, die ordnungsgemäße Konsekration zu bestätigen.

Über die Erhebung Hamburgs zum Patriarchat dürfte Adalbert alsbald in Verhandlungen mit Kaiser Heinrich III. und Papst Leo IX. eingetreten sein, der sich von September 1052 bis Februar 1053 in Deutschland aufhielt. Er erhielt dann auch bald (am 6. Januar 1053) ein Privileg Leos IX., in dem der Metropolit zum ständigen Legaten und Vikar des Papstes im Norden ernannt wurde. Die Errichtung eines Hamburger Patriarchats wurde in der Papsturkunde allerdings nicht erwähnt. Eine so weitreichende Entscheidung, welche die Schaffung einer mittleren Gewalt zwischen Papsttum und den sich im Aufbau befindlichen Landeskirchen in Skandinavien bedeutet hätte, konnte oder wollte Leo IX. – zumindest nicht ad hoc – treffen. Dafür bedurfte es offenbar weiterer Beratungen und Absprachen, vor allem in Rom. Adalbert mochte in der Ernennung zum päpstlichen Legaten und Vikar im Norden jedoch bereits einen wesentlichen Schritt auf dem Wege zur Errichtung eines Hamburger Patriarchats gesehen haben. Die Angelegenheit zog sich dann aber sehr in die Länge, wie Adam bemerkt (III, 34/33), und wurde nach dem Tode Leos IX. († 19. April 1054) schließlich von seiten der römischen Kurie blockiert.

Als sich in den sechziger Jahren des 11. Jahrhunderts die Bildung eines dänischen Erzbistums immer mehr abzeichnete, das Reformpapsttum dem Patriarchatsplan aber ablehnend gegenüberstand, drohte dem Metropoliten von Hamburg–Bremen der Verlust vieler seiner Suffraganbischöfe. Um für diesen Fall gewappnet zu sein, versuchte Adalbert, die kirchenrechtliche Vorschrift für die mustergültige Untergliederung einer Kirchenprovinz in zwölf Bistümer genau zu erfüllen. Zusätzlich zu den schon bestehenden Diözesen Oldenburg, Ratzeburg und Mecklenburg wollte Adalbert u. a. in Stade, Lesum, Ramelsloh und Friesland Bistümer einrichten. Nach dem Bericht Adams (III, 33/32) begnügte sich der Erzbischof aber nicht damit, Orte seines eigenen Sprengels zu Bischofssitzen zu erheben. Er bemühte sich zudem intensiv darum, das zum Erzbistum Mainz gehörende Bistum Verden seiner Kirchenprovinz anzugliedern. Überdies sollte der Ort Wildeshausen, der in der Diöszese Osnabrück gelegen war, zu einem Bistum von Hamburg–Bremen ausgebaut werden. Dieser Plan Adalberts war demnach mit der Absicht verbunden, seine Erzdiözese auf Kosten der Mainzer und der Kölner Kirchenprovinz zu vergrößern. Es ist daher auch nicht verwunderlich, daß die Erzbischöfe von Köln und Mainz zu den erklärten Gegnern Adalberts zählten. Der Patriarchats- wie der Zwölfbistumsplan waren aus heutiger Sicht nicht zu realisieren. Ihr Scheitern lag nicht in erster Linie in der Person Adalberts begründet. Vielmehr boten die politischen Konstellationen in der zweiten Hälfte und besonders im letzten Drittel des 11. Jahrhunderts für solche Vorhaben kaum noch Handlungsspielraum und Erfolgschancen.[17]

Ähnlich gute Resultate wie anfangs im Norden schien Adalbert bei den slawischen Völkern im Raum zwischen Eider und Peene zu erzielen. Die Konstellation war für die Wiederaufnahme des Missionswerkes bei den im Ostseeraum siedelnden Slawen, die im Jahre 1018 die dortige christliche Kirchenorganisation völlig beseitigt hatten, sehr günstig. 1043 erlangte der Nakonide Gottschalk die Herrschaft über die Obodriten, die er bis 1057 auch auf die Liutizen und Lianen ausdehnen konnte.[18] Mit ihm wirkte Adalbert – ähnlich wie in Dänemark mit König Sven – eng bei der Reorganisation der christlichen Kirche in den slawischen Gebieten zusammen. Der slawische Fürst hatte dabei wohl den Aufbau einer christlichen Kirchenorganisation vor Augen, wie sie vordem schon in Böhmen realisiert worden war.[19] Adam (III, 20/19) teilt uns über Gottschalk mit, *daß er sich häufig ohne Rücksicht auf seinen Stand in der Kirche mahnend an das Volk wandte, um in slawischer Sprache die geheimnisvollen Worte der Bischöfe und Priester verständlich zu machen.* Die geistliche Ausbildung, die Gottschalk im Michaelskloster zu Lüneburg erhalten, sowie die Erfahrungen, welche er später in England und Dänemark gesammelt hatte, werden dem Fürsten dabei zustatten gekommen sein. Die Christianisierung erreichte in dieser Phase alle slawischen Stämme, die zum Hamburger Sprengel gehörten: Wagrier, Obodriten, Rereger und Polaben, Linonen, Warnaben, Kessiner und Zirzipanen. Bald gab es in diesen Gebieten viele Kirchen und Geistliche. Außerdem wurden Kanonikerstifte und Klöster für Mönche und Nonnen errichtet. Solche Kirchen bestanden nach dem

Bericht von Augenzeugen beispielsweise in Lübeck, Oldenburg, Lenzen und Ratzeburg. Am Hauptort der Obodriten, der Mecklenburg, soll es sogar drei Klöster gleichzeitig gegeben haben.

Adalbert hat die Führungsrolle Gottschalks bei der Christianisierung im Slawenland offenkundig akzeptiert und gefördert. Es dürfte für ihn überdies eine interessante Beobachtung gewesen sein, daß sich das Christentum bei den Slawen durch einen der Ihren und mit Hilfe der Volkssprache scheinbar leichter und tiefer verankern ließ. Der Erzbischof traf sich oft zu Beratungen mit Gottschalk in Hamburg. In der zweiten Hälfte der fünziger Jahre des 11. Jahrhunderts schickte er dem Fürsten Männer aus dem Kreise seiner Bischöfe und Priester zur Unterstützung. Die Entsendung von Missionsbischöfen und Priestern war vor allem erforderlich, um die vielen Kirchweihen und Firmungen zu bewältigen. Außerdem teilte der Erzbischof den Oldenburger Sprengel nach dem Tode Bischof Abelins (1035–1062) auf. Das Bistum Oldenburg erhielt der von Adalbert geweihte Ezzo. Für die Diözese Mecklenburg wählte der Hamburger Metropolit – sicher in Übereinstimmung mit Gottschalk – den Schotten Johannes als Bischof aus. Ihn hatte Adalbert zuvor zu den Orkney-Inseln und nach Island als Missionsbischof entsandt. Während seines Aufenthaltes bei Gottschalk soll Johannes viele tausend Heiden getauft haben.[20] Das Bistum Ratzeburg wurde dem Griechen Aristo anvertraut, der aus Jerusalem an den erzbischöflichen Hof gekommen war.

Nach allem, was wir über die Personalentscheidungen Adalberts in seinem skandinavischen Missionsraum wissen, dürften insbesondere die Bischöfe für Mecklenburg und Ratzeburg mit Bedacht ausgewählt worden sein. Die beiden neuen Bistümer wurden im Unterschied zu Oldenburg nicht auf reichsrechtlicher Grundlage eingerichtet. Mit dem Hamburger Metropoliten waren die beiden Bischöfe kirchenrechtlich als seine Suffragane sowie durch persönliche Beziehungen verbunden. In diesem Sinne gaben Adalbert als Erzbischof, Legat und Vikar des Papstes sowie Gottschalk als Herrscher der Obodriten gemeinsam den beiden Bischöfen den wesentlichen Rückhalt für die Existenz und den Ausbau ihrer Diözesen. Für Gottschalk eröffnete diese Konstellation die Möglichkeit, einen Herrschaftsverbund unter lockerer Oberhoheit des Reiches und mit einer relativ eigenständigen Kirchenorganisation zu errichten, für die später vielleicht die Einbeziehung in einen übergreifenden Hamburger Patriarchat vorgesehen war.

Ziele und Formen von Adalberts Politik gegenüber den im Ostseeraum siedelnden Slawen kollidierten häufig mit den Interessen der sächsischen Großen, vor allem der Billunger. Diese waren bestrebt, ihrer eigenen Herrschaft in den slawischen Gebieten Geltung zu verschaffen und regelmäßig Tribute einzufordern. In einem Gespräch mit ihm, schreibt Adam (III, 23/22), habe der dänische König geäußert, daß die slawischen Völker ohne Zweifel schon längst zum Christentum hätten bekehrt werden können, wenn die Habgier der Sachsen dem nicht entgegengestanden hätte. Denen würde der Sinn aber mehr nach Tributabgaben als nach Heidenbekehrung stehen. Im Jahre 1062 verhinderte Adalbert kurz vor der Gründung des Bistums Ratzeburg, daß dem Billunger Ordulf dieser Ort verliehen wurde.[21] Damit konnten dem gemeinsamen Vorhaben von Hamburger Erzbischof und Obodritenherrscher keine Steine mehr in den Weg gelegt werden.

Wie sind die beachtlichen Erfolge, die Adalbert in den etwa zwanzig Jahren seit dem Beginn seiner Amtszeit in missionarischer und besonders in kirchenorganisatorischer Hinsicht erzielte, zu erklären? Zum einen beruhten sie auf günstigen politischen Rahmenbedingungen und Kräftekonstellationen, die dem Hamburger Metropoliten einen großen Handlungsspielraum ermöglichten. Zum anderen lagen die erzielten Resultate zweifellos in der herausragenden Persönlichkeit Adalberts, in seinem zielstrebigen und rastlosen Agieren begründet. Er identifizierte sich uneingeschränkt mit der Hauptaufgabe eines Hamburger Erzbischofs. Das von Adam (III, 72) mitgeteilte Vorhaben Adalberts, sein Leben mit einer Reise durch die Länder des Hamburger Missionsraumes zu beschließen, kann als ein Beleg dafür gelten. Die geplante Legation soll Adalbert nämlich wie folgt begründet haben: *Der erste sei Ansgar gewesen, dem sei Rimbert und später Unni gefolgt; er wolle nun der vierte Evangelist sein, weil seine übrigen Amtsvorgänger sich — soweit er sehe — der schweren Aufgabe nur über ihre Suffragane, nicht aber in eigener Person gestellt hätten.* Für ihn standen demnach immer die Mission und die Errichtung einer Kirchenorganisation in seinem Verantwortungsbereich im Vordergrund. Bei der Realisierung dieser Ziele war er flexibel und kooperierte jeweils mit den Kräften, von denen er sich die meiste Unterstützung versprach.

Weitere Gründe, die Adalbert zum Erfolg verhalfen, stellten seine bedachte Personalpolitik sowie die Fähigkeit dar, Menschen für seine Vorhaben zu begeistern und sie längerfristig an sich zu binden. Beträchtlich dürfte überdies die Ausstrahlung des erzbischöflichen Hofes und der Metropole Bremen gewesen sein. So wird der gewaltige Dombau seine Wirkung auf die Betrachter nicht verfehlt haben. Im Jahre 1049 konnte bereits der Hochaltar geweiht, der Dom aber erst 1066/67 fertiggestellt werden. Adalbert änderte nicht nur die Baupläne des Domes, sondern wechselte auch das Patrozinium der Bremer Kirche. Der Hochaltar wurde nun Maria, der zweite Altar im Westchor später dem früheren Hauptpatron Petrus geweiht. Mit der stärkeren Hinwendung zur Marienverehrung folgte Adalbert wohl nicht nur dem Trend der Zeit, sondern er fühlte sich auch persönlich der Gottesmutter eng verbunden. Indizien dafür sind die Gründung des Familienklosters Goseck an Mariae Verkündigung (1043), die Aufnahme dieses Festes in die Liste der Pallientage für den Erzbischof sowie die spätere Bestattung Adalberts an eben diesem Tage des Jahres 1072.

Besucher, die nach Bremen kamen, dürften gleichfalls von der erzbischöflichen Hofgesellschaft beeindruckt gewesen sein. Adam (III, 77) schreibt, daß sich zumeist fünf bis sieben Bischöfe in Bremen aufhielten. Außerdem weilten oft päpstliche Legaten, Gesandte des Kaisers und von Herrschern aus dem Norden und Osten am erzbischöflichen Hof. Des weiteren befanden sich dort zeitweilig oder ständig Personen aus Byzanz, Italien und aus den slawischen Ländern. Zudem waren am Hof neben Bewaffneten auch Schauspieler, Gaukler, Heilkundige und seltener Spielleute anzutreffen.

An der Tafel ließ der Erzbischof für seine Gäste alles im Überfluß auftragen, während er selbst manchmal nüchtern vom Mahle aufstand. Die geistreiche Unterhaltung war Adalbert wichtiger als Speis und Trank. Der Erzbischof war immer darauf bedacht, daß es seinen Gästen an nichts mangelte. Stets standen Bedienstete bereit, um neu ankommende Besucher zu empfangen. Niemand verließ in der Regel seinen Hof ohne Geschenke. Adam beschreibt im 24. Kapitel die Wirkung, die der Metropolit und sein Hof ausstrahlten: *Er war so freundlich, so freigebig, so gastfreundlich, so begierig nach geistlichem und weltlichen Ruhm, daß unser kleines Bremen durch seine Fähigkeit als ein Abbild Roms bekannt und aus allen Ländern der Erde in Demut aufgesucht wurde, besonders von allen Völkern des Nordens.*

Adam äußert sich allerdings auch kritisch über den Hof und das Gefolge des Erzbischofs. Dabei deutet sich natürlich seine Absicht an, dem Nachfolger Adalberts in dieser Hinsicht Zurückhaltung anzuempfehlen. Nach Adams Auffassung war das Gefolge viel zu groß und verschlang unnütz viel Geld. Überdies fanden sich nach seiner Beobachtung dort auch Leute ein, welche die Freigebigkeit Adalberts auszunutzen gedachten und sich nur deshalb um dessen Gunst bemühten.

Adalbert ließ seine Fürsorge nicht nur Bremen angedeihen, sondern versuchte darüber hinaus dem mehrfach zerstörten Hamburg das Ansehen einer erzbischöflichen Metropole zu verschaffen. Dies geschah vor allem durch eine verhältnismäßig lange persönliche Präsenz des Erzbischofs in Hamburg sowie durch eine demonstrative Einbindung dieses Ortes in das kirchliche Leben und die Festfeiern des Kirchenjahres. Wenn nördlich der Elbe Friede herrschte, war Adalbert bestrebt, alle Oster-, Pfingst- und Marienfeste feierlich in Hamburg zu begehen. Er holte aus verschiedenen Klöstern eine stattliche Zahl von Geistlichen dorthin und wählte vor allem jene aus, die über schöne Stimmen verfügten und die Menschen damit erfreuen konnten. Der Erzbischof achtete zudem darauf, daß die gottesdienstlichen Handlungen sehr sorgfältig und glanzvoll vorgenommen wurden. In Hamburg vollzog der Metropolit außerdem häufig kirchliche Weihen an Geistlichen. Hier legte er in der Regel auch Ort und Termin für den Empfang von weltlichen Großen und Gesandtschaften aus dem Norden und Osten fest. Außerdem soll Adalbert – wie Adam (III, 68) mitteilt – kurz vor seinem Tode wiederholt den Wunsch geäußert haben, in Hamburg bestattet zu werden.

Noch mehr als bei der Gestaltung der Beziehungen zu den Slawen des Ostseeraumes standen sich Erzbischof und sächsische Große in der Territorialpolitik als Rivalen, ja sogar als Feinde gegenüber. Gerade im Hinblick auf die Herrschaftsverhältnisse in Sachsen begegneten die einheimischen Fürsten den guten Beziehungen des Hamburger Metropoliten zu König Heinrich III. mit Mißtrauen. Durch die Erhebung von Adalberts Bruder Dedo zum Pfalzgrafen von Sachsen hielt Heinrich III. zudem eine zweite wichtige Position in diesem Raum mit einem königstreuen Mann besetzt. Die Spannungen zwischen den Kontrahenten nahmen zu, als Heinrich III. bald nach der Rückkehr von seinem ersten Italienzug (1046/47) auf Einladung Adalberts Bremen demonstrativ einen Besuch abstattete. Als der Kaiser von Bremen nach Lesum weiterzog, soll Graf Thietmar, ein Bruder Herzog Bernhards II., versucht haben, Heinrich III. in einen Hinterhalt zu locken. Die Wachsamkeit des Erzbischofs habe den Anschlag jedoch verhindert. Graf Thietmar wurde nach erfolgter Gerichtssitzung im Zweikampf getötet. Thietmars Sohn, der den Vater danach durch Tötung des siegreichen Zweikampfgegners gerächt hatte, wurde auf Lebenszeit verbannt. *Thietmars Ende*, schreibt Adam (III, 8), *erfüllte seinen herzoglichen Bruder und dessen Söhne mit grimmiger Wut auf den Erzbischof, und von nun an haben sie ihn selbst, seine Kirche und die Kirchenleute mit tödlicher Feindschaft verfolgt.*

Unter Berücksichtigung des mehr oder weniger stets gespannten Verhältnisses zu den sächsischen Großen hat Adalbert seine territorialpolitischen Pläne dann auch durch eine absolute Orientierung auf den König umzusetzen versucht. Ob er allerdings tatsächlich vorhatte – wie Adam (III, 5, 46/45) ausführt –, seiner Kirche alle herzoglichen, gräflichen und gerichtsherrlichen Rechte innerhalb der Erzdiözese zu verschaffen, was die völlige Auflösung der billungischen Stellung in diesem Raum bedeutet hätte, scheint fraglich. Vielmehr wollte der Magister scholarum dem neuen Erzbischof Liemar durch Überzeichnung wohl demonstrieren, welche Gefahren und Schäden der Bremer Kirche aus einem allzu ehrgeizigen und rücksichtslosen Vorgehen in der Territorialpolitik erwachsen konnten. Das Streben nach der beherrschenden Position in seinem Sprengel ist Adalbert gleichwohl von vornherein zuzutrauen. Während der Regierungszeit Heinrichs III. kam der Erzbischof in dieser Hinsicht allerdings nur relativ langsam voran. Nach Adams Bericht sicherte ihm der Kaiser zwar die Anwartschaft auf eine Reihe von Grafschaften, Abteien und Gütern zu, realisiert wurden diese Übertragungen aber erst unter Heinrich IV. und vor allem zu jener Zeit, als Adalbert als Regent am Hofe wirkte.

Durch die überlieferten Urkunden Heinrichs IV. für die erzbischöfliche Kirche von Hamburg–Bremen läßt sich erschließen, daß Adalbert spätestens seit den sechziger Jahren des 11. Jahrhunderts nicht nur nach der Vormachtstellung in seinem Sprengel strebte, sondern weit darüber hinaus an den Aufbau eines hamburgisch-bremischen Territoriums an der Nordseeküste dachte. Dieses Gebiet sollte in seinem Umfang wohl von der Ems bis an die Eider reichen.[22] Für die Erlangung der Herrschaftsrechte und Besitzungen waren teilweise aber erhebliche Gegenleistungen zu erbringen. Im Hinblick auf die Grafschaft Bernhards von Werl mußte Adalbert beispielsweise 1000 Pfund Silber als Abschlag entrichten. Das war eine gewaltige Summe, und in der Umgebung des Erzbischofs war man darüber alles andere als glücklich. Adam (III, 46) schreibt, daß Adalbert, um den Betrag aufzubringen, Kreuze, Altäre, Kronen und anderen Kirchenschmuck veräußerte. Seine Meinung über diese Handlungsweise des Metropoliten war unmißverständlich: *So wurden damals die früher und zu seiner Zeit unter großen Mühen und in tiefer Verehrung von den Gläubigen zusammengetragenen Schätze der Bremer Kirche in einer einzigen, beklagenswerten Stunde für nichts hingegeben.* Demgegenüber kommt freilich die längerfristige Konzeption des Erzbischofs zum Vorschein, wenn er etwa äußerte, daß er seine Kirche von einer silbernen in eine goldene verwandeln und ihr alle entzogenen Schätze zehnfach ersetzen werde.

Das Engagement des Hamburger Metropoliten im Königsdienst und in der

Reichpolitik war unter Heinrich III. wie Heinrich IV. außerordentlich intensiv. Er nahm beispielsweise an allen wichtigen Feldzügen Heinrichs III. teil. Später zog er mit Heinrich IV. nach Ungarn. Jeder einzelne dieser Feldzüge, bemerkt Adam (III, 6), verlangte dem Bistum und den Vasallen hohe Aufwendungen und schwere Opfer ab. Der Erzbischof vermittelte beiden Herrschern überdies auswärtige Bündnispartner. Als Beispiele seien die Treffen Heinrichs III. und Heinrichs IV. mit dem dänischen König genannt, an deren Zustandekommen Adalbert hauptsächlichen Anteil besaß. Als Berater des Königs wirkte der Erzbischof sowohl am Hofe Heinrichs III. als auch Heinrichs IV. Das Zusammenwirken des Hamburger Metropoliten mit den beiden Herrschern lag zum einen sicher in seinen Intentionen im Hinblick auf die nordische Mission und die Territorialpolitik begründet. Diese Ziele ließen sich unter den gegebenen Bedingungen kaum anders als durch enge Bindungen an das König- bzw. Papsttum realisieren. Adalberts Verhältnis zu den beiden Herrschern war aber auch durch persönliche Prinzipien geprägt. Ein Grundsatz, an dem er stets festhielt, lautete nach Adam (III, 34): *Seinem König und Herren müsse man die Treue halten bis in den Tod.* An keiner der Fürstenerhebungen, die bereits in der zweiten Hälfte der Regierungszeit Heinrichs III. wiederholt ausbrachen, hat sich Adalbert jemals beteiligt. Im Gegenteil, er unterstützte den König aktiv bei deren Niederwerfung. Trotzdem hat es schon zur Zeit Heinrichs III. und nach dessen Tod, als Kaiserin Agnes die Regentschaft für ihren minderjährigen Sohn Heinrich IV. ausübte, nicht an Versuchen gefehlt, auch ihn in fürstliche Oppositionsbewegungen einzubeziehen. Er habe sich aber, so Adam (III, 78), weder durch Drohungen noch durch Schmeicheleien der Fürsten von der Treue zu seinem König abhalten lassen. Als sich die politische Lage im Reichsverband durch den Ausbruch des päpstlichen Schismas im Jahre 1061 zuspitzte, zog eine Fürstenfraktion mit Erzbischof Anno an der Spitze das Heft des Handelns an sich. Anfang April 1062 entführte Anno den jungen König Heinrich IV. samt Reichsinsignien aus Kaiserswerth. Auf diese Weise erlangte der Kölner die führende Stellung in der Reichsregierung.

Durch seine schroffe und ablehnende Haltung gegenüber den Fürsten war Adalbert nach dem Tode Heinrichs III. in eine isolierte Position geraten. Wollte er nicht alles bisher Erreichte aufs Spiel setzen und die Weiterverfolgung seiner Pläne völlig aufgeben, so war nach den Ereignissen von Kaiserswerth seinerseits dringendes Handeln geboten. Bereits Ende April/Anfang Mai 1062 tauchte Adalbert in Köln auf, dem damaligen Aufenthaltsort des entführten Königs. Fortan bemühte sich der Hamburger Metropolit intensiv darum, Einfluß auf die Reichsgeschäfte zu nehmen und Anno von Köln möglichst aus der Schlüsselstellung am Hofe zu verdrängen. Schon ein Jahr später traten Adalbert und Anno nebeneinander als Berater des Herrschers in Erscheinung. Spätestens seit 1064, als sich Anno in Italien um die Beseitigung des Schismas kümmerte, leitete Adalbert die Politik im deutschen Reichsgebiet allein. Außerdem war es ihm gelungen, das Vertrauen des jungen Königs zu gewinnen. Auf dieser Basis erhoffte sich der Erzbischof für die Zukunft ähnlich gute Beziehungen zu Heinrich IV., wie er sie einst zu dessen Vater unterhalten hatte. Möglicherweise forcierte Adalbert deshalb auch die Aufhebung der Vormundschaft über den jungen König.[23] Mit der Schwertleite Heinrichs IV., die in der Osterwoche des Jahres 1065 in Worms erfolgte, begann die selbständige Regierung des damals Vierzehnjährigen. Sein wichtigster Ratgeber blieb der Erzbischof von Hamburg–Bremen.

Um diese Stellung zu behaupten, riet Adalbert dem König von einem bereits fest geplanten Romzug ab. Die Anwesenheit des Herrschers in Italien hätte der dort agierende Anno von Köln nutzen können, um seinen Einfluß bei Hofe wieder zu stärken. Andererseits suchte Adalbert bei prominenten geistlichen und weltlichen Großen zu erreichen, daß sie seine Position an der Seite des Herrschers zumindest tolerierten. Ein Beleg dafür sind die zahlreichen großzügigen Schenkungen an Fürsten in jener Zeit. Erzbischof Anno von Köln erhielt beispielsweise die Abteien Kornelimünster und Vilich sowie das mit Stablo verbundene Malmedy, der Erzbischof von Mainz die Abtei Seligenstadt, der Bischof von Brixen das Kloster Polling. Herzog Rudolf von Schwaben bekam die Abtei Kempten und Herzog Otto von Bayern das Kloster Altaich.

Im Herbst 1065 verschaffte sich Adalbert für seine Kirche mit den Abteien Corvey und Lorsch, den Königshöfen Duisburg und Sinzig sowie weiteren Gütern beträchtliche königliche Schenkungen. Damit verfolgte der Erzbischof – wohl in Übereinstimmung mit Heinrich IV. – vor allem zwei Ziele. Zum einen sollte auf diese Weise sein Bremer Gebiet durch ein System von Stützpunkten mit den Schwerpunkträumen des Königtums im Rhein-Main-Gebiet, in der niederrheinischen Region sowie im ostsächsisch-thüringischen Bereich verbunden werden.[24] Der unerschütterlich königstreue Mann versuchte damit, sowohl seine Anwesenheit am Hofe häufig bzw. dauerhaft zu ermöglichen als auch die Positionen des Herrschers in den Gebieten nördlich der Mainlinie zu bewahren. Diese waren für eine wirksame Regierung des Reiches nämlich unabdingbar. Zum anderen sollte mit den Übertragungen die Stellung Adalberts am Hofe auch materiell abgesichert werden. Hamburg–Bremen, das die Hauptlasten des Engagements seines Metropoliten in der Reichspolitik zu tragen hatte, konnte solche Leistungen auf die Dauer nicht erbringen; eigentlich war es damit schon lange überfordert.

Diese Maßnahmen brachten das Faß jedoch zum Überlaufen. Trotz der Bemühungen Adalberts, die Fürsten durch Schenkungen und andere Gunstbeweise zu besänftigen, akzeptierten diese die Position des Hamburgers am Hofe nicht. Im Unterschied zu Anno von Köln agierte Adalbert mehr oder weniger als Einzelpersönlichkeit an der Seite des Königs. Der Kölner Erzbischof hatte seine Politik dagegen von vornherein in breiteren Kreisen der Fürsten verankert und relativ eng mit führenden Großen zusammengewirkt.[25] Er trug damit dem Anspruch der Großen auf Teilhabe an der Herrschaft im Reich in gewisser Weise Rechnung. Von Adalbert, das hatte die Vergangenheit deutlich gezeigt, war eine solche Politik auf Dauer nicht zu erwarten. Er hatte sich stets als ein Mann des Königs erwiesen, dem fürstliche Interessen als zweitrangig oder untergeordnet galten. Ein ähnlich gutes Verhältnis zwischen Adalbert und dem König wie zur Zeit Heinrichs III. wollten die Großen nicht mehr hinnehmen. Der Geschichtsschreiber Lampert von Hersfeld schreibt, daß man den Erzbischof von Hamburg–Bremen sogar regelrecht haßte und ihn beschuldigte, er habe unter dem Vorwand vertrauter Freundschaft mit dem König eine tyrannische Herrschaft ausgeübt.[26] Initiiert durch die Erzbischöfe von Köln und Mainz, wurde eine Verschwörung zum Sturz Adalberts vorbereitet, der sich zahlreiche geistliche und weltliche Große anschlossen. Im Januar 1066 war es dann soweit. Im Rahmen einer Versammlung des Königs mit den Fürsten zu Tribur wurde der überraschte Heinrich IV. vor die eindeutige Alternative gestellt, entweder Adalbert als Ratgeber zu entlassen oder seiner Königsherrschaft zu entsagen. Die Fürsten traten dabei offenbar in so geschlossener Front auf, daß Heinrich IV. nichts anderes übrig blieb, als der Forderung nachzukommen. Im Dunkel der Nacht mußte Adalbert aus Tribur fliehen, begleitet von einigen Bewaffneten, die ihm der König zu seinem Schutz mitgegeben hatte.

Für Adalbert kam die in Tribur einheitlich auftretende Fürstenopposition offenbar völlig überraschend; sie traf ihn wie ein Blitz aus heiterem Himmel. Dies zeigt aber auch, wie isoliert von den Großen der Hamburger Erzbischof am Königshof agiert hatte. Mit dem Sturz von Tribur scheiterten letztlich die Pläne Adalberts zur Erhöhung seines Erzbistums, die er seit langem beharrlich und nicht ohne Erfolg betrieben hatte. Waren mit Heinrich III. und den deutschen Päpsten schon die wichtigsten Stützen für die Bewahrung einer kirchlichen Oberhoheit Hamburg–Bremens in Skandinavien weggefallen, so schien nun auch die Errichtung eines Nordseeküsten-Territoriums in weite Ferne gerückt.

Nach der nächtlichen Flucht aus Tribur hatte sich Adalbert zunächst nach Bremen durchschlagen können. Hier mußte er sich aber sogleich heftiger Angriffe seitens der Billunger erwehren, die nun ihre Stunde gekommen sahen. Inbesondere Magnus, der Sohn Herzog Ordulfs, befehdete nicht nur die erzbischöfliche Kirche und deren Güter, so Adam (III, 49/48), sondern versuchte des Metropoliten selbst habhaft zu werden, um ihn zu verstümmeln oder gar zu töten. Da auch die Vasallen dem Erzbischof die Gefolgschaft verweigerten, sah Adalbert keinen anderen Ausweg als die abermalige Flucht. Er begab sich zuerst nach Goslar und zog sich dann auf ein Gut seiner Familie (Lochtum) zurück. Hier verbrachte er ein halbes Jahr fern vom Erzbistum. In Lochtum dürfte ihn auch die nächste Schreckensnachricht erreicht haben. Ein Aufstand der Obodriten vernichtete das von Adalbert und Gottschalk scheinbar so erfolgreich vorangetriebene Missionswerk unter den Ostseeslawen. Am 7. Juni 1066 wurde Gottschalk in Lenzen erschlagen und mit ihm die von Adalbert entsandten Bischöfe und Priester. Zudem fiel Hamburg der Zerstörung durch die Aufständischen zum Opfer.

Die Konzentration dieser Ereignisse innerhalb einer so kurzen Zeitspanne wird den bis dahin energischen und selbstbewußten Adalbert schwer getroffen haben. Seine von Adam (III, 37/36) hervorgehobene Willenskraft dürfte zu jener Zeit wie gelähmt gewesen sein, wenngleich er nicht in Lethargie verfiel. Unter für ihn demütigenden Bedingungen und Zugeständnissen erkaufte er sich die Rückkehr nach Bremen. So erhielt Magnus aus Kirchengütern über 1000 Hufen zu Lehen. In ähnlicher Weise wurde Graf Udo II. von Stade bedacht. Das Resultat dieser drastischen Reduzierung von kirchlichen Besitzungen schildert Adam (III, 49/48) wie folgt: *So wurde das ganze Bistum Bremen in drei Teile zergliedert; einen besaß Udo, den zweiten Magnus, kaum ein Drittel verblieb dem Bischof.*

Fortan hielt sich Adalbert fast ständig in Bremen auf. Durch die Schicksalsschläge doch hart und bitter geworden, war er mit den Zuständen in seinem Sprengel besonders unzufrieden. Gegen das seiner Meinung nach vielfach unsittliche Verhalten der Bewohner konnte er kaum etwas ausrichten. Seinem Tadel in der Kirche begegneten sie mit Spott, und seine Ermahnungen schlugen sie in den Wind. Adalbert reagierte deshalb mit drastischen Maßnahmen. Schuldige brachte er sofort hinter Schloß und Riegel und zog deren Besitz ein. Bedingt durch Adalberts vorhergehende lange Abwesenheit hatten sich erhebliche Mißstände bei der Verwaltung des Bremer Bistums und in den Kirchen eingeschlichen, aber der Erzbischof besaß offenbar nicht mehr die Kraft und die Geduld, um dem entgegenzuwirken. So hausten die mit Verwaltungsaufgaben betrauten Männer des Metropoliten nach den Worten Adams (III, 57/56) wie Wölfe im Bistum; Schonung war von ihnen nur dort zu erwarten, wo es nichts mehr zu holen gab. Diese Verhältnisse beinträchtigten das Leben und die Ausstrahlung der einstmals so blühenden Metropole erheblich. Den erbarmungswürdigen Zustand seiner Diözese sowie das Scheitern all seiner großangelegten Pläne vor Augen, scheint sich Adalbert nach und nach psychisch und physisch verändert zu haben. Adam (III, 62/61) teilt uns einige seiner diesbezüglichen Beobachtungen mit. So habe Adalbert dem Zorn und dem Kummer stärker nachgegeben, als dies einem klugen Mann geziemte. Er ließ sich dazu hinreißen, Leute eigenhändig bis aufs Blut zu schlagen und andere durch drastische Schimpfworte zu beleidigen. Seine Maßnahmen erweckten seither einen unüberlegten und planlosen Eindruck. Weder er selbst noch einer seiner Leute wußte oftmals mit Sicherheit zu sagen, was er eigentlich wollte und was nicht. Der Geschichtsschreiber führt des weiteren die Unrast seines Wesens und das häufige Schwanken der Gesundheit an. Dazu kam der veränderte Lebenswandel Adalberts. In der Nacht wachte er, und am Tage schlief er. Hatte er früher fast täglich heiße Salzbäder genommen, so badete er nun überhaupt nicht mehr. *So war er am Ende seines Lebens ein ganz anderer Mensch geworden*, urteilt Adam.

Der einzige Strohhalm, an den sich Adalbert in dieser Zeit noch klammern konnte, war die Hoffnung, daß ihn der König eines Tages an den Hof zurückholen würde. In der Tat scheinen die Beziehungen zwischen Adalbert und Heinrich IV. nicht völlig abgebrochen zu sein. Im Herbst 1069 fand eine Zusammenkunft der beiden Männer in Goslar statt. 1071 tauchte Adalbert als Ratgeber an der Seite des Königs auf. Er betätigte sich sofort wieder in der Reichspolitik und versuchte, an die Zeit vor 1066 anzuknüpfen. Eingedenk seiner Vertreibung vom Königshof vermied er nun jedoch eine einseitige und unflexible Vertretung von königlichen und eigenen Interessen gegenüber den Fürsten. Sein angegriffener Gesundheitszustand ermöglichte Adalbert aber nur noch eine kurzzeitige Rückkehr in die große Politik, sie blieb Episode. Trotz häufiger körperlicher Beschwerden, die eine weitere Teilnahme am Zug des Königs durch das Reich eigentlich nicht mehr zuließen, reiste Adalbert in einer Sänfte weiter im Gefolge des Herrschers mit. Vierzehn Tage vor seinem Tode konnte er jedoch nicht mehr weiterziehen, wollte sich aber weder durch Arzneimittel noch durch Aderlässe kurieren lassen. Zudem erlitt er einen schweren Ruhranfall. Einsam und verlassen, schreibt Adam (III, 65/64), starb Adalbert am Freitag, dem 16. März 1072, in Goslar, während seine Leute beim Mahle saßen.

Der Erzbischof hatte sich nach 1066 und besonders kurz vor seinem Tode für die Menschen seiner Umgebung zwar völlig verändert, in einer Hinsicht aber war er der Alte geliebt: er hielt seinem König die Treue bis in den Tod. Niemanden hatte der Metropolit an sein Krankenlager gelassen, nur der König durfte ihm dort einen Besuch abstatten. Ihm vertraute Adalbert schließlich auch den Schutz seiner Kirche und ihrer Güter an. König Heinrich IV. hielt das Versprechen, das er seinem getreuen Ratgeber auf dem Sterbebett gegeben hatte. Nach dessen Tod nahm er die Bücher, die Reliquien der Heiligen, die Meßgewänder sowie die Privilegien der erzbischöflichen Kirche an sich. Adalberts mehrfach geäußerter Wunsch, ihn in Hamburg zu bestatten, konnte aufgrund der Zerstörung des Ortes allerdings nicht erfüllt werden. Der Leichnam des Metropoliten wurde ehrenvoll von Goslar nach Bremen überführt. Hier wurde er am Sonntag, dem 25. März 1072, der zugleich der Festtag Mariae Verkündigung war, inmitten des Chores des neuen Domes feierlich beigesetzt.

1 H. WOLTER, Die Synoden im Reichsgebiet und in Reichsitalien von 916 bis 1056, Paderborn/München/Wien/Zürich 1988 (Konziliengeschichte, R. A: Darstellungen), S. 379ff.; E. BOSHOF, Die Salier, 2. Aufl., Stuttgart/Berlin/Köln 1992, S. 125ff.

2 ADAM von Bremen, Gesta Hammaburgensis ecclesiae pontificum, hg. v. B. SCHMEIDLER, 3. Aufl., Hannover/Leipzig 1917 (MGH. SS. in us. schol.); ADAM von Bremen, Bischofsgeschichte der Hamburger Kirche, hg. v. W. TRILLMICH, in: Quellen des 9. und 11. Jahrhunderts zur Geschichte der Hamburgischen Kirche und des Reiches, Berlin 1961 (Ausgewählte Quellen zur deutschen Geschichte des Mittelalters. Freiherr vom Stein-Gedächtnisausgabe 11), S. 135–499.

3 A. TROMMER, Komposition und Tendenz in der Hamburgischen Kirchengeschichte Adam von Bremens, in: Classica et mediaevalia. Revue danoise de philologie et d'histoire 18 (1957), S. 253ff.; G. ALTHOFF, Causa scribendi und Darstellungsabsicht: Die Lebensbeschreibungen der Königin Mathilde und andere Beispiele, in: Litterae medii aevi. Festschrift J. Autenrieth, hg. v. M. BORGOLTE/H. SPILLING, Sigmaringen 1988, S. 128ff.; DERS., Die Billunger in der Salierzeit, in: Salier, Adel und Reichsverfassung, hg. v. ST. WEINFURTER unter Mitarbeit v. H. KLUGER, Sigmaringen 1991 (Die Salier und das Reich 1), S. 325ff.

4 Über die politische Vorstellungswelt und die verschiedenen gesellschaftlichen Identifikationsebenen des Bremer Geschichtsschreibers vgl. u. a. R. BUCHNER, Die politische Vorstellungswelt Adams von Bremen, in: AfK 45 (1963), S. 15–59; W. EGGERT, Wir-Gefühl und Regnum Saxonum bei frühmittelalterlichen Geschichtschreibern, Wien/Köln/Graz 1984 (Beihefte zum AfK 21), S. 141ff.; G. THEUERKAUF, Die Hamburgische Kirchengeschichte Adams von Bremen. Über Gesellschaftsformen und Weltbilder im 11. Jahrhundert, in: Historiographia mediaevalis. Festschrift Franz-Josef Schmale, Darmstadt 1988, S. 118–137. Zum Rechtsverständnis Adams vgl. H.-W. GOETZ, Geschichtsschreibung und Recht. Zur rechtlichen Legitimierung des Bremer Erzbistums in der Chronik Adams von Bremen, in: Recht und Alltag im Hanseraum. Festschrift Gerhard Theuerkauf, Lüneburg 1993, S. 191–205.

5 Die Gosecker Chronik (Chronicon Gozecense) (1041–1135), hg. v. R. AHLFELD, in: JGMODtl 16–17 (1968), S. 1–49; DERS., Die Herkunft der sächsischen Pfalzgrafen und das Haus Go-

seck bis zum Jahre 1125, in: Festschrift A. Hofmeister, hg. v. U. Scheil, Halle (Saale) 1955, S. 15ff.

6 J. Fleckenstein, Die Hofkapelle der deutschen Könige. T. 2: Die Hofkapelle im Rahmen der ottonisch-salischen Reichskirche, Stuttgart 1966 (Schriften der MGH 16,2), S. 256.

7 Die Bischofsweihen erfolgten in der Regel an einem Sonntag oder an den Natales der Apostel. Vgl. Th. Michels, Beiträge zur Geschichte des Bischofsweihetages im christlichen Altertum und im Mittelalter, Münster 1927 (Liturgiegeschichtliche Forschungen 10), S. 58ff. Das Geburtsfest der Apostel Philipp und Jakob d. J. (1. Mai) fiel im Jahre 1043 auf einen Sonntag. Die Eingrenzung des Weihetermins (1. oder 8. Mai 1043) ergibt sich aus dem Itinerar König Heinrichs III. im April/Mai 1043: 21. April 1043, Ivois – (Ende April/Anfang Mai), Aachen – 22. Mai 1043 (Pfingsten), Paderborn. Vgl. Die Urkunden Heinrichs III., hg. v. H. Bresslau/ P. Kehr, Berlin 1926/31 (MGH. Diplomata regum et imperatorum Germaniae 5), Nr. 105; Adam von Bremen, lib. III, cap. 1; Annales Altahenses, hg. v. E. v. Oefele, 2. Aufl., Hannover 1891 (MGH. SS. in us. schol.), ad a. 1043.

8 Eine ausführliche Darstellung von Adalberts Amtszeit als Erzbischof von Hamburg–Bremen sowie eine ausgewogene Einschätzung seiner Persönlichkeit bietet W. Lammers, Das Hochmittelalter bis zur Schlacht von Bornhöved, Neumünster 1981 (Geschichte Schleswig-Holsteins 4,1), S. 153–228. Vgl. auch G. Glaeske, Die Erzbischöfe von Hamburg–Bremen als Reichsfürsten (937–1258), Hildesheim 1962 (Quellen und Darstellungen zur Geschichte Niedersachsens 60), S. 55–97.

9 P. Johanek, Die Erzbischöfe von Hamburg–Bremen und ihre Kirche im Reich der Salierzeit, in: Die Reichskirche in der Salierzeit, hg. v. St. Weinfurter unter Mitarbeit v. F. M. Siefarth, Sigmaringen 1991 (Die Salier und das Reich 2), S. 83f.

10 K. Reinecke, Bischofsumsetzung und Bistumsvereinigung. Ansgar und Hamburg–Bremen 845–864, in: AfD 33 (1987), S. 1–53.

11 Über die architektonische Gestaltung der Dombauten Bezelins und Adalberts sowie des Beneventaner Domes im 11. Jahrhundert ist nur sehr wenig bekannt. Vgl. U. Lobbedey, Der romanische Dom in Bremen, ein Werk Erzbischof Liemars (1072–1101), in: FMSt 19 (1985), S. 326ff.

12 Vielleicht war Adalbert schon früher im Auftrag des Königs auf der Apenninenhalbinsel tätig gewesen, wie das für Mitglieder der Hofkapelle gelegentlich bezeugt ist. Möglicherweise befand er sich auch während des zweiten Italienzuges Konrads II. (1037/38) im Gefolge des Kaisers bzw. König Heinrichs III. Außerdem wird vermutet, daß der Erzbischof kurzzeitig als Kanzler für Italien unter Heinrich III. amtierte. Vgl. K. Reinecke, Adalbert von Bremen als Kanzler für Italien, in: Bremisches Jahrbuch 51 (1969), S. 285–287.

13 Th. Zotz, Pallium et alia quaedam archiepiscopatus insigna. Zum Beziehungsgefüge und zu Rangfragen der Reichskirchen im Spiegel der päpstlichen Privilegierung des 10. und 11. Jahrhunderts, in: Festschrift für Berent Schwineköper, hg. v. H. Maurer/H. Patze, Sigmaringen 1982, S. 173.
Als Pallientage werden in der Papsturkunde vom 24. April 1047 genannt: Weihnachten, Weihnachtsoktav (1. Januar), Epiphanie (6. Januar), Palmsonntag, Gründonnerstag, Ostern, Christi Himmelfahrt, Pfingsten; Natale von Johannes dem Täufer (24. Juni) sowie die Natales aller Apostel; Mariae Reinigung (2. Februar), Mariae Verkündigung (25. März), Mariae Himmelfahrt (15. August), Mariae Geburt (8. September); Laurentius (10. August), Mauritius (22. September), Michaelis (29. September) Allerheiligen (1. November), Martin (11. November). Darüber hinaus durfte Adalbert das Pallium an den Festen aller Heiligen, deren Reliquien in seiner Erzdiözese ruhten, bei der Weihe von Bischöfen und Kirchen sowie am Tage seiner Ordination tragen. Vgl. Hamburgisches Urkundenbuch, hg. v. J. M. Lappenberg, Bd. 1, Hamburg 1842, Nr. 72, S. 73.

14 O. H. May, Regesten der Erzbischöfe von Bremen, Bd. 1 (787–1306), Bremen 1937, Nr. 241.

15 W. Seegrün, Erzbischof Adalbert von Hamburg–Bremen und Gottschalk, Großfürst der Abodriten (1043–1066/72), in: Beiträge zur mecklenburgischen Kirchengeschichte, hg. v. B. Jähnig, Köln/Wien 1982 (Schriften zur mecklenburgischen Geschichte, Kultur und Landeskunde 6), S. 6f.

16 W. Seegrün, Das Papsttum und Skandinavien bis zur Vollendung der nordischen Kirchenorganisation 1164, Neumünster 1967 (Quellen und Forschungen zur Geschichte Schleswig-Holsteins 51), S. 75ff.

17 H. Fuhrmann, Studien zur Geschichte mittelalterlicher Patriarchate. T. 3, in: ZRG KA 41 (1955), S. 120–170; Ders., Provincia constat duodecim episcopatibus. Zum Patriarchatsplan Erzbischof Adalberts von Hamburg–Bremen, in: Studia Gratiana 11 (1967), S. 389–404; Seegrün, Erzbischof Adalbert, S. 4f.

18 Ebenda, S. 8.

19 J. Petersohn, Der südliche Ostseeraum im kirchlich-politischen Kräftespiel des Reichs, Polens und Dänemarks vom 10. bis 13. Jahrhundert. Mission – Kirchenorganisation – Kulturpolitik, Köln/Wien 1979 (Ostmitteleuropa in Vergangenheit und Gegenwart 17), S. 25 und S. 28.

20 Seegrün, Erzbischof Adalbert, S.10.

21 K. Jordan, Die Urkunde Heinrichs IV. für Herzog Ordulf von Sachsen vom Jahre 1062, in: AfD 9/10 (1963/64), S. 53–66; Lammers, Hochmittelalter, S. 199.

22 Ebenda, S. 186f.

23 Ebenda, S. 177.

24 Johanek, Erzbischöfe, S. 101.

25 St. Weinfurter, Herrschaft und Reich der Salier. Grundlinien einer Umbruchzeit, Sigmaringen 1991, S. 102ff.

26 Lampert von Hersfeld, Annales, in: Lamperti opera, hg. v. O. Holder-Egger, Hannover/Leipzig 1894 (MGH. SS. in us. schol.), ad a. 1066.

𝕬𝖓𝖓𝖔 II.
ERZBISCHOF VON KÖLN
(1056–1072)

von Wolfgang Eggert

Selig, deren Frevel vergeben
und deren Sünden bedeckt sind.
(Vita Annonis archiepiscopi Coloniensis, Prolog)

Frühling auf St. Suidbertswerth, das heute Kaiserswerth heißt und zu Düsseldorf gehört, damals aber nicht mehr war als eine Insel im Rhein. Man schreibt Anfang April des Jahres 1062, und König Heinrich IV., gerade elfeinhalb Jahre alt, ist mit seiner Mutter Agnes, die für ihn die Regentschaft führt, von einem Osteraufenthalt in Utrecht her hier eingetroffen. Auch Erzbischof Anno II. von Köln findet sich ein, der – wie einige andere Fürsten des Reiches auch – die Politik der vergangenen Jahre nur noch widerwillig ertrug. Immer stärker hatte er mißbilligt, daß die schwache und leicht lenkbare Witwe Kaiser Heinrichs III. die Zügel des Reiches in ihren Händen hielt, und nun ist er entschlossen, ihrem Wirken im Verein mit einigen Helfern ein Ende zu setzen. Nach einem festlichen Mahl lockte er den Herrscher auf eines seiner prächtig ausgestatteten Schiffe, *und dazu ließ sich der arglose, an nichts weniger als an eine Hinterlist denkende Knabe leicht überreden. Kaum aber hatte er das Schiff betreten, da umringen ihn die vom Erzbischof angestellten Helfershelfer seines Anschlages; rasch stemmen sich die Ruderer hoch, werfen sich mit aller Kraft in die Riemen und treiben das Schiff blitzschnell in die Mitte des Stroms. Der König, fassungslos über diese unerwarteten Vorgänge und unentschlossen, dachte nichts anderes, als daß man ihm Gewalt antun und ihn ermorden wolle, und stürzte sich kopfüber in den Fluß, und er wäre in den reißenden Fluten ertrunken, wäre dem Gefährdeten nicht Graf Ekbert (von*

Braunschweig) nachgesprungen und hätte er ihn nicht mit Mühe und Not vor dem Un-
tergang gerettet und aufs Schiff zurückgebracht. Nun beruhigte man ihn durch allen nur
möglichen freundlichen Zuspruch und brachte ihn nach Köln. So schildert uns die Ereignisse Lampert von Hersfeld, einer der bedeutendsten Chronisten jener Zeit.[1]

Mit diesem Coup, der von einigen Historikern auch als »Staatsstreich« bezeichnet
wurde, setzte sich eine der eindrucksvollsten Persönlichkeiten des damaligen hohen
Klerus für kurze Zeit an die Spitze der deutschen Reichspolitik. Anno war Schwabe;
er kam etwa um 1010 in dem heutigen Altsteußlingen, rund 30 Kilometer westlich
von Ulm gelegen, zur Welt. Über den Status des Geschlechtes, dem er entstammte,
ist erheblich gestritten worden.[2] Man wird wohl so viel sagen können, daß die Steuß-
linger, Besitzer einer Burg, zwar zum Adel, nicht jedoch zu den führenden Dynasten
der Region gehörten. Die Ausbildung des jungen Mannes, der von seinem Vater Walter anscheinend zunächst für eine weltliche Laufbahn vorgesehen war, erfolgte im
Stift St. Stephan zu Bamberg; einem seiner Lehrer an dieser Stätte – Egilbert, der später Bischof von Minden wurde – galt seine besondere Hochachtung. In Paderborn,
wie man früher annahm, ist er anschließend mit Sicherheit nicht gewesen. Er blieb
wohl ohne Unterbrechung in dem fränkischen Ort und versah dort mehr als ein Jahrzehnt lang das Amt des Domscholasters, d.h. des Leiters der führenden Bamberger
Schule.

Hatte er sich in ihm so gut bewährt, daß sein Bischof ihn schließlich dem Kaiser
vorstellte? Jedenfalls nahm ihn der von einer tiefen Religiosität durchdrungene Heinrich III. wohl gegen Ende der vierziger Jahre in seine Hofkapelle auf. Verbunden
dürfte dies mit einem Eintritt in das vor kurzem vom Herrscher gegründete Stift St.
Simon und Juda in Goslar gewesen sein – einer Institution, die sich sehr schnell zu
einem Mittelpunkt geistlichen Lebens entwickelte und insofern als eine Art »Pflanz-
schule« gelten konnte, als Heinrich gerade von hier oft jene ihm ergebenen Kleriker
nahm, die er im Rahmen des ottonisch-salischen Reichskirchensystems[3] zu Bischöfen ernannte. Auch Anno, den wir ab 1054 als Propst dieses Stiftes finden, ist diesen
Weg gegangen: in jenem Jahre 1056, an dessen Ende der Kaiser, noch nicht vierzigjährig, das Zeitliche segnen sollte, erhob er ihn in Koblenz auf den Erzstuhl von
Köln. Dies geschah zu Ende des Monats Februar; und nur wenige Wochen später,
am 3. März, wurde Anno an der Stätte seines neuen Wirkens geweiht.

Gerne sahen die Kölner den ihnen »verordneten« Metropoliten *von mittlerer Her-*
kunft, wie es der schon erwähnte Lampert ausdrückt[4], zunächst wohl nicht; es erhob
sich Widerspruch gegen ihn. Immerhin aber hatte sein fürstlicher Vorgänger, Hermann II. aus der Familie der rheinischen Pfalzgrafen, ihn als seinen Nachfolger fa-
vorisiert. Wie sollte er auch voraussehen, daß Anno gerade auf Kosten seines Geschlechtes den territorialen Bestand der Kölner Diözese schon in den ersten Jahren
seines erzbischöflichen Wirkens enorm stärken würde?

Zunächst erwarb er von der polnischen Königin Richeza, der Tochter des Pfalzgrafen Ezzo, deren Güter in Saalfeld und Coburg; einige Jahre später kam noch das
reiche Klotten an der Mosel hinzu.[5] Ursprünglich hatte Richeza dieses letztere dem
von den Ezzonen gestifteten Kloster Brauweiler zugedacht, in dem sie begraben zu

werden hoffte. Jedoch verstand es Anno, dies zu verhindern und der 1063 verstorbenen Fürstin ein Grab in seiner eigenen Gründung Mariengraden zu bereiten – so fiel auch das Gut an diese. Schon zuvor – um 1059/60 – aber war der Kölner Erzbischof mit dem damals regierenden Pfalzgrafen Heinrich in Konflikt geraten, der wohl mit Mißtrauen dessen Erwerbspolitik betrachtete. In den ausbrechenden militärischen Auseinandersetzungen blieb Anno Sieger, und Heinrich mußte ihm den Siegberg, seinen wichtigsten Stützpunkt, abtreten. Ob es der Gram über sein Scheitern war, weswegen sich wenig später seine Sinne verwirrten, bleibt unklar – jedenfalls tötete er im Jahre 1060, nachdem er einige Zeit in einem Kloster zugebracht hatte, seine Gattin Mathilde auf der Burg Cochem, woraufhin er den Rest seiner Tage in Haft verbringen mußte. Anno richtete für die Ermordete ein ehrenvolles Leichenbegängnis aus und übernahm für ihren Sohn eine vormundschaftliche Stellung. Beides wird ihm leicht gefallen sein, denn mit der geschilderten Bluttat war die Macht des Pfalzgrafenhauses am Niederrhein gebrochen. Er hatte eines seiner vordringlichsten Ziele erreicht.

Dies gelang ihm wohl um so mehr, als die Reichsgewalt zu jener Zeit immer sichtbarer in eine Krise geriet. Nur wenige Monate nach der Bischofserhebung Annos war, wie schon erwähnt, Kaiser Heinrich III. gestorben; sein gleichnamiger Sohn zählte damals noch keine sechs Jahre. Für ihn, den sein Vater bereits 1053 zum König wählen ließ und auf den er in seinen letzten Tagen die Fürsten noch einmal ausdrücklich verpflichtete, übte zunächst seine Mutter Agnes die Regentschaft aus. Anno hat diese Tatsache, wie es scheint, zunächst akzeptiert; denn wir wissen von zwei Zusammenkünften der führenden Großen Lothringens in Andernach, an denen er beteiligt war – sie fanden 1056 und 1059 statt zu dem Zweck, das Regiment der Kaiserin zu stützen. Es ging um »Stabilität im regionalen Rahmen«[6], die jedoch, wie die Kämpfe des Kölners mit dem Pfalzgrafen nur zu deutlich machten, schon bald nicht mehr gewährleistet war.

Die schwache und vielfach schlecht beratene Agnes konnte auch, was das Reich insgesamt anlangt, die Politik ihres Gemahls in keiner Weise angemessen fortführen. Hatte der während seiner siebzehnjährigen Regierungszeit streng, ja fast autoritär geherrscht, durch geschickte Maßnahmen die Großen weitgehend im Zaum gehalten, so daß sie erst in seinen letzten Jahren zu Teilen gegen ihn zu opponieren wagten, hatte er die kirchliche Reformbewegung nach Kräften gefördert und ihr – nicht zuletzt durch die spektakulären Ereignisse vom Dezember 1046, als drei rivalisierende Päpste einem deutschen Bischof weichen mußten, der unter tätiger Mitwirkung des Kaisers auf den Stuhl Petri gelangte – auch in Rom Eingang verschafft, so war von all dem bereits um 1060 kaum mehr etwas zu spüren. Ein unglücklich verlaufender deutscher Feldzug nach Ungarn dürfte die immer deutlicher sich formierende Opposition gegen die Regentin damals ebenso gefördert haben wie die Tatsache, daß Agnes selbst einige führende Große, u. a. durch die Verleihung von Herzogtümern, in derart starke Positionen brachte, daß ihnen der Widerstand gegen sie mehr als leicht fiel. Otto von Northeim etwa, der überaus reich begüterte Sachse, wurde 1061 als Herzog in Bayern eingesetzt – er ist ein Jahr später in Kaiserswerth an Annos Seite zu finden. Diesen jedoch dürfte am meisten verdrossen haben, daß das Reichsregiment je länger, je mehr die Bindung zur Kirchenreform verlor. 1061 taten sich deutliche Differenzen zwischen Papst Nikolaus II. auf der einen, dem Hof und den deutschen Bischöfen auf der anderen Seite auf, bei denen, wenn man gewissen Äußerungen einiger Quellen glauben darf, eine Maßregelung Annos durch Rom aus nicht näher bekannten Gründen entscheidenden Einfluß hatte.[7] Die Folgen waren weitgehend: Eine Synode dieser Bischöfe erklärte noch im gleichen Jahre die von Nikolaus II. erlassenen Verfügungen für ungültig, und als nach dessen Tod der Archidiakon Hildebrand, der spätere Papst Gregor VII. und damalige spiritus rector der Reformpartei, unter dem Schutz der normannischen Reichsfeinde den Bischof von Lucca als Alexander II. auf den Stuhl Petri erheben ließ, antwortete die Reichsregierung mit einer Synode in Basel, auf der im Oktober 1061 ein zweiter Papst – Cadalus von Parma aus den Reihen der lombardischen Bischöfe, der sich Honorius II. nannte – seine Bestellung erhielt. Den Kölner Erzbischof sucht man bei dieser Zusammenkunft vergeblich; er dürfte klar erkannt haben, daß die Kirchenpolitik, welche einst Heinrich III. so intensiv verfolgte, sich ins genaue Gegenteil verkehrt hatte. Die Reichsregentschaft im Bunde mit den italischen Reformfeinden – das durfte nicht geduldet werden. Nach einer jüngst geäußerten ansprechenden Vermutung war es diese Kräftekonstellation, die ihn zu seinem waghalsigen Vorgehen in Kaiserswerth trieb.[8]

Anno bemächtigte sich hier allerdings nicht nur des jungen Königs, sondern auch – was Lampert nicht sagt, wohl aber andere Quellen berichten – der Reichsinsignien. Dies zeigt deutlich, daß es ihm darauf ankam, die Macht im Reiche an sich zu reißen und fortan seine politische Linie durchzusetzen. Die Beseitigung des Papstschismas dürfte dabei für ihn an erster Stelle gestanden haben. Und hier gelang ihm in verhältnismäßig kurzer Zeit ein bemerkenswerter Erfolg: Schon im Oktober 1062 ordnete eine zu Augsburg abgehaltene Synode Annos Neffen, den Bischof Burchard von Halberstadt, nach Italien ab, um die Lage in bezug auf beide Päpste zu sondieren. Diese hielten sich damals in ihren Bistümern auf, nachdem der mächtige Herzog Gottfried der Bärtige von Lothringen, der als Markgraf der Toskana entscheidenden Einfluß auf die italischen Verhältnisse nahm, ihren Kämpfen gegeneinander Einhalt geboten und einen Waffenstillstand durchgesetzt hatte. Burchard bereitete nun schon maßgeblich den Boden für das, was eine Synode in Mantua zu Pfingsten 1064 beschloß: die Bestätigung der Wahl Alexanders und die Bannung des nicht erschienenen Cadalus, der von nun an nur noch als Randfigur agierte. Der Reformpapst aber, der der Synode vorsaß und auf die Vorhaltungen Annos hin, er habe sein Amt simonistisch, d. h. durch Geldzahlungen, erlangt, einen Reinigungseid leistete und versicherte, er sei, selbst widerstrebend, von denen zum Papst gemacht worden, welchen dies nach altem Recht zustehe, kehrte unangefochten nach Rom zurück – wohl wissend, daß der Kölner ihm goldene Brücken gebaut hatte, indem er etwa das Recht der Zustimmung des Königs zu einer Papstwahl, das in Alexanders Fall wissentlich verletzt wurde, in jenem Zusammenhang nicht zur Sprache brachte.

Die Synode von Mantua stellte den Höhepunkt in Annos politischer Laufbahn dar, die von Beginn an mit kritischen Augen verfolgt wurde. Schon der Anschlag von Kaiserswerth galt zeitgenössischen Quellen als schmähliche Majestätsverletzung, und einige nachfolgende Handlungen des Kölners waren nicht dazu angetan, ihn in ein wesentlich gutes Licht zu rücken. 1063 konnte er bei König Heinrich durchsetzen, daß sein Bruder Werner – gegen den Willen der Magdeburger, die einen anderen Kandidaten präsentiert hatten – auf den dortigen Erzstuhl erhoben wurde; dies geschah *mit Gewalt*, wie verlautet. Annos Helfer hierbei war sein Neffe Burchard, der seit 1059 als Bischof die Halberstädter Diözese leitete; wir haben ihn als wichtigen Gesandten im Reichsdienst bereits kennengelernt. Ob der rheinische Metropolit auch bei dessen Ernennung die Hand mit im Spiel hatte, ist nicht recht auszumachen; jedoch sieht man ihn 1066 wieder aktiv in einer solchen Sache, die allerdings tragisch endete. Wollte er doch damals Konrad von Pfullingen, einem anderen seiner Neffen, den Trierer Erzbischofssitz verschaffen, und auch diesmal konnte er den König zu einer Erhebung bewegen. Gegen Konrad jedoch erhob sich massiver Widerstand von seiten der empörten Trierer, die sich nicht bieten ließen, daß ihr Wahlrecht übergangen wurde. Unter Führung ihres Stiftsvogtes fingen sie Konrad, als dieser auf dem Wege nach Trier war, bei Bitburg ab und töteten ihn wenige Tage danach, indem sie ihn einen Abhang hinunterstürzten. So hatte die Bestrebung Annos, bestimmten Angehörigen seines Geschlechtes den Aufstieg in hohe geistliche Ämter zu verschaffen[9], hier blutige Folgen gezeitigt.

In jener Zeit, da sich dies abspielte, war Annos Stern allerdings bereits stark gesunken. Den jungen König, der die Schmach seiner Entführung gut im Gedächtnis behielt, hatte er – schroff und unliebenswürdig, wie er war – nicht für sich gewinnen können. Dieser schloß sich eher dem Erzbischof Adalbert von Bremen an, welcher schon ab 1063 neben Anno im Reichsregiment emporwuchs. Es wird berichtet, daß bei der Schwertleite Heinrichs, welche am 29. März 1065 die Vormundschaftsregierung beendete, der Jüngling am liebsten gleich seine neuen Waffen gegen den ihm verhaßten *magister*[10] gekehrt hätte; nur mit Mühe soll ihn seine Mutter, die Kaiserin Agnes, davon abgehalten haben.[11] Dessenungeachtet aber gelang es ihm – man könnte fast sagen: in Konkurrenz zu seinem Bremer Amtsbruder –, von dem noch regierungsunerfahrenen Herrscher mehrere Abteien verliehen zu bekommen. Bemühte sich Adalbert um die reichen Reichsklöster Lorsch und Corvey, so werden für Anno genannt Kornelimünster bei Aachen und Vilich bei Bonn, besonders aber Malmedy, welches er um die Mitte des Jahres 1065 erhielt.[12] In der Kölner Diözese gelegen, war dieser Konvent seit jeher mit dem in geringer Entfernung, aber bereits im Bistum Lüttich befindlichen Kloster Stablo verbunden, dessen Abt beide Kongregationen leitete. Anno konnte sich bei seinem Zugriff, der einer Usurpation nicht unähnlich war, auf schon länger währende Selbständigkeitsbestrebungen der Mönche von Malmedy stützen, stieß aber auf den erbitterten Widerstand des Abtes Dietrich von Stablo, der die Schmälerung seiner Rechte und seines Besitzes nicht hinnehmen wollte. Sechs Jahre lang haben beide um Malmedy gerungen, wobei Dietrich sogar den Papst einschaltete; am Ende siegte er durch eine spektakuläre Aktion. Als König Heinrich nämlich im Mai 1071 einen Hoftag zu Lüttich abhielt, stellten die Brüder von Stablo, um ihre Rückgabeforderungen nachdrücklich zu unterstützen, den Schrein mit den Reliquien ihres Schutzpatrons, des heiligen Remaclus, vor ihn auf den Tisch, als er beim Mahle saß – dies und die »Wunder«, die nach Auskunft von Zeitgenossen das kostbare Stück bewirkte, ließen den Herrscher *aus Furcht vor göttlicher Rache* nun gegen Anno entscheiden. Der alte Zustand wurde wiederhergestellt, was bedeutete, daß in diesem Fall die Bestrebungen des Erzbischofs, seine Diözese zu arrondieren und zu stärken, scheiterten.

Ist dies ein Glied in einer Kette von Enttäuschungen für den ambitionierten Kölner gewesen? Es nutzte ihm wenig, daß im Januar 1066 der stolze und hochfahrende Adalbert vom Hofe verwiesen worden war; seine Vorrangstellung erhielt er nicht wieder. Als der Bremer Metropolit noch mächtig war, hatte er mit seinem Anhang eine nicht zuletzt auf Annos Anraten geplante Romfahrt zu verhindern gewußt, welche Heinrich IV. die Kaiserkrone verschaffen sollte und die Stellung Papst Alexanders gewiß gestärkt hätte. Dieser jedoch brachte dem Lenker der Kölner Kirche schon zu jener Zeit tiefes Mißtrauen entgegen. In einem Brief des Jahres 1065 hatte sich Anno gegen den Vorwurf zu verteidigen, er selbst strebe nach dem apostolischen Stuhl; eindringlich versicherte er damals Alexander seine Ergebenheit. Viel scheint er damit jedoch nicht erreicht zu haben, denn drei Jahre später, im Frühjahr 1068, wurde er vom Papst aufs tiefste gedemütigt: nicht nur, daß er mit ansehen mußte, wie Erzbischof Udo, der nach der schändlichen Ermordung Konrads auf den Trierer Stuhl gelangt war, trotz inständiger Bitten Annos, einen solchen Akt nicht vorzunehmen, von Alexander das Pallium[13] erlangte – der Kölner wurde darüber hinaus noch selbst zu einer Bußleistung gezwungen, weil er auf seiner damaligen Reise nach Rom mit dem Gegenpapst Cadalus/Honorius zusammengetroffen war (wahrscheinlich nur, um diesen zum Verzicht zu bewegen!). Solche Erlebnisse kosten Kraft und waren geeignet, auch starken Naturen wie unserem Erzbischof die Lust an der Politik zu vergällen. Dies zeigte sich deutlich im Jahre 1072: vom König – wohl nicht ganz freiwillig – gebeten, sich noch einmal der Reichsangelegenheiten anzunehmen, resignierte Anno bereits wenige Monate später. Wenn er dabei auf sein hohes Alter verwies, so war das sicherlich nicht der einzige Grund. Die Spannungen zwischen dem Herrscher und den süddeutschen Herzögen, die in jenem Jahr offen zutage traten, ja überhaupt der kritische Zustand des Reiches, den Heinrich nicht steuern konnte und vielleicht auch nicht wollte, dürften entscheidend für den Rückzug gewesen sein.

Trotzdem, nur einige Zeit darauf versuchte sich Anno noch einmal in diesem aufreibenden Metier: als Vermittler im Sachsenaufstand, den der junge Salier durch seine rigorosen, mit intensivem Burgenbau und Ansetzung landfremder (schwäbischer) Ministerialen verbundenen Bestrebungen zur Schaffung eines geschlossenen Königsgutkomplexes zwischen Harz und Thüringer Wald provoziert hatte.[14] Obwohl Heinrich dem Kölner offensichtlich mißtraute – was kein Wunder ist, zählten doch Erzbischof Werner von Magdeburg, dessen Bruder, und besonders Bischof Burchard von Halberstadt, sein Neffe, zu den führenden Köpfen der Rebellen –, ließ er ihn mehrmals im Verein mit Erzbischof Siegfried von Mainz seine Interessen dem widerspenstigen Volksteil gegenüber vertreten.[15] Zu Recht wurde gesagt, daß Anno hier einen gefährlichen Balanceakt unternahm, »indem er stets die Sympathie für seine Verwandten und Freunde deutlich werden ließ, andererseits aber nie völlig mit dem König brach«.[16] Dieser konnte wohl auch nicht auf die guten Dienste des Kölners verzichten, welcher nach wie vor einen wichtigen Machtfaktor im Reich darstellte. Ihm fast als einzigem wurde die persönliche Teilnahme an jenem Feldzug erlassen, den König Heinrich im Juni 1075 durchführte, um die ein Jahr zuvor erfolgte Zerstörung der Harzburg durch sächsische Bauern zu ahnden. Der vorentscheidende Sieg über die Empörer bei Homburg an der Unstrut wurde so mit Annos Truppen, aber ohne Annos Zutun erfochten. Ansonsten bleibt hier vieles im unklaren; der Dschungel vager und teilweise unglaubwürdiger Quellenaussagen ist nur schwer zu durchdringen.

Deutlicher sehen wir in bezug auf sein Verhältnis zu Gregor VII., der 1073 als Nachfolger Alexanders die päpstliche Würde erlangt hatte. Daß seitdem die Spannungen zwischen Reich und Rom entschieden zunahmen, bekam auch der Erzbischof von Köln zu spüren. Hildebrand/Gregor, der 1047 selbst dort geweilt hatte, fand deswegen in einem Brief wohl gute Worte für die Kölner Kirche. Doch hinderte ihn dies nicht, deren nunmehrigen Lenker, wie übrigens auch viele von dessen deutschen Amtsbrüdern, in scharfem Ton an ihre Pflichten hinsichtlich der Kirchenreform zu erinnern.[17] Wir wissen nicht, wie Anno solche Vorhaltungen aufnahm, da Schreiben von seiner Hand aus jenen Jahren nicht überliefert sind. Wenn man sein kirchliches Lebenswerk im ganzen überblickt, ist ein Argwohn wegen mangelnder Willigkeit zur Reform[18] jedoch ganz gewiß unbegründet; nur führte er letztere so durch, wie er sie verstand. Deutlich macht dies ein Blick auf seine Klostergründungen, unter denen Siegburg zeitlich wie von der Bedeutung her die Spitze einnahm. Auf dem Siegberg, der einst, wie schon ausgeführt, dem Pfalzgrafen Heinrich als Kriegsstützpunkt diente, seit dessen Niederlage aber der Kölner Kirche gehörte, richtete Anno etwa 1064 ein Mönchskloster ein und besetzte es nicht lange danach mit Brüdern aus der oberitalischen Reformabtei Fruttuaria, die er persönlich – im Zuge einer seiner Romfahrten – von jenseits der Alpen herbeiholte. Schnell gewann Siegburg so »modellhaften Rang«[19], den der Kölner Metropolit insofern bewußt förderte, als er zwei weitere von ihm gestiftete Konvente, nämlich Saalfeld in Thüringen (ab 1070/71) und Grafschaft im Sauerland (ab 1072), nach demselben Muster einrichtete. Auch in Köln selbst – in St. Pantaleon, dem vornehmsten und ältesten der dortigen Stadtklöster – setzte er, und zwar mit Zwang, die Siegburger Reform durch, deren Eigenart in rechtlich-politischer Hinsicht darin bestand, daß sie dem Bischof nicht aus den Händen glitt. Zwar war den Klöstern dieser Observanz die freie Abtwahl zugestanden; jedoch mußten sie es hinnehmen, daß der Diözesanherr hier ein Zustimmungsrecht besaß. Ferner sieht man in diesem Zusammenhang gerade im Kölner Sprengel dessen Bestreben, alle von Laien dort gegründeten Abteien zu erwerben, »die vermögensrechtliche Aufsicht über das Klostergut und die Verfügung über die Vogtei zu behalten, letztlich also durch die Beherrschung der Klöster die eigene Gewalt zu stärken und die weltliche Herrschaft auszubauen«.[20] Es ist eine

»bischöfliche Klosterreform«, die hier praktiziert wird[21], und wenn jüngst auch Zweifel daran geäußert wurden, daß Anno wirklich, wie zuvor oft angenommen, Siegburg zu einem »Reformmittelpunkt für das gesamte Rheinland« machen wollte[22], so ist es doch schon um 1100 zu einem solchen geworden. Für unseren Erzbischof aber war es auch Zufluchtsort, im Leben wie nach dem Sterben. Besonders hierhin, nach Siegburg, zog er sich zurück, wenn er der »Welt« entfliehen und im Kreise gottgeweihter Männer mit Nachtwachen und Fasten, mit Beten und Almosenspenden dem Himmel näherzukommen suchte[23], und hier, in dieser seiner Lieblingsstiftung, ist er auf eigenen Wunsch hin auch begraben worden.

Daß er seine letzte Ruhestätte nicht in seiner Bischofsstadt finden wollte, hat, wie uns ausdrücklich berichtet wird, seine Gründe. Konnte er es doch bis an sein Lebensende wohl nicht verschmerzen, daß sich die Kölner Bürger im April 1074 gegen ihn erhoben und seine Stadtherrschaft für wenige Tage ernsthaft erschütterten. Der Anlaß hierzu war eher nichtig. Indem er ein beladenes Schiff für die Heimfahrt Bischof Friedrichs von Münster, der bei ihm zu Gast war, beschlagnahmen ließ, verletzte Anno altes Kaufmannsrecht[24], was sich der Sohn des Schiffseigners nicht bieten lassen wollte. Mit einer Handvoll Bediensteter und junger Leute aus der Stadt verjagte er erst die Männer des Erzbischofs, die sich am Schiff zu schaffen machten, und später noch den Stadtvogt, der ihnen zu Hilfe kam. Anstatt beschwichtigend zu wirken, goß Anno, von dieser Widersetzlichkeit benachrichtigt, noch Öl ins Feuer. Jähzornig wie er war, drohte er den Burschen an, beim nächsten Gerichtstag an ihnen Rache nehmen zu wollen. »Die Drohung, als ein ungerechter Richter demnächst zu walten, mußte das Zutrauen der betroffenen Bürger zu Anno und seiner Herrschaft zutiefst erschüttern«, hat man jüngst gemeint[25], und es ist wohl richtig, dies als wesentlichen Auslöser für die folgenden Aktionen anzusehen. Aufgestachelt durch den Initiator des Ganzen, jenen schon erwähnten Kaufmannssohn, stürmten Kölner Bürger hin zum erzbischöflichen Palast und überfielen Anno beim Mahl; kaum gelang es seinen Dienern, ihn in der Domkirche vor dem Zorn der Menge zu bergen. Jedoch nach kurzer Zeit war er auch dort nicht mehr sicher; als die wütende Menge sich anschickte, die Mauern seiner Zufluchtsstätte zu brechen, floh er verkleidet auf einem Schleichweg aus der Stadt. Drei Tage verbrachte er außerhalb ihrer Mauern, damit beschäftigt, die Leute aus den umliegenden Regionen zu sammeln, um mit ihrer Hilfe Köln wiederzuerobern. Und diese stellten sich ihm, so heißt es, vieltausendfach zur Verfügung, so daß er schließlich mit einem gewaltigen Volksheer wieder vor der Stadt erschien. Die Kölner, die sich während Annos Abwesenheit noch hatten verteidigen wollen und außerdem König Heinrich durch Gesandte aufforderten, die Stadt zu besetzen, leisteten keinen Widerstand. Sie erschienen vielmehr barfuß und in härenen Gewändern, bereit zur Bußleistung, vor Anno, der diese für den nächsten Tag ansetzte. Da jedoch war die Lage gründlich verändert. Viele aus der reichen Oberschicht hatten während der Nacht fluchtartig die Stadt verlassen; auf die Verbliebenen aber wartete der Erzbischof vergebens – drei Tage lang. Dann brach das Strafgericht über sie herein: die Ritter des Kölners fielen über sie her, töteten und plünderten; wer schuldig war, wurde gepeitscht, geschoren oder im schlimmsten Fall gar geblendet, wie der Kaufmannssohn; an ihrem Vermögen gestraft wurden alle. Darüber hinaus ließ sie Anno noch einen Eid schwören: sie hätten Köln in Zukunft für den Erzbischof mit Rat und Tat gegen jedermann zu schützen, die Flüchtigen aber als ihre ärgsten Feinde anzusehen, bis sie Genugtuung geleistet hätten.

Was sich hier begab, ist die erste größere Empörung bürgerlich-kaufmännischer Schichten in einer deutschen Stadt, von der wir detailliert Kenntnis besitzen. Nicht zuletzt während Annos Pontifikat selbst dürften diese Schichten einen wirtschaftlichen Aufstieg genommen haben, der schließlich zu ihrer politischen Einflußlosigkeit unter der Stadtherrschaft des Erzbischofs[26] in keinem Verhältnis mehr stand. So haben sie rebelliert – und zunächst verloren. Denn selbst der König, der einige Wochen später die Stadt besuchte, dort Gericht hielt und alles tat, um den ihm verhaßten Anno in die Knie zu zwingen – unter anderem warf er ihm Landesverrat vor, verlangte Geiseln von ihm und drang auf schnelle Versöhnung mit den Bürgern –, erlitt einen schweren Mißerfolg. Er scheiterte an der festen Haltung des Erzbischofs, der die Geiselstellung als unbillig verweigerte und erst nach knapp einem Jahr, zu Ostern 1075, die Geflüchteten und Gebannten wieder in Gnaden annahm. Trotzdem zeigt schon der oben angeführte Eid die zukünftige Richtung der Entwicklung an: der Stadtherr legte allen Gegensätzen zum Trotz die Verteidigung Kölns in die Hände der Bürger, was letztendlich »dem Aufkommen der körperschaftlichen Gemeinde starke Antriebe vermittelt haben« dürfte.[27]

Schon von ihm wohlgesonnenen Zeitgenossen ist Anno vorgeworfen worden, er habe sich bei der Bekämpfung des Aufstandes viel grausamer verhalten, als es einem so hohen geistlichen Würdenträger zustehe.[28] Gewiß hat er zeit seines weiteren Lebens hart gelitten, wenn er sich der schimpflichen Flucht erinnerte, die ihm als einziger Ausweg blieb, um vor den tobenden Rebellen Sicherheit zu finden. Allerdings blieben ihm nach dieser Demütigung nur noch wenig mehr als anderthalb Jahre. Von einer schlimmen Krankheit gepeinigt, die ihm die Beine und wohl auch andere Körperteile bis auf die Knochen zerfraß, starb er am 4. Dezember 1075 in seiner Bischofsstadt. Sein toter Körper wurde acht Tage lang durch die Kölner Kirchen getragen und dort aufgebahrt; dann überführte man ihn nach Siegburg. Hier fand er, wie schon erwähnt, seine letzte Ruhestätte, und hier besondes bewahrte man ihm ein frommes Andenken. Schon wenige Jahre nach Annos Hinscheiden schrieb Reginhard, der dortige Abt, eine Anno-Vita, von der wir allerdings nur Fragmente kennen[29], und auch eine weitere Lebensbeschreibung von 1104/05, die vollständig erhalten ist, stammt aus der von ihrem »Helden« so gern besuchten Abtei[30]. Wahrscheinlich ist diese auch Entstehungsstätte des mittelhochdeutsch abgefaßten »Annoliedes«, welches in knapp 900 Versen das vorbildhafte Leben und Wirken des Erzbischofs rühmt und ihm einen herausragenden Platz in der – vom unbekannten Autor recht originell gesehenen – Weltgeschichte, die zugleich immer auch Heilsgeschichte ist, zuweist.[31]

Schließlich und endlich: von Siegburg gingen die Bestrebungen aus, Anno heiligzusprechen, was etwas mehr als ein Jahrhundert nach seinem Tode, im Jahre 1183, geschah.[32] Und damals entstand dort auch der Annoschrein, der seine aus dem Grab erhobenen Gebeine als Reliquien barg, eine der schönsten Schöpfungen rheinischer Goldschmiedekunst der Stauferzeit.[33]

Eine der eindrucksvollsten Persönlichkeiten des hohen Klerus im 11. Jahrhundert – so hatten wir Anno zu Beginn gekennzeichnet. Die Impressionen, die man von ihm gewinnt, sind vielfältig und so schillernd, wie die Zeit war, in der er lebte. Daß er mit inbrünstiger Frömmigkeit sein geistliches Amt ausübte, wird immer wieder berichtet – aber Herr einer Diözese zu sein hieß für ihn auch, diese territorial zu stärken, und sei es mit Waffengewalt. Er engagierte sich für die Kirchenreform – aber er war den römischen Reformpäpsten mehr als einmal verdächtig. Er wollte seine Auffassung, wie das Reich zu regieren sei, dem jungen König Heinrich IV. vermitteln – und er erreichte nur, daß dieser sich ihm je länger, je mehr entfremdete. Von den Bewohnern seiner Bischofsstadt mußte er, fast am Ende seines Lebens, die stärkste Demütigung hinnehmen, die ihm je widerfuhr, und er hat sie ihnen erst nach unangemessen langer Frist (und innerlich wohl nie) verziehen. Schon zu seinen Lebzeiten warf man ihm vor, daß er auch seinen Verwandten hohe geistliche Würden verschaffte bzw. dies versuchte; jedoch vermerkte man auch, daß die Kölner Kirche unter ihm zur bedeutendsten des Reiches wurde.[34] Im Dienst für dieses Reich war er weniger erfolgreich; neben seinen Differenzen mit dem Herrscher war hierbei wohl entscheidend, daß er sich schließlich nicht mehr in der Lage sah, die Spannungen zwischen den Großen auszugleichen.[35] Die ungleich größeren Spannungen zwischen Königtum (Regnum) und Papsttum (Sacerdotium), die besonders in seinen letzten Lebensjahren immer stärker spürbar wurden, hat er – zumal er beiden Institutionen durch Ehrenämter verpflichtet war[36] – gewiß mit großem Unbehagen zur Kenntnis genommen. Den großen Ausbruch des »Investiturstreits«, der zu Anfang des Jahres 1076 mit dem Absetzungsversuch des Papstes durch den König und der Bannung des Königs durch den Papst die damalige Christenheit erschütterte, zu erleben blieb ihm jedoch erspart. So war er auch deswegen, aber weit mehr noch seinen Intentionen nach ein »vorgregorianischer« Reichsbischof, von dem sein erster Biograph Reginhard sagte, er sei von dieser Welt gegangen, *damit seine Augen nicht die Übel sähen, die der Herr über die Erde zu bringen sich anschickte.*[37]

1   LAMPERT von Hersfeld, Annales, hg. v. O. HOLDER-EGGER, in: Lamperti opera, Hannover/Leipzig 1894 (MGH. SS. in us. schol.), ad a. 1062, S. 80; LAMPERT von Hersfeld, Annalen, neu übers. v. A. SCHMIDT, erl. v. W. D. FRITZ, 3. Aufl., Darmstadt 1985, zum Jahr 1062, S. 75.

2   Vgl. D. LÜCK, Erzbischof Anno II. von Köln. Standesverhältnisse, verwandtschaftliche Beziehungen und Werdegang bis zur Bischofsweihe, in: Annalen des Historischen Vereins für den Niederrhein 172 (1970), S. 9ff.

3   Vgl. J. FLECKENSTEIN, Problematik und Gestalt der ottonisch-salischen Reichskirche, in: Reich und Kirche vor dem Investiturstreit, hg. v. K. SCHMID, Sigmaringen 1985, S. 83–91.

4   LAMPERT von Hersfeld, Annales, ad a. 1075, S. 242.

5   Das folgende weitgehend nach G. JENAL, Erzbischof Anno II. von Köln (1056–1075) und sein politisches Wirken. Ein Beitrag zur Geschichte der Reichs- und Territorialpolitik im 11. Jahrhundert, 2 Teile, Stuttgart 1974/75 (Monographien zur Geschichte des Mittelalters 8,1 und 2), T. 1, S. 110ff.

6 So R. Schieffer, Erzbischöfe und Bischofskirche von Köln, in: Die Reichskirche in der Salierzeit, hg. v. St. Weinfurter unter Mitarbeit v. F. M. Siefarth, Sigmaringen 1991 (Die Salier und das Reich 2), S. 9. Der dort gegebene neueste Abriß über Annos Wirken (S. 8–15) ist auch an anderen Stellen eine wesentliche Grundlage des hier gebotenen Textes.

7 Jenal, Erzbischof 1, S. 166ff.

8 Schieffer, Erzbischöfe, S. 10f.

9 Lück, Erzbischof, S. 31ff., besonders S. 44ff.

10 Mit diesem Titel erscheint Anno mehrmals in Urkunden der Jahre 1063 und 1064; vgl. Lück, Erzbischof, S. 81ff.

11 Lampert von Hersfeld, Annales, ad a. 1065, S. 93.

12 Das folgende ausführlich bei Jenal, Erzbischof 1, S. 56ff.

13 Das Pallium ist eine weiße, mit schwarzen Kreuzen versehene wollene Schmuckbinde, die um den Hals getragen wird. Es symbolisiert die erzbischöfliche Gewalt.

14 Vgl. etwa K. Bosl, Die Reichsministerialität der Salier und Staufer, Bd. 1, Stuttgart 1950 (Schriften der MGH 10,1), S. 13; neuerdings auch R. Schneider, Landeserschließung und Raumerfassung durch salische Herrscher, in: Salier, Adel und Reichsverfassung, herausgegeben v. St. Weinfurter unter Mitarbeit v. H. Kluger, Sigmaringen 1991 (Die Salier und das Reich 1), S. 117ff., besonders S. 135ff.

15 Etwa in den wichtigen Unterredungen zu Gerstungen (Oktober 1073) und Corvey (Januar 1074).

16 Jenal, Erzbischof 2, S. 402.

17 Das Register Gregors VII., hg. v. E. Caspar, Berlin 1920 (MGH. Epistolae selectae 2,1), lib. I, Nr. 79, S. 112f. vom 18. April 1074. Am 29. März 1075 wird Anno zur Durchsetzung des Zölibats in seiner Kirchenprovinz aufgefordert, vgl. ebenda, lib. II, Nr. 67, S. 223f.

18 Vgl. hierzu letztens Schieffer, Erzbischöfe, S. 14.

19 Ebenda, S. 12.

20 F.-R. Erkens, Die Bistumsorganisation in den Diözesen Trier und Köln – ein Vergleich, in: Die Reichskirche in der Salierzeit, S. 294.

21 J. Semmler, Die Klosterreform von Siegburg. Ihre Ausbreitung und ihr Reformprogramm im 11. und 12. Jahrhundert, Bonn 1959, S. 213.

22 Erkens, Bistumsorganisation, S. 294ff.; das Zitat bei Semmler, Klosterreform, S. 213.

23 So u. a. geschildert bei Lampert von Hersfeld, Annales, ad a. 1075, S. 246f. Vgl. auch Vita Annonis archiepiscopi Coloniensis, hg. v. R. Köpke, Hannover 1854 (MGH. SS. rer. Germ. 11), lib. II, cap. 11, S. 487.

24 Vgl. H. Stehkämper, Die Stadt Köln in der Salierzeit, in: Gesellschaftlicher und ideengeschichtlicher Wandel im Reich der Salier, hg. v. St. Weinfurter unter Mitarbeit v. H. Seibert, Sigmaringen 1991 (Die Salier und das Reich 3), S. 93.

25 Ebenda, S. 94.

26 Über deren Verfassung und Organisation vgl. ebenda, S. 91ff.

27 Ebenda, S. 98.

28 Lampert von Hersfeld, Annales, ad a. 1074, S. 192.

29 Vgl. R. Schieffer, Ein Quellenfund zu Anno von Köln, in: DA 34 (1978), S. 202–213.

30 Vita Annonis, S. 462–514.

31 Das Annolied, hg. und übers. v. E. Nellmann, 2. Aufl., Stuttgart 1979.

32 Zu dem ungewöhnlichen Verfahren vgl. R. Neumüllers-Klauser, Die Kanonisation des heiligen Anno, in: Sankt Anno und seine viel liebe statt. Beiträge zum 900jährigen Jubiläum, hg. v. G. Busch, Siegburg 1975, S. 439–446.

33 Vgl. A. Legner, Der Annoschrein, in: Sankt Anno und seine viel liebe statt, S. 351–393.

34 Adam von Bremen, Gesta Hammaburgensis ecclesiae pontificum, 3. Aufl., hg. v. B. Schmeidler, Hannover/Leipzig 1917 (MGH. SS. in us. schol.), lib. III, cap. 35, S. 177f.

35 So Schieffer, Erzbischöfe, S. 13.
36 Ersterem als Erzkanzler für Italien, letzterem zeitweilig als Erzkanzler der Heiligen Römischen Kirche.
37 Vgl. den Text bei Schieffer, Quellenfund, S. 204; die Übersetzung nach Schieffer, Erzbischöfe, S. 15.

Otto von Northeim

HERZOG VON BAYERN
(1061–1070)

von Olaf B. Rader

Herzog Otto … war gebürtiger Sachse,
ein Mann von erlauchtestem Adel, an Klugheit und kriegerischem Wesen
war er nur wenigen vergleichbar und von allen unter den Großen
besaß er ein so großartiges Wesen, daß der König,
der den Sachsen überhaupt verdächtig und verhaßt war, sich fürchtete,
er könnte gegen ihn an die Spitze des Reiches erhoben werden…
(Frutolf von Michelsberg zum Jahr 1071)

Winter im Jahr des Herrn 1069. Auf einem Weg im Osten des Herzogtums Sachsen reitet eine Schar Bewaffneter westwärts. Es sind der junge König Heinrich IV. und der Herzog von Bayern, Otto von Northeim, mit ihrem Gefolge. Die Männer sind müde, denn sie haben soeben erfolgreich einen Feldzug gegen die heidnischen Liutizen östlich der Elbe beendet. Nachdem der König sein Heer entlassen hat, streben die wenigen Reiter zu einer in der Nähe gelegenen Besitzung Ottos, auf die der Northeimer den König und seine Mannen eingeladen hat, um sich auszuruhen, zu speisen und vor allem, um sich aufzuwärmen. Denn der Winter am Beginn des Jahres ist außerordentlich hart. Es ist so kalt, daß die Weinstöcke und die Waldbäume keine Frucht geben werden in diesem Jahr.[1] Die große Kälte war aber auch der Grund, warum der achtzehnjährige König schnell ein kleines mobiles Heer aufbot und die Liutizen mit Krieg überzog. Die Landschaft dieses slawischen Stammes im Gebiet der nördlichen Havel war von unzähligen Flüssen und Wasserläufen durchzogen, Sümpfe und Seenketten schützten das Land und die Siedlungen. Die große Kälte hatte aber genau diesen Verteidigungswert neutralisiert. Fest zugefroren waren alle Wasserflächen, so daß Heinrichs Heer unter der militärischen Führung des Bayernherzogs einen schnellen Sieg erringen konnte. Beladen mit großer Beute kehrte die Reiterschar in Ottos Besitzungen ein. In der Nacht nach dem Mahl erhob sich plötzlich Geschrei. Vor dem Schlafgemach des Königs war ein Handgemenge im Gange. *Waffen, Waffen* riefen einige. Kuno, der erste Diener und Erzieher des Königs, wurde plötzlich von Dienstmannen des Herzogs hart bedrängt. Nur mühselig konnten der herbeigeeilte König und seine Waffenträger die Streitenden beruhigen. Dem Kuno sollte es an das Leben, glaubten die Beteiligten des Tumults.

Ein Jahr später beschuldigte ein Mann mit schlechtem Ruf namens Egino am Hof des Herrschers den Herzog schlimmster Verbrechen. Das eigentliche Ziel des damaligen Tumults sei der König selbst gewesen. Otto habe ihn, Egino, zu einem Mordanschlag angestiftet und zu diesem Zweck auch ein Schwert übergeben. Zum Beweis seiner schweren Anschuldigungen würde er sogar in einem Zweikampf mit dem Herzog die Wahrheit durch den Herrn offenbaren lassen. Ein Gottesgericht sollte an dem für den 1. August 1070 nach Goslar einberufenen Gerichtstag stattfinden. Wie, soll etwa der *dux cum latrone*, der *primas cum ignobile* – der Herzog mit dem Straßenräuber, der Vornehmste mit dem Unedelen – kämpfen? empörte sich Jahrzehnte später der Chronist Frutolf von Michelsberg dazu.[2]

Der Herzog bat per Boten um freies Geleit, das ihm aber verwehrt wurde. Otto wich dem Zweikampf aus und wurde nun in einem Kontumazialverfahren, das den automatischen Prozeßverlust bei Nichterscheinen vor Gericht beinhaltete, am nächsten Tag seines Herzogtums enthoben. Außerdem wurde er wegen des nun erwiesenen Majestätsverbrechens als Hochverräter zum Tode verurteilt. Vollstreckt werden sollte es, wenn man seiner habhaft werden würde. Sofort begannen die persönlichen Feinde Ottos dessen Besitzungen im Namen des Rechts zu verheeren. Etwas später beteiligte sich auch der König mit seinen Bewaffneten daran. Im Gegenzug brannte Otto, der sich mit einer ansehnlichen Zahl Getreuer in den Wäldern Thüringens versteckt hatte, Dörfer und Höfe des Königs nieder. Die Schrecken dieser nun über viele Jahre tobenden Kämpfe beklagte der Chronist Frutolf: *Oh! Aus dem Samen fürstlicher Zwietracht waren ewige Kriege und Aufstände, Plünderungen und Brandstiftungen, Kirchenspaltungen und Irrlehren und sogar Tod als beklagenswerte Früchte entsprossen und erwachsen.*[3] Und in der Tat, der Sturz Ottos von Northeim vom mächtigsten Reichsfürsten zum vogelfreien Geächteten bezeichnet nicht nur schlechthin eine persönliche Tragödie, sondern sie markiert auch den Beginn langer und schwerster innenpolitischer Auseinandersetzungen im Reich. Otto, einst einer der Angesehensten und Vornehmsten des Reiches, war nun plötzlich zum Anführer der Adelsopposition gegen den jungen Salier geworden. Seine Geschichte ist engstens verwoben mit den Konflikten des Investiturstreits, den Erhebungen von Gegenkönigen und Verfassungskrisen, die sich auch über den Tod Ottos hinaus weiter zu entladen suchten.

Es ist schwer, sich aus einem Abstand von über neunhundert Jahren ein Bild von Otto zu machen. Plante er wirklich eine Verschwörung – die Sachsen hatten in der Tat in den fünfziger Jahren über eine gewaltsame Beseitigung des königlichen Knaben nachgedacht[4]- oder wollte der König einen zu mächtig gewordenen Fürsten, der ihn bei der Durchsetzung seiner Politik behinderte, aus dem Weg räumen? Hatte Heinrich den Vorfall und das Gerichtsschauspiel inszeniert oder benutzt? Die vier Hauptquellen, aus denen zum Leben des Northeimers geschöpft werden kann, widersprechen sich in ihrer Argumentation. Sie sollen, um das Problem zu verdeutlichen, hier kurz vorgestellt werden.[5]

Voll von Gehässigkeiten gegenüber Heinrich IV. sind die vom Hersfelder Mönch Lampert verfaßten Annalen, die von der Erschaffung der Welt bis zum Zeitpunkt kurz vor der Wahl Rudolfs von Rheinfelden reichen. Für Lampert steht die Schuldlosigkeit des Northeimers folgerichtig außer Zweifel. Einzig bei ihm finden wir weitere Nachrichten über Ottos Ankläger. Nach Lampert sei Egino im Jahr 1073 bei einem Raubzug ertappt und geblendet worden. Um Almosen bettelnd habe er sein restliches Leben zubringen müssen. So habe Gott den schuldlosen Otto gerächt.

Ebenso feindlich gegenüber dem Salier eingestellt ist das von dem Magdeburger Domscholaster Bruno verfaßte Buch vom Sachsenkrieg. Die von der Jugend Heinrichs IV. bis zur Weihe Hermanns von Salm im Jahr 1081 reichende Darstellung nimmt auch völlig für den Northeimer Partei und sieht in allen Anschuldigungen gegen Otto lediglich Verschwörungen des Königs.

Einen etwas unparteiischeren Standpunkt übergab Frutolf von Michelsberg der Nachwelt. Frutolf hat, wie schon Lampert und viele der mittelalterlichen Geschichtsschreiber, sein Werk mit der Schöpfung beginnen lassen. Dabei sind bis zum Zeitpunkt des eigenen Erlebens ältere Autoren verarbeitet worden. Frutolf hat in seiner 1099 beendeten glänzenden Weltgeschichte Ottos von Northeim im Vergleich zu Lampert oder Bruno aber zurückhaltender gedacht, ja zu seinem Todesjahr erwähnt er ihn nicht einmal mehr.

Nun völlig gegensätzlicher Meinung über die Personen des Königs und des gegen ihn opponierenden Herzogs sind die Jahrbücher aus dem bayerischen Kloster Altaich, die von den Jahren 708 bis 1073 reichen. Otto hatte sich in seinem Machtstreben auch dieses Klosters bemächtigt, wodurch es aus der Reichsunmittelbarkeit in eine Abhängigkeit absank. Der Northeimer gewann so zwar das Kloster für, die Mönche und deren meinungsbildende Kraft aber gegen sich. Obwohl für den Altaicher Annalisten Ottos einziges Streben auf Verschwörung gerichtet gewesen sein soll, kommt auch er doch nicht umhin, dem Northeimer eine große Klugheit zuzugestehen.

Bevor wir die Lebenslinien des Northeimers nachzuzeichnen versuchen,[6] werfen wir noch einen kurzen Blick auf die politische Gesamtkonstellation des Reiches. Als Heinrich III. 1056 starb, hinterließ er einen unmündigen Sohn. Die Zeit des zweiten Saliers war noch voller Machtdarstellung des Kaisertums gegenüber dem Papsttum und den Fürsten erschienen. Aber schon in der Regierung Heinrichs III. hatten sich neue politische Konstellationen entwickelt, die sich in der Zeit der Vormundschaft des jungen Königs Heinrich IV. immer stärker herauszubilden begannen. Das betraf vor allem die Struktur und Organisation der Kirche, das Reformpapsttum, das nur ein Menschenalter nach dem Tag von Sutri, an dem Heinrich III. gleich drei Päpste abgesetzt hatte, nun zu einer okzidentalen Macht geworden war, und die politische Willensbildung im Reich überhaupt. Heinrich IV. versuchte sofort nach Beginn der eigenständigen Regierung – im März des Jahres 1065 wurde er für mündig erklärt, oder wie es wörtlich heißt, *gürtete sich erstmalig mit den Waffen des Krieges*[7] – in der Vormundschaft teilweise entfremdetes Reichsgut am Ende der sechziger Jahre wieder in die territoriale Machtgrundlage der Krone mit einzubeziehen. Zudem griff er verstärkt in den thüringisch-sächsischen Raum ein, um hier erneut Reichsrechte zur Geltung zu bringen und, was die Forschung der letzten Jahre besonders herausgearbeitet hat, stark auszuweiten. Flankiert von einem großen Burgenbauprogramm, wurden die Rechte auch herrschaftlich sichtbar demonstriert. Ein großer Gegensatz zur sächsischen Aristokratie tat sich nun nicht nur allein dadurch auf, daß sich die

Sachsen in ihren alten Stammesrechten geschmälert fühlten, sondern auch durch die Heranziehung vor allem schwäbischer Ministerialer, die als Burgbesatzungen in Sachsen besonders verhaßt waren. Die Interessen der sächsischen Großen, das Ansehen Ottos in Sachsen und das Sonderinteresse des Northeimers zur Wiedererlangung der bayerischen Herzogswürde bildeten so ein Amalgam beständigen Unruhe- und Aufstandspotentials.[8]

Gesicherte Nachrichten über die Familie der Northeimer beginnen erst mit dem Großvater Ottos, dem Grafen Siegfried I., der in den achtziger Jahren des 10. Jahrhunderts Grafenrechte in der Nähe von Northeim ausübte und um die Jahrtausendwende als Inhaber eines befestigten Herrensitzes – curtis – in Northeim nachweisbar ist. Otto von Northeim nun war der einzige Nachkomme des Grafen Benno mit seiner Frau Eilika. Da keine gesicherten Belege für das Geburtsdatum vorliegen, nimmt die Forschung die Jahre 1020–1025 als Beginn seines Lebens an. Ottos Onkel Siegfried II. erwarb sich unrühmliche Verdienste, als er zusammen mit mehreren Mitverschworenen, unter ihnen auch Ottos Vater Benno, im April des Jahres 1002 den als Kronprätendenten geltenden thüringischen Markgrafen Ekkehard eigenhändig mit der Lanze ermordete. Durch diese Tat verlor Siegfried sämtliche Grafenrechte, die nun in der Hand seines jüngeren Bruders Benno vereint wurden.[9]

Die Familie der Grafen von Northeim war ursprünglich im westlichen Harzvorland begütert. Hier in dem das Mündungsgebiet der Rhume in die Leine umfassenden Rittigau (Rietgau=Sumpfgau) lag die Kernzone ihrer Herrschaftsbildung mit dem Ort Northeim, der als Stammsitz erstmalig vom Annalista Saxo im 12. Jahrhundert genannt wird. Im Verlauf des 11. Jahrhunderts sammelte die Familie Herrschaftsrechte im Moringergau, Augau, sächsischen Hessengau, Nethegau und Ittergau sowie in der Germarmark. Außerdem besaßen sie Vogteirechte über viele Klöster, die oft mit Vogteilehen verbunden waren. Zu ihnen gehörten die Klöster Northeim, Bursfelde, Amelunxborn, Oldisleben, die Reichsklöster Corvey, Gandersheim, Clus, Brunshausen und bischöfliche Eigenklöster. Otto von Northeim selbst erwarb Rechte am bayerischen Kloster Altaich. Die Allode der Familie lagen hauptsächlich in den Gebieten um Northeim, Gandersheim, Göttingen und Stadtoldendorf. Dazu hielten die Grafen noch Lehen des Erzstifts Mainz und der Hochstifte Paderborn und Hildesheim. Diese Fülle von Rechtstiteln ist dann im 12. Jahrhundert, als die Familie der Northeimer erlosch, auf den Welfen Heinrich den Löwen übergegangen.

Über die Jugend Ottos schweigen die Quellen. Das ist im Mittelalter nichts Ungewöhnliches. Selbst bei Herrschern sind die ersten Lebensjahrzehnte oft nur schwer rekonstruierbar. Lediglich durch die letzte Nennung Graf Bennos in einem Diplom Kaiser Heinrichs III. vom September des Jahres 1047 an das Domkapitel zu Paderborn und die erste Nennung des jungen Grafen Otto in der Zeugenreihe der Urkunde des Saliers für Fulda vom November 1049 läßt sich der Zeitpunkt der Herrschaftsfolge eingrenzen.[10] In diesem Zeitraum ist der Tod Graf Bennos und der Herrschaftsbeginn seines Sohnes Otto zu setzen. Kurze Zeit später heiratete Otto die Witwe des Grafen Hermann von Werl, Richenza. Aus dieser Ehe gingen sechs Kinder hervor. Eine Enkelin aus dieser Verbindung, auch wie ihre Großmutter Richenza geheißen, wurde die spätere Gemahlin Kaiser Lothars von Supplinburg. Ottos Frau, die aus einem hochedlen Geschlecht stammte, brachte umfangreiche Erbgüter in Westfalen und Nordsachsen in die Ehe mit ein. Die von Graf Benno an seinen einzigen Sohn Otto vererbte Güter- und Rechtsfülle und die wertvollen Besitzungen und Rechte von Ottos Frau Richenza bildeten die wirtschaftlichen Grundlagen des Ansehens, das Otto genoß, und der Macht, die er besaß. Nun hing es von seinen persönlichen Fähigkeiten ab, gestützt auf diese Basis, seinem politischen Streben Konturen zu verleihen.

Ottos reichspolitischer Aufstieg begann mit der Erhebung in die bayerische Herzogswürde auf einem Hoftag in Regensburg zu Beginn des Jahres 1061 durch die Hand der Kaiserin Agnes, die nach dem Tode Kaiser Heinrichs III. die Vormundschaft über den zehnjährigen König Heinrich IV. ausübte. Für seine Erhebung sprachen zwei Dinge. Einmal besaß Otto ein später noch oft hervortretendes Feldherrentalent, das für Bayern in der zu Ungarn gefährdeten Grenzregion gerade in dieser Zeit eine besondere Bedeutung hatte. Der Versuch der Kaiserin Agnes, in ungarische Kronwirren militärisch einzugreifen, war gerade ein Jahr zuvor gescheitert. Zudem hoffte Agnes mit der Vergabe des Herzogtums, dem sie einige Jahre selbst vorstand und das sie nun freiwillig aufgab, sich mit Otto eine starke Stütze für ihre vormundschaftliche Regierung zu sichern. Im Herzogtum Kärnten flammten zudem innere Adelszwistigkeiten immer wieder zu offenen Kämpfen auf, die die Situation im benachbarten Herzogtum Bayern zusätzlich destabilisierten. Nur eine starke Persönlichkeit konnte dauerhaft die inneren und äußeren Probleme des bayerischen Herzogtums an dessen Spitze bewältigen. Zum anderen besaß Otto durch seine Ehe mit der Ezzonin Richenza eine verwandtschaftliche Legitimation für diese Würde. Ein Angehöriger dieser Familie hatte schon einmal kurz zuvor das Amt des bayerischen Herzogs bekleidet.

Die Hoffnungen der Agnes, sich durch die Erhebung in Otto eines getreuen Fürsten sowohl in der Lösung innerer Probleme Bayerns als auch für die vormundschaftliche Reichsregentschaft zu versichern, sind anscheinend in beiden Fällen enttäuscht worden. Nicht ganz so verläßlich berichten die ottofeindlichen Annalen von Altaich über innere Kämpfe des Jahres 1067 in Bayern, bei denen Otto, anstatt zu schlichten, von beiden Seiten Geld genommen haben soll, die Streitenden an sich aber ihrem Schicksal überließ.[11] Gegenüber Agnes dankte Otto das in ihn gesetzte Vertrauen mit der maßgeblichen Beteiligung an dem sogenannten »Staatsstreich von Kaiserswerth«. Hier hatten einige Reichsfürsten im Jahr 1062 unter der Leitung des Kölner Erzbischofs Anno mit einem Trick den jungen König auf ein Rheinschiff gelockt und ihn anschließend entführt. Otto war auch auf dem Schiff zugegen und Augenzeuge des beinahe tödlichen Ausgangs der Entführung, weil der königliche Knabe in seiner Angst einfach über Bord gesprungen war. Ohne die geistesgegenwärtige Hilfe des Grafen Ekbert I. von Braunschweig, der den König aus dem Wasser rettete, hätten sich die Verschworenen nicht nur des Königsmordes schlechthin schuldig gemacht, sondern auch die Herrschaft des salischen Herrscherhauses vorzeitig beendet.[12] Da die Verschworenen ebenfalls die Reichsinsignien in ihre Hand gebracht hatten, war die Kaiserin Agnes nunmehr von der Reichsregierung ausgeschlossen. Die Verfügung über den jungen König hingegen stellte ein machtpolitisches Pfand und die einzige wirkliche Legitimierung für im Namen des Reiches agierende Fürsten dar.

Otto überließ die täglichen Reichsgeschäfte Anno von Köln und anderen geistlichen Fürsten. In den sechziger Jahren ist aber trotzdem ein starkes reichspolitisches Engagement bei ihm spürbar. Im Spätsommer und Frühherbst des Jahres 1063 stand er mit dem jungen König an der Spitze eines glanzvollen Heerzuges gegen Ungarn. Die Mutter des wiedereingesetzten ungarischen Königs Salomon schenkte ihm, als Zeichen ihrer Wertschätzung seiner militärischen Fähigkeiten, ein Schwert, das schon von König Attila getragen worden sein soll. Dabei ist heute völlig gleichgültig, ob es sich tatsächlich um eine Waffe des Hunnenkönigs handelte. Entscheidend ist, daß Otto und seine Zeitgenossen das glaubten und wir daran das hohe Ansehen ablesen können, das der Northeimer genoß. In diesen Jahren ist Otto auch als Intervenient in Herrscherurkunden nachweisbar, versuchte sich als Streitschlichter bei gegensätzlichen Rangauffassungen des Abtes von Fulda und des Bischofs von Hildesheim; ja er wird sogar mit Anno von Köln zusammen als Leiter der Staatsgeschäfte bezeichnet.[13] Im Jahr 1068 gehörte er zusammen mit dem Kölner Erzbischof und Bischof Heinrich von Trient zu einer Gesandtschaft, die der König, anstatt selbst einen Italienzug zu unternehmen, nach Süden geschickt hatte. Die Gesandten verhandelten um die Osterzeit mit Papst Alexander II., bevor die geweihten Männer über die Alpen nach Norden zurückkehrten. Otto blieb noch in Italien, wohl auch um in Vertretung des Königs Reichsrechte zu repräsentieren. Dabei kam es bei einem Gerichtstag in der Nähe von Piacenza zu einem Tumult unter den Italienern, so daß sich Otto erfolglos zurückziehen mußte. Im Jahr 1069 unternahm er dann zusammen mit König Heinrich den am Anfang beschriebenen Zug gegen die Liutizen, in dessen Anschluß es zu dem merkwürdigen Zwischenfall kam, der zu seinem Sturz führte oder dafür benutzt wurde. Zum Fest der Geburt des Herrn des Jahres 1070 belehnte der König Ottos ehemaligen Schwiegersohn Welf IV. mit dem Herzogtum Bayern. Welf hatte schon nach dem Urteil über den Northeimer dessen Tochter verstoßen und sie dem Vater zurückgeschickt.[14]

Nachdem der König und Otto mehrere Monate einen gnadenlosen Verwüstungsfeldzug gegeneinander geführt hatten, schlossen Heinrich IV. und der abgesetzte Herzog von Bayern einen Waffenstillstand, nach dessen Ablauf sich der Northeimer im Juni 1071 dem König ergab. Er erhielt zwar seinen Allodialbesitz zurück, blieb aber aller Reichslehen verlustig und mußte eine einjährige Haft erdulden. Zu Pfingsten 1072 erhielt Otto auf einem Hoftag in Magdeburg die königliche Gnade zurück. Allerdings war der Friede nur von kurzer Dauer. Zu stark fühlten sich die Sachsen vom salischen König in ihren Rechten bedrängt, und zu stark war Ottos Streben nach voller Rehabilitierung, als daß beide Parteien nicht zwangsläufig immer wieder zusammen gegen Heinrich IV. opponieren mußten. Im Jahr 1073 brach der sächsische Aufstand gegen den König los. Als maßgebliche Fürsten sind übereinstimmend immer wieder überliefert: Magnus Billung, Dedi, der Markgraf der

Ostmark, Burchard II., Bischof von Halberstadt, und Otto von Northeim. Nach einer gescheiterten Verhandlung mit König Heinrich kamen die Sachsen auf einer Stammesversammlung im Juli in Hoetensleben, dessen Lage wir heute nicht genau kennen, zusammen. Otto hielt von einem Hügel eine lange Ansprache und vermochte, wohl auch durch seine charismatische Erscheinung, bei den Sachsen, ob hohen oder niedrigen Standes, eine wilde Entschlossenheit zu erzeugen.[15] Außerdem gelang es ihm, sein individuelles Interesse bezüglich Bayerns mit den sächsischen Forderungen zu verknüpfen. Kurz nach der Versammlung belagerten die Sachsen die Harzburg, in der sich der König gerade aufhielt. Heinrich konnte sich nur durch eine nächtliche Flucht retten. Die Sachsen versuchten in dieser Phase des Aufstandes auch, sich mit oberdeutschen Fürsten über eine gemeinsame Politik zu verständigen. Trotz gewisser Differenzen innerhalb der Opposition blieb Otto weiter der Führer der sächsischen Aufständischen. Wie stark seine Position war, entnehmen wir einer Stelle bei Lampert, nach der die Sachsen Otto im Jahr 1074 aufgefordert hätten, über sie eine herzogliche Stellung einzunehmen.[16] Nicht aber die herzogliche Stellung, die erbrechtlich an den Billunger Magnus gebunden war, wurde Otto von der Versammlung angetragen, sondern die eines quasi gewählten Heerkönigs, der als »dux belli« militärische Führungsaufgaben zu übernehmen hatte. In Sachsen hatten sich ja alte germanische Rechtsvorstellungen weitaus länger im Bewußtsein als Gewohnheitsrecht gehalten als in anderen Reichsteilen. Das betraf nicht nur die hier angesprochene Praxis des tradierten germanischen Heerführertums, sondern auch nichtschriftliche, symbolische Handlungen im Gericht und bei Rechtsgeschäften überhaupt.

Unter maßgeblicher Beteiligung Ottos von Northeim, dem der König offenbar die Rückgabe Bayerns versprochen hatte, schlossen die Konfliktparteien zu Beginn des Jahres 1074 den Kompromißfrieden von Gerstungen. Allerdings verschleppte der König die Erfüllung einer Bedingung des Vertrages, die Zerstörung der den Sachsen so verhaßten Burgen, zu offensichtlich. Sächsische Bauern griffen daraufhin zur Selbsthilfe und zerstörten das Symbol königlicher Herrschaft in Sachsen, die Harzburg, bis auf den Grund. Sie brannten die Kirche der Burg nieder und rissen Gebeine von Angehörigen Heinrichs IV. aus den Gräbern. Der Konflikt schien sich nun militärisch entladen zu müssen. Im Juni 1075 trafen ein königliches und ein sächsisches Heer bei Homburg an der Unstrut aufeinander. Durch einen schnellen und entschlossenen Anmarsch gelang es dem König mit seinem Aufgebot, die Sachsen unvorbereitet zur Schlacht zu zwingen. Das königliche Heer in noch viel weiterer Entfernung wähnend, hatten sich die Sachsen *bei Schmaus und Bechern in törichten Spielen ausgelassen.* Nun nutzte es wenig, daß viele der sächsische Krieger gleich mit mehreren Schwertern kämpften und daß sich Otto, von heldenhaften Jünglingen umgeben, immer im hitzigsten Getümmel anfeuernd hervortat. Sallust zitierend, bestätigte Lampert von Hersfeld, daß Otto zugleich die Aufgaben eines tüchtigen Kriegers und eines besonderen Führers erfüllte. Dennoch, das aus allen Reichsteilen erlesene Aufgebot des Königs gewann die Oberhand und richtete nun ein Blutbad unter dem am Kampf noch gar nicht beteiligten Fußvolk des sächsischen Heerbanns an. Die Sachsen hatten eine empfindliche Niederlage erlitten. Am Ende des Jahres unterwarfen sich die sächsischen Fürsten dem König bei Spier. An der bedingungslosen Unterwerfung war wiederum Otto von Northeim maßgeblich beteiligt, indem er sächsische Große zur Aufgabe überredete.[17] Otto glaubte nun, nur noch mit dem König, seinem offenbar einzigen Ziel, der Wiedererlangung Bayerns, nahekommen zu können und wechselte im Jahr 1075 vollständig die Partei. Da er sich von den sächsischen Interessen abkehrte, übertrug ihm Heinrich die Statthalterschaft in Sachsen. Das bedeutete nicht die Verdrängung des Herzogs Magnus Billung, sondern dem König war es gelungen, den einflußreichsten Mann in Sachsen, der eben noch zum Heerkönig erhoben werden sollte, als seinen Sachwalter einzusetzen. Als Statthalter des Königs residierte Otto auf der wiedererrichteten Harzburg. Der Umschwung kam so unerwartet, daß zeitgenössische Quellen über den Grund wild fabulieren.[18] Sogar seine kurze Haft bei Bischof Rupert von Bamberg erscheint so als Täuschung gegenüber den sächsischen Fürsten, die ebenfalls bei süddeutschen Großen in Haft gehalten wurden.

Als im Februar 1076 von Papst Gregor VII. auf der römischen Fastensynode gegen König Heinrich IV. der Bannstrahl geschleudert wurde, war auch die Zeit des Einvernehmens zwischen dem Herrscher und Otto beendet. Die süddeutschen Fürsten ließen die inhaftierten Sachsen frei, die, nach Hause zurückgekehrt, Otto aufforderten, sich ihrem Aufstand erneut anzuschließen. Wie das Gros der deutschen Fürsten fiel auch Otto im Sommer 1076 vom salischen Herrscher ab. Für ihn war der Bruch mit dem König wohl mit der Einsicht verbunden, daß die Wiedererlangung der bayerischen Herzogswürde nicht mehr im Einvernehmen mit Heinrich IV. zu erreichen war. Durch sein Intermezzo als königlicher Statthalter hatte der Northeimer aber die Chance verpaßt, sich als Führer der Opposition im gesamten Reich zu etablieren. Seine führende Stellung blieb auf Sachsen beschränkt. Die oberdeutschen Aufständischen wurden von einer anderen bedeutenden Persönlichkeit geführt, der Otto auch schon als Gegner auf dem Schlachtfeld von Homburg begegnet war, als diese noch die Sache des salischen Herrschers verfocht: Rudolf von Rheinfelden. Obwohl die süddeutschen Fürsten zu einer Absetzung Heinrichs und einer Neuwahl schon auf dem Fürstentag von Tribur im Oktober 1076 drängten, wurde erst im März 1077 in Forchheim Rudolf von Rheinfelden zum neuen König erhoben. Der salische Herrscher hatte zwar vergeblich versucht, durch den klugen Schachzug von Canossa dem zuvorzukommen, konnte nun aber als nicht mehr gebannter rechtmäßiger König alte Treueide einfordern, an die die Fürsten bei einer Fortdauer der Exkommunikation nicht mehr gebunden gewesen wären. Ob Otto von Northeim in Forchheim auch als Kandidat für eine Königserhebung galt, ist unklar und darf vielleicht sogar als unwahrscheinlich gelten, da die Süddeutschen in Forchheim in der Überzahl waren und Rudolf auch beim Papst eine sehr starke Stellung innehatte. Otto von Northeim verband aber seine Unterstützungszusage an Rudolf mit der Forderung nach dem Herzogtum Bayern.

Für König Rudolf schlug Otto im Verlauf der nächsten Jahre drei Schlachten. Obwohl nie vollständige Siege im August 1078 bei Mellrichstadt, im Januar 1080 bei

Flarchheim und im Oktober gleichen Jahres an der Elster gegen Heinrich erstritten werden konnten, waren doch die militärischen Teilerfolge in allen Fällen ein Ergebnis des Feldherrentalents des Northeimers. An der Elster empfing aber auch Rudolf von Rheinfelden seine tödlichen Wunden. Neben einer schweren Verletzung im Unterleib ist ihm die rechte Hand, mit der er einst Heinrich IV. die Treue geschworen hatte, abgehauen worden. Die Zeitgenossen deuteten das als Fingerzeig Gottes. Da der Gegenkönig kurz nach der Schlacht verstarb, bot Heinrich IV. den Sachsen nun an, seinen siebenjährigen Sohn Konrad zum König wählen zu lassen, dafür aber Sachsen selbst nie mehr zu betreten. Das wurde von den Sachsen abgelehnt. Bruno berichtet uns, daß Otto, *der gewöhnt war, bedeutende und ernste Dinge scherzhaft mit einem Wortspiel zu verbergen, antwortete: Oft sah ich wie ein schlechtes Rind auch ein schlechtes Kalb gebar; daher trage ich weder nach dem Sohn, noch nach dem Vater Verlangen.*[19]

Im August 1081 einigten sich einige der von Heinrich IV. abtrünnigen Fürsten auf den lothringischen Grafen Hermann von Salm als neuen Gegenkönig. Otto von Northeim zögerte, Hermann anzuerkennen; ja er schwankte, ob er sich nicht wieder der Partei Heinrichs zuneigen sollte. Erst ein als Bekehrungserlebnis gedeuteter Sturz vom Pferd, bei dem sich der Northeimer am Bein schwer verletzte, schien ihm als Zeichen Gottes, Hermann von Salm fortan zu unterstützen. Otto, nun schon um die sechzig Jahre alt, stellte sich noch einmal gegen den salischen König Heinrich IV. Sein Ansehen hielt für den lothringischen Gegenkönig die Sachsen zusammen.

Hermann von Salm beging das Weihnachtsfest 1082 mit großem Glanz in Schwaben. Während er im Begriff war, ein Heer in die Lombardei zu führen, erhielt er die schreckliche Nachricht: *... daß der sehr kluge Streiter Herzog Otto, den er in Sachsen als Haupt über all die Seinen gesetzt hatte, gestorben war.* Und der sächsische Annalist überlieferte uns zum Jahr 1083: *Der Sommer war so heiß, so daß eine große Menge von Fischen im Wasser umkam. Unter Jungen und Alten gingen viele durch die Ruhr zugrunde. Der Gottesfriede kam auf. Otto von Northeim, ein gebildeter Mann und von höchstem Adel, einstmals Herzog von Bayern, aber durch König Heinrich ungerecht gestürzt, starb am 11. Januar.*[20] Seine letzte Ruhe fand Otto in dem von ihm gestifteten, späteren Benediktinerkloster St. Blasien in Northeim.[21] Im Jahre 1978 entdeckten Archäologen dort unter der Kapelle seine Grablege. Anhand der Skelettreste konnten sie mit gerichtsmedizinischen Methoden nachweisen, daß Otto zu Lebzeiten ein über 1,80 Meter großer, muskulöser und rechtshändiger Mensch gewesen sein muß. In den letzten Lebensjahren hatte er stark an Athrose, einer chronischen Gelenkkrankheit, gelitten. Auch die Beinverletzung konnte nachgewiesen werden. An der rechten Stirnseite hatte er einige Jahre vor seinem Tod einmal einen Schwerthieb empfangen, der aber wieder verheilt und nicht Todesursache gewesen war.[22] Diese schwere Verwundung dürfte ein Andenken an eine der Schlachten gewesen sein, die Otto für König Rudolf geschlagen hatte; vielleicht war es sogar dieselbe, in der der Rheinfelder tödlich verwundet worden war.

Der Gegenkönig Hermann von Salm hatte mit dem Tode Ottos von Northeim seine wichtigste Stütze in Sachsen, die Sachsen selbst eine ihrer bedeutendsten Führerpersönlichkeiten verloren. In Otto verband sich ungewöhnliches Feldherrengeschick mit oft bezeugter Klugheit. Als Herzog von Bayern war er stark der Reichspolitik verpflichtet. Sein politisches Verhalten war all die Jahre nach seinem Sturz von einer Janusköpfigkeit gekennzeichnet, da er dem ehrgeizigen Streben nach der Wiedererlangung der bayerischen Herzogswürde immer seine Parteinahme unterordnete. Ob mit oder gegen den König, jeweiligen Kräftekonstellationen konnte sich der Northeimer gut anpassen, ohne jedoch sein Ziel zu erreichen. So kämpfte er mit den Sachsen gegen Heinrich und konnte die Rückgabe Bayerns in den sonst sächsische Angelegenheiten enthaltenden Forderungskatalog einbringen. Er wechselte 1075 zum König, weil es nun kurzzeitig wahrscheinlicher war, im Einvernehmen mit dem Salier Bayern zu erlangen. Sofort fiel er aber wieder von Heinrich ab, als er nun glaubte, sein Ziel im Aufstand zu erreichen. Den Gegenkönig Rudolf wollte Otto nur unterstützen, wenn er endlich Bayern zurückbekäme. An seinem Lebensabend wurde er nochmals schwankend, welche Parteinahme doch noch zum Erfolg führen könnte. Aber sein Streben, dem er über ein Jahrzehnt seines Lebens verschrieben hatte, blieb unerfüllt.

1 LAMPERT von Hersfeld, Annalen, neu übers. v. A. SCHMIDT, erl. v. W. D. FRITZ, Berlin 1957 (Ausgewählte Quellen zur deutschen Geschichte des Mittelalters. Freiherr vom Stein-Gedächtnisausgabe 13), zum Jahr 1069, S. 120.
2 Frutolfs und Ekkehards Chroniken und die anonyme Kaiserchronik, übers. v. F.-J. SCHMALE/ I. SCHMALE-OTT, Darmstadt 1972 (Ausgewählte Quellen zur deutschen Geschichte des Mittelalters. Freiherr vom Stein-Gedächtnisausgabe 15), S. 80. Alles zu dem Vorfall aus den Annales Altahenses maiores, hg. v. E. L. B. v. OEFELE, Hannover 1891 (MGH. SS. in us. schol.), zum Jahr 1069, S. 76f.
3 Frutolfs und Ekkehards Chroniken, S. 80.
4 Vgl. LAMPERT von Hersfeld, Annalen, zum Jahr 1057, S. 60ff. Dazu auch St. WEINFURTER, Herrschaft und Reich der Salier. Grundlinien einer Umbruchzeit, Sigmaringen 1991, S. 93 und S. 97.
5 Vgl. dazu bei W. WATTENBACH/R. HOLTZMANN, Deutschlands Geschichtsquellen im Mittelalter, Bd. 1 und 2, Darmstadt 1967, die entsprechenden Stellen über die Quellen.
6 Zu den Northeimern, vor allem zu Otto grundlegend: K.-H. LANGE, Die Grafen von Northeim (950–1144), Diss. Kiel 1958; DERS., Die Stellung der Grafen von Northeim in der Reichsgeschichte des 11. und 12. Jahrhunderts, in: Niedersächsisches Jahrbuch 33 (1961), S. 1–107.; DERS., Der Herschaftsbereich der Grafen von Northeim 950–1144, Göttingen 1969. An älteren Arbeiten sind noch zu empfehlen: H. MEHMEL, Otto von Northeim, Herzog von Bayern (1061–1070), Diss. Göttingen 1870; A. VOGELER, Otto von Northeim in den Jahren 1070–1083, Diss. Minden 1880. Vgl. auch die Artikel zu Otto von Northeim bzw. Northeim von H. v. HINDTE im Lexikon des Mittelalters, Bd. 6, München/Zürich 1993, Sp. 1578 bzw. Sp. 1253f.
7 LAMPERT von Hersfeld, Annalen, zu 1065, S. 94.
8 Von allgemeinen Darstellungen zur Salierzeit vgl. besonders E. BOSHOF, Die Salier, Stuttgart/Berlin/Köln/Mainz 1987, besonders wertvoll wegen der thematischen Literaturauswahl S. 312–324. St. WEINFURTER, Herrschaft und Reich der Salier. Grundlinien einer Umbruchzeit, Sigmaringen 1991; H. SCHWARZMAIER, Von Speyer nach Rom. Wegstationen und Lebenssdu-

ren der Salier, Sigmaringen 1991; Die Salier und das Reich, Bd. 1–3, hg. v. St. Weinfurter u. a., Sigmaringen 1991. Die folgenden Werke auch mit umfangreichen Literaturangaben: H. Keller, Zwischen regionaler Begrenzung und universalem Horizont. Deutschland im Imperium der Salier und Staufer 1024–1250, Berlin 1986 (Propyläen Geschichte Deutschlands 2); A. Haverkamp, Aufbruch und Gestaltung. Deutschland 1056–1273, München 1984 (Neue Deutsche Geschichte 2); K. Jordan, Investiturstreit und frühe Stauferzeit, in: B. Gebhardt, Handbuch der deutschen Geschichte, Bd. 1, 9. Aufl., hg. v. H. Grundmann, München 1973, S. 79–127. Für eine chronologische Orientierung der Jahre 1056–1084 bedeutsam: G. Meyer von Knonau, Jahrbücher des Deutschen Reiches unter Heinrich IV. und Heinrich V., Bd. 1–3, Leipzig 1890–1900.

9 Thietmar von Merseburg, Chronik, neu übertr. und erl. v. W. Trillmich, Darmstadt 1957 (Ausgewählte Quellen zur deutschen Geschichte des Mittelalters. Freiherr vom Stein-Gedächtnisausgabe 9), lib. V, cap. 5 und 6, S. 198ff.; Annalista Saxo, hg. v. G. Waitz, in: MGH. SS. 6, Hannover 1844, zum Jahr 1083, S. 721. Vgl. dazu außerdem Lange, Stellung. S. 3 und S. 10, Anm. 1.

10 Die Urkunden Heinrichs III., hg. v. H. Bresslau/P. Kehr, Hannover 1926/31 (MGH. Diplomata regum et imperatorum Germaniae 5), Nr. 206 und Nr. 243.

11 Annales Altahenses, zum Jahr 1067, S. 73.

12 Vgl. Meyer von Knonau, Jahrbücher, S. 274–281. Zuletzt dazu: Weinfurter, Herrschaft, S. 97–112: »Staatsstreich« der Fürsten aus Sorge um das Reich.

13 Lampert von Hersfeld, Annalen, zu 1063, S. 84.

14 Annales Altahenses zu 1068, S. 74f; Lampert von Hersfeld, Annalen, zum Jahr 1071, S. 132, vgl. Lange, Stellung, S. 25f. und S. 41f.

15 Ebenda, S. 43; Brunos Buch vom Sachsenkrieg, neu übers. v. F.-J. Schmale, in: Quellen zur Geschichte Kaiser Heinrichs IV., Darmstadt 1963 (Ausgewählte Quellen zur deutschen Geschichte des Mittelalters. Freiherr vom Stein-Gedächtnisausgabe 12), S. 222ff.

16 Lampert von Hersfeld, Annalen, zum Jahr 1074, S. 224.

17 Ebenda, zu 1075, S. 286, vgl. Lange, Stellung. S. 57.

18 Vgl. Meyer von Knonau, Jahrbücher, S. 585, Anm. 177.

19 Brunos Buch vom Sachsenkrieg, S. 394.

20 Bernoldi chronicon, hg. v. G. H. Pertz, in: MGH. SS. 5, Hannover 1844, S. 437; Annalista Saxo, S. 721.

21 Sächsische Weltchronik, hg. v. L. Weiland, in: MGH. Deutsche Chroniken, Bd. 2, Hannover 1877, S. 175. Ebenso die Annales Stadenses auctore M. Alberto, hg. v. J. M. Lappenberg, in: MGH. SS. 16, Hannover 1859, zum Jahr 1105, S. 317.

22 St. Berg/R. Rolle/H. Seemann, Der Archäologe und der Tod. Archäologie und Gerichtsmedizin, München/Luzern 1981, S. 50ff.

Adalbert I. von Saarbrücken

ERZBISCHOF VON MAINZ
(1109–1137)

von Peter Neumeister

Es wäre zu langwierig, des Erzbischofs von Mainz Machenschaften
gegen die Getreuen des Königs und deren ränkevollen Unternehmungen
gegen ihn zu erzählen, die Erhebungen einiger Städtebürger zu beschreiben
oder zu notieren, wie Städte aufgrund dieser Pest ihrer Bischöfe beraubt waren,
man Befestigungen an ungewohnten Orten erbaute,
zahlreiche Burgen auf beiden Seiten zerstörte,
weite Regionen durch Plünderung und Flammen verwüstete,
Angriffe und gegenseitiges Morden von Vasallen beider Seiten begangen wurden,
Gewalttaten gegenüber Armen und Fremden sowie
Gefangensetzungen von Christen gegen Christen
nach der Sitte der Barbaren geschahen
und vieles andere mehr zu überliefern.
(Ekkehard von Aura, Chronicon universale, zu 1112)

Nicht nur bei Ekkehard von Aura, einem Zeitgenossen Adalberts, finden sich Aussagen über die verderbten Zustände. Auch in anderen Quellen ist immer wieder die Rede von Mord, Raub und Folter, Neid und Mißgunst, dem Ränkespiel der Großen und der Bedrückung der Niederen in der Stadt und auf dem Land. Es war die Zeit des sogenannten Investiturstreites. Vor allem reformerische, cluniazensische Kräfte forderten, den Einfluß der sündhaften Laien auf innere Angelegenheiten der Kirche zu unterbinden. Das Streben nach Durchsetzung der freien kanonischen Wahl kirchlicher Würdenträger bestimmte die politische Auseinandersetzung in der Zeit von der Mitte des 11. Jahrhunderts bis in die zwanziger Jahre des 12. Jahrhunderts. Für diesen Zeitraum häufen sich in den Quellen die Aussagen über ungewöhnliche Wettererscheinungen wie Sturm, Überschwemmung, Blitz und Hagel, welche die Ernten vernichteten und zu Hungersnöten führten. Als Stimme Gottes verstand man diese Zeichen, die zum Frieden mahnten. Gleichwohl stand den Mächtigen des Reiches der Sinn nach noch mehr Reichtum an Grund und Boden und politischer Einflußnahme. Es schien nur so, daß im Vordergrund die Stärkung der kirchlichen Autorität stand, die man durch die kaiserliche Macht in der Person Heinrichs IV. – später durch seinen Sohn Heinrich V. – bedroht sah. Doch Eckehard von Aura glaubte damals bereits, daß nicht wenige diesen Streit um die Besetzung der geistlichen Ämter nur als Vorwand ansahen und eben diese Angelegenheit als Schild für ihre eigennützigen Unternehmungen gegen das Reich zu ergreifen gedachten.

Auch Adalbert, der Sohn eines Grafen von Saarbrücken, sollte bald in den Verdacht geraten, eigennützige Ziele zu verfolgen und Verrat gegenüber dem Kaiser verübt zu haben. Doch bevor wir uns diesem Schicksalspunkt in Adalberts Leben nähern, betrachten wir seinen Aufstieg zu einem der einflußreichsten Männer des Reiches.

Adalberts Geburtsdatum ist unbekannt. Sein Vater war ein Graf Siegbert, der sich als ein treuer Anhänger Heinrichs IV. erwiesen hatte. Dem salischen Königshaus verdankten die Saarbrücker Grafen ebenso wie beispielsweise die Staufer ihren Aufstieg in der Reichspolitik. Der Name Adalbert weist in das Ardenner Grafenhaus, eine der mächtigsten Familien Lothringens, die sich gar der Verwandtschaft mit den Karolingern rühmen konnte. Adalbert hatte drei Brüder, Bruno, Siegbert und Friedrich, von denen ersterer Bischof von Speyer, dem salischen Machtzentrum, wurde. Als Heinrich V. 1106 durch einen Aufstand gegen seinen Vater zur Königswürde gelangte, trat auch Adalbert in das helle Licht der Öffentlichkeit. Als Propst des St. Cyriakusklosters zu Neuhausen bei Worms wurde er Kanzler Heinrichs V. Eine Quelle des 12. Jahrhunderts, die deutsch geschriebene Kaiserchronik, weiß zu berichten, daß Adalbert der Urheber des Aufstandes Heinrichs V. gewesen sei.[1] Es scheint so, denn alle vorhandenen Indizien weisen daraufhin, daß Adalbert und Heinrich V. eng verbunden waren und alle politischen Schritte gemeinsam abstimmten. Die in der Umgebung Heinrichs V. entstandene anonyme Kaiserchronik bemerkt über die Beziehung der beiden: *Adalbert, … der in allem stets der zweite nach dem König gewesen war und ohne dessen Rat dieser nichts zu tun pflegte.* Auch der Adalbert wenig freundlich gesonnene Babenberger Bischof Otto von Freising – mit den Staufern verwandt – bestätigte diese engen Beziehungen, wenn er über den Kanzler Heinrichs V. sagt, er sei *der beste und liebste Ratgeber des Königs* gewesen.[2]

Bald nach dem Regierungsantritt Heinrichs V. verhandelte Adalbert vor allem mit Vertretern der päpstlichen Kurie mit so großem Geschick, daß er seinem Herrn jene Zeit verschaffte, die dieser benötigte, um vorerst die Angelegenheiten des deutschen Reichsteils zu regeln, seine Königsherrschaft zu stabilisieren, bis er es 1110/11 wagen konnte, nach Rom zu ziehen. Neben der Kaiserkrönung galt es endlich den Investiturstreit, das Hauptproblem der letzten Jahrzehnte, der u. a. zur Bannung von

Heinrichs V. Vater, Heinrich IV., geführt hatte und immer wieder für Zwist und Bürgerkrieg im Reich sorgte, zu lösen. Seit 1107 hatte Adalbert alle wichtigen Verhandlungen mit Papst Paschalis II. geführt, 1107 war er mit Sondervollmachten bei einem Treffen in Chalôns-sur-Marne ausgestattet, so daß es beim Stocken der Verhandlungen zu geheimen Absprachen kam, an denen Adalbert maßgebend beteiligt war. 1109 reiste er mit einer Gesandtschaft zur Vorbereitung des Romzuges Heinrichs V. nach Italien. Alle wichtigen Schriftstücke gingen in seiner Funktion als Vorsteher der königlichen Kanzlei durch seine Hände, teilweise waren sie von ihm verfaßt. Außergewöhnliches diplomatisches Geschick sagte man ihm nach. Diese Dienste für den Herrscher blieben nicht ohne Lohn. 1108 wurde er Propst des Marienstiftes in Aachen, 1109 erhielt er die Propstei des St. Servatiusstiftes in Maastricht. Läßt sich bei diesen Ämtern noch ein Zusammenhang mit seiner Tätigkeit als Kanzler herstellen, so ist das 1109 bei seiner Designation zum Erzbischof von Mainz nicht zwingend. Besonders hervorzuheben ist außerdem die Tatsache, daß Adalbert auf dem Italienzug 1110/11 als Erzkanzler für Italien fungierte, ein Amt, das traditionell dem Kölner Erzbischof zustand.

Adalbert genoß in jener Zeit das uneingeschränkte Vertrauen Heinrichs V. Zeitgenossen sahen in ihm sodann den Initiator der im folgenden geschilderten Ereignisse: Bei Vorverhandlungen mit Papst Paschalis II. in Turri war von königlicher Seite eine simple Lösung des Investiturstreites vorgeschlagen worden. Heinrich V., der zukünftige Kaiser, verzichtete auf seine Investiturprivilegien vollständig, und die Kirche gab als Gegenleistung dafür alle königlichen Regalien, die sie einst vom Herrscher zum Erfüllen ihrer Aufgaben in der Reichspolitik zugewiesen bekommen hatte, zurück. Lediglich der Kirchenzehnt sollte ihr verbleiben. Der am 4. Februar 1111 in Turri von Adalbert mitbeschworene Vorvertrag kam am 12. Februar 1111 in Rom anläßlich der Zeremonie für die Kaiserkrönung Heinrichs V. zur öffentlichen Verlesung. Die vorgeschlagene Lösung stieß auf den Widerwillen vor allem der geistlichen Fürsten, die sich durch den Entzug der Reichsregalien inklusive des Reichskirchengutes einer ihrer grundsätzlichen Machtstützen beraubt sahen. Der nachfolgende Tumult und auch das weitere Szenario dürften nicht ohne Wissen Adalberts geschehen sein. Heinrich V. ließ den nunmehr unschlüssigen Papst und sein Gefolge verhaften und erzwang von ihm in der Gefangenschaft ein neues Vertragswerk, das ganz seinen Wünschen, der bisherigen Tradition folgend, entsprach. Am 11. April 1111 ließ der König den Papst nicht ohne Zwang im Vertrag von Ponte Mammolo ein uneingeschränktes Investiturprivileg bestätigen. Neben der Kaiserkrönung hatte Paschalis zu versprechen, daß er Heinrich V. zukünftig nicht bannen werde. Am 13. April 1111 wurde die Kaiserkrönung vollzogen – auch ein Erfolg Adalberts.[3]

Ins deutsche Reichsgebiet zurückgekehrt, erfolgte am 15. August 1111 zum Festtag Mariä Himmelfahrt die Investitur Adalberts mit Ring und Stab zum Erzbischof von Mainz, gemäß den Abmachungen von Rom und wie in den alten Zeiten. Adalbert war damit zum mächtigsten Kirchenfürsten des Reiches aufgestiegen. Die Mainzer Kirchenprovinz umfaßte die Bistümer Augsburg, Bamberg, Chur, Eichstätt, Halberstadt, Hildesheim, Konstanz, Mainz, Olmütz, Paderborn, Prag, Speyer, Straßburg,

Verden, Worms und Würzburg. Im Jahr 1111 wurde für die Gegner der salischen Herrschaft, die sächsische Adelsopposition und die Anhänger des Reformpapsttums, eines sichtbar: der Pakt Kaiser – Erzbischof von Mainz veränderte das Kräfteverhältnis zwischen Imperium und Reformpapsttum deutlich zugunsten der Reichsgewalt. Lag es deshalb nicht auf der Hand, daß es Kräfte gab, die versuchen würden, das gute Einvernehmen der beiden mächtigsten Männer im Reich zu stören? Besonders wie Adalbert in das Amt des Erzbischofs gelangt war, hätte perspektivisch immer wieder zu Anfechtungen und Vorwürfen von seiten der Kirchenreformer führen können. Wollte man seine Amtsenthebung aufgrund der intensiven Mitwirkung von Laien nicht als simonistisch bezeichnen, war aus Adalberts Sicht ein jäher Kurswechsel angeraten. Die Gesamtkonstellation wird den Großen des Reiches nicht verborgen geblieben sein.

Für die einen mag es deshalb eine kaum glaubhafte Sensation gewesen sein, als man gegen Ende des Jahres 1112 die Nachricht vernahm, Heinrich V. habe seinen engen Vertrauten in Haft genommen. Für die anderen, man wird sie im Lager der sächsischen Opponenten und der römischen Kurie suchen müssen, dürfte diese Mitteilung mit Erleichterung und Genugtuung aufgenommen worden sein. Was war geschehen?

Im September 1111 hielt sich Heinrich V. mit seinem Gefolge in der Nähe von Worms auf. Plötzlich befiel ihn eine schwere fieberhafte Erkrankung, und seine Umgebung rechnete wohl bereits mit seinem Tod. Wie es nun scheint, wiegelten einige einflußreiche Leute Wormser Bürger auf, sich des Kreuzes und der Lanze, geweihter Symbole des Reiches, zu bemächtigen. Dem Kaiser gelang es trotz Krankheit, den Angriff auf seine Herrschaft zurückzuschlagen. Heinrich und seine Ratgeber werden diese Aktion wie eine Art Staatsstreich empfunden haben. Eine Untersuchung über die Hintermänner dieser Vorgänge dürfte nicht ausgeblieben sein. Im Ergebnis dieser Nachforschungen entstand ein sogenanntes Manifest Heinrichs V., in welchem er vor einem bestimmten Teil der Öffentlichkeit seine Handlungsweise gegenüber Adalbert von Mainz, in dem er den Urheber dieser Vorfälle und noch weiterer sah, rechtfertigte. Im Manifest werden die Emotionen Heinrichs gegenüber Adalbert freilich in sehr einseitiger Weise sichtbar. Adalbert erscheint als Verräter, der sich zudem undankbar verhalten, ihn um seine Freundschaft betrogen habe, der konspirativ gegen ihn vorgegangen war und der ihm bei seinem Aufenthalt in Erfurt nach dem Leben trachtete. Fast nebensächlich wurde der Vorwurf erhoben, daß sich Adalbert widerrechtlich Grund und Boden, vor allem Burgen des Reiches, angeeignet hätte. Vernichtender war der Vorwurf, daß man ihn mit Belial verglich, was wohl heißen sollte: Adalbert ist der Teufel, der Antichrist.

Ist es nun Zufall, daß dieses Dokument gerade durch das Vatikanische Archiv auf uns gekommen ist?[4] Heinrich V. und seine Helfer wußten wohl sehr genau, welchen Teil der öffentlichen Meinung sie zu beeinflussen hatten: die reformorientierte Kurie in Rom. Adalbert wurde drei Jahre in menschenunwürdiger Haft gehalten. Daß er fürchterlich gelitten haben muß, bestätigt beispielsweise der Sächsische Annalist, wenn er uns mitteilt, Adalbert sei 1115 bei seiner Entlassung auf Betreiben der Mainzer Bürger am ganzen Körper abgemagert, halb tot vor Entkräftung als ein Knochengerüst in Mainz erschienen. Wenn auch der Erzbischof in den darauffolgenden Jahren einer der Hauptgegner des Kaisers war, so hat er sich wahrscheinlich nicht ausführlich mit propagandistischen Mitteln gegen die erhobenen Vorwürfe gewehrt. In einem an die Mainzer Bürger verliehenen Privileg von 1119/1135 äußerte er sich eher verschwommen: *Mitten im Laufe meines Glücks hat Kaiser Heinrich mich ins Dunkel und die Abgeschiedenheit eines Kerkers gestoßen, nur wegen meines Gehorsams gegen die römische Kirche.*[5]

Kann der Mainzer einer Intrige zum Opfer gefallen sein, oder hat er sich seinerzeit gar im Hinblick auf Heinrichs V. Gesundheitszustand geirrt? Mit Bestimmtheit läßt sich auf diese Frage nicht antworten. Interessanterweise taucht in dem sehr parteiisch geschriebenen Manifest Heinrichs V. auch der Name Herzog Friedrichs II. von Schwaben, des Vaters von Friedrich Barbarossa, auf. Adalbert wurde vorgeworfen, er habe Heinrichs V. Schwestersohn für seine Geschäfte mißbraucht. Wie ist dieser Vorwurf zu verstehen? Wollte dieser Friedrich, über dessen Ehrgeiz wir ebenso unterrichtet sind wie über den Adalberts, etwa 1111 oder 1112 mit Unterstützung des Mainzer Erzbischofs bereits nach der Krone greifen? Verwirft man diese Frage nicht, dann hätte eine positive Antwort ausschlaggebende Bedeutung für die Konstellation der Königswahl von 1125.

Nach seiner Entlassung aus kaiserlicher Haft 1115 reihte sich Adalbert, zum Haupt der salischen Gegner werdend, in den Kampf gegen Heinrich V. ein. Der Weg der Versöhnung schien ihm offenbar nicht gangbar. Adalbert wollte nun den Kaiser am Boden sehen. Selbst als alle Beteiligten des Kampfes müde waren und man von allen Seiten Verhandlungsbereitschaft signalisierte, zeigte sich der Erzbischof unzufrieden. Heinrich indessen suchte den Ausgleich. Nach 1115 blieb der Mainzer Erzbischof Erzkanzler des Reiches. Zur Gattin des Kaisers, der englischen Prinzessin Mathilde, scheint Adalbert freundliche Beziehungen unterhalten zu haben. 1124 kam es auf Betreiben Mathildes zu einer Schenkung des Kaisers an die Mainzer Kirche. Ein ungewöhnlicher Akt, ging doch die Anzahl der Schenkungen aus königlichen Besitz in dieser Zeit ständig zurück. Als Heinrich V. 1125 seinen letzten Weg antrat, war Adalbert zur Stelle. Zusammen mit anderen weltlichen und geistlichen Fürsten lud er die Mächtigen des Reiches zur Findung eines neuen Königs für den Monat August nach Mainz ein. Das Einladungsschreiben suggerierte, daß Adalbert und die anderen Fürsten nur das Beste für das Reich und natürlich für die einst bedrängte Kirche im Sinne haben.[6] Der Mainzer Erzbischof hüllte sich in den Mantel des Glaubens. Ende August 1125 übte er sodann die Funktion des Wahlleiters aus. Es mag ein erhebender Augenblick für ihn gewesen sein, nun maßgebend über die Zukunft des Reiches mitentscheiden zu können.

Der überlieferte Bericht über den Verlauf der Wahl läßt allerdings die Rolle Adalberts wenig souverän erscheinen. Holten ihn hier die Schatten der Vergangenheit, die Ereignisse von 1111/12, ein? Am Ende der Versammlung kam es gar zu einem Tumult, und ein anwesender päpstlicher Legat mußte für geordnete Verhältnisse sorgen. Es ist wohl ziemlich sicher, daß Adalbert, wenn man die drei für das Königs-

amt letztlich in Aussicht genommenen Kandidaten ansieht, für Herzog Friedrich II.
von Schwaben keine Sympathie aufbringen konnte. In Leopold von Österreich
sah Adalbert wohl keine ernsthafte Alternative. Lothar, der Herzog von Sachsen, war
in den Augen Adalberts zweifellos der Geeignetste für den bevorstehenden Kampf
um das salische Erbe, das die Staufer nach dem Ableben Heinrichs V. zum großen
Teil in ihrer Hand hielten. Außerdem galt Lothar als treuer Anhänger der Reform-
kirche. Adalberts Rolle bei dieser Wahl bestand also mehr im Verhindern der Wahl
Friedrichs als in der Förderung der Kandidatur Lothars. Diesbezüglich gilt es einen
wichtigen Quellenhinweis zu beachten. Eine deutschgeschriebene Kaiserchronik,
um 1147 in Regensburg entstanden, will von Vorverhandlungen einiger Fürsten in
Aachen wissen, wo man sich bereits auf Lothar von Supplinburg als neuen König geeinigt hatte. Es besteht kein Anlaß, dieser Notiz keinen Glauben zu schenken, war
doch Hartwig I., Bischof von Regensburg († 1126), einer der um Ausgleich bemühten Hauptakteure der Wahl von Mainz. In der Donaustadt könnte es auch 20 Jahre
nach Hartwigs Tod noch verläßliche Informationen zur Mainzer Wahl gegeben haben. Dem Mainzer Erzbischof war wohl zudem klar, daß die Situation im Reich auf
einen Bürgerkrieg zusteuerte. Wichtig für den Mainzer war dabei, daß er seine territorialpolitischen Interessen mit Erfolg verwirklichen konnte. Diesbezüglich boten
sich mit Lothar von Supplinburg weit weniger Berührungspunkte als mit Friedrich
von Schwaben. Ganz von der Hand zu weisen ist deshalb der Vorwurf im Manifest
Heinrichs V. wohl nicht, daß er sich an der *Erbschaft unserer Väter, den Ländereien
der Kirchen, den Besitzungen des Reiches, kurzum an allen königlichen Gütern jenseits
des Rheins* usw. vergriffen hätte. Adalberts territorialpolitische Ambitionen stehen
außer Frage, sie bestimmten sein Handeln nicht unwesentlich. Sie gewannen sicherlich auch Einfluß auf die Wahl des Jahres 1125.[7]

Adalbert von Mainz leistete nicht nur in der Kanzlei des Königs eine hervorragende Arbeit, auch in seiner Bischofsstadt, an seinem Herrschaftssitz, förderte er die
Schriftlichkeit nachhaltig. So sind uns aus den Jahren seiner Amtstätigkeit, die 18
Jahre oder etwa 6570 Tage betrug, mehr als 140 Urkunden überliefert. Mit diesen
nicht immer tagesdatierten Urkunden kann man zwar nur etwa 2,1 Prozent seiner
Herrschaftszeit erfassen, und zu einigen Jahren stehen uns gar keine bzw. nur zwei
bis drei Urkunden zur Verfügung (1117 = 0, 1121 = 2, 1132 = 3 etc.), trotzdem lassen sich Tendenzen seiner Politik als Erzbischof von Mainz erkennen. Neben der Be-
günstigung von Mainz treten als Herrschaftsschwerpunkte Erfurt, Fritzlar, Rusteberg
und Aschaffenburg hervor. Daß der Erzbischof wohl ähnlich regierte wie ein König,
ergibt sich daraus, daß er sehr häufig in seiner Diözese umherzog. Freilich läßt sich
das nur selten so schön dokumentieren wie zum Jahre 1128: Bis Ende Februar war
er in Mainz, Ende Mai kann man ihn in Fritzlar feststellen, Anfang Juli hielt er sich
in Erfurt auf, Mitte Juli war er in Rusteberg, und Ende des Jahres kehrte er nach
Mainz zurück. Adalbert galt bereits seinen Zeitgenossen als erfolgreicher Territorialpolitiker. Daß der Erzbischof im allgemeinen, obwohl seit 1119 auch ständiger Legat des Papstes für Deutschland, den weltlichen Dingen mehr zugetan war als den
geistlichen, zeigte sich auch darin, daß der Geschichtsschreiber Otto von Freising

den Tod des Saarbrückers zu 1137 mit den Worten meldete: *Von denen aber, die im Reich zurückgeblieben waren* (die nicht am Italienzug Lothars III. 1136/37 teilnahmen), *endeten Albert, Bischof von Mainz, in weltlichen Angelegenheiten klug und mächtig... .*

Bestätigt wird diese auf die weltlichen Dinge fixierte Einschätzung weiterhin durch ein Verzeichnis der Güter, welche der Erzbischof der Mainzer Diözese erworben hat. Das Dokument, welches wohl zu Lebzeiten Adalberts entstand, umfaßt etwa 50 Positionen.[8] Besonders in Thüringen, Hessen, im Rhein-Main-Gebiet und in Franken lagen seine Erwerbungen, Klöster, Burgen, Dörfer und weiterer Besitz umfassend. Adalberts Konzept war hinsichtlich dieser Erwerbspolitik so simpel wie erfolgreich. Wichtig erschien ihm, die Besitzungen, welcher Art auch immer, irgendwie in die Einflußsphäre des Mainzer Erzstiftes zu bringen. Auch die kleinste Annäherung schien ihm längerfristig den Erfolg einer festeren Bindung zu versprechen. Der Mainzer hatte bei seinem Vorgehen ein zugkräftiges Mittel zur Verfügung, das für alle Interessenten einer engeren Bindung an Mainz Vorteile versprach: die *libertas Moguntina* – die Freiheit der Mainzer Kirche. Was war damit gemeint? In einem Satz umrissen, bedeutete es die Befreiung beispielsweise der Klöster von jedweder Gewalt des Vogtes bzw. anderer weltlicher wie geistlicher Institutionen und demgegenüber die Zusammenfassung aller Machtbefugnisse allein in der Hand des Erzbischofs. Im Detail hieß das, daß die einzelnen Klöster und Güter von der Jurisdiktionsgewalt eines Pfarrers, Archidiakons oder Archipresbyters, also zwischenkirchlichen Instanzen, befreit waren. Sie unterstanden direkt der Gewalt des Erzbischofs. Hinzu kam, daß Adalbert in Anlehnung an seine Vorgänger im Amt und die *libertas Romana* der päpstlichen Kurie eigenkirchliche Momente in die *libertas Moguntina* einfließen ließ. Hierzu gehörte die sogenannte Entvogtung, die Befreiung der geistlichen Institutionen von der weltlichen Vogteigewalt. Natürlich war gerade in letzterem mit den Ansprüchen der weltlichen Eigenkirchenherren zu rechnen. Die Zurückdrängung dieser Rechtsansprüche bedurfte Zeit und Geduld. Da sich Adalbert bei der Durchsetzung seiner Ziele gegenüber den Tradenten geschmeidig zeigte, konnte er Erfolge erzielen, wie die obengenannte Zahl seiner Erwerbungen andeutet. Neben der Zurückweisung der weltlichen Vogteigewalt finden sich in den Urkunden für die Klöster seiner Diözese nicht selten auch Bestimmungen über die freie Abtwahl. Gerade dies war ja eine wichtige Forderung der cluniazensischen Klosterreformbewegung und des Investiturstreites. Indem Adalbert auf dieser Forderung gegenüber den weltlichen Eigenkirchenherren bestand, versuchte er sich seinerseits Einfluß auf die Besetzung dieser Ämter zu verschaffen. Adalbert ging aber noch einen Schritt weiter. Ganz wie ein weltlicher Eigenkirchenherr verlieh er einigen wenigen Klöstern und Güterkomplexen Schutzprivilegien. Bedacht wurden die Güter in Bierstadt und Sparkenheim, welche dem Domkapitel zu Mainz gehörten, und Johannisberg. Eine Sonderstellung nahm das reichsherrliche Stift Hilwartshausen ein, das 1128 unter Ausschaltung der königlichen Macht ein Schutzprivileg erhielt.[9]

Die Zurückdrängung weltlicher Gewalten aus dem kirchlichen Machtbereich lag

Adalbert gewiß am Herzen. Daß er sich im Investiturstreit nach 1115 mit Vehemenz für das Reformpapsttum einsetzte, das Wormser Konkordat ihm nicht weit genug ging, weil dem König noch zuviel Mitsprache bei der Bestimmung geistlicher Würdenträger blieb, hat Adalbert gegenüber dem um Vermittlung bedachten Bischof Otto von Bamberg mehrfach geäußert. Die Kirche frei von Knechtschaft und lebend nach ihren eigenen Gesetzen, so stellte er sich im Einladungsschreiben zur Königswahl von 1125 die Zukunft vor.[10] Man würde Adalbert nicht gerecht, sähe man in ihm einen Prinzipienreiter. Politischen Erfolg, sollte er durchschlagend sein, konnte man entweder durch Kompromisse erzielen oder dadurch, daß man das Gegenteil von dem tat, was andere gemeinhin erwarteten. Die Kirche frei von weltlicher Bevormundung – ja, jedoch galt dies nicht für die Angehörigen seiner Familie. So übertrug er seinem Bruder Friedrich die Schirmvogtei über die Kollegiatstifte St. Victor und St. Peter zu Mainz. Auch die Vogtei von Altenmünster scheint er in die Hand eines Verwandten der Saarbrücker Grafen gelegt zu haben.

Adalbert dachte offensichtlich sehr dynastisch. Daß er dabei seinem Neffen Adalbert II. den Weg zu seiner Nachfolge ebnete, scheint außer Frage zu stehen. Das Erzbistum Mainz in der Hand der Grafen von Saarbrücken war kein unrealistisches Ansinnen. Trotz der Durchsetzung der kanonischen Wahl konnten späterhin Adelsfamilien Bistümer in ihre Hand bekommen. Eines der bekanntesten Beispiele sind wohl die Grafen von Berg, die Ende des 12. Jahrhunderts den Kölner Erzstuhl regelrecht okkupiert hatten. Diese dynastische Denkweise schloß jedoch nicht aus, daß man den salierfreundlichen Bruder Bruno, Bischof von Speyer, wegen seiner Treue zu Heinrich V. wenig Verständnis entgegenbrachte und ihn gar brüskierte. Adalbert griff sogar zum Mittel des Bannes gegen seinen Bruder. Erst kurz vor Brunos Tod 1123 scheinen sich die Brüder wieder näher gekommen zu sein. In Adalberts dynastischem Denken ist des weiteren zu berücksichtigen, daß die Saarbrücker auch Einfluß auf das Wormser Bistum ausübten. Für das Königtum entstand somit zwischen den Flüssen Saar, Mosel und Rhein ein Machtkomplex, den man ernst zu nehmen hatte, von welchem Gefahr drohte.

Adalbert versuchte sich auch den kommunalen Entwicklungen seiner Zeit zu stellen. Besonderes Augenmerk legte er dabei auf die Förderung seiner Machtmetropole Mainz. Die Beziehungen zwischen ihm und seiner Stadt Mainz sind indes durchaus widersprüchlich gewesen. Mainz hatte sich 1115 für seine Freilassung aus kaiserlicher Haft eingesetzt, wenig später vertrieb es jedoch seinen Stadtherrn im Gefolge der bürgerkriegsähnlichen Zustände des Investiturstreites aus der Stadt. Die Unterwerfung der Stadt durch Adalbert forderte von der Bürgergemeinde große Opfer. Es zeugt aber für Adalberts politisches Gespür, daß er Mainz 1119/22 ein Privileg verlieh, das folgende Vergünstigungen enthielt: 1. Alle Einwohner der Stadt Mainz sollten zukünftig ihren alleinigen Gerichtsstand vor dem städtischen Richter haben. 2. Hinsichtlich der Abgabenleistungen der Bürger gewährte er Erleichterungen, die der städtischen Kommune selbst zugute kamen. Dieses Privileg wurde 1135 in prachtvoller Gestaltung erneuert und der Text mit geringen Abweichungen als Inschrift in die Willigistür der Liebfrauenkirche, heute Marktportal des Mainzer Doms, verewigt.[11] Obwohl man diese Urkunde als Freiheitsprivileg bezeichnen kann, hatte Adalbert seine stadtherrlichen Rechte nicht preisgegeben. Immerhin war er aber der um Emanzipation bemühten Bürgergemeinde entgegen gekommen. In Erfurt läßt die Befestigung des Dombereichs darauf schließen, daß er mit der Bürgergemeinde eine andere, kompromißlosere Gangart bevorzugte. Ansonsten hat Adalbert im Umgang mit Bürgergemeinden seine Erfahrungen aus der Reichspolitik eingebracht. Ähnliche Privilegien wie Mainz hatten mit Zutun Adalberts Speyer 1111 von Heinrich V. und Straßburg 1129 von Lothar III. erhalten.

Nach der Wahl Lothars III. 1125 zum deutschen König sank der Stern Adalberts am politischen Himmel des Reiches langsam, aber stetig. Er war zwar seit 1119 ständiger Legat des Papstes in Deutschland, nach dem Zustandekommen des Wormser Konkordates 1122 schwand die Bedeutung des Amtes jedoch merklich. Daneben waren die Beziehungen Lothars III. zu Rom wesentlich kooperativer als zu Heinrichs V. Zeiten. Nach 1125 war die Kurie zudem unter den Druck der Normannen in Unteritalien geraten, und auch die innere Zerrissenheit, wenn man an das Schisma von 1130 denkt, förderte die Annäherung des Papsttums an den mächtigen deutschen Herrscher. Im Reich selbst waren Adalbert und Lothar III. im Kampf gegen die Staufer aufeinander angewiesen. Dieses Zweckbündnis erübrigte sich, als die Staufer sich Anfang der dreißiger Jahre unterwarfen. Es verwundert deshalb kaum, daß sich Adalbert 1134 in einem Brief an den Bischof Otto von Bamberg bitterlich über die eigenmächtige Handlungsweise Lothars, vor allem bei der Besetzung von Bischofsstühlen, beklagte. Der Kaiser bedrohe die Freiheit der Kirche und, was wohl in Adalberts Augen viel schwerer wog, der Kaiser höre und befolge nicht mehr seinen Rat.

In diesem Brief[12] offenbart sich Adalberts Charakter. Es zeigt sich sein ausgeprägtes, wohl oft übersteigertes Selbstbewußtsein, das nach intensiver Einwirkung auf die politischen Entscheidungen seiner Zeit verlangte. Adalbert fühlte, und seine schriftlichen Zeugnisse bieten dafür Anhaltspunkte, eine gewisse intellektuelle Überlegenheit gegenüber seinen Mitstreitern um politische Einflußnahme. Überging man seine Meinung, so schmerzte ihn das. Lothar III. verstand es offenbar etwas besser als Heinrich V., wobei die politische Gesamtlage auch weniger kompliziert war, den Ehrgeiz des Erzbischofs in der Reichspolitik in kontrollierbare Bahnen zu lenken. Interessant ist auch, daß offensichtlich die Besprechungen der beiden mächtigsten Männer des Reiches stets in aller Öffentlichkeit, auf Hoftagen und anderen Versammlungen des Reiches, stattfanden. Es gab kaum Anlaß für Spekulationen. Darüber hinaus war der Kaiser auf eigenständiges Handeln bedacht. Auf zahlreichen Hoftagen, u. a. in Köln und Aachen, erschien Adalbert gar nicht, auf dem Feldzug gegen Böhmen 1126 fehlte er, ebenso blieb er den beiden Romzügen Lothars III. fern. Im Hinblick auf die territorialpolitischen Intentionen des Erzbischofs im Nordosten seiner Diözese errichtete Lothar mit der Landgrafschaft Thüringen um 1130 eine Barriere. Blieb also nur das einende Band im Kampf gegen die Staufer? Anfangs sicherlich, doch später zeigte sich Adalbert wieder von seiner souveränen Seite. Jähe politische Wendungen konnte er auch noch im hohen Alter vollziehen. Um 1132/33 kam eine Eheverbindung zwischen den Staufern und dem Saarbrücker Grafenhaus zustande. Friedrich II. von Staufen, der alte Widersacher Adalberts, heiratete Agnes, die Tochter Graf Friedrichs I. von Saarbrücken und damit die Nichte des Erzbischofs.[13] Gegen Ende seines Lebens war er also zur Aussöhnung mit seinen Gegnern bereit. Ein durchaus liebenswerter Zug in Adalberts Persönlichkeitsstruktur.

Am 23. Juni 1137 trat der *Sünder Adalbert, Erzbischof von Mainz und Legat des apostolischen Stuhles im Glauben an Gott, den allmächtigen Schöpfer des Himmels und der Erde...*[14] – so heißt es auf einer Bleiplatte, die seinem Grab in der St. Gotthardskapelle im Dom zu Mainz beigegeben war – vor den obersten Richter. Mit Adalbert starb einer der herausragenden Männer der Übergangszeit, einer Zeit, an deren Beginn noch der persönlich an den Herrscher gebundene Fürst stand, und an deren Ende die Konturen des selbständig herrschenden Territorialfürsten sichtbar werden. Sich zudem in den Wirren des Investiturstreites zu behaupten und über seine Mitkonkurrenten zu erheben ist ein Verdienst, welches man nicht hoch genug schätzen kann. Gleichwohl war er ein Kind seiner Zeit. Aufgewachsen inmitten bürgerkriegsähnlicher Zustände – wer heute noch Freund war, konnte morgen bereits Feind sein –, Verschlagenheit, Intrigantentum, Mißtrauen, Vorsicht gepaart mit der hohen Bildung eines Geistlichen ließen eine Persönlichkeit reifen, die im Endeffekt dem Schwert doch näher stand als dem Hirtenstab. Lob oder Kritik sind wenig geeignet, die Lebensspuren dieses Kirchenmannes zu beurteilen. Er kannte die Möglichkeiten seiner Zeit und hat sie mit Geschick und Risiko genutzt. Adalbert wußte mit Brillanz seine verschiedenen Funktionen als Reichspolitiker, Kirchenfürst und Vertreter einer aufstrebenden Adelsfamilie zu verbinden und zu seinem Vorteil zu nutzen. Seine Handlungsweise auf dem Feld der Klosterpolitik, die Einbindung von Bürgergemeinden und vor allem die Art und Weise seines auf Selbständigkeit bedachten Vorgehens fanden in der Folgezeit zahlreiche Nachahmer.

1 Kaiserchronik eines Regensburger Geistlichen, hg. v. E. Schröder, in: MGH. Deutsche Chroniken, Bd. 1,1, Hannover 1892. Zum Werdegang und zur Familie Adalberts: F. Hausmann, Reichskanzlei und Hofkapelle unter Heinrich V. und Konrad III, Stuttgart 1956 (Schriften der MGH 14); A. Ruppersberg, Geschichte der ehemaligen Grafschaft Saarbrücken, T. 1, Saarbrücken 1899.

2 Frutolfs und Ekkehards Chroniken und die anonyme Kaiserchronik, übersetzt von Fr.-J. Schmale/I. Schmale-Ott, Darmstadt 1972 (Ausgewählte Quellen zur deutschen Geschichte des Mittelalters. Freiherr vom Stein-Gedächtnisausgabe 15), S. 261; Otto von Freising, Chronica sive historia de duabus civitatibus, hg. v. A. Hofmeister, Hanover/Leipzig 1912 (MGH. SS. in us. schol.), lib. VII, cap. 14.

3 Vgl. u. a. C. Servatius, Paschalis II. (1099–1118). Studien zu seiner Person und seiner Politik, Stuttgart 1979 (Päpste und Papsttum 14); M. Minninger, Von Clermont zum Wormser Konkordat. Die Auseinandersetzungen um den Lehnsnexus zwischen König und Episkopat, Köln 1978 (Forschungen zur Kaiser- und Papstgeschichte des Mittelalters. Beihefte zu J. F. Böhmer, Regesta Imperii 2); H. Büttner, Erzbischof Adalbert von Mainz, die Kurie und das Reich in den Jahren 1118 bis 1122, in: Investiturstreit und Reichsverfassung, hg. v. J. Fleckenstein, Sigmaringen 1973 (Vorträge und Forschungen 17), S. 395ff.; K. Heinemeyer, Adalbert I., Erzbischof von Mainz, in: Saarländische Lebensbilder, Bd. 2, hg. v. P. Neumann, Saarbrücken 1984, S. 11–41.

4　Manifest Kaiser Heinrichs V. über die Gefangensetzung Erzbischof Adalberts von Mainz und deren Veranlassung, in: Mainzer Urkundenbuch, Bd. 1: Die Urkunden bis zum Tode Erzbischof Adalberts I. (1137), bearb. v. M. STIMMING, Darmstadt 1932, S. 358f., Nr. 451.

5　Mainzer UB 1, S. 517ff., Nr. 600; Annalisto Saxo, hg. v. G. WAITZ, in: MGH. SS. 6, Hannover 1844, S. 542ff., besonders S. 751f. Zum Privileg siehe auch L. FALCK, Mainz im frühen und hohen Mittelalter (Mitte 5. Jahrhundert bis 1244), Düsseldorf 1972 (Geschichte der Stadt Mainz 2), S. 143ff.

6　Vgl. Mainzer UB 1, S. 426f., Nr. 521, und Encyclica principum de eligendo rege, in: MGH. Const., Bd. 1, hg. v. L. WEILAND, Hannover 1893, S. 165f., Nr. 112.

7　Kaiserchronik eines Regensburger Geistlichen, S. 386f., Vers 16940ff.; Manifest Heinrichs V. Zur Wahl von 1125 siehe Narratio de electione Lotharii in regum Romanorum, hg. v. W. WATTENBACH, in: MGH. SS. 12, Hannover 1856, S. 509ff.; U. SCHMIDT, Königswahl und Thronfolge im 12. Jahrhundert, Köln/Wien 1987 (Forschungen zur Kaiser- und Papstgeschichte des Mittelalters. Beihefte zu J. F. Böhmer, Regesta Imperii 7) mit der neueren Literatur.

8　OTTO von Freising, Chronica, lib. VII, cap. 21; Mainzer UB 1, Nr. 616.

9　Zur Klosterpolitik und Territorialpolitik vgl. K. H. SCHMITT, Erzbischof Adalbert I. von Mainz als Territorialfürst, Berlin 1920 (Arbeiten zur deutschen Rechts- und Verfassungsgeschichte 2); M. STIMMING, Die Entstehung des weltlichen Territoriums des Erzbistums Mainz, Darmstadt 1915 (Quellen und Forschungen zur hessischen Geschichte 3); H. GRÜNEISEN, Die Klostervogteipolitik der Erzbischöfe von Mainz bis ins 13. Jahrhundert, Diss. Marburg 1942; L. FALCK, Klosterfreiheit und Klosterschutz. Die Klosterpolitik der Mainzer Erzbischöfe von Adalbert I. bis Heinrich I. (1100–1153), in: AmrhKG 8 (1956), S. 21ff. Zum Legatenamt Adalberts: J. BACHMANN, Die päpstlichen Legaten in Deutschland und Skandinavien (1125–1159), Berlin 1913 (Historische Studien 115).

10　Encyclica principum.

11　H. WERLE, Die Machtstellung des Saarbrücker Hauses am Mittel- und Oberrhein im 12. Jahrhundert, in: Saarbrücker Hefte 5 (1957); S.23–37; F. V. ARENS, Die Inschriften der Stadt Mainz von frühchristlicher Zeit bis 1650, Stuttgart 1958 (Die deutschen Inschriften 2), Nr. 10.

12　Monumenta Bambergensia, hg. v. PH. JAFFÉ, Berlin 1869 (Bibliotheca rerum Germanicarum 5), S. 450ff., Nr. 264. Zum Verhältnis Lothars III. zu Adalbert vgl. L. SPEER, Kaiser Lothar III. und Erzbischof Adalbert I. von Mainz. Eine Untersuchung zur Geschichte des deutschen Reiches im frühen zwölften Jahrhundert, Köln/Wien 1983 (Dissertationen zur mittelalterlichen Geschichte 3), sowie W. PETKE, Kanzlei, Kapelle und königliche Kurie unter Lothar III. (1125–1137), Köln/Wien 1985 (Forschungen zur Kaiser- und Papstgeschichte des Mittelalters. Beihefte zu J. F. Böhmer, Regesta Imperii 5).

13　Vgl. RUPPERSBERG, Geschichte, S. 93f. und genealogische Tafel.

14　Nach ebenda, S. 89.

Konrad

HERZOG VON ZÄHRINGEN
(1122–1152)

von Peter Neumeister

Ich sehe Herr Herzog, wenn ihr der Wagen wärt,
ihr würdet ohne zu bedenken vor den Ochsen laufen.
(Gesta archiepiscoporum Salisburgensium)

Im Juni 1138 versammelte sich eine stattliche Anzahl von Fürsten des Reiches zu einem Hoftag des kurze Zeit vorher erhobenen Königs Konrad III. in Regensburg. Zum Gefolge des Königs gehörte auch Konrad, der Herzog von Zähringen. Auf dieser Fürstenversammlung trat der Herzog auf die Bühne der Reichspolitik ins direkte Rampenlicht. Es sollte nur das eine Mal während seiner Amtszeit als Herzog sein. Sein Auftritt war kurz, aber vielleicht typisch für die Persönlichkeit des Zähringers.

Nach Regensburg kam auch der Erzbischof Konrad von Salzburg, ein selbstbewußter und eigenmächtig handelnder Kirchenfürst, der sich nicht zur Mannschaftsleistung, dem Homagium, für den König bewegen lassen wollte. Schon Kaiser Lothar III. von Supplinburg (1125–1137) hatte er den traditionell geleisteten Eid hartnäckig verweigert. Der Salzburger Erzbischof, bereits entschiedener Gegner Heinrichs V. (1106–1125), gedachte den Ausgleich zwischen Papsttum und Kaisertum von 1122, bekräftigt durch das Wormser Konkordat, sehr individuell zu seinen Gunsten zu nutzen. Konrad von Zähringen mißfiel diese Handlungsweise des Erzbischofs offensichtlich. Als König Konrad und der Salzburger 1138 in Regensburg zusammentrafen, ließ sich der Zähringer plötzlich dazu hinreißen, den sich sträubenden Kirchenmann in ungestümer Weise aufzufordern: Er möge Konrad, seinem Herrn, unverzüglich diesen Eid leisten und sich nicht länger widersetzen. Die Antwort des Erzbischofs auf dieses wohl auch die Etikette bei Hof verletzende Vorgehen des Herzogs ist wortwörtlich überliefert: *Ich sehe Herr Herzog, wenn ihr der Wagen wärt, ihr würdet ohne zu bedenken vor den Ochsen laufen. Was die Angelegenheit, zwischen mir und unserem Herrn König anbetrifft, so wird sie so geregelt, daß ihr merken werdet, daß ihr euch keine Sorgen darum zu machen braucht.*[1]

Die für Konrad von Zähringen entstandene blamierende Situation beendete der König weltmännisch, allerdings nicht unbedingt seinem Amt gemäß. Zu einer Gegenrede des Herzogs ließ er es nicht kommen, indem er seinem Namensvetter mit der Hand den Mund verschloß und den Erzbischof wohlwollend beschwichtigte und ihn wissen ließ, daß er von ihm nicht mehr verlangen werde als dessen bonam voluntatem – gute Gesinnung. Damit war diese prekäre Situation geschickt überwunden, allerdings wohl kaum im Sinne des Herzogs. Man darf getrost bezweifeln, daß diese Begebenheit Konrad von Zähringen ermutigte, sich in Fragen der Reichspolitik zu profilieren. Wie auch immer, die Wiedergabe jener Szene aus der Salzburger Geschichtsschreibung des 12. Jahrhunderts scheint geeignet, sich der Biographie des Herzogs zu nähern.

Das gezeichnete Bild ist ziemlich eindeutig. Auf der einen Seite der grobschlächtige, ungelenke Herzog, den man mitleidig belächeln muß, auf der anderen Seite der schlaue, wendige und selbstbewußte, geistig wesentlich höherstehende Kirchenmann. Auch wenn man beachten muß, daß der Autor dieser Erzählung seinen Kirchenfürsten in einem besonders hellen Licht erscheinen lassen wollte, so dürfte die Beschreibung des Zähringers einen realen Kern besitzen. Die Bewegung auf dem glatten Parkett der Diplomatie schien nicht sein Gewerbe zu sein. Da wir nur diesen einen Beleg besitzen, der ein aktives Hervortreten des Zähringers bei Hof zeigt, müssen andere Informationen aus den mittelalterlichen Quellen zur Charakterisierung seiner Person dienen. Wo lagen die Stärken und Schwächen in Konrads Persönlichkeit?

Trotz dieses Debakels in Regensburg läßt sich Herzog Konrad aufgrund seiner Zeugentätigkeit des öfteren am Hof des Herrschers nachweisen. Gleichwohl sind die Hinweise für die Zeit Lothars III. von Supplinburg eher dürftig. Lediglich siebenmal findet man den Herzog in der urkundlichen Überlieferung des Supplinburgers. 1126, 1130, 1133 und 1134 weilte er am Hof des Königs. Wenn man von Köln und Bamberg absieht, so suchte der Herzog nur die Nähe des Herrschers, wenn jener nicht weit von seinem eigentlichen Herrschaftsbereich entfernt war. Basel und Straßburg lagen in einer Gegend, die dem Herzog vertraut war. Hier fühlte er sich wohl heimisch, und hier betrieb er sein politisches Geschäft mit dem Herrscher. Während der Regierungszeit seines Namensvetters Konrad III. (1138–1152) sind immerhin 31 Belege am königlichen Hof auszumachen. Genaueres Hinsehen verdeutlicht jedoch, daß dem Zähringer auch in dieser Zeit allzu weite Wege nicht genehm waren. Dreizehnmal fand er sich in Straßburg ein, etwa achtmal in Frankfurt am Main, je zweimal in Würzburg und Konstanz und je einmal in Bamberg, Ulm, Basel, Nürnberg, Speyer, Rothenburg ob der Tauber. Betrachtet man die zeitliche Folge seiner Aufenthalte, ergibt sich folgendes Bild: 1139, 1140 und 1141, dann 1143 und 1147 lassen sich jeweils mehr als drei Belege bei Hofe feststellen. 1145, 1148, 1149 und 1151 scheint er die Nähe des Herrschers überhaupt nicht gesucht zu haben.[2]

Also auch während der Herrschaft Konrads III. bestätigt sich der Befund: Der König mußte schon in die Nähe des herzoglichen Machtbereichs kommen, erst dann suchte der Zähringer den Hof auf. In dieses Bild einer gewissen Passivität in Sachen großer Reichspolitik paßt, daß sich Konrad zu Zeiten Lothars III. an keinem der beiden Italienzüge beteiligte. Auch dem herausragendem Ereignis der Regierungszeit Konrads III., dem Kreuzzug ins Heilige Land, blieb er fern. Nicht umgehen ließ sich wohl die Teilnahme am sogenannten Wendenkreuzzug 1147. Von besonderen, heldenhaften Taten des Schwaben jenseits der Elbe hören wir freilich nichts. Sein Hauptaugenmerk legte Konrad auf das Vereinbaren einer Ehe zwischen seiner Tochter Clementia und dem noch jungen Herzog von Sachsen, Heinrich dem Löwen. Obwohl diese Eheverbindung fernab vom Machtbereich des Zähringers angebahnt wurde, hatte sie doch gerade mit dem Gebiet im Südwesten des Reiches zu tun, in welchem sich der Zähringer um den Ausbau seiner Herrschaft bemühte.[3]

Würde man vorerst die Person Konrads von Zähringen aufgrund der gegebenen Fakten im Hinblick auf die große Reichspolitik beurteilen müssen, dann hätte man es in der Tat mit einem recht passiven, fast farblosen, nicht gerade geistig hochstehenden Mann zu tun, der, wie Otto von Freising es in seiner Gesta zum Ausdruck brachte, zwar über großen Reichtum und viel Ehre verfügte, sich jedoch nur mit einem leeren Herzogtitel zu schmücken vermochte. Dem noch jungen Friedrich Barbarossa war es während der vierziger Jahre des 12. Jahrhunderts ein leichtes im Zusammenhang mit einer Fehde, die Hauptburgen Konrads zu belagern und in kurzer Zeit einzunehmen. Welch ein Gegensatz! Einerseits die mächtigen zum Königsamt berufenen Staufer und andererseits die unfähigen, vom Glück wenig begünstigten Zähringer. Nun, man darf am Bild des mit den Staufern verwandten Otto von Freising doch ein wenig zweifeln. Stimmt diese Einschätzung wirklich? Wer war dieser Zähringer in seiner Zeit, der ersten Hälfte des 12. Jahrhunderts? Eine Zeit, die vor allem durch eine Neuorientierung weltlicher zu geistlicher Macht, aber auch königlicher zu fürstlicher Herrschaft geprägt war. Ergänzen wir deshalb das Porträt Konrads durch seine Aktivitäten in seiner Heimat, dort, wo er geboren wurde. Seine Interessenlagen sind zu ergründen, und der Erfolg oder Mißerfolg seines Handelns ist aufgrund seiner Ausgangs- und Endsituation zu beurteilen.

Wann und wo Konrad geboren wurde, bleibt uns wie bei den meisten Menschen des Mittelalters verborgen. Um 1120 wurde der Zähringer in einem Brief des Abtes Adalbert von Schaffhausen an Papst Calixt II., in welchem er sich über einen kriegerischen Angriff Konrads auf das Kloster beschwerte, *puer adolescens* genannt. Diese Angabe läßt ein Alter von etwa 14 bis 28 Jahren zu.[4] Davon ausgehend, mag Konrad etwa um 1100 geboren worden sein. Der Vater Konrads war Berthold II. († 1111), welcher bis 1098 die Herzogswürde von Schwaben neben dem Staufer Friedrich I. († 1105) innehatte. Konrads Mutter war Agnes von Rheinfelden, die Tochter des 1080 im Kampf gegen Kaiser Heinrich IV. gefallenen Gegenkönigs Rudolf von Rheinfelden. Allerdings kam Konrad nicht als Erbe seines Vaters in Frage, sondern sein erstgeborener Bruder Berthold. Daß er quasi im zweiten Glied seiner Familie stand, mag seinen Ehrgeiz besonders angestachelt haben. Als Konrad 1120 einen hartnäckigen Angriff auf das Kloster Schaffhausen unternahm, nannte ihn die betreffende Quelle in ihrem Bericht mit dem im Grunde nichtssagenden Titel *dominus* – Herr.

In den Zähringer steckten aber durchaus Herrschaftsqualitäten. Ins Jahr 1120 fiel eine weitere bedeutsame Unternehmung Konrads, die zeigte, daß er die gesellschaftlichen Entwicklungen seiner Zeit offenbar erkannte und für sich zu nutzen wußte. In ebendiesem Jahr stattete er Freiburg im Breisgau mit einem Markt aus und förderte damit die städtische Entwicklung dieser Bürgergemeinde nachdrücklich und beständig. Bemerkenswert ist dabei, daß sich Konrad um die Einrichtung dieses Marktplatzes bis ins Detail sehr intensiv persönlich kümmerte. Er sicherte den Kaufleuten Hofstätten zu einem festen jährlichen Zins zu, verschaffte denjenigen, die Grund und Boden am Markt erwarben, Nutzungsrechte an der Allmende, er verbürgte sich für die Sicherheit der Handelswege, befreite die Freiburger Kaufleute vom Marktzoll und von der Heersteuer und gewährte ein großzügiges Erbrecht, welches auch Frauen und Kinder einschloß. Hinzu kam, daß die Bürger den Stadtvogt und Pfarrer selbst wählen konnten. Für Streitigkeiten unter den Bürgern galt Kölner Kaufmannsrecht. Der Münsteraner Historiker Hagen Keller schätzte diesen Vorgang jüngst wie folgt ein: »Daß bei einer Marktgründung die ganze Siedlungsgemeinschaft in dieser Weise privilegiert wurde, ist etwas Neues und verbindet den Vorgang von 1120 mit späteren Stadtgründungen.«[5] Konrad zeigte sich im Umgang mit dem aufstrebenden Bürgertum von einer Seite, die so gar nicht zum bisher Gesagten paßt. Neben seinem Bruder Berthold III., der dem zähringischen Haus bis 1122 vorstand, wußte Konrad seine bescheidenen Mittel geschickt zu nutzen. Möglicherweise hatte er vor, eine eigene »zähringische« Linie zu begründen. Wichtig für Konrads weiteren Werdegang waren nicht nur der überraschende Tod seines Bruders, sondern auch seine vier Schwestern, die alle mit einflußreichen Männern des Reiches verehelicht waren. Seine Schwester Agnes war mit dem hochangesehenen Grafen Wilhelm II. von Burgund vermählt, Petrissa war die Gattin des Grafen Friedrich von Pfirt, Liutgard die Ehefrau Gottfrieds von Calw, des Pfalzgrafen bei Rhein, und schließlich Judith die Gemahlin des Grafen Ulrich von Gammertingen, der die Vogtei über das mächtige und traditionsbeladene Kloster St. Gallen am Bodensee ausübte. Konrad gehörte also einer der angesehensten Familien des Reiches an. Gar ein Gegenkönig zählte zu seinen Vorfahren.

Anfang Dezember 1122 kam Berthold III. von Zähringen, der Bruder Konrads, während einer Fehde des Grafen Hugo von Dagsburg in der Nähe von Molsheim im Elsaß ums Leben. Der Herzogstitel fiel damit, wohl überraschend, an Konrad. Es zeigte sich sofort in den ersten Handlungen des neuen *dux*, daß er sich bemühte, die ererbte Machtsphäre in einen festen Griff zu bekommen. Sein Erscheinen am Hof Kaiser Heinrichs V. hatte sicherlich mit lehnrechtlichen Fragen zu tun. Konrads Herrschaftsbezirk, in welchem seine Eigengüter und Lehen lagen, erstreckte sich nord- und südwestlich des Bodensees am Rhein entlang bis in die unmittelbare Nähe

Straßburgs im Norden und bis Lausanne im Süden. So wichtige Plätze wie Offenburg, das Kloster Gengenbach, die Orte Villingen, Freiburg im Breisgau und Badenweiler, das Hauskloster St. Peter im Schwarzwald, das Kloster St. Blasien, die wichtigen Städte Zürich und Basel gehörten dazu, und bis in die Gegend von Bern und Murten reichte sein Einfluß.[6] Diese Ansprüche resultierten zum Teil aus dem rheinfeldischen Erbe, das wenig vor 1100 an die Zähringer gekommen war. Bereits um diese Zeit lag Burgund im Blickfeld der Familie. Der Anspruch auf etwas ist die eine Sache, ihn durchzusetzen ist eine andere, weit schwierigere Angelegenheit. Sieht man sich die Quellen an, dann versuchte Konrad vor allem durch eine intensive Klosterpolitik Machtinteressen durchzusetzen. Kurz nach seinem Herrschaftsantritt als Herzog von Zähringen mischte er sich in die Abtsnachfolge des Klosters St. Gallen ein. Es schien so, als wollte er die Vogtei über das Kloster erlangen. Im Endeffekt konnte der Zähringer nur einen Teilerfolg verbuchen. Seine Schwester Judith war mit dem damaligen Klostervogt Ulrich von Gammertingen vermählt, so daß sich über ihn wohl ein bestimmtes Maß an familiären Einfluß auf die Angelegenheiten des Klosters geltend machen ließen.

Neben den Vogteirechten über Gengenbach, St. Georgen, Stein am Rhein (vormals auf dem Hohentwiel durch Herzog Burchard und seine Ehefrau Hadwig gegründet) und sein Hauskloster St. Peter im Schwarzwald strebte Konrad die Vogtei über das Kloster St. Blasien an. Eine der letzten Urkunden Kaiser Heinrichs V. und eine der ersten Lothars III. waren dem Gerangel um die Einflußnahme auf dieses Kloster gewidmet.[7] Nachdem sich St. Blasien der Bevormundung durch den Bischof von Basel in langwierigen Verhandlungen entzogen hatte und das Recht der freien Abtwahl zugestanden bekam, erhob Heinrich V. nach der Wahl der Brüder des Klosters Konrad zum Vogt und stattete ihn mit dem kaiserlichen Bann aus. Daß Konrad besondere Aufmerksamkeit dem Wohl seines Hausklosters St. Peter entgegenbrachte, versteht sich von selbst, befand sich doch hier die Grablege seines Geschlechts. Im sogenannten Rotulus San Petrinus, einem Traditionsbuch des Klosters, lassen sich mehr als 50 Eintragungen der Regierungszeit Konrads zuordnen, die belegen, daß die Wirtschaftskraft durch Schenkungen und anderweitige Übertragungen durch ihn selbst oder Angehörige seines Gefolges gestärkt werden sollte.

Noch zu Zeiten Kaiser Heinrichs V., am 26. November 1123, war Konrad von Zähringen persönlich an der Erhebung der Gebeine des heiligen Konrad, des einstigen Bischofs von Konstanz (934–975) und Freundes des ebenfalls heiliggesprochenen Bischofs Ulrich von Augsburg, beteiligt. Bei den Festlichkeiten sah man die drei mächtigsten Familien, welche um die entscheidende Einflußnahme in Schwaben rangen, die Staufer, Welfen und Zähringer, in friedlicher Eintracht beieinander. Tiefe Gläubigkeit und der Willen zur Aussöhnung zu gegebener Zeit wechselten mit gewalttätigem Vorgehen gegen die Kontrahenten im Kampf um die Macht. Konrad ähnelte in seinem Verhalten vielen seiner Zeitgenossen.[8]

Ganz in unser eingangs gezeichnetes Bild paßt Konrads Verhalten im Jahr 1125. Dieses Datum gilt ja in der deutschen Geschichtswissenschaft geradezu als Zäsurjahr, nicht nur wegen des Dynastiewechsels, sondern auch wegen der Auswirkungen, die das Wormser Konkordat nun mit sich brachte. Zur Bestattung Heinrichs V. erschien Konrad nicht. Er läßt sich jedenfalls nicht belegen. Gleiches trifft auf die Findung eines neuen Herrschers im August des Jahres in Mainz zu. Gewiß wird er die Wahl Lothars von Supplinburg zum deutschen König kaum mit Mißfallen aufgenommen haben. Diese Entscheidung mag ihm angenehmer gewesen sein als die Erhebung des ehrgeizigen Schwabenherzogs Friedrich II. von Staufen. Konrad von Zähringen entwickelte allerdings auch keine allzu große Eile, um dem neuen Herrscher seine Loyalität zu bekunden. Erst als Lothar im Januar 1126 auf seinem Umritt in Straßburg erschien, fand sich Konrad beim König ein. Die uns von diesem Treffen überlieferte Urkunde, das Kloster St. Blasien betreffend, nennt den Herzog in der Zeugenliste gleichsam wertmindernd *Chuonradus filius ducis Bertoldi* (Konrad, Sohn Herzog Bertolds). Diese Bezeichnung darf man wohl mit einiger Vorsicht nicht gerade als Beweis tiefer Zuneigung werten. Vielleicht verbirgt sich eher eine abwartende Haltung Lothars gegenüber Konrad dahinter. Welche Rolle würde dieser in den bevorstehenden Auseinandersetzungen mit den Staufern um das salische Reichsgut spielen?

Nicht die Jahre 1125 oder 1126 waren für Konrad von großer Wichtigkeit. Möglichkeiten, das eigene Machtpotential zu vergrößern, ergaben sich 1127. Die eigenen Untergebenen ermordeten Anfang 1127 in Peterlingen den noch jungen Grafen Wilhelm III. von Burgund. Jener Wilhelm war der Sohn von Konrads Schwester Agnes, welche mit Wilhelm II. von Burgund vermählt war. Das Erbe der Grafschaft Burgund trat Rainald III., der Vetter Wilhelms II., an. Bei dieser Grafschaft handelte es sich um ein Gebiet, das westlich des Jura an den Flüssen Doubs und Saone mit Besançon als machtpolitischem Mittelpunkt lag. Welche Bedeutung diesem und den angrenzenden Territorien zukam, macht die Tatsache deutlich, daß auch die Grafschaft Macon mit dem Reformkloster Cluny dem Machtkomplex der burgundischen Grafen anzurechnen war.

Nach dem Tode Wilhelms III. nun kam es vorerst zu Erbstreitigkeiten vor allem um die an zähringisches Hausgut grenzenden Gebiete in Ostburgund, im Waadt- und Seeland, das Erbe der Grafen von Oltingen umfassend. Darüber hinaus glaubte Konrad wohl, wobei die Quellenlage eindeutige Aussagen kaum zuläßt, auch Anspruch auf Reichslehen der Grafen von Burgund erheben zu können. Er konnte geltend machen, daß Rainald es versäumt hatte, den königlichen Hof regelmäßig zu besuchen, und daß er um die Reichsrechte bzw. -lehen in diesem Gebiet nicht direkt nachgesucht hatte. Konrad von Zähringen, wohl erbrechtlich den Grafen von Burgund nachstehend, aber in einer burgundischen Tradition seiner Rheinfeldischen Vorfahren denkend und handelnd, dürfte im Jahre 1127 auf einem Hoftag zu Speyer Lothar III. gebeten haben, ihm zumindest freie Hand in Burgund zu lassen, um einerseits seine eignen Ansprüche als auch andererseits die des Reiches wahrzunehmen. Die Gesamtlage im Reich um 1127, geprägt durch die Kämpfe gegen die Staufer, ließen Lothar III. keine andere Wahl. Der König konnte sich um die burgundischen Angelegenheiten deshalb nur unzureichend kümmern. Den Zähringer auf die Probleme, die sich aus dem Tod des burgundischen Grafen Wilhelm ergaben, zu lenken, versprach für Lothar III. gewisse Vorteile. Der Zähringer wurde dadurch zumindest im reichspolitischen Kontext neutralisiert. Zudem blieb an der Peripherie des Reiches deutscher Machtanspruch durch Konrad präsent.[9]

Leider ist die Quellenlage zur eben aufgezeigten Konstellation, die für die Beurteilung der Aktivitäten Konrads von immanenter Bedeutung ist, unbefriedigend. Zwei erzählende Quellen, Otto von Freisings »Gesta Friderici« und die bei Mainz um die Mitte des 12. Jahrhunderts entstandenen »Annales Sancti Disibodi« berichten indirekt von diesen Vorgängen. Die Annalen verzeichnen den Hinweis, daß Konrad in Gegenwart zahlreicher burgundischer *optimates* mit dem Prinzipat Burgund erhöht worden sei. Otto hingegen leitete den Herzogtitel Konrads und der Zähringer aus bestimmten Rechten in Burgund, zwischen Jura und Großen St. Bernhard gelegen, ab. In der Geschichtswissenschaft wurde des weiteren eine in deutscher Übersetzung des 15. Jahrhunderts auf uns gekommene Urkunde herangezogen, die sich auf die Zeit um 1127 beziehen soll. Dort bezeichnete man Konrad als *regierer Burgundens*. Daraus und aus weiteren indirekten Indizien schloß man, Lothar III. hätte 1127 Konrad von Zähringen mit dem *Rektorat von Burgund* betraut, was heißen soll, daß der Zähringer stellvertretend für den König Reichsrechte in Burgund ausübte.

Daß den Zähringern gewisse Reichsrechte in Burgund anvertraut waren, bestätigte der nach der zweiten Hälfte des 12. Jahrhunderts schreibende Gunther der Dichter in seinem »Ligurinus« abweichend zu seiner Vorlage Otto von Freising. Für den Sohn Konrads, Herzog Berthold IV., verwendete er den Titel *Rektor*.[10] Diese Bezeichnung war den Zeitgenossen bekannt, häufig verwendet wurde sie indes nicht. Gemeint sein wird mit diesem Begriff die Funktion eines Stellvertreters jeglicher Art. Vielleicht scheint es in der Tat gar nicht so abwegig, *rector* in die Nähe von *dux* zu setzen. Zum einen verwendete später die Kanzlei König Konrads III. die Bezeichnung *dux Burgundie* als Titel für Konrad, zum anderen gab es in Zürich Leute, die für Konrad folgende Amtsbezeichnung in Anwendung brachten: *Herzog Konrad von Zähringen, Rektor von Alemannien und Burgund*. Der Züricher Schreiber verglich also die Tätigkeit Konrads in Schwaben mit der in Burgund. Zu fragen wäre, ob dem Schreiber bewußt war, daß Konrad nur über einen Teil sowohl Schwabens als auch Burgunds tatsächlich unmittelbar herrschte. In jüngster Zeit wurde nun versucht, den Titel *Dux et Rector Burgundie* auch auf einem Siegel Konrads zu erweisen. Der Rekonstruktionsversuch muß allerdings mit einem Fragezeichen versehen werden. Die bruchstückhaft überlieferten Buchstaben der Umschrift des nicht mehr im Original, sondern in graphischer Überlieferung vorhandenen Siegels sollen *CO ... VS DUX ... C* gelautet haben. Obwohl in der Tat bei den Nachfolgern Konrads der Titel *Rektor* vorkommt, darf man für Konrad selbst wohl noch *Dux de Caringie* lesen.[11]

Wie dem auch sei, die Zähringer – mit Konrad beginnend – versuchten vor allem in Ostburgund festen Fuß zu fassen und ihren Einfluß auszubauen. Titel erschienen nicht unwichtig, bedeutungsvoller war jedoch das Ausüben einer wirklichen Herrschaft. Was unternahm Konrad, der auf der Bühne der Reichspolitik so unbeholfen wirkende Fürst diesbezüglich? Er handelte zeitgemäß und nicht ohne Erfolg. Wenn auch die Quellenüberlieferung wiederum etwas undurchsichtig wirkt, darf man vermuten, daß Konrad mit Waffen um seine burgundischen Ansprüche kämpfte. Seine Position wurde dabei durch die Übertragung von Reichsrechten durch Lothar III. verbessert. Um 1132/33 kam es zu einer größeren militärischen Auseinandersetzung nördlich von Lausanne bei Peterlingen. Sein Hauptgegner soll Graf Amadeus von Genf gewesen sein, vielleicht kämpfte aber auch Rainald von Burgund direkt mit. Konrad, so überliefern die Quellen, trug den Sieg davon, ohne damit die Fehde mit Rainald – so weiß Otto von Freising zu berichten – zu beenden. Diese Fehde soll bis weit in die vierziger Jahre hinein angedauert haben. Nach 1133 hat wahrscheinlich gar Abt Bernhard von Clairvaux vermittelnd in die Gewalttätigkeiten eingegriffen. Ob mit Erfolg, wissen wir nicht. Im Endeffekt war der Sieg, den Konrad errang, nicht durchschlagend genug. Zwischen Alpen und Jura hatte er sich festgesetzt, aber darüber hinaus bestanden wenig Möglichkeiten, reale Herrschaftsansprüche, auf welcher Ebene auch immer, geltend zu machen. Erst Konrads Sohn, Berthold IV., unternahm größere Anstrengungen, seinen Einfluß auf ganz Burgund auszudehnen, die letztlich durch Friedrich Barbarossas Burgundengagement vereitelt wurden.

Konrads Interessen lagen jedoch nicht nur in Burgund. Anfang 1133 starb sein Schwager, Pfalzgraf Gottfried von Calw. Um dessen Erbe kam es zu einer Fehde zwischen Welf, dem Bruder Herzog Heinrichs des Stolzen von Bayern, und dem Neffen Gottfrieds, Graf Albert von Löwenstein. Konrad ging es in den folgenden Auseinandersetzungen vor allem um die Mitgift seiner Schwester Liutgard, die er Welf, der sich bereits einen Großteil des Calwer Erbes angeeignet hatte, nicht ohne Widerstand überlassen wollte. Die kriegerischen Unternehmungen des zähringischen Herzogs, er belagerte u. a. die Schauenburg in der Ortenau, endeten erst, als der Kaiser 1134 aus Italien heimkehrte. Ob Konrad seine Ziele durchsetzte, wissen wir nicht genau.[12] Für die Zeit Kaiser Lothars III. verstummen dann die Quellenaussagen nahezu. In seinem Herrschaftsbereich bemühte er sich eifrig um intensivere Einflußnahme auf die Klöster St. Gallen und Reichenau, und er kümmerte sich um einen Ministerialen seines Gefolges, der eine Schenkung tätigte.

Der zweite Italienzug Lothars III. 1136/37 fand nicht Konrads Interesse. Den Tod seines Herrschers Anfang Dezember 1137 wird er registriert haben. An der Findung eines neuen Königs beteiligte er sich wohl nicht. Aber, wie wir eingangs sahen, war das Verhältnis zu seinem Namensvetter im Königsamt ab 1138 sehr viel intensiver als zu dessen Vorgänger. Ohne Zweifel sah der Zähringer die Konkurrenz der Staufer in Schwaben, lagen doch deren Hausgüter in unmittelbarer Nähe. Konrads Bemühungen in Burgund fanden jedoch durch die Kanzlei König Konrads III. ihre Anerkennung, häufig erschien der Zähringer mit dem Titel *dux Burgundie* in den Zeugenlisten. Die Aufenthalte Konrads bei Hof mehrten sich. In zwei Diplomen Konrads III. erschien der Schwabe gar mit dem Amt des *dux Carinthiae*, des Herzogs von Kärnten. 1139 wurde der Zähringer in einer Urkunde für das Kloster Selz (!) so bezeichnet und 1141, wenn auch in einer verstümmelten Abschrift des 14. Jahrhunderts, in einem Diplom für die Bürger von Asti.

Es ist äußerst interessant, danach zu fragen, warum die königliche Kanzlei nach nunmehr fast siebzig Jahren eines zähringischen Herzogtitels für Kärnten gedachte. Berthold I., der Großvater Konrads, war 1061–1077 Herzog von Kärnten und Markgraf von Verona. Er hatte zwar keine direkte und vor allem kontinuierliche Herzogsherrschaft in Kärnten ausgeübt, so daß ihn die Geschichtswissenschaft lediglich als »Titularherzog« bezeichnete,[13] gleichwohl dürften die Zeugenschaft und der Titel Konrads nicht nur aus Tradition oder einem Anflug von Nostalgie zu erklären sein. In der realen Situation eines Rechtsbruches oder der Anfechtung des Inhalts der Urkunden hätte Konrad in irgend einer Weise aktiv werden und unter Umständen für den entschiedenen Rechtszustand einstehen müssen. Welche Rolle spielte Konrad um 1140 in den Plänen König Konrads III.? Es läßt sich aufgrund der Quellen keine Antwort geben. Ein Tatbestand ist allerdings bemerkenswert. Konrad von Zähringen ließe sich aufgrund dreier Herzogtitel (Zähringen/Schwaben, Kärnten und Burgund) in eine Reihe mit solch bedeutenden Männern wie Heinrich dem Stolzen (Bayern/Sachsen), Heinrich dem Löwen (Sachsen/Bayern) und etwa Hermann von Thüringen (Pfalzgraf von Sachsen, Landgraf von Thüringen und Hessen) stellen. Für König Konrad III. dürfte des weiteren nicht nur die Person des zähringischen Herzogs von Interessen gewesen sein, auch seine verwandtschaftlichen Beziehungen waren zu berücksichtigen. Im Falle von Kärnten und Oberitalien kam den aus dem zähringischen Mannesstamm herkommenden Markgrafen von Baden eine besondere Bedeutung zu. Sie unterhielten intensive familiäre Beziehungen nach Kärnten.[14]

Konrad von Zähringen stellte im Südwesten des deutschen Reiches einen Machtfaktor dar, den der König in seiner Herrschaftstätigkeit gebührend beachten mußte. Gegen Ende seines Lebens hatte er sich mit dem ehrgeizigen Friedrich Barbarossa auseinanderzusetzen. Otto von Freising ist es wieder einmal, der einen für Konrad von Zähringen sehr ungünstigen Bericht lieferte. Bei ihm heißt es: Friedrich, der spätere König, überzog das Land des Herzogs mit Fehde, *indem er fast bis an die Grenze Alemanniens vorrückte, gelangte er bis Zähringen, der Burg des Herzogs, ohne daß ihm jemand entgegentrat und Widerstand leisten konnte. Bald darauf eroberte er auch eine Burg des Herzogs, die bisher bei allen, die sie in Augenschein genommen hatten, für uneinnehmbar galt und warf wider das Erwarten vieler den äußerst tapferen und begüterten Herzog so heftig nieder, daß er ihn nötigte, bittflehend vor seinen Vater und seinen Oheim zu erscheinen und um Frieden zu bitten.*[15]

Läßt sich die Widerstandslosigkeit des Zähringers darauf zurückführen, daß er sein Land schonen, vor übergroßen Zerstörungen bewahren wollte? Otto von Freising kommt nicht umhin, Konrad als einen tapferen und reichen Mann zu bezeichnen; was er uns nicht mitteilt: Wenn der Herzog Politik zur Wahrung seines Besitzstandes trieb, dann verhielt er sich geschickt, klug und weitblickend. Den nach ritterlichen Ruhm strebenden Friedrich Barbarossa ließ er vielleicht ganz einfach ins Leere laufen. Der Zähringer hielt wohl nicht viel von Ehre und ritterlichem Spiel. Die Sicherung des Erworbenen verlangte Energie und Ausdauer. Rückschläge waren einzuplanen und wettzumachen. Geduldiges, schrittweises Vorgehen und das Erlangen auch kleiner Teilerfolge rundeten im Endeffekt die erfolgreiche Territorialpolitik im Sinne seines Hauses ab.

Konrad ist wohl am beharrlichsten aus seinem Geschlecht um die Festigung der materiellen und rechtlichen Grundlagen seiner Machtposition vor allem in Schwaben und dem östlichen Burgund bemüht gewesen. Er war kein Mann mit heldenähnlichem Charisma, viel eher ähnelte er in seinem Tun König Konrad III., der die Fundamente staufischer Macht begründete. Unter Konrad blieb die Bezeichnung »dux« mit Sicherheit kein leerer Titel mehr. Es stellt sich am Ende unseres Berichtes die Frage: Für wen tat er das alles? Trieb ihn Ehrgeiz oder wollte er – wie Geschichtswissenschaftler zu sagen pflegen – den Fluch des Unglücks von seiner Familie nehmen? Oder wollte er seinen Nachkommen ganz einfach einen gut bestellten Acker hinterlassen? Der Antrieb seines Handelns bleibt uns letzlich verborgen, doch daß er seine Kinder »standesgemäß« verheiraten wollte und daß er seine Familienbande in Erbfragen weidlich nutzte, sahen wir.

Als der Herzog am 8. Januar 1152 mit etwa sechzig Jahren starb, hinterließ er eine trauernde Ehefrau namens Clementia, die aus dem hochangesehenen und mächtigen Grafenhaus von Namur stammte.[16] Sie hatte ihm einen Sohn Konrad geboren, der bereits um 1140 vor dem Vater gestorben ist. Sein Nachfolger im Herzogsamt wurde der zweitgeborene Sohn, Berthold, der vierte dieses Namens innerhalb des zähringischen Geschlechtes. Dessen Sohn bot man 1198, nach dem Tod Kaiser Heinrichs VI., sogar die Krone des Reiches an. Hierin zeigt sich, welches Ansehen die Zähringer im 12. Jahrhundert genossen. Im besonderen war das ein Verdienst Konrads. Neben Berthold IV. erreichten auch seine Söhne Rudolf, der Bischof von Lüttich wurde, Adalbert, der Ahnherr der Herzöge von Teck, und Hugo, der sich Herzog von Ulmburg nannte, ein hohes Ansehen in der Reichspolitik. Konrads Tochter Clementia war in erster Ehe mit Herzog Heinrich dem Löwen vermählt, in zweiter Ehe heiratete sie den Grafen Humbert von Savoyen.

Am 12. Januar 1152 entbot eine hochangesehene Versammlung dem verstorbenen Herzog die letzte Ehre, sogar König Konrad III. fand sich am Grab in St. Peter ein. Ihm zur Seite standen Herzog Friedrich III. von Schwaben, der spätere Friedrich Barbarossa und einstige Feind des Herzogs, die Bischöfe von Basel und Konstanz, die Markgrafen von Baden, seine Verwandten, und zahlreiche Angehörige seines Gefolges. Der Tod des Herzogs vereinte Freund und Feind. Die Kunde vom Ableben des Zähringers wurde nahezu im gesamten Reich registriert, was nochmals auf die Bedeutung dieses Reichsfürsten hinweist.

Konrad war einer der princeps des Reiches, die sehr genau zwischen Reichspolitik und Ausbau ihres eigenen Territoriums zu unterscheiden wußten. Man wird dieses Vorgehen sicherlich nicht im Sinne der Stärkung der Zentralgewalt deuten können. Gerade am Beispiel Konrads ist zeitweise eine starke Distanzierung von der Königsmacht zu verzeichnen. Dem entgegen steht die Tatsache, daß die Königsmacht durchaus diese Regionalisierung fürstlicher Macht für ihre Zwecke nutzen konnte. Das Vorgehen der Zähringer in Richtung Burgund ist ein gutes Beispiel dafür. So war es einer in innerdeutschen Angelegenheiten gebundenen Zentralgewalt möglich, indirekt Präsenz zu zeigen. Konrad steht quasi stellvertretend für einen Fürsten, der sich auf die neuen Gegebenheiten und vor allem Möglichkeiten auf politischem, rechtlichem und wirtschaftlichem Gebiet zur Entwicklung von königsunabhängiger Territorialherrschaft einstellte.

1   Gesta archiepiscoporum Salisburgensium, hg. v. W. WATTENBACH, in: MGH. SS. 11, Hannover 1854, S. 66. Vgl. zum Vorgang auch E. HEYCK, Geschichte der Herzoge von Zähringen, Freiburg i. Br. 1891, S. 291, und W. BERNHARDI, Konrad III., T. 1: 1138–1145, Leipzig 1883 (Jahrbücher der deutschen Geschichte), S. 50f.

2   Die Urkunden Lothars III. und der Kaiserin Richenza, hg. v. E. v. OTTENTHAL/H. HIRSCH, Berlin 1927 (MGH. Diplomata regum et imperatorum Germaniae 8). Die Urkunden Konrads III. und seines Sohnes Heinrich, bearb. v. F. HAUSMANN, Graz 1969 (MGH. Diplomata regum et imperatorum Germaniae 9).

3   Helmolds Slawenchronik, 3. Aufl., bearb. v. B. SCHMEIDLER, Hannover 1937 (MGH. SS. in us. schol.), S. 118 und S. 129.

4   Die ältesten Urkunden von Allerheiligen in Schaffhausen, Rheinau und Muri, hg. v. F. L. BAUMANN u. a., Basel 1883 (Quellen zur Schweizer Geschichte 3), S. 93f. Zum Alter vgl. A. HOFMEISTER, Puer, Iuvenix, Senex. Zum Verständnis der mittelalterlichen Altersbezeichnungen, in: Papsttum und Kaisertum. Paul Kehr zum 65. Geburtstag dargebracht, hg. v. A. BRACKMANN, München 1926, S. 316.

5   H. KELLER, Die Zähringer und die Entwicklung Freiburgs zur Stadt, in: Die Zähringer, hg. v. K. SCHMIDT, Bd. 1, Sigmaringen 1986, S. 17ff., Zitat S. 24; vgl. zu den Familienverhältnissen und zur Geschichte der Zähringer ebenda, Bd. 1–3, Sigmaringen 1986–1990, sowie J. SYDOW, Bemerkungen zur Fälschung von Stadtrechten im 12. Jahrhundert: Das Beispiel Freiburg i. Br., in: Fälschungen im Mittelalter, T. 3: Diplomatische Fälschungen (I), Hannover 1988 (Schriften der MGH 33,3), S. 625ff.

6   Zum Sachverhalt vgl. H. BÜTTNER, Schwaben und Schweiz im frühen und hohen Mittelalter. Gesammelte Aufsätze, hg. v. H. PATZE, Sigmaringen 1972 (Vorträge und Forschungen 15). BÜTTNER galt als einer der besten Zähringerkenner.

7   DD Lothars III., Nr. 6.

8   Im besonderen E. FLEIG, Handschriftliche, wirtschafts- und verfassungsgeschichtliche Studien zur Geschichte des Klosters St. Peter auf dem Schwarzwald, Diss. Freiburg i. Br. 1908, S. 31ff. und S. 96ff. Siehe des weiteren HEYCK, Geschichte, S. 263f.

9   Zum Problem Burgund und die Zähringer vgl. H. HEINEMANN, Untersuchungen zur Geschichte der Zähringer in Burgund, in: AfD 29 (1983), S. 42–192, und 30 (1984), S. 97–257.

10 Annales Sancti Disibodi, hg. v. G. WAITZ, in: MGH. SS. 17, Hannover 1861, S. 23; Otto von Freising und RAHEWIN, Gesta Friderici I. imperatoris, 3. Aufl., bearb. v. G. WAITZ, Hannover/Leipzig 1912 (MGH. SS. in us. schol.), S. 26 und S. 155f.; DD Lothars III., Nr. 24, siehe auch W. PETKE, Kanzlei, Kapelle und königliche Kurie unter Lothar III. (1125–1137), Köln/Wien 1985 (Forschungen zur Kaiser- und Papstgeschichte des Mittelalters. Beihefte zu J. F. Böhmer, Regesta Imperii 5), S. 230f.; Gunther der Dichter, Ligurinus, hg. v. E. ASSMANN, Hannover 1987 (MGH. SS. in us. schol.), S. 313 (5, 312).

11 Urkundenbuch der Stadt und Landschaft Zürich, hg. v. J. ESCHER/P. SCHWEIZER, Bd. 1, Zürich 1888, Nr. 288, S. 174f. und HEINEMANN, Untersuchungen.

12 Vgl. HEYCK, Geschichte, S. 286f.

13 DD Konrads III., Nr. 21 (Selz, Stadt und Kloster im heutigen Departement Bas-Rhin, Frankreich; Vögte des Klosters waren die Markgrafen von Baden) und Nr. 59; H. WERLE, Herzog,

Herzogtum, in: Handwörterbuch zur Deutschen Rechtsgeschichte, Bd. 2, hg. v. A. ERLER u. a., Berlin 1978, Sp. 119ff., mit weiterer Literatur; TH. ZOTZ, Dux Zaringen – dux Zaringiae. Zum zeitgenössischen Verständnis eines neuen Herzogtums im 12. Jahrhundert, in: ZGO 139 (1991), S. 1–44.

14 A. JAKSCH, Geschichte Kärntens bis 1335, Bd. 1: Urzeit bis 1246, Klagenfurt 1928, S. 194ff. und S. 271f. Vgl. auch H. DOPSCH, Kärnten, in: Lexikon des Mittelalters, Bd. 5, München/Zürich 1991, Sp. 1002ff. mit der neueren Literatur.

15 OTTO von Freising, Gesta Friderici, S. 44. Die Übersetzung zitiert nach: Bischof Otto von Freising und Rahewin, Die Taten Friedrichs oder richtiger Cronica, übers. v. A. SCHMIDT, hg. v. F.-J. SCHMALE, Berlin 1965 (Ausgewählte Quellen zur deutschen Geschichte des Mittelalters. Freiherr vom Stein-Gedächtnisausgabe 17), S. 183.

16 Siehe die genealogische Tafel bei HEYCK, Geschichte, Anhang, sowie bei: Die Zähringer 2.

Heinrich der Löwe

HERZOG VON SACHSEN UND BAYERN
(1142/54–1180)

von Elfie-Marita Eibl

Also hast du den Ruhm, viel Kirchen gegründet zu haben.
Kein Volk ist, das dich nicht bewundert,
gedenkt es des Segens, den du hienieden verbreitest.
Dich kennt das äußerste Thule, hat dir das Seine verehrt,
auch Griechenland hat dich gefeiert, und Jerusalem selbst,
dein frommes Opfer erwägend, ehret dich dankbar,
es schätzt dich der Patriarch und der Herrscher ...
(Aus dem Nachruf in der Chronik Arnolds von Lübeck)

... der Herzog von Sachsen, Heinrich, der mächtigste aller Herzöge,
und von allen Menschen der hochmütigste und grausamste...
(Gislebert von Mons, Chronik des Hennegaus)

So unterschiedlich die hier zitierten Zeitgenossen den Herzog beurteilten, so blieb seine Gestalt bis zum heutigen Tage umstritten, eine schillernde Gestalt der Geschichte, eine Gestalt, die sich seit eh und je Fürsprecher und Gegner erfreuen durfte. Die Heinrich dem Löwen – besonders von letzteren – nachgesagte Grausamkeit war nichts Außergewöhnliches, konnte sich doch so mancher feudale Potentat mit diesem Attribute schmücken. Was Heinrich – und somit dem Urteil über ihn bis heute – verhängnisvoll wurde, war weniger Rücksichtslosigkeit im Bestreben nach Erweiterung von Macht und Herrschaft, sondern wohl vornehmlich der Umstand, daß er der »Gegenspieler« Friedrichs I. Barbarossa war. Und so ruft schon der Name Heinrich der Löwe die Gedankenverbindung zum Stauferkaiser hervor. Friedrich I. Barbarossa und Heinrich der Löwe, zwei prägende Gestalten der deutschen Geschichte des 12. Jahrhunderts, der eine ohne den anderen nicht denkbar.

Wer sein Urteil über Heinrich den Löwen abgab, der urteilte – direkt oder indirekt – auch über Barbarossa und umgekehrt. Das konnte zu solch scharfen Kontroversen wie in der zweiten Hälfte des 19. Jahrhunderts führen, als man staufische Kaiser- und Italienpolitik »großdeutsch«- österreichisch zum wahren Sinn geschichtlichen Handelns im Mittelalter erklärte bzw. im Gegenzug »kleindeutsch«- preußisch die Ostpolitik des Löwen lobte und die italienischen Ambitionen des Kaisers rigoros ablehnte.[1] Pro und contra, Friedrich oder Heinrich, schien in der Regel einer weithin objektiven Sicht im Wege zu stehen. Bereits die Zeitgenossen waren in ihrem Urteil geprägt von dem »Hie Welf, hie Waiblingen«, was letzlich alle spätere Geschichtsschreibung in gewisser Weise beeinflußte.

Als Karl Hampes vielgelesenes und bis heute in vielen Auflagen erschienenes Buch »Herrschergestalten des deutschen Mittelalters« 1927 erschien, war Heinrich der Löwe das einzige ungekrönte Haupt, dessen Biographie in die Reihe der illustren Könige und Kaiser aufgenommen wurde, fand er sich wieder neben Karl dem Großen, Otto den Großen, Heinrich IV. und den beiden Stauferkaisern, »weil in dem Schicksal dieses Mannes die inneren Wandlungen der deutschen Geschichte besonders sichtbar werden«.[2] Kein anderer deutscher Fürst des Mittelalters hat je die Popularität Heinrichs des Löwen erreicht. Austin Lane Poole, ein englischer Historiker, der das 12. Jahrhundert als einen Wendepunkt der deutschen Geschichte sah, gab geradezu ein überschwängliches Urteil über Heinrich ab: »He was by far the most important man of his time and was recognised as such not only in Germany but throughout the civilised world…«[3]

Versuchen wir, uns seiner Gestalt so objektiv und unvoreingenommen wie möglich zu nähern.

Heinrichs Geburtsdatum ist nicht bekannt. Er wurde etwa in der Zeit zwischen 1129 und 1131 geboren. Sein Vater war der Welfenherzog Heinrich der Stolze, der bereits Münzen mit dem Löwenbild prägen ließ und der erstmals die Herzogtümer Sachsen und Bayern in einer Hand vereinte. Seine Mutter war Gertrud, eine Tochter Kaiser Lothars III., die bei seiner Geburt nicht viel älter als 15 Jahre war. In der Regierungszeit seines Vaters brachen die Gegensätze zwischen den mächtigen Geschlechtern der Welfen und Staufer in einen offenen Konflikt aus. Der Bayernherzog Heinrich der Stolze sollte auf Wunsch seines Schwiegervaters nicht nur dessen Nachfolger im sächsischen Herzogsamt, sondern auch auf dem Königsthron werden, doch ein Teil der deutschen Fürsten sowie der Papst betrieben 1138 die Wahl des Staufers Konrad III. zum König. Der Welfenherzog verweigerte diesem die Huldigung und handelte sich dadurch offene Feindschaft ein. Im Juli 1138 verfiel er der Reichsacht, und ihm wurde das Herzogtum Sachsen, im Dezember das Herzogtum Bayern aberkannt, das erste den Askaniern, das zweite den Babenbergern übertragen. Der abgesetzte Herzog konnte durch militärisches Vorgehen zwar seine Macht in Sachsen sichern, doch am 20. Oktober 1139 ereilte ihn in Quedlinburg der Tod.

Sein Sohn Heinrich, noch im Knabenalter und damit unmündig, trat ein schwieriges Erbe an.

Zunächst vertrat seine Großmutter Richenza, die Witwe Kaiser Lothars, bis zu ihrem Tode 1141 die Interessen des Enkels besonders in Sachsen. Konrad III. war zunehmend an einer friedlichen Lösung und an einem Ausgleich mit dem jungen Welfen interessiert. Auf einem Hoftag in Frankfurt im Mai 1142 wurde Heinrich der Löwe, damals nicht viel älter als zwölf Jahre, mit dem Herzogtum Sachsen belehnt. Um dessen Verzicht auf die Ansprüche auf das Herzogtum Bayern zu erreichen, bediente man sich – ein probates Mittel damaliger Politik – eines Eheprojektes. Heinrichs Mutter Gertrud heiratete den Babenberger Heinrich Jasomirgott, der Anfang 1143 mit Bayern belehnt wurde. Die geschaffenen Familienbande wurden durch Gertruds plötzlichen Tod im April 1143 jäh zerrissen. Die junge Frau, die trotz ihrer Schwangerschaft die Regierungsgeschäfte ihres Sohnes in Sachsen geführt hatte, war auf der beschwerlichen Reise nach Bayern zu ihrem Gemahl vorzeitig in die Wehen gekommen und bei der Geburt des Kindes gestorben. Heinrich, nun elternlos, übernahm selbständig die Regierung Sachsens.

Mit einem »Paukenschlag«, so Gerd Althoff, habe sich der Eintritt des jungen Heinrich in die Geschichte vollzogen, als er um die Erbschaft der hinterlassenen Güter und Rechte des Grafen Rudolf II. von Stade bereits jene rücksichtslose Machtpolitik zum Einsatz brachte, die geradezu charakteristisch für seine Herrschaft werden und woraus ihm hauptsächlich in Sachsen viele Feinde erwachsen sollten.[4] Der Bremer Erzbischof konnte berechtigte Ansprüche auf das Stader Erbe anmelden, doch der Löwe kam ihm zuvor. In den nun einsetzenden Streitigkeiten, die schließlich in einem von König Konrad eingesetzten Schiedsgericht geklärt werden sollten, griff der Herzog zur Waffengewalt und ließ seine Prozeßgegner festsetzen. Der Bremer Erzbischof mußte seine Freilassung mit dem Verzicht auf seine Ansprüche erkaufen. Gewalt hatte sich gegen Recht durchgesetzt. Aber was hier der junge Welfenherzog begann, war andererseits der Versuch, die schwachen Machtgrundlagen seines sächsischen Herzogtums durch die Akkumulation von Herrschaftsrechten und durch die Verdichtung bzw. Territorialisierung von Herrschaft zu verbreitern. Noch stellte das Herzogtum mehr ein Konglomerat von Grafschaften, Vogteien, Gebietsrechten sowie dem Besitz von Grundherrschaften mit Burgen und den dazugehörigen Ministerialen und Hörigen dar.[5]

Nicht nur Heinrich der Löwe schlug diesen Weg ein, und ob er dabei wirklich mit besonderer Brutalität und Rechtsbeugung über andere adlige Herrschaftsträger so über alle Maßen herausragte, bleibt fraglich. Dies insbesondere, wenn man in den Anfangsjahren seiner selbständigen Herrschaft die Benutzung jener Mittel erkennt, die später seinem Vetter Friedrich I. Barbarossa ebenfalls gute Dienste erwiesen, als er sich nach 1168 zielstrebig daran machte, in seinem nördlich der Alpen gelegenen Herrschaftsgebiet die Konturen eines Königsterritoriums zu entwerfen: Dazu gehörte der schnelle Zugriff auf die Erbgüter von im Mannesstamm ausgestorbenen Adelsgeschlechtern. Heinrich der Löwe stellte so nicht nur Ansprüche auf das Erbe der Stader Grafschaft, sondern ebenso auf diejenigen der Geschlechter von Plötzkau und Winzenburg und erlangte den Winzenburger Besitz schließlich 1152 auf Vermittlung Friedrichs I. Die Versuche des Herzogs, Herrschaftsrechte zu bündeln und ein Territorium zu schaffen, mußten notwendigerweise zu Konflikten mit Adel und Kirche führen. Es ist daher berechtigt die Frage gestellt worden, ob herzogliche Regierungspraxis nicht grundsätzlich gewalttätig sein mußte.[6]

Als Konrad III., beeindruckt von den Predigten des Zisterzienserabtes Bernhard von Clairvaux, zum Kreuzzug gen Jerusalem rüstete und in der Vorbereitung darauf im März 1147 in Frankfurt einen zahlreich besuchten Hoftag ausrichtete, wagte der junge Heinrich erstmals die Forderung auf Rückgabe des Herzogtums Bayern zu erheben. Am Kreuzzug mochten er und die meisten sächsischen Großen nicht teilnehmen. Warum in den fernen Orient ziehen, wenn es in unmittelbarer Nachbarschaft östlich der Elbe auch noch Heiden gab, die es zu bekehren galt? Bernhard von Clairvaux und der Papst unterstützten das Anliegen, dennoch scheiterte das Unternehmen »Wendenkreuzzug« 1147 gründlich.

Nur wenige Wochen nach dem Tode Konrads III. war am 4. März 1152 in Frankfurt der Staufer Friedrich Babarossa von den deutschen Fürsten zum König gewählt worden. Mit Recht hat man in jüngster Zeit immer wieder darauf aufmerksam gemacht, daß diese Erhebung so glatt nicht verlaufen sei, wie es Otto von Freising in seinem Werk Gesta Friderici imperatoris glaubhaft zu machen gedachte.[7] Daß der Staufer Friedrich durch seine welfische Mutter Judith, einer Schwester Heinrichs des Stolzen, am ehesten geeignet erschien, den Konflikt zwischen beiden Geschlechtern zu überwinden und als ein »Eckstein« – so Otto von Freising – der Garant eines friedlichen Nebeneinanders zu werden, ist mit Sicherheit nur die halbe Wahrheit. Bezeichnenderweise finden sich unmittelbar nach der Wahl Friedrichs recht erstaunliche Machterweiterungen verschiedener Fürsten: Der Onkel Heinrichs und Friedrichs, Welf VI., führt nun den Titel eines Markgrafen von Tuszien, eines Herzogs von Spoleto und eines Fürsten von Sardinien; einem langjährigen Widersacher der Staufer in Schwaben, Herzog Berthold von Zähringen, wurde die stellvertretende Herrschaftsausübung im Königreich Burgund gewährt.

Und Heinrich der Löwe? Mochte er nicht wie sein Vater 1138 auf eine Erhebung zum König gehofft haben? Von seiner Herkunft, als Abkömmling eines kaiserlichen Großvaters, war er durchaus geeignet. Doch auch wenn er solche Gedanken nicht gehegt haben sollte, so hatte die Zustimmung zur Wahl seines Vetters wohl ebenso ihren Preis. Eine Zusammenkunft Heinrichs und Friedrichs vor dem Wahltag von Frankfurt gilt inzwischen als gesichert. Doch wie sahen die Zugeständnisse des Staufers aus? Versprach dieser etwa die Rückgabe des bayerischen Herzogtums an den Welfen? Konnte er dies überhaupt, wo eine solche Entscheidung kaum vom König allein, als vielmehr durch fürstliche Zustimmung zu erreichen war?[8] Doch wird man wohl davon ausgehen können, daß Friedrich dem Vetter für den Erhalt seiner Stimme Unterstützung und Loyalität zusicherte. Wenn wir uns das Verhältnis der beiden in den ersten Regierungsjahren des Königs ansehen, so kann man immerhin erahnen, welcher Art die Zugeständnisse waren. Als enge Verbündete agieren beide auf der politischen Arena, und es scheint so, als seien sie sich sehr bewußt gewesen, in welchen

Punkten gegenseitige Hilfe und Unterstützung angebracht und wo die Grenzen lagen, die nicht überschritten werden durften. Wie eng die Verbindungen Heinrichs zum König in diesen ersten Jahren waren, zeigt allein schon die häufige Anwesenheit des Herzogs am Hof. Am Könisumritt nach der Wahl nahm er teil, und auch auf den bis Ende 1155 insgesamt 23 vom König abgehaltenen Hoftagen war der Löwe dreizehnmal anwesend.[9] Und dies durchaus nicht ohne persönlichen Erfolg.

Ob bei einem Aufenthalt des königlichen Hofes in Goslar Heinrich mit der Reichsvogtei Goslar belehnt wurde, läßt sich wohl – ähnlich wie die Umstände der Königswahl – nicht völlig klären. Da aber mit Anno von Heimburg ein herzoglicher Ministeriale in der Folgezeit als Vogt von Goslar in den Quellen erscheint, ist anzunehmen, daß dieser sein Amt im Auftrage Heinrichs ausübte, wir es hier eventuell mit einem der Zugeständnisse zu tun haben, die Barbarossa dem Löwen vor seiner Wahl gemacht hatte.[10] Immerhin war der Reichsbesitz Goslar ein wichtiger Stützpunkt des Königtums im Norden, hier befand sich auch eine der prachtvollsten und repräsentativsten Königspfalzen.

Besonders deutlich kommt die Akzeptierung des Nordens als Interessensphäre Heinrichs des Löwen durch den König im Streit um die Neugründung und Besetzung der Bistümer in Nordelbingen zum Ausdruck. Heinrich war bereits 1149 mit dem Bremer Erzbischof in Konflikt geraten, da dieser eigenmächtig die Besetzung der vakanten Bistümer Mecklenburg und Oldenburg betrieben hatte. Er gedachte, das allein dem König zustehende Recht der Investitur mit den Regalien für sich in Anspruch zu nehmen. Vicelin, der vom Bremer Erzbischof 1149 zum Bischof von Oldenburg geweiht worden war, bekam die Auffassung des Herzogs unverblümt zu hören: *Ich sollte euch zwar rechtens weder begrüßen noch empfangen, Bischof, weil ihr diesen Titel angenommen habt, ohne mich zu fragen. Mir kam es doch zu, dies anzuordnen...* . Großmütig bot er Vicelin dennoch an, die Belehnung seines Bistums aus seiner Hand zu empfangen. Vicelin, der wußte, daß der Herzog hier königliche Rechte in Anspruch zu nehmen gedachte, weigerte sich zuerst, empfing 1150 aber dann doch die Investitur mit dem Bischofsstab durch Heinrich, dessen eifriger Anhänger er wurde. Als Hartwig ihn nach der Wahl Barbarossas veranlassen wollte, aus dessen Hand die Belehnung noch einmal zu empfangen, weigerte sich Vicelin mit den bezeichnenden Worten: *...denn in unserem Land gilt allein des Herzogs Wille.*[11]

Keine Frage, der Herzog hatte hier schlichtweg Königsrecht usurpiert. Friedrich Barbarossa war zu einer Entscheidung in dieser Frage gezwungen, zumal der Bremer Erzbischof auf eine Stellungnahme des Königs drängte. Auf dem im Juni 1154 in Goslar stattfindenden Hoftag gestand Friedrich schließlich seinem Vetter durch königliches Privileg das Recht zu, über die Investitur der Bischöfe von Oldenburg, Mecklenburg und Ratzeburg zu verfügen und in den Gebieten jenseits der Elbe selbständig Bistümer und Kirchen zu errichten. Zwar wurde betont, daß dieses Recht im Auftrag des Königs an den Löwen vergeben wurde, der es nur stellvertretend auszuüben hatte. Doch war dies wohl nur das rechtliche Mäntelchen für eine einschneidende Verleihung eines Königsrechts an einen Vasallen. Erstmals seit der Zeit Heinrichs I. verzichtete der König auf sein Investiturrecht.

Auf eben diesem Goslarer Hoftag stand auch die Lösung der bayerischen Frage zur Debatte. Durch fürstliches Gericht wurde Bayern dem Löwen zugesprochen, der seit dieser Zeit in seinen Urkunden und auf seinem Siegel neben dem sächsischen auch den bayerischen Herzogtitel führte. Der tatsächliche Besitz des Herzogtums war aber damit noch nicht verbunden, zumal der Babenberger Heinrich Jasomirgott an seinen Ansprüchen festhielt und durch Nichterscheinen auf Hoftagen bzw. Bestreiten einer rechtmäßigen Ladung zu denselben eine endgültige Lösung dieser Frage hinauszögerte. Diese gelang erst im September 1156 durch einen vom König ausgehandelten Kompromiß. Der Babenberger verzichtete auf das Herzogtum Bayern und erhielt dafür die aus Bayern herausgelöste Markgrafschaft Österreich, die zum selbständigen Herzogtum erhoben und mit besonderen Rechten ausgestattet wurde, welche im später so genannten Privilegium minus verbrieft wurden, was gemeinhin als Geburtsstunde Österreichs angesehen wird. Heinrich hatte zäh an seinem Anspruch auf Bayern festgehalten und sich schließlich durchgesetzt. Dennoch sollte Bayern im weiteren Verlauf seiner Regierung nur eine Nebenrolle spielen, während der Löwe im Norden mit Zähigkeit daran arbeitete, durch Gewinnung von weiterem Grundbesitz und Herrschaftsrechten ein kompaktes Gebilde zu schaffen, ein Territorium, einen »Staat« Heinrichs des Löwen.

Der »großen Koalition« zwischen ihm und Barbarossa gehorchend, stellte sich Heinrich aber auch ganz in den Dienst Friedrichs, als dieser darangang, die Kaiserkrone zu erwerben und in Italien verlorengegangene Machtgrundlagen in seiner Hand wieder zu versammeln.[12] Bereits auf dem im Herbst 1154 begonnenen ersten Italienzug des Staufers begleitete ihn sein welfischer Vetter mit einem starken Kontingent von sächsischen Rittern. Daß die Daheimgebliebenen die Abwesenheit ihres Herzogs zu nutzen gedachten, zeigt sich insbesondere im Vorgehen des Bremer Erzbischofs Hartwig. Doch dieser hatte wohl nicht damit gerechnet, daß Anhänger des Löwen sich ihm in den Weg stellen könnten. Zudem traf aus dem fernen Italien eine Hiobsbotschaft ein. Das Fernbleiben Hartwigs und seines Halberstädter Amtskollegen vom Italienzug war auf einem Hoftag in Roncaglia mit dem Entzug der Regalien bestraft worden. Heinrich konnte mit diesem weiteren Schlag gegen seine persönlichen Widersacher in Sachsen zufrieden sein. Bei der Belagerung von dem mit Mailand verbündeten Tortona zeigte er Mut und Rücksichtslosigkeit und trug nicht unwesentlich zum Erfolg seines Königs bei. An dessen Seite ritt er bis Rom und war in der Peterskirche anwesend, als dieser vom Papst zum Kaiser gekrönt wurde.

Kein Neid, daß dies nicht ihm, dem würdigen Vertreter des mächtigen Welfengeschlechtes geschah? Immerhin hatte sein Großvater hier gekniet, um diese Krone zu empfangen. Es blieb dem Löwen nicht viel Zeit, sich Gedanken über vertane Chancen und den Lauf der Welt hinzugeben. Als die Nachricht von der Kaiserkrönung in die Stadt drang, brach ein Aufstand los. Die Römer waren verbittert, daß der Staufer es abgelehnt hatte, die Kaiserkrone wie einst die römischen Cäsaren aus ihrer Hand zu empfangen. Heinrich kämpfte mit seinen Mannen stundenlang gegen die Aufständischen, ehe der Angriff zurückgeschlagen war.

Der Kaiser zog im Sommer 1158 erneut – diesmal mit einem weit größeren Heer – nach Italien. Heinrich war zunächst nicht unter den zahlreichen fürstlichen Teilnehmern. Doch als Anfang 1159 Barbarossa seinen welfischen Vetter Heinrich und seinen welfischen Onkel, Welf VI., sowie noch andere deutsche Fürsten zur Hilfeleistung aufforderte, zog Heinrich gemeinsam mit der Gemahlin des Kaisers, Beatrix, über die Alpen und traf im Juli 1159 vor Crema ein. Trotz der militärischen Hilfe des Herzogs dauerte die Belagerung der kleinen Stadt bis in die Januartage des Jahres 1160. Zwar kehrte der Herzog im Sommer 1160 nach Sachsen zurück, war aber im Januar 1161 erneut zur Stelle, um an der Belagerung Mailands teilzunehmen. Den Sieg über die gemarterte Stadt, die sich erst im März 1162 ergab, erlebte er nicht mehr an Ort und Stelle, da er bereits im Sommer des Vorjahres nach Deutschland zurückgekehrt war. Während seiner Italienaufenthalte hatte er sich als unerschrockener Kämpfer an der Seite des Staufers erwiesen.

War es der Lohn dafür, daß der Kaiser ihn in seinen Scheidungsbemühungen unterstützte, und auf dem Hoftag von Konstanz im November 1162 seine Ehe mit Clementia von Zähringen geschieden wurde? Damit tritt das sonst in den Quellen so selten aufscheinende »private« Leben des Herzogs einmal in das Blickfeld. Doch »Privates« und »Politisches« waren in jenen Zeiten nicht nur eng miteinander verbunden, sondern »Privates« wurde zur Erreichung politischer Ziele benutzt. Historiker haben dafür den treffenden Begriff »Ehepolitik« geprägt. Heinrich hatte Clementia um 1148 geheiratet. Sie war die Tochter Herzog Konrads von Zähringen und brachte beträchtlichen schwäbischen Besitz in die Ehe ein. Heinrich, der als Erbe seines Vaters selbst über erhebliche Besitztümer in Oberschwaben verfügte, war damals zudem an einem Bündnis mit den mächtigen Zähringern interessiert. Den Staufern, deren schwäbische Hausmacht demgegenüber eher bescheiden war, mußte ein solches Bündnis nicht gerade angenehm sein.

Clementia übernahm die Verwaltung in Sachsen in Zeiten der Abwesenheit Heinrichs und betrieb eine Politik in seinem Interesse. Als Bischof Vicelin von Oldenburg im Dezember 1154 gestorben war, bestimmte sie den aus Schwaben stammenden Kanoniker Gerold zu dessen Nachfolger. Der Bremer Erzbischof verweigerte die Weihe und mag wohl überaus erbost darüber gewesen sein, daß nicht nur der Herzog das Investiturrecht in Anspruch nahm, sondern nun auch noch dessen Frau. Gerold gelang es jedoch, daß er auf Bitten Heinrichs einen Tag nach der Kaiserkrönung vom Papst in Rom geweiht wurde. Der Bremer Erzbischof hatte erneut das Nachsehen.

Die Gründe für die Scheidung von Clementia sind zwielichtiger Natur. Die angeblich zu enge Verwandtschaft, die in solchen Fällen geradezu programmgemäß fast immer festgestellt wurde, war nur ein Vorwand. Da wog wohl schwerer, daß der einzige männliche Nachkomme früh verstorben war. Der kleine Heinrich war – allerdings nach Aussage einer Quelle des 13. Jahrhunderts – durch einen unglücklichen Fall vom Wickeltisch ums Leben gekommen.[13] Hinzu tritt die zwielichtige Rolle des Kaisers, der wohl selbst ein Interesse an einer Zerstörung des welfisch-zähringischen Bündnisses hatte.

Sogenanntes Hochgrab Herzog Arnulfs von Bayern im Kloster St. Emmeram zu Regensburg, nach 1166

Kaiser Otto I. schenkt der Kirche des Hl. Mauritius zu Magdeburg unter Erzbischof Adalbert das Kloster Weißenburg im Elsaß. Urkunde, ausgestellt am 31. Oktober 968 in Ancona

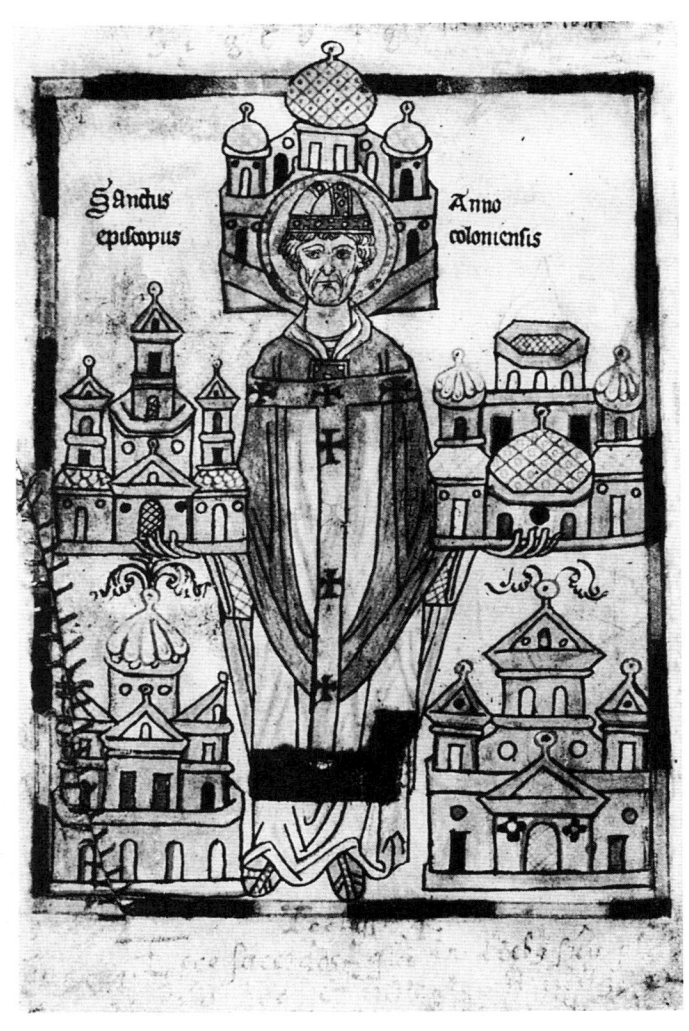

S anctus episcopus

Anno coloniensis

Erzbischof Anno II. von Köln mit den von ihm begründeten Kirchen.
Miniatur in der »Vita Annonis«, um 1138

MEINWERCUS

Bischof Meinwerk mit dem Modell der Abdinghofkirche.
Gemälde von Ferdinand Woltemate (?), 18. Jahrhundert

Marktportal des Mainzer Doms mit dem eingravierten Privileg Erzbischof Adalberts I. zugunsten der Stadt Mainz von 1135

Krönungsbild Herzog Heinrichs des Löwen und seiner Gemahlin im Evangeliar Heinrichs des Löwen, 12. Jahrhundert

Grabmal Markgraf Albrechts des Bären von Brandenburg in der Kapelle des Schlosses zu Ballenstedt, im Kern 12. Jahrhundert, 1938 verändert

Grabplatte Erzbischof Wichmanns von Magdeburg im Magdeburger Dom, 12. Jahrhundert

Herzog Heinrich II. Jasomirgott von Österreich zieht ins Heilige Land.
Ausschnitt aus dem Stammbuch der Babenberger, niederösterreichisch, um 1489

Landgraf Hermann I. von Thüringen und der Sängerkrieg.
Abbildung in der Heidelberger Liederhandschrift, 1. Hälfte 14. Jahrhundert

Herzog Ludwig I. der Kelheimer von Bayern.
Holzplastik in der Abtei Seligenthal zu Landshut, um 1330 (links)

Grabplatte des Kölner Erzbischofs Konrad von Hochstaden im Dom zu Köln,
nach 1261 (rechts)

Gründungsurkunde Herzog Barnims I. von Pommern für die Stadt Prenzlau,
ausgestellt am 27. Dezember 1234

Erzbischof Balduin von Trier beim Festmahl. Miniatur im Codex Balduineus, 1. Hälfte 14. Jahrhundert

Herzog Albrecht II. von Mecklenburg.
Gemälde von Theodor Fischer in der Ahnengalerie des Schweriner Schlosses, Mitte 19. Jahrhundert.
Kopie eines Poträts von Cornelius Krommeny, Ende 16. Jahrhundert

Herzog Albrecht II. von Mecklenburg und sein Sohn König Albrecht von Schweden.
Initiale in der Reimchronik des Ernst von Kirchberg,
Ende 14. Jahrhundert

Graf Eberhard II. von Württemberg (rechts) und sein Sohn Ulrich.
Standbilder von Sem Schlör in der Stiftskirche zu Stuttgart, Ende 16./Anfang 17. Jahrhundert

Grabplatte Erzbischof Johanns II. von Mainz im Mainzer Dom, 15. Jahrhundert

Kurfürst Friedrich I. von der Pfalz.
Gemälde, um 1460

BVSLAVS DVX POMERANIÆ.

Herzog Bogislaw X. von Pommern.
Ölgemälde, 16./17. Jahrhundert

Nicht nur, aber auch in diesem Zusammenhang ist ein am 1. Januar 1158 urkundlich besiegelter Tausch von großer Bedeutung, bei dem Friedrich Burg und Herrschaft Badenweiler in Schwaben, das Erbe Clementias, erhielt, während er dafür dem Löwen Reichsbesitz (!), nämlich die Harzburgen Herzberg, Scharzfels und das Gut Pöhlde, zu Eigen gab, was diesem den Zugang zum Südharz sicherte. Die Voraussetzung für die Übertragung von Reichsgut an den Löwen war die Übergabe von staufischem Hausgut auf das Reich. Bei diesem Tausch waren die Vorteile auf der Seite Heinrichs des Löwen, da der Erwerb von Badenweiler durch den Kaiser längst nicht den Nutzen hatte wie der Gewinn der Harzer Besitzungen für Heinrich[14]. Die kaiserliche Wertschätzung, der sich der Sachsenherzog erfreuen durfte, wird hier ein weiteres Mal in besonderem Maße sichtbar. Gleichwohl weist dieser Gütertausch auf eine generelle Grundlinie kaiserlicher und fürstlicher Politik jener Zeit: Herrschaftskonsolidierung durch Besitzabrundungen und dadurch Schaffung der Voraussetzungen für die Herrschaft über ein Territorium. Heinrich ging diesen Weg in Sachsen mit aller Konsequenz und Rücksichtslosigkeit. Die Schar seiner Gegner, die ihm zudem die Begünstigungen durch den Kaiser neideten, konnte nur wachsen.

Allerdings zeichnete sich für den Sachsenherzog auch ein entscheidender Vorteil im Hinblick auf den Herrschaftsausbau im Vergleich zu anderen aufstrebenden Territorialfürsten ab. Für eine expansive Territorialpolitik bot sich neben Sachsen für den Löwen vor allem der nördlich und östlich der Elbe gelegene Raum an, war dieser doch nicht wie das eigentliche sächsische Herzogtum durch Rechte und Ansprüche anderer weltlicher und geistlicher Fürsten und Herren in kleinere und größere Herrschaftsbereiche aufgesplittert. Allerdings bildete hier der erbitterte Widerstand der einheimischen, slawischen Bevölkerung ein nicht zu unterschätzendes Hindernis. Mit der angestrebten Unterwerfung des Obodritenlandes hoffte Heinrich, seinen Machtbereich weit in den Osten ausdehnen zu können. Er stieß dabei auf einen ernsthaften Konkurrenten, der ebenfalls an einer Ausweitung seiner Macht im Ostseeraum interessiert war: König Waldemar I. von Dänemark. Dabei gelang es dem Löwen mit einer geschickten Politik, diesen je nach Interessenlage sowohl als Bündnispartner zu gewinnen als auch gegen ihn vorzugehen.[15]

1158 zog Heinrich erstmals gegen die Obodriten, konnte jedoch keine größeren Erfolge erzielen. Mit einem großen Heer fiel der Herzog im Spätsommer 1160 erneut ins Obodritenland ein. Durch den Tod des Obodritenfürsten Niklot brach der slawische Widerstand rasch zusammen. Seine Söhne schlossen Frieden mit dem Herzog, der nun zunächst versuchte, das eroberte Land durch ihm treu ergebene Ministerialen verwalten zu lassen. Heinrich bemühte sich zudem ebenso um die kirchlichen Organisationsstrukturen. Der Sitz des Bistums Mecklenburg wurde nach Schwerin verlegt. Da der Ort auch das Stadtrecht erhielt, wurde er schnell zum kirchlichen und politischen Mittelpunkt des Landes. Ebenfalls im Jahr 1160 wurde der Sitz des Bistums Oldenburg nach Lübeck verlegt. 1157 war dieser von Adolf II. von Schauenburg gegründete Handelsplatz, auf dem bereits die begehrlichen Blicke des Löwen ruhten, durch ein Feuer zerstört worden. Die daraufhin weiter landeinwärts angelegte Löwenstadt erwies sich ob der ungünstigen Lage für den Handel als glatte

Fehlinvestition. 1159 vollzog der Löwe, nachdem Adolf ihm seine Rechte abgetragen hatte, gemeinsam mit Lübecker Kaufleuten die Neugründung der Stadt und unterstützte deren weiteren Ausbau. Lübeck wurde der Ausgangspunkt für die deutsche Ostseeschiffahrt und gewann für lange Zeit eine dominierende Stellung im Ostseeraum.

Der Widerstand im Obodritenland war nach dem Sieg des Jahres 1160 dennoch nicht endgültig gebrochen. Niklots Söhne, Wratislaw und Pribislav, wurden wieder aktiv und fanden Rückhalt beim Pommernfürsten. Ein großes Heer, in dem sich auch zahlreiche sächsische Große befanden, stieß 1164 unter Führung des Löwen bis Demmin vor, wo es am 1. Juli am Kummerower See zur Schlacht kam. Wratislaw, der schon vorher in die Hände seiner Gegner gefallen war, war öffentlich hingerichtet worden. Nach der siegreichen Schlacht hatten aber auch die Sachsen viele Opfer zu beklagen. Als Heinrich vor der Leiche des gefallenen Grafen Adolf II. von Schauenburg stand, soll er – so Helmold von Bosau – in heftige Tränen ausgebrochen sein. Helmold vermerkt aber auch, daß das Obodritenland auf diesem Feldzug zu einer Einöde gemacht worden war, *weil Gott dazu half und den Arm des frommen Herzogs beständig stärkte.* Der »fromme Herzog« steht hier im Gegensatz zu einer früher von Helmold getroffenen Aussage, nach der auf den Zügen ins Slawenland nie vom Christentum, immer aber vom Gelde die Rede gewesen sei.[16]

Seine Politik gegenüber dem Obodritenland mußte Heinrich jedoch ändern, als Kämpfe im Innern Sachsens seines ganzen Einsatzes bedurften. Um nicht zwischen zwei Fronten zerrieben zu werden, nahm er Pribislav wieder in Gnaden auf. Den größten Teil des Obodritenlandes erhielt dieser vom Herzog nun zu Lehen und wurde dessen Vasall. Nicht Verwaltung durch eigene, treu ergebene Ministerialen, sondern die lockerere lehnsrechtliche Oberhoheit war das Ergebnis der Kämpfe im Osten. In Nordelbingen war es dagegen gelungen, vor allem durch die straffe kirchliche Organisation der dem Herzog unterstehenden Bistümer Lübeck und Ratzeburg einen geschlossenen Herrschaftskomplex zu schaffen.

Die sächsischen Gegner des Löwen, insbesondere Bischof Ulrich von Halberstadt, Bischof Hermann von Hildesheim, Erzbischof Wichmann von Magdeburg und der ebenso wie der Herzog östlich der Elbe agierende Askanier, Markgraf Albrecht der Bär, wurden seit der Mitte der sechziger Jahre besonders aktiv. Helmold von Bosau, der den Sturz des Löwen nicht mehr erlebte, und dessen Schilderung der Kämpfe in Sachsen daher unbehelligt von diesem späteren Ereignis erfolgte, erweckt dennoch den Eindruck, als habe er geahnt, daß die Erfolgskurve des Herzogs nicht nur steil nach oben gehen könnte: *Weil aber der Ruhm den Neid erzeugt und im Menschenleben nichts von Dauer ist, so sahen alle Fürsten Sachsens scheel auf den Ruhm eines solchen Mannes. Denn Heinrich stand bei seinem ungeheuren Reichtum und seinen glänzenden Siegen wegen der doppelten Herzogswürde in Bayern und Sachsen so hoch in seinem Ansehen, daß es allen Fürsten und Edlen in Sachsen unerträglich schien.*[17]

Die Kämpfe in Sachsen begannen mit der Auseinandersetzung des Löwen mit dem Pfalzgrafen Adalbert von Sommerschenburg. Dieser mußte sich 1165 noch dem Herzog unterwerfen und ihm die südwestlich von Quedlinburg gelegene Lauernburg abtreten, aber bereits ein Jahr später schlossen sich die Widersacher zu einem großen Fürstenbund zusammen. Kaum war der Kaiser im Herbst 1166 nach Italien aufgebrochen, nutzte man die vermeintliche Gunst der Stunde. Die herzogliche Burg Althaldensleben wurde – allerdings vergeblich – belagert. Heinrich der Löwe verwüstete daraufhin gegnerisches Gebiet bis Magdeburg. Der geschlossene Waffenstillstand hielt nicht lange, zumal dem Löwen neue Feinde, wie Graf Christian von Oldenburg, erwuchsen. 1167 kämpfte der Herzog gegen den Oldenburger und eroberte dabei auch Bremen, dessen Bürger sich auf die Seite des Oldenburgers geschlagen und sich damit den herzoglichen Zorn zugezogen hatten. Die Einbeziehung der Grafschaft Oldenburg in den welfischen Herrschaftsbereich wurde durch den Tod Graf Christians zusätzlich erleichtert.

Doch dem Löwen mußte es vorkommen, als kämpfe er gegen einen vielköpfigen Drachen, dem aus jedem abgeschlagenen Haupt ein neues erwuchs. Selbst einen der wichtigsten Berater des Kaisers, Rainald von Dassel, Erzbischof von Köln, wußte die Fürstenkoalition für ihre Interessen zu gewinnen. Auch hier verhinderte allein der Tod Rainalds größere Wirksamkeit. Nachdem auch der Erzbischof Hartwig von Bremen sich gegen den Herzog stellte, wurde die Phalanx der Gegner immer dichter. Große Teile des östlichen Sachsen wurden im Sommer und Herbst 1167 verwüstet. Nun mochte auch der ferne Kaiser in Italien nicht mehr untätig sein. Er sandte Erzbischof Christian von Mainz und Herzog Berthold von Zähringen Ende 1167 zur Vermittlung eines Waffenstillstandes zu den gegnerischen Parteien. Dieser hielt wiederum nicht lange. Nach seiner Rückkehr nach Deutschland 1168 bemühte sich Barbarossa daher persönlich um die Wiederherstellung des Friedens in Sachsen, doch die Kämpfe flammten immer von neuem auf. Heinrich der Löwe befand sich dabei durchaus nicht nur in der Position des Angegriffenen, sondern schlug selbst los, wenn die Gelegenheit günstig erschien. Als es dem Kaiser auf einem Hoftag 1170 in Erfurt endlich gelang, einen Frieden zwischen den streitenden Parteien zu schließen, waren damit zwar vorerst die schweren Kämpfe beendet, aber der Löwe setzte ungeachtet dessen seine expansive Territorialpolitik in Sachsen fort, bemächtigte sich so der Güter und Rechte des verstorbenen Grafen Otto von Assel und stärkte dadurch seine Stellung im Gebiet der Hildesheimer Diözese.

Auch in Bayern, wo Heinrich längst nicht so aktiv war wie in Sachsen, wußte er seine Macht weitestgehend durchzusetzen. Es wäre falsch, Bayern ob der geringeren Aufenthalte und direkten Eingriffe des Herzogs nur als ein bloßes Nebenland anzusehen, mit dessen Herzogtitel allein sich der Löwe schmückte, um seine Machtfülle und Bedeutung zu unterstreichen. Zwar war das welfische Hausgut in Bayern nicht sehr umfangreich, doch konnte sich der Herzog zugleich auf königliche Lehen stützen. Wie der Löwe sich auch in Bayern über die Rechte anderer territorialer Gewalten hinwegsetzte, zeigt die Gründung Münchens besonders augenscheinlich. Bei Föhring führte eine für den Salzhandel wichtige Straße über die Isar. Hier hatten die Freisinger Bischöfe eine Markt-, Münz- und Zollstätte errichtet, die erträgliche Einnahmen bescherte. Heinrich ließ – wohl 1157 – die Isarbrücke zerstören und Markt, Münze und Zoll aufheben. Etwa eine Meile stromabwärts wurde bei München eine neue Brücke errichtet. Klagen des Bischofs Otto von Freising bei Barbarossa brachten wenig ein. Dieser bestätigte vielmehr die Verlegung des Marktes von Föhring nach München. Der Bischof wurde lediglich an den Einkünften und an der Verwaltung beteiligt. Seinen Aufstieg erlebte München jedoch erst unter den wittelsbachischen Herzögen. Die Anfänge der Stadt Landsberg gehen ebenfalls auf das Wirken Heinrichs des Löwen zurück.

Insgesamt verlief die Entwicklung in Bayern wesentlich friedlicher, da Heinrich es im Gegensatz zu Sachsen vermied, mit den bayerischen Dynastengeschlechtern in Konflikt zu geraten.[18] In der Zeit der schweren Kämpfe in Sachsen herrschte in Bayern Frieden, kein bayerischer Chronist dieser Zeit erwähnt überhaupt die sächsischen Ereignisse, ein Zeichen dafür, wie unwichtig sie den Bayern waren.

Nicht zuletzt dieser friedliche Verlauf in Bayern sowie der Rückhalt des Kaisers hatten Heinrich dazu verholfen, die Kämpfe in Sachsen zu bestehen. Und nicht nur das: In den Jahren nach 1170 befand er sich auf dem Höhepunkt seiner Macht, war er der stärkste Fürst des Reiches, miles optimus, der tüchtigste Ritter, wie ein ihm sonst durchaus nicht wohlgesonnener Chronist bemerkt.[19] Sein Verhältnis zum Kaiser war immer noch vortrefflich. Er galt als einer der wichtigsten Unterstützer der kaiserlichen Haltung im Kirchenschisma. Als Barbarossa auf dem Würzburger Hoftag von 1165 von allen Anwesenden einen Eid abverlangte, der dazu verpflichtete, Alexander III. niemals als Papst anzuerkennen, war Heinrich der Löwe der erste, der gleich nach dem Kaiser diesen Eid ablegte.

Ein neues Eheprojekt festigte ebenfalls die Verbindungen des Löwen zu Barbarossa. Friedrichs diplomatische Versuche, die Front der Anhänger Alexanders III. in Frankreich und England zu durchbrechen, führten im Winter 1164/65 zu Verhandlungen mit König Heinrich II. von England. In deren Ergebnis kam es zum Abschluß eines Doppelverlöbnisses zweier Töchter König Heinrichs II. mit einem im Kleinkindalter stehenden Barbarossasohn und Heinrich dem Löwen. Das Ansehen, das Heinrich der Löwe auch außerhalb Deutschlands genoß, zeigt sich hier besonders deutlich: Der Herzog erhielt die Hand einer Königstochter! Der dem angevinischen Königshof nahestehende normannische Chronist Robert von Torigni hebt neben dem großen Herrschaftsbereich und den Bistumsgründungen in Nordelbingen die kaiserliche Abstammung des Welfen daher besonders hervor.[20]

Zur Zeit der Verlobung war Heinrich etwa 35 Jahre alt, Mathilde dagegen war noch ein Kind von acht oder neun Jahren. Mit drei großen Schiffen kam die Königstochter, nun etwa zwölf Jahre alt, mit ihrem Gefolge und vielen kostbaren Geschenken nach Sachsen, wo am 1. Februar 1168 die Trauung im Mindener Dom stattfand. Verschiedene Geschichtsschreiber verweisen auf die ansehnliche Mitgift, vor allem auch an Geld, die die Tochter König Heinrichs und Eleonores von Aquitanien in die Ehe einbrachte. Aber das junge Mädchen brachte auch eine von normannisch-englischer Kultur geprägte Erziehung an den sächsischen Fürstenhof. In welcher Sprache werden sich die beiden verständigt haben? Sicherlich kam Mathilde nicht umhin, die Landessprache möglichst schnell zu beherrschen, während der Gatte später gezwungen sein sollte, die Sprache des englischen Hofes zu erlernen und sich ihrer zu bedienen. Der Fortsetzer der Chronik des Helmold von Bosau, Arnold von Lübeck, rühmte die Frömmigkeit und die eheliche Treue Mathildes, die dem Herzog fünf Kinder gebar, darunter vier Söhne, die alle Königsnamen trugen. Ein weiterer Hinweis darauf, wie sehr der Herzog auf Betonung von Abstammung und verwandtschaftlichen Verbindungen zu Königen bedacht war.[21] Seine Tochter Gertrud aus erster Ehe, zunächst mit dem Herzog Friedrich von Schwaben, Sohn Konrads III., vermählt, wurde 1171 mit dem dänischen Thronfolger Knut verlobt, den sie einige Jahre später heiratete.

Die fast königsgleiche Machtstellung, die der Herzog von Bayern und Sachsen gewonnen hatte, zeigte sich in besonderem Maße auf seiner 1172 erfolgten Pilgerreise an die heiligen Stätten der Christenheit nach Palästina. Seine junge Frau blieb zurück in der Residenz Braunschweig, da sie ihr erstes Kind erwartete. Die Reise wurde ein großer propagandistischer Erfolg. Arnold von Lübeck, damals noch Mönch eines Braunschweiger Klosters, begleitete den Herzog auf dieser Reise und schilderte beeindruckt den Empfang, der Heinrich dem Löwen in Byzanz am Hofe des oströmischen Kaisers Manuel zuteil wurde. Neben dem höherthronenden Kaiser durfte Heinrich, selbst auf einem Throne sitzend, am Festgottesdienst in der Hagia Sophia teilnehmen. Wie ein König war er in Byzanz empfangen worden. Auch in Jerusalem war Heinrich drei Tage lang Gast im Palast König Amalrichs I. Von hier aus besuchte er die heiligen Stätten: Bethlehem, Nazareth, den Ölberg und natürlich das Grab Christi. Die Geschenke, die er machte, zeugen vom großen Reichtum des Herzogs. Noch konnte er nicht ahnen, daß er seinen Machthöhepunkt erreicht hatte und Helmolds Mahnung, daß der Ruhm den Neid erzeugt und nichts im Menschenleben von Dauer sei, sich bald auch an seinem Schicksal bewahrheiten sollte.

Im Herbst des Jahres 1174 trat Barbarossa seinen fünften Italienzug an, belagerte im Winter vergeblich die von den Lombarden errichtete Stadt Alessandria. Ein im April 1175 auf der Burg Montebello mit der Lega Lombarda geschlossener vorläufiger Frieden blieb ergebnislos. Für ein weiteres militärisches Vorgehen benötigte der Kaiser dringend den Zuzug neuer Truppenkontingente. In Chiavenna kam es Ende Januar/Anfang Februar 1176 zu einem Zusammentreffen zwischen dem Kaiser und Heinrich dem Löwen, das sich geradezu als Schlüsselereignis für die weitere Entwicklung erweisen sollte. Barbarossa bat seinen Vetter um militärischen Beistand, dieser lehnte ab. Auch wenn der Kaiser kein allgemeines Aufgebot erlassen und Heinrich demzufolge rechtlich nicht verpflichtet war, Heerfolge zu leisten, so mußte Friedrich die Ablehnung des bisher von ihm mit so vielen Gunstbeweisen bedachten Heinrich sehr treffen. Scheiterte alles allein an der Forderung Heinrichs nach dem Besitz von Goslar? Was bei diesem Zusammentreffen tatsächlich vorfiel und was die Legende dazuwebte, läßt sich heute nicht mehr völlig klären. Der Kaiser soll in großer innerer Erregung vor dem Herzog auf die Knie gefallen sein, um seiner Bitte den größtmöglichen Nachdruck zu verleihen. Die später über dieses Ereignis schreibenden Chronisten hat dieser Fußfall sehr bewegt. Propst Burchard von Ursberg sowie der Verfasser der sächsischen Weltchronik berichten, daß Jordan von Blankenburg, ein Ministeriale des Löwen, den Herzog mit folgenden Worten davon abgehalten haben soll, den knienden Kaiser aufzuheben: *Laßt, Herr, die Krone des Reiches zu euren Füßen liegen, eines Tages wird sie auf euer Haupt kommen.*[22]

Die Vorfälle von Chiavenna markieren den Wendepunkt im Verhältnis zwischen Kaiser und Herzog. Doch Chiavenna war nur ein – vielleicht sogar von kaiserlicher Seite provozierter – Anlaß, aber keinesfalls die Ursache für das Zerwürfnis der beiden Vettern. Diese lag wohl tiefer. Die stetig gesteigerte Macht des Herzogs mußte für den »Herrscher der Christenheit«, den römisch-deutschen Kaiser, der sich in einer europäischen Vormachtstellung wähnte, ein Dorn im Fleische seiner deutschen Herrschaft sein. Solange er mit dem Ausbau eines Königsstaates in Oberitalien beschäftigt war, mochte ihm die Macht des Vetters im Norden weniger bedrohlich erscheinen. Als er aber nördlich der Alpen daran ging, ein Königsterritorium zu schaffen und emsig die Mosaiksteinchen dazu zusammentrug, war die Auseinandersetzung mit dem Löwen scheinbar vorprogrammiert. Nicht die verweigerte Hilfeleistung von Chiavenna, sondern das Aufeinandertreffen von Besitz- und Herrschaftsrechten im staufischen Kernland Schwaben, so meinen einige Historiker, mußte den Bruch herbeiführen.[23]

Hier nutzte der Kaiser nach dem Tode vieler schwäbischer Herren durch die Seuche vor Rom 1167 die Gunst der Stunde zu eigenem Herrschaftsausbau. Auch die schwäbischen Erbgüter seines Onkels Welf VI. wußte der Staufer für sich zu sichern. Mit Geld erlangte er dessen Zustimmung und brachte den Löwen um ein wichtiges Erbe. Daß dieser Schwaben nicht völlig aus dem Blickfeld verloren hatte, zeigte sich 1171, als er die welfischen Stammlande nördlich des Bodensees bereiste und auf einem Hoftag zahlreiche schwäbische Grafen, Herren und welfische Ministeriale um sich versammelte. Da war der Kaiser schon eifrig beim Erwerb weiterer schwäbischer Besitzungen. Provozierend stellte daher wohl J. Fried die Frage, ob Barbarossa den Sturz des Löwen Schwabens wegen herbeigeführt habe und Chiavenna – von prostaufischen Chronisten propagandistisch ausgenutzt – den Legitimitätsgrund für den Vernichtungsfeldzug gegen den Löwen lieferte.[24]

Betrachtet man die weiteren Ereignisse, so erscheint der 1180 herbeigeführte Sturz des Löwen als folgerichtiges Resultat, und man muß befürchten, daß allein der Löwe den Ernst der Lage und die veränderte Situation nicht begriff. 1177 flammten die Kämpfe in Sachsen von neuem auf. Insbesondere Bischof Ulrich von Halberstadt wurde wieder aktiv. Er forderte vom Herzog die Rückgabe der ihm überlassenen Kirchenlehen. In Westfalen kam es zu erneuten Auseinandersetzungen mit dem Erzbischof von Köln. Als der Kaiser im November 1178 einen Hoftag in Speyer abhielt, erhoben sowohl Heinrich der Löwe als auch seine sächsischen Gegner Klage. War Barbarossa in der Vergangenheit immer um einen Ausgleich bemüht gewesen, eröffnete er nun ein Verfahren und lud beide Parteien für Mitte Januar 1179 nach Worms.

Über den Verlauf des Prozesses, der nun gegen den Löwen in Gang gesetzt wurde, sind wir nur ungenügend unterrichtet, er ist im wesentlichen aus der Narratio der Gelnhäuser Urkunde von 1180 bekannt, was in der Forschungsgeschichte zu zahlreichen Kontroversen geführt hat.[25] Der Herzog erschien nicht zum vereinbarten Termin in Worms. Die Ladung nach Magdeburg im Juni mißachtete er wiederum, worauf nun die Reichsacht über ihn verhängt wurde. Nach dem Magdeburger Hoftag kam es zwischen Kaiser und Herzog in der Nähe von Haldensleben noch einmal zu einer Begegnung, doch eine Verständigung blieb aus.[26] Vielmehr wurde nach dem mit Ächtung einhergehenden landrechtlichen Prozeß vom Kaiser ein lehnrechtliches Verfahren angestrengt. Auf einem Hoftag in Würzburg fiel im Januar 1180 das Urteil: *durch einmütigen Spruch der Fürsten* – so die Gelnhäuser Urkunde – wurden dem Löwen die Herzogtümer Bayern und Sachsen aberkannt. Die erwähnte Urkunde hat ihren Namen von dem im April 1180 in Gelnhausen gehaltenen Hoftag. Sie beinhaltet die Neuvergabe der sächsischen Lehen Heinrichs. Sachsen wurde geteilt. Den westlichen Teil, Westfalen, erhielt der Kölner Erzbischof, der übrige Teil kam an den Askanier Bernhard von Anhalt. Im September schließlich wurde Otto von Wittelsbach mit dem um die Steiermark verkleinerten Herzogtum Bayern belehnt. Die Narratio der Gelnhäuser Urkunde nennt auch die Anklagepunkte, deren sich Heinrich schuldig gemacht hatte: *...weil er der Kirchen Gottes und der Edlen des Reichs Freiheit dadurch, daß er sich ihrer Besitzungen bemächtigte und ihre Rechte minderte, schwer unterdrückt hatte.*[27]

Durchsetzbar erschienen die Beschlüsse von Würzburg und Gelnhausen nur auf militärischem Weg. Ende Juni wurde über Heinrich die Aberacht verhängt, da er die Frist, sich aus der Acht zu lösen, versäumt hatte. Das kaiserliche Heer erzielte im Sommer 1180 scheinbar mühelos Erfolge. Arnold von Lübeck berichtet mit Bitterkeit über den einsetzenden Abfall der einstigen Anhänger des Löwen. Im Sommer 1181 zog Friedrich wiederum nach Sachsen. Lübeck wurde belagert und mußte sich schließlich ergeben. Innerhalb weniger Monate war die einst riesige Macht des Löwen zusammengebrochen. Auf dem Hoftag in Erfurt im November 1181 erschien der Löwe und unterwarf sich dem Kaiser. Nun war er es, der den Fußfall tat. Er wurde aus Acht und Aberacht gelöst und erhielt seine sächsischen Allodialgüter um Braunschweig und Lüneburg zurück, mußte jedoch das Reich für eine gewisse Zeit verlassen.[28]

Der Sturz des Löwen war ein einschneidendes Ereignis. Der Kaiser hatte sich mit Hilfe der Fürsten eines übermächtigen Vasallen entledigt. Vom Ergebnis dieser Auseinandersetzungen wurde aber auch das Verhältnis der Fürsten zu König und Reich berührt. Der fürstlichen Herrschaftsbildung vermochte der Kaiser nicht entgegenzuwirken, seine Herrschaft war vielmehr nur im Ausgleich mit den Fürsten ausübbar.[29] Die Reichsfürsten werden vor allem seit dieser Zeit als eigener Stand faßbar, deren Besonderheit in der Reichsunmittelbarkeit bestand.

Durch den Verlust seiner Lehen war Heinrich de facto aus einer fast königsgleichen Machtstellung in den Stand bloßer Edelfreiheit herabgesunken. Für einen erneuten Herrschaftsausbau in Sachsen fehlten vorerst sowohl die Grundlagen als auch jede Möglichkeit, denn Heinrich mußte das Reich verlassen und traf im August 1182 in der Normandie am Hofe seines Schwiegervaters ein. Dort führte er jedoch keineswegs das Leben eines gestürzten, um Macht und Reichtum gebrachten Mannes. Wie es die Quellen belegen, verbrachten Heinrich und seine Familie ihren Aufenthalt durchaus standesgemäß, und ihre aufwendige Hofhaltung schlug im königlichen Haushalt hoch zu Buche. Die Ausgaben wurden penibel festgehalten. Als Heinrich zum Beispiel mit dem König gemeinsam auf Jagd ging, wurde eine Summe verbucht für *Gerste, Korn und Honig zur Bereitung von Bier für den Gebrauch des Herzogs von Sachsen.*[30] Für die Normannen und Engländer blieb er auch nach seiner Absetzung der »Herzog von Sachsen«. Heinrich II. bemühte sich um Vermittlung beim Kaiser, doch erzielte er keinen Erfolg. Erfolglos blieb auch der Löwe selbst, als er 1184 auf dem berühmten Mainzer Hoffest auftauchte. Erst im Spätsommer 1185 kehrte er nach Sachsen zurück.

Dort hatte sich die Situation gründlich gewandelt. Die einst festgefügte Herrschaft in Nordelbingen war durch das Wirken zentrifugaler Kräfte zerbrochen. Denn die weltlichen und geistlichen Herren des Landes, die der Löwe einst zur Unterordnung gezwungen hatte, mochten sich einer neuen Herzogsgewalt nicht mehr fügen. Ob der Welfe in der Fürstenopposition, die der Kölner Erzbischof gegen den Kaiser anführte, beteiligt war, ist umstritten, ebenso ob Heinrich an den Kaiser Bitten um seine Rehabilitierung richtete.[31]

Heinrich hielt sich vorwiegend in Braunschweig auf, auf keinem der Hoftage des Kaisers war er, der dort früher so häufig zu finden war, mehr anwesend. Als im März 1188 auf dem Hoftag von Mainz ein Kreuzzug ausgerufen und sein Beginn für das Frühjahr 1189 festgesetzt wurde, fehlte Heinrich ebenfalls. So zog der Kaiser selbst nach Sachsen und lud Heinrich zum Hoftag nach Goslar. Nach dem Bericht Arnolds von Lübeck bot Friedrich seinem Vetter an, auf seine Kosten am Kreuzzug teilzunehmen, um zum Lohn danach in seine alte Stellung eingesetzt zu werden. Wolle er das nicht, müsse er das Reich erneut verlassen, denn Friedrich mochte den Löwen während seiner Abwesenheit auf keinen Fall in Sachsen wissen. Aus welchen Motiven Heinrich die Verbannung vorzog, wissen wir nicht. Waren es Starrsinn und gekränkter Stolz, der ihm die Nähe des Kaisers während einer langen Kreuzfahrt unerträglich erscheinen ließ, einen Preis, den er selbst für den in Aussicht gestellten Lohn nicht zahlen mochte? In Goslar sah er den Kaiser zum letzten Mal, und nichts mehr war geblieben von der Vertrautheit und engen Verbindung der ersten Jahrzehnte.

Heinrich begab sich im Frühjahr 1189 an den englischen Hof. Seine Frau Mathilde blieb diesmal in Braunschweig zurück. Er sollte sie nicht wiedersehen, denn die junge Frau starb einige Monate nach seiner Abreise. Die Nachricht von ihrem überraschenden Tod veranlaßte ihn jedoch, die kaiserliche Auflage mißachtend, nach Sachsen zurückzukehren. Nun, wo er den Kaiser mit vielen seiner einstigen sächsischen Gegner auf dem Kreuzzug wußte, sah er seine Stunde gekommen. Schnell fand er Anhänger und gewann mit seinem Heer verlorengegangene Besitzungen zurück. Das Widerstand leistende Bardowieck wurde gründlich zerstört. Eine Legende berichtet, Heinrich habe am zerstörten Dom die Worte *Vestigia Leonis* (die Spur des Löwen) angebracht. Um nicht einem ähnlichen Schicksal zu erliegen, öffnete Lübeck die Tore.

König Heinrich VI. mochte diesem Treiben nicht länger untätig zusehen und führte ein Heer auf Braunschweig. Der harte Winter erzwang den Abbruch der Kampfhandlungen, aber auch andere Ereignisse veränderten die Situation. Nach dem Tod König Wilhelms II. von Sizilien war der Staufer daran interessiert, die sizilianischen Erbansprüche seiner Gemahlin durchzusetzen. Eine Verständigung mit dem Löwen erschien ratsam. Auf einem Hoftag in Fulda kam es im Juli 1190 zu einem Ausgleich.

Die Nachricht vom Tode Barbarossas verzögerte Heinrichs VI. Aufbruch nach Italien. Doch kaum hatte der König Deutschland verlassen, wurde der Löwe wieder aktiv. Erneut wurde Sachsen durch Kämpfe erschüttert. Ein Glücksfall für Heinrich VI. stellte die Gefangennahme des englischen Königs Richard Löwenherz auf dessen Rückreise vom Kreuzzug dar, denn dadurch verlor der Löwe einen wichtigen Bundesgenossen. Für seine Freilassung wurde nicht nur ein hohes Lösegeld erpreßt, zwei Söhne des Welfen mußten sich darüber hinaus Heinrich VI. als Geiseln zur Verfügung stellen.

Ein Ausgleich zwischen Staufern und Welfen kam 1193 in Sicht, als der älteste Sohn des Löwen eine Base Heinrichs VI., die Tochter des staufischen Pfalzgrafen Konrad, heiratete. Konrad selbst bemühte sich um eine Verständigung. Ein geplantes Treffen Anfang Februar 1194 in Saalfeld kam wegen eines Sturzes vom Pferd auf der Reise dorthin nicht zustande. Heinrich VI. zog dem Verletzten entgegen. Im März 1194 trafen schließlich in der Pfalz Tilleda am Kyffhäuser der Kaiser und Heinrich der Löwe zusammen. Heinrich VI. bestätigte den Welfen ihren Allodialbesitz, behielt aber dennoch zwei Söhne des Löwen in Geiselhaft. Auch wenn in Tilleda dem jungen tatendurstigen – in Sizilien übrigens mit größter Grausamkeit agierenden – Kaiser ein alternder und vom Sturz gezeichneter Löwe gegenüberstand, blieb das Mißtrauen gegen ihn bestehen.

Im folgenden Winter begann der Gesundheitszustand des Löwen sich zusehends zu verschlechtern. Trotz körperlichen Verfalls blieb geistige Regsamkeit. Der Abt von Steterburg berichtet in seiner Chronik ausführlich über die letzten Monate des Welfen: Wie er sich die schlaflosen Nächte durch das Vorlesen alter Chroniken verkürzen ließ, wie er am Abend vor Ostern wohl von einem Schlaganfall getroffen wurde und die restlichen Monate bis zu seinem Tode am 6. August 1195 in großen Schmerzen verbrachte, dennoch *nicht klagend, nicht seufzend.* Während die Seinigen in große Trauer verfielen, hätten seine Feinde große Freude empfunden.[32] In der St.Blasius-Kirche zu Braunschweig, deren Bau und Ausgestaltung Heinrich selbst mit Vehemenz betrieben hatte, wurde er neben seiner Frau Mathilde bestattet. Trotz der hymnischen Lobpreisung, die Arnold von Lübeck dem Löwen zuteil werden läßt, bemerkt er dennoch enttäuscht, dieser habe mit all seiner Arbeit nichts erreicht als ein recht sehenswertes Grabmal im Dom zu Braunschweig.

Das Grabmal, das man noch heute dort bewundern kann, entstand in der ersten Hälfte des 13. Jahrhunderts, es zeigt Heinrich und Mathilde. Heinrich hält ein Modell der von ihm gestifteten Kirche im Arm. Diese Kirche und das wohl 1166 – zur Zeit der Kämpfe in Sachsen – auf dem Braunschweiger Burghof von ihm aufgestellte Löwendenkmal bezeugen die künstlerischen Interessen des großen Welfen. Natürlich sollte das Löwenstandbild zuallererst von der Macht seines Erbauers künden. Wie zum Sprung bereit, alle Muskeln gespannt, der Löwe als Ebenbild Heinrichs, der diesen seinen Beinamen in Siegeln und Münzen mit dem Löwenbild aufleben läßt. Vestigia leonis, die Spur des Löwen, in seiner zur Residenz ausgestalteten Pfalz Braunschweig, wo die Burg Dankwarderode, die Stiftskirche St. Blasius und das Löwendenkmal eine faszinierende architektonische Einheit bilden, wird sie sichtbar.

Heinrichs Mäzenatentum wird auch in anderen Kunstrichtungen deutlich. In seinem Umkreis entstand das Rolandslied des Pfaffen Konrad, ferner ließ er kostbare Handschriften herstellen. Das Krönungsbild im Evangeliar Heinrichs des Löwen zeigt das kniende Herzogspaar, dem von himmlischen Händen Kronen aufgesetzt werden. Hinter Heinrich sind dessen Vater und Mutter dargestellt, ebenso sein Großvater, Kaiser Lothar, und dessen Frau Richenza. Hinter Mathilde stehen König Heinrich II. von England und dessen Mutter Mathilde, die einst kinderlose Witwe des letzten Salierkaisers Heinrich V.

Wenn auch die Entstehungszeit des Evangeliars – aus der Zeit vor oder nach dem Sturz des Löwen – ebenso wie die Interpretation des Krönungsbildes umstritten sind[33], wenn sich die Krönungsdarstellung auch zuallererst auf die geistliche Krönung mit der Krone des ewigen Lebens bezieht, so weist doch die Darstellung der königlichen und kaiserlichen Ahnen des Herzogspaares unübersehbar auf das Selbstverständnis des Löwen. Im Widmungsgedicht des Evangeliars wird dies ebenfalls deutlich: nicht seine welfische Herkunft, sondern die Abkunft aus einem Kaisergeschlecht (stirps imperialis) wird betont, der Herzog sieht sich gar als Nachkomme Karls des Großen. Ginge man von einer Spätdatierung des Evangeliars aus, so kämen hier ein trotz des Sturzes ungebrochenes Selbstbewußtsein und der Stolz Heinrichs zum Ausdruck – der Verlust der Herzogtümer konnte seiner Stellung in der Welt und vor Gott nichts anhaben. Mochte der Kaiser ihn demütigen, er blieb der Abkömmling berühmter Ahnen, der große Löwe von Braunschweig.

Inwieweit das Krönungsbild Porträtähnlichkeit aufweist, wissen wir nicht. Die dunkle Haarfarbe deckt sich allerdings mit der Beschreibung des Italieners Acerbus Morena, der neben der mittleren Größe auf die schwarzen Augen und die fast schwarzen Haare des Welfen verweist. Morena betont ebenfalls Heinrichs kaiserliche Herkunft. Die Geschichtsschreiber, auch die den Welfen nicht besonders zugetanen, bedachten Heinrich den Löwen unabhängig von ihrer sonstigen Einschätzung mit vielen Superlativen. Selbst die Kölner Königschronik kam nicht umhin, als sie frohlockend den Sturz des Löwen verkündete, diesen als *berühmtesten und mächtigsten Fürsten des Römischen Reiches* zu bezeichnen.[34]

Auf den Brakteaten, den Silbermünzen des Herzogs, finden sich die Worte *Heinricus de Bruneswich sum ego Leo*. Heinrich von Braunschweig bin ich, der Löwe. *Der groze lewe von Bruneswich* nannte ihn die Braunschweiger Reimchronik des 13. Jahrhunderts, die die Gestalt des Herzogs bereits verklärt.[35] Doch auch eine nüchterne Betrachtung kommt nicht umhin: Heinrich der Löwe war eine prägende Gestalt des 12. Jahrhunderts, eine – bei aller Rücksichtslosigkeit – machtvolle und beeindruckende Persönlichkeit. Seine erworbene Macht wurde ihm zum Verhängnis und führte seinen Fall herbei. Aber auch nach seinem Sturz blieb er ein selbstbewußter, stolzer Mann, der große Löwe.

1 G. Koch, Der Streit zwischen Sybel und Ficker und die Einschätzung der mittelalterlichen Kaiserpolitik in der modernen Historiographie, in: Studien über die deutsche Geschichtswissenschaft, hg. v. J. Streisand, Bd. 1, Berlin 1963 (Schriften des Instituts für Geschichte 1,20), S. 311ff.

2 K. Hampe, Herrschergestalten des deutschen Mittelalters, 5. Aufl., Leipzig 1945, S. 248.

3 A. L. Poole, Henry the Lion, Oxford 1912, S. 1.

4 G. Althoff, Heinrich der Löwe und das Stader Erbe. Zum Problem der Beurteilung des »Annalista Saxo«, in: DA 41 (1985), S. 66ff.

5 Zu den Machtgrundlagen des Herzogtums im 12. Jahrhundert vgl. H. Keller, Zwischen regionaler Begrenzung und universalem Horizont. Deutschland im Imperium der Salier und Staufer 1024– 1250, Berlin 1986 (Propyläen Geschichte Deutschlands 2), S. 385f.

6 J. Ehlers, Heinrich der Löwe und der sächsische Episkopat, in: Friedrich Barbarossa. Handlungsspielräume und Wirkungsweisen des staufischen Kaisers, hg. v. A. Haverkamp, Sigmaringen 1992 (Vorträge und Forschungen 40), S. 435ff., besonders S. 436: »Wenn Heinrich nicht nur Herzog heißen, sondern auch als solcher herrschen wollte, dann mußte er Gewalt anwenden und darauf bedacht sein, den König an seiner Seite zu wissen.«

7 O. Engels, Beiträge zur Geschichte der Staufer im 12. Jahrhundert (I), in: Stauferstudien. Beiträge zur Geschichte der Staufer im 12. Jahrhundert, hg. v. E. Meuthen/St. Weinfurter, Sigmaringen 1988, S. 58ff. sowie H. Boockmann, Stauferzeit und spätes Mittelalter. Deutschland 1125–1517, Berlin 1987 (Das Reich und die Deutschen), S.80ff.

8 Engels, Beiträge, S. 81ff.

9 M. Lindner, Die Hoftage Kaiser Friedrich Barbarossas (1152–1190), Diss. Berlin 1990 (ms.).

10 H. Lubenow, Heinrich der Löwe und die Reichsvogtei Goslar, in: Niedersächsisches Jahrbuch 45 (1973), besonders S. 337ff.

11 Helmold von Bosau, Slawenchronik, neu übertr. u. erläut. v. H. Stoob, 5. Aufl., Darmstadt 1990 (Ausgewählte Quellen zur deutschen Geschichte des Mittelalters. Freiherr vom Stein-Gedächtnisausgabe 19), S. 242 und S. 246.

12 So K. Jordan, Friedrich Barbarossa und Heinrich der Löwe, in: BlldtLG 117 (1981), S. 65.

13 Chronicon Sancti Michaelis Luneburgensis, hg. v. L. Weiland, in: MGH. SS. 23, Hannover 1874, S. 396.

14 W. Haas, Friedrich Barbarossa und Heinrich der Löwe beim Tausch von Badenweiler gegen Reichsgut am Harz, in: ZGO 131 (1983), S. 253–269.

15 K. Jordan, Heinrich der Löwe. Eine Biographie, 2. durchges. Aufl., München 1980, S. 83ff.

16 Helmold von Bosau, Slawenchronik, S. 352 und S. 240.

17 Ebenda, S. 356.

18 A. Kraus, Heinrich der Löwe und Bayern, in: Heinrich der Löwe, hg. v. W.-D. Mohrmann, Göttingen 1980, S. 151ff. betont, daß eine Überspannung der herzoglichen Autorität in Bayern verhängnisvolle Konsequenzen ausgelöst hätte, da die Großen des Landes zu mächtig waren.

19 Gervasius von Canterbury: E Gervasii Cantuariensis operibus historicis, hg. v. F. Liebermann/R. Pauli, in: MGH. SS. 27, Hannover 1885, S.303.

20 Dazu und zum Verhältnis des Löwen zu England vgl. J. Ahlers, Die Welfen und die englischen Könige. 1165–1235, Hildesheim 1985.

21 Die Chronik Arnolds von Lübeck, 2. Aufl., neubearb. v. W. Wattenbach, Leipzig o. J. (Geschichtsschreiber der deutschen Vorzeit), S. 6, vgl. J. Fried, Königsgedanken Heinrichs des Löwen, in: AfK 55 (1973), S. 328ff.

22 Burchardi et Cuonradi Urspergensium Chronicon, hg. v. O. Abel/L. Weiland, in: MGH. SS. 23, S. 357, sowie Sächsische Weltchronik, hg. v. L. Weiland, in: MGH. Deutsche Chroniken, Bd. 2, Hannover 1876, S. 229.

23 Th. Mayer, Friedrich I. und Heinrich der Löwe, in: Kaisertum und Herzogsgewalt im Zeitalter Friedrichs I., Studien zur politischen und Verfassungsgeschichte des hohen Mittelalters, Darmstadt 1944 (Schriften der MGH 9), S. 50f., sowie Boockmann, Stauferzeit, S. 116ff. Besonders nachdrücklich betont von J. Fried, Friedrich Barbarossa – Heinrich der Löwe. Dynastische Interessen und Reichspolitik 1180. Vortrag, gehalten am 25. Oktober 1990 an der Humboldt- Universität zu Berlin.

24 Ebenda.

25 K. Heinemeyer, Der Prozeß Heinrichs des Löwen, in: BlldtLG 117 (1981), S. 1ff.

26 G. Althoff, Konfliktverhalten und Rechtsbewußtsein: Die Welfen in der Mitte des 12. Jahrhunderts, in: FMSt 26 (1992), S. 331–352, besonders S. 346f., hebt hervor, daß der Verständigungsversuch in Haldensleben deutlich macht, wie man trotz Ächtung weiter in Verhandlungen auch nach einem gütlichen Ausgleich suchte.

27 Übersetzung nach Heinemeyer, Prozeß, S. 16.

28 Chronik Arnolds von Lübeck, S. 75. Zu den Fragen der Achtaufhebung und Verbannungsdauer vgl. O. Engels, Zur Entmachtung Heinrichs des Löwen, in: Stauferstudien, S. 116ff., der die Achtaufhebung in Erfurt bestreitet.

29 H. Patze, Friedrich Barbarossa und die deutschen Fürsten, in: Die Zeit der Staufer. Geschichte – Kunst – Kultur. Katalog der Ausstellung, Bd. 5, Stuttgart 1977, S. 35ff.

30 A. L. Poole, Die Welfen in der Verbannung, in: DA 2 (1938), S. 129ff. Vgl. auch Ahlers, Die Welfen.

31 F. Oppl, Beiträge zur historischen Auswertung der jüngeren Hildesheimer Briefsammlung, in: DA 33 (1977), S. 482ff.

32 Die Chronik von Stederburg, 2. Aufl., überarb. v. W. Wattenbach, Leipzig o. O. (Geschichtsschreiber der deutschen Vorzeit), S. 71ff.

33 O. G. Oexle, Adliges Selbstverständnis und seine Verknüpfung mit dem liturgischen Gedenken – das Beispiel der Welfen, in: ZGO 134 (1986), S. 56ff., sowie: Das Evangeliar Heinrichs des Löwen. Kommentar zum Faksimile, hg. v. D. Koetzsche, Frankfurt/Main 1989. Dazu Rezension von J. Fried in: HZ 253 (1991), S. 735ff.

34 Ottos Morena und seiner Fortsetzer Buch über die Taten Kaiser Friedrichs, in: Italische Quellen über die Taten Kaiser Friedrichs I. in Italien und der Brief über den Kreuzzug Kaiser Friedrichs I., übers. v. F.-J. Schmale, Darmstadt 1986 (Ausgewählte Quellen zur Geschichte des deutschen Mittelalters. Freiherr vom Stein-Gedächtnisausgabe 17a), S. 188f.; Chronica Regia Coloniensis, hg. v. G. Waitz, Hannover 1880 (MGH. SS. in us. schol.), S. 132, vgl. Jordan, Heinrich der Löwe, S. 257ff. sowie U. Jentzsch, Heinrich der Löwe im Urteil der deutschen Geschichtsschreibung von seinen Zeitgenossen bis zur Aufklärung, Jena 1942, S.7ff.

35 Braunschweigische Reimchronik, hg. v. L. Weiland, in: MGH. Deutsche Chroniken 2, Vers 4657ff.

Albrecht der Bär

MARKGRAF VON BRANDENBURG
(1150/57–1170)

von HELMUT ASSING

(Viele slawische Stämme) *unterjochte er*
und zügelte die Aufsässigen unter ihnen.
Schließlich schickte er, als die Slawen allmählich abnahmen,
nach Utrecht und den Rheingegenden, ferner zu denen,
die am Ozean wohnen und unter der Gewalt des Meeres zu leiden hatten,
… und ließ sie in den Burgen und Siedlungen der Slawen wohnen.
(Slawenchronik des Helmold von Bosau, lib. 1, cap. 89)

Der Mann, von dessen ostelbischer Politik hier – in nicht ganz wahrheitsgetreuer Weise – die Rede ist, gehörte zu den bedeutendsten deutschen Fürsten des 12. Jahrhunderts, und jene Politik, die zur Begründung eines der größten deutschen Fürstentümer führte, einen entscheidenden Anteil daran hatte. Ein alter Volksspruch hat deshalb auch diesen Fürsten neben Kaiser Friedrich Barbarossa sowie Heinrich den Löwen gestellt und gemeint, daß die drei die Welt hätten »verkehren« können. Die Quellen nennen ihn meist Adalbert, doch spätere Historiker bevorzugten dann den Namen Albrecht, und so ist es bis heute geblieben. Bereits zu Lebzeiten erhielt er den Beinamen »der Bär«, dessen Erklärung aber immer noch auf Schwierigkeiten stößt. Vielleicht sollte das Ansehen Albrechts im Vergleich zu seinem großen Gegenspieler Heinrich dem Löwen, der seinen Beinamen wohl schon eher trug, erhöht werden.

Das Adelsgeschlecht, dem Albrecht der Bär entstammte, war – so die heute übliche Bezeichnung – das der Askanier. Der Name war schon im Mittelalter bekannt, doch fehlen aus der Zeit Albrechts und seiner Vorfahren die Belege. Er leitet sich wahrscheinlich von »Ascharia« ab, der latinisierten Form des Grafschaftsmittelpunktes Aschersleben, den die Askanier zumindest seit der ersten Hälfte des 12. Jahrhunderts besaßen. Historiker der frühen Neuzeit stellten darüber hinaus in Überhöhung der Vergangenheit des Geschlechts eine Verbindung zu Ascanius her, dem Sohn des trojanischen Helden Aeneas.

Der älteste Besitz der Askanier befand sich vermutlich um Köthen sowie am Harzrand um Ballenstedt und Aschersleben.[1] Esico, der Urgroßvater Albrechts, ist der erste namentlich bekannte Vertreter des Geschlechts. Eine Urkunde Kaiser Konrads II. von 1036 bezeichnet ihn als Grafen (von Ballenstedt).[2] Die damalige Stammburg lag im Schwabengau, der im Westen, Norden und Osten von Bode und Saale begrenzt wurde und im Süden ungefähr mit dem Unterharz abschloß. Der Name dieses Gaus geht wahrscheinlich auf eine Einwanderung größerer Gruppen von Schwaben zurück, die in der Mitte des 6. Jahrhunderts auf Befehl der damaligen Frankenkönige in Ostsachsen angesiedelt worden waren. Wenn der Sachsenspiegel, eine Rechtsquelle aus dem frühen 13. Jahrhundert, recht hat, waren auch Albrechts Vorfahren Schwaben und könnten somit zu jenen Einwanderern gehört haben. Sie hätten sich dann gegen die einheimische sächsische Adelskonkurrenz nicht nur schlechthin behauptet, denn sie schafften sogar den Aufstieg in den Hochadel Ostsachsens. Spätestens Esico dürfte dieser Schicht zugezählt werden. Er besaß Grafenrechte und Grundbesitz im Schwabengau sowie im östlich benachbarten Gau Serimunt zwischen unterer Saale und unterer Mulde, wahrscheinlich auch im Nordthüringgau nördlich der unteren Bode. Möglicherweise hatte er in die Familie der Frau Kaiser Konrads II. eingeheiratet. Esicos Sohn Adalbert, seit 1063 in den Quellen nachweisbar, besaß Herrschaftsrechte auch östlich der Mulde, so daß schon unter Albrechts Großvater die Machtbasis der Askanier – allerdings mehrfach unterbrochen und mitunter nur punktuell – vom Unterharz bis an die Elbe nördlich von Torgau reichte.

Adalbert, dessen Frau dem thüringischen Hochadel angehörte, war einer der Führer des sächsischen Widerstandes gegen Heinrich IV. Zwischen 1076 und 1083 fand er in einer der vielen Fehden den Tod. Von seinen zwei Söhnen Otto und Siegfried übernahm der erstere das askanische Erbe, während Siegfried später die Nachfolge seines Stiefvaters in der rheinischen Pfalzgrafschaft antrat. Otto ist seit 1083 bekannt. Er heiratete Eilika, eine der beiden Erbtöchter des letzten Billungerherzogs, und konnte dank dieser Ehe anscheinend seinen Herrschaftsbereich beträchtlich nach Norden in den Raum Stendal-Salzwedel erweitern. 1112 erhielt er kurzzeitig von Kaiser Heinrich V. das Herzogtum Sachsen, das er aber noch im gleichen Jahr wieder an Lothar von Supplinburg verlor. Doch zum erstenmal hatten die Askanier den ersten Platz in der sächsischen Adelshierarchie eingenommen, und daran sollte Ottos Sohn einst anknüpfen.

Aus der Ehe Ottos mit Eilika gingen zwei Kinder hervor: Albrecht der Bär und Adelheid, die zunächst den Markgrafen der Nordmark, Heinrich von Stade, und später Werner von Veltheim heiratete. Das Geburtsjahr Albrechts des Bären ist nicht bekannt. Er wird erstmals am 16. April 1120 als Graf von Ballenstedt in einer Urkunde

Bischof Reinhards von Halberstadt erwähnt.[3] Dort bezeugte er ohne den Vater die Ausstattung des Klosters Kaltenborn bei Sangerhausen, und so dürfte er spätestens um 1100 geboren sein. Bevor er 1123 nach dem Tode des Vaters die alleinige Herrschaft in den askanischen Territorien übernahm, trat er kaum in den überlieferten Quellen in Erscheinung: Abgesehen von der Umwandlung der Propstei Ballenstedt in ein Benediktinerkloster, an der er neben seinem Vater beteiligt war, sind nur vier Urkunden bekannt, in denen Albrecht Zeuge war. Das Todesjahr des Vaters bringt aber dann Ereignisse, die den jungen Grafen als einen energischen und machtbewußten, das damalige Recht nicht immer achtenden Menschen zeigen. Was war geschehen?

Die östlichen askanischen Territorien reichten wahrscheinlich damals in die sogenannte Ostmark hinein, deren Zentrum Eilenburg an der Mulde war und die sich über die Elbe bis in die Niederlausitz erstreckte. Markgrafen waren hier seit langem die Wettiner, denen auch die sich südlich anschließende Mark Meißen gehörte. Sicher sah es Albrecht ungern, daß die Wettiner von der Rechtslage her die Möglichkeit hatten, sich in askanische Angelegenheiten einzumischen. Als deshalb 1123 der Wettiner Heinrich der Jüngere ohne Nachkommen starb, wird Albrecht gehofft haben, selbst die Ostmark zu erhalten. Doch Kaiser Heinrich V. überging ihn und befragte bei der Neubesetzung auch nicht den sächsischen Herzog Lothar von Supplinburg, nach dessen Auffassung der Herzog für die zu Sachsen gehörenden Marken ein Mitspracherecht besessen hätte. Da der Kaiser außerdem den einer Nebenlinie entstammenden Wettiner Konrad nicht berücksichtigt hatte, schlossen sich diese drei Fürsten zusammen, mißachteten den kaiserlichen Beschluß und fielen in die beiden Marken ein. Nach mehrmonatigen Kämpfen hatten sie ihre Ansprüche durchgesetzt, und Albrecht eignete sich die begehrte Ostmark an. Im Frühjahr 1124 erscheint er – ohne die Legitimation Heinrichs V. zu besitzen – in einer Urkunde Erzbischof Adalberts I. von Mainz erstmals als Markgraf.[4]

Im Mai des darauffolgenden Jahres starb Heinrich V., so daß ein neuer König gewählt werden mußte. Einer der Kandidaten für das hohe Königsamt war der sächsische Herzog, dessen Unterstützung Albrecht die Ostmark mit zu verdanken hatte. Deshalb ist anzunehmen – einen Quellenbeleg besitzen wir nicht –, daß Albrecht der Bär mit nach Mainz zog, um dort die Wahl Lothars gegen die Konkurrenz des schwäbischen Herzogs Friedrich von Staufen durchzusetzen. Die Anhänger Lothars erreichten ihr Ziel, und es wird eine der ersten Handlungen des neuen Königs gewesen sein, Albrecht offiziell mit der Ostmark zu belehnen. Wahrscheinlich hatte ein zeitgenössischer Chronist diesen Rechtsakt im Auge, als er schrieb, daß Albrecht die Ostmark *vom König* (ohne Namensnennung) *erwarb.*[5]

Bald zeigte sich, daß Albrechts politischer Ehrgeiz weit über die Ostmark hinausging. Drei Ereignisse lassen dies deutlich erkennen: Albrechts Interesse an der Christianisierung der Pommern, der Patenschaftsvertrag mit dem slawischen Fürsten in Brandenburg und schließlich seine Bemühungen um die Nordmark.

1128 unternahm Bischof Otto von Bamberg eine zweite Missionsreise nach Pommern – die erste einige Jahre zuvor hatte nur Teilergebnisse gebracht –, um dort die

Christianisierung zu vollenden. Als er sich in der Nähe der unteren Peene aufhielt – also weitab von der Ostmark –, erreichten ihn überraschend Boten Albrechts des Bären, die ihm dessen Unterstützung bei der Missionsreise anboten. Albrecht war bis dahin höchstens einmal – und dann nur für einige Tage – mit dem Bischof zusammengekommen, so daß ein persönlicher Dienst ausscheidet. Seine Handlung kann nur politisch motiviert gewesen sein und war auf die strategisch wichtige Odermündung gerichtet, die Albrecht auch später im Blick behielt. Vorerst zeitigten jedoch seine Versuche, Einfluß in Pommern zu gewinnen, keine Erfolge.

Ein zweites Ereignis offenbart nicht nur Albrechts machtpolitisches Streben, sondern auch seine Fähigkeit zu strategischem Denken und diplomatischem Taktieren. In Brandenburg herrschte seit 1127 der Hevellerfürst Pribislav, der anscheinend gleich nach seinem Machtantritt Christ geworden war, ohne die Mehrheit seiner Stammesgenossen für den neuen Glauben gewinnen zu können. War schon sein Bekenntnis zum Christentum ein Ausdruck der Anlehnung an die deutschen Verhältnisse jenseits der Elbe, so zwang seine religiöse Isolierung ihn sicher, den Kontakt zum deutschen Reich zu intensivieren. Diese Situation blieb Albrecht nicht verborgen, und es gelang ihm, sie in seinem Sinne zu nutzen, obwohl das Hevellerfürstentum nicht im Bereich der Ostmark lag, sondern in dem der Nordmark. Anläßlich der Taufe seines ältesten Sohnes Otto, die in die Jahre nach 1127 gehören müßte, trat Pribislav ihm als Patengeschenk für seinen Sohn einen Teil des Fürstentums ab, und zwar die sogenannte Zauche südöstlich von Brandenburg. Wahrscheinlich führte das damals noch nicht zu einer effektiven Wahrnahme von Herrschaftsrechten im Brandenburger Raum, doch hatte sich Albrecht damit innerhalb der Nordmark einen für die Zukunft wichtigen Stützpunkt geschaffen.

Das offenkundige Streben nach Herrschaftsrechten in der Nordmark bewirkte schließlich Albrechts ersten politischen Sturz. Im Dezember 1128 war sein Schwager Heinrich von Stade, dem die Nordmark unterstand, kinderlos gestorben, und Albrecht rechnete wohl mit der Belehnung. Doch König Lothar zögerte – sicher war ihm Albrechts Ehrgeiz inzwischen zu gefährlich geworden – und faßte als Nachfolger vielleicht Udo von Freckleben, den Vetter des verstorbenen Markgrafen, ins Auge. Jedenfalls begann 1129 eine Fehde zwischen Albrecht und Udo, in deren Verlauf Udo im Frühjahr 1130 von Mannen Albrechts erschlagen wurde. Chronisten der damaligen Zeit vermuteten einen vorbereiteten Mord, mit dem Albrecht seinen Nebenbuhler beseitigte, und sie werden sich nicht geirrt haben. Albrecht fiel bei König Lothar in Ungnade und verlor die Ostmark. Die Nordmark aber ging an Konrad von Plötzkau.

Trotz der Demütigung opponierte Albrecht offenbar nicht gegen König Lothar. Als dieser im Sommer 1132 seinen ersten Italienzug begann, war Albrecht dabei. Auch Markgraf Konrad von Plötzkau fehlte nicht; er fand zur Jahreswende 1132/33 in einem der zahlreichen Gefechte in Italien den Tod, so daß die Nordmark erneut frei war. Diesmal fiel Lothars Wahl auf Albrecht, wohl in Anerkennung seiner Verdienste in Italien. Wahrscheinlich auf dem Reichstag zu Halberstadt Ostern 1134 belehnte Lothar, nunmehr römischer Kaiser, Albrecht mit der Nordmark. Eine Ende

April 1134 in Quedlinburg ausgestellte Kaiserurkunde überliefert erstmals seit dem Entzug der Ostmark wieder den Markgrafentitel.[6]

Über die Wahrnahme der neuen Würde erfahren wir aus der Anfangszeit nur wenig, doch war sie für Albrecht kein leerer Titel, auch wenn die meisten Territorien der Nordmark erst noch wiederzugewinnen waren. Als 1136 die Slawen Havelberg zurückeroberten, das um 1130 unter deutsche Herrschaft gekommen war, fiel Albrecht als der für Havelberg verantwortliche Markgraf seinerseits mehrfach in die slawisch beherrschte Prignitz ein. Unbekannt bleibt, welche Ergebnisse diese Kämpfe brachten.

Die Ereignisse der folgenden Jahre lenkten Albrechts Aufmerksamkeit wieder auf die innerdeutschen Verhältnisse. Im Dezember 1137 starb Kaiser Lothar ohne männliche Nachkommen. Auf dem Totenbett hatte er deshalb seinem Schwiegersohn, dem bayerischen Herzog Heinrich dem Stolzen aus dem Geschlecht der Welfen, das Herzogtum Sachsen zugesprochen und ihn zum neuen König vorgeschlagen. Diese veränderte Kräftekonstellation bewog Albrecht, die Partei Lothars zu verlassen und sich den Staufern anzuschließen, die sich jetzt in einem zweiten Anlauf um das Königsamt bemühten. Als zu Beginn des Jahres 1138 Lothars Witwe Richenza einen Fürstentag nach Quedlinburg berief, um für die Wahl des Schwiegersohnes zu werben oder ihn gleich wählen zu lassen, sperrte Albrecht mit seinen Kriegern die Zufahrtswege und verhinderte die Zusammenkunft der Welfenanhänger. Kurze Zeit darauf wählte eine kleine Fürstengruppe in Koblenz den Staufer Konrad zum deutschen König. Albrecht war nicht anwesend, wahrscheinlich deshalb, weil die in Sachsen zahlreichen Anhänger der Welfen ihn aufhielten. Er hatte aber die wohl wichtigste Vorarbeit für die Koblenzer Wahl geleistet, als er den Quedlinburger Fürstentag verhinderte.

Albrecht schien mit dem Übergang auf die Seite der Staufer das Richtige getroffen zu haben. Heinrich der Stolze erkannte Konrad III. nicht als König an und verfiel der Reichsacht, womit er seine Herzogtümer verlor. Mit Sachsen wurde nunmehr Albrecht belehnt. Eine am 26. Juli 1138 in Quedlinburg ausgestellte Königsurkunde ist das erste Zeugnis über die neue Herzogswürde.[7] Doch sie sollte ihm kein Glück bringen, der langersehnte Traum sollte nur kurz sein. Der sächsische Adel stellte sich in seiner Mehrheit hinter Heinrich den Stolzen, der den Kampf um Sachsen aufnahm. Als er 1139 plötzlich starb, geriet Albrecht in den Verdacht des Giftmordes. Der Widerstand gegen ihn wuchs. Nachdem er so wichtige Burgen wie die Burg Anhalt im Harz verloren hatte, mußte er sogar aus Sachsen fliehen. Um den Rückhalt im sächsischen Adel wiederzuerlangen, gab Konrad III. die Sache Albrechts schließlich auf: Auf dem Reichstag zu Frankfurt am Main im Mai 1142 belehnte er Heinrich den Löwen, den Sohn Heinrichs des Stolzen, mit dem Herzogtum Sachsen. Albrecht mußte Verzicht leisten; er hat das Herzogsamt nie wieder erhalten. Doch er behielt die Nordmark, und das war ein Teilerfolg, denn seine Gegner wollten sie ihm ebenfalls abnehmen. Die Nordmark gab Albrecht, nachdem er erneut tief gestürzt war, die Chance zu einem dritten sozialen Aufstieg, und dieser sollte auch von der Nordmark ausgehen, allerdings in modifizierter und recht komplizierter Form. Aber

Albrecht wurde dadurch endgültig zu einem der bedeutendsten deutschen Reichsfürsten des 12. Jahrhunderts.

Wenn die Nachricht stimmt, erhielt Albrecht von dem Hevellerfürsten Pribislav nicht nur einen Teil des Fürstentums als Patengeschenk für seinen Sohn, sondern er wurde auch, da Pribislav keine Kinder hatte, von diesem als Nachfolger bestimmt. Dazu paßt, daß Albrechts Markgrafschaft noch zu Lebzeiten Pribislavs mehrfach auf die Brandenburg bezogen wurde, und zwar spätestens erstmals in einer Königsurkunde, die zu 1142 datiert ist.[8] Damit sollte vielleicht ein besonderes Anrecht auf das dortige slawische Fürstentum, das im übrigen in der Nordmark lag, zum Ausdruck gebracht werden – möglicherweise als Trostpflaster für den Verlust des sächsischen Herzogtums. Doch kann Albrecht das Erbrecht von Pribislav auch viel früher erhalten haben; der Zeitpunkt läßt sich noch nicht näher bestimmen.

Nach 1142 ist eine deutliche Orientierung Albrechts auf sein Markgrafenamt zu erkennen. Einen ersten Höhepunkt bildeten die Vorbereitung und die Durchführung des sogenannten Wendenkreuzzuges von 1147. Seitdem 1144 im Vorderen Orient die Festung Edessa von den Muslims zurückerobert war, erhielt die Kreuzzugspropaganda in Europa wieder einen starken Auftrieb. Ende 1146 konnte ein neuer Orientkreuzzug beschlossen werden, dem auch Konrad III. und zahlreiche deutsche Fürsten zustimmten. Doch die ostsächsischen Fürsten, unter denen Albrecht schon wieder einen führenden Platz einnahm, verweigerten ihre Teilnahme mit der Begründung, daß sie die Ungläubigen direkt vor der Tür hätten. Papst Eugen III. mußte schließlich nachgeben und erlaubte einen gesonderten Kreuzzug gegen die heidnischen slawischen Stämme östlich der Elbe, die, obwohl sie de iure in deutsche Marken eingegliedert waren, faktisch unabhängig waren. Die Beseitigung dieser Unabhängigkeit wurde das Hauptziel des nun beginnenden Kreuzzuges, der aber unter der Konkurrenz zwischen Heinrich dem Löwen und Albrecht dem Bären litt. Die Kreuzfahrer bildeten zwei getrennte Heere, die gegen verschiedene slawische Stämme operierten. Das Heer, in dem Albrecht mit den Ton angab, wandte sich in völliger Abkehr von der erklärten Heidenbekämpfung gegen die schon christianisierten Pommern, so daß die territorialpolitischen Ambitionen gerade Albrechts – schon 1128 hatte ja sein Interesse der Odermündung gegolten – deutlich zum Vorschein kamen. Bezeichnenderweise blieb andererseits das Hevellerfürstentum, in dem die Mehrheit der Bevölkerung anscheinend noch heidnisch war, auf das Albrecht aber schon das Nachfolgerecht besaß, vom Angriff verschont.

Nach geringen Anfangserfolgen, die Albrecht wohl Herrschaftsrechte im Havelberger Raum brachten, wurde der Kreuzzug, der zunehmend von Streitigkeiten der Fürsten beherrscht wurde, nach einigen Monaten abgebrochen. Als diplomatischer Erfolg Albrechts könnte gewertet werden, daß sein ältester Sohn die Schwester des regierenden Polenherzogs, der am Wendenkreuzzug teilgenommen hatte, heiratete. Doch der Polenherzog hatte nicht das beste Verhältnis zu König Konrad III., den Albrecht wiederum nicht verärgern durfte, wenn er neue Schritte gegen Heinrich den Löwen plante. Und in der Tat gab es dazu einen aktuellen Anlaß. Graf Bernhard von Plötzkau war auf dem Orientkreuzzug, der ohne Erfolg geblieben war, ums Leben gekommen. Sein Geschlecht war damit ausgestorben, und auf das Erbe erhoben Heinrich der Löwe und Albrecht der Bär gleichzeitig Anspruch, dessen Rechtsgrund allerdings kaum erkennbar ist. Kampfhandlungen scheint es jedoch nicht sofort gegeben zu haben, denn ganz überraschend beteiligten sich beide Kontrahenten im Sommer 1148 an einer Heerfahrt gegen die Friesen. Vielleicht wirkte das Bündnis, das Albrecht inzwischen mit Polen geschlossen hatte, dahingehend, daß Heinrich der Löwe vorerst Streit vermied.

Ein neues Kräfteverhältnis zwischen Albrecht und Heinrich begann sich herauszubilden, als Pribislav von Brandenburg 1150 starb, so daß der Erbfall eintrat. Drei Tage verheimlichte die Witwe Pribislavs ihrem Volk den Tod – sicher heidnische Gegenbewegungen fürchtend –, bis Albrecht zur Stelle war. Er nahm die Brandenburg in Besitz und belegte sie mit einer Besatzung aus Deutschen und Slawen.[9] Vermutlich benutzte Albrecht die folgenden Monate, um seine neue Herrschaft auch außerhalb der Brandenburg abzusichern. Denn an den Reichstagen des Jahres 1150 nahm er wahrscheinlich nicht teil, und anderweitige Aufenthalte kennen wir aus diesem Jahr ebenfalls nicht. Erst für März 1151 ist seine Anwesenheit zu Goslar überliefert.[10]

1151 brachen dann auch die erwarteten Kämpfe zwischen Heinrich dem Löwen und Albrecht dem Bären aus. König Konrad III. unterstützte zunächst Albrecht, da Heinrich nicht aufgehört hatte, neben Sachsen noch Bayern zu beanspruchen. Doch als die Eroberung Braunschweigs, des Zentrums der Welfen, mißlang, verließ Konrad III. Sachsen und übertrug anscheinend Albrecht die weitere Kampfesführung, der sich aber Heinrich nicht gewachsen zeigte. Als die Kämpfe wohl noch im Gange waren, traf Anfang 1152 die überraschende Nachricht ein, daß Hermann von Winzenburg, einer der bedeutendsten sächsischen Fürsten, ermordet worden sei. Erneut erhoben beide, Albrecht und Heinrich, Anspruch auf das Erbe, so daß nunmehr zwei Erbschaftsangelegenheiten ungelöst waren und zusätzliche Nahrung für eine Fortsetzung des Kampfes gegeben war.

Da starb Mitte Februar 1152 König Konrad III. Der Tod des Königs ließ erst einmal die Waffen ruhen und richtete die Aufmerksamkeit auf die Neuwahl. Noch mehr als 1125 und 1138 kam es für Albrecht darauf an, im neuen König einen Verbündeten zu besitzen. Doch die Kräftekonstellation war für ihn sehr ungünstig und gab ihm bei der Wahl so gut wie keinen Spielraum. Albrecht hatte in den letzten Jahren im allgemeinen Konrads III. Politik vertreten, besonders selbstverständlich hinsichtlich der Bemühungen des Königs, Heinrichs des Löwen Macht zu begrenzen. Der Verbleib im staufischen Lager verhieß nun aber insofern nichts Gutes, als der von Konrad designierte Nachfolger, Herzog Friedrich von Schwaben, offenbar bereit war, durch Zugeständnisse an die Welfenpartei deren Stimmen zu bekommen und den staufisch-welfischen Gegensatz zu entschärfen. Unter diesen Umständen war es aber für Albrecht den Bären kaum möglich, gegen Friedrich zu stimmen, da er damit rechnen mußte, daß dieser auch ohne seine Stimme die Königswürde erlangen und sich die eigene Position dadurch noch mehr verschlechtern würde. So kam es, daß die in erbitterter Feindschaft liegenden Kontrahenten Heinrich der Löwe und Albrecht der Bär einmütig Friedrich Barbarossa zum deutschen König wählten, obwohl Albrecht wußte oder ahnte, daß diese Wahl ihm wenig einbringen würde.

Zunächst schien es jedoch so, als ob auch Albrecht mit Friedrichs Politik zufrieden sein könne. Der neue König bemühte sich um einen Interessenausgleich und erreichte im Oktober 1152 auf dem Reichstag zu Würzburg eine – allerdings nur vorübergehende – Einigung: Heinrich der Löwe erhielt die Winzenburger und Albrecht der Bär die Plötzkauer Erbschaft. Bald darauf rissen die alten Wunden aber wieder auf. Wie zu erwarten war, stimmte Friedrich Heinrichs Ansprüchen auf Bayern zu, und da er diesem obendrein außerordentliche Rechte gegenüber einigen sächsischen Bischöfen einräumte, war Albrecht eindeutig benachteiligt: Heinrich überragte Albrecht an Ansehen stärker denn je. Eine solche Rangminderung wird dieser nur als ungerecht empfunden haben, und darin könnte die Erklärung liegen, daß er trotz eines 1152 abgegebenen Versprechens im Herbst 1154 fehlte, als Friedrich zum ersten Italienzug aufbrach, um sich in Rom die Kaiserkrone zu holen. Eine Befreiung ist allerdings nicht auszuschließen, denn im Unterschied zu einigen anderen Fürsten wurde er nach Friedrichs Rückkehr für sein Fehlen nicht bestraft.

Sollte der König Albrecht vom Italienzug befreit haben, so könnten die im folgenden zu behandelnden Ereignisse im ostelbischen Raum ihn dazu veranlaßt haben. Denn während Heinrichs des Löwen Stern immer heller erstrahlte, mußte Albrecht erneut einen schweren Schicksalsschlag einstecken: Zu unbekannter Zeit zwischen 1150 und 1157 ging ihm die Brandenburg mit dem dazugehörigen Herrschaftsgebiet wieder verloren. Den Hevellern waren östlich die Spreewanen benachbart, deren Herrschaftszentrum in Köpenick lag. Dort residerte um die Mitte des 12. Jahrhunderts ein gewisser Jaxa, der mit dem verstorbenen Pribislav verwandt war und sich mit der Vergabe des Hevellerfürstentums an Albrecht offenbar übergangen fühlte. Mit polnischer Unterstützung griff er die Brandenburg an, bestach die Besatzung und okkupierte auf diese Weise anscheinend das gesamte Hevellerfürstentum. Wieviel Zeit Albrecht verstreichen ließ, bis er zum Gegenschlag rüstete, ist unbekannt. Vielleicht hielt ihn die polnische Waffenhilfe für Jaxa ab, gleich zu handeln. Zumindest sah er sich nach Bundesgenossen um und fand auch Unterstützung bei Erzbischof Wichmann von Magdeburg und einigen anderen Fürsten Sachsens. Die Brandenburg wurde von mehreren Seiten gleichzeitig angegriffen und schließlich am 11. Juni 1157 zurückerobert.[11] Sie ging danach nicht wieder verloren, und so wurde dieser Junitag die endgültige Geburtsstunde eines neuen deutschen Fürstentums, der Mark Brandenburg. Albrecht, der schon mehrfach in Königsurkunden als Markgraf von Brandenburg bezeichnet worden war, legte sich jetzt selbst diesen Titel zu: Eine von ihm am 3. Oktober 1157 ausgestellte Urkunde überliefert erstmals zweifelsfrei diese Eigenbezeichnung.[12] Die Nordmark hatte damit aufgehört zu existieren, und sie war auch keine politische Einheit mehr. Andere Fürsten und Adelsgewalten hatten auf ihrem Territorium Herrschaft begründet, die Albrecht als unabhängig und gleichrangig anerkennen mußte. Vor allem waren das die Eroberungen und Erwerbungen des Erzbistums Magdeburg im Elb-Havel-Winkel und im Lande Jüterbog. Hinzu kam, daß Albrecht wahrscheinlich seinem Kampfgefährten Wichmann, der ihm bei der Wiedereroberung der Brandenburg geholfen hatte, größere Landstriche im Osten des Hevellergebietes zwischen Potsdam und Spandau übergab.[13]

Noch komplizierter entwickelte sich die Rechtslage in Brandenburg selbst. Das Königtum hatte ohne Zweifel diesbezügliche Herrschaftsrechte Albrechts anerkannt, da sonst die spätestens seit 1142 vorkommenden Titulierungen als Markgraf von Brandenburg nicht verständlich wären. An eine vollständige Herrschaftsübertragung war dabei aber nicht gedacht. Die Brandenburg war im 10. Jahrhundert, nachdem erstmalig die Heveller unterworfen worden waren, in den Besitz des Königs übergegangen, der die Hälfte der Burg mit dem entsprechenden Zubehör an den Bischof von Brandenburg abtrat. Diese Eigentumsverhältnisse waren im 12. Jahrhundert noch bekannt und wurden 1161 insofern erneuert, als neben dem Markgrafen auch dem Bischof von Brandenburg wieder Herrschaftsrechte auf der Burg eingeräumt wurden. Schon vorher hatte Albrecht hinnehmen müssen – womöglich im Zusammenhang mit der Abkühlung seines Verhältnisses zum König nach 1154 –, daß neben ihm ein Burggraf als Königsvertreter fungierte. All diese Maßnahmen waren auf keinen Fall zu Ende gedacht; sie ließen für unterschiedliche Interpretationen Platz und somit auch für machtpolitische Auseinandersetzungen. Worin die dem Burggrafen übertragenen Königsrechte im einzelnen bestanden, ist daher schwer zu sagen. Eine klare Abgrenzung gegen die Rechte Albrechts wird es nicht gegeben haben. Zu erkennen ist eine räumliche Trennung außerhalb des eigentlichen Burggeländes. Noch im 12. Jahrhundert entstanden hier zwei Städte: Altstadt und Neustadt Brandenburg. Erstere lag zunächst auf königlich-burggräflichem Gebiet, letztere auf markgräflichem. Der Rechtsunterschied beruhte offenbar darauf, daß das Königtum das einstige Patengeschenk als höheren Eigentumsanspruch akzeptiert hatte, denn die Neustadt lag in der Zauche.

Albrecht hatte zunächst nicht viel Zeit, sich um sein neues Fürstentum zu kümmern. Noch im Sommer 1157 griff Friedrich Polen an, dessen regierender Herzog die deutsche Lehnshoheit nicht anerkennen wollte. Als der Herzog in eine schwierige Lage geriet, bat er einige deutsche Fürsten, darunter wohl auch Albrecht, um Vermittlung. Sie führte zur Verständigung mit Friedrich, doch hielt der Herzog später seine Versprechungen nicht ein. Albrechts Motive für seine Ausgleichsbemühungen sind nicht recht durchschaubar: Über die Schwiegertochter war er zwar mit dem Polenherzog verwandt, aber die Jaxa-Episode lag noch nicht weit zurück, als die Polen dazu beigetragen hatten, ihm die Brandenburg zu nehmen.

Im Sommer 1158 begann Kaiser Friedrich seinen zweiten Italienzug. Wieder war Albrecht nicht dabei, und auch dafür fehlt eine hinreichende Erklärung. Albrecht trat zwar 1158 eine Pilgerreise nach Jerusalem an – wie es heißt, in Erfüllung eines Gelübdes –, doch konnte sie sicher verschoben werden. Albrecht scheint generell an der Italienpolitik wenig Interesse gezeigt zu haben. Er war mehr der Territorialpolitiker, dessen Betätigungsfeld in Nord- und Nordostdeutschland lag, und so wird er den königlichen Wünschen, mit nach Italien zu ziehen, weitgehend ausgewichen sein. In der Zeit seiner Volljährigkeit fanden sechs Italienzüge statt: zwei unter Lothar und vier unter Friedrich. Nur einmal – 1132/33 – machte Albrecht den ganzen

Zug mit, als er allen Grund hatte, durch Botmäßigkeit die Gunst des Königs wiederzuerlangen. Dann war er noch einmal 1162 am Ende von Friedrichs zweitem Italienzug dabei. Weitere Italienaufenthalte Albrechts sind nicht bekannt.

Das Bemühen um Expansion hatte mit der Begründung der Mark Brandenburg wohl erst einmal Erfüllung gefunden, so daß Albrecht, nachdem er von seiner Pilgerreise zurückgekehrt war, sich stärker denn je dem Landesausbau seiner Territorien widmen konnte. Zumindest beginnen 1159 die zeitlich fixierbaren Zeugnisse über eine systematische Siedlungspolitik. Der Anteil, den Albrecht selbst daran hatte, ist nicht so klar erkennbar wie bei Erzbischof Wichmann von Magdeburg. Albrecht erscheint aber mehrfach in Siedlungsurkunden als Zeuge, so daß sein Interesse daran durchaus faßbar ist. Darüber hinaus besitzen wir den allerdings etwas abstrakten und ungenauen Bericht Helmolds von Bosau, dessen entscheidende Stelle eingangs wiedergegeben wurde. Frei erfunden werden diese Ausführungen über Albrechts Siedlungspolitik jedoch nicht sein, denn Helmold war ja sein Zeitzeuge.

In Albrechts Territorien überwog in der Mitte des 12. Jahrhunderts die slawische Bevölkerung. In welchem Maße die Slawen in der Folgezeit verbleiben konnten, abgedrängt wurden oder eventuell in neu angelegte Siedlungen mit übernommen wurden, ist bis heute unzureichend aufgehellt. Richtig dürfte sein, daß es weder eine verbreitete Vernichtung slawischen Volkstums – insofern ist Helmolds Formulierung vom allmählichen Verschwinden der Slawen eine Übertreibung – noch eine betont wohlwollende Haltung den Slawen gegenüber gegeben hat. Gerade für Albrechts Territorien ist die Verdrängung slawischer Siedler aus ihren angestammten Wohnsitzen mehrfach belegt. Dazu zählt die Ansiedlung flämischer Bauern in Nauendorf bei Dessau.[14] Der Abt des Klosters Ballenstedt verkaufte unter der Zeugenschaft Albrechts des Bären, des Vogtes des Klosters, 1159 zwei slawische Dörfer an eine flämische Siedlergemeinschaft. Die zwei Dörfer wurden danach zu einem neuen Dorf – der Ortsname »Nauendorf« hält dies fest – vereinigt und die Slawen offenbar vertrieben, denn in der Urkunde heißt es, daß die Slawen die *ehemaligen* Besitzer waren. Bei der Aufzählung derartiger Beispiele darf aber nicht vergessen werden, daß die Siedlungsnamen, die Dorfformen, die Bodenfunde und viele Andeutungen in den schriftlichen Quellen auch die Einbeziehung der Slawen in den Landesausbau bekunden.

Die andere wesentliche Seite des Landesausbaus bestand in der Gründung und Erweiterung städtischer Siedlungen. Leider besitzen wir nur eine Urkunde, die in dieser Hinsicht Albrechts Tätigkeit erkennen läßt: Zwischen 1150 und 1170 – die Urkunde ist undatiert – genehmigte Albrecht die Anlage eines Marktes, der der Kern der neuen Stadt Stendal werden sollte.[15] Möglicherweise hat er auch in anderen Orten Marktgründungen vorgenommen, so vielleicht in Aschersleben, Bernburg, Köthen, Salzwedel oder Arneburg. In Brandenburg scheint er dagegen noch keinen Einfluß auf die städtische Entwicklung ausgeübt zu haben.

Brandenburg blieb offenbar Albrechts Sorgenkind. Er hatte dort den königlichen Burggrafen zu akzeptieren und schließlich auch den wohl erst 1165 zurückgekehrten Bischof: Acht Jahre nach der endgültigen deutschen Inbesitznahme der Brandenburg war die vorläufige Machtteilung im Zentrum der Mark perfekt. Albrecht wird diese neue Lage sicher als Herausforderung aufgefaßt haben, die konkurrierenden Gewalten – der Bischof hatte offiziell sogar eine reichsfürstliche Stellung – entweder zu verdrängen oder von sich abhängig zu machen. Diese Genugtuung blieb ihm aber bis zu seinem Lebensende versagt.

In all den Jahren, in denen bei Albrecht wahrscheinlich der Landesausbau im Vordergrund stand, weilte der Kaiser in Italien. Er hatte sich dort weder gegen Papst Alexander III. noch gegen die widersetzlichen oberitalienischen Städte in erhoffter Weise durchsetzen können und forderte deshalb aus Deutschland Verstärkung an. Doch gerade Albrecht ließ den Kaiser warten. Er hatte sich zwar schon 1160 zusammen mit anderen Fürsten eidlich verpflichtet, den Kaiser zu unterstützen, aber erst Anfang 1162 brach er nach Italien auf und wurde wohl Augenzeuge der Zerstörung Mailands im März desselben Jahres. Noch vor dem Kaiser kehrte er schon im Herbst wieder nach Deutschland zurück – Italien lag außerhalb seiner Interessensphäre.

Die wichtigste Aufgabe blieb für Albrecht die Abrechnung mit Heinrich dem Löwen, die immer noch ausstand und deren Erfolgsaussichten gering geworden waren. Heinrich selbst war es dann aber, der, ohne es zu wollen, Albrecht noch einmal Hoffnung gab, den Kontrahenten zu besiegen. Denn seine Politik war immer deutlicher darauf ausgerichtet, die übrigen sächsischen Fürsten sich unterzuordnen und das Herzogtum quasi zu einem Unterkönigtum zu erhöhen, so daß Mitte der sechziger Jahre des 12. Jahrhunderts schließlich eine breite fürstliche Koalition gegen Heinrich den Löwen entstand, in der Albrecht der Bär eine führende Rolle spielte. Nur der in Deutschland anwesende Kaiser verhinderte zunächst, daß die Fürsten gegen Heinrich losschlugen. Doch nachdem Friedrich im Herbst 1166 erneut nach Italien aufgebrochen war, begannen die Kampfhandlungen Albrechts und seiner Verbündeten, die sich – ab und zu von Waffenstillstandsabkommen unterbrochen – bis 1170 hinzogen. Als Friedrich im Frühjahr 1168 wieder in Deutschland eintraf, konnte selbst er vorerst keine Einigung unter den Fürsten erreichen. Die Wende leitete im Frühsommer 1169 der Reichstag zu Bamberg ein, und schließlich gelang Friedrich ein Jahr später in Erfurt der Friedensschluß. Heinrichs Machtstellung blieb unangetastet, Albrecht hatte sein Ziel wiederum nicht erreicht. Und es sollte ihm auch nicht vergönnt sein, den Sturz Heinrichs des Löwen, der 1180 erfolgte und seinem jüngsten Sohn das Herzogtum Sachsen brachte, noch zu erleben. Beim Friedensschluß in Erfurt hatte er das siebzigste Lebensjahr wohl schon überschritten. Seine Kräfte waren verbraucht. Es war wie eine Abschiednahme, als er im August 1170 anläßlich der Weihe des Havelberger Doms fast alle seine Söhne um sich versammelte.[16] Seine Frau war bereits 1160 verstorben; sie war wenig in Erscheinung getreten, und wir wissen nicht einmal genau, aus welcher Familie sie kam. Von den Söhnen fehlten nur die beiden, die die geistliche Laufbahn eingeschlagen hatten und von denen der eine 1173 Bischof von Brandenburg und 1180 Erzbischof von Bremen werden sollte. Die übrigen Söhne lernen wir erstmals geschlossen mit ihren Erbteilen kennen: Otto als Markgrafen von Brandenburg, Hermann als Grafen von Orlamünde[17], Dietrich als Grafen von Werben, Adalbert als Grafen von Ballenstedt und Bernhard als Grafen von Aschersleben und Anhalt.

Dieses Familientreffen in Havelberg ist die letzte Handlung von Albrecht, die wir kennen. Am 18. November 1170 ist er dann an unbekanntem Ort verstorben.[18]

Wenn es auch nicht möglich ist, Albrecht vollständig zu charakterisieren, so treten doch einige Eigenschaften deutlich hervor. Mit außerordentlicher Zähigkeit und Energie hat er seine ehrgeizigen politischen Ziele verfolgt. Er konnte Rückschläge, von denen es mehrere gab, wegstecken und sich wieder aufraffen. Die Mittel, die er dabei anwandte, waren nicht immer die fairsten, und die Treue galt ihm mitunter nichts. Obwohl er viel erreichte, gelang ihm längst nicht alles: Heinrich der Löwe blieb mächtiger als er, der erste Mann Sachsens wurde er nicht. Doch seine Nachkommen übertrumpften die Welfen, und dafür hatte nicht zuletzt Albrecht die Grundlagen geschaffen.

1 Über die Anfänge der Askanier siehe H. Assing, Die Anfänge askanischer Herrschaft im Raum Köthen, in: Mitteilungen des Vereins für Anhaltische Landeskunde 1 (1992), S. 28–38. Daneben immer noch wertvoll, wenn auch mit Fehlern behaftet: O. v. Heinemann, Albrecht der Bär, Darmstadt 1864. Andere Autoren haben kaum neue Quellenuntersuchungen vorgenommen.

2 Die Urkunden Konrads II. mit Nachträgen zu den Urkunden Heinrichs II., unter Mitwirkung v. H. Wibel und A. Hessel hg. v. H. Bresslau, Hannover/Leipzig 1909 (MGH. Diplomata regum et imperatorum Germaniae 4), Nr. 234. Die Ortsbezeichnung in anderweitiger Überlieferung.

3 Urkundenbuch des Hochstifts Halberstadt und seiner Bischöfe, hg. v. G. Schmidt, T. 1, Leipzig 1883 (Publicationen aus den k. Preußischen Staatsarchiven 17), Nr. 147. Für die Geschichte Albrechts des Bären, die im folgenden behandelt wird, bildet – nach den Quellen – Heinemann, Albrecht der Bär, die wichtigste Basis. Seitdem ist über ihn keine umfassende Monographie mehr erschienen. Vgl. außerdem H. Krabbo, Albrecht der Bär, in: FBPG 19 (1906), S. 371–390. Die neueste kurze Übersicht bieten H. Ludat, Albrecht der Bär, in: Lexikon des Mittelalters, Bd. 1, München/Zürich 1980, Sp. 316–317, und G. Heinrich, Askanier, in: ebenda, Sp. 1109–1112. Außerdem sind mehrere Aufsätze und Monographien hinzugekommen, die wichtige Detailfragen behandeln. Zu nennen wären: H.-D. Kahl, Slawen und Deutsche in der brandenburgischen Geschichte des zwölften Jahrhunderts, Köln/Graz 1964 (Mitteldeutsche Forschungen 30); H.-J. Fey, Reise und Herrschaft der Markgrafen von Brandenburg (1134–1319), Köln/Wien 1981 (Mitteldeutsche Forschungen 84); E. Bohm, Albrecht der Bär, Wibald von Stablo und die Anfänge der Mark Brandenburg, in: JGMODtl 33 (1984), S. 62–91; R.-M. Herkenrath, Wibald von Stablo, Albrecht der Bär und die Mark Brandenburg, in: MIÖG 98 (1990), S. 103–117. Eine eigene Monographie über Albrecht ist in Vorbereitung.

4 Mainzer Urkundenbuch, Bd. 1: Die Urkunden bis zum Tode Erzbischof Adalberts I. (1137), bearb. v. M. Stimming, Darmstadt 1932, Nr. 527.

5 So der Annalista Saxo, hg. v. G. Waitz, in: MGH. SS. 6, Hannover 1844, S. 767.

6 Die Urkunden Lothars III. und der Kaiserin Richenza, hg. v. E. v. Ottenthal/H. Hirsch, Berlin 1927 (MGH. Diplomata regum et imperatorum Germaniae 8), Nr. 61.

7 Die Urkunden Konrads III. und seines Sohnes Heinrich, bearb. v. F. Hausmann, Graz 1969 (MGH. Diplomata regum et imperatorum Germaniae 9), Nr. 13. Es handelt sich zwar um eine Fälschung, jedoch sind Datum und Zeugenliste anscheinend die gleichen wie im getilgten Original.

8 DD Konrads III., Nr. 74.

9 Heinrici de Antwerpe, Can. Brandenb., Tractatus de urbe Brandenburg, neu hg. und erl. v. G. Sello, in: XXII. Jahresbericht des Altmärkischen Vereins für vaterländische Geschichte und Industrie zu Salzwedel, H. 1, Magdeburg 1888, S. 12. Dort finden sich auch die Informationen über Pribislavs Patengeschenk und über Albrechts Erbfolge im Hevellerfürstentum.

10 Codex diplomaticus Anhaltinus, hg. v. O. v. Heinemann, T. 5, Dessau 1881, Nr. 357b des Anhangs.

11 Tractatus de urbe Brandenburg, S. 13.

12 Codex diplomaticus Anhaltinus, T. 1, Dessau 1867, Nr. 436. Eine eventuell ältere Urkunde ist umstritten.

13 H. Assing, Die Anfänge deutscher Herrschaft und Siedlung im Raum Spandau-Potsdam-Berlin während des 12. und 13. Jahrhunderts, in: FBPG N. F. 3 (1993), S. 1–34.

14 Codex diplomaticus Anhaltinus 1, Nr. 454.

15 Ebenda, Nr. 370.

16 Darüber berichten zwei Urkunden. Die nachfolgend genannten Erbteile der Söhne ergeben sich aus ihrer Kombination. Die eine Urkunde ist zwar gefälscht, doch scheint die Zeugenliste zu stimmen, siehe Regesten der Markgrafen von Brandenburg aus askanischem Hause, bearb. v. H. Krabbo/G. Winter, Leipzig/Berlin/München 1910–1955, Nr. 381 und 382.

17 Die thüringischen Besitzungen um Orlamünde, Weimar und Rudolstadt gehen auf die Frau von Albrechts Großvater Adalbert zurück. Bis 1140 gehörten sie Albrechts Vetter, dem Sohn seines Onkels Siegfried. In Albrechts Tätigkeit spielten sie eine untergeordnete Rolle. Er hat sie offenbar recht bald seinem Sohn Hermann übertragen. Die übrigen hier genannten Grafschaften lagen in den Kerngebieten der Askanier.

18 Den genauen Todestag nennen nur die Pöhlder Annalen: Annales Palidenses auctore Theodoro Monacho, hg. v. G. H. Pertz, in: MGH. SS. 16, Hannover 1859, S. 94.

Wichmann

ERZBISCHOF VON MAGDEBURG
(1152–1192)

von Matthias Springer

Diese schöne Eintracht hat Sachsens Zier,
unser glückreicher Bischof Wichmann,
der Schöpfer des ganzen Friedens, besiegelt…
(Unbekannter Dichter um 1177)

Die Allgemeine Deutsche Biographie ist ein gewaltiges Nachschlagewerk, das in 56 Bänden, die von 1875 bis 1912 erschienen sind, Lebensbeschreibungen aller bedeutenden Persönlichkeiten der deutschen Geschichte enthält – vom Kaiser bis zum Opernsänger. Hier hat der Grazer Historiker Karl Uhlirz über den Erzbischof Wichmann im Jahre 1897 geschrieben: »…ihm darf man nachrühmen, daß seine Friedensarbeit segen- und fruchtbringend gewirkt hat für viele Geschlechter des deutschen Volkes.«[1] Was ist das? Ein Ausdruck romantischen Überschwangs oder ein wohlbegründetes Urteil? Wir wollen der Frage nachgehen.

Wer sich mit einer hochgestellten Persönlichkeit des Mittelalters beschäftigt, hat seine Aufmerksamkeit zunächst auf ihre Vorfahren zu richten: Wichmann war dem Mannesstamm der Grafen von Seeburg entsprossen. Der Ort, nach dem das Geschlecht seinen Namen führte, liegt am Ostufer des Süßen Sees (westlich von Halle). Mit Wichmann und seinem Neffen Konrad starben die Seeburger aus.

Berühmter ist das Geschlecht von Wichmanns Mutter Mathilde: Sie entstammte dem Haus der Wettiner. Ihr Bruder Konrad († 1157), den die spätere Geschichtsschreibung den Großen zubenamnt hat, war Markgraf von Meißen und der Lausitz.

Er schuf die Grundlagen, auf denen die Macht seiner Nachfahren als Herzöge und Kurfürsten von Sachsen beruhen sollte.

Wichmanns Geburtsjahr kennen wir ebenso wenig wie das zahlreicher anderer Gestalten der mittelalterlichen Geschichte. Er muß vor 1116 das Licht der Welt erblickt haben. Zuerst faßbar wird er wahrscheinlich im Jahre 1136, und zwar als Domherr zu Halberstadt. Bis dahin hatte er offensichtlich den Bildungsweg zurückgelegt, der für die Bekleidung hoher kirchlicher Würden erforderlich war. In Paris hat Wichmann allerdings nicht studiert, obwohl das auch in heutigen Darstellungen noch behauptet wird. Der Irrtum beruht auf einer Verwechslung mit seinem Nachfolger, Erzbischof Ludolf (1192–1205).

In Halberstadt brachte es Wichmann bis zum Dompropst (1146). 1149 wurde er Bischof von Naumburg. Mit dem Erwerb der Bischofswürde schien er die höchste Stellung erklommen zu haben; aber das Schicksal hatte Größeres mit ihm vor: Am 4. März 1152 wurde Friedrich Barbarossa zum deutschen König gewählt. Von diesem Jahr an verbindet sich Wichmanns Lebensgang mit dem Wirken des neuen Herrschers.

Am 14. oder 15. Januar 1152 war der Magdeburger Erzbischof Friedrich gestorben. Die Domherren, die den Nachfolger zu wählen hatten, spalteten sich in zwei Parteien. Die eine erhob den Dompropst Gerhard, die andere den Domdechanten Hazo. Da griff der neue König ein: Er veranlaßte einen Teil des Domkapitels dazu, Wichmann zum Erzbischof zu wählen, und erteilte ihm sogleich die weltlichen Herrschaftsrechte, die Regalien, mit denen der deutsche König die geistlichen Fürsten des Reichs ausstattete.

Der Übergang eines Bischofs in ein anderes Bistum widersprach dem Kirchenrecht. Befreiung von den Vorschriften konnte nur der Papst erteilen. Auf jeden Fall kam es außerordentlich selten vor, daß ein Bischof sein Bistum gegen ein anderes eintauschte. Aus der deutschen Geschichte des 12. Jahrhunderts kennen wir bis zum Jahre 1197 nur acht Fälle, aus dem 11. Jahrhundert gar keinen.[2] Nun hatte Barbarossa den Papst überhaupt nicht gefragt. Er verfügte über den Magdeburger Erzstuhl kraft eigener Machtvollkommenheit und nahm wegen seines neuen Erzbischofs bewußt einen Zusammenstoß mit Eugen III. in Kauf. In der Tat erhob der Papst sofort heftigen Widerspruch gegen Wichmanns Ernennung und verbot am 1. August 1152 dem Magdeburger Domkapitel den Umgang mit dem Eindringling, wie der Fachausdruck für widerrechtlich erhobene Bischöfe lautete. Die Auseinandersetzungen zogen sich bis 1145 hin, als der neue Papst Anastasius IV. in Rom das Pallium (das Abzeichen der erzbischöflichen Würde) an Wichmann aushändigen mußte. Die Angelegenheit war so zu Ende gebracht worden, daß die Form gewahrt blieb; aber das ändert nichts daran, daß Barbarossa seinen Willen vollständig durchgesetzt hat: Es ist ja gerade ein Ausdruck der Staatskunst, die eigenen Ziele zu erreichen, ohne daß die Gegenseite ihr Gesicht verliert.

Gern wüßten wir, warum Barbarossa auf Wichmanns Erhebung so großen Wert gelegt hat und wie er überhaupt auf ihn aufmerksam geworden ist. Zwar erscheint Wichmann ab und zu in der Umgebung König Konrads III. (1138–1152), der Barbarossas Vaterbruder war; aber das will nicht viel sagen, zumal nicht feststeht, ob Wichmann und Barbarossa vor 1152 überhaupt zusammengetroffen sind. Wie die Geschichte der Äbte des Klosters Berge (bei, heute in Magdeburg) berichtet, war es der dortige Abt Arnold, der Barbarossas Blick auf Wichmann lenkte. Arnold war ein bedeutender Mann, der schon im Jahre 1125 Einfluß auf die Besetzung des Magdeburger Erzstuhls genommen haben soll. Wahrscheinlich stammt auch das wichtige Geschichtswerk von ihm, dessen Verfasser als der Sächsische Jahrbuchschreiber (Annalista Saxo) bezeichnet wird.

Jedenfalls muß Wichmann bereits 1152 hohes Ansehen genossen haben. Sogar Eugen III. konnte nicht umhin, in einem Brief an die deutschen Bischöfe vom 17. August jenes Jahres Wichmanns würdevolles Auftreten (gravitas) und seine Kenntnisse (scientia) zu erwähnen.

Die weitere Entwicklung sollte zeigen, daß Barbarossas Einsatz für Wichmann sich gelohnt hatte: Der Kaiser gewann in dem Erzbischof einen Mitarbeiter, der gleichwertig neben Rainald von Köln oder Christian von Mainz stand, den anderen großen Helfern des Stauferherrschers. Wir betreten damit das erste von Wichmanns zahlreichen Betätigungsfeldern, nämlich die Reichspolitik.

Vor allem eine Begebenheit begründete Wichmanns Ruhm unter seinen Zeitgenossen. Das war der Frieden, den Barbarossa im Jahre 1177 mit dem Papst Alexander III. zu Venedig schloß. Seit 1159 hatten das geistliche und das weltliche Oberhaupt der katholischen Christenheit miteinander im Kampf gelegen. Barbarossa hatte nacheinander die Wahl mehrerer Gegenpäpste gefördert. Wichmann war mit dem Herzen kein Anhänger der Kirchenspaltung, zumindest nicht nach dem Tode Viktors IV. (1164), des ersten kaiserlichen Gegenpapstes. So bemühte er sich 1165 auf dem Würzburger Reichstag, den verhängnisvollen Eid zu verhindern, mit dem sich der Kaiser und alle Anwesenden verpflichteten, Alexander III. nie anzuerkennen. Jedoch fiel es Wichmann nach seinem gescheiterten Beschwichtigungsversuch nicht ein, der Sache des Kaisers untreu zu werden. Friedrich Barbarossa zweifelte auch nicht an der Ergebenheit des Magdeburger Kirchenfürsten, so daß Wichmann sich bei ihm für Bischöfe verwenden konnte, die Alexander III. anhingen.

Nachdem der Kaiser 1176 bei Legnano gegen den Bund der norditalienischen Städte eine Niederlage erlitten hatte (an der Schlacht nahm Wichmann übrigens teil), warf er das Steuer seiner Politik herum. Nun versuchte er, mit Alexander III. einen Ausgleich zu finden und ihn von den Städten zu trennen. Im Frieden von Venedig erfüllte sich dieser Plan. Vorbereitet wurde der Vertrag durch langwierige Verhandlungen, die im Oktober 1176 in Anagni begannen. Neben den Erzbischöfen Philipp von Köln und Christian von Mainz, dem Bischof Konrad von Worms und dem Kanzleivorstand Wortwin gehörte der kaiserlichen Abordnung also Wichmann von Magdeburg an. Offensichtlich überwog sein Anteil an den Besprechungen den der anderen Beauftragten. Er reiste mehrere Male zum Papst und ist auch sonst in lebhafter Tätigkeit für den Kaiser nachweisbar. Wichtig ist, daß der Magdeburger Erzbischof sowohl den Vorvertrag, der Anfang November 1176 zu Anagni geschlossen wurde, als auch die endgültige Friedensurkunde am 22. Juli 1177 in Venedig als erster unterzeichnete, vor den Erzbischöfen von Köln und Mainz, denen sonst der Vorrang gebührte. Diese herausgehobene Stellung Wichmanns läßt den Schluß zu, daß alle Unterhändler seine Wirksamkeit als maßgeblich anerkannten. Daher wird Friedrich Barbarossa die Verbesserungen, die ihm die endgültige Vereinbarung gegenüber dem Vorvertrag brachte, vornehmlich dem Verhandlungsgeschick des Magdeburger Erzbischofs verdankt haben. Vielen Zeitgenossen galt Wichmann als der einzige Schöpfer des Friedens. Diese Meinung drückte sich in den Worten des unbekannten Dichters aus, die wir unserem Beitrag vorangestellt haben. Ganz genauso urteilte der Geschichtsschreiber Gottfried von Viterbo, indem er schrieb, Wichmann habe sich als Stifter des Friedens ewigen Ruhm erworben. Auch die Inschrift auf dem Grab des Erzbischofs im Magdeburger Dom hebt sein Wirken für den Frieden hervor. Wichmanns Leistungen wurden von den Kaisern gewürdigt. Friedrich Barbarossas Sohn Heinrich VI. hat 1192, bereits nach dem Tode des Erzbischofs unter ausdrücklicher Hervorhebung der Dienste, die der Verstorbene, *unser lieber und getreuer Fürst*, dem Reich erwiesen habe, der Magdeburger Kirche umfangreiche Schenkungen gemacht. Unter anderem umfaßten sie die Burg Haldensleben, den Hof und die Abtei Königslutter und den Drömling sowie die Besitztümer Heinrichs des Löwen, die zwischen Königslutter und Magdeburg lagen. So brachte das Wirken des Erzbischofs der Magdeburger Kirche noch nach seinem Tode Gewinn.

Wir gelangen damit zu Wichmanns Tätigkeit als Landesherr. Seine Regierung fällt in eine hohe Zeit des Landesausbaus. Die Fürsten im damals östlichen Teil Deutschlands betrieben ihn vornehmlich, aber nicht allein östlich der Elbe. Wichmann war nun derjenige Erzbischof von Magdeburg, der das Gebiet seiner Kirche dort wesentlich ausgedehnt hat. Wir erinnern uns, daß die weltliche Herrschaft eines Kirchenfürsten nicht mit seinem geistlichen Amtsbereich zusammenfiel. So lagen alle Besitztümer und Rechte, die Wichmann jenseits der Elbe erwarb, nicht im (kirchlichen) Sprengel der Erzbischöfe von Magdeburg, denn der fand seine Ostgrenze an den Ufern des Flusses. Wichmanns bedeutendste Erwerbung bildete das Land Jüterbog. Es kam vielleicht 1156, mit Sicherheit vor 1174 unter seine Herrschaft. In letzterem Jahr hat Wichmann Jüterbog das Stadtrecht verliehen. Der Ort muß zu dieser Zeit also fest in seiner Hand gewesen sein. Auch Dahme brachte der Erzbischof an sich. Neuere Forschungen haben wahrscheinlich gemacht, daß die ältesten deutschen Siedlungen in Berlin auf einen magdeburgischen Vorstoß in diesen Raum während der zweiten Hälfte des 12. Jahrhunderts zurückgehen.[3] Ein solches Vordringen nach Norden fügt sich in jahrhundertelange Bestrebungen der Erzbischöfe, ihre Macht nach Pommern und Osteuropa auszudehnen. So hat Wichmann im Jahre 1160 den (Gegen-)Papst Viktor IV. veranlaßt, das pommersche Bistum Kammin der Magdeburger Kirchenprovinz anzugliedern. Auch war er bemüht, durch Klostergründungen und Reliquienschenkungen den Einfluß seines Erzbistums in Pommern zu sichern.[4] Die magdeburgische Machtstellung im Berliner Gebiet ist offensichtlich durch einen Feldzug zerstört worden, den pommersche Scharen im Jahre 1179 unternahmen und bis Jüterbog vortrugen. Die Eindringlinge brachten auch den ersten

Abt des Klosters Zinna um, das Wichmann im Jahre 1170 gegründet hatte. Im Lande Jüterbog wurde die Magdeburger Herrschaft jedoch nach dem Einfall wiederhergestellt.

Man vermutet, daß Wichmanns Pläne darauf hinausliefen, ein ostelbisches Herzogtum zu errichten. Ein solches Gebilde (ducatus transalbinus) wird 1196 in einer Urkunde erwähnt; und der verstorbene Erzbischof erscheint ausdrücklich als Herzog (dux). Wichmann konnte sich ein Vorbild daran nehmen, daß der Erzbischof von Köln seit 1180 Herzog von Westfalen war. Auch nannte sich der Bischof von Würzburg Herzog von Franken. Dem rechtselbischen Herzogtum war jedoch keine Zukunft beschieden. Jüterbog indessen blieb bis ins 17. Jahrhundert in magdeburgischem Besitz. Dann fiel es an das Kurfürstentum Sachsen.

Natürlich waren Wichmanns Bestrebungen, seinen Herrschaftsbereich zu vergrößern, nicht auf den Osten beschränkt. Um die bereits erwähnte Schenkung Heinrichs VI. an die Magdeburger Kirche hatte der Erzbischof noch zu Lebzeiten gebeten. Aber auch anderswo war es ihm auf linkselbischem Gebiet gelungen, seine Besitzungen zu vermehren. So erwarb er 1166 durch einen Tausch mit Friedrich Barbarossa die Abtei Nienburg. Ein solches Herrschaftsverhältnis ist dem heutigen Verständnis nicht ohne weiteres zugänglich. Es bedeutete nämlich nicht etwa, daß der Erzbischof an die Stelle des Abts getreten wäre. Vielmehr erlangte Wichmann einen beträchtlichen Anteil an den Einkünften des Klosters, indem die Mönche jährliche Abgaben zu zahlen hatten und den Erzbischof beherbergen mußten. Übrigens hatte das Kloster Nienburg Besitztümer auch in der Lausitz, die Wichmann an seine wettinischen Verwandten verlieh. Noch im Jahre 1225 bemühten sich die Mönche, ihre alte Rechtsstellung zurückzugewinnen, und boten eine beträchtliche Anzahl bejahrter Zeugen auf, die aussagten, sie hätten in ihrer Jugend gesehen, wie die Wagen mit Fischen, Honig, Wachs und anderen Dingen aus den lausitzischen Besitzungen angekommen wären. Nicht nur, daß sie von dem Honig und den Fischen aßen; nein, sogar Met gab es zu trinken. Kein Wunder, daß die Nienburger die schönen Zeiten zurückwünschten.

Erwerbungen wie die Abtei Nienburg brachten nicht nur wirtschaftliche Vorteile. Sie dienten auch dazu, die Grundlagen für eine Landesherrschaft zu schaffen, also die obrigkeitliche Gewalt eines Fürsten über eine weite Fläche auszudehnen und innerhalb ihrer Grenzen andere reichsunmittelbare Herrschaften zu beseitigen. Dabei konnte es nicht ausbleiben, daß die Herrschaftsbestrebungen verschiedener Fürsten aufeinanderprallten. In Magdeburgs unmittelbarer Nachbarschaft griff Albrecht der Bär über die Elbe aus. »Besonders der Erwerb des Havellandes durch die Askanier…stand …den magdeburgischen Interessen durchaus entgegen…Umgekehrt mußte die Aussonderung der wichtigen Brandenburg aus dem askanischen Besitzkomplex als Reichsgut, für den Bären gewiß ein schwerer Schlag (auch wenn er rein formal vielleicht seine Zustimmung gab), den Fürsterzbischöfen der Elbmetropole höchst willkommen sein – wer weiß, welchen Anteil sie am Zustandekommen dieser Regelung genommen hatten.«[5] Wichmanns Geschick gelang es jedoch, gute Beziehungen zu Albrecht dem Bären zu unterhalten.

Unvermeidlich war dagegen der Zusammenstoß mit Heinrich dem Löwen, dem mächtigsten Fürsten Norddeutschlands. Zu rücksichtslos griff Heinrich als Herzog von Sachsen um sich, so daß seine Nachbarn sich wiederholt zu gemeinsamem Vorgehen gegen ihn verbanden. In den sechziger Jahren brach ein Krieg zwischen Heinrich und seinen Feinden aus. Zum Jahre 1166 melden die Jahrbücher von Magdeburg: *Krieg zwischen dem Herzog Heinrich und Wichmann sowie den übrigen Fürsten Sachsens.* Im Zuge dieser Auseinandersetzungen kam es 1167 zu einem Magdeburgisch-Kölnischen Bündnis. Besonders bemerkenswert hieran ist, daß ausdrücklich auch die Bürger der beiden Bischofsstädte an dem Vertrag teilnahmen. Die folgende Zeit sah Verwüstungszüge zwischen Heinrich dem Löwen und seinen sächsischen Gegnern. Der Ausbruch der Feindseligkeiten wurde dadurch begünstigt, daß der Kaiser in Italien weilte. Friedrich Barbarossa verfolgte zu dieser Zeit nämlich noch die Politik, zugunsten Heinrichs des Löwen, seines Vetters, zu vermitteln. Als er wieder in Deutschland war, bemühte er sich deshalb, dem Kampf ein Ende zu machen; doch gelang ihm das erst 1170.

Während der nächsten Jahre trat Heinrich der Löwe in ein freundschaftliches Verhältnis zu Wichmann und vertraute ihm sogar die Verwaltung seiner Ländereien an (offenbar der in Sachsen gelegenen), als er 1172/73 auf einer Pilgerfahrt im Heiligen Land weilte. Aber ein halbes Jahrzehnt später brach der Kampf aus, der Heinrich dem Löwen den Untergang brachte. Die Ereignisse gehen uns hier nur insofern an, als sie mit Wichmann zu tun haben:

1179 eroberte ein Heer des Herzogs Halberstadt. Die ohnehin grausame Kriegsführung jener Zeit überbot sich hier selber, indem der Ort nicht nur zerstört, sondern auch viele Bürger hingemordet und die kirchlichen Stätten verwüstet wurden; wer sich in die Klöster geflüchtet hatte, fand dort in den Flammen den Tod. Die Leute des Herzogs wurden bezichtigt, die Unglücklichen vorsätzlich verbrannt zu haben.

Voll flammender Empörung richtete Wichmann einen Brief an die Mainzer Kirche, zu deren Provinz Halberstadt gehörte. Ausdrücklich hob er hervor, daß er vormals Domherr zu Halberstadt gewesen sei, und prangerte die Untaten des Herzogs an. Der Brief bietet eine der wenigen Gelegenheiten, inmitten des Schwulstes der lateinischen Urkundensprache die Gefühle eines Verfassers zu erkennen. Bisher, mindestens bis zur gerichtlichen Verurteilung Heinrichs des Löwen im Jahre 1179 hatte Wichmann wohl nach einem Ausgleich gesucht. Nun aber nahm er an der Niederwerfung des Herzogs teil. Mit dem Reichskrieg verflocht sich ein Streit zwischen Wichmann und Heinrich dem Löwen um die Hinterlassenschaft des Grafen Albrecht von Sommerschenburg, der ohne männliche Erben gestorben war. Im Umkreis Magdeburgs bildete Haldensleben den Hauptschauplatz der Kämpfe. Wichmann soll sich hier als tüchtiger Kriegsmann gezeigt und die Stadt mit sinnreich erdachten Belagerungsmitteln bezwungen haben; doch ist gegenüber den Belagerungsgeschichten der mittelalterlichen Quellen Mißtrauen geboten. Jedenfalls ergab sich Haldensleben im Mai 1181. Wichmann gewährte den Bürgern freien Abzug und ließ die Stadt zerstören, wie es dem Kriegsbrauch entsprach.

Beim politischen Ende des Löwen erschien Wichmann abermals in der vermittelnden Stellung, die ihm eher zu liegen schien als die des Feldherrn: Zum Erfurter Reichstag, wo Heinrich der Löwe sich 1181 dem Kaiser unterwarf, begleitete ihn kein anderer als Wichmann. Nach dem Sturz des sächsischen Herzogs war das Magdeburger Erzbistum vorläufig von keinem Fürsten mehr bedroht. Die Sommerschenburger Eigengüter fielen Wichmann zu. Auch andere Besitzungen gewann er für die Magdeburger Kirche, darunter Seeburg, den Stammsitz seines Geschlechts.

Der Aufbau einer Landesherrschaft zeigte sich nicht allein im Erwerb von Gebieten und in der Durchsetzung von Rechten. Wichtiger war die innere Durchdringung des beherrschten Raumes, und zwar sowohl in wirtschaftlicher als auch in geistiger Hinsicht. Öde Flächen brachten keinem Herrn etwas ein. Nur wenn sie sich mit Dörfern und Städten überzogen, warfen sie Nutzen ab. Dementsprechend begann während des 12. Jahrhunderts in weiten Teilen Europas die Urbarmachung und Besiedlung bewaldeter Gebiete. Gerade das Land östlich der Elbe sah in diesem Zusammenhang viele neue Bewohner aus dem Westen des Deutschen Reichs einströmen. Hierbei entwickelte Wichmann eine einflußreiche Wirksamkeit. Wir können sie an mehreren Urkunden ablesen, in denen er Niederlassungen regelte. Bereits als Bischof von Naumburg gewährte er den in seinem Bistum ansässigen Holländern Vorrechte. Als Erzbischof übergab er einem Herbert das Dorf Pechau, damit er dort Neuankömmlinge seßhaft machte. 1164 überließ Wichmann einem Werner aus Paderborn und einem nicht näher bezeichneten Gottfried den Ort Puppendorf *in der Nähe der Stadtmauern* (nämlich Magdeburgs) *jenseits des Flusses Elbe*. Die beiden Männer sollten dort Bewohner ansiedeln, die das umliegende Land trockenzulegen und unter den Pflug zu nehmen hatten. Ebenso bestätigte Wichmann 1166, daß der Magdeburger Dompropst das Dorf Krakau (das auf dem heutigen Stadtgebiet liegt) zwei Männern namens Burchard und Simon als Siedlungsleitern überlassen habe. Die Gattung der Ansiedlungsurkunden, wie wir sie eben kennengelernt haben, ist von Wichmann geschaffen worden. Gleichfalls bildete die Bestellung von Siedlungsleitern (Lokatoren) eine Magdeburger Besonderheit, die anderswo Nachahmungen hervorrief. Auch sonst wirkte Wichmanns Siedlungspolitik vorbildlich: Während im allgemeinen die Anlage von Dörfern der Errichtung von Märkten vorausging, beschritt Wichmann 1159 einen anderen Weg: Er plante zu Großwusterwitz von vorn herein einen Marktort: *Weil nun die Lage des Dorfes sehr günstig für Reisende und Händler ist, habe ich nach dem Rat meiner Getreuen bestimmt, daß an dieser Stelle jährlich ein großer Markt (celebre forum) mit einem möglichst umfangreichen Warenangebot abgehalten werde. Den Bewohnern des Marktortes und den dort verweilenden Kaufleuten habe ich dieselbe Freiheit zu kaufen und zu verkaufen sowie ohne Schmälerung in allen Angelegenheiten und Geschäften dasselbe Recht bestätigt und verliehen, wie die Magdeburger haben... . Zur Förderung dieser Neupflanzung (novellae plantationis) aber habe ich allen Ankömmlingen die Freiheit des Kommens und Gehens, des Kaufs und Verkaufs gegeben, so daß niemand während eines Zeitraums von fünf Jahren gezwungen sein soll, dort Zoll oder Straßengebühr zu bezahlen... .* Ein solches Vorgehen läßt auf eine planmäßige Förderung der Geldwirtschaft schließen. Schlesische Herzöge sind Wichmanns Beispiel später gefolgt.[6]

Wichmanns Fürsorge für die Siedlung Großwusterwitz führt uns zu seiner Stellung zur städtischen Entwicklung im allgemeinen. Die Lebenszeit des Erzbischofs sah den Aufschwung des Städtewesens in weiten Teilen Europas. Mancherorten erhoben sich die Bewohner der Bischofsstädte gegen ihren Stadtherrn. Auch in Magdeburg war es unter der Regierung Norberts von Xanten, des Stifters des Prämonstratenserordens, 1129 zu einem Ausbruch des bürgerlichen Unwillens gekommen. Wichmann dagegen hat es vermocht, ein gutes Verhältnis zu seiner Bürgerschaft herzustellen. Ein Ereignis vor allem beleuchtet sein Verhältnis zu Magdeburg, nämlich die Rechtsbesserung von 1188: Am Pfingstsonnabend dieses Jahres brannte ein Teil der Stadt nieder. Daraufhin veränderte Wichmann das Stadtrecht. Er hat nicht etwa das Magdeburger Stadtrecht erlassen – welche Behauptung man mitunter hört. Er hat aber durch die in seiner Rechtsbesserung aufgestellten Grundsätze der Entwicklung des Magdeburger Rechts feste Bahnen gewiesen. Hält man sich vor Augen, welche Bedeutung dieses Recht im östlichen Europa gewinnen sollte, so wird man Wichmanns Rechtsbesserung besondere Aufmerksamkeit zuwenden wollen. Man kann die betreffende Urkunde, die leider nicht in der Urschrift überliefert, sondern nur durch eine Abschrift bekannt ist, die Herzog Heinrich I. von Schlesien für seine Stadt Goldberg im Jahre 1211 anfertigen ließ, dahingehend zusammenfassen, daß Wichmann die Rechtssicherheit in seiner Bischofsstadt erhöhte und den Handelsverkehr erleichterte. Vor allem schaffte er die Gerichtsgefahr (vare) ab, sofern sich der Rechtsstreit nicht um die Übertragung von Gütern drehte. Die Gerichtsgefahr ergab sich daraus, daß die Parteien im Verfahren genau vorgeschriebene Wörter und Wendungen zu gebrauchen sowie die am jeweiligen Gerichtsort üblichen Bräuche zu beachten hatten. Der geringste Formfehler führte zur Niederlage oder zog zumindest eine Geldbuße nach sich. Es leuchtet ein, daß ein Ortsfremder von vornherein durch die Gerichtsgefahr benachteiligt war. Ihre Beseitigung war ein Grundsatz der Wichmannschen Politik. Er hatte sie schon als Bischof von Naumburg abgeschafft.

Die Stadtrechtsbesserung von 1188 hebt ferner die Sippenhaft bei Gewaltverbrechen auf. Ebenso beseitigt sie die Verjährung bei Raub, Körperverletzung und Totschlag. Außerdem beschleunigte Wichmann die Verfahren und traf Vorsorge, daß der Spruch »der besseren Bürger« nicht durch dummes Geschrei beeinträchtigt wurde. Unter den Besseren (meliores) ist die Oberschicht der Stadt zu verstehen. Auch anderswo wurde sie im 12. Jahrhundert mit diesem Namen bedacht. Bei den Bestimmungen über die Beschleunigung der Verfahren nahm Wichmann ausdrücklich auf die Bedürfnisse der Ortsfremden oder genauer der Nichtbürger Rücksicht. Es fragt sich, ob diese Fürsorge und die Beseitigung der Gerichtsgefahr die unvermittelte Zustimmung seiner lieben Magdeburger fand; schließlich verbesserte Wichmann damit die Rechtsstellung der Fremden gegenüber den Einheimischen. Aber der Erzbischof wußte sehr wohl, welche Zustände Handel und Wandel gedeihen ließen. Der Förderung des städtischen Gewerbes diente ferner, daß Wichmann 1183 die Gilde der Gewandschneider in Magdeburg bestätigte. *Es handelte sich um den ältesten Beleg für eine Gilde im mitteldeutschen Raum überhaupt.*[7]

Bisher ist wenig über Wichmanns Tätigkeit als Oberhaupt eines Erzbistums und einer Kirchenprovinz gesagt worden. Gewiß war er wie die Mehrzahl der deutschen Kirchenfürsten seiner Zeit mit weltlichen Obliegenheiten eher beschäftigt als mit geistlichen. Das heißt aber nicht, daß er den kirchlichen Einrichtungen keine Aufmerksamkeit erwiesen hätte. *Keiner seiner Vorgänger gründete so viele Stifte und Klöster wie Wichmann.*[8] Die wichtigsten Schöpfungen sind das Kloster Zinna, das Moritzstift in Halle und ein Stift in Seeburg. Das Stift Seitenstetten in Niederösterreich beschenkte Wichmann aus seinen dortigen Besitzungen so reich, daß es ihn als seinen zweiten Gründer verehrte.

Große Teile der Magdeburger Kirchenprovinz lagen im Heidenland, jedenfalls noch während der ersten Hälfte des 12. Jahrhunderts. So bestanden die Bistümer Brandenburg und Havelberg nur dem Namen nach, obwohl die Bischofsstühle ständig besetzt waren. Nur konnten ihre Inhaber die Orte nicht aufsuchen, nach denen die Bistümer hießen. Noch bevor Wichmann Erzbischof wurde, hat sich aber der Umschwung angebahnt. Mit den Neusiedlern und dadurch, daß deutsche Fürsten ihre Macht über das Heidenland ausdehnten, verbreitete sich das Christentum. 1161 konnte Wichmann die Verhältnisse in seinem Unterbistum Brandenburg regeln, indem er es in Archidiakonate (kirchliche Amtsbezirke) einteilte. 1170 weihte er die Domkirche zu Havelberg.

Es bleibt uns die Aufgabe, ein Bild von Wichmanns persönlicher Eigenart zu zeichnen: Seinen hervorstechenden Zug scheint ein vermittelndes Wesen gebildet zu haben. Die Fähigkeit, ausgleichend zu wirken, hat sich am wirksamsten beim Abschluß des Friedens von Venedig bestätigt. Auch sonst nahm man sein Verhandlungsgeschick gern in Anspruch. Bereits 1155 übertrug ihm Papst Hadrian IV. die Entscheidung im Streit, den der Abt Wibald von Corvey und der Bischof von Osnabrück um die ihnen zustehenden Zehnten führten. Wibald hatte übrigens unter Konrad III. eine maßgebliche Rolle in der deutschen Reichspolitik gespielt.

Offensichtlich verstand es Wichmann, auch schwere sachliche Meinungsverschiedenheiten ohne persönliche Mißhelligkeiten auszutragen. Ein Beispiel dafür bildeten seine Beziehungen zu Heinrich dem Löwen. Dasselbe gilt für sein Verhältnis zu Albrecht dem Bären. Wichmanns Fähigkeit, Streit zu schlichten, bewährte sich nicht nur auf der Ebene, auf der fürstliche Personen verkehrten. So legte er 1183 eine Auseinandersetzung zwischen den Bauern des Ortes Stemmern und dem Kloster Berge gütlich bei.

Ein solches Verhandlungsgeschick schloß natürlich die Fähigkeit ein, die Gegenpartei gegebenenfalls übers Ohr zu hauen. Der Verfasser der Chronik vom Petersberg bei Halle erzählt eine hübsche Geschichte, wie Wichmann einen Bewerber, der im dortigen Stift Propst werden sollte, um seine Aussichten brachte. Ebenso wußte Wichmann auch persönlichen Vorteil wahrzunehmen, wovon die Abtei Nienburg ein Lied singen konnte.

Zum Bild eines zwar auf seinen Vorteil bedachten, aber doch großzügigen und umgänglichen Mannes, der es sich und anderen gut sein ließ, passen auch die Schilderungen von Wichmanns Umgangsformen und seinem Äußeren. Im Jahre 1177 schreibt er selber an den Patriarchen von Aquileja, er wolle ihn zum Gespräch und zum Scherzen aufsuchen. (Es ging um die Vorbereitung des Friedens von Venedig.) Gottfried von Viterbo preist ausdrücklich Wichmanns heiteres Wesen. Vielleicht unterschied ihn das von vielen seiner Standesgenossen. Wie wir hören, war Wichmann im Alter von beträchtlicher Leibesfülle. Ausdrücklich bezeugt wird, daß er an den Darbietungen der Gaukler gefallen fand.

Jedenfalls war Wichmann kein eifernder und mürrischer Kirchenfürst. Das heißt nun keineswegs, daß er an der Frömmigkeit seines Zeitalters keinen Anteil gehabt hätte. Im Gegenteil! Schon seine zahlreichen Klostergründungen sprechen eine andere Sprache. Gewiß dienten die kirchlichen Einrichtungen dazu, die Landesherrschaft zu festigen. Aber trotzdem blieben sie doch religiöse Einrichtungen und sollten ihrem Stifter das Seelenheil sichern. Wichmann lagen die Feier seines Gedächtnisses und sein Lieblingsheiliger Lambert besonders am Herzen. Nicht nur zu Seitenstetten, sondern auch im Zisterzienserinnenkloster Ichtershausen und zu Gottesgnaden ließ er seiner gedenken. Die Reise ins Heilige Land, die Wichmann 1163/64 unternahm, war gleichfalls ein Ausdruck seiner Frömmigkeit.

Eine solche Haltung vertrug sich im 12. Jahrhundert durchaus mit einem kühlen Verhältnis gegenüber dem Papsttum. Noch war die Auffassung nicht zum Durchbruch gekommen, daß der Papst und die Kirche gewissermaßen ein- und dasselbe wären, daß also zur Kirchlichkeit ein unbedingter Gehorsam gegenüber den Geboten des Heiligen Stuhls gehöre.

Fragen wir nach weiteren Persönlichkeitsmerkmalen, so fällt Wichmanns Streben nach geordneten Rechtsverhältnissen auf. Zu seinen Lebzeiten bahnte sich der Übergang vom mündlich überlieferten zum schriftlichen Recht an. Gab doch Kaiser Friedrich Barbarossa selber dem aufgezeichneten Recht den Vorzug. Ferner begann man im Hochmittelalter die Rechtszweige säuberlich zu scheiden. An Wichmanns Urkunden läßt sich beobachten, daß er großen Nachdruck auf die Trennung des Lehnsrechts vom Amtsrecht legte.

Wahrscheinlich hat Wichmann auch die Grundlagen dafür gelegt, daß an der Magdeburger Domschule das gelehrte Recht gepflegt wurde.[9] Einen hohen Ruf genoß er auch bei der Nachwelt, was nicht zuletzt daraus hervorgeht, daß Urkunden auf seinen Namen gefälscht wurden: Sein Ansehen sollte Rechtsansprüche beglaubigen.

So sehen wir die Ansicht bestätigt, daß der Erzbischof Wichmann von Magdeburg eine lang wirkende und fruchtbare Tätigkeit entfaltet hat.

1 K. UHLIRZ, Wichmann, in: Allgemeine Deutsche Biographie, Bd. 42, Berlin 1897, S. 789. Vgl. zur Person Wichmanns W. HOPPE, Erzbischof Wichmann von Magdeburg, in: Geschichtsblätter für Stadt und Land Magdeburg 43 (1908), S. 134–294, und 44 (1909), S. 38–47; D. CLAUDE, Geschichte des Erzbistums Magdeburg bis in das 12. Jahrhundert, T. 2, Köln/Wien 1975 (Mitteldeutsche Forschungen 67,2).
2 C. BRÜHL, Die Sozialstruktur des deutschen Episkopats im 11. und 12. Jahrhundert, in: DERS., Aus Mittelalter und Diplomatik. Gesammelte Aufsätze, Bd. 1, Hildesheim/München/Zürich 1989, S. 347.

3   R. Barthel, Neue Gesichtspunkte zur Entstehung Berlins, in: ZfG 30 (1982), S. 691ff; H. As-sing, Herrschaftsbildung und Siedlungspolitik in Teltow und Barnim während des 12. und 13. Jahrhunderts. Ein Diskussionsbeitrag, in: JbGF 9 (1985), S. 53ff.

4   J. Petersohn, Der südliche Ostseeraum im kirchlich-politischen Kräftespiel des Reichs, Polens und Dänemarks vom 10. bis 13. Jahrhundert. Mission-Kirchenorganisation-Kulturpolitik, Köln/Wien 1979 (Osteuropa in Vergangenheit und Gegenwart 17), besonders S. 342ff.

5   H.-D. Kahl, Slawen und Deutsche in der brandenburgischen Geschichte des zwölften Jahrhunderts, Bd. 1, Köln/Graz 1964 (Mitteldeutsche Forschungen 30,1), S. 364.

6   B. Zientara, Zur Geschichte der planmäßigen Organisierung des Marktes im Mittelalter: Wirtschaftliche und soziale Strukturen im saekularen Wandel. Festschrift für Wilhelm Abel zum 70. Geburtstag, Bd. 2, Hannover 1974, S. 345ff.

7   H. K. Schulze, Kaufmannsgilde und Stadtentstehung im mitteldeutschen Raum, in: Gilden und Zünfte. Kaufmännische und gewerbliche Genossenschaften im frühen und hohen Mittelalter, hg. v. B. Schwineköper, Sigmaringen 1985 (Vorträge und Forschungen 29), S. 405.

8   Claude, Geschichte des Erzbistums Magdeburg 2, S. 146.

9   W. Trusen, Die Rechtsspiegel und das Kaiserrecht, in: ZRG GA 102 (1985), S. 14.

Heinrich II. Jasomirgott

HERZOG VON ÖSTERREICH
(1156–1177)

von Michael Lindner

In diesem Jahr (1177) *starb der Sohn des frommen Markgrafen Leopold,*
der Herzog Heinrich von Österreich, ein Mann aus einem Geschlecht,
das an Adel keinem der Sterblichen nachsteht…
(Continuatio Claustroneoburgensis III)

Dieser Fürst, von königlichem Geblüt, war der Bruder König Konrads (III.)
und der Oheim des damals glücklich herrschenden Kaisers Friedrich (Barbarossa).
Glänzend regierte er zu Lebzeiten von den höchsten Würden des Reiches
die Pfalzgrafschaft bei Rhein, das bayrische und österreichische Herzogtum.
(Chronicon pii marchionis)

Heinrich, mit dem Beinamen Jasomirgott, hatte bedeutende Eltern. Seine Mutter
Agnes war eine Tochter Kaiser Heinrichs IV. Ihre erste Ehe mit dem Herzog Friedrich I. von Schwaben, aus der König Konrad III. und Herzog Friedrich II. von
Schwaben hervorgingen, machte sie zur Stammutter der staufischen Herrscher. In
zweiter Ehe wurde sie mit dem Markgrafen Leopold III. von Österreich verbunden,
der sie als Preis für seinen Verrat an Heinrich IV. erhielt. Leopold, aus dem Geschlecht der Babenberger, war ebenfalls schon einmal verheiratet gewesen und hatte
aus dieser Verbindung einen Sohn namens Adalbert. Die Ehe mit seiner zweiten Frau
sollte ungleich fruchtbarer werden. Agnes gebar ihm 17 Kinder, von denen sieben
jung starben. Unter den überlebenden Sprößlingen – je fünf Mädchen und Knaben
– ragten neben Heinrich Jasomirgott weitere heraus. Heinrichs jüngerer Bruder Leo-

pold wurde Markgraf von Österreich und Herzog von Bayern. Konrad brachte es zunächst zum Bischof von Passau, später gar zum Metropoliten von Salzburg. Übertroffen wurden sie jedoch an Ansehen noch von ihrem Bruder Otto, der nicht nur Propst von Klosterneuburg, Abt von Morimond und Bischof von Freising war, sondern auch als wichtigster hochmittelalterlicher deutscher Geschichtsphilosoph gilt.

Heinrich wurde im Jahre 1107 oder kurz danach als erstes Kind der zweiten Ehe Markgraf Leopolds III. geboren. Sein Beiname Jasomirgott ist nicht zeitgenössisch. Er taucht erstmals im 14. Jahrhundert auf, Herkunft und Bedeutung sind bis heute umstritten. Die Erklärungsversuche bewegen sich zwischen der Deutung als verkürzter Lieblingsfluch des Herzogs, als von Heinrich oft gebrauchte Beteuerung *Ja so mir Gott helfe* und der Vermutung, ein verballhorntes arabisches oder byzantinisches *jachsan* habe den Ausgangspunkt für dieses Epitheton gebildet.[1]

Heinrichs Vater, Leopold, wurde von Papst Innozenz VIII., allerdings nicht wegen seiner beeindruckenden Nachkommenschaft, sondern auf Grund der ihm nachgesagten Frömmigkeit, am 6. Januar 1485 heiliggesprochen. Nachdem er am 15. November 1136 bei der Jagd gewaltsam zu Tode gekommen war, begannen Heinrichs Schwierigkeiten mit seinen Brüdern. Nicht er, der älteste Sohn aus zweiter Ehe, schon gar nicht Adalbert, des verstorbenen Markgrafen einziger Sohn aus erster Ehe, sondern der drittgeborene Leopold trat auf Wunsch der Eltern die Nachfolge des gleichnamigen Vaters an. Adalbert mußte zurückstehen, weil er keine Mutter von kaiserlicher Abkunft hatte und Heinrich, weil er *vom Vater nicht sonderlich geschätzt wurde*, wie wir aus verläßlicher Quelle[2] erfahren. Agnes, nun zum zweitenmal verwitwet, stand auf Leopolds Seite. Adalbert und Heinrich wehrten sich gegen ihre Zurücksetzung. Innerhalb der Familie brachen ernsthafte Zwistigkeiten[3] aus, die bis ins nächste Jahr andauerten. Im Januar 1137 mahnte Papst Innozenz II. in seinem Kondolenzschreiben an Agnes die zerstrittene Familie zu Frieden und Eintracht. Bald darauf kam es in Tulln zu einem Treffen, bei dem es zumindest gelang, Adalbert und Leopold zu versöhnen. Heinrich erschien auf dieser Zusammenkunft nicht. Er war offensichtlich nicht so schnell bereit, auf seine Ansprüche zu verzichten. Den weiteren Aufstieg seines Bruders Leopold, der im Frühjahr 1139 auch noch Herzog von Bayern wurde, konnte er damit jedoch nicht verhindern. Spätestens jetzt dürfte Heinrich klar geworden sein, daß eine Fortsetzung des Widerstandes nur weitere Nachteile für ihn bringen würde. Er lenkte ein, und schon im darauffolgenden Jahr erntete er den Lohn dafür. Zwischen dem 28. April und dem 1. Mai 1140 belehnte ihn in Frankfurt sein Halbbruder König Konrad III. – Agnes war ihrer beider Mutter – mit der rheinischen Pfalzgrafschaft. Schon zuvor hatte Heinrich am Rhein aus dem salischen Erbe seiner Mutter Besitzungen erhalten. So eröffnete sich ihm doch noch die Möglichkeit, ein bedeutendes Fürstentum des Reiches zu regieren.

Ein Jahr später trat erneut eine wesentliche Änderung in Heinrichs Leben ein. Nach nicht ganz fünfjähriger Herrschaft in der Mark starb sein ihm einst vorgezogener Bruder, Leopold IV., am 18. Oktober 1141. Heinrich verzichtete auf die Pfalzgrafschaft und folgte seinem jüngeren Bruder in der Herrschaft über die Mark Österreich. Von seinen ersten Regierungshandlungen sind zwei Schenkungen an geistliche Einrichtungen überliefert.[4]

Im Mai des Jahres 1142 heiratete Heinrich zum ersten Mal. Seine Auserwählte war Gertrud, eine Tochter Kaiser Lothars III., zugleich Witwe des Welfenherzogs Heinrichs des Stolzen und Mutter Heinrichs des Löwen; eine der angesehensten und mächtigsten Frauen im Reich. Die Kölner Königschronik nennt sie die *berühmteste aller Frauen Sachsens*. Der Akt war von höchster politischer Bedeutung. Mit den Hochzeitsfeierlichkeiten, die sich über zwei Wochen erstreckten und deren Ausrichtung König Konrad III. großzügig übernommen hatte, wurde ein Hoftag verbunden. Auf diesem kam der sogenannte »Friede von Frankfurt«[5] zustande, der die bereits vier Jahre andauernden Kämpfe in Deutschland beenden sollte. Die Verhandlungen führten zu folgendem Ergebnis: Der Askanier Albrecht der Bär verzichtete auf das Herzogtum Sachsen, mit dem Heinrich der Löwe belehnt wurde. Der gab, nach dem Rat seiner Mutter Gertrud, – hier oder spätestens im Januar 1143 in Goslar – den Anspruch auf Bayern, das der König vorerst selbst behielt, auf. Den »Kitt« für diese Abmachungen lieferte der Ehebund Heinrichs mit Gertrud. An Hoftag und Fest nahmen nach den Annalen von Disibodenberg *fast alle Fürsten des deutschen Königreiches* teil, dazu zwei päpstliche Gesandte und der Böhmenherzog Vladislav, der wegen einer Adelsverschwörung aus seinem Lande geflohen war. Vladislav, mit Gertrud, einer Schwester Heinrichs von Österreich verheiratet, fand bei seinem Schwager und bei seinem Lehnsherrn, König Konrad, Unterstützung.

Schon Ende Mai 1142 versammelte sich in Nürnberg ein vorwiegend aus Ostfranken und Bayern bestehendes Heer um den König, das Vladislav nach Böhmen zurückführen sollte. Markgraf Heinrich von Österreich fand sich ebenfalls ein. Ohne auf ernsthaften Widerstand zu stoßen, zogen die Verbündeten Anfang Juni über Pilsen nach Prag, das von den Verschwörern unter Gegenherzog Konrad von Znaim belagert wurde. Allein die Nachricht vom Anmarsch des Heeres trieb die Aufständischen in die Flucht; ihre Erhebung brach zusammen. Am 7. Juni, dem Pfingstsonntag, feierten Herzog Vladislav und seine babenbergische Gemahlin gemeinsam mit ihren deutschen Helfern auf der Burg Vysehrad den Sieg.

Aus Böhmen zurückgekehrt, begab sich Heinrich Ende 1142, trotz eines sehr strengen Winters, erneut auf Reisen. Er zog gemeinsam mit seinem königlichen Halbbruder nach Sachsen, wo er Mitte Januar eintraf. Erneut wurde der Frieden mit den sächsischen Fürsten bekräftigt und der Streit um das Herzogtum Bayern, wie man hoffte, endgültig bereinigt. Der König gab Bayern wieder aus der Hand und belehnte in Goslar Heinrich von Österreich damit. Jetzt war Heinrich Herzog von Bayern und Markgraf von Österreich; Titel, unter deren Anführung er wiederholt urkundete.[6]

Die Erfolge König Konrads in seinem Bemühen um die Beilegung der Streitigkeiten beförderten den Aufstieg Heinrich Jasomirgotts und ließen Anfang des Jahres 1143 im Reich Hoffnungen auf einen dauerhaften Frieden aufkeimen. Doch die Realität holte die Menschen schnell wieder ein. Welf VI. billigte den Verzicht seines Neffen, Heinrichs des Löwen, auf Bayern nicht und erhob selbst Anspruch darauf.

Der *milte Welf,* wie ihn Walter von der Vogelweide ob seiner in den siebziger und achtziger Jahren des 12. Jahrhunderts bewiesenen Freigebigkeit pries, war in den vierziger Jahren eher ein wilder Welf. Unterstützt von einem jungen Staufer, namens Friedrich, in dem noch keiner den späteren Kaiser Friedrich Barbarossa erahnen konnte, plünderte Welf Güter des Königs in Schwaben. Dann tobte er in Richtung Bayern, um den neuen Herzog Heinrich Jasomirgott anzugehen. Ohne direkt mit dem Babenberger zusammenzustoßen, verwüstete Welf vor allem die Besitzungen bayerischer Kirchen und Klöster, die zumeist Anhänger seines Gegners waren. Als Heinrich von Österreich endlich seine Streiter gesammelt hatte, um sich Welf entgegenzustellen, war der längst aus Bayern entwichen. Welf hatte rechtzeitig vom Nahen des auf Vergeltung sinnenden Königs Konrad gehört, der seine Truppen mit denen Heinrich Jasomirgotts vereinigte. Da Welf nicht mehr greifbar war, mußte dessen Verbündeter, der Wittelsbacher Konrad, die Sache allein ausbaden. Seine Burg Dachau wurde erobert und niedergebrannt, die umliegenden Güter wurden heimgesucht. Herzog Heinrich Jasomirgott hatte sich vorerst in Bayern behauptet.

Bischof Otto von Freising, Heinrichs Bruder, zog in seiner Chronik eine ernüchternde Bilanz aus den Ereignissen: Wenn zwei so *erlesene Jünglinge von hitzigster Leidenschaft* aneinandergeraten, *was kann da … anderes erwartet werden als Ruinierung der Armen und Ausplünderung der Kirchen.* Und resignierend stellte er mit einem Horaz-Zitat fest: *Jeden Wahnwitz der Fürsten muß büßen das Volk der Achäer.*

Familiär trafen Heinrich in dieser Zeit schwere Schicksalsschläge. Am 18. April 1143 starb seine Frau Gertrud an den Folgen der Geburt ihrer Tochter Richardis. Am 24. September verlor er seine Mutter. Beide wurden in Klosterneuburg begraben. Der Angriff Welfs und der Tod Gertruds, deren Ehe mit Heinrich einen wichtigen Baustein in den Friedensbemühungen gebildet hatte, waren herbe Rückschläge für die königliche Partei. Erneut rückte die Lösung der Konflikte in weite Ferne; wieder brachen in Bayern Kämpfe aus, in die Herzog Heinrich verstrickt wurde. An seiner Seite stritten u. a. der Pfalzgraf Otto von Wittelsbach, der Böhmenherzog Vladislav und der Regensburger Burggraf Heinrich III. aus dem Geschlecht der Paponen. Ihm entgegen standen der Bischof und die Bürger von Regensburg sowie Markgraf Otakar von Steier, ein Anhänger des in diesem Fall offenbar nur im Hintergrund agierenden Welfs. Während Heinrichs Dienstmannen in Österreich von den Rittern Otakars angegriffen wurden, belagerte er mit Unterstützung seiner Verbündeten Regensburg. Dabei hausten die Böhmen auf den Kirchengütern derart, daß ihr Herzog, Heinrich Jasomirgott und weitere Anführer vom Salzburger Metropoliten und vom Regensburger Bischof exkommuniziert wurden. Papst Eugen III. bestätigte dieses Vorgehen am 2. Juli 1146 und mahnte Vladislav zur Freilassung der Gefangenen.

Doch nicht nur die von 1145 bis ins nächste Jahr andauernde Fehde beschwerte die Menschen, auch die Natur schien außer Rand und Band geraten zu sein. Anfang 1145 raste ein Sturm über das Land, der zahlreiche Gebäude, darunter auch Kirchen, zum Einsturz brachte sowie Bäume und Weinstöcke entwurzelte. Ein Schreiber aus dem steiermärkischen Kloster Admont berichtet über die Wucht des Sturmes, daß

Menschen und Wagen samt Zugvieh, von Steinen und Bäumen getroffen und zu Boden geschleudert wurden. Eine zweijährige Hungersnot folgte dem Unwetter. Unter den Chorherren von Reichersberg sah man als Ursache des ganzen Elends die ungünstige Stellung des Saturn im Sternbild Widder an.

Im Juli 1146 erschien König Konrad in Regensburg, und es gelang ihm, die Kämpfe zu beenden. Im September wurde auf einer Provinzialsynode in Reichenhall die Exkommunikation des Herzogs und seiner Mitstreiter aufgehoben. Die schnelle Beilegung des vorher so erbittert geführten Krieges war indes kein später Sieg der Vernunft. Vor allem äußerer Zwang vereinigte die bayrischen Herren, denn ein gefährlicher Feind, König Geza II. von Ungarn, rückte mit einem gewaltigen Heer heran. Der Ungarnkönig war seit 1143 mit Welf und mit König Roger von Sizilien verbündet. Manuel Komnenos, Kaiser von Byzanz, König Konrad III., Herzog Heinrich Jasomirgott und andere bildeten die Gegenkoalition. Der staufisch-welfische Streit hatte eine internationale Dimension angenommen.[7]

König Geza war gleich in zweifacher Weise von deutscher Seite herausgefordert worden. Zum einen hatte König Konrad den in Byzanz erzogenen und reichlich mit griechischem Geld versehenen ungarischen Thronprätendenten Boris in Regensburg empfangen und Unterstützung gegen Geza zugesagt. Zum anderen ließen sich in der Osterwoche 1146 die Grafen Hermann von Poigen und Liutold von Plain gemeinsam mit einigen Ministerialen Herzog Heinrichs durch das Geld des erwähnten Boris zu einem nächtlichen Überfall auf die zu Ungarn gehörende Festung Preßburg verleiten und eroberten sie. Beides wollte der Ungarnkönig nicht hinnehmen. Als er mit seinem Heer vor Preßburg erschien und seine Belagerungsmaschinen aufzustellen begann, besannen sich die Österreicher und übergaben die Feste gegen Zahlung von 3000 Mark Silber.

Damit war Geza jedoch noch nicht beruhigt. Er glaubte den Beteuerungen nicht, daß Heinrich Jasomirgott mit dem Preßburgausflug der Obengenannten nichts zu tun gehabt hätte und wandte sich dem Bayernherzog zu. Heinrich sammelte ebenfalls ein Heer und zog den Ungarn entgegen. Am Grenzfluß zwischen dem Imperium und Ungarn, der Leitha, stießen die Heere Mitte September 1146 zusammen.[8] Herzog Heinrich Jasomirgott, der *stark und kühn, aber ungeduldig* war, wie sein Bruder Otto von Freising schrieb, griff nach mangelhafter Aufklärung das wohlgeordnete Heer des Feindes an. Die Attacke, welche der Herzog selbst führte, war so ungestüm vorgetragen, daß die ungarischen Bogenschützen über den Haufen geritten wurden, bevor sie in Aktion treten konnten. Aber an den beiden großen Heerhaufen, die Geza und sein Oheim Bela führten, brach sich der bayerisch-österreichische Angriffsschwung; die Ungarn standen »fest wie ein Wald«. In Hitze und Staub tobte ein erbitterter Kampf. Die Ungarn umzingelten den Herzog, der sich mit nur wenigen Rittern zu weit vorgewagt hatte, und trieben in einem Gegenangriff die Deutschen zur Flucht. Da blieb auch Heinrich keine Wahl, wollte er nicht in Gefangenschaft geraten. Er durchbrach die feindlichen Reihen und brachte sich ins nahegelegene Wien in Sicherheit. Sein Heer hatte mit ihm eine schwere Schlappe erlitten. Die Schmach darüber saß so tief, daß Otto von Freising noch mehr als zehn

Jahre später in seinen Gesta Frederici Kaiser Friedrich Barbarossa mahnte, doch endlich Rache an den Ungarn zu nehmen.

Herzog Heinrich hatte noch Glück im Unglück. Das ungarische Heer fiel nicht in Österreich ein, sondern zog sich – wohl wegen der eigenen Verluste – wieder zurück. Viel Zeit zur Besinnung blieb dem Herzog jedoch nicht, denn schon warf ein noch gewaltigeres Unternehmen seine Schatten voraus.

Die abendländische Christenheit bereitete einen Kreuzzug vor. Bereits zu Ostern 1146 hatte König Ludwig von Frankreich das Kreuz genommen. Zu Weihnachten taten es ihm der römische König Konrad, dessen Neffe Friedrich von Schwaben gegen den Willen seines Vaters, Welf und viele andere deutsche Fürsten nach. Auf dem Regensburger Hoftag von Mitte Februar 1147 schlossen sich die Bayern, darunter Heinrich Jasomirgott und Otto von Freising, der allgemeinen Bewegung an. Das Kloster Heiligenkreuz gewährte Heinrich für seine großen Pläne ein Darlehen von 90 Mark Silber.

Vor Aufbruch versammelten sich in Frankfurt noch einmal zahlreiche Fürsten um König Konrad, dessen Sohn Heinrich zum König gewählt und zum Mitregenten ernannt wurde. Der noch jugendliche Heinrich der Löwe erschien in Frankfurt und forderte vom Herrscher das Herzogtum Bayern, welches seinem Vater zu Unrecht entzogen worden sei. Nur mit viel Überredungskunst gelang es Konrad, den Sachsenherzog bis zum Ende des Kreuzzuges hinzuhalten. Für Heinrich Jasomirgott, der dieses Herzogtum seit vier Jahren innehatte, zeichneten sich neue Schwierigkeiten ab.

In der zweiten Maihälfte 1147 setzte sich das Heer von Regensburg aus in Bewegung. Nach kläglichem Ausgang des Unternehmens kehrten seine Reste zwei Jahre später zurück. Einer der wenigen, die Nutzen aus dem Kreuzzug ziehen konnten, war Heinrich Jasomirgott. Als Witwer war er ins Heilige Land gezogen, zurück kehrte er, frisch vermählt mit einer jungen Frau, namens Theodora.[9] Die Hochzeit hatte im Sommer 1148 in Konstantinopel im Beisein des byzantinischen Kaisers Manuel, dessen Nichte Theodora war, stattgefunden. Herzog Heinrich gewann durch diese Heirat, außer einer Ehefrau, in Manuel Komnenos einen mächtigen Rückhalt gegen seine welfischen Widersacher und den Ungarnkönig. Schon bald sollte sich zeigen, wie dringend er dessen bedurfte.

Anfang Mai 1149 betraten König Konrad und Heinrich Jasomirgott wieder Reichsboden. Als erstes bekamen sie zu hören, daß Welf erneut seiner nun schon seit Jahren betriebenen Lieblingsbeschäftigung, dem Kampf gegen den König und dessen Anhang, nachging. Anfang des Jahres 1150 fiel Welf in die schwäbischen Besitzungen des Herrschers ein. Ein Heer unter Führung des Königssohnes Heinrich trat ihm entgegen und fügte ihm bei Flochberg eine empfindliche Niederlage zu. Dem König eröffnete sich die Möglichkeit, den ewigen Unruhestifter Welf entscheidend zu schwächen. Doch die Welfenfreunde am Hofe und Rücksichten, die Konrad auf den zweiten mächtigen Welfensproß, Heinrich den Löwen, nahm, verhinderten dies. Zuerst wurde die Heerfahrt gegen Welf wieder abgesagt und von einem Gerichtsverfahren ersetzt, dann erhielt er ohne Verhandlung Verzeihung und seine etwa 300 in der Schlacht in Gefangenschaft geratenen Ritter zurück. Bald darauf wurden ihm sogar Einkünfte aus dem königlichen Fiskus überwiesen und das Gut Mertingen als Lehen gewährt. Von einer so erfolgreich verlorenen Schlacht hat man wohl selten gehört. Das Gut Mertingen hatte im übrigen der Passauer Kirche gehört, an deren Spitze seit 1148 Konrad, ein jüngerer Bruder Heinrich Jasomirgotts, stand. Auf die ihm in Aussicht gestellte Entschädigung mußte Bischof Konrad bis Juli 1157 warten.

Die überaus großzügige Behandlung, die der Aufrührer Welf vom König erfuhr, regte offenbar auch andere Fürsten an, das Eisen zu versuchen. Während einer Messe, die Otto von Freising im Dom seiner Bischofsstadt las, wurde er auf derart grobe Weise von Otto, einem Wittelsbacher, angepöbelt, daß daraus kriegerische Verwicklungen entstanden. Hier jedoch erschien dem König Nachgiebigkeit fehl am Platze. Er griff auf Seiten seines Halbbruders Otto ein, ächtete die Wittelsbacher, belagerte diese im Sommer 1151 in ihrer Burg Kelheim und zwang sie zur Aufgabe. Schon im Februar des folgenden Jahres verstarb der Herrscher.

Um Herzog Heinrich war es seit der Rückkehr vom Kreuzzug etwas ruhiger geworden. Immerhin erfahren wir, daß er 1149 mit dem Erwerb der Vogtei über das Kloster St. Emmeram zu Regensburg einen wichtigen Gewinn davontrug. Ein Jahr später hielt er in Thalheim einen Gerichtstag ab, auf dem er Entscheidungen zugunsten des Bistums Passau fällte. Für den Hoftag im Juni 1151 in Regensburg ist seine Anwesenheit bezeugt.[10] Ob er seinen Brüdern Konrad von Passau und Otto von Freising in den oben geschilderten Bedrängnissen beigestanden hat, wird dagegen nicht überliefert. Vielleicht hielt sich Heinrich in dieser Zeit etwas zurück, weil er sich mehr seiner Frau widmete, die ihm Anfang der fünfziger Jahre eine Tochter, namens Agnes, schenkte.

Theodora hielt die Verbindung zu ihrer Heimat aufrecht. Um 1150 besuchte sie ihre Mutter im Pantokratorkloster in Byzanz. Nach der Wahl Friedrich Barbarossas am 4. März 1152 zum König mußte sich Theodora mit ihrem Gemahl auf neue schwierigere Bedingungen einstellen. Der Streit mit den Welfen um das Herzogtum Bayern trat in seine letzte, alles entscheidende Phase; eine Phase, in der »Ehre und Ruhm« des herzoglichen Paares ernsthaft gefährdet waren.

Friedrich Barbarossa drängte von Beginn seiner Herrschaft an auf eine endgültige Bereinigung der bayerischen Frage. Nur ein Kompromiß, der die Interessen aller Beteiligten gebührend berücksichtigte, konnte dies leisten. Es kam zu langwierigen, komplizierten und mit Rückschlägen verbundenen Verhandlungen, die am Tage des Geburtsfestes der heiligen Maria 1156 in Regensburg ihren End- und Höhepunkt fanden. Dort wurde der »gordische Knoten« der bayerischen Herzogswürde gelöst. Das Ergebnis hält eine berühmte Urkunde, von der diplomatischen Forschung Privilegium minus[11] genannt, fest: Heinrich Jasomirgott gab das Herzogtum Bayern an Kaiser Friedrich Barbarossa zurück, der sogleich Heinrich den Löwen damit belehnte. Heinrich der Löwe, nunmehr Herzog von Sachsen und Bayern, verfügte die Markgrafschaft Österreich, die er aus der Herrschaft des bayerischen Herzogs entlassen hatte, dem Kaiser. Der wandelte die Markgrafschaft, nach ausgiebiger Beratung mit den Fürsten, in ein Herzogtum um und ließ die Entscheidung von Heinrich Jasomirgotts Schwager, Vladislav von Böhmen, verkünden. Dann belehnte er Heinrich und Theodora mit dem neugeschaffenen Herzogtum, gewährte ihnen besondere Vorrechte, setzte die Pflichten des Herzogs gegenüber dem Reich fest, und »Ehre und Ruhm« des Ehepaares waren gerettet. Der Kampf um Bayern hatte ein Ende gefunden. Die Art und Weise, in der Friedrich Barbarossa den Streit beigelegt hat, wirft ein Licht auf eine seiner angenehmen Herrschertugenden: die Fähigkeit, friedlich tragfähige Kompromisse herbeizuführen.

Heinrich Jasomirgott konnte ebenfalls zufrieden sein. Er hatte lange Standfestigkeit gezeigt, um dann doch im rechten Moment einzulenken und sich Vorrechte zu sichern, wie sie kein weltlicher Fürst im Reich bis dahin hatte.

Heinrich war jetzt Herzog von Österreich. Die neue Würde und die mit ihr verbundenen, vom Kaiser gewährten Gnadenerweise verleiteten ihn recht schnell auszuprobieren, inwieweit sich aus den pergamentenen Privilegien ein realer Machtgewinn realisieren ließ. Die Leidtragenden waren seine Brüder, die Bischöfe von Freising und Passau. Herzog Heinrich, der von beiden Lehen hatte, versuchte sich in Österreich liegende Güter dieser Bistümer anzueignen. Er ließ seine Beauftragten Amtshandlungen auf den bischöflichen Besitzungen vornehmen und Abgaben einfordern. Die beiden Geistlichen reagierten so heftig, daß der Kaiser vermitteln mußte. Im Januar 1158 gelang es Friedrich Barbarossa in Regensburg, »Frieden und brüderliche Eintracht« zwischen Heinrich und Otto von Freising herzustellen. Den endgültigen Ausgleich führte Ottos Nachfolger, Bischof Albert, einige Zeit später herbei. Mit Konrad von Passau hatte Heinrich mehr Schwierigkeiten. Zwar kam es auch in diesem Fall Anfang 1158 zu einer vorübergehenden Aussöhnung, aber schon in den sechziger Jahren war der Bruch erneut so tief, daß sich der Kaiser auf Drängen einiger Fürsten erneut zum Eingreifen entschließen mußte. Die Beziehungen zwischen den Widersachern waren besonders konfliktträchtig, weil der Passauer Bischof der für Österreich zuständige Diözesanbischof und Herzog Heinrich der Vogt des Passauer Hochstifts war. Auf dem Hoftag von Parma zu Mitfasten 1164 nahm sich Friedrich Barbarossa der Sache an. Er beauftragte den Erzbischof Eberhard von Salzburg durch ein Mandat, gemeinsam mit den Bischöfen von Brixen und Gurk und wenn möglich auch mit dem Markgrafen Otakar von Steier Verhandlungen zur Beendigung des Streites herbeizuführen. Für den Fall, daß es nicht gelänge, kündigte er sein eigenes Erscheinen an. Der Salzburger bemühte sich ernsthaft, den »sehr vorzüglichen« Passauer mit dem »verhaßten Bruder« zu versöhnen, doch bis zu seinem Tode ohne Erfolg.[12]

Wesentlich besser als zu seinen Brüdern stand Heinrich von Österreich, nachdem die bayerische Frage endlich bereinigt war, zu seinem Neffen, dem Kaiser Friedrich Barbarossa. Heinrich kam seinen Lehnspflichten gegenüber dem Herrscher in einem Umfang nach, der über das im Privilegium minus Festgehaltene hinausging. Er nahm am zweiten Italienzug Barbarossas, dessen Hauptziel die Unterwerfung Mailands war, teil. Gemeinsam mit dem Herzog von Kärnten führte Heinrich im Sommer 1158 eine Truppenabteilung, der auch 600 ungarische Bogenschützen angehörten, über Friaul in die Lombardei. In den Kämpfen tat er sich mehrfach hervor. Rahewin, enger Mitarbeiter und Fortsetzer der Chronik Ottos von Freising, berichtet uns, wie der österreichische Herzog, den er bei dieser Gelegenheit als einen *Mann, hochberühmt durch Adel des Geschlechts und des Geistes* vorstellt, einen Ausfall der belagerten Mailänder zum Stehen brachte und diese wieder in die Stadt zurücktrieb. Zusammen mit Vladislav von Böhmen führte er Ende August 1158 erste Vermittlungsgespräche mit den friedensbereiten Mailändern. Aus anderen Quellen erfahren wir, daß Heinrich im Januar 1160 den besiegten und weitgehend entwaffneten Cremasken Geleit und damit Schutz bot. Am erfolgreichen Zug des kaiserlichen Heeres im Juli 1162 gegen Bologna war er beteiligt.[13]

Weniger glücklich trat der mächtigste österreichische Graf, Ekbert von Formbach und Pitten, auf dem Feldzug in Erscheinung. Mit den ihm von Rahewin bescheinigten ausgezeichneten Eigenschaften »Adel, Reichtum, Tapferkeit und Körperkraft« konnte offenbar sein Verstand nicht ganz mithalten. Ohne vorherige Aufklärung, nur aus »übler Ruhmsucht« und ohne Zustimmung des Kaisers griff er mit etwa 1000 Mann am 5. August 1158 eines der Mailänder Stadttore an und wurde mit seiner Schar von der Übermacht der Verteidiger, die ihn schon erwartet hatten, zurückgeworfen. Statt es damit genug sein zu lassen und sich ins Lager zurückzuziehen, sprang Graf Ekbert vom Pferde, stellte sich fast allein den nachrückenden Mailändern entgegen und half einem seiner Mannen, der beim Rückzug gestürzt war, auf die Beine. Diese zweifellos sehr mutige Tat kostete ihm das Leben, denn die Feinde umzingelten den Grafen und schlugen ihm noch auf dem Schlachtfeld oder später in der Stadt den Kopf ab.

Mit Ekbert erlosch sein Geschlecht. Zwei Jahre zuvor starben die Grafen von Poigen aus. Herzog Heinrich erhob Anspruch auf das Erbe dieser Dynasten, mußte aber mit anderen teilen. Die Andechser und Bogener Grafen sowie, für Heinrich besonders ärgerlich, die Traungauer Markgrafen schnappten ihm dicke Brocken weg.[14]

Die Zeit der Abwesenheit des Herzogs nutzten 1158 einige seiner Ministerialen zu einem Raubzug nach Mähren. Die kleine, sehr stark befestigte Stadt Podwin (Kostel) wurde von ihnen erobert und niedergebrannt. Zu einer Zeit, als Heinrich von Österreich gemeinsam mit Vladislav von Böhmen vor Mailand stand, war das nicht gerade ein Ausweis guter Nachbarschaft.

In eine sehr verzwickte Lage geriet Heinrich Jasomirgott durch die 1159 ausgebrochene Kirchenspaltung. Dem mehrheitlich gewählten Papst Alexander III. stellte die kaiserliche Partei Victor IV. entgegen. Anfänglich bemühten sich beide Seiten auf verschiedenen Wegen um eine Lösung des Problems, und es gelang Heinrich, wie auch anderen Fürsten, sich einer klaren Stellungnahme zu entziehen. Doch 1164 setzte Rainald von Dassel, engster Berater des Kaisers, nach dem Tode Victors IV. die Wahl eines weiteren Gegenpapstes ins Werk, und das Ende des Schismas rückte in weite Ferne. Schon im folgenden Jahr erreichte die Verhärtung der Fronten auf dem Würzburger Pfingsthoftag einen traurigen Höhepunkt. Der Kaiser schwor, von Rainald kräftig angestachelt, Alexander III. niemals anerkennen zu wollen und verlangte von den Fürsten, die nun Farbe bekennen mußten, dasselbe.

Heinrich hatte – dem Privilegium minus sei Dank – in Würzburg nicht erscheinen müssen. Doch Friedrich Barbarossa war die Sache so ernst, daß er sich höchstselbst nach Wien auf den Weg machte. Über Regensburg und Passau, von dort per Schiff auf der Donau entlang, kam Barbarossa Anfang Juli 1165 nach Wien und forderte Heinrich den Eid ab. Mit dem Herzog mußten die Bischöfe von Regensburg und Freising schwören, der Passauer hatte es bereits zuvor am 29. Juni getan. Nur einer der höchsten geistlichen Fürsten Bayerns rückte von seiner Parteinahme für Alexander III. nicht ab, Heinrich Jasomirgotts Bruder, Konrad, seit 1164 nicht mehr Bischof von Passau, sondern Erzbischof von Salzburg. Wiederum standen er und sein Bruder in feindlichen Lagern.

Der Kaiser blieb etwa zwei Wochen bei seinem Oheim, Herzog Heinrich von Österreich, in Wien zu Gast. In dieser Zeit erschien im Gefolge des Böhmenkönigs Vladislav ein ruthenischer Fürst vor ihm und unterstellte sich seiner Herrschaft. Friedrich Barbarossa wohnte wahrscheinlich in der »Am Hof« genannten herzoglichen Burg, die Heinrich um 1155 hatte erbauen lassen. Im selben Jahre hatte der Herzog ganz in der Nähe der Burg auch ein Schottenkloster gegründet, es mit irischen Mönchen aus Regensburg besetzt und mit Gütern und Einkünften ausgestattet. Den Mönchen oblag u. a. die Aufgabe der Seelsorge für den herzoglichen Hof. Seit 1156 nahm Heinrich von Österreich seinen Hauptwohnsitz in Wien, das unter ihm zweimal erweitert wurde, prächtig aufblühte und in die Reihe der bedeutendsten deutschen Städte aufstieg.[15] Selbst dem berühmten arabischen Geographen Idrisi, der in Palermo am Hofe Rogers von Sizilien lebte und wirkte, war Wien bekannt.

Ebenso gedeihlich scheint sich Heinrichs Eheleben entwickelt zu haben. Theodora schenkte ihm in rascher Folge zwei Söhne, 1157 Leopold und 1158 Heinrich. Die schon erwähnte Tochter namens Agnes ging 1166 mit König Stephan III. von Ungarn eine Ehe ein, der seine bisherige Verlobte zu ihrem Vater zurück nach Halitsch schickte. Stephan stand mit seinen von Byzanz unterstützten Oheimen im Kampf um die ungarische Krone. Schon im Frühjahr 1164 hatte der Kaiser Heinrich beauftragt, zusammen mit Vladislav von Böhmen, Otakar von Steier und zwei kaiserlichen Legaten dazu eine Stellungnahme vorzubereiten. In der zweiten Hälfte des Jahres 1166 reisten Heinrich, Theodora und der Pfalzgraf Otto von Wittelsbach im Auftrage Kaiser Friedrich Barbarossas nach Sofia, um mit dem byzantinischen Herrscher Manuel diplomatische Verhandlungen zu führen. Manuel fand sich zu einem Waffenstillstand mit den Ungarn bereit und schickte die Gesandten reich beschenkt nach Hause. Eine Verbesserung des Verhältnisses zwischen Manuel und Friedrich Barbarossa gelang nicht.

In Deutschland spitzte sich derweil die Auseinandersetzung um Erzbischof Konrad von Salzburg, der nicht von Alexander III. lassen wollte, zu. Der Herrscher hatte im März 1166 auf dem Hoftag zu Laufen den Salzburger Klerus und dessen obersten Hirten, im Beisein Heinrich Jasomirgotts, geächtet und die Kirchengüter interessierten weltlichen Herren zur Aneignung freigegeben. Die Grafen von Plain, die Wittelsbacher, der Kärntner Herzog, markgräflich-steirische Ministerialen, Heinrich von Stein und viele andere nahmen das großzügige Angebot an und fielen über die salzburgischen Besitzungen her. Herzog Heinrich von Österreich und Elekt Albo von Passau wurden vom Kaiser ausdrücklich zum Mittun aufgefordert. Die schon erwähnte diplomatische Reise zu Manuel Komnenos könnte es Heinrich jedoch ermöglicht haben, sich dieser unangenehmen Aufgabe seinem Bruder gegenüber zu entziehen.

Am 28. September 1168 starb Erzbischof Konrad im Kloster Admont. Zu seinem Nachfolger wurde erneut ein entschiedener Alexandriner, nämlich Adalbert, ein Sohn Vladislavs von Böhmen und der Babenbergerin Gertrud, einer Schwester Heinrichs, gewählt. So bestanden die Gegensätze zwischen dem Kaiser und den Salzburgern fort. Nachdem alle Vermittlungsversuche über Jahre ergebnislos geblieben waren, ließ Barbarossa Adalbert im Sommer 1174 in Regensburg absetzen. Heinrich von Österreich hatte seinen böhmischen Neffen zu diesem Hoftag geleitet. Schon im August 1169 war er vermittelnd zwischen den Parteien aufgetreten, hielt sich aber ansonsten weitgehend zurück. So wird er auch kaum mit besonderem Eifer der Aufforderung Papst Alexanders III. vom Frühjahr 1171 nachgekommen sein, Adalbert doch vor Nachstellungen zu schützen.

Mindestens ebenso wie durch die geschilderten Verwicklungen der hohen Politik wurden die Menschen von Ereignissen aus ihrer näheren Umgebung in Atem gehalten. Anfang der siebziger Jahre sind die bayerischen und österreichischen Geschichtsquellen voll von staunenswerten Begebenheiten. Zu 1170 berichten die Jahrbücher des Benediktinerklosters Melk, daß ein Kleriker namens Rupert, ein Werkzeug des Teufels (minister satanae), in Wien gehängt wurde, weil er aus Goldgier allerheiligste Reliquien gestohlen hatte. Im nächsten Jahr erfahren wir aus Admont von der Geburt eines Kalbes mit zwei Köpfen, acht Füßen und zwei Schwänzen. In Klosterneuburg hielt man fest, daß 1171, vom Geburtsfest des Herrn an, die Donau sieben Wochen lang zugefroren war. Danach kam eine zweijährige Dürre, die bis auf die Donau alle Gewässer in Österreich austrocknete. Dennoch, so stellte man erstaunt fest, waren für Mensch und Tier reichlich Nahrungsmittel vorhanden. Im Grenzwald zu Böhmen, dem Nordwald, muß dagegen 1172 Nahrungsmangel geherrscht haben, denn zahlreiche Menschen wurden in diesem Gebiet von Wölfen gefressen. Ein strenger Winter 1172/73 führte erneut zu einer geschlossenen Eisdecke auf der Donau. Als dann im Februar das Eis mit Urgewalt aufbrach, ereigneten sich gewaltige Überschwemmungen. Am schwersten traf es das Kremser Gebiet, wo besonders viele Menschen und Tiere ertranken und Wohnstätten von einer Flutwelle zerstört wurden. Die Stadt Krems mitsamt der Burg geriet völlig unter Wasser. Zum Jahre 1174 schließlich erzählen die Jahrbücher von Regensburg von einem Kälteeinbruch am 27. Mai, der die gesamten Weizen- und Weinkulturen im Umkreis der bayerischen Metropole vernichtet hat.

Herzog Heinrich war in diesen Jahren emsig mit dem Ausbau seiner Macht und der Wahrnehmung der Herrschaft im Lande beschäftigt.[16] Am Ende der sechziger Jahre gelang es ihm, dem 1168 ausgestorbenen Grafengeschlecht von Burghausen in der Vogtei über das Kloster Admont zu folgen. Allerdings wurde dadurch den Gegensätzen zum Markgrafen von Steier ein weiterer hinzugefügt, denn das Kloster lag in der Steiermark und unterstand dort als einziges nicht der markgräflichen Vogtei. Vorerst jedoch schien es dem noch minderjährigen Markgrafen Otakar IV. und seinen Beratern wohl geraten, das Verhältnis zu Heinrich freundlich zu gestalten. Wir finden Otakar am 1. Mai 1171 bei Heinrich in Wien als Zeuge in einer Urkunde für das Kloster Göttweig und noch einmal in demselben Jahr, als Heinrich als Vogt von Admont eine Schenkung an das Kloster entgegennimmt. Von 1170 an urkundete Heinrich wiederholt für Klöster und saß zu Gericht, um Streitigkeiten zu regeln. Er beendete 1171 in Krems, im Hause eines Herrn Pilgrim, die Auseinandersetzung zwischen Ortolf von Eisenberg und dem Stift Klosterneuburg, vertreten durch Propst Werner, um ein Gut in Zellerndorf. In diesem Jahr zerstörte er auch die Burg Steinbach.

Ein Ereignis ersten Ranges fand im Februar 1172 in Österreich statt. In der ersten Hälfte des Monats erschien der mächtigste deutsche Fürst, Heinrich der Löwe, Herzog von Sachsen und Bayern, im Lande. Einst standen sich die beiden Heinriche im Streit um Bayern als Feinde gegenüber. Jetzt empfing der Babenberger den Welfen in Klosterneuburg, wo Gertrud, die Mutter des Löwen und erste Frau des Österreichers, begraben lag. Gemeinsam suchten sie die Grabstätte auf und gedachten der Toten. Danach zogen Stiefvater und -sohn nach Wien, das Arnold von Lübeck bei dieser Gelegenheit als Metropole (civitas metropolitana Wene) bezeichnete.

Für Heinrich den Löwen war Österreich eine Zwischenstation auf dem Weg ins Heilige Land. Ein beeindruckendes Gefolge von etwa 500 Rittern begleitete ihn auf seiner Pilgerreise. Mit dabei waren so namhafte Herren wie der Pfalzgraf Friedrich von Wittelsbach, der Obodritenfürst Pribislav, die Grafen von Schwerin und Blankenburg, der Bischof von Lübeck und die Äbte von Lüneburg und Braunschweig. Sie alle wurden von Heinrich Jasomirgott nach Wien eingeladen, das seit dem Besuch des Kaisers ein solches Gepränge nicht mehr gesehen hatte. Heinrich der Löwe versorgte sich in der Stadt mit Proviant, besonders Wein wird erwähnt. Dann fuhren beide Herzöge Ende Februar donauabwärts nach Ungarn. In fröhlicher Stimmung – wohl eine Folge des mitgeführten Weines – kamen alle in der ungarischen Stadt Wieselburg an, wo sie ein Abgesandter König Stephans begrüßte und nach Gran geleitete. Für Heinrich von Österreich war es allerdings in Gran schnell mit der guten Stimmung vorbei. Er erfuhr, daß sein Schwiegersohn, König Stephan, in der Nacht zuvor gestorben und die Situation für alle Deutschen unsicher war. So nahm er sich seine Tochter Agnes, schwanger und durch Stephans Tod Witwe, und fuhr zurück in seine Heimat.

Lange blieb Agnes nicht im Kreise ihrer Familie, denn schon wenige Jahre später wurde sie mit Herzog Hermann von Kärnten verheiratet. Für ihre Brüder, Leopold und Heinrich, begann der Ernst des Lebens im Jahre 1174. Zu Pfingsten erhielten beide die Schwertleite, wurden mit einem Schwert umgürtet und in die Ritterschaft aufgenommen. Von diesem Zeitpunkt an galten sie als mündig und hatten das Recht, in eigener Verantwortung die Waffen zu führen, sei es im Turnier, sei es in einer Fehde. Noch am gleichen Tage wurde Leopold mit Helena, der Tochter des Ungarnkönigs Geza II. verheiratet. Ausgiebige Festlichkeiten rundeten diese Ereignisse, die wahrscheinlich in Wien stattfanden, ab. Bald darauf sorgte Heinrich Jasomirgott dafür, daß sein Sohn Leopold auf dem schon erwähnten Regensburger Hoftag von Juni/Juli 1174 vom Kaiser mit dem Herzogtum Österreich belehnt wurde. Leopold wurde damit rechtmäßig als Nachfolger seines Vaters in der Herrschaft über Österreich designiert. Ein Akt, der im Zusammenhang mit der erfolgten Schwertleite zu sehen ist. Sechs Wochen nach dem Tode seines Vaters ließ sich Leopold in Candelara bei Pesaro in Italien noch einmal im Beisein bedeutender Reichsfürsten mit Österreich belehnen.

Vorerst erfreute sich Heinrich noch bester Gesundheit. In den folgenden Jahren konnte er sie auch gut brauchen. Seine wachsende Macht rief bei den Nachbarn Besorgnis hervor. Unter Ausnutzung der inneren Machtkämpfe in Böhmen und Ungarn mischte Heinrich im politischen Geschehen dieser Länder kräftig mit, was die Lage nicht gerade beruhigte. Im waldreichen Grenzgebiet zu Böhmen kolonisierten die Österreicher eifrig. Die Böhmen sahen es mit wachsendem Unbehagen. Aus Ungarn war Geza, ein Bruder der mit Leopold verheirateten Helena, aus der Haft König Belas III. geflohen. Bei Heinrich in Österreich fand er sichere Zuflucht. In der Steiermark entwuchs Markgraf Otakar dem Kindesalter. Die alten Gegensätze zu den Babenbergern waren nicht vergessen. Es bildeten sich zwei große Parteiungen: die durch Heinrichs Tochter Agnes verbundenen Herzogtümer Österreich und Kärnten einer- und Ungarn, Böhmen und die Steiermark andererseits.

Die ersten Zusammenstöße ereigneten sich 1175, nachdem Verhandlungen gescheitert waren. Heinrichs Getreue stießen mit den Männern des Markgrafen von Steier zusammen; das Ergebnis: die Kirche von St. Veit mitsamt 300 Menschen verbrannt, die Städte des Markgrafen Fischau und Enns verwüstet.

Bevor die Kämpfe weitergingen, traf Heinrich von Österreich noch einmal mit Heinrich dem Löwen zusammen. Am 14. März 1176 hielten sie am Ostufer der Enns, gegenüber der im Vorjahr zerstörten gleichnamigen Stadt, eine Besprechung ab. Über den Inhalt ihres Gespräches ist nichts bekannt. Vermutlich suchten beide, sich für die ihnen bevorstehenden Kämpfe den Rücken frei zu halten.

Zur Erntezeit desselben Jahres fiel Sobeslav von Böhmen, nachdem er seine Streitigkeiten mit dem mährischen Fürsten Konrad von Znaim bereinigt hatte, mit angeblich fast 60000 Mann in Österreich ein. Er wurde von Konrad sowie polnischen, ungarischen, russischen und anderen Hilfstruppen unterstützt. Die nördlichen Gebiete Österreichs bis zu Donau und March litten große Not. Gerlach von Mühlhausen, ein Böhme, beschrieb das Vorgehen seiner Landsleute so: (sie) *drangen... in Österreich ein, verwüsteten, sengten und brannten, plünderten und verschonten auch die Kirchen Gottes nicht.* Da wollten auch die Österreicher nicht nachstehen. Heinrichs Söhne, Leopold und Heinrich, unternahmen einen Vergeltungszug nach Mähren in das Land Konrads von Znaim. An ihrer Seite ritten die Grafen Heinrich von Schala und Konrad von Peilstein, die Burggrafen Heinrich und Friedrich von Regensburg und viele andere. Raubend und brennend gelangten sie zur Stadt Znaim, belagerten diese kurz und zogen sich wieder zurück. Konrad von Znaim war über diesen Besuch außer sich vor Wut. Er stachelte Herzog Sobeslav zu einem Winterfeldzug an. Mit einem noch größeren Heer als im August suchten die Böhmen Österreich heim. Wieder traf es vor allem die Gebiete nördlich der Donau. Was beim ersten Einfall stehen geblieben war, wurde jetzt im Dezember zerstört. Zehn Tage lang gingen die Böhmen ungestört ihrem Vernichtungswerk nach. Zwettl und seine Umgebung brannten nieder. Gerlach von Mühlhausen befand abschließend zu diesem Unternehmen: *Es läßt sich nicht beschreiben, wie viele Herden von verschiedenerlei Vieh nach Böhmen getrieben, wie viele Menschen beiderlei Geschlechts fortgeschleppt und zu Knechten und Mägden gemacht wurden.*[17]

Heinrich Jasomirgott, als Herzog in der Verantwortung für den Frieden seines Landes und der Bewohner, konnte dieses nicht verhindern. Im November war er mit seinen Rittern nordwärts, Richtung böhmische Grenze, gezogen, entweder um selbst anzugreifen oder um einen Einfall abzuwehren. Doch am 29. November passierte ihm ein folgenschweres Mißgeschick. Sein Pferd strauchelte auf einer Brücke, stürzte und riß den Herzog mit sich zu Boden. Dabei wurde ein Bein Heinrichs so zerschmettert, daß es nicht mehr geheilt werden konnte. Seine Truppen zogen sich nach diesem Unfall über die Donau zurück und beobachteten das Wüten des Feindes aus der Ferne. Heinrich wurde nach Wien gebracht. Ohne ihn griffen seine Ritter die Böhmen nicht an. Über sechs Wochen lebte Heinrich mit dieser schweren, sicher sehr schmerzvollen Verletzung noch. Nachdem ihn die Kräfte immer mehr verlassen hatten, ist er am 13. Januar 1177 in Wien gestorben. Zwei Tage später wurde er in dem von ihm gegründeten Schottenkloster beigesetzt. Zufall oder Ungeschick, auch Heinrichs Vater, Markgraf Leopold III., und Heinrichs Sohn, Herzog Leopold V., endeten durch Unfalltod.

Mit Heinrich Jasomirgott starb der letzte Sohn der Salierin Agnes. Fast vierzig Jahre hat er die Geschicke des Reiches in höchsten Positionen mitbestimmt und steht deshalb zu Recht in der Reihe der bedeutendsten Fürsten des 12. Jahrhunderts. Schon 1154 nennt Otto von Freising ihn einen großen Fürsten des Reiches (magnus imperii princeps). Heinrichs Wirken wurde von mehreren Seiten – man erinnere sich an die beiden Eingangszitate – gewürdigt. Abt Hermann von Niederaltaich schrieb in seinen um die Mitte des 13. Jahrhunderts begonnenen Jahrbüchern anläßlich des Todes Heinrichs: *Herzog Heinrich von Österreich starb nach zahlreichen Beweisen seiner Tatkraft und Tüchtigkeit.* Sicher meinte Hermann damit nicht die Schlacht von 1146 an der Leitha. In militärischen Dingen hatte Heinrich wenig Glück, obwohl es ihm nicht an mehrfach bezeugtem Mut fehlte. Aber in kluger Einschätzung seiner Fähigkeiten als Führer eines Heeres nahm er nach der Schlappe von 1146 Abstand von größeren Schlachten.

Weitaus erfolgreicher war Heinrich bei der Wahl seiner Ehefrauen. Die erste Verbindung mit Gertrud schien die Gewähr für ein Ende der Kämpfe im Reich zu bieten und hätte ihm Bayern auf Dauer sichern können. Leider starb Gertrud schon ein knappes Jahr nach der Hochzeit. Durch die zweite Ehe mit der Griechin Theodora verband sich Heinrich mit einem der mächtigsten Geschlechter der Christenheit, den Komnenen, die seit 1081 für etwa 100 Jahre den byzantinischen Thron innehatten. Der politische und kulturelle Einfluß dieses Kontaktes auf die Entwicklung Österreichs war nachhaltig.[18] Als Theodora am 2. Januar 1184 starb, gedachte man ihrer in Klosterneuburg als *einer Frau von allererster Vornehmheit und Lebensglück*. Ihr ältester Sohn, Leopold, folgte seinem Vater problemlos in der Herzogswürde nach. Darauf hatte Heinrich in seinen letzten Lebensjahren vorsorglich hingearbeitet. Ernsthafte Auseinandersetzungen, wie Heinrich sie mit seinen Brüdern wiederholt ausfechten mußte, sowie eine derartig schroffe Zurücksetzung, wie er sie von seinen Eltern erfuhr, sind für das Verhältnis Heinrichs zu seinen Kindern nicht überliefert.

In der Gründung, Privilegierung und Beschenkung von Klöstern war er zurückhaltender als sein Vater. Seine wichtigsten Aktivitäten auf diesem Gebiet waren die Einrichtung des Wiener Schottenklosters 1155 und die Rückführung von Benediktinern in das babenbergische Eigenkloster Metten 1157; für die Mönche im Kloster Zwettl Anlaß genug, ihn zum Jahre 1177 als *einen Mann, der Erinnerung würdig und einen Freund des christlichen Glaubens und seiner Anhänger* zu bezeichnen.

Bleibende Größe erwarb sich Heinrich Jasomirgott durch sein Wirken als Landesherr. Mit dem Privilegium minus erhielt er eine Urkunde, welche die Mark Österreich aus der lehnrechtlichen Abhängigkeit von Bayern löste und das neugeschaffene Herzogtum zu einem, den anderen werdenden Reichsfürstentümern gleichberechtigten Glied des Imperiums erhob. Die im Privileg enthaltenen Vorrechte – vor allem der Passus über die Ausübung der Gerichtsbarkeit im Amtsbereich des Herzogs – trugen dazu bei, daß es Heinrich und seinen Nachfolgern in zähem Ringen gelang, den Ausbau der herzoglichen Territorial- und Landeshoheit in einem Maß voranzutreiben, das im Reich seinesgleichen suchte. Wiens Entwicklung wurde von Heinrich entscheidend gefördert. Er machte die Stadt zu seiner Residenz. Verschiedene bauliche Aktivitäten, die auf seine Initiative stattfanden, trugen zum Aufblühen der späteren Hauptstadt des Landes bei.

Ein kultureller Aufschwung in Österreich ist während Heinrichs Regierungszeit deutlich festzustellen. Wichtige Werke der klösterlichen Geschichtsschreibung entstanden noch in seinen letzten Jahren, zum Beispiel in Melk das »Breve chronicon Austriacum Mellicense« und in Klosterneuburg das »Chronicon pii marchionis«.[19] Die Anfänge der höfischen Literatur in Deutschland führen nach Österreich. Der erste namentlich bekannte Minnesänger, der Kürenberger, war ein Oberösterreicher und schrieb um 1160. In den letzten Burggrafen von Regensburg aus dem Geschlecht der Paponen sieht man die Minnesänger, welche in der Großen Heidelberger Liederhandschrift unter den Namen »Der Burggraue von Rietenburg« und der »Burggraue von Regensburg« auftauchen. Ihr Wirken fällt in die Zeit um 1170. Sie waren mit Heinrich von Österreich verschwägert, da Burggraf Heinrich III. dessen Schwester Bertha geheiratet hatte. Heinrich III. und seine Söhne sind in der Umgebung des Babenbergers nachzuweisen. Ebenfalls mit dem Herzog stand ein Edelfreier, namens Dietmar von Aist, in Kontakt. Er ist Zeuge in einer Urkunde Heinrichs aus dem Jahre 1161. Seine Identität mit dem in der Überlieferung als Dietmar von Ast bezeichneten Minnesänger ist allerdings umstritten. Die genannten Dichter gehören alle zu den ältesten Vertretern der höfischen Literatur. Wenn sie vor Herzog Heinrich in Wien mit ihren Werken aufgetreten sind – was nicht ausdrücklich belegt ist –, war sein Hof das erste Zentrum des deutschen Minnesangs.[20]

Heinrich Jasomirgott gilt nicht als so überragende Persönlichkeit wie sein Vater, Markgraf Leopold III., oder sein Enkel, Herzog Leopold VI. Ihn zeichneten vor allem zähes und unbeirrbares Festhalten an einmal gesetzten Zielen sowie geschicktes Ausnutzen politischer Konstellationen aus. Die Arbeit seines Vaters hat er erfolgreich fortgeführt. Die Blütezeit Österreichs unter Leopold VI. wäre ohne seine Tätigkeit nicht denkbar. Heinrichs lange Herrschaftszeit stellt einen wichtigen Abschnitt in der Ausbildung des österreichischen Territorialstaates dar. Auch aus diesem Grund scheint die Hochachtung, die Heinrich und seinem Wirken im abschließenden Zitat gezollt wird, durchaus angebracht: *seine große Vornehmheit und sein Ansehen* (werden dafür sorgen, daß) *der Namen des Herzogs nicht vergeht.*[21]

1 Vgl. F. Eheim, Zur Geschichte der Beinamen der Babenberger, in: Unsere Heimat 26 (1955), S. 157.

2 Chronicon pii marchionis, hg. v. W. Wattenbach, in: MGH. SS. 11, Hannover 1851, S. 610. Zum Wert dieser Quelle: A. Lhotsky, Quellenkunde zur mittelalterlichen Geschichte Österreichs, Graz/Köln 1963 (MIÖG, Erg.-Bd. 19), S.188f. Vgl. zu Heinrichs Familienverhältnissen: K. Lechner, Die Babenberger. Markgrafen und Herzoge von Österreich 976–1246, 3. Aufl., Wien 1985, S. 120f. und S. 139.

3 Quellen dazu in: Urkundenbuch zur Geschichte der Babenberger in Österreich, Bd. 4/1: Ergänzende Quellen 976–1194, bearb. v. H. Fichtenau unter Mitwirkung v. H. Dienst, Wien 1968 (Publikationen des Instituts für österreichische Geschichtsforschung), Nr. 699, 700 und 703; Lechner, Babenberger, S. 138f.

4 UB zur Geschichte der Babenberger 4/1, Nr. 727 und 732.

5 Quellen dazu in: Die deutschen Königspfalzen, Bd. 1: Hessen, bearb. v. E. Orth, Göttingen 1983ff., S. 259ff., Nr. 129; zum Verzicht Heinrichs des Löwen auf Bayern ferner: UB zur Geschichte der Babenberger 4/1, Nr. 734; W. Bernhardi, Konrad III., T. 1: 1138–1145, Leipzig 1883 (Jahrbücher der Deutschen Geschichte), S. 277–280 und S. 289.

6 UB zur Geschichte der Babenberger, Bd. 1: Die Siegelurkunden der Babenberger bis 1215, hg. v. H. Fichtenau/E. Zöllner, Wien 1950, Nr. 23 und 24, anders dagegen Nr. 18.

7 Vgl. K. J. Heilig, Ostrom und das Deutsche Reich um die Mitte des 12. Jahrhunderts, Leipzig 1944 (Schriften der MGH 9), S. 157ff.; H. Appelt, Die Babenberger und das Imperium im 12. Jahrhundert, in: Das babenbergische Österreich (976 bis 1246), hg. v. E. Zöllner, Wien 1978, S. 45.

8 Ausführliche Schilderung der Schlacht bei: Bischof Otto von Freising und Rahewin. Die Taten Friedrichs oder richtiger Cronica, übers. v. A. Schmidt, hg. v. F.-J. Schmale, Darmstadt 1965 (Ausgewählte Quellen zur deutschen Geschichte des Mittelalters, Freiherr vom Stein-Gedächtnisausgabe 17), S. 196ff.; ferner: S. Riezler, Geschichte Bayerns, Band 1/2, 2. Aufl., Gotha 1927, S. 267ff.

9 Zu Theodora vgl. Heilig, Ostrom, S. 229–271; UB zur Geschichte der Babenberger 4/1, Nr. 730.

10 Ebenda, Nr. 764, 766 und 769.

11 Maßgebliche Ausgaben: ebenda, Nr. 803 mit einem sehr ausführlichen Variantenapparat; Die Urkunden Friedrichs I. 1152–1158, bearb. v. H. Appelt unter Mitwirkung v. R. M. Her-

KENRATH u. a., Hannover 1975 (MGH. Diplomata regum et imperatorum Germaniae 10,1), Nr. 151. Zu den Verhandlungen am Hofe des Herrschers: UB zur Geschichte der Babenberger 4/1, Nr. 773, 775, 777, 779, 783, 786 und 787; zur Urkunde allgemein: H. APPELT, Privilegium minus, 2. Aufl., Wien/Köln/Graz 1976 mit weiterer Literatur.

12 Gesta archiepiscoporum Salisburgensium, hg. v. W. WATTENBACH, in: MGH. SS. 11, S. 82, cap. 10; das kaiserliche Mandat ist gedruckt in: Die Urkunden Friedrichs I. 1158–1167, bearb. v. H. APPELT unter Mitwirkung v. R. M. HERKENRATH/W. KOCH, Hannover 1979 (MGH. Diplomata regum et imperatorum Germaniae 10,2), Nr. 449. Ferner zu den Streitigkeiten: UB zur Geschichte der Babenberger 4/1, Nr. 809, 811, 812 und 822, sowie LECHNER, Babenberger, S. 164f.

13 Zur Erwähnung Heinrich Jasomirgotts bei Rahewin: Bischof Otto von Freising und Rahewin, S. 454f., S. 482f. und S. 494f.; vgl. zum Ausfall der Mailänder auch: Vincentii Pragensis annales, hg. v. W. WATTENBACH, in: MGH. SS. 17, Hannover 1861, S. 674; zu den Cremasken: Civis mediolanensis anonymi narratio de Longobardie obpressione et subiectione, in: Italische Quellen über die Taten Kaiser Friedrichs I. in Italien und der Brief über den Kreuzzug Kaiser Friedrichs I., übers. v. F.- J. SCHMALE, Darmstadt 1986 (Ausgewählte Quellen zur deutschen Geschichte des Mittelalters. Freiherr vom Stein-Gedächtnisausgabe 17a), S. 264ff; zu Bologna: Ottos Morena und seiner Fortsetzer Buch über die Taten Kaiser Friedrichs, in: ebenda, S. 182ff.

14 Zu Kampf und Tod Ekberts von Pitten: Bischof Otto von Freising und Rahewin, S. 470ff. mit Anm. 91; Die Regesten des Kaiserreiches unter Friedrich I. 1152 (1122)– 1190), 2. Lieferung: 1158–1168. Nach J. F. BÖHMER neubearb. v. F. OPLL, Wien/Köln 1991 (Regesta Imperii 4,2), Nr. 575; zur Verteilung des Erbes: LECHNER, Babenberger, S. 165.

15 Vgl. ebenda, S. 169 und S. 245; zum Schottenkloster: UB zur Geschichte der Babenberger 4/1, Nr. 780 und 781.

16 Zur Vogtei über Admont: ebenda 1, Nr. 37; LECHNER, Babenberger, S. 167f.; zu den Urkunden für Klöster: UB zur Geschichte der Babenberger 1, Nr. 38–40 und 42–44; zur Zeugenschaft Otakars: ebenda, Nr. 42 und Bd. 4/1, Nr. 838; zu den Gerichtsverhandlungen: ebenda, Nr. 839 und 840.

17 Gerlach von Mühlhausen berichtet am ausführlichsten über die Kämpfe der Jahre 1176 und 1177: Continuatio Gerlaci Abbatis Milovicensis, hg. v. W. WATTENBACH, in: MGH. SS. 17, S. 688f.; weitere Einzelheiten von österreichischer Seite: Chronicon pii marchionis, S. 630; Continuatio Zwetlensis altera, hg. v. W. WATTENBACH, in: MGH. SS. 17, S. 541;, Continuatio Cremifanensis, hg. v. W. WATTENBACH, in: ebenda, S. 546; Continuatio Claustroneoburgensis secunda, hg. v. W. WATTENBACH, in: ebenda, S. 616, und Continuatio Admuntensis, hg. v. W. WATTENBACH, in: ebenda, S. 585; von fast 60.000 Angreifern spricht: Chronica collecta a Magno presbytero, hg. v. W. WATTENBACH, in: ebenda, S. 501.

18 Vgl. HEILIG, Ostrom, S. 269ff.; LECHNER, Babenberger, S. 254ff.

19 Vgl. LHOTSKY, Quellenkunde, S. 188f. und S. 224f.; LECHNER, Babenberger, S. 258ff.

20 Vgl. H. BIRKHAN, Die Literatur in Österreich zur Babenbergerzeit, in: Das babenbergische Österreich, S. 140f.; K. BERTAU, Deutsche Literatur im europäischen Hochmittelalter, Bd. 1: 800–1197, München 1972, S. 363–371; LECHNER, Babenberger, S. 262f.; J. BUMKE, Höfische Kultur, Bd. 2, München 1986, S. 664.

21 Zitat aus: A. v. MEILLER, Regesten zur Geschichte der Markgrafen und Herzoge Oesterreichs aus dem Hause Babenberg, Wien 1850, S. 2; zur Einschätzung Heinrich Jasomirgotts: W. v. GIESEBRECHT, Geschichte der deutschen Kaiserzeit, Bd. 5, Leipzig 1888, S. 814f.; K. LECHNER, Herzog Heinrich II. Jasomirgott, in: Gestalter der Geschicke Österreichs, hg. v. H. HANTSCH, Innsbruck/Wien/München 1962, S. 35ff.; DERS., Heinrich II. Jasomirgott, in: Neue Deutsche Biographie, Bd. 8, Berlin 1969, S. 375ff.; G. SCHEIBELREITER, Heinrich II. Jasomirgott, in: Lexikon des Mittelalters, Bd. 4, München/Zürich 1989, Sp. 2074f.

Ludwig I. der Kelheimer

HERZOG VON BAYERN
(1183–1231)

von Michael Lindner

Otto … hinterließ als Erben
der Herzogswürde nur Ludwig, der noch ein Kind war.
Dieser kleine Junge regierte das Herzogtum nach dem Rat Friedrichs,
der einst Pfalzgraf war, und Ottos, der diesem als Pfalzgraf nachfolgte.
Aufkommender Haß jedoch entfachte in einer Fürstenverschwörung
zahlreiche Kämpfe. Mit der Zeit aber, denn dem Knaben lachte das Glück,
wuchs er in wunderbarer Weise an Charakter und
Einsicht, wie an Reichtum und Würde.
Er wurde reicher als der Reiche und mächtiger als der Mächtige;
die Stärke der Großen des Landes richtete sich nach dem einen Fürsten aus
oder zollte ihm zumindest Respekt.
(Chronik des Klosters von Scheyern)

Das Jahr 1183 war für Bayern kein besonders glückliches. Zahlreiches Unheil suchte das Land heim. Es begann im April mit einem Erdbeben. Im folgenden Monat wüteten Feuer in der Bischofsstadt Freising. Am 11. Juli starb der bayerische Herzog Otto I. auf der Burg Pfullendorf in Schwaben. Bevor das Jahr sich neigte, kam es noch zu großen Überschwemmungen, Bränden im Kloster Scheyern und einem äußerst grimmigen Winter.

Der verstorbene Herzog Otto hatte im September 1180 im damals sächsischen Altenburg die Belehnung mit dem Herzogtum Bayern erhalten. In seiner kurzen Regierungszeit soll im Lande »vollkommener Frieden« geherrscht haben, so daß der ihm zugetane Abt Konrad in seiner Chronik von Scheyern anläßlich des Todes Ottos urteilte, er sei *ein glückhafter und sehr welterfahrener Mann* gewesen. Mit diesem Otto war die Familie der Wittelsbacher auf den bayerischen Herzogsstuhl gelangt, den sie – unterdessen gar zu Königen aufgestiegen – erst 1918, und da nicht gerade freiwillig, wieder räumte.

Um die Mitte des 12. Jahrhunderts waren die Wittelsbacher ein Adelsgeschlecht unter vielen in Deutschland. Bei ihren Nachbarn erfreuten sie sich nur mäßiger Beliebtheit. Otto von Freising, der bedeutende Geschichtsschreiber und Bischof der Freisinger Kirche, die von den Wittelsbachern bevogtet wurde, geriet in seiner Chronik[1] bei der Erwähnung dieser Familie, ganz gegen seine sonstige Art, völlig außer Fassung. Mit deutlichen Worten schmäht er dieses Geschlecht: *Aus dem* (wittelsbachischen) *Stamme sind bis heute zahlreiche Gewaltmenschen entsprossen … So ist seltsamerweise fast diese gesamte Nachkommenschaft, ich weiß nicht nach welchem göttlichen Ratschluß, in verkehrtem Sinn dahingegeben, so daß man in ihr keinen oder doch nur ganz wenige … findet, die sich nicht in offener Gewalttätigkeit austoben oder völlig verblendet, jedes kirchlichen oder weltlichen Amtes unwürdig, sich dem Diebstahl und Straßenraub ergeben …* Dieser Sippe gehörte auch Ludwig, der einzige Sohn des verblichenen Herzogs Otto, an. Nach dem Ort seines mysteriösen Todes wird er später Ludwig der Kelheimer genannt. Außer ihm hinterließ Otto eine Witwe namens Agnes und horribile dictu sieben Töchter. Ludwig war beim Ableben seines Vaters erst etwa zehn Jahre alt; als Geburtsjahr wird meist 1173, seltener 1174 vermutet. Trotz seiner Jugend belehnte ihn Kaiser Friedrich Barbarossa mit der bayerischen Herzogswürde. Jedoch mit zehn Jahren konnte selbst ein bayerischer Bub noch nicht allein regieren. So lag die Vormundschaft in den Händen seiner Oheime, des Erzbischofs Konrad von Salzburg und der Pfalzgrafen Friedrich und Otto. Auch die Mutter Ludwigs, Agnes von Loon, wachte über seine Handlungen. Nach ihrem Vater, dem Grafen Ludwig II. von Loon, wurde der Knabe benannt. Ob er der Bedeutung des Namens Ludwig gerecht werden konnte, sollte sich noch erweisen.

Ludwigs Ausgangslage war schwierig, seine Handlungsfähigkeit eingeschränkt.[2] Noch 1183 verlor er seine stärkste Stütze, als Konrad von Wittelsbach, der Erzbischof von Salzburg und damit Primas der bayerischen Kirche, seinen Erzstuhl aufgab und wieder nach Mainz ging. Auch die bayerische Herzogswürde hatte viel von ihrer einstigen Machtfülle verloren. Friedrich Barbarossa beschnitt den Herrschaftsbereich des Bayernherzogs 1156 mit der Abtrennung Österreichs und der Erhebung dieses Gebietes zum Herzogtum, später mit der Beförderung der Andechser zu Herzögen von Meranien und schließlich 1180 mit der Erhöhung der Steiermark zum Herzogtum empfindlich. Der Benediktinerabt Hermann von Niederaltaich wertete den Akt von 1156 in seinen Annalen als eine Maßnahme zur Minderung von Ehre und Macht der Herzöge von Bayern, um ihnen Erhebungen gegen das Reich zu erschweren.[3]

Auch die territorialpolitischen Ambitionen Barbarossas stellten für den neuen Herzog eine ernsthafte Gefahr dar. Aus westlicher Richtung vornehmlich über Augsburg und aus dem Norden über die staufischen Kraftzentren Nürnberg und Eger drang der Kaiser, Besitzungen und Rechte sammelnd, gegen Bayern vor. 1174 gelang es ihm, für zwei seiner Söhne die Anwartschaft auf die bambergischen Kirchenlehen der Grafen von Sulzbach vertraglich zu sichern. Dennoch gab vorerst nur die Anlehnung an die Staufer dem jungen Herzog eine politische Überlebenschance, da ihm im eigenen Lande mächtige, adelsstolze Dynasten gegenüberstanden. Diese versuchten, sich der Unterordnung unter den Herzog zu entziehen, ihre Territorien auszubauen und ihre Herrschaft zu intensivieren, um später einmal eine ähnliche Stellung wie die der Bischöfe des Landes oder die der Babenberger, Andechser und Otakare zu erlangen.

Ludwig konnte diesen Kräften anfangs nur wenig entgegensetzen. Nach seinem Amtsantritt hören wir in den achtziger Jahren nur noch einmal von ihm, als er 1187 auf dem feierlichen und sehr gut besuchten Regensburger Hoftag Barbarossas als Zeuge in einem Diplom für das Kloster Seitenstetten erwähnt wurde. Ansonsten schweigen die Quellen über ihn und seine Taten: nichts vom Erreichen der Volljährigkeit, nichts davon, daß er begann, seine Regierungsjahre zu zählen. Der Herzog erfreute sich bei den Geschichtsschreibern seines Landes – offenbar seinen Handlungen angemessen – nur peripheren Interesses.

Erst 1192 geriet Ludwig stärker in das Licht der Öffentlichkeit. Am 20. April traf sich im salzburgischen Laufen, wer in Bayern Rang und Namen hatte. Die dort versammelten Großen versuchten einen dem Lande drohenden Krieg durch Verhandlungen abzuwenden; doch ohne Erfolg. Vor seinem Ausbruch konnte Ludwig noch ein freudiges Ereignis feiern. Zu Pfingsten, dem traditionellen Zeitpunkt für diesen Akt, wurde er gemeinsam mit Herzog Konrad von Schwaben, einem Bruder Kaiser Heinrichs VI., vielen Grafen und anderen Edlen in Worms durch die Schwertleite zum Ritter geweiht. Diese Zeremonie wurde damals gern zum Anlaß eines Hoffestes genommen, auf dem die neuen Ritter zusammen mit ihren Gästen in Kampfspielen und Turnieren ihre Eignung für diese Erhebung nachwiesen, Festmahle abhielten, Dichtern und Spielleuten Gelegenheit gaben, ihre Fähigkeiten zu zeigen und großzügig Geschenke verteilten. Auch einschneidende politische Entscheidungen fielen in Worms. Herzog Leopold von Österreich und sein Sohn Friedrich wurden durch Kaiser Heinrich VI. mit dem steirischen Herzogtum belehnt, dessen Inhaber Otakar erbenlos verstorben war. Ludwig mußte diese bittere Pille schlucken. Es gelang ihm nicht, den beträchtlichen Machtzuwachs des Nachbarn zu verhindern, und auch seine Gebietsansprüche auf die alte Grafschaft Steyr wies man ab. Immerhin wurden ihm und dem Staufer Konrad – beide starben später eines gewaltsamen Todes – ihre Herzogtümer noch einmal bestätigt. Der Zweck dieser Übung für Ludwig, fünf Jahre nachdem er volljährig geworden war, bleibt allerdings im Dunkeln, wenn man nicht annehmen will, daß der Kaiser durch eine Demonstration des Zusammenwirkens mit dem Wittelsbacher dessen Enttäuschung mildern und Ludwigs ohnehin schon schwache Position in Bayern wenigstens etwas aufwerten wollte.

Im August 1192 war es für den jungen Herzog endgültig mit dem Müßiggang vorbei, Krieg suchte das Land und seine Bewohner heim. Mit Raub, Brand und Plünderungen wüteten die Bayern gegeneinander. Graf Albert III. von Bogen, ein gewalttätiger und kriegslüsterner Mann, dem das Schwert allzu locker in der Scheide saß[4], hatte sich die schon erwähnten bambergischen Kirchenlehen der Sulzbacher, nachdem ihr letzter Inhaber, der Barbarossasohn Friedrich von Schwaben vor Akkon gestorben war, gewaltsam angeeignet. Die Forderung nach Herausgabe beantwortete er, unterstützt durch Truppen des Böhmenherzogs Otakar, mit einem Angriff auf Ludwig, der schneller besiegt und in die Flucht geschlagen war, als es für seinen herzoglichen Ruf gut sein konnte. Damit nicht genug, brachen auch im Osten des Landes Kämpfe aus. Babenberger und Andechser fielen über die Grafen von Ortenburg her, belagerten die Feste Ortenburg und verwüsteten die Umgebung. Wer von den Bewohnern davonkam, verhungerte oder erfror in den nächsten Monaten auf den Straßen. Der Herzog, zuständig für Frieden und Recht im Lande, konnte ihnen nicht helfen. Er stand selbst am Rande des Abgrunds, als Kaiser Heinrich VI. zum 6. Dezember Waffenruhe befahl. Anfang Januar 1193 wurde Albert von Bogen auf einem Hoftag in Regensburg als *Urheber des Unheils* vor dem Kaiser als *öffentlicher Feind des Reiches* angeklagt, weil er *das barbarische und wilde Volk der Böhmen* nach Bayern eingelassen hatte. Ludwig war gerettet, die Opposition zerschlagen. Das staufisch-wittelsbachische Zusammenwirken hatte sich erneut bewährt.

Der Herzog dankte Heinrich VI. seine Errettung mit treuer Anhängerschaft. Noch 1193 begleitete er ihn auf der Heerfahrt nach Apulien und Sizilien. Gemeinsam zogen sie im November 1194 in Palermo ein, bestaunten den, jetzt dem Kaiser gehörenden, normannischen Kronschatz und erlebten den Gegensatz des sonnendurchfluteten Süditaliens zu ihrer nördlichen Heimat. Zurückgekehrt, nahm der junge Bayer im Frühjahr 1196 an den Hoftagen von Würzburg und Mainz teil. Im nächsten Jahr finden wir ihn erneut in Sizilien, wo Kaiser Heinrich im September inmitten der letzten Vorbereitungen zum Kreuzzug verstarb. Ein Teil der deutschen Kreuzfahrer wagte trotzdem die Überfahrt ins Heilige Land. Unter ihnen waren auch bayerische Fürsten, wie der Bischof Wolfger von Passau, später Patriarch von Aquileia, der Walther von der Vogelweide, Thomasin von Zirklaere und den Dichter des Nibelungenliedes großzügig förderte. Herzog Ludwig aber zog wieder nach Hause. Der Tod des Herrschers bedeutete für ihn zwar einen harten Schlag, eröffnete jedoch politisch ungeahnte Möglichkeiten. Die Doppelwahl von 1198 und die daraus folgende Lage im Reich ließen den staufischen Druck auf Bayern stark nachlassen. Das Kräfteverhältnis zwischen Wittelsbachern und Staufern verschob sich spürbar.[5] Plötzlich war Raum für Ludwigs territorialpolitische Ambitionen. Jetzt konnte er nicht mehr, wie noch zu Zeiten Barbarossas, als die Regensburger Burggrafen aus dem altehrwürdigen Geschlecht der Paponen ausstarben, einfach übergangen werden. Auf wohlwollende Rückendeckung, wie sie ihm Heinrich VI. beim Erwerb der Allodien der 1196 endgültig verloschenen Paponen gab, konnte er nun verzichten. Jetzt lag es bei Philipp, dem jüngsten der Barbarossasöhne, im Kampf gegen den anderen König im Reich, den Welfen Otto, Hilfe einzufordern. Herzog Ludwig, der Philipp im März 1198 in Thüringen mitgewählt hatte, gewährte sie. Dafür mußte Philipp hinnehmen, daß der königliche Anteil an der Stadtherrschaft in Regensburg zurückgedrängt wurde und der Herzog dort wieder stärker Einfluß gewann.

Dem Lande brachte Ludwigs neue Bewegungsfreiheit vorerst keine Ruhe. Die herzogliche Macht war zwar in Regensburg auf Kosten des Königs gewachsen, aber der Bischof der Stadt dachte nicht im geringsten daran, von seinem Anteil am Stadtregiment zurückzutreten. Daraus erwuchsen jahrelange kriegerische Auseinandersetzungen, bei denen der Regensburger Prälat vom Salzburger Metropoliten unterstützt wurde. Auch in der Fehde zwischen Bischof Wolfger von Passau und den Grafen von Ortenburg engagierte sich der Herzog.[6] Die Ortenburger hatten bald nach der Abreise Wolfgers nach Palästina Besitzungen der Passauer Kirche verwüstet. Als Wolfger dann von seiner Pilgerfahrt zurückgekehrt war, verbündete er sich 1199 mit Ludwig und zahlte den Ortenburgern mit gleicher Münze zurück. Seine Truppen eroberten die Burg Graben und brannten sie nieder. Den Insassen der Burg, die dabei gleich zu Tode kamen, blieb erspart, was etwa hundert der am Leben gebliebenen Gefangenen beiderlei Geschlechts widerfuhr. Einige wurden verbrannt oder ertränkt, anderen die Nasen und Lippen abgeschnitten, wieder andere an Händen und Füßen verstümmelt oder auf verschiedene Art verletzt. Nur jene, von denen man sich ein Lösegeld versprach, führten die Passauer in Gefangenschaft. Herzog Ludwig nahm eine der Hauptburgen der Ortenburger, die Kraiburg, ein und zustörte sie. In Salzburg brannte im Frühjahr des Jahres 1200 ein großer Teil der Stadt nieder, kurz darauf starb Erzbischof Adalbert. Durch die Kriegswirren hatten die Salzburger einen Schaden im Werte von 4000 Mark Silber erlitten, an dem auch Ludwig seinen Anteil hatte.

Ludwigs Rücksichtslosigkeit beim Erwerb von Reichtümern zeigte sich, als im Oktober 1200 der Bruder seines Vaters, Erzbischof Konrad von Mainz, der einst sein Vormund war, starb. Ludwig eignete sich den gesamten Schatz und Ornat seines Oheims an, obwohl dieser seinen Nachlaß der Mainzer Kirche verfügt hatte. Ein Widerspruch gegen diesen Gewaltakt ist nicht überliefert, weder von König Philipp, dessen Spolienrecht verletzt wurde, noch von der Mainzer Domgeistlichkeit.

Wer konnte Ludwigs Aufstieg noch bremsen? Als 1204 mit dem Markgrafen Berthold von Vohburg-Cham die Hauptlinie dieses Geschlechts ausstarb, zog der Herzog problemlos das gesamte Erbe an sich. Albert von Bogen, der die Umklammerung seines Herrschaftsgebietes durch Ludwigs Besitzungen sicher nicht ohne weiteres hingenommen hätte, war schon 1198 gestorben. Seine Witwe Ludmilla heiratete Ludwig 1204 und brachte so die einst tief verfeindeten Familien zusammen. Auch zum Böhmenkönig Otakar, dessen Nichte Ludmilla war, verbesserte diese Verbindung die Beziehungen. Schon ein Jahr später überredete Ludwig den Böhmen zum Übertritt auf die Seite König Philipps. Der war nicht in der Lage, die territorialpolitischen Erfolge seines Geschlechts, welche vor allem auf Friedrich Barbarossa zurückgingen, auszubauen. Er ließ auf dem Nordgau dem Bayernherzog den Vortritt, weil er dessen Hilfe im Thronstreit brauchte. Ludwig zeigte sich dafür erkenntlich. Er blieb ein verläßlicher Anhänger Philipps, den er 1205 auf dem Krönungszug nach Aachen sowie im Kampf gegen das welfentreue Köln begleitete und dessen Hof er auch in den folgenden Jahren bis zu Philipps schrecklichem Ende im Juni 1208 wiederholt aufsuchte.

Doch zurück ins Jahr 1204, in dem es weitere bemerkenswerte Erfolge des Wittelsbachers zu verzeichnen gilt. Ludwig, so berichtet Hermann von Niederaltaich, begann Burg und Stadt Landshut zu errichten. Für den Augenblick sicherte er sich damit einen wichtigen Flußübergang an der mittleren Isar, der als Stützpunkt gegen die Positionen des Regensburger Bischofs diente. Aus heutiger Perspektive finden wir hier den Anfang wittelsbachischer Städtepolitik. Landshut entwickelte sich rasch.[7] Ludwig verlegte seine Hofhaltung und seinen hauptsächlichen Wohnsitz dorthin. Er ließ eine Burgverwaltung und Kanzlei einrichten. Landshut wurde zum Herrschaftszentrum des herzoglichen Machtbereichs. In den fünfziger Jahren des 13. Jahrhunderts tauchte erstmals die Bezeichnung civitas für Landshut auf, das 1256 eine Polizeiordnung erhielt und als eigener städtischer Rechtsbezirk erkennbar wurde. Für 1253 ist die erste Münzprägung bezeugt. Die Stadt war auf dem Wege zur Residenz, für die verlorene Hauptstadt Regensburg ein, wenn auch nicht gleichwertiger, Ersatz gefunden.

Mit dem Bischof von Regensburg schloß Ludwig 1204 Frieden, nachdem die Fehde ein Jahr zuvor noch einmal einen blutigen Höhepunkt erreicht hatte. Im Jahre 1205 konnte sie endgültig durch einen Kompromißvertrag beigelegt werden. Die Erfolge des Jahres 1204 steigerten das herzogliche Selbstwertgefühl ungemein. 1183 als neuer Herzog kaum zur Kenntnis genommen, 1192 politisch so gut wie erledigt, ließ er jetzt sein Privilig für die Klosterbrüder zu Reichenbach mit der stolzen Formulierung *Herzog Ludwig, Inhaber der bayerischen Monarchie* (Monarchiam Bawarie tenente glorioso duce Ludewico)[8] enden. In einer Fälschung[9] aus der Zeit nach 1215, die aber auf den 24. Januar 1204 datiert ist, und damit zeigt, daß auch am herzoglichen Hofe diesem Jahr besondere Bedeutung für Ludwigs Aufstieg zugemessen wurde, nennt er sich *Ludwig, durch das Walten von Gottes Gnaden Ritter des heiligen Kreuzes und erlauchter Herzog von ganz Bayern* (Ludevicus divina favente clemencia miles sancte crucis et tocius Bawarie dux illustris), der die *Führung ganz Bayerns* (administracionem tocius Bawarie) erlangt habe.

Am 21. Juni 1208 ermordete ein Verwandter Ludwigs, der Pfalzgraf Otto von Wittelsbach, in Bamberg König Philipp. Der Herzog wollte mit der Untat seines Vetters nichts zu tun haben. Er beteiligte sich selbst an der Verfolgung des Mörders und dessen vermeintlicher Komplizen. Im März 1209 spürte der Reichsmarschall Heinrich von Kalden den mittlerweile geächteten Pfalzgrafen Otto in einer Scheune südlich von Regensburg auf und tötete ihn. Der Leiche wurde der Kopf abgeschlagen und in die Donau geworfen, der Körper auf offenem Felde verscharrt. Acht Jahre später ließ Ludwig die Überreste seines Vetters im Kloster Indersdorf bestatten. Die Allode und Reichslehen Ottos, ausgenommen die Pfalzgrafenwürde, hatte er schon wenige Monate nach der Mordtat an sich gezogen, ebenso die Reichslehen des als Mitwisser angesehenen Andechser Markgrafen Heinrich von Istrien.

Durch Philipps Ende fand auch der Thronstreit vorerst ein Ziel. Ludwigs schnelle Anerkennung des Welfen Otto trug mit dazu bei, daß dieser noch einmal, jetzt aber ohne Gegenkandidat, zum König gewählt wurde. Dafür verzichtete Otto im November 1208 auf alle Ansprüche der Welfen in Bayern und bestätigte dem Wittelsbacher die Erblichkeit der Herzogswürde. Im folgenden Frühjahr bekräftigte der Welfe auch den Vertrag Ludwigs mit dem Bischof von Freising über die Teilung der Einkünfte aus München.[10] Ludwig wiederum erwies sich König Otto gefällig, als der sich in der Woche nach Pfingsten 1209 mit Beatrix, einer Tochter des ermordeten Philipps, verlobte. Gemeinsam hatten er und Leopold von Österreich dem Welfen die junge Braut zugeführt. Nach ihrer Einwilligung zur Verlobung im Beisein Ludwigs befragt, bekannte diese – so jedenfalls berichtet Otto von St. Blasien – *sehr verschämt und von Röte übergossen, daß sie gern zustimme*. Im Sommer desselben Jahres zog der Bayernherzog mit dem Herrscher, der am 4. Oktober in Rom zum Kaiser gekrönt wurde, nach Italien. Mitte 1210 kehrte er in seine bajuwarische Heimat zurück, u. a. mit dem kaiserlichen Auftrag, seine Stiefsöhne, die Grafen Albert und Berthold von Bogen, von weiteren Untaten gegen das Kloster Niederaltaich abzuhalten.

Derweil verschärfte sich die Feindschaft zwischen Kaiser Otto IV. und Papst Innozenz III. zusehends. Als der Welfe im Herbst 1210 das päpstliche Lehen Sizilien angriff, schleuderte Innozenz den Bann gegen seinen ehemaligen Günstling, entband die Fürsten ihrer Otto geleisteten Eide und stachelte sie an, einen neuen König zu wählen. Im Frühjahr 1211 entschlossen sich die ersten Fürsten in Deutschland zum offenen Abfall von Otto und wählten Friedrich, den einzigen Sohn Kaiser Heinrichs VI., zum neuen Herrscher. Im September stieß auch Ludwig zu ihnen. Bayern, das gerade von einer Hungersnot heimgesucht wurde, stand wie das Reich vor neuen, zumeist mit Waffengeklirr verbundenen Verwicklungen, doch Ludwig sollte auch diese mit Gewinn überstehen. Im März 1212 erschien Kaiser Otto, nachdem er mitten im Winter die tiefverschneiten Alpen überschritten hatte, wieder in Deutschland und lud zu einem Hoftag nach Frankfurt. Überraschend zeigte sich dort auch Ludwig. Offenbar war ihm sein Verrat vom letzten Sommer völlig entfallen. Er schwor erneut dem Welfen Treue bis ans Lebensende und eifrigen Dienst gegen den Papst und jedermann. Walther von der Vogelweide, der zu dieser Zeit im Dienste Ottos IV. stand, animierte diese Art von Treue in dem Spruch »Nu soll der keiser here« zu den, seinen Brotgeber warnenden Zeilen: *die feigen tragen heimlich schuld/die sich verschworen hier und dort/sie sannen auf Verrat und Mord/wie die von Rom gebieten*. Doch der Kaiser wußte inzwischen auch ohne Walther, was er von den fürstlichen Schwüren zu halten hatte. Er ließ sich vom Bayernherzog Geiseln stellen. Zwölf bayerische Grafen und Edle mußten schwören, mit ihm zusammen gegen Ludwig vorzugehen, falls der eidbrüchig werden sollte. Zwölf Dienstmannen des Wittelsbachers verpflichteten sich, bei Vertragsbruch nach Augsburg in kaiserlichen Gewahrsam zu gehen. Zu Pfingsten 1212 versuchte Kaiser Otto die Verbindung zu Ludwig noch fester zu gestalten. Er verlobte die Tochter seines älteren Bruders Heinrich, der Pfalzgraf bei Rhein war, mit Otto, dem einzigen Sohn Ludwigs, der um 1206 geboren worden war. Eine folgenreiche Familienverbindung, die den Wittelsbachern ohne große Mühen die Rheinpfalz einbringen sollte. Dem Welfen hingegen nutzte das Bündnis mit Ludwig nichts. Anfang Dezember 1212 gehörte der Bayer zu den Fürsten, die den Staufer Friedrich in Frankfurt zum König wählten. Vergessen war die Treue Ludwigs zur welfischen Sache bis ans Lebensende, ohne Nutzen blieb für Otto das Verlöbnis seiner Nichte mit Ludwigs Sohn Otto; der Vertrag zwischen beiden vom März 1212 war sein Pergament nicht wert. Ludwig hatte innerhalb eines reichlichen Jahres zum dritten Mal den Herrn gewechselt.

Zu Mariä Reinigung 1213 huldigten auch die übrigen bayerischen Großen in Regensburg dem neuen König. Ludwig verglich sich erneut mit dem Bischof dieser Stadt, gegen den er sich zuvor gemeinsam mit den Bürgern gestellt hatte. Im August des folgenden Jahres begleitete er seinen staufischen Herrn an den Niederrhein, wo es galt, die verbliebenen welfischen Parteigänger notfalls gewaltsam zur Aufgabe zu veranlassen. Doch nach der entscheidenden Niederlage Kaiser Ottos am 27. Juli 1214 bei Bouvines[11] gegen König Philipp von Frankreich wurde nur noch von einigen Städten aus – vor allem Köln, Aachen und Kaiserswerth – Widerstand geleistet. Fürsten, wie die Herzöge Heinrich von Brabant und Heinrich von Limburg, und die meisten Grafen der Region ergaben sich kampflos und wurden in Gnaden aufgenommen. Ludwig allerdings passierte das Mißgeschick, bei einem Streifzug in Gefangenschaft des Grafen Wilhelm von Jülich zu geraten. Wilhelm, der zu den wenigen Großen gehörte, die nicht sofort widerstandslos übergelaufen waren, sperrte Ludwig auf der Burg Nideggen ein. Erst nach der Belagerung Jülichs und Zahlung eines Lösegelds verstand er sich zur Freilassung des Bayernherzogs. Wer das Lösegeld aufbrachte, erfahren wir von Konrad von Scheyern. Zum Jahre 1215 – richtig ist 1214 – schreibt er: *In diesem Jahr wurde Herzog Ludwig gefangengenommen. Mit ihm geriet ganz Bayern in Gefangenschaft. Aber Reich und Arm, Edel und Unedel kauften ihn frei, nachdem sie eine Abgabe geleistet hatten.* Es ist ein wahrhaft idyllisches Verhältnis zwischen dem Herzog und seinen Untertanen, das uns Konrad hier vorführt. Doch dürfte es mehr den Wünschen des Chronisten als der Realität entsprungen sein.

Ludwig jedenfalls wurde im Oktober 1214 für die erlittene Unbill reich entschädigt. Nach dem kinderlosen Tod des welfischen Pfalzgrafen bei Rhein, Heinrich II., wurden er und sein noch unmündiger Sohn Otto mit der rheinischen Pfalzgrafschaft belehnt.[12] Die Verlobung Ottos mit Agnes, der Schwester des verstorbenen Heinrich, vom Jahre 1212 und der häufige Gesinnungswandel Ludwigs, verbunden mit Verrat und Eidbruch im Thronstreit, hatten reiche Frucht getragen. Ludwig wurde zum mächtigsten weltlichen Fürsten im deutschen Reichsgebiet.

In den folgenden Jahren blieb das Verhältnis zum Stauferkönig gut. Ludwig hielt sich wiederholt am Hofe Friedrichs II. auf und testierte in dessen Diplomen. Auf dem Andernacher Hoftag im Mai 1215 nahm er gemeinsam mit anderen das Kreuz. König Friedrich und weitere Bayern taten es ihm bald darauf nach. Im Juli war der Wittelsbacher bei der nochmaligen Krönung Friedrichs in Aachen anwesend. Ein Zwiespalt zwischen Herzog und Kaiser im folgenden Jahr konnte rasch beigelegt werden. 1217 finden wir beide in Sachsen, wo sie erneut gegen den zwar relativ machtlosen, aber immer noch existenten Kaiser Otto im Felde standen. Einen Höhepunkt erreichte das einvernehmliche Zusammenwirken 1220, als Ludwig sowohl bei der Wahl von Friedrichs Sohn Heinrich zum König als auch bei Friedrichs Kaiserkrönung in Rom anwesend war.

Trotz des Engagements in der Reichspolitik dieser Jahre verlor Ludwig territorial-politische Interessen in seinem Stammland nicht aus den Augen. 1218 ließ er auf älterer Grundlage die Stadt Straubing errichten.[13] Ein Jahr zuvor war es ihm gelungen, Allodien und Lehen des auf einem Kreuzzug verstorbenen, letzten Grafen von Velburg einzuziehen. 1219 sicherte er sich vertraglich wichtige Teile aus dem Erbe der ebenfalls erloschenen Grafen von Peilstein, darunter das wegen seiner Salinen ertragfähige Reichenhall. Zuvor allerdings kam es wegen dieser Besitzungen zu kriegerischen Händeln mit dem Salzburger Metropoliten, in deren Verlauf Ludwig die erzbischöfliche Hallburg auf dem Gruttenberg eroberte und eine eigene Befestigung anlegen ließ. In den anschließenden Verhandlungen zeigte sich der Herzog dem Erzbischof auch diplomatisch gewachsen. Als sich nämlich Eberhard von Salzburg zur Begründung seiner Besitzansprüche auf ein Privileg König Arnulfs von Kärnten berief, forderte Ludwig die Vorlage der Urkunde. Dies jedoch hätte der Prälat nur um den Preis einer peinlichen Blamage gewähren können, denn das Privileg war eine Fälschung. So mußte der Salzburger im Streit um das Peilsteiner Erbe dem Herzog bei den wertvollsten Gütern den Vorrang lassen.

Im Jahre 1221 machte sich Ludwig an die Erfüllung seines mittlerweile sechs Jahre alten Kreuzzuggelübdes. Vom süditalienischen Tarent aus führte er im kaiserlichen Auftrag einen Hilfstrupp nach Damiette ins Nildelta. Er gehörte zu den eifrigen Befürwortern des verhängnisvollen Angriffs auf Kairo. Das Ergebnis war niederschmetternd, denn das Kreuzfahrerheer wurde eingeschlossen und hatte Glück, daß Sultan Al-Kamil es gegen Stellung von Geiseln frei abziehen ließ. Das 1219 so mühselig eroberte Damiette – während der Belagerung war Berthold von Bogen, einer von Ludwigs Stiefsöhnen, gestorben – mußte den Ägyptern kampflos zurückgegeben werden. Vom Großmeister der Templer wurde Ludwig für diese Schlappe mitverantwortlich gemacht. Der Herzog selbst ging als Geisel in Gefangenschaft des Sultans, aus der er 1222 nach Bayern zurückkehren konnte. Die Ursache für das klägliche Versagen des Heeres sah Hermann von Niederaltaich in der Sündhaftigkeit der Menschen. Ob Ludwig ihm darin zustimmte, ist nicht bekannt. Viel Zeit, darüber nachzusinnen, blieb ihm jedenfalls nicht, denn er war auch in den zwanziger Jahren in Reichs- und Territorialpolitik stark beschäftigt.

Wie Ludwig kamen Land und Leute kaum zur Ruhe. Im Jahre 1222 hatte die Stadt Bozen in Südtirol, also durchaus in Ludwigs Gesichtskreis, gemeinsam mit benachbarten Rittern ein Turnier veranstaltet. Mitten in den ritterlichen Vorführungen brach in der Stadt ein Feuer aus, das mehr als 500 Opfer forderte. Tiefe Trauer trat an die Stelle freudvollen Vergnügens. Am Heiligabend desselben Jahres ereignete sich ein schweres Erdbeben, das besonders in den südlich an Bayern angrenzenden Gebieten große Schäden verursachte. Aus dem Osten erreichten im folgenden Jahr besorgniserregende Nachrichten über das Vordringen der Mongolen Mitteleuropa. 1225 und 1226 rafften Seuchen und Hungersnöte Mensch und Tier hinweg.

Unterdessen gründete Ludwig 1224 mit Landau an der Isar eine weitere Stadt.[14] Zum Hofe des noch unmündigen Königs Heinrich hatte er in den Jahren seit 1222 regelmäßig Kontakt. Für Heinrich, dessen Vater Kaiser Friedrich in Italien weilte, führte Erzbischof Engelbert von Köln als Reichsgubernator die Regierung in Deutschland. Sein Verhältnis zum Bayernherzog war nicht sonderlich gut. Daher versuchte Ludwig seinen Einfluß beim König auf direktem Wege zu steigern, indem er ihm eine Verwandte seiner Frau, die Tochter des Böhmenkönigs Otakar, Agnes, zur Ehefrau empfahl. Auf dem Ulmer Hoftag vom Januar 1225 erschien er mit großem Pomp, stellte König Heinrich die ihm zugedachte Braut vor und legte zu den 30000 Mark Silber, die der Vater der Agnes als Mitgift geben wollte, noch eigene 15000 Mark hinzu. Doch der fünfzehnjährige Heinrich wollte das Mädel und das viele Geld nicht. Er war offenbar mehr an der etwas älteren Margarete, Tochter Leopolds von Österreich, interessiert. Die Folge war wütende Feindschaft zwischen dem Böhmenkönig Otakar, dem Ungarnkönig Andreas und Ludwig einerseits und dem Herzog von Österreich andererseits. Als dann im November 1225 die Heirat zwischen Heinrich und Margarete stattfand, war der Frieden zumindest äußerlich wieder hergestellt. Im darauffolgenden Jahr ergab sich für Ludwig erneut eine Chance, seinen Einfluß auf den König zu vergrößern. Für den ermordeten Reichsverweser Engelbert von Köln, dem Walther von der Vogelweide einen beeindruckenden Nachruf widmete, wurde ein Nachfolger gesucht. Und in der Tat, nach einigem hin und her kam Ludwig jetzt zum Zuge. Im Sommer 1226 wurde er von Kaiser Friedrich II. zum Vormund König Heinrichs und zum Reichsgubernator bestellt.

Ludwig der Kelheimer, Herzog von Bayern aus der Familie der Wittelsbacher, hatte den Höhepunkt seines Lebens erreicht. In seiner Hand lagen die Geschicke des deutschen Reichsgebietes und des unmündigen Königs. Eine erstaunliche Entwicklung, denkt man zurück an die mühevollen, deprimierenden Anfänge. Doch auf dem Gipfel der Macht war das Ende Ludwigs schon nicht mehr fern, der Höhepunkt zugleich Wendepunkt.

Das Zusammenwirken Ludwigs mit seinem Mündel wollte nicht recht gelingen. Der junge Heinrich widerstrebte in vielem seinem Vormund. Ludwig fühlte sich häufig seinen eigenen Interessen mehr als denen des Staufers verbunden. Auf territorialpolitischem Felde waren beide sogar Kontrahenten. In Bayern näherte sich der König den Andechsern, Intimfeinden Ludwigs, an. Er schuf sich damit ein Gegengewicht zu den Wittelsbachern. Nur einmal, im Sommer 1227, als es gegen einen dritten Fürsten ging, fanden beide zu gemeinsamer Aktion. Aber mit dem Scheitern der Belagerung Braunschweigs blieb auch der Versuch ohne Erfolg, sich der Eigengüter der braunschweigischen Linie der Welfen zu bemächtigen. Zum offenen Bruch kam es Weihnachten 1228 im elsässichen Hagenau. Vergessen war, daß man noch Pfingsten gemeinsam mit einer großen Zahl von Gästen die Schwertleite von Ludwigs Sohn Otto in Straubing gefeiert hatte. Jetzt geriet man hart aneinander. König Heinrich verdächtigte den Herzog, gemeinsam mit dem Papst gegen seinen Vater, den Kaiser, zu konspirieren, und bezeichnete Ludwig offen als seinen Feind. Ludwig verließ in Unfrieden den Hof des umtriebigen Jünglings.

Mitte des folgenden Jahres rückte der König bewaffnet gegen Bayern vor. Sein Heer drang in Ludwigs Besitzungen an der Donau ein und verwüstete sie. Des Herzogs Belagerung von Wolfratshausen, das von den königstreuen Andechsern verteidigt wurde, mißlang. So war er wieder einmal ziemlich schnell besiegt und bat am 27. August 1229 um Waffenstillstand. Bald darauf folgte der Friedensschluß. Ludwig mußte dem Sieger Geiseln stellen. Diese Niederlage schwächte seine Position. Noch im selben Jahre festigten Babenberger und Andechser ihr Bündnis durch eine Heirat. Mit Hilfe der Mitgift der Agnes von Andechs setzten sich die Babenberger sogar am Inn in Ludwigs Machtsphäre fest. Dem Erzbischof von Salzburg gelang es, den unter Druck geratenen Bayernherzog zum Verzicht auf die Grafschaftsrechte der ausgestorbenen Lebenauer zu bewegen. Dem Herzog verblieb aus diesem Erbe nur Burghausen. Sein Einfluß in den Bischofsitzen Freising und Regensburg ging zurück.

Einziger Lichtblick in dieser Zeit war Ludwigs Sohn Otto. Nach dessen Schwertleite in Straubing hatte Ludwig diesem die rheinische Pfalzgrafschaft anvertraut, und Otto begann dort selbständig zu regieren. Nachdem Otto schon um 1227 in Landshut eine Tochter namens Elisabeth geboren wurde, konnte er sich am 13. April 1229 über die Geburt seines ersten Sohnes freuen. Er erhielt den Namen seines Großvaters Ludwig. Von dessen Wirken in der Pfalz als Vormund Ottos ist nur wenig bekannt. Ludwigs wichtigste Erwerbung dort datiert aus dem Jahre 1225, als er vom Wormser Bischof ein Lehen erhielt, zu dem Heidelberg gehörte.

Im Jahre 1230 suchte Ludwig auch die Gunst des Kaisers wiederzuerlangen. Dem zu Fiedrich II. nach Italien reisenden Bischof Gebhard von Passau gab er Briefe mit, in denen er um Entschuldigung und Wiederaufnahme in die kaiserliche Gnade bat. Doch der Bischof erreichte Italien nicht. Einer der ewig ruhelosen und säbelrasselnden Grafen Bayerns machte der Reise des Passauer Prälaten ein schnelles Ende. Konrad von Wasserburg nahm den Geistlichen gefangen und raubte ihm die Briefe und was dieser sonst noch bei sich hatte. Dennoch muß Ludwig die Annäherung an den Kaiser gelungen sein, denn im Frieden von San Germano zwischen Kaiser und Papst erscheint er als kaiserlicher Bürge. Am Hofe König Heinrichs ist er zu dieser Zeit ebenfalls nachzuweisen. Echtes Vertrauen werden die Staufer Ludwig aber wohl kaum noch entgegengebracht haben, zu oft hatte er die Seiten gewechselt.

1231 sehen wir den Herzog erneut in Händel verstrickt. In Freising war im Jahr zuvor der Ludwig zugetane Bischof Gerold abgesetzt worden, weil er dem Herzog die ganze Stadt Freising als Lehen übertragen hatte. An Gerolds Stelle wurde Konrad von Tölz gewählt und die Belehnung mit päpstlicher und kaiserlicher Billigung widerrufen. Dagegen griff Ludwig zu den Waffen. Aber die bischöflichen Truppen waren schneller. Sie eroberten in einem nächtlichen Überraschungsangriff die wittelsbachische Feste Valley. Ludwig sandte den Grafen Konrad von Wasserburg, mit dem er sich wieder ausgesöhnt hatte, zur Rückeroberung aus, was aber nicht gelang. So mußte er sich mit einem Vergleich begnügen, den möglicherweise der Salzburger Erzbischof vermittelte, als beide sich am 3. August bei der Belagerung der Burg Wörth trafen.

Einen Monat später kam für Ludwig das Ende. Mitte September, am 15. oder 16., wurde er auf der Donaubrücke bei Kelheim ermordet. In den Jahrbüchern von Marbach, die den Tatbestand am ausführlichsten schildern, heißt es: *In demselben Jahr*

1231 endete Herzog Ludwig von Bayern durch Mord. Er wurde mit einem spitzen, dolchartigen Messer erstochen von einem gemeinen und unbekannten Mann, wie sie der sogenannte Alte vom Berge auszusenden pflegt. Der Mörder wurde ergriffen und der Folter unterworfen, um ihn zum Geständis zu bewegen, auf wessen Anstiftung oder Geheiß er die Untat begangen habe; aber es war nichts aus ihm herauszubekommen und so starb er, an allen Gliedern zerfleischt und zerfetzt.

Bis heute ist nicht überzeugend geklärt, wer hinter dem Täter, der zweifellos nur ein Werkzeug war, stand. Aus den mehr als zwei Dutzend Quellenberichten[15] zur Tat läßt sich keine sichere Aussage ableiten. Zur Hälfte etwa wissen sie nichts von den Hintergründen, nennen den Mörder einen Unbekannten oder Assassinen, oder sie haben Kaiser Friedrich II. als Urheber in Verdacht. Ebenso gespalten ist die Forschungsmeinung. Während die Historiker des vergangenen Jahrhunderts mehrheitlich von der kaiserlichen Schuld überzeugt waren, neigt man heute eher seiner Unschuld zu. Nur wenige Wissenschaftler enthalten sich mit einem non liquet der Entscheidung. Gegen den Kaiser spricht: Alle ernstzunehmenden Quellen, die hinter der Tat einen Urheber sehen, nennen seinen Namen, keinen anderen. Sollte das nur der antikaiserlichen Agitation des Papstes geschuldet sein? Herzog Otto, Sohn und Nachfolger des Ermordeten, glaubte bis 1235, also weit vor dem Höhepunkt der päpstlichen Machinationen, ebenfalls an kaiserliche Mittäterschaft, ehe er sich aus rein politischen Erwägungen dem Kaiser wieder näherte. Und wer, nimmt man die »Assassinenconnection« ernst, hatte, außer Friedrich II., bei dem sie nachgewiesen sind, so weitreichende Verbindungen? Wer außer ihm hatte das »Format«, solch eine Tat zustande zu bringen, ohne Spuren zu hinterlassen? Vieles deutet auf den Kaiser, doch einen sicheren Beweis gibt es nicht. Otto, der neue Herzog von Bayern, ließ an der Stelle der Mordtat eine Kirche, die dem heiligen Johannes geweiht war, errichten, mied jedoch fürderhin den Ort. Die Witwe des Herzogs, Ludmilla, stiftete zum Andenken an Ludwig das Zisterzienserinnenkloster Seligenthal nahe Landshut. In der Afrakapelle dieses Klosters wurde sie nach ihrem Tod 1240 beigesetzt.

Der gewaltsame Tod Ludwigs hatte im Reich für viel Unruhe gesorgt. Auch deshalb ist es verwunderlich, wie wenig die Geschichtsschreiber über den Tod des Herzogs hinaus zu vermelden wissen; kaum etwas zu seiner Person, kaum eine Wertung seiner fast fünfzigjährigen Herrschaft. Am ausführlichsten äußert sich Konrad von Scheyern. Was er zu sagen hat, ist diesem Beitrag vorangestellt. Er sieht Ludwigs Wirken positiv, vor allem weil der Wittelsbacher es verstanden habe, der Herzogswürde im Lande Geltung zu verschaffen. Vielmehr nicht, denn seine Aussagen bleiben doch recht allgemein. Noch sparsamer ist die Würdigung in den größeren Schäftlarner Annalen. Dort findet man über Ludwig, daß er ein *in allen Dingen vom Glück begünstigter, welterfahrener Mann war* – dasselbe haben wir schon beim Tode seines Vaters gehört – und daß er *den Seinen sehr friedfertig, Feinden aber tatkräftig gegenübertrat.* Der Benediktinermönch Berchthold (Bernardus Noricus) aus dem Kloster Kremsmünster gar gesteht Ludwig nur zu, daß er *viele Burgen erbaut und Städte befestigt hat.* Aus heutiger Sicht können wir sagen, etwas mehr hat er schon getan.

Es gelang Ludwig[16] nach mühseligem Anfang, sich unter den Großen Bayerns den

Vorrang zu erkämpfen. Im Reich wurde er durch Ausnutzung der Thronwirren zu einem der mächtigsten Fürsten. Mit seiner erfolgreichen Territorialpolitik, zu der neben dem beharrlichen Sammeln von Gütern und Rechten, dem Auf- und Ausbau der Verwaltung auch eine gezielte Städteförderung gehörte, legte er den Grundstein des wittelsbachischen Territorialstaates. Dabei gelang ihm durchaus nicht alles. Die Stadt Regensburg[17] entglitt trotz großer gegenteiliger Bemühungen seinem Einfluß. Der bischöflichen Gewalten konnte er nicht Herr werden, sie blieben ihm als Reichsfürsten gleichrangig, ihre Herrschaftsgebiete bestanden fort. Hier standen seinem Nachfolger noch aufreibende Kämpfe bevor. Eine glückliche Hand hatte Ludwig in der Heiratspolitik. Seine Frau, die Přemyslidin Ludmilla, führte sowohl die Böhmen als auch die »wilden« Bogener Grafen – Söhne aus Ludmillas erster Ehe – an seine Seite. Beim Aussterben der Bogener erbte Ludwigs Sohn das Bogensche Gebiet. Die Verbindung seines Sohnes Otto mit der Welfin Agnes ermöglichte den größten Gewinn des Wittelsbachers, den Erwerb der Rheinpfalz. Wenig Erfolg war seinen kriegerischen Unternehmungen beschieden. Da konnte er seinem Namen, der soviel wie ruhmvoller, berühmter Kämpfer bedeutet, nur sehr eingeschränkt entsprechen. Über Ludwigs Beziehungen zu der in höchster Blüte stehenden mittelhochdeutschen Literatur seiner Zeit läßt sich nicht viel Gesichertes sagen. Als Mäzen wird er im Unterschied zu seinem Sohn nicht genannt. Zumindest Indizien machen aber wahrscheinlich, daß Neidhart von Reuental und vielleicht auch Wolfram von Eschenbach am Hofe Ludwigs aufgetreten sind. Walther von der Vogelweide preist den Herzog in einem seiner Sprüche als edlen Mann von freundlicher Gesinnung. Über ein näheres Verhältnis beider ist jedoch nichts bekannt. Ludwigs gewaltsames Ende fand auch unter den Literaten Widerhall. Der Spruchdichter Bruder Wernher widmete ihm eine Totenklage, in der er das Bemühen des Herzogs als Reichsverweser, seine Anstrengungen um das Heilige Land und um die Ehe König Heinrichs lobte. Gemessen an Luwigs politischem Rang war sein Anteil als Empfänger oder Auftraggeber von Literatur gering. Sein Hof zählte nicht zu den literarischen Zentren in Deutschland.[18]

Herzog Ludwig von Bayern, genannt der Kelheimer, war ein Fürst, der sich in Reichs- und Territorialpolitik gleichermaßen engagierte. Auf beiden Feldern konnte er Erfolge verbuchen, die durch die Jahrhunderte fortwirkten. Sein vorzeitiger Tod bedeutete nur äußerlich ein Scheitern, denn was er begonnen hatte, führten seine Nachfolger weiter. Ob zu einem guten Ende, lag nicht mehr in seiner Verantwortung.

1 Otto Bischof von Freising, Chronik oder Die Geschichte der zwei Staaten, übers. v. A. Schmidt, hg. v. W. LAMMERS, Berlin 1960 (Ausgewählte Quellen zur deutschen Geschichte des Mittelalters. Freiherr vom Stein-Gedächtnisausgabe 16), S. 462ff.
2 Vgl. M. SPINDLER, Pfalzgraf Otto v. Wittelsbach, der neue Herzog (1180–1183), in: Handbuch der bayerischen Geschichte, hg. v. M. SPINDLER, Bd. 2, München 1969, S. 18–21.
3 Hermanni Altahensis Annales, hg. v. PH. JAFFÉ, in: MGH. SS. 17, Hannover 1861, S. 382.

4   Vgl. M. SPINDLER, Die Anfänge des bayerischen Landesfürstentums, München 1937 (Schrif-
    tenreihe zur bayerischen Landesgeschichte 26), S. 21ff. Zum bayerischen Adel allgemein siehe
    F. PRINZ, Bayerns Adel im Hochmittelalter, in: ZBLG 30 (1967), S. 53–117.

5   Vgl. M. SPINDLER, Die territorialpolitischen Erfolge Herzog Ludwigs I., in: Handbuch der
    bayerischen Geschichte 2, S. 25; A. KRAUS, Das Herzogtum der Wittelsbacher: Die Grund-
    legung des Landes Bayern, in: Wittelsbach und Bayern, Bd. 1/1: Die Zeit der frühen Herzöge.
    Von Otto I. zu Ludwig dem Bayern, München 1980, S. 178f.

6   Vgl. S. RIEZLER, Geschichte Baierns, Bd. 2, Gotha 1880, S. 25f.

7   Vgl. E. STAHLEDER, Die Burg Landshut, genannt Trausnitz, im Mittelalter, in: Wittelsbach und
    Bayern 1/1, S. 240ff; K. KRATZSCH, Wittelsbachische Gründungsstädte: Die frühen Stadt-
    anlagen und ihre Entstehungsbedingungen, in: ebenda, S. 321ff.

8   J. F. BÖHMER, Wittelsbachische Regesten (1180–1340), Stuttgart 1854, S. 5.

9   Zu dieser Fälschung, die gedruckt ist, in: Monumenta Wittelsbacensia. Urkundenbuch zur Ge-
    schichte des Hauses Wittelsbach, hg. v. F. M. WITTMANN, 1. Abt.: Von 1204 bis 1292, Mün-
    chen 1857 (Quellen und Erörterungen zur bayerischen und deutschen Geschichte 5), S. 1ff.,
    vgl. Die Urkunden des Reichsstift St. Ulrich und Afra in Augsburg 1023–1440, bearb. von
    R. HIPPER, Augsburg 1956 (Schwäbische Forschungsgemeinschaft bei der Kommission für
    bayerische Landesgeschichte 2a,4), S. 13f.

10 Erstmaliger Druck dieses Diploms bei B. U. HUCKER, Kaiser Otto IV., Hannover 1990 (Schrif-
    ten der MGH 34), S. 657.

11 G. DUBY, Der Sonntag von Bouvines – 27. Juli 1214, Berlin 1988.

12 Vgl. A. GERLICH, Die rheinische Pfalzgrafschaft in der frühen Wittelsbacherzeit, in: Wittels-
    bach und Bayern 1/1, S. 201ff.

13 Vgl. KRATZSCH, Gründungsstädte, S. 325ff.; W. LIEBHART, Die frühen Wittelsbacher als
    Städte- und Marktgründer in Bayern, in: Wittelsbach und Bayern 1/1, S. 307ff.

14 Vgl. KRATZSCH, Gründungsstädte, S. 327f.

15 Vgl. H. LINDEMANN, Die Ermordung des Herzogs Ludwigs von Baiern, Schwerin 1892.

16 Vgl. SPINDLER, Anfänge, S. 89ff.; DERS., Erfolge, S. 36; KRAUS, Grundlegung, S. 167 und
    S. 185, und W. STÖRMER, Ludwig I. der Kelheimer, Herzog von Bayern, in: Neue Deutsche
    Biographie, Bd. 15, Berlin 1987, S. 355–357.

17 Vgl. K.-O. AMBRONN, Regensburg – die verlorene Hauptstadt, in: Wittelsbach und Bayern
    1/1, S. 285ff.

18 Vgl. H. BRUNNER, »Ahi, wie werdiclichen stat der hof in Peierlande!« Deutsche Literatur des
    13. und 14. Jahrhunderts im Umkreis der Wittelsbacher, in: Wittelsbach und Bayern 1/1,
    S. 497ff.

Hermann I.
LANDGRAF VON THÜRINGEN
(1190–1217)

von Peter Neumeister

der lantgrave ist so gemuot
daz er mit stolzen helden sine habe vertout,
der iegeslicher wol ein kempfe waere.
mir ist sin hohiu fuore kunt:
und gulte ein fuoder guotes wines tusend pfunt,
da stüende ouch niemer ritters becher laere.
(Walther von der Vogelweide)

Weithin sichtbar, hoch über Eisenach in Thüringen aufragend, thront die Burg, Wartburg genannt, und zieht jährlich viele Hunderttausende von Geschichtstouristen an diesen legendenumwobenen Ort. Einst waren es der Lärm lauter Musik und die trunkenen Gesänge der vom Landgrafen zum Fest geladenen Musikanten und Ritter, den die Eisenacher zu erleiden hatten, heute sind es die Abgase der Karawanen aus Blech, die sich, wie sinnfällig für diese autoproduzierende Stadt, durch den Ort und zur Burg drängen. Die Wartburg freilich weist in diesen Tagen nicht in erster Linie auf Landgraf Hermann I. von Thüringen und Hessen sowie den Pfalzgrafen von Sachsen, den Mäzen der Minnesänger und Dichter, den verwegenen Krieger und den skrupellosen Parteienwechsler hin, sondern viel eher auf den Reformator Martin Luther und dessen Bibelübersetzung oder die heilige Elisabeth von Thüringen, die Tochter eines Königs von Ungarn, die sich nach dem Tod ihres Gatten so aufopferungsvoll für Arme und Kranke einsetzte. Erst bei näherem Hinsehen, vermittelt durch die Freskenmalerei eines Moritz von Schwind (1804–1871), im besonderen zur Thematik des Sängerkrieges auf der Wartburg, gerät der uns im folgenden interessierende thüringische Fürst ins Blickfeld.

Sich dem Leben und Wirken Hermanns I. zu nähern, heißt, sich durch romantische Verklärung, Legenden und Zerrbilder zu arbeiten. Bereits 100 Jahre nach seinem Tod zeichnete ein anonymer Autor, der das Leben der heiligen Elisabeth erzählte, ein gereinigtes, ohne Makel behaftetes Bild von diesem Potentaten. Ritterliche Vortrefflichkeit sagte man ihm nach, er genoß ein hohes Ansehen in der Gesellschaft, er verfügte über weite Ländereien und zahlreiche Burgen, aus denen ihm reiche Einkünfte zuflossen. In kürzester Zeit vermochte er ein schlagkräftiges Heer zu erstellen, das ganze thüringische Volk sei auf ihn Stolz gewesen, weil er die Unruhe im Land beseitigte und ihm der Sinn nach Frieden stand, und seine Hofhaltung zog Verwandte und zahlreiche Ritter von weither an, da sie hofften, in seiner Nähe das große Glück zu machen. Die besten Spielleute und Dichter des Reiches suchten die Gunst Hermanns zu erlangen. Der Autor ist voll des Lobes.[1] Welch ein guter Stern muß über Thüringen zu Zeiten Hermanns geleuchtet haben. Es ist allerdings der Blick zurück, der so manche Wunde, welche den Landen des Landgrafen geschlagen wurde, vernarben ließ. Hält das soeben skizzierte Porträt Hermanns einer historischen Analyse stand?

Als 1190 der mächtige Kaiser Friedrich Barbarossa auf dem Zug ins geheiligte Land starb, war die Nachfolge im Reich gesichert. Sein Sohn Heinrich VI., ehrgeizig und schlau, jedoch auch durchtrieben und hinterlistig, trat die Herrschaft in einem Imperium an, das von der Nord- und Ostsee bis nach Sizilien reichte. Wie dieses Reich beherrschen? Eine Frage, die Heinrich VI. wohl selbst kaum schlüssig zu beantworten wußte. Klar werden mußte sich Heinrich VI. darüber, welchen Platz er den mächtigen Fürsten des Reiches während seiner Herrschaft zubilligen sollte. Waren sie an der Machtausübung zu beteiligen oder sollte man in Konfrontation zu ihnen die Zentralisation des Reiches, vor allem durch den Ausbau und die Mehrung der Königsterritorien, fördern? Zu beachten galt es weiterhin, daß sowohl die königliche und kaiserliche Macht wie auch die fürstlichen Mächte zunehmend in ein enges Geflecht internationaler Beziehungen verwoben waren. Vor allem England und Frankreich sowie das Papsttum schickten sich an, größeren Einfluß auf die Innenpolitik des Reiches zu nehmen. Hatte Friedrich Barbarossa durch die intensive Einbeziehung der mächtigsten Fürsten des Reiches zumindest bis 1180, dem Jahr der Entmachtung Heinrichs des Löwen, des übermächtig gewordenen und nahezu königsgleichen Beherrschers der Herzogtümer Sachsen und Bayern, ein gewisses Gleichgewicht der Kräfte gewahrt, so traten unter seinem Sohn, Heinrich VI., nunmehr ernstzunehmende, den inneren Frieden bedrohende Spannungen zwischen Zentralgewalt und Fürsten auf.[2] In jene labile Situation wächst Hermann von Thüringen aus dem angesehenen Geschlecht der Ludowinger hinein. Sehen wir uns das Wenige an, was wir aus seiner Jugendzeit wissen.

Hermanns Geburtsdatum ist unbekannt. Aus der Vermählung seines Vaters, Landgraf Ludwigs II., des Eisernen, mit Jutta von Schwaben, der Halbschwester Kaiser Friedrichs Barbarossa, um 1150 hat man angenommen, sei Hermann etwa um 1155 geboren worden. Zu seinen Geschwistern gehörten die Brüder Landgraf Ludwig III. von Thüringen (1172–1190), Friedrich, der erst eine geistliche Laufbahn einschlug und nach 1178 als Graf von Ziegenhain fungierte, und Heinrich Raspe, der bis 1180 Graf von Hessen war. Außerdem weiß man von einer Schwester namens Jutta, die mit Hermann III., Graf von Ravensberg, vermählt wurde.

Aus den sechziger Jahren des 12. Jahrhunderts stammt ein innerhalb der Geschichtswissenschaft und der Germanistik umstrittener Brief, in welchem Landgraf Ludwig II., der Vater Hermanns, mit dem französischen König Ludwig VII. (1137–1180) in Verbindung trat und die Bitte äußerte, er möge zwei seiner Söhne zur Vermittlung literarischer Bildung an seinem Pariser Hof Unterkunft gewähren. Daß die Bitte erfüllt und das Unternehmen zur Ausführung gekommen ist, nehmen zwar viele Historiker und Germanisten an, ungewiß ist indes, ob Hermann zu den Auserwählten gehörte. Gleichwohl waren späterhin Hermanns Beziehungen nach Frankreich und zum französischen Hof ausgesprochen intensiv. Von seinen ausgeprägten literarischen Interessen wird zu reden sein. In jedem Fall stellt der Brief ein außergewöhnliches Zeugnis dar. Sollte Hermann die französische Wissenschaft genossen haben, dann dürfte sein Bildungsniveau weit über dem vergleichbarer Fürsten gewesen sein. Galt dem Ritter dieser Zeit das Kriegshandwerk doch noch wesentlich mehr als die Kunde im Schreiben und Lesen. Selbst ein Wolfram von Eschenbach verachtete jegliche Buchweisheit und betonte demgegenüber seine ritterliche Würde.[3]

Hermann stand lange Zeit im Schatten seines Bruders, Ludwigs III., der 1180 im Zuge der Entmachtung Heinrichs des Löwen von Friedrich Barbarossa, seinem Onkel, die Pfalzgrafschaft Sachsen zugesprochen bekam. Ein Jahr später trat Ludwig das Palatinat im Beisein des Kaisers an Hermann ab. Diese Herrschaftsteilung spricht dafür, daß sich die beiden Brüder wohl recht gut verstanden. Beide führten, nachdem sie mehr den Welfen als den Staufern zuneigten, zusammen gegen den Welfen Heinrich den Löwen Krieg, gerieten nahe Weißensee nach großem Kampf in Gefangenschaft und wurden entweder vom Kaiser losgekauft oder, wie Arnold von Lübeck berichtet, vom Welfen freigelassen, um Frieden mit dem Kaiser zu vermitteln. Geradezu als Gottesurteil zugunsten der Familie des Landgrafen empfanden die Zeitgenossen ein Ereignis des Jahres 1184. Während einer Fehde des Landgrafen Ludwig mit dem Erzbischof von Mainz traf man sich auf Vermittlung des Kaisersohnes, Heinrichs VI., zu Friedensverhandlungen. Als plötzlich das Versammlungslokal zusammenbrach, vermochten sich nur Heinrich und Ludwig, die in den Fenstern gesessen hatten, zu retten. Die Vertreter des Erzbischofs, fünf namentlich genannte Grafen aus Thüringen, kamen ums Leben.[4]

Bei oberflächlichem Hinsehen könnte man meinen, Hermanns Bruder Ludwig sei als Landgraf stets ein treuer Anhänger der staufischen Herrschaft gewesen. Der Schein trügt. Ludwig wechselte während seiner Amtszeit mehrmals zu seinem Vorteil die Partei. So mag der Preis für eine Aussöhnung mit Barbarossa um 1180 die erbrechtlich beanspruchte Pfalzgrafschaft Sachsen gewesen sein. Erinnern wir uns dieser Tatsache, wenn wir die Herrschaftszeit Hermanns näher betrachten. Daß Ludwig ein eigensinniger Mensch war, zeigte sich auch bei der Teilnahme am dritten Kreuzzug. Ludwig zog nicht mit dem deutschen Heer auf dem gefährlichen Landweg. Er wählte seinen eigenen Weg, durchquerte Italien und benutzte von Brindisi nach Tyros den angenehmeren Seeweg. Bei der Belagerung von Akkon galt Ludwig als der Führer des deutschen Heeresaufgebotes. Kurz vor seinem Tod genoß das Landgrafenhaus ein hohes internationales Ansehen. Ludwig kehrte von diesem Unternehmen nicht mehr nach Hause zurück. Er starb auf der Rückreise am 16. Oktober 1190; seine Weichteile wurden auf Zypern begraben, seine Gebeine fanden im Hauskloster Reinhardsbrunn die letzte Ruhestätte. Da Ludwig keine männlichen Erben hinterließ, hätte Hermann ohne Schwierigkeiten im Amt folgen müssen. Heinrich VI., nach dem Tod seines Vaters nun Alleinherrscher, reagierte jedoch unerwartet. Er zog mit Heeresmacht nach Thüringen und versuchte, das Land in seine Hand zu bekommen. Die Landgrafschaft sollte Hermann als Lehen vorenthalten werden. Diese Handlungsweise Heinrichs VI., welche auf den erbitterten Widerstand geistlicher und weltlicher Fürsten stieß, zeigte an, wie wertvoll dem Herrscher Thüringen territorialpolitisch erschien. Letztlich mußte Heinrich VI. Hermann die Landgrafschaft als Lehen übertragen. Zwei Städte und eine Provinz nahm er von dieser Belehnung aus. Dieses Vorgehen des Königs dürfte Hermanns Verhältnis zu den Staufern nicht gerade in freundlicher Weise gefördert haben. Der Samen des Mißtrauens war gelegt. Würde er aufgehen? Werfen wir vorerst einen Blick auf das Objekt der Begehrlichkeit, die Landgrafschaft Thüringen, die einst von Kaiser Lothar III. nach 1130 eingerichtet worden war, und die weiteren Territorien, die unter der Herrschaft Hermanns standen.

Unter Hermann I. von Thüringen umfaßte der Machtbereich der Ludowinger eine Reihe von hessischen Grafschaften, die man später auch als hessische Landgrafschaft bezeichnete, die Landgrafschaft Thüringen selbst und die Pfalzgrafschaft Sachsen. Insgesamt gesehen ein breiter territorialer Streifen, der von Windeck im Westen, also nicht weit vom Rhein entfernt, bis an die Weiße Elster im Osten reichte. Im Norden fand sich Güterbesitz bis in die Gegend um Northeim, und im Süden läßt sich Besitz um Saalfeld und Saalburg sowie im Südwesten um das Kloster Arnsheim an der Lahn erschließen. In diesem etwas unscharf abgegrenzten Territorium herrschten die Ludowinger allerdings nicht flächendeckend. Innerhalb dieses Gebietes befanden sich zahlreiche geistliche und weltliche Machtbezirke. Von den geistlichen Institutionen sind das Erzstift Mainz, besonders mit dem Stützpunkt Erfurt, zu nennen und die Klöster Fulda und Hersfeld. Zu den weltlichen Mächten gehörten von Osten nach Westen gesehen: die Markgrafen von Meißen, die Grafen von Weimar-Orlamünde, die Grafen von Schwarzburg, die Grafen von Henneberg, die Grafen von Gleichen und die Grafen von Battenberg. In Gemengelage mit diesen Herrschaften befanden sich in Mitteldeutschland die allodialen Güter, Lehen, Vogteirechte, Münzrechte und sonstigen Regalien wie zahlreiche stadtherrliche Rechte der Ludowinger. Dieser ludowingische Herrschaftsbereich trennte den nördlichen, man könnte sagen welfisch geprägten, vom südlichen, staufisch beherrschten Machtkomplex.[5] Solange ein einziger König im Reich herrschte, konnte man sich der Begehrlichkeit auf diese wichtige strategische Position wohl einigermaßen geradlinig erwehren. Neben der Reichsgewalt kollidierten die Ludowinger allerdings sehr oft auch mit dem Erzstift Mainz, das sich häufig im Kampf um territoriale Ausdehnung auf Kosten der Landgrafen Verbündete in den einheimischen Grafengeschlechtern suchte. Somit stießen in diesem Raum fortwährend unterschiedliche territorialpolitische Interessen aufeinander. Schönheitspreise waren in diesen Auseinandersetzungen nicht zu vergeben. Mit der Waffe in der Faust wurden diese Konflikte blutig ausgetragen, und das über einen meist langen Zeitraum hinweg.

Während der Amtszeit Heinrichs VI. konnte sich Hermann I. noch relativ »ungestört« dem Ausbau und der Verteidigung seiner Herrschaft widmen, d. h. er konnte sich seiner inneren und benachbarten Feinde erwehren, ohne in eine unlösbare Zwangssituation zu geraten. Einer dieser Konflikte ergab sich mit dem östlichen Nachbarn, den Markgrafen von Meißen, die sich bereits zu Ludwigs III. Zeiten in landgräflich beherrschtes Gebiet eingekauft hatten. 1191 kam es zwischen dem Markgrafen Albrecht von Meißen und dessen Bruder Dietrich von Weißenfels wegen der Silberbergwerke in Freiberg und des Erbteils ihres 1190 verstorbenen Vaters Otto von Meißen zu Streitigkeiten. Der in Bedrängnis geratene Dietrich bat Hermann um Unterstützung. Dessen Hilfe hatte ihren Preis. Dietrich »mußte« Hermanns Tochter, Jutta, ehelichen. Als Morgengabe brachte sie die Burg Beichlingen in dieses Zwangsbündnis ein. Hermann konnte daraufhin Albrecht mit Waffengewalt zum Frieden zwingen. Wenig später beschuldigte der rachsüchtige Albrecht den Landgrafen bei Heinrich VI. des Hochverrats. Albrecht berichtete dem Kaiser in Nordhausen, Hermann sei das Haupt einer Verschwörung sächsischer Fürsten, die sich in den uneingeschränkten Besitz ihrer Lehen setzen wollten. Seine Aussage bekräftigte er mit der Bereitschaft, die Wahrheit durch einen gerichtlichen Zweikampf zu erweisen. Nicht diese Anschuldigung wird Hermann übermäßig verärgert haben, zornig wird er darüber gewesen sein, daß Heinrich dem Geschwätz des Meißener Markgrafen Glauben schenkte und ihn nach Nordhausen bzw. Altenburg bestellte. Der Verdacht hatte keinen Bestand. Das Verhältnis zwischen Hermann und Heinrich VI. wurde allerdings eine weiteres Mal stark belastet. Es verwundert wohl kaum, daß Hermann der diktatorischen Machtausübung des Königs distanziert gegenüberstand. Die Ermordung des von Heinrich VI. vertriebenen Bischofs von Lüttich, Albert von Brabant, Ende 1192 und die entehrende Behandlung des vom Kreuzzug heimkehrenden englischen Königs Richard Löwenherz, der am 21. Dezember 1192 in deutsche Gefangenschaft geriet, haben den ritterlich gesonnenen Hermann ohne Zweifel gegen den Staufer eingenommen. Noch kurz vor der im Juni 1193 beschlossenen Freilassung Richards – seine Mutter Eleonore und andere englische Große waren in Mainz erschienen – versuchte Heinrich VI. zu taktieren, indem er die französischen Gegner des englischen Königs in Mainz zu Wort kommen ließ. Die in Mainz versammelten Fürsten, unter ihnen Hermann von Thüringen, erzwangen daraufhin die Freilassung Richards mit ungewöhnlichen Mitteln. Sie forderten Heinrich VI. auf, zusammen mit ihnen den französischen König zu mahnen, er möge alle während Richards Gefangenschaft an sich gebrachten Städte und Ländereien unverzüglich zurückgeben. Geschehe dies nicht, würden sie dem englischen König zur Erreichung der Forderungen militärische Hilfe leisten. Ein außergewöhnliches, die Lehensabhängigkeiten überspringendes Versprechen, das auch Heinrich VI. zur Räson zwang. Hermanns Anteil an diesen Vorgängen darf nicht unterschätzt werden, denn ein Jahr später erschien der Landgraf als Vermittler zwischen den Staufern und den Welfen und führte die Aussöhnung zwischen Heinrich VI. und dem nach England verbannten Heinrich dem Löwen herbei.[6] Hermann war damit Ende der neunziger Jahre eine der wichtigsten Persönlichkeiten im Reich. Sein Einschreiten vermochte Krisensituationen zu lösen bzw. zu entscheiden.

1194 kam es wieder zu Streitigkeiten der markgräflichen Brüder, die das Eingreifen Hermanns erforderten. Das Kriegsglück neigte sich bald auf des Landgrafen Seite. Allerdings nutzten die Erzbischöfe von Mainz und Köln diese Händel, um im Westen, in Hessen einzufallen. Die landgräflichen Städte Grünberg und Melsungen wurden zerstört. Der Krieg im Osten fand durch den Tod Albrechts sein Ende. Heinrich VI. nutzte diese Situation und behielt die Markgrafschaft als heimgefallenes Lehen in seiner Machtbefugnis. Der erbberechtigte Schwiegersohn Hermanns, Dietrich von Weißenfels, ging vorerst leer aus. Erst König Philipp von Schwaben belehnte Dietrich mit der Markgrafschaft. Im Moment mag dieses Verhalten das Vertrauen in den Stauferkönig kaum gestärkt haben, zumal Heinrich VI. vor diesem Hintergund einen Plan unterbreitete, der weiterhin Grund zum Mißtrauen bot. 1196 trat Heinrich VI. mit einem sogenannten Erbreichplan an die Öffentlichkeit.

Indem Heinrich den weltlichen Fürsten des Reiches die uneingeschränkte Erblichkeit ihrer Lehen in männlicher und weiblicher Linie zusicherte, verlangte er von ihnen die Zustimmung zur Erblichkeit der Krone, was wohl auf einen weitgehenden Verzicht der Reichsfürsten an der Königswahl hinauslief. Der Zeitpunkt für die Durchsetzung des Planes war nicht ungünstig gewählt. 1195 hatte man zu einem neuen Kreuzzug aufgerufen. Der König und viele Fürsten, auch Hermann von Thüringen, hatten das Kreuz genommen. Die Vorbereitungen für den Zug liefen auf Hochtouren. Heinrich VI. zeigte ein starkes Interesse daran, daß sein noch unmündiger Sohn Friedrich die Nachfolge im Reich antreten sollte. Einige Fürsten wollten zudem, bevor sie sich auf den gefährlichen Weg ins geheiligte Land aufmachten, ihren Besitzstand sichern. Hermann, der zu jener Zeit noch keinen männlichen Erben besaß und dem der Tod seines Bruders auf dem vorhergegangenen Kreuzzug wohl gegenwärtig war, stimmte deshalb dem Plan des Kaisers vorerst zu. Auf einem Hoftag in Würzburg im April 1196 ließ er seine Lehen unter Zustimmung der anwesenden Fürsten auf seine Tochter Hedwig übertragen. In der folgenden Zeit meldete sich aber verstärkter Widerstand gegen diesen Plan an. Papst Cölestin III. versagte ihm seine Zustimmung, und auch immer mehr Fürsten sperrten sich gegen das Projekt des Kaisers. Da Heinrich VI. die Belehnung von Hermanns Schwiegersohn, Dietrich von Weißenfels, immer noch hinauszögerte, wurden Zweifel an seiner Ehrlichkeit genährt. Die eingetretene Lage wirkte sich zudem ungünstig auf die Vorbereitungen und den Beginn des bevorstehenden Kreuzzuges aus. Der Kaiser wandte sich deshalb mit einem Schreiben an Hermann und forderte ihn auf, er möge ein gutes Beispiel geben und die Zögernden anfeuern, seinen Eifer als Kämpfer für das Heilige Land nicht erkalten lassen, damit die Anstrengungen der kleineren Fürsten nicht für umsonst gewesen seien. Die überlieferte Antwort mag zur Charakterisierung Hermanns einen guten Beitrag liefern. Der Reinhardsbrunner Chronist läßt den Landgrafen antworten, daß er das Kreuz nicht wegen der Kreuzzugspredigt oder gar aus Furcht vor dem weltlichen Schwert genommen habe. Seinen Entschluß hätte allein das Verlangen nach göttlichen Lohn bestimmt. Wenn er die Zeit für angemessen erachte, dann werde ihm weder Furcht vor einem Menschen noch dessen Gunst vom Zug abhalten. Der Landgraf stellte mit dieser Antwort seine Unabhängigkeit in Entscheidungsfragen nachdrücklich unter Beweis. Obwohl der Erbreichplan letztlich scheiterte, auch weil Hermann davon Abstand nahm, stimmten die Fürsten in Frankfurt am Main der Nachfolge Heinrichs VI. durch seinen Sohn zu.[7] Danach schritt man zur Erfüllung des Kreuzzugsgelöbnisses. Nach günstigem Beginn lähmte die Nachricht vom Tode Heinrichs VI. den Unternehmungsgeist der übrigen deutschen Fürsten. Die schnelle Rückkehr ins Reich war angezeigt. Hermann und einige andere Fürsten indes ließen sich Zeit. In Akkon sah man den Landgrafen unter den Teilnehmern eines Konzils, auf welchem die Spitalbrüderschaft der heiligen Maria zum Ritterorden erhoben wurde. Das thüringische Landgrafenhaus hat diesem Ritterorden, dem Deutschen Orden, eine besondere Förderung angedeihen lassen. Konrad, ein Sohn Hermanns, trat später in diesen Orden ein und wurde dessen Hochmeister.

Bei der Rückkehr Hermanns – er hatte übrigens den beschwerlichen Weg über Böhmen gewählt, wohl um mit seinem Verwandten, dem König von Böhmen, über Zukünftiges zu verhandeln – fand er im Reich eine prekäre Lage vor. Nach dem Tod Heinrichs VI. waren durch verschiedene Fürstengruppierungen mit englischer bzw. französischer Einflußnahme zwei Könige erhoben worden: Otto IV., ein Sohn Heinrichs des Löwen und Neffe Richards Löwenherz, der in Frankreich und England aufgewachsen war, und Philipp von Schwaben, der jüngste Sohn Friedrichs Barbarossa, der ursprünglich eine geistliche Laufbahn einschlagen sollte. Beide Könige warben um die Unterstützung durch Hermann. Daß sich der Landgraf für ein Entgeld von 8000 Mark und die Reichsstädte Nordhausen und Saalfeld dem Welfen anschloß, verwundert eigentlich nicht, wenn man bedenkt, welche schlechten Erfahrungen der Thüringer mit den staufischen Herrschern bisher gemacht hatte. Daß Ottos »milte«, Freigiebigkeit, allerdings im umgekehrten Verhältnis zu seiner Körpergröße stand, wie Walther von der Vogelweide einmal betonte, davon mag Hermann keine Kenntnis bei seiner Rückkehr gehabt haben. Es ist übrigens in der Tat nicht sicher, ob er die Geldsumme jemals erhielt. Außerdem dürfte dem gebildeten und um ein eigenes Urteil bemühten Hermann die Kräftekonstellation zugunsten des Staufers im Reich nicht entgangen sein. Nun, wie auch immer, vielleicht sollte man Hermann ein Fehlurteil getrost zugestehen.[8]

In der deutschen Geschichtswissenschaft wird der Eindruck erweckt, daß Hermann eine »politische Windfahne« gewesen sei. Er hätte nur an seinen Eigennutz gedacht. Für die Leiden, die die Thüringer und Hessen durch die wechselnden Kriegsgegner zu erdulden hatten, hätte er keinen Sinn entwickelt. Sicher kann man dies Hermann unterstellen, beachten sollte man aber auch die Handlungsweise seiner in- und ausländischen Verbündeten und Kontrahenten. Es scheint äußerst spekulativ, wenn man Hermann indirekt vorhält, er hätte durch geradliniges und beständiges Handeln den Thronstreit in der Zeit von 1198 bis 1208 zugunsten einer Partei entscheiden und damit etwa auch die Kriegsfurie von seinen Territorien fernhalten können. Hermann war ein Fürst, übrigens wie viele seiner Zeitgenossen auch, der aus entstandenen zwiespältigen Situationen für seine Landesherrschaft ohne Zweifel Nutzen ziehen wollte. Als sich Hermann 1198 für Otto entschieden hatte, griff er mit etwa 1800 Rittern das staufisch gesinnte Nordhausen an, das ihm nun übertragen worden war. Nach sechswöchiger Belagerung ergab sich die Stadt. Den Einwohnern sicherte er Leben und Vermögen zu. Das ebenfalls staufisch gebundene Saalfeld konnte sich der Gnade des Landgrafen nicht erfreuen. Noch vor seiner Ankunft war die Stadt durch landgräfliche Truppen eingenommen und schonungslos geplündert worden, sogar vor Kirchen und Klöstern machte man nicht halt. Hermann ließ diese Frevel ungeahndet. Prompt drohte ihm der Kirchenbann.

Wenig später hatte sich die Lage im Reich grundlegend geändert. Der staufische Siegeszug setzte ein. Ottos Geldquellen in England versiegten. Otakar von Böhmen, mit dem Hermann verwandt war, und sein Schwiegersohn Dietrich von Weißenfels, der inzwischen in den Besitz der Markgrafschaft Meißen gelangt war, setzten sich nun für einen Übertritt des Landgrafen auf die Seite König Philipps von Schwaben ein. Der Abfall von Otto IV. erfolgte am 15. August 1199, und am 29. September erschien Hermann erstmals am staufischen Hof in Mainz. Der Staufer belehnte den Ludowinger mit den königlichen Orten Nordhausen, Mühlhausen und Saalfeld mit dem Gebiet Orlan und der Burg Ranis. Otto IV. beklagte die Treulosigkeit des Landgrafen bei Papst Innocenz III. Dieser ehrgeizige, die Macht des Papsttums stärkende Inhaber des Stuhles Petri in Rom ließ sich die Chance zu intensiver offener Einmischung in die nordalpinen Angelegenheiten nicht nehmen. Innocenz drohte Hermann mit Exkommunikation und dem Interdikt für seine Ländereien, und weit wichtiger, er erklärte sich am 1. März 1201 für Otto IV. als rechtmäßigen König. Der Druck auf den thüringischen Landgrafen wurde jedoch noch stärker durch eine Doppelbesetzung des Mainzer Erzbischofsstuhles. Die staufische Partei setzte Bischof Lupold von Worms zum neuen Erzbischof, die Welfen entschieden sich dagegen für Siegfried von Eppenstein. Bei der Verwobenheit der thüringischen Landgrafschaft mit dem Erzstift waren kriegerische Auseinandersetzungen vorprogrammiert, zumal auch die bereits genannten gräflichen Mächte nicht einheitlich für einen der Kandidaten stimmten.

Die Rolle des Papstes blieb undurchsichtig. Ende des Jahres 1201 äußerte Innocenz III. seine Freude darüber, daß Hermann nun wieder Otto IV., dem rechtmäßigen Römischen König, den Treueid geleistet habe, auf den ehemals Philipp, dem Herzog von Schwaben (!), geleisteten Eid solle er keine Rücksicht nehmen.[9] Das Verhalten des Papstes mutet uns heute freilich auch etwas seltsam, um nicht zu sagen unmoralisch, an. Hermann erscheint innerhalb der päpstlichen Politik lediglich als ein Mosaiksteinchen, das man beliebig verschieben kann. Die Wirren im deutschen Reich erlaubten es dem Papsttum, seine Machtposition vor allem in Mittelitalien zum Ausbau des Kirchenstaates zu nutzen. Was galten in diesem Zusammenhang schon Eide. Nun waren neben Hermann von Thüringen ebenfalls König Otakar von Böhmen und Markgraf Dietrich von Meißen zu Otto IV. übergegangen. Zu dieser Zeit fiel auch ein sehr enger Vertrauter, der Kanzler Konrad von Würzburg, von Philipp ab. Vor diesem Abfall hatten nun interessanterweise einige Gespräche im vertraulichen Rahmen zwischen Konrad und Hermann stattgefunden. Wenig danach fand Konrad auf dem Weg zum Gottesdienst durch die Hände von Meuchelmördern den Tod. Der gutinformierte Reinhardsbrunner Chronist sah übrigens im Mord am Kanzler Philipps den Anlaß für den erneuten Parteiwechsel des Landgrafen. Diesen Grund sollte man nicht unterschätzen, wenn man dazu noch das traditionelle Mißtrauen des Landgrafen gegenüber staufischer Politik bedenkt. Im Hintergrund fand außerdem eine intensive Kontaktnahme mit Innocenz III. statt. So nahm der Papst 1203 Hermann samt seiner Güter in seinen Schutz, versprach ihm, daß niemand über ihn und seine Ländereien Exkommunikation und Interdikt verhängen dürfe und daß Hermann jederzeit das Recht habe, an den Papst direkt zu appellieren.[10] Hermann schien wohl an diesen Zusicherungen sehr interessiert zu sein, wobei sie ihm freilich wenig halfen. Um den Besitz von Erfurt bekriegten sich die beiden Kontrahenten für das Erzstift Mainz. Außerdem rüstete Philipp zum Angriff auf den abtrünnigen Landgrafen. In den Jahren 1203/04 hatte Thüringen besonders stark unter dem Krieg zu leiden. Freund und Feind verwüsteten das Land. Vor allem die verbündeten Böhmen raubten und plünderten zügellos.

Im Jahre 1204 neigte sich Fortuna wieder dem Stauferkönig zu. Hermann wurde in seiner Burg Weißensee eingeschlossen. Die zu Hilfe eilenden Böhmen zogen sich, als sie von der Größe des staufischen Heeresaufgebotes hörten, eiligst in ihre Heimat zurück. Am 17. September 1204 lag Hermann in Ichtershausen, da, wo einst Philipps Wahl zum König beschlossen worden war, im Staub zu Füßen des Schwaben. Hermann mußte sich auf Gnade und Ungnade unterwerfen. Den neuen Schwur der Treue ließ sich Philipp durch Geiseln, darunter den Sohn Hermanns, absichern. Das 1199 übertragene Reichsgut wurde ihm aberkannt. Die Schwäche des Landgrafen nutzte das Kloster Hersfeld aus, dessen Vogtei die Ludowinger beanspruchten. König Philipp zwang Hermann 1205 einen Friedensvertrag mit dem Abt von Hersfeld auf, wobei man sagen muß, daß der Landgraf in diesem Fall Vogteirechte schamlos mißbraucht hatte. So entfremdete er hersfeldische Güter und Villikationen mit allen Einkünften, verteilte hersfeldische Ministerialgüter unter seine Anhänger, Leute des Landgrafen holzten klösterliche Wälder ab, um Häuser zu bauen und Städte zu befestigen, und in Herrenbreitungen nutzte der Landgraf Zoll, Markt und Münze zu seinen Gunsten. Diese Vergehen hatte er nun wieder gutzumachen. Gleichwohl verlief diese Wiedergutmachungsaktion wohl recht schleppend. 1215 mußte man sich erneut am Verhandlungstisch treffen. Gegen eine große Anzahl hersfeldischer Lehen verzichtete nun Hermann auf alle Ansprüche aus den Vogteirechten. Im allgemeinen war Hermanns Politik gegenüber geistlichen Institutionen von dem Grundsatz bestimmt, daß alle in seinem Herrschaftsbereich gelegenen Kirchen und Klöster seiner defensio, Schutzpflicht, unterstünden. Aus dieser Schutzverpflichtung konnte sukzessive Herrschaft erwachsen. So entwickelte sich Hermann langsam, ausgehend von einzelnen Eigenkirchenrechten, zum Herrn, zum Territorialherrn, über alle Kirchen seines Landes.

In den Jahren 1206 und 1207 agierte Hermann in Diensten Philipps. Unter anderem beteiligte er sich an der Belagerung von Köln, und des öfteren weilte er am Hof des Staufers. Zu jener Zeit gab es allerdings wieder Gerüchte über einen bevorstehenden Parteienwechsel des Landgrafen. Philipp war dies zu Ohren gekommen, und er beabsichtigte, Hermann dadurch zu schädigen, daß er das böhmische Heer zu einer Aktion gegen Otto IV. durch Thüringen ziehen lassen wollte. Gewiß wäre der Schaden groß gewesen. Am 21. Juni 1208 fiel Philipp von Schwaben, der nun auch in Geheimverhandlungen einer Aussöhnung mit dem Papsttum recht nahe war, einem Mordanschlag zum Opfer. Indem die meisten Fürsten, so auch Hermann, nun Otto IV. zustimmten, letzterer auch mit dem Votum Innocenz' III. rechnen konnte, und ein allgemeiner Landfrieden beschworen wurde, verbreitete sich die Hoffnung auf geordnete Verhältnisse. Hermann aber sah sich bald enttäuscht. Die Güter und vor allem die Städte, welche ihm 1204 nach der Unterwerfung durch Philipp von Schwaben aberkannt worden waren, gab ihm Otto IV. nun wahrscheinlich auch nicht zurück. Hermann ging daraufhin langsam auf Distanz zu dem alleinigen König. Als Otto IV. 1209 nach Italien zur Kaiserkrönung zog, blieb Hermann diesem Unternehmen fern. 1210 bereits sah man ihn an einer Verschwörung gegen Otto IV. zusammen mit Otakar von Böhmen und den Erzbischöfen Siegfried von Mainz und Albrecht von Magdeburg beteiligt. Interessanterweise unterstützte auch Papst Innocenz III. die Aufkündigung des Gehorsams gegenüber Otto IV., war doch dieser nach der Kaiserkrönung in Rom ganz in die Bahnen staufischer Italienpolitik eingeschwenkt und damit zum Feind des Papstes geworden.

Zu dieser Zeit wandte sich noch eine wichtige Persönlichkeit an Hermann, der König von Frankreich. Der wollte ihn für ein Königtum Friedrichs II., des Sohnes von Heinrich VI., erwärmen, mit Zusicherungen, die sowohl Hermanns Rolle im Reich unterstreichen als auch Hermanns Beziehungen nach Frankreich in eindrucksvoller Weise verdeutlichen. Sollte sich der Landgraf für Friedrich II. einsetzen, so wolle er eine Tochter von ihm zur Königin von Frankreich machen. Wenn ihm diese Tochter allerdings zu häßlich wäre, dann wolle er die Nichteinhaltung seines Versprechens durch eine beträchtliche Geldsumme abfinden. Ein kleines Hindernis müsse Hermann jedoch noch aus dem Weg räumen. Er möge sich doch bei Papst Innocenz III. für die Scheidung von seiner dänischen Gemahlin Ingeborg einsetzen.[11] Das Ansinnen des französischen Königs, Philipp II. August, klingt in unseren Ohren etwas schrill. Ein ernsthafter Mensch würde dieses Angebot wohl mit einem milden Lächeln ad acta legen. Nicht so Hermann. Er hat sich in der Folge vehement für ein Königtum Friedrichs von Sizilien eingesetzt und zwar ohne Wenn und Aber und dazu noch mit ungewöhnlicher Beständigkeit. Man wird davon ausgehen müssen, daß der französische König genau wußte, mit welchen Mitteln man Hermann gewinnen konnte.

Betrachtet man die weiteren Vorgänge, dann müßte dem Parteienwechsler Her mann wenig Geschick und ein unkluges Verhalten unterstellt werden, denn ein Hinauszögern des folgenden Schrittes hätte ihm doch weit weniger Schwierigkeiten bereitet. Im September 1211 erklärten auf einem Fürstentag in Nürnberg eine Anzahl oppositioneller Fürsten, unter ihnen Hermann von Thüringen, König Otakar von Böhmen, die Herzöge von Österreich, Otto IV. für einen Häretiker und an seiner Statt Friedrich zum neuen rechtmäßigen König. Die welfische Partei im Reiche reagierte daraufhin schnell. Der Bruder Ottos IV., Pfalzgraf Heinrich, und der Herzog von Brabant griffen den stauferfreundlichen Mainzer Erzbischof Siegfried von Eppenstein an, so daß dieser bei Hermann Zuflucht suchen mußte. Gunzelin von Wolfenbüttel, einer der fähigsten Ministerialen und Feldherren Ottos IV., zog mit Geldzahlungen die wichtigsten thüringischen Grafen an sich und ging zum Angriff auf Thüringen über. Das Unternehmen wurde dabei von Gunzelin propagandistisch vorbereitet, indem er Hermann zum hostis publicus, zum Staatsfeind, erklärte. Die Belagerung der wichtigsten Feste des Landgrafen, Weißensee, scheiterte zwar, und Hermann gelang es, zwei der abtrünnigen Grafen, Friedrich von Beichlingen und den Grafen von Stolberg, in seine Hand zu bekommen, Thüringen jedoch litt wieder einmal fürchterlich unter den Bedrückungen des Krieges. Ein Ende des Leids war nicht absehbar. Aus Italien zurückgekehrt, erschien Otto IV. im Juli 1212 auf dem thüringischen Kriegsschauplatz. Die Lage für Hermann verschlimmerte sich Tag für Tag, aber er hielt unter großen Opfern stand. Dem Landgrafen kam die zweifelhafte Ehre zu, daß man gegen seine Burgen ein bisher in Deutschland unbekanntes Kriegsgerät, den Dreibock, einsetzte. Mit ihm konnten leichte Geschosse bis zu 500 Meter weit geschleudert werden. Auf kürzere Entfernung war das Verschießen gar tonnenschwerer Steine möglich.[12]

Während der Belagerung von Weißensee traf die Nachricht ein, daß sich der junge Friedrich II., für den sich Hermann einsetzte, auf dem Weg nach Deutschland befand. Otto unterschätzte diese Meldung. Die Magdeburger Schöppenchronik legte ihm die Worte in den Mund: *Höret die neue Märe, der Pfaffenkaiser kommt und will uns vertreiben.*[13] In Ottos Umgebung sah man die Ankunft Friedrichs realistischer. Ein Ratgeber des Kaisers, Wolfger von Aquileja, riet ihm, die jugendliche Tochter Philipps von Schwaben, Beatrix, zu heiraten, was am 22. Juli zu Nordhausen geschah. Damit sicherte sich Otto vorerst den Beistand zahlreicher staufischer Ministerialen. Am 11. August 1212 starb Beatrix plötzlich und unerwartet. Der thüringische Feldzug mußte daraufhin abgebrochen werden. Hermann konnte aufatmen und sich auf den Empfang des neuen Königs vorbereiten. Für Otto IV. schien sich ein seltsamer Traum, den er auf dem Italienfeldzug hatte, zu erfüllen. Ein kleiner Bär wäre in sein Bett gekrochen, so träumte er. Das Tier wäre größer und größer geworden und hätte Otto letztlich aus seinem Bett verdrängt. Bereits in Italien hatten Freunde Ottos diesen Traum auf Friedrich von Sizilien gedeutet.[14]

Friedrich II. setzte sich Dank der Unterstützung Hermanns, die durch beträchtliche Geldsummen des französischen Königs noch gefördert wurde, letztendlich durch. Ottos Niederlage wurde allerdings außerhalb des Reiches besiegelt. Der Sieg des französischen Königs in der Schlacht von Bouvines zerschlug das welfisch-englische Bündnis und damit den Rückhalt Ottos IV. Am 25. Juli 1215 wohnten zahlreiche Fürsten der Krönung Friedrichs II. in Aachen zum deutschen König bei.

Die letzten zwei bis drei Jahre von Hermanns Leben bewegten sich in relativ ruhigen Bahnen, wenn man von einigen Fehden absieht. Die Herrschaftsroutine in der Land- und Pfalzgrafschaft wurde lediglich durch einige Aufenthalte am staufischen Hof unterbrochen. Am 25. April 1217 starb Hermann in geistiger Umnachtung in Gotha. Er hinterließ eine Witwe namens Sophie, Tochter des Herzogs Otto I. von Bayern. Mit ihr hatte er sechs Kinder gezeugt. Eine Tochter Irmengard hatte Hermann mit Graf Heinrich von Anhalt vermählt. Von seinen Söhnen starb Hermann vor dem Vater; Ludwig, genannt der Heilige, heiratete Elisabeth, die Tochter König Andreas` II. von Ungarn, und folgte als Landgraf. Hermann I. von Thüringen unterstellten bereits Zeitgenossen, daß er selbst König werden wollte. Sein dritter Sohn, Heinrich Raspe, schaffte dies. Er war kurze Zeit, von 1246 bis 1247, Römischer König und zwar als Gegenkönig zu Friedrich II. Von einem weiteren Sohn, Konrad, der in den Deutschen Orden eintrat, hörten wir bereits. Es ist noch eine Tochter Agnes zu nennen, die eheliche Bande mit Österreich und Sachsen-Wittenberg knüpfte. Aus einer ersten Ehe sind sodann noch Jutta und Hedwig zu erwähnen. Letztere heiratete Albrecht von Orlamünde, der Graf von Holstein wurde. Man kann unschwer erkennen, daß das hohe Ansehen des Landgrafen auf seine Nachkommen und deren Eheverbindungen ausstrahlte.[15]

Hermanns Nachruhm basiert vordergründig nicht auf seinen kriegerischen Unternehmungen. Zahlreiche Historiker meinen, daß Hermanns häufiger Parteienwechsel ihm wahrlich nicht zur Ehre gereichte. Gleichwohl darf man Hermann nicht für Handlungen tadeln, die zum politischen Alltag des Zeit gehörten. Zu einem Negativurteil über ihn passen sodann auch Begebenheiten, die den dunklen Charakter des Landgrafen unterstreichen sollen. So berichtete der Reinhardsbrunner Chronist, Hermann habe selbst gefoltert und eigenhändig wehrlose Menschen getötet.[16] Welch ein Widerspruch nun, daß Hermann I. einer der bedeutendsten Kunstmäzene seiner Zeit war. Der Hof des Landgrafen galt als ein literarisches Zentrum von erstem Rang. Walther von der Vogelweide, Wolfram von Eschenbach, Albrecht von Halberstadt, Heinrich von Veldecke und Herbort von Fritzlar weilten hier und entfalteten auf Betreiben Hermanns einen weithin ausstrahlenden Kulturbetrieb. Wolfram und Walther gewähren uns Einblick in das oft laute, oft wilde, aber auch bunte Treiben am Hofe in Eisenach. Und gerade in der Klage über die Zustände am Hofe stoßen wir auf allzu Vertrautes aus heutigen Tagen. Wolfram von Eschenbach ließ im Parzival das Treiben dort anklingen: Hermann sei zwar generös, doch vielleicht gerade deshalb gäbe es an seinem Hof Gesinde, das Gesindel heißen müßte. Neben dem elenden Gebettel vernehme Hermann gar nicht mehr die edlen Bittgesuche. Nun, Hermann hat dem Wolfram immerhin die französische Vorlage des »Willehalm« empfohlen. Als sich Hermanns Bruder Ludwig III. mit Margarete von Kleve vermählte, stahl ein weiterer Bruder, Heinrich, dem Heinrich von Veldecke das Eneit-Manuskript. Hermann von Thüringen bat Jahre später Heinrich eindringlich, dieses Werk zu beenden. Neben französischen Stoffen hat Hermann auch eine Vorliebe für antike Themen entwickelt. Albrecht von Halberstadt erstellte eine deutsche Bearbeitung der Metamorphosen des Ovid. Am interessantesten mag Herbort von Fritzlars »liet von troye« sein, das die älteste überlieferte Troja-Dichtung in deutscher Sprache darstellt. Herbort entwarf in einer ungeschminkten und illusionslosen Sprache ein Bild von den Leiden des Krieges, in welchem die Idee von einer idealisierten Ritterwelt so gar keinen Platz fand. Wie weit Hermanns Interesse für Literatur ging, mag ein Tatbestand andeuten. Auf einer Fuldaer Handschrift von Lukans »Pharsalia« findet sich auf einem der ersten Blätter die Randnotiz: *H. Dei gratia Thuringiae lantgravius et Saxoniae comes palatinus.* Sollte es sich hier um einen Eigentümervermerk handeln? Dem Reinhardsbrunner Chronisten zufolge hat sich Hermann nie der Nachtruhe hingegeben, ohne in der Bibel zu lesen oder sein Ohr lateinischen und deutschen Werken geliehen zu haben. Der Eigentümervermerk würde Hermanns Person zumindestens nicht widersprechen.[17]

Neben diesen literarischen Vorlieben hat Hermann und wohl auch seine Gattin die Geschichtsschreibung in seinem Hauskloster Reinhardsbrunn gefördert, und neben Heinrich dem Löwen bringt man den Landgrafen auch in Beziehung zu einer bedeutenden thüringisch-sächsischen Malschule, die ihren Niederschlag vor allem in prächtiger Buchmalerei fand. Zwei Psalterien, der Landgrafenpsalter und das Psalterium der heiligen Elisabeth, werden mit dieser durch Hermann initiierten Schule in Verbindung gebracht.

Nach dem Tod Hermanns setzte man ihm bald ein weiteres literarisches Denkmal im sogenannten Sängerkrieg auf der Wartburg. Im »Fürstenlob«, einem der ältesten Teile des in mehreren Etappen entstandenen Themas, preisen verschiedene Dichter Fürsten und gleichzeitig Kunstmäzene der Zeit um 1205/06. Heinrich von Ofterdingen sprach für den Herzog von Österreich, Walther von der Vogelweide für den französischen König, der sogenannte Tugendhafte Schreiber für Landgraf Hermann und Biterolf für den Grafen von Henneberg. Reimar von Zweter und Wolfram von Eschenbach fungierten bei diesem Wettstreit um Leben und Tod als Schiedsrichter. Als Heinrich von Ofterdingen unterlag und bereits den Scharfrichter von Eisenach erblickte, floh er in den Schutz der Landgräfin Sophie, indem er unter ihren Mantel kroch und um Hilfe flehte. Diese Szene hat Moritz von Schwind in seiner Freskenmalerei auf der Wartburg festgehalten.[18]

Übereinstimmend loben Walther von der Vogelweide und Wolfram von Eschenbach die »milte«, die Freigebigkeit des Landgrafen, und man fragt sich natürlich, wie hat Hermann das Geld für die Kriegszüge, bei denen er immerhin ein Heeresaufgebot von fast 2000 Leuten stellen konnte, und den Unterhalt für sein Gefolge aufgebracht. Neben diesen Ausgaben hat Hermann Eisenach mit der Wartburg, Weißensee und die Neuenburg an der Unstrut sowie weitere Burgen mit erheblichen Aufwand zu repräsentativen bzw. wehrhaften Plätzen ausgebaut.

Woher kamen die finanziellen Mittel? Gewiß, er ließ sich die Parteienwechsel bezahlen, und – wie wir sahen – mißbrauchte er auch seine Vogteirechte; Hersfeld war nur ein Beispiel. Zu Juden, den in Geldgeschäften kompetentesten Leuten der Zeit, soll er einen intensiven Kontakt gepflegt haben. Darüber hinaus hat er sich trotz Krieg und Kunstgenuß mit Energie dem inneren Ausbau seiner Landesherrschaft gewidmet. Aus vielfältigen Gerichtsrechten zog er ohne Zweifel auch finanziellen Gewinn. Nutzen dürfte Hermann aus zahlreichen, bedeutenden Städten seines Territoriums gezogen haben. Die heißumkämpften Städte Nordhausen, Mühlhausen, Saalfeld und Saalburg wurden bereits genannt, weiterhin sind Marburg als Mittelpunkt eines oberhessischen Besitzkomplexes, Schmalkalden, Breitungen, Eisenach, Melsungen, Rotenburg an der Fulda, Sooden-Allendorf mit wichtigen Salzquellen, Witzenhausen und letztlich Friedrichroda, wo wir einen genaueren Blick auf die landgräfliche Politik erhalten, zu nennen. Der Abt von Reinhardsbrunn hatte durch das Abhalten eines Marktes in Friedrichroda die wirtschaftlichen Interessen der Bürger von Gotha und Waltershausen verletzt. Der Landgraf versuchte diese Interessen zu schützen, indem er Friedrichroda und den Markt zerstören wollte. Ernstlich? Nach Verhandlungen mit den Beteiligten nahm der Landgraf gegen eine Zahlung (!) von 40 Mark von dieser Absicht Abstand. In diesem Zusammenhang erfahren wir aus den schriftlichen Quellen, daß die Ludowinger ihre Bauern in den Rodungsdörfern zu günstigen Bedingungen, zum Beispiel zu Erbrecht, ansetzten. Außerdem tauchen in den Urkunden des Landgrafen zahlreiche Beamte auf. Diese sorgten sich sicherlich nicht nur um das Marktgeschehen. Sie waren zudem verantwortlich für das Eintreiben von Steuern, Zöllen und Gewinnen aus Münzprägungen. Zur Koordinierung dieser Aufgaben stand dem Landgrafen eine nicht große, aber wohl effektive Kanzlei zur Verfügung, aus der auch noch künstlerische Begabungen erwuchsen, wenn man etwa an Heinrich von Weißensee – vielleicht der Tugendhafte Schreiber – denkt.[19]

Daß von Hermann I. von Thüringen eine große Anzahl von Münzprägungen überliefert sind, darf uns bei dem anstehenden Geldbedarf nicht verwundern. Die Bildgestaltung der Brakteatenprägungen gewährt zudem einen interessanten Einblick in die Herrschaftsauffassung des Landgrafen: thronend mit dem Schwert in der rechten Hand als Zeichen der Gerichtsbarkeit und dem Lilienzepter – ein königliches Symbol – in der Linken. Tatsächlich fühlte sich Hermann als der Stellvertreter königlicher Macht in Thüringen, was so manche seiner politischen Aktionen erklärlicher macht. Patze hat die Befugnisse des Landgrafen als einen Kompromiß zwischen vizeköniglicher Machtfülle eines Herzogs und den Rechten und Pflichten eines Grafen definiert.[20] Im Grunde genommen hing das Amt und dessen Machtfülle von der Qualität des Amtsinhabers ab. Einen offiziellen Katalog der Rechte und Pflichten eines Landgrafen hat es sicherlich niemals gegeben. Die Ludowinger und unter ihnen Hermann I. haben aus einer gewissen Vorrangstellung, die sie zu Beginn des 12. Jahrhunderts erlangten, weiteres Kapital geschlagen, indem sie die allgemeine destabilisierte Lage im Reich, vor allem nach dem Wormser Konkordat 1122, nutzten und ihre Herrschaft im territorialen Maßstab konsequent ausbauten. Als einen wichtigen Schritt zur umfassenden Landesherrschaft darf man Hermanns Anspruch sehen, daß er Kirchen sowohl innerhalb als auch außerhalb seines unmittelbaren Herrschaftsbereichs Schutz gewähren wollte. Dieses Ansinnen leitete Hermann nicht vom König ab, sondern er betrachtete die Aufgabe als einen Auftrag Gottes. Hierin dokumentierte sich der Anspruch auf selbständiges Handeln. Der Ausbau der

Landesherrschaft in Thüringen, Hessen und in der Pfalzgrafschaft Sachsen vollzog sich sowohl in Konfrontation als auch im Zusammengehen mit königlicher, geistlicher und gräflicher Macht. Hermanns Machtvollkommenheit resultierte aber nicht nur aus einem großen Ansehen im Reich, weit wichtiger war seine anerkannte Position als Partner der päpstlichen Kurie und des französischen wie englischen Königtums. Auch im Osten, wenn man an Ungarn und Böhmen denkt, wurde der thüringische Landgraf als einflußreicher politischer und militärischer Faktor im Reich geschätzt. Thüringen wurde unter Hermann I. ein wirtschaftlich starker Teil des Reiches, und auch politisch und kulturell avancierte es um 1200 zum bedeutendsten und deshalb auch heiß begehrten Territorium des deutschen Königreiches. Mit Hermann I. tritt uns ein mittelalterlicher Fürst in all seiner Widersprüchlichkeit entgegen. Freilich stimmt die eingangs wiedergegebene Lobeshymne nur partiell. Viele Handlungen des Landgrafen erscheinen aus heutiger Sicht tadelnswert; auf die Gegebenheiten des Mittelalters zugeschnitten, waren sie oft verständlich.

1 Das Leben der heiligen Elisabeth. Von einem unbekannten Dichter aus dem Anfang des 14. Jahrhunderts. Aus dem Mittelhochdeutschen übers. und hg. v. M. LEMMER, Berlin 1981, S. 7ff.

2 Zur Situation nach dem Tode Friedrich Barbarossas vgl. O. ENGELS, Die Staufer, 4. verb. Aufl., Stuttgart/Berlin/Köln/Mainz 1989, S. 107ff.

3 Zur Familie und Politik Hermanns siehe TH. KNOCHENHAUER, Geschichte Thüringens zur Zeit des ersten Landgrafenhauses (1039–1247), Gotha 1871, S. 222ff.; H. DIEMAR, Stammreihe des Thüringischen Landgrafenhauses bis auf Philipp den Großmütigen, in: ZVhessGLdk 27 (1903), S. 1ff.; E. KIRMSE, Die Reichspolitik Hermanns I., Landgrafen von Thüringen und Pfalzgrafen von Sachsen (1190–1217), in: ZVThGA 19 (1909), S. 317ff., und 20 (1911), S. 1ff.; H. PATZE, Die Entstehung der Landesherrschaft in Thüringen, Köln/Graz 1962 (Mitteldeutsche Forschungen 22), besonders S. 249ff.; Geschichte Thüringens, hg. v. H. PATZE/W. SCHLESINGER, Bd. 1 und 2.1, Köln/Graz 1968/73 (Mitteldeutsche Forschungen 48,1 und 2.1). Zu den germanistischen Dingen vgl. J. BUMKE, Mäzene im Mittelalter. Die Gönner und Auftraggeber der höfischen Literatur in Deutschland 1150–1300, München 1979; U. PETERS, Fürstenhof und höfische Dichtung. Der Hof Hermanns von Thüringen als literarisches Zentrum, Konstanz 1981 (Konstanzer Universitätsreden 113); Literarisches Mäzenatentum. Ausgewählte Forschungen zur Rolle des Gönners und Auftraggebers in der mittelalterlichen Literatur, hg. v. J. BUMKE, Darmstadt 1982 (Wege der Forschung 598); D. KÜHN, Der Parzival des Wolfram von Eschenbach, Frankfurt/Main 1986/88, S. 160ff. und S. 283ff.

4 Arnoldi Chronica Slavorum, hg. v. J. M. LAPPENBERG, Hannover 1898 (Neudruck 1978), (MGH. SS. in us. schol.), lib. II, cap. 16 und cap. 22. Weitere Quellenbelege in: Regesta diplomatica necnon epistolaria Historiae Thuringiae, Bd. 2: 1152–1227, bearb. und hg. v. O. DOBENECKER, Jena 1900. Wichtigste Quelle über Hermann: Chronica Reinhardsbrunnensis, hg. v. O. HOLDER-EGGER, in: MGH. SS. 30, Hannover 1896, S. 490ff.

5 Vgl. vor allem die instruktive Karte bei PATZE, Entstehung, Anhang. Zur Pfalzgrafschaft vgl. E. HEINZE, Die Entwicklung der Pfalzgrafschaft Sachsen bis ins 14. Jh., in: Sachsen und Anhalt 1 (1925), S. 20ff.; H.-D. STARKE, Die Pfalzgrafen von Sommerschenburg (1088–1179), in: JbGMODtl 4 (1955), S. 1ff.

6 Vgl. TH. TOECHE, Kaiser Heinrich VI., Leipzig 1867 (Jahrbücher der deutschen Geschichte), S. 290ff.; J. AHLERS, Die Welfen und die englischen Könige 1165–1235, Hildesheim 1987 (Quellen und Darstellungen zur Geschichte Niedersachsens 102), S. 159ff.

7 Chronica Reinhardsbrunnensis, S. 556f.; Toeche, Heinrich VI., S. 442. Zum Erbreichplan vgl. E. Perels, Der Erbreichplan Heinrichs VI., Berlin 1927; U. Schmidt, Königswahl und Thronfolge im 12. Jahrhundert, Köln/Wien 1987 (Forschungen zur Kaiser- und Papstgeschichte des Mittelalters. Beihefte zu J. F. Böhmer, Regesta Imperii 7), S. 231ff.

8 Zu Otto IV. vgl. H. M. Schaller, Das geistige Leben am Hofe Kaiser Ottos IV. von Braunschweig, in: DA 45 (1989), S. 54ff.; B. U. Hucker, Kaiser Otto IV., Hannover 1990 (Schriften der MGH 34).

9 E. Winkelmann, Philipp von Schwaben und Otto IV. von Braunschweig, Bd. 1 und 2, Leipzig 1873/78 (Jahrbücher der deutschen Geschichte).

10 Zu Innocenz III. vgl. F. Kempf, Die Register Innocenz III. Eine paläographisch-diplomatische Untersuchung, Rom 1945; M. Laufs, Politik und Recht bei Innocenz III. Kaiserprivilegien, Thronstreitregister und Egerer Goldbulle in der Reichs- und Rekuperationspolitik Papst Innocenz' III., Köln/Wien 1980 (Kölner historische Abhandlungen 26). Quellenbelege auch bei Regesta diplomatica 2, Nr. 1175, 1205, 1216, 1279 etc.

11 Dobenecker, Regesta diplomatica 2, Nr. 1469.

12 Vgl. Hucker, Otto IV., S. 555ff.

13 Die Magdeburger Schöppenchronik, hg. v. K. Janicke, in: Die Chroniken der niedersächsischen Städte. Magdeburg, Bd. 1, Leipzig 1869 (Die Chroniken der deutschen Städte vom 14. bis in's 16. Jahrhundert 7), S. 137.

14 Winkelmann, Philipp von Schwaben, S. 309.

15 Siehe die genealogische Tafel bei Patze, Entstehung, Anhang. Vgl. auch Diemar, Stammreihe, S. 6ff.

16 Chronica Reinhardsbrunnensis, S. 587, vgl. auch Knochenhauer, Geschichte Thüringens, S. 286f.

17 Vgl. zu den einzelnen Dichtern die jeweiligen Artikel in: Deutsche Literatur des Mittelalters. Verfasserlexikon, Bd. 1–5, hg. v. W. Stammler/K. Langosch, Berlin/Leipzig 1933–1955, 2. völlig neu bearb. Aufl., hg. v. K. Ruh u. a., Bd. 1ff., Berlin/New York 1977ff. Siehe auch J. Mendels/L. Spuler, Landgraf Hermann von Thüringen und seine Dichterschule, in: Deutsche Vierteljahresschrift für Literaturwissenschaft und Geistesgeschichte 33 (1959), H. 3, S. 361ff.

18 Vgl. H. Hoffmann, Die Fresken Moritz von Schwinds auf der Wartburg, Berlin 1976, S. 47 und S. 49f.

19 Vgl. Patze, Entstehung, S. 300ff.; A. Ch. Schlunk, Königsmacht und Krongut, Stuttgart 1988, S. 43ff.

20 Patze, Entstehung, S. 540ff.; A. Suhle, Deutsche Münz- und Geldgeschichte von den Anfängen bis zum 15. Jahrhundert, 3. durchges. Aufl., Berlin 1968, S. 116; T. Fried, Die Münzprägung in Thüringen vom Beginn der Stauferzeit (1138) bis zum Tode König Rudolfs von Habsburg (1291), Diss. Berlin 1990 (ms.).

Barnim I.

HERZOG VON POMMERN
(1220–1278)

von Heidelore Böcker

Siquidem nostris volentes utilitatibus et comodis
providere nos nichilominus aliarum provinciarum
consuetudinibus confirmantes in terra nostra civitates
liberas decrevimus instaurare
(aus der Gründungsurkunde für Prenzlau
vom 27. Dezember 1234)

Herzog Barnim I. von Pommern lebte und wirkte in einer Zeit, in der sich die Interessen Polens, Dänemarks, des Herzogtums Sachsen und der Mark Brandenburg auf Pommern richteten.[1] Die durch den dänischen Zusammenbruch gebotene Chance des pommerschen Herzogshauses, inner- oder außerhalb des deutschen Reiches in eine unmittelbare Beziehung zum deutschen König zu treten, wurde nicht genutzt. Barnim I. selbst blieb nichts anderes übrig, als die Lehnsherrschaft der mächtigen brandenburgischen Markgrafen aus askanischem Hause anzuerkennen. Dennoch war er in der Territorialpolitik gegenüber seinen Nachbarn ein zäher, wenn auch oft glückloser Kämpfer. Einen wesentlichen Beitrag zur Konsolidierung seiner Herrschaft leistete er durch seine Städtepolitik. Das Herzogtum nahm durch sie einen starken wirtschaftlichen Aufschwung. So wird Herzog Barnim I. von Pommern heute zwar allerorts als der »Städtegründer Pommerns« bezeichnet, seine Gesamtleistung jedoch hat bisher kaum eine Würdigung erfahren.[2]

Die pommerschen Herzöge verfügten im Innern über eine nur wenig eingeschränkte Macht, wie sie deutschen Territorialherren ansonsten damals fehlte. Sie haben ihre Stellung in der zweiten Hälfte des 12. Jahrhunderts und zu Anfang des 13. Jahrhunderts vermutlich sogar noch festigen können. Die Fülle ihrer Rechte bot die Voraussetzung für eine Siedlungsplanung und für gelenkte Siedlungsaktionen.[3] Diese günstigen Voraussetzungen, die auch in anderen westslawischen Ländern bestanden, waren in Pommern aber durch eine erschwerte politische Lage stark beeinträchtigt. Das Herzogtum Pommern stand im 12. und 13. Jahrhundert unter ständigem starken Druck von außen.

Barnims Großvater, Herzog Bogislaw I., hatte sich nach der Absetzung Heinrichs des Löwen dem siegreichen Kaiser Friedrich I. Barbarossa unterworfen, der ihn 1181 im Lager von Lübeck mit dem Herzogtum Pommern belehnte und zum deutschen Reichsfürsten erhob. Doch die Dänen vernichteten 1184 die pommersche Flotte im Greifswalder Bodden. 1185 erzielten sie vor Kammin die endgültige Unterwerfung des Pommernherzogs unter ihre Herrschaft. Bogislaw I. sah sich gezwungen, dem dänischen König Knut VI. den Lehnseid zu leisten, der sich seinerseits erfolgreich weigerte, Kaiser Friedrich I. Barbarossa als seinen Lehnsherrn anzuerkennen.[4]

Diese Vormachtstellung Dänemarks währte rund vier Jahrzehnte, trotz der Versuche der Markgrafen von Brandenburg und des Polenherzogs Wladislaw Laskonogis, Pommern ihrer Herrschaft zu unterwerfen. Um den Dänenkönig als Verbündeten gegen seine welfischen Gegner in Deutschland an sich zu binden, erwies ihm der Staufer Friedrich II. wirksame Unterstützung: Im Dezember 1214 trat er alle Gebiete jenseits von Elbe und Elde an Waldemar II. von Dänemark ab.

In jener Zeit, seit dem Tode Bogislaws I. (1187), war Pommern in zwei Herrschaftsbereiche geteilt. Der Vater Barnims I., Herzog Bogislaw II., herrschte nun über das Land Stettin, dessen Bruder Kasimir II. über das Land Demmin, ohne daß dabei jedoch ihr Anrecht auf den Gemeinbesitz aufgehoben wurde. Ende 1219 schied Kasimir II. aus dem Leben; im Januar 1220 starb auch der Bruder, Bogislaw II. Die Teilung des Herzogtums aber dauerte fort, denn auch Kasimir II. hinterließ einen Sohn: Wartislaw III.[5]

Barnim I. war der einzige männliche Erbe der Linie Bogislaws II. Seine Schwester Woislawa starb im Frühjahr 1229. Barnim selbst war beim Tod seines Vaters, Bogislaw II., noch sehr jung. Seine Großmutter, die Herzogin Anastasia, stellte am 1. Februar 1220 eine Urkunde aus, in der es heißt: *adhuc lactans* (noch ein Säugling).[6] So übernahm die verwitwete Mutter, Herzogin Miroslawa, eine Tochter Mestwins I. von Pommerellen, die Regentschaft für ihren noch minderjährigen Sohn.

Aus dem Itinerar der Herzöge erschließen wir für die Slawenzeit als Herzogssitze Kammin, Demmin und Usedom, in zweiter Linie Wollin und Kolberg, allenfalls noch Ueckermünde und Stargard. Als Witwensitz läßt sich neben Treptow (Rega) noch Pyritz vermuten. Bogislaw II. und Kasimir II. hatten 1216 in der Kirche zu Grobe, 1218 ersterer im Kloster Eldena Urkunden ausgestellt. Während der vormundschaftlichen Regierung der Mütter Barnims I. und Wartislaws III. kamen Ueckermünde (1223) und Kolberg (1227) verstärkt in Betracht. Herzogin Miroslawa und ihr Sohn Barnim I. bevorzugten offenbar aber auch Usedom, wo man wohl noch bis 1233 vom Vorhandensein einer slawischen Burganlage ausgehen kann, die den von 1208 bis 1233 bezeugten Kastellanen zugleich als Amtssitz diente. Mehrere Mitglieder des Herzogshauses waren hier, im Kloster Usedom, bereits bestattet worden, so 1184 Wartislaw, ein Bruder von Barnims Vater, 1187 Barnims Großvater Bogislaw I. und schließlich 1229 vermutlich auch Woislawa, die Schwester Barnims I.[7]

1223 hielten Miroslawa und Barnim I. in Gegenwart des Bischofs von Kammin zu Ueckermünde einen Landtag ab, bei dem auch der Truchseß und einige Gesandte des Königs von Dänemark zugegen waren. Doch gerade in jener Zeit trat eine grundlegende Änderung der allgemeinen Lage ein. Graf Heinrich I. von Schwerin war es im Mai 1223 gelungen, König Waldemar II. von Dänemark gefangenzunehmen. 1225 gehörte der dänische Verzicht auf die 1214 durch Friedrich II. überlassenen Slawenlande an der Ostsee (außer auf Rügen und die zur Insel gehörenden festländischen Gebiete) zu den Bedingungen, unter denen Waldemar II. seine Loslösung aus der Gefangenschaft erkaufte. Zwar ließ sich der dänische König sofort nach seiner Freilassung vom Papst seines Eides entbinden und versuchte, mit Waffengewalt die verlorenen Ländereien zurückzugewinnen, doch wurde den Dänen nach anfänglichen Erfolgen schließlich durch eine große Koalition norddeutscher Fürsten und Kontingente von Städtebürgern vor allem aus Lübeck und Hamburg in der Schlacht bei Bornhöved in Holstein im Juli 1227 eine vernichtende Niederlage zugefügt. Die Oberhoheit Dänemarks über die Fürstentümer an der südlichen Ostsee war damit aufgehoben; nur das Fürstentum Rügen blieb weiterhin von den Dänen lehnsabhängig.

Lehnsabhängig vom dänischen Königreich war bis dahin wahrscheinlich auch die Herrschaft der Ratiboriden (der Nachkommen Ratibors I.), eine Seitenlinie des Greifengeschlechts, gewesen. Mit Ratibor II., der zum ersten und letzten Mal im Jahre 1223 urkundlich auftrat, scheint die Schlawer Linie dann jedoch zumindestens im Mannesstamm ausgestorben zu sein. Die Herzöge von Pommern, vertreten durch ihre Mütter: Miroslawa (von Pommerellen) und Ingardis (von Dänemark), traten nun offenbar deren Erbschaft an.[8]

Kaum selbst zur Herrschaft gelangt, stießen jedoch die brandenburgischen Askanier, der damals ungefähr achtzehnjährige Johann I. und sein um ein Jahr jüngerer Bruder Otto III., die die Mark gemeinsam regierten, in das durch die Beendigung der dänischen Oberlehnshoheit (1225) einerseits und vormundschaftliche Regierung in Pommern andererseits bedingte machtpolitische Vakuum vor. Im Dezember 1231 ließen sie sich in Ravenna von Kaiser Friedrich II. außer mit der Mark Brandenburg mit dem *Ducatus Pomerania* belehnen. Seit 1228 zeichnete Barnim I. zwar schon vereinzelt allein verantwortlich, doch urkundete seine Mutter ansonsten noch bis zum 18. Mai 1233 mit ihm zusammen. Erst vom 3. Oktober 1233 an beginnt die lange Reihe der von Barnim I. allein ausgehenden Beurkundungen. Wann Barnim I. das durch den Kaiser im Dezember 1231 in Ravenna geschaffene Rechtsverhältnis zwischen ihm und den Markgrafen durch seine Huldigung anerkannte, steht nicht genau fest. Einziger Anhaltspunkt für die Datierung ist sein zweimaliger Aufenthalt in Spandau: am 28. Dezember 1234 und 4. März 1236. Deutlich erkennbar aber ist, daß Barnim I. wie auch sein Vetter Wartislaw III. in einer Zeit jugendlicher Unerfahrenheit starken außenpolitischen Zwängen ausgesetzt waren.[9]

1234 gelang es Herzog Heinrich I. von Schlesien, von Wladislaw Odonicz, dem Herzog von Großpolen, alle Gebiete westlich der Warthe und die Burg Zantoch zu erwerben. Durch erheblichen Gebietszuwachs, auch in den Ländern Küstrin und Soldin, war nun das schlesische Piastenreich zum unmittelbaren Nachbarn des Landes Barnims I. geworden. Auch an dem nach Aussterben der Schlawer Linie hinzugewonnenen Land konnten sich die Pommern-Herzöge offenbar nicht lange erfreuen: Am 26. Dezember 1236 urkundete Herzog Swantopolk von Pommerellen in Stolp. Zweifel an einer Freiwilligkeit des Handelns kommen folglich im Falle Barnims auch besonders bei seinen Verleihungen an die Templer auf: Am 28. Dezember 1234 hatte er dem Orden das Land Bahn geschenkt und auf alle Rechte im Land Küstrin verzichtet. Damals weilte er im brandenburgischen Spandau, und auch am 4. März 1236 war er dort, als er von da aus zur Unterstützung des heiligen Landes den Tempelherren und ihren Untertanen Zollfreiheit in seinem Land bewilligte. Barnims Vetter Wartislaw III. vermochte nicht zu verhindern, daß sich im Peeneraum größere Adelsherrschaften bildeten, und konnte Demmin nur mit Lübecker Hilfe von Dänemark wiedergewinnen. Am 20. Juni 1236 sah er sich gezwungen, in einem im märkischen Kremmen geschlossenen Vertrag nicht nur die askanische Oberhoheit anzuerkennen, sondern auch einen großen Teil seines Territoriums an die Markgrafen von Brandenburg abzutreten. Von besonders schwerwiegender Bedeutung aber war die Festlegung, daß Wartislaws Herrschaftsbereich bei einem erbenlosen Tod an die brandenburgischen Askanier fallen sollte.[10]

Der Herzog Barnim I. unterstehende Herrschaftsbereich bestand Anfang der dreißiger Jahre des 13. Jahrhunderts außer aus dem westlich der Rega gelegenen Teil des Landes Treptow und dem östlich der Persante befindlichen Gebiet des Landes Kolberg aus dem Gebiet beiderseits der unteren Oder: Westlich der Oder umfaßte das Herzogtum Barnims fast die gesamte Uckermark, die Gebiete, die zwischen ihr und der Oder bzw. dem Stettiner Haff liegen, und das Land südlich des Unterlaufs der Peene. Einige Gebiete konnte er zunächst nur gemeinsam mit seinem Vetter, Herzog Wartislaw III. von Pommern, regieren. Dazu gehörten das Land Treptow (Rega) und das Areal der späteren Städte Wolgast, Wollin und Stavenhagen. Vergleicht man die in den Urkunden der Herzöge angegebenen Ausstellungsorte, so nahm Wartislaw III. noch bis Ende der dreißiger Jahre seine Herrschaft fast ausschließlich von Demmin aus wahr, während Barnim I. schon jetzt eine weitaus regere Reisetätigkeit – zwischen Ueckermünde, Usedom, Kolberg, Stolpe, Demmin, Stargard und Stettin – entfaltete.[11]

Die pommerschen Urkunden des 13. Jahrhunderts zeigen sehr eindrücklich, daß sich jetzt, seit Ende der zwanziger Jahre, vor allem aber in den dreißiger und vierziger Jahren, in Pommern tiefgreifende Veränderungen vollzogen. Es entstanden die Hofämter, vor allem des Truchseß und des Marschalls. Es erscheinen Schulzen und Vögte. Dagegen verschwinden aus den in den westlichen Landesteilen ausgestellten Urkunden die alten slawischen Ämter des Kastellans und des Tribuns. Der erste namentlich genannte Vogt findet sich in einer Urkunde Herzog Barnims I. von 1239. Zum herzoglichen Gefolge gehörten von nun an Notare und Schreiber. Herzog Barnim I. wurde von 1229 an über Jahre von einem Notar namens Nicolaus begleitet. 1234 setzten dann vor allem in dem Barnim unterstellten Gebiet des pommerschen Herzogtums die Gründungen von Städten nach deutschem Recht ein. Am 27. Dezember 1234 beauftragte Herzog Barnim I. acht Männer, davon mindestens einen aus Stendal in der Altmark, mit der *promotio civitatis* zu Magdeburger Recht. Er verlieh dazu nicht weniger als 300 Hufen beiderseits der Uecker. Diese erste Gründungsurkunde einer deutschrechtlichen Stadt unter Barnim I. verkündete zugleich sein Regierungsprogramm: *Siquidem nostris volentes utilitatibus et comodis providere nos nichilominus aliarum provinciarum consuetudinibus confirmantes in terra nostra civitates liberas decrevimus instaurare* und *decrevimus in Prencelaw civitatem liberam instituere.* Herzog Barnim I. hatte beschlossen, in seinem Land freie Städte zu gründen![12]

Bald darauf wandte er sich dem Oderraum zu. Die Belege über die alte Kastellaneiverfassung hatten hier schon mit der Nennung des *Priscebur castellanus de Stetyn* zwischen 1230 und 1232 und der Burgmannen *Priznoborus vir nobilis in Stetin* bzw. *Symon nobilis Stetinensis* 1234 geendet. Um die Gerichtsbarkeit in der slawischen Stettiner Siedlung von den Slawen auf die Deutschen zu übertragen, ordnete Barnim I. nun, 1237, die Trennung der Deutschen und Slawen im kirchlichen Bereich an. Während er die Slawen der Petri-Kirche zuwies, sollten sich alle Deutschen an die Jakobi-Kirche halten.

Die wichtigste Urkunde über großräumige Vorgänge im mittleren Pommern aber ist der Zehntvertrag Barnims I. mit Bischof Konrad III. von Kammin von 1240. Danach überließ der Herzog dem Bischof das Land Stargard als bischöfliches Territorium und erhielt dafür unter anderem die Zehnten von 1800 Hufen in genau aufgezählten *villis et vicis* zu Lehen, die in einem grenznahen west-östlichen Streifen Pommerns lagen. Herzog Barnim I. gründete deutschrechtliche Städte sowohl neben alten slawischen als auch aus wilder Wurzel. Diese Veränderung nicht nur im Siedlungsgebiet und in der Zusammensetzung der Bevölkerung, sondern auch in der gesamten Verfassung des Landes, führte zu Spannungen zwischen den Herzögen und den alten Besitzträgern des Landes, vor allem mit den alten Klöstern, die in einer Zeit entstanden waren, in der die Christianisierung des Landes noch Hauptaufgabe der inneren Entwicklung Pommerns war und ihnen ein ausgedehnter Lehnsbesitz und weitreichende Privilegien zuteil geworden waren. An Stadtgründungen auf Klosterbesitz aber hatte man dabei wohl kaum gedacht. Als solche aktuell und aussichtsreich wurden, wollten sie die Herzöge nicht den Klöstern überlassen, die damit Besitzer wirtschaftlicher wie militärischer Schwerpunkte geworden wären. Sie versuchten, diese Aufgabe in mehr oder minder gewaltsamer Okkupation selbst zu übernehmen. Die Gegenwehr der betroffenen Institutionen führte dann zu Vergleichen, in denen die Form der Belehnung den Klöstern zwar eine nominelle Oberherrschaft vorbehielt, den Herzögen aber die eigentliche Herrschaft sicherte.

So gehörte im Herrschaftsbereich Barnims I. das Dorf Altdamm zum ältesten Besitz des Klosters Kolbatz. Um 1183 hatte Herzog Bogislaw I. dem Kloster einen Beitrag zur Umleitung der Plöne über das Gut Damm versprochen. Die Plöne aber fließt an einem der fruchtbarsten Gebiete Pommerns, dem Pyritzer Weizacker, vorbei. Bald schon mag sich deshalb Damm zu einem Umschlagplatz für landwirtschaftliche Produkte, namentlich für Getreide, entwickelt haben. Deutliche Anzeichen einer Siedlungstätigkeit des Klosters können wir aus einer Besitzbestätigung von 1240 erkennen: In zwei Fällen war neben dem alten Dorf eine neues ausgegeben worden. Möglicherweise versuchte nun der Herzog, das Kloster zum Verkauf des Gutes Damm zu zwingen. 1242 jedenfalls ließ sich dieses seinen Besitz nicht von Barnim I., sondern von den Markgrafen von Brandenburg bestätigen, die die Lehnsherrschaft über Pommern innehatten, und sich von ihnen in Schutz nehmen. Dennoch sprach der Herzog 1243 von »seiner Stadt Damm«. 1246 wandte sich Kolbatz um Unterstützung nach Rom; wenn auch ein direkter Bezug fehlt, findet sich unter den Urkunden Papst Innocenz` IV. auch ein Verbot des Papstes, das Kloster zum Verkauf von Gütern zu zwingen. 1247 kam es schließlich zu einem Vergleich: der Herzog sah sich gezwungen, dem Kloster allen Besitz zurückzuerstatten; 1249 nahm er vom Abt Abraham von Kolbatz die Klosterbesitzung Damm zum Bau der Stadt Damm zu Lehen.

Deutlich zeigte sich der Wille des Herzogs auch bei der Gründung der deutschrechtlichen Stadt Stargard, zu deren Zweck er sich über die Rechte des Johanniterordens hinwegsetzte und damit ein ernsthaftes Zerwürfnis mit diesem heraufbeschwor. 1229 hatte er den *fratribus domus nominate Stargart* die Schenkung seines Großvaters und Vaters, eine Reihe von Orten in der Umgebung von Stargard, bestätigt und ihnen das Recht zugestanden, in allen *hospites* nach deutschem Recht anzusiedeln. 1240 aber überließ er dem Bischof von Kammin *terram Starogard*, wobei er die Anrechte der Johanniter nicht einmal mehr erwähnte. 1248 nahm er es im Tausch gegen das Land Kolberg wieder zurück; in der Zwischenzeit hatte Barnim I. jedoch 1243 *civitatem nostram* Stargard zur Besetzung auf 150 Hufen ausgegeben und ihr das Magdeburger Recht erteilt.

In jenen Jahren hatten sich die persönlichen Verhältnisse Barnims I. von Pommern sehr verändert. Die einst vormundschaftlich regierenden Herzoginnen Anastasia (die Witwe Bogislaws I. und Großmutter Barnims) und Miroslawa (die Witwe Bogislaws II., also Barnims Mutter) waren verstorben. Er selbst schloß den Bund der Ehe: Am 4. September 1238 hatte der Papst den Dispens zu einer Heirat des Herzogs von Pommern mit der Nichte (*neptis*) des Königs von Dänemark erteilt. Aller Wahrscheinlichkeit nach handelt es sich dabei um die Vorbereitung einer Ehe Barnims mit Marianna, die urkundlich 1242 als *domina Marienna uxor nostra* erscheint. Marianna begleitete ihren Gemahl auf einigen seiner Umritte, so zu einem Treffen mit dessen Vetter Wartislaw III. sowohl im Frühjahr 1242 nach Lebbin als auch im Sommer desselben Jahres nach Usedom. Am 27. Januar 1243 stiftete *Marianna ducissa* ein Zisterzienser-Nonnenkloster vor Stettin, was Barnim I. am 25. Februar 1243 bestätigte.

Herzog Barnim I. reiste in den Jahren dieser Ehe häufig durch sein Land; er urkundete 1242 in Lebbin, Usedom und Kammin, 1243 in Wollin, Stolpe und Stettin, 1244 in Stettin, Pyritz und Demmin, 1245 in Stettin und Pyritz usw. Immer wieder aber kehrte er nach Stettin zurück. Am 3. April 1243 teilte er *civitati nostre Stetin* 130 Hufen und anderen Besitz zu, verlieh ihr das Magdeburger Recht und bestimmte sie zum Oberhof für alle Orte mit Magdeburger Recht in seinem Land. 1244 nannten sich in einer gemeinsamen Urkunde beider Herzöge Barnim I. *dux de Stetin* und Wartislaw III. *dux de Dimin.* Im darauffolgenden Jahr erteilte Barnim weitere Privilegien für Stettin, u. a. den Fährzoll zwischen Stettin und Altdamm, jedoch unter der Bedingung, ihn, seine Familie und sein Gefolge jederzeit unentgeltlich überzusetzen. – Spätestens in jenem Jahr, 1245, war aus der Ehe mit Marianna eine Tochter hervorgegangen, die den Namen der unlängst verstorbenen Großmutter Barnims, Anastasia, tragen sollte. Doch Barnims Gemahlin war kein langes Leben beschieden. Bereits 1246 wird sie als verstorben genannt. Marianna fand ihre letzte Ruhestätte in dem von ihr gestifteten Nonnenkloster vor Stettin. Die Stettiner Burg ließ der Herzog »auf Bitten der Bürger« niederreißen, den Burgplatz (castri locum) übertrug er 1249 der Stadt und versprach, im Umkreis von drei Meilen um diese auch keine andere Burg dulden zu wollen.[13]

Bis zur Mitte des 13. Jahrhunderts war es Herzog Barnim I. durchaus gelungen, die Landesherrschaft sowohl nach innen als auch nach außen zu festigen. Die Folge der Stadtrechtsverleihungen, bei denen der Herzog sich gewisse, einträgliche Rechte als Stadtherr vorbehielt, war ein wirtschaftlicher Aufschwung des ganzen Landes. Mit wechselndem Erfolg hatte Barnim I. nach dem Tod Herzog Heinrichs I. von Schlesien von 1238 an darüber hinaus darum gekämpft, die an das schlesische Herzogtum verlorenen Gebiete zurückzugewinnen. Spätestens 1244 war ihm dies im großen und ganzen gelungen, auch konnte er den nördlichen Teil der Kastellanei Zantoch seiner Herrschaft hinzufügen. Barnim I. hatte damit nicht nur verlorene Gebiete zurückgewonnen, sondern es war ihm gelungen, die Grenze seines Herzogtums bis an die Warthe und Netze zu verschieben.

Die Bestimmung des Kremmener Vertrages von 1236, die das pommersche Herzogtum leicht die Hälfte seines Gesamtterritoriums hätte kosten können, konnte im Jahre 1250 revidiert werden. Dieser im märkischen Landin geschlossene Vertrag zwischen den Herzögen Barnim I. und Wartislaw III. von Pommern einerseits sowie Johann I. und Otto III., Markgrafen von Brandenburg, andererseits bedeutete in territorialer Hinsicht für Herzog Barnim I. zwar eine Niederlage: Er mußte die Uckermark mit Prenzlau, seiner ersten Stadtgründung, an die Markgrafen abtreten; die Rechts- und Besitzverhältnisse im Lande Wolgast dagegen blieben anfechtbar. Dennoch ergab sich auch ein Vorteil aus diesem Vertrag des Jahres 1250: Die Herzöge wurden nun zu gesamter Hand mit Pommern belehnt. Die Bestimmung des Kremmener Vertrages, daß die Gebiete Wartislaws III. im Falle dessen, er stürbe ohne eigene Nachkommen, an die Mark Brandenburg fallen sollten, war hiermit aufgehoben. Die Gefahr lag nahe, denn noch immer war die Ehe Wartislaws III. kinderlos![14]

Nach Wismar gereist, urkundeten beide Herzöge Pommerns 1251 für Lübeck und wiesen sich dabei aus als: *B. dux Pomeranie, dominus de Stetin, et W. dux de Demin!* Bald darauf konnte Barnim I. in der Tat triumphieren. Er war wieder vermählt, mit

Margarete; ihm wurde ein Sohn geboren, und er gab ihm den Namen Bogislaw. Deutlich scheint sich uns hierin sein Traditionsbewußtsein, vielleicht auch sein Ziel zu zeigen. Seine beiden Kinder, Anastasia und Bogislaw, trugen die Namen der Großeltern Barnims, die über ein geeintes Pommern herrschten, in einer Zeit der Erhebung in den Reichsfürstenstand, ohne brandenburgische Lehnshoheit!

Schien in letzterem auch eine grundsätzliche Änderung kaum möglich, sehen wir Barnim I. doch weiterhin in der Territorialpolitik gegenüber seinen Nachbarn als einen zähen, wenn auch oft glücklosen Kämpfer – sei es gegenüber Pommerellen, sei es fortan gegen die Polen, die nach dem Zerfall des schlesischen Piastenreiches dessen Positionen einnahmen.

Vom 8. Juli des Jahres 1253 an, einem Tag, an dem sich zahlreiche Geistliche und Weltliche von Adel in Demmin versammelten, unternahmen Barnim I. und sein Vetter Wartislaw III. gemeinsam einen erneuten Versuch, ihre alten Ansprüche auf die ehemalige Ratiboridenherrschaft wieder aufzunehmen, in deren Verlauf auch Kampfhandlungen nicht ausblieben, die aber dennoch nicht zum gewünschten Erfolg führten.

Große territoriale Verluste erlitt Barnim durch die brandenburgischen Markgrafen; die militärische Macht seiner Lehnsherren war zu groß, als daß seiner Gegenwehr ein Erfolg beschieden sein konnte – so auch in den heftigen kriegerischen Auseinandersetzungen mit ihnen im Jahre 1255 um die Kastellanei Zantoch, die damit endeten, daß Barnim I. auch hier umfangreiche Landstriche an die Markgrafen verlor und die brandenburgischen Markgrafen selbst an diesem Grenzabschnitt ihren Herrschaftsbereich weiter auszudehnen vermochten.

Befriedeter war die Situation gegenüber dem westlichen Nachbarn. Anastasia, die Tochter Barnims aus erster Ehe, wurde um 1259/60 mit Heinrich I., Herrn von Mecklenburg, der den Beinamen »der Pilger« führte, vermählt. Während der langen Abwesenheit ihres Gatten soll sie es gewesen sein, die die Regierungsgeschäfte weitgehend selbst wahrnahm.

Gerade aber im Hinblick auf die außenpolitisch ansonsten immer wieder angespannte und verstärkte Kraftanstrengungen erfordernde Situation galt es, das Land im Inneren zu festigen, es wirtschaftlich weiter auszubauen. Initiator einer freundschaftlichen Politik gegenüber der Ostsee-Handelsmetropole Lübeck mag vor allem Herzog Wartislaw III. gewesen sein, doch auch Barnim I. hatte die Lübecker Bürger schon zu Anfang seiner Regierungszeit von Zoll und allen Ein- und Ausgangsabgaben in seinem Herzogtum befreit. 1251 noch hatten beide Herzöge in Wismar geweilt und dort mit Lübeck ein »ewiges« Bündnis geschlossen. In den nächsten Jahren aber sollte sich Barnims Haltung erheblich ändern: Am 8. Mai 1253 verbot er den Fremden, in seinem Herrschaftsbereich zwischen Herbst und Ostern Getreide aufzukaufen, und ebenso mag auch der um diese Zeit erfolgte Erlaß der Stettiner Zollrolle eine gegen die lübischen Kaufleute gerichtete Maßnahme gewesen sein.[15]

Barnims Städtepolitik leistete auch weiterhin einen wesentlichen Beitrag zur Konsolidierung seiner Herrschaft. Das Herzogtum nahm durch sie einen starken wirtschaftlichen Aufschwung, da Barnim I. den Einwohnern seiner Städte zollfreien

Handel gestattete und dadurch den Umschlag auswärtiger Waren erhöhte. Die herzogliche Kasse erlitt durch den freiwilligen Verzicht auf die Zolleinnahmen seiner Bürger keine Einbuße; der Umsatz der Güter, die von fremden Kaufleuten eingeführt wurden, von denen Barnim Abgaben verlangte, erhöhte sich. – Barnim erließ den Einwohnern seiner Städte zwar die Zollabgaben, verzichtete jedoch nicht auf die Erhebung des Hufenzinses, den die Bürger für ihre Stadtfeldmark entrichten mußten. Dieser Zins betrug durchschnittlich 1/8 Mark für eine Ackerlandhufe und war eine nicht unwesentliche Einnahme Barnims. Der Ertrag des Arealzinses war dagegen von geringer Bedeutung. Die Tatsache aber, daß Barnim ihn erhob, zeigt deutlich sein Bestreben, möglichst wenig Rechte aufzugeben.[16]

Herzog Wartislaw III. von Pommern-Demmin starb am 17. Mai 1264. Da er keine eigenen Nachkommen hinterließ, fielen seine Länder nun an seinen Vetter, Herzog Barnim I. von Pommern-Stettin. Nach der Vereinigung der beiden Teilgebiete des Herzogtums gründete Barnim I. noch vier Städte, davon zwei im Demminer Gebiet und eine (Gollnow) unmittelbar an dessen Grenze. Dagegen lagen die vier früheren Adelsstädte sämtlich im Gebiet Wartislaws. Trotzdem blieb dieses im ganzen stadtärmer. Zum weiteren kommt der Unterschied der beiden pommerschen Teilherzogtümer auch im angewendeten Stadtrecht zur Geltung. Alle Gründungen Barnims, für die nähere Feststellungen möglich sind, hatten zunächst Magdeburger oder das von diesem abgeleitete Brandenburger und schließlich spezifizierte Stettiner Recht. Andererseits besaßen alle Gründungen Wartislaws und ebenso die frühen Adelsstädte lübisches Recht. Das Bestreben der Herzöge, innerhalb ihres Landes einheitliche Rechtsverhältnisse zu schaffen, ist also unverkennbar. Nach der Vereinigung beider Territorien (1264) aber konnte es nur noch Barnims Bestreben sein, die rechtliche Einheit des betreffenden Landesteils zu wahren. So erteilte nun auch er Städten (Kammin und Treptow/Rega), die er im früheren Herrschaftsgebiet Wartislaws gründete, lübisches Recht.[17]

Inzwischen im Alter von etwa 50 Jahren, identifizierte Barnim I. immer mehr sein persönliches Wünschen mit politischen Zielsetzungen für sein Land. Auch Margarete, seine zweite Gemahlin, konnte nicht lange an seiner Seite bleiben. Nur zweimal wurde sie von ihrem Gemahl erwähnt, beide Male nach ihrem frühen Tod. Barnim I. faßte nun den Vorsatz einer Ehe mit Mechthild, der Tochter des Markgrafen von Brandenburg, Otto III., und dessen Gemahlin Beatrix (Bozena) von Böhmen. Die Vermählung fand – vermutlich noch zu Lebzeiten des Markgrafen – zu Stargard im Mai des Jahres 1267 statt.

Lehnsrechtlich hatte sich nach wie vor gegenüber Herzog Barnim I. von Pommern nichts geändert. Wie der Kremmener Vertrag (1236) war zwar auch das im Jahre 1250 zu Landin geschlossene Abkommen rein formell nur ein persönliches zwischen den brandenburgischen und pommerschen Herrschern. Die Herzöge von Pommern hatten sich weder für ihre Nachkommen verpflichtet noch die Nachkommen der brandenburgischen Markgrafen als ihre eventuellen Lehnsherren anerkannt. Doch die Söhne Markgraf Johanns I. hatten auch diesbezüglich das Erbe ihres 1266 verstorbenen Vaters auf sich bezogen.

Gelang es nun aber durch die persönliche Verbindung zwischen den Herrscher-häusern, zumindest gutnachbarliche Beziehungen und ein erhöhtes Maß an Loya-lität zu erreichen?

Am 10. Januar 1266 war Herzog Swantopolk von Pommerellen verstorben. Barnim hatte eine erneute Chance zur Erwerbung der nun seit fast vier Jahrzehn-ten umstrittenen Ratiboridenherrschaft gesehen, hatte doch Swantopolks älterer Sohn, Mestwin II., 1264 sein ihm damals schon zur Verfügung stehendes Herr-schaftsgebiet Schwetz ebenso wie die noch zu erwartenden Erbschaften Bar-nim und dessen Erben angetragen. Doch es ging nun um die Realisierung, und Mestwin II. hatte auch einen Bruder, Wartislaw. Im August 1266 sah sich Barnim deshalb veranlaßt, gen Osten seines Reiches zu ziehen. Wie lange der Feldzug währte, läßt sich nicht mehr sagen, doch fühlte sich Barnim I. offenbar von An-fang an als Landesherr des umstrittenen Gebietes! Im Herbst 1268 erschien Bar-nim erneut und diesmal mit einem großen Gefolge im Lande Schlawe. Schon nach einer Woche war er jedoch in Stettin zurück. Was geschah damals in Pommerellen, was rief den Herzog zurück? – Die Söhne des verstorbenen Swantopolk, Herzog Mestwin II. und dessen Bruder, Herzog Wartislaw II., jedenfalls handelten seither ohne Barnims direkten erkennbaren Einfluß. Mestwin II. trat am 1. April 1269 das Land Belgard (Persante) an die Markgrafen Johann II., Otto IV. und Konrad I. von Brandenburg ab und nahm seine übrigen Besitzungen von ihnen zu Lehen! Bar-nim I. von Pommern aber unternahm nun keinen Versuch einer Rückeroberung mehr.[18]

Herzog Barnim konnte keine Ruhe dazu haben, um Pommerellen zu ringen. Der Johanniterorden hatte seit langem danach gestrebt, von seinen südlicher gelegenen Besitzungen eine Verbindung zu denen bei Stargard zu schaffen. Um dieses Ziel zu erreichen, war es Mitte des 13. Jahrhunderts zu einer weiteren Zuspitzung seines Ver-hältnisses zu Barnim I. gekommen. Ein Gesandter des Papstes namens Albrecht weilte daraufhin am 18. August 1268 in Stettin. Albrecht wollte *juxta mandatum pape* zunächst herzogliche Mobilien (*mobilia ipsi duci pertinentia*) beschlagnahmen. Aber trotz eifriger Nachforschungen (*diligenti inquisicione habita*) fand er keine (oder nicht genügend), die ihrem Wert nach der Höhe der Schuldforderung des Ordens entsprochen hätten. Statt nun über die Begleichung der Schulden mit dem Herzog ein anderweitiges Abkommen zu treffen, nutzten die Johanniter die Geldverlegen-heiten des herzoglichen Schuldners, um ihren Besitz am Flusse Ihna abzurunden und sich bei dieser Gelegenheit in die Verfügungsgewalt über die Stadt Stargard wie auch über die Burg Retz zu bringen; doch auch eine diesbezügliche Pfandnahme mußte scheitern! Am 12. August 1269 wurde daraufhin über Herzog Barnim I., den Abt von Kolbatz und zahlreiche Adlige der Bann verhängt. Weil dann die Legaten Al-brechts, die das päpstliche Mandat vollstrecken wollten, gar ergriffen, ihrer Pferde, Kleider und Dokumente beraubt und in ein Gefängnis verbracht wurden, bestrafte man am 8. April 1271 den Herzog und seine Anhänger mit dem Interdikt. Von einer Wirkung des Bannes oder Interdiktes war zwar nur wenig zu spüren, zumindest die schon in der Bannbulle von 1269 als strittig genannten Pfandobjekte, die Ortschaften Zachan, Suckow und Zadelow, aber fielen bald darauf in die Hände des Johanniterordens.[19]

Noch hatte die Ehe mit Mechthild von Brandenburg zu keiner spürbaren Verbesserung der Beziehungen zu den märkischen Lehnsherren geführt. Als im Jahre 1273 der siebzehnjährige Przemysl II., ein Neffe des polnischen Herzogs Boleslaw, die dreizehnjährige Liutgard, eine Tochter Heinrichs »des Pilgers« von Mecklenburg und Anastasia, die eine Tochter Barnims I. war, in Stettin heiratete, da hätten die Markgrafen deshalb folgerichtig durchaus eine politische Verbindung ihres Lehnsmannes Barnim mit ihren inzwischen ärgsten Feinden, den Polen, vermuten können!

Im selben Jahr (1273) brach in der Tat zwischen Barnim I. und den brandenburgischen Markgrafen wieder ein Krieg aus. Im März 1273 waren die Brandenburger in den Ländern Stettin und Pyritz eingefallen; auch das Kloster Kolbatz wurde in Mitleidenschaft gezogen. Im Verlaufe der sich vermutlich über zwei Jahre hinziehenden Kämpfe gewannen die Markgrafen nun auch die Gebiete am Flusse Ihna – wohl im Umfang der späteren terra Soldin – hinzu. Erst als die Markgrafen selbst in Bedrängnis gerieten und Barnim sich 1278 verpflichtete, diesen gegen Zahlung von 1500 Mark mit 150 Rittern gegen den Erzbischof von Magdeburg und dessen Helfer im Kriegsfall beizustehen, erhielt er am 1. Juni des Jahres 1278 vom brandenburgischen Markgrafen Konrad I. das Land zwischen den Ihna-Armen zu Lehen.[20]

Barnims Sohn, Bogislaw IV., war bei Regierungsgeschäften seines Vaters vermutlich am 4. Juni 1273, dann aber seit dem 12. April bzw. 10. Mai 1274 beteiligt worden. Die Sorge, nur einen männlichen Nachkommen zu hinterlassen, wurde dem nun schon etwa sechzigjährigen Herzog gemildert: Aus seiner Ehe mit Mechthild gingen zwei weitere Söhne hervor: Barnim II. und Otto I., von denen der jüngere, Otto, allerdings erst nach des Vaters Tod geboren wurde.

Herzog Barnim I. von Pommern starb am 13. oder 14. November 1278. Er fand seine letzte Ruhestätte in der von ihm gestifteten Marienkirche zu Stettin. Sein Andenken erhielt sich über die Zeit des Mittelalters, wie der pommersche Chronist Thomas Kantzow es zu Beginn des 16. Jahrhunderts beschrieb: *Diessen Hertzog Barnym hat man den Gutten genennet. … Er hat uber funfzigk Jar regiret, und die Jar uber magk khaume ein Tag oder zum meisten eine Woche hingegangen sein, darin er nicht etwer hin und wider der Geistlichkeit ein Dorff oder einen Pawren oder sunst andere Nutzung oder Freyheit gegeben hat, wie man desselben noch uberaus viel Briefe verhanden hat. So hat er sich auch gegen seine Underthanen so gutlich und wolthetig gehalten, das sie ine je so sehr vor iren Vater als iren Fursten gehalten haben. Darumb ist die gantze Lantschafft nach seinem Abscheid gein Stettin gekhomen, und haben inen, nachdem er dreitzehen Tag tot gewest, mit grossem Trawren in Sanct Marienkirche, die er sampt seiner Gemahel Mechtilden gebawet, begraben und seine Gedechtnus mit allen Ehren begangen.*[21]

1 Vgl. J. Petersohn, Der südliche Ostseeraum im kirchlich-politischen Kräftespiel des Reiches, Polens und Dänemarks vom 10. bis 13. Jahrhundert. Mission-Kirchenorganisation-Kulturpolitik, Köln/Wien 1979 (Ostmitteleuropa in Vergangenheit und Gegenwart 17); H. Bollnow, Der Kampf um Vorpommern im 12. und 13. Jahrhundert von Lothar von Sachsen bis zum Ende der Staufer, in: BSt 47 (1960), S. 47–64; E. Assmann, Die Schauplätze der dänisch-wendischen Kämpfe in den Gewässern von Rügen, in: ebenda 43 (1955), S. 21–41; O. Kossmann, Das unbekannte Ostseeland Selencia und die Anfänge Pommerns, in: ZOF 20 (1971), S. 641–645.

2 Vgl. D. Lucht, Die Außenpolitik Herzog Barnims I. von Pommern, in: BSt 51 (1965), S. 15–32; Ders., Die Städtepolitik Herzog Barnims I. von Pommern. 1220–1278, Köln/Graz 1965 (Veröffentlichungen der Historischen Kommission für Pommern 5,10); Z. Boras, Ksiazeta Pomorza Zachodniego (Herzöge von Westpommern), 2. Aufl., Posen 1978 (Bibliotheka Słupska 19). Die wichtigsten urkundlichen Quellen bietet das Pommersche Urkundenbuch, Bd. 1ff., Stettin 1868ff.

3 Vgl. W. Kuhn, Westslawische Landesherren als Organisatoren der mittelalterlichen Ostsiedlung, in: Die deutsche Ostsiedlung des Mittelalters als Problem der europäischen Geschichte, hg. v. W. Schlesinger, Sigmaringen 1975 (Vorträge und Forschungen 18), S. 225–261.

4 Vgl. dazu D. Lucht, War Bogislaw I. Reichsfürst?, in: BSt 54 (1968), S. 26ff.; Ders., Pommern und das Reich des 12. Jahrhunderts bis zum Jahre 1181, in: ebenda 70 (1984), S. 7–21; H. Lubenow, Der Sturz Heinrichs des Löwen und die Reichslehenschaft über Pommern, in: ebenda 58 (1972), S. 7–18; J. Petersohn, Pommerns staatsrechtliches Verhältnis zu den Nachbarmächten im Mittelalter, in: Die Rolle Schlesiens und Pommerns in der Geschichte der deutsch-polnischen Beziehungen im Mittelalter, hg. v. R. Riemenschneider (Schriftenreihe des Georg-Eckert-Instituts für internationale Schulbuchforschung 22,3), S. 98–115.

5 Vgl. L. Quandt, Die Landesteilungen in Pommern vor 1295, in: BSt 11 (1845), S. 118–142. Zu Wartislaw III.: D. Lucht, Wartislaw III. vom Pommern, in: ebenda 53 (1967), S. 13ff.

6 Zu den genealogischen Angaben vgl. M. Wehrmann, Genealogie des Pommerschen Herzogshauses, Stettin 1937 (Veröffentlichungen der landesgeschichtlichen Forschungsstelle für Pommern 1,5); A. Hofmeister, Genealogische Untersuchungen zur Geschichte des pommerschen Herzogshauses, in: PommJbb 31 (1937), S. 82–95; ders., Genealogische Untersuchungen zur Geschichte des pommerschen Herzogshauses, Greifswald 1938 (Greifswalder Abhandlungen zur Geschichte des Mittelalters 11).

7 Vgl. H. Bollnow, Burg und Stadt in Pommern bis zum Beginn der Kolonisationszeit, in: BSt 38 (1936), S. 48–96, vor allem S. 59ff.; ders., Studien zur Geschichte der pommerschen Burgen und Städte im 12. und 13. Jahrhundert, Köln/Graz 1964 (Veröffentlichungen der Historischen Kommission für Pommern 5,7), S. 246; M. Wehrmann, Die Begräbnisstätten der Angehörigen des pommerschen Herzogshauses, in: BSt 39 (1937), S. 100ff.; J. Spors, Os'rodki stołeczne państwa zachodniopomorskiego w XII wieku i pierwszej połowie XIII. wieku. (Die Hauptsitze des westpommerschen Staates im 12. Jahrhundert und in der ersten Hälfte des 13. Jahrhunderts), in: Materiały zachodniopomorskie 28 (1981), S. 209–234.

8 Vgl. F. Lorentz, Geschichte der Kaschuben, Berlin 1926, Anm. 9 auf S. 150 zu S. 21; Lucht, Außenpolitik, S. 22ff.

9 Vgl. F. Zickermann, Die Begründung des brandenburgisch-pommerschen Lehnsverhältnisses, Diss. Halle 1890; Ders., Das Lehnsverhältnis zwischen Brandenburg und Pommern im 13. und 14. Jahrhundert, in: FBPG 4 (1891), S. 1–120; F. Rachfahl, Der Ursprung des brandenburgisch-pommerschen Lehnsverhältnisses, in: ebenda 5 (1892), S. 51–84; P. v. Niessen, Die staatsrechtlichen Verhältnisse Pommerns in den Jahren 1180–1214, in: BSt 17 (1913), S. 235–309; Lucht, Außenpolitik, S. 17ff; J. Schultze, Die Mark Brandenburg, Bd. 1, Berlin 1961, S. 108ff.

10 Vgl. F. Salis, Forschungen zur älteren Geschichte des Bistums Kammin, in: BSt 26 (1924), S. 60; E. Randt, Grenzbeziehungen der schlesischen Piasten Herzog Heinrich I. und Herzog Heinrich II. mit Herzog Barnim I. von Pommern-Stettin und dem Bistum Kammin, in: Zeitschrift des Vereins für Geschichte Schlesiens 65 (1931), S. 183–204; K. Conrad, Urkundliche Grundlagen einer Siedlungsgeschichte Pommerns bis 1250, in: ZOF 31 (1982), S. 337–360; E. Rymar, Pochodzenie Zofii, Zony Warcisława Księcia pomorskiego na dyminie. (Die Abstammung Sophias, der Ehefrau Vartislavs III., des pommerschen Herzogs in Demmin), in: Zapiski Historyczne 50 (1985), S. 5–15.

11 Vgl. Lucht, Außenpolitik, S. 18f.; ders., Wartislaw III., S. 13; Bollnow, Burg und Stadt, S. 70 und S. 91ff.

12 Vgl. zur Städtepolitik K. Conrad, Herzogliche Städtegründungen in Pommern auf geistlichem Boden, in: Pommern und Mecklenburg. Beiträge zur mittelalterlichen Städtegeschichte, hg. v. R. Schmidt, Köln/Wien 1981 (Veröffentlichungen der historischen Kommission für Pommern 5,19), S. 43–73; ders., Urkundliche Grundlagen; Lucht, Städtepolitik; W. Kuhn, Die deutschen Stadtgründungen des 13. Jahrhunderts im westlichen Pommern, in: ZOF 23 (1974), S. 1–58; L. Enders, Siedlung und Herrschaft in Grenzgebieten der Mark und Pommerns seit der zweiten Hälfte des 12. bis zum Beginn des 14. Jahrhunderts am Beispiel der Uckermark, in: Jahrbuch für Wirtschaftsgeschichte 1987/II, S. 73–129.

13 Vgl. Bollnow, Burg und Stadt, S. 92ff.; ders., Die pommersche Burg im 13. Jahrhundert, in: PommMonatsbll 54 (1940), S. 85ff.

14 Vgl. M. Wehrmann, Geschichte von Pommern, Bd. 1, Gotha 1919, S. 98; Bollnow, Kampf um Vorpommern, S. 51.

15 Vgl. E. Assmann, Die Stettiner Zollrolle des 13. Jahrhunderts, in: HGBll 71 (1952), S. 50–75; B. Zientara, Rola Szczecina wodrzanskim i baltyckim handlu zbozem w XIII i XIV w. (Die Rolle Stettins im Oder- und Ostseehandel mit Getreide im 13. und 14. Jh.), in: Przeglad Historyczny 52 (1961), S. 415ff.; Lucht, Außenpolitik, S. 30f.; W. Kehn, Der Handel im Oderraum im 13. und 14. Jahrhundert, Köln/Graz 1968 (Quellen zur pommerschen Geschichte 16; Veröffentlichungen der Historischen Kommission für Pommern, R. 4), S. 91.

16 Vgl. Kuhn, Stadtgründungen, S. 51ff.; Lucht, Städtepolitik, S. 133 und S. 137ff.

17 Vgl. Lucht, Außenpolitik, S. 22; ders., Städtepolitik; Kuhn, Stadtgründungen, S. 53.

18 Vgl. E. Bahr, Genealogie der pommerellischen Herzöge, in: Zeitschrift des Westpreußischen Geschichtsvereins 75 (1939), S. 40ff. und S. 48ff.; Lucht, Außenpolitik, S. 26.

19 Vgl. H. Friedrichs, Herzog Barnim I. im Streit mit dem Johanniterorden, in: BSt 36 (1934), S. 256–267.

20 Vgl. P. v. Niessen, Geschichte der Neumark im Zeitalter ihrer Entstehung und Besiedlung, Landsberg an der Warthe 1905, S. 230ff.; Lucht, Außenpolitik, S. 30.

21 Des Thomas Kantzow Chronik von Pommern in hochdeutscher Mundart, hg. v. G. Gaebel, Stettin 1897, Bd. 1, S. 165f.

Konrad von Hochstaden

ERZBISCHOF VON KÖLN
(1238–1261)

VON EVAMARIA ENGEL

Konrad von Hochstaden war ein wütender und kriegerischer Mann…
Den Frieden des Erdballs nicht achtend, hat er
mit Hilfe des Papstes den Kaiser Friedrich gestürzt
und dadurch sich und alle seine Nachfolger in ewige Knechtschaft gebracht,
der Welt den Frieden genommen und überall ständig Krieg und Streit gesät.
Er hat mehrere ungerechte Zölle und Wegegelder
zu Wasser und zu Lande errichtet.
(aus dem Katalog der Kölner Erzbischöfe)

Noch bevor der Grafensohn Konrad von Hochstaden[1] Erzbischof von Köln wurde, machte er seiner späteren Charakterisierung im Kölner Bischofskatalog als ein wütender und streitbarer Mann alle Ehre. Wann dem Grafen Lothar von Hochstaden – benannt nach der gleichnamigen Burg in der Erftniederung bei Grevenbroich – und seiner Ehefrau Mathilde, der luxemburgischen Gräfin von Vianden, ein Sohn namens Konrad geboren wurde, ist unbekannt. 1216 war dieser jedenfalls Pfarrer in Wevelinghoven und zu Beginn der dreißiger Jahre Propst von St. Mariengraden in Köln. Damit nicht zufrieden, bestritt der Hochstadener dem gleichnamigen Kölner Dompropst Conrad sein Amt und beanspruchte auch noch die Dompropstei für sich. Als ihr Inhaber aufbegehrte und sich beim Papst beschwerte, der eine gerichtliche Untersuchung der Vorgänge veranlaßte, wurde Konrad von Hochstaden gewalttätig. Zusammen mit seinen Helfern zerrte er den Vertreter des von päpstlichen Beauftragten eingesetzten Dompropstes an den Haaren aus dem Kirchenhaus, verprügelte ihn, nahm ihn gefangen, plünderte sein Haus und steckte es in Brand. Exkommunikation der Täter und Interdikt über die Orte des Geschehens waren die Reaktion aus Rom. Erst Konrads Wahl zum Erzbischof beendete den hitzigen Streit; Dompropst Conrad kam wieder in sein Amt.

Mag vieles in dieser Episode – deren Quellen dazu noch sehr knapp berichten – dem Ungestüm und der Maßlosigkeit eines jüngeren Menschen zuzuschreiben sein, so offenbart sie doch Charaktereigenschaften, die die Handlungen des mächtigsten Fürsten im deutschen Reich um die Mitte des 13. Jahrhunderts begleiteten: Tatendrang, Mut, Machtstreben, Gewalttätigkeit. Bei anderen Aktionen zeigte er diplomatisches Geschick und Geschäftssinn. Dazu boten ihm aber auch die Verhältnisse, Zeit und Raum seines Wirkens reichlich Gelegenheit. Als rheinischer Erzbischof und führendes Mitglied im gerade sich etablierenden Gremium der Kurfürsten mußte er im dramatischen Endkampf zwischen Papsttum und staufischem Kaisertum Partei beziehen und begleitete als Bündnispartner mit eigenen Interessen oder als unerbittlicher Gegner die Regierung von sechs Königen: den Staufern Friedrich II. und Konrad IV., Heinrich Raspe, Wilhelm von Holland, Richard von Cornwall und Alfons von Kastilien. Als Wahlmacher von drei Königen prägte er das »rheinische Zeitalter der Reichsgeschichte«[2]. Als Doppelherzog des territorial zersplitterten, im Rheinland und in Westfalen verankerten kölnischen Territoriums zwischen Maas und Weser geriet er in die zahllosen Fehden mit landesherrlichen Konkurrenten im Niederrheinischen, oder er entfachte sie und nutzte die neuen Mittel und Methoden seiner Zeit zum Ausbau seiner Landesherrschaft. Als Stadtherr der im 13. Jahrhundert wirtschaftlich mächtig erblühenden und früh von sozialen Spannungen erschütterten Metropole Köln wurde er mit dem Autonomiestreben ihrer Bürger konfrontiert. Da sich diese drei Hauptlinien seiner Politik – Reich, Territorium und Stadt – häufig noch trafen und überschnitten, mag der Kölner Erzbischof oft genug auch überfordert gewesen sein und unangemessen reagiert haben.

Der im April 1238 vom Kölner Domkapitel zum Erzbischof gewählte und zunächst von der Stadt unterstützte Graf von Hochstaden hatte noch nicht die päpstliche Bestätigung seiner Wahl erhalten, als der greise Papst Gregor IX. im März 1239 zum zweiten Mal den Bannstrahl gegen Kaiser Friedrich II. schleuderte. Konrad schien zunächst – in der prostaufischen Tradition seiner Familie stehend – der kaiserlichen Seite zuzuneigen. Er bezog im Lütticher Bischofsstreit die Partei des kaiserlichen Kandidaten und empfing im Lager Friedrichs II. vor Brescia im August 1238 die Regalien. Dann aber brachte er das diplomatische Meisterstück fertig, als gebannter Stauferanhänger in Rom im April 1239 die päpstliche Bestätigung zu erhalten.[3] Sehr schnell also wechselte er aus nicht klar überschaubaren Gründen ins päpstliche Lager über, dessen wichtigster Mann in Deutschland in den vierziger Jahren er wurde.

Doch zunächst fesselten ihn Aufgaben an die niederrheinische Region. Hier verwickelten ihn der Graf von Sayn, der Herzog von Limburg und gleichzeitige Graf von Berg, dann der Herzog von Brabant und dessen Verbündete in Kämpfe, in denen sich der Erzbischof – wie später noch oft – persönlich hervortat. Beim Sturm auf die Burg Deutz am Rhein war er dabei, Jülich wurde belagert, der Ort und das limburgische Herzogenrath gingen in Flammen auf. Während der Belagerung der limburgischen Burg Bensberg zog sich Konrad eine Verwundung am Kinn zu. Anfangs taten sich Kontingente und die Flotte der Stadt Köln auf seiten des Erzbischofs hervor. Es zahlte sich aus, daß Konrad 1238 und 1239 die Stadt, ihre Bürger und speziell die Münzerhausgenossen mit mehreren Privilegien bedacht hatte. Die Stadt hielt sich den Weg aus einem zu engen Bündnis mit ihrem Stadtherrn aber offen; denn am 15. Juli 1239 erklärte Konrad, daß *die ihm in der großen Bedrängnis seiner Kirche von der Stadt Köln innerhalb und außerhalb ihrer Mauern geleistete Hilfe nicht aus Pflicht, sondern aus freiem Willen, ja sogar gegen die städtischen Gewohnheiten und Rechte erfolgt sei.*[4] Und die Bürger beeilten sich zu betonen, *daß sie dem Erzbischof eine Hilfe geliehen hätten, wie sie seinen Vorgängern bisher nicht geleistet worden sei.*[5] Die Ursachen der Fehden im einzelnen bleiben häufig im dunkeln, außer gegenseitigen Verwüstungen brachten sie kaum Ergebnisse, Waffenstillstand oder Friedensschluß trugen schon den Keim von neuen Kämpfen in sich. Brand und Raub in der Fehde des Herzogs von Limburg mit dem Erzbischof hätten die Höfe des Kölner Stifts St. Ursula so in Mitleidenschaft gezogen – klagten Äbtissin und Konvent im Dezember 1239 –, daß ihnen die Mittel für den Gottesdienst fehlten und sie eine Pfründe verkaufen mußten.[6]

Da brach 1242 erneutes Unheil über das niederrheinische Gebiet herein, das den Kölner Erzbischof persönlich hart traf. In der Fehde mit dem Grafen Wilhelm IV. von Jülich geriet er bei Lechenich im Februar 1242 in die Gefangenschaft des Jülichers. Neun Monate verbrachte er eingekerkert auf Burg Nideggen, während seine Ritter und Prälaten den Krieg gegen Jülich fortsetzten. Wieder vermittelt Konrads geistliche Umgebung einen Eindruck von den verheerenden Folgen solcher Fehden. Die Güter von St. Pantaleon in Köln hatten *infolge des Krieges* solchen Schaden erlitten, daß das Kloster nicht mehr – wie früher – *Gastfreundschaft üben und den Bedürftigen Unterstützung geben konnte.*[7] Umsonst verlangte Konrad IV., der Sohn Friedrichs II. und in Deutschland agierende Staufer, die Auslieferung des Kirchenfürsten, der ein wichtiger Trumpf in den Händen der staufischen Partei gewesen wäre. Dieser verließ unbeschädigt an Körper und Einfluß sein Gefängnis.

Im Bündnis mit Erzbischof Siegfried III. von Mainz brachte er die Sache des Papsttums, die nun der neue Papst Innocenz IV. von Lyon aus mit kirchlichen, diplomatischen, finanziellen und propagandistischen Mitteln führte, in Deutschland voran – in Italien und Rom war militärisch gegen Friedrich II. nichts auszurichten. Als im Juli 1245 das Absetzungsdekret über Friedrich II. aus Lyon kam, machten sich die beiden Kirchenfürsten zum Vollstrecker des päpstlichen Wunsches, einen Gegenkönig gegen den im deutschen Reichsgebiet für die staufische Sache kämpfenden Konrad IV. zu erheben. Für die Wahl des ersten antistaufischen Gegenkönigs, des thüringischen Landgrafen Heinrich Raspe, dieses päpstlicherseits finanzierten »Pfaffenkönigs«, hat wohl das Votum des Mainzer Erzbischofs den Ausschlag gegeben. Konrad machte zu dieser Zeit, 1246, durch den Tod seines Neffen eine bedeutende Erbschaft für die Kölner Kirche. Er bewog seinen Bruder Friedrich, der – wie er –

die geistliche Laufbahn eingeschlagen hatte und Propst von St. Mariengraden war, auf das väterliche Erbe zu verzichten. Die Grafschaft Hochstaden kam an das Erzstift und verbreitete dessen Einfluß und Machtbasis links des Rheins. Gleichzeitig stärkte diese Erwerbung des Erzbischofs Position gegenüber dem Grafen von Jülich, der auch Ansprüche auf das Hochstadener Erbe hatte, und machte ihm den Rücken freier für engagierteren Einsatz in Reichsangelegenheiten. In den folgenden Jahren konnte sich das Erzstift auch auf dem rechten Rheinufer ausdehnen. Die Grafschaft Sayn-Wied bildete die Brücke zwischen den rheinischen und den westfälischen Besitzungen des Erzbischofs und Doppelherzogs. Schlösser, Burgen, Dörfer, Vogtei- und Gerichtsrechte rundeten die Kölner Machtbasis ab, ohne daß eine geschlossene Landesherrschaft entstand. Von zahlreichen anderen Besitzungen und Rechten war das Kölner Gebiet zwischen Maas und Weser zerfurcht.

Durch die Grafschaften Hochstaden und Sayn-Wied gestärkt, konnte Konrad der kommenden Königswahl – Heinrich Raspe war am 17. Februar 1247 gestorben – seinen Stempel aufdrücken. Die Erhebung des erst neunzehnjährigen Grafen Wilhelm von Holland war ganz sein Werk. Er hatte sie im März 1247 in Lyon mit dem Papst beraten. Wilhelm kam aus Kölner Nachbarschafts- und Einflußgebiet, er wurde am 3. Oktober 1247 in Worringen auf Kölner Territorium gewählt, da Köln seine Tore verschlossen hielt. Auf Wilhelms Wahl übten seine Verwandten, der Bischof von Lüttich und der Herzog von Brabant, Druck und Einfluß aus. Noch im Mai 1247 aber hatte Konrad von Hochstaden eine Reise nach Lüttich unternommen und die Interessen des dortigen Bischofs befördert, und Herzog Heinrich von Brabant war ihm wegen Unterstützung in einer Eheangelegenheit seiner Familie verbunden. Daß König Wilhelm sich später aus der Umklammerung seines Wahlmachers zu befreien suchte und nicht der schwache, unselbständige kleine Graf blieb, war 1247 nicht abzusehen.

Der Kölner Erzbischof und seine Kontingente bestritten mit dem neuen König die nächsten militärischen Aktionen gegen die Staufer. Bei der sechsmonatigen Belagerung der staufisch gesinnten Krönungsstadt Aachen war Konrad dabei, denn sein Itinerar zeigt ihn im Oktober 1248 vor Aachen, und am 1. November krönte er Wilhelm an traditioneller Stätte in der Pfalzkapelle Karls des Großen. Im Juli 1249 stieß er mit seinem Heer zu König Wilhelm, als dieser gegen Frankfurt am Main vorging, im Oktober machte er den königlichen Angriff auf Boppard mit. Im Juli 1250 war er wiederum bei König Wilhelm, als dieser auf einem Heereszug gegen Konrad IV. die Gegend von Bechtolsheim verwüstete. Begleitet wurden die gemeinsamen militärischen Operationen von Gegenkönig und Erzbischof bzw. erzbischöflichen Truppen gegen den Staufer und seinen Anhang von diplomatischen Aktivitäten Konrads zugunsten einiger mit Wilhelm verbündeter oder den Grafen von Holland unterstützender Städte und Herren. Natürlich gingen Konrad, der sich selbst als eines der *ranghöchsten Glieder des Reiches*[8] bezeichnete, und sein Erzbistum dabei nicht leer aus. So traten Reichsministerialen aus dem niederrheinischen Gebiet in seine Dienste, Dortmund wurde ihm verpfändet, das finanziell ertragreiche und strategisch wichtige Kaiserswerth unterstellt. Konrad von Hochstaden hätte aufhorchen müssen, als »sein« König die Stadt Köln, deren Stadtherr der Erzbischof war, außergewöhnlich privilegierte und versprach, sie in keiner Gefahr zu verlassen. Das konnte sich gegen den Stadtherrn richten, der – wie die späteren Ereignisse zeigen – die Rechte der Bürger beschneiden wollte.

Die Zeiten des reichs- und territorialpolitischen Engagements Konrads von Hochstaden schränkten seine kirchliche Wirksamkeit kaum ein. Wenn er nicht auf Kriegszügen oder in diplomatischen Diensten unterwegs war, hielt er sich meist in Köln und dessen Umgebung auf. Sein »Alltag« als Erzbischof und Kirchenmann war angefüllt mit der Erteilung von Ablaß – meist zugunsten von Kirchen- und Klosterbauten –, mit der Sorge für Orden und Klöster, unter denen er die Bettelorden, aber auch die älteren Zisterzienser besonders häufig und umfangreich durch Privilegien bedachte, mit Fördermaßnahmen für die kleineren Städte im Erzstift, für Ahrweiler, Xanten, Rees und Rheinberg, für Dorsten, Vreden und Brilon, mit einer Verwaltungspolitik, die absetzbaren Beamten den Vorzug gab. Erstmals trat unter Konrad der Offizial auf, der Gerichtsaufgaben für den Erzbischof erfüllte. Für Zucht und moralisches Ansehen seiner Geistlichkeit focht der Erzbischof mit Visitation und per Verordnung: *Als wir dieser Tage durch die Pforte der Visitation den unserer Sorge anvertrauten Acker des Herrn betraten, haben wir über Erwarten viel Unkraut anstößiger Dinge gefunden. Bei manchen, ja bei gar vielen Klerikern begegneten uns offenes Zusammenleben mit Frauen und unpassende Kleidung, bei einigen auch verwerfliche Handelstätigkeit und bei vielen, die wir für Geistliche nur dem Namen nach erachten, Mangel der Wissenschaft.*[9] Während seiner einjährigen Legatenschaft in Deutschland löste er Ehen, griff in Bischofsstreitigkeiten ein und verlieh Benefizien. Stellvertreter hatten für den päpstlichen Legaten eine Steuer einzusammeln, die auf Widerspruch stieß. In Bayern nannte der Regensburger Bischof Konrad deshalb einen Blutmenschen; er sei nicht nur kein Legat, sondern baldigst auch der bischöflichen Würde zu entsetzen.[10] Nichtig oder bedeutungsvoll waren die Aufgaben des Erzbischofs. Gestern billigte er den Plan, einen Weg zugunsten eines Klosters zu verlegen, heute geht er gerichtlich gegen Räuber und Verbrecher in Westfalen vor, morgen wird er sich dafür verwenden, daß die Tochter seines Zöllners in Köln in einem Kloster Aufnahme findet. Die finanzielle Sicherung von Kloster- und Kirchenbauten nimmt einen breiten Raum in den Überlieferungen zum Wirken des Kölner Erzbischofs ein; aber auch Profanbauten förderte er. So wandte er seine Aufmerksamkeit der Elisabethkirche in Marburg, dem Zisterzienserinnenkloster in Roermond, der Abteikirche in Essen, der St. Kunibertskirche in Köln, der Peterskirche zu Recklinghausen, dem Kloster Georgenberg, der Augustinerkirche in Lippstadt, den Domen in Würzburg und Schwerin zu. In Andernach und Neuß ließ er Stadttore ausbauen, die Burg Hochstaden neu errichten, die Godesburg vergrößern. Mit letzteren Maßnahmen tat er, was viele Landesherren des 13. Jahrhunderts mit ähnlichen Bauten und mit Stadtgründungen bezweckten, nämlich besonders kleinere Städte und Burgen zur militärischen Sicherung und als Verwaltungsmittelpunkte ihres werdenden Territoriums heranzuziehen. In der Literatur gilt Konrad von Hochstaden häufig noch als Gründer des hochgotischen Kölner Doms. Sein Anteil an diesem Bauwerk bestand darin, daß er am

15. August 1248 den Grundstein für den schon länger geplanten Neubau des Doms legte und Ablaß all' denen verlieh, die mit Almosen den Dombau fördern wollten.

Für die solide und anerkannte Position, die der Kölner Erzbischof zu dieser Zeit einnahm, spricht ein ungewöhnlicher Vorgang. Erzbischof Siegfried III. von Mainz, der Königmacher Heinrich Raspes und Mitakteur der Wahl Wilhelms von Holland, starb am 9. März 1249. Volk und Klerus von Mainz wünschten daraufhin Konrad auch zu ihrem Erzbischof. Doch der Papst stimmte – angesichts der auf den Hochstadener zukommenden Machtfülle – nicht zu, *da es ganz ungewöhnlich sei, zwei so hervorragende erzbischöfliche Kirchen einer Leitung zu unterstellen*[11]. Dafür betraute ihn Innocenz IV. für ein Jahr mit der Würde eines päpstlichen Legaten für Deutschland und nahm davon nur die Trierer Kirchenprovinz aus.

Der Tod Kaiser Friedrichs II. im Dezember 1250 befreite den Papst und Erzbischof Konrad von ihrem ärgsten Feind, der Abzug Konrads IV. nach Italien ein knappes Jahr später und die breite Anerkennung Wilhelms von Holland in Deutschland nahmen von der antistaufischen Partei den militärischen Druck. Der immer selbständiger auftretende und handelnde Grafen-König entfernte sich aber zugleich vom Hauptinitiator seiner Wahl. Beide, die manchen militärischen Strauß zusammen ausgefochten hatten, trafen auch persönlich nur noch einmal zusammen. Das war Anfang des Jahres 1255 in Neuß, als der König vom Erzbischof die Freilassung des in kölnische Gefangenschaft geratenen Bischofs von Paderborn forderte. Da gab Konrad ein erneutes Beispiel seiner wütenden Raserei und seines schlimmen Jähzorns. An das Haus im erzbischöflichen Neuß, in dem sich König und päpstlicher Legat aufhielten, ließ er Feuer legen, dem die hohen Insassen nur mit Mühe entkamen. Den mächtigen Kirchenfürsten traf der Bannstrahl. Die Neußer Bürger aber nutzten die Spannungen zwischen König und Erzbischof und des letzteren mißliche Lage und ließen sich ihre Unterstützung für ihren Stadtherrn mit einem Privileg honorieren, das den Weg der Stadt zur Autonomie begünstigte.

Konrad sehen wir jetzt wieder stärker in niederrheinischen Gebieten und Konflikten engagiert und mit seiner Stadt Köln beschäftigt. In den Jahren 1251 und 1252 schürzte sich hier der Knoten zur Krise.[12] Die Rheinmetropole hatte sich seit Konrads Herrschaftsantritt ihre Handlungsfreiheit bewahrt. Bisher war beider Verhältnis im wesentlichen spannungsfrei geblieben. Die Stadt hatte den Erzbischof militärisch unterstützt oder Neutralität eingenommen, dieser der Stadt bedeutende Privilegien gewährt. Unter der Oberfläche aber schwelten Spannungen, die sich aus Konrads Territorialpolitik und dem Autonomiestreben der Stadt ergaben. Im Jahre 1251 ging Köln Bündnisse mit dem Herzog von Brabant und dem Grafen von Jülich, dem alten Feind des Erzbischofs, ein, der Konrad von Hochstaden 1242 für neun Monate auf Nideggen eingekerkert hatte. Als 1252 der wieder einmal in Finanzsorgen steckende Stadtherr zu Münzverruf und Münzverschlechterung griff und die 1248 zugestandene Zollbefreiung der Kölner bei Neuß aufhob, brachen die verdeckten Gegensätze auf. Denn diese Restriktionsmaßnahmen des Erzbischofs trafen den Nerv der Kölner Kaufleute und Münzerhausgenossen, die die wichtigsten politischen Ämter in der Stadt innehatten. Das Bündnis der Stadt mit dem Jülicher

Grafen wurde den neuen Bedingungen angepaßt und verschärft, *um das Unrecht ab-zuwehren, welches unser Herr Konrad durch die neue Münze zum Schaden der Kölner Kirche, ihrer Vasallen und der Stadt Köln verübt hat.*[13] Konrad rückte mit 14 Kriegs-schiffen von der Rheinseite gegen Köln vor, konnte aber militärisch nichts ausrich-ten. Ein von Albertus Magnus, dem Lesemeister der Dominikaner in Köln, vermit-telter Schiedsspruch fiel in beiden Streitpunkten, Münze und Zoll, zugunsten der Bürger aus. Der grundsätzliche Gegensatz schwelte dadurch weiter.

Im Augenblick beschäftigten den Erzbischof andere Sorgen. Seine territorialen Gegner im Rheinland und in Westfalen vereinigten sich und schlugen fast gleichzei-tig los. Wieder stand Wilhelm IV. von Jülich an der Spitze der Opposition, an sei-ner Seite im Nordwesten der Herzog von Limburg, die Grafen von Berg und Lu-xemburg, in Westfalen die Bischöfe von Paderborn und Münster sowie der Edelherr zur Lippe. Konrad verbündete sich mit der Gräfin Margarete von Flandern, deren Schwester einst dem Erzbischof aus Jülicher Gefangenschaft geholfen hatte, und dem französischen Grafen von Anjou. Margarete aber war die Gegenspielerin Kö-nig Wilhelms von Holland in dessen holländisch-flandrischen Verwicklungen. Köl-ner Interessen und Reichsangelegenheiten verwoben sich dadurch aufs engste. Sie-ger auf der ganzen Linie wurde Konrad von Hochstaden. Den kriegerischen Bischof Simon von Paderborn schlugen im Oktober 1254 bei Dortmund des Erzbischofs westfälische Verbündete und nahmen ihn gefangen. Auf seine von König Wilhelm geforderte Auslieferung reagierte Konrad unangemessen und verübte das Attentat von Neuß. Den Grafen von Jülich besiegte der Erzbischof im Herbst 1254 selbst und zwang ihn zur bedingungslosen Kapitulation. Diese Siege und nachfolgende Frie-densschlüsse brachten dem Kölner Erzbischof territorialen und auch weiteren Pre-stigegewinn. Konrad hat sich 1255 sogar nach einem Nachfolger für König Wilhelm von Holland umgesehen und dafür – zusammen mit seiner Bundesgenossin, der flandrischen Margarethe – den böhmischen König Otakar ins Auge gefaßt. Der Plan scheiterte am Widerspruch des neuen Papstes Alexander IV., der an Wilhelms Kö-nigtum festhielt.

Durch den Sieg über Jülich 1254 war das Hochstadensche Erbe endgültig für Köln gesichert. In den beiden Teilen seiner Herrschaft, in Niederlothringen und in Westfalen-Engern, suchte Konrad seine Rechte als Herzog durchzusetzen. Besonders auf die Befestigungshoheit pochte er, Burgen anderer Herren wurden geschleift, Köl-ner Rechte an Burgen gesichert. Mit einem Landfriedensbündnis zwischen Köln, Geldern, Cleve, Jülich, Berg, dem Bistum Utrecht und etlichen Städten 1259 sowie einem westfälischen Landfrieden von 1260 beendete der Erzbischof eindrucksvoll seine territoriale Politik. Trotzdem blieb der Kölner Territorialbesitz auch unter die-sem mächtigen Fürsten nur ein locker gefügtes Gebilde, von zahlreichen fremden Besitzungen durchzogen und von lauernden Nachbarn umgeben; Konrads übernächster Nachfolger wird es in der Schlacht von Worringen 1288 in die Kata-strophe führen. Kölns Vormachtstellung im niederrheinischen Gebiet wird erschüt-tert, Brabant tritt die Nachfolge an.[14]

Noch aber war es nicht soweit. Ein weiterer Grafenkönig der staufischen Endzeit wartete auf seinen Wahlmacher. Nach Wilhelms von Holland Tod, der im Kampf gegen die Friesen fiel, kam es 1257 zu einer Doppelwahl in Deutschland. Der Rheinische Städtebund von 1254, dieser hoffnungsvolle Beginn für Frieden und Sicherheit im Lande, konnte trotz seiner anderslautenden Erklärungen die Wahl von zwei, noch dazu ausländischen Königen durch die sieben Kurfürsten nicht verhindern. Vorher aber, im Sommer 1256, weilte Konrad von Hochstaden in Prag, um mit König Otakar über die notwendig gewordene Königswahl zu beraten. Konrad stattete dem Prager Dom einen Besuch ab und trat in die Bruderschaft des Strahov-Klosters ein, in dem er mit seinem Gefolge Quartier bezog. Er gewährte dem Kloster einen Ablaß und übergab als Gastgeschenk eine Reliquie der hl. Ursula und ihrer Jungfrauen. Die Erzbischöfe von Mainz und Köln – letzterer in den Spuren der traditionell engen Beziehungen Kölns zu England und der englischen Handelsinteressen der Kölner Kaufleute – sowie der Pfalzgraf bei Rhein gaben dem englischen Grafen Richard von Cornwall ihre Stimme. Der Trierer Erzbischof, die Kurfürsten von Brandenburg und Sachsen wählten Alfons von Kastilien. König Otakar von Böhmen stimmte für beide. Konrad von Hochstaden ließ sich Engagement und Stimme von Richard hoch bezahlen. Der englische Graf versprach der Kölner Kirche seinen königlichen Schutz, nur mit des Erzbischofs Rat wolle er zwischen Mosel, Aachen und Dortmund Amtleute und Richter einsetzen. Für seine Aufwendungen solle Konrad 8 000 Mark erhalten. Im März 1257 weilte der Kölner Erzbischof in London, um Richard zu huldigen. Dieser setzte ihm eine kostbare Mitra aufs Haupt. *Ich werde seinem Haupt die Krone des deutschen Königreichs oder der Römer aufdrücken*, soll Konrad gesagt haben.[15] Das geschah am 17. Mai 1257 in Aachen. Während Alfons von Kastilien überhaupt nicht nach Deutschland kam, hielt Richard sich doch ab und zu in seinem Wahlreich auf. In einer der Perioden seiner Abwesenheit setzte er Ende 1258 Konrad von Hochstaden als seinen Stellvertreter in Nordwestdeutschland ein und betraute ihn mit der Investitur der Bischöfe.

In dieser Zeit seiner Stärke wagte der Kölner Erzbischof erneut den offenen Kampf mit seiner Stadt Köln. Eine Privatfehde des Kölner Geschlechts der Kleinegedank mit einem Verwandten Erzbischof Konrads gab ihm 1257 den Anlaß zum Eingreifen. Von der Landseite rückte er diesmal gegen die Stadt vor und hatte erneut kein Kriegsglück. Die Schlacht bei Frechen, etwa 10 km westlich von Köln, ging unentschieden aus. Im »Großen Schied« vom 28. Juni 1258 war wiederum Albertus Magnus[16] zusammen mit anderen Schiedsrichtern um einen Ausgleich der beiderseitigen Interessen bemüht. Die 53 Klageartikel des Erzbischofs halten fest, welche Rechte der Stadtherr im 13. Jahrhundert über seine Stadt beanspruchte. Bei ihrer Durchsetzung versuchte er den Weg des »divide et impera« zu beschreiten, indem er die politisch minderberechtigten sozialen Kräfte in der Stadt, die Gemeinde, die Zünfte und Armen, gegen die in Schöffenkolleg, Richerzeche und Rat herrschenden Geschlechter ausspielte, was ihm diese durch Mißstände, Vetternwirtschaft, Korruption und Unredlichkeiten in ihrer Amtsführung erleichterten. Als *höchster Richter in geistlichen und weltlichen Angelegenheiten* beanspruchte der Erzbischof die Gerichtsbarkeit über die Bürger. Er wollte der Stadt das Bündnisrecht nehmen und griff die von den städtischen Institutionen gehandhabte Besteuerung an. Konrad forderte die Abschaffung des Stadtrates und die Übernahme der städtischen Verwaltungsaufgaben durch das ihm unterstellte Schöffenkolleg. Die 21 Klagepunkte der Stadt richteten sich vor allem gegen die erzbischöfliche Finanzpolitik und gegen die die Interessen der Stadt schädigenden Befestigungsanlagen des Landesherrn. Der Anspruch auf städtebürgerliche Freiheiten und Privilegien prallte auf die Versuche des Landesherrn, die nach Autonomie strebende Stadt in sein werdendes Territorium einzubauen. Der von den Schiedsrichtern angestrebte Vergleich so unterschiedlicher Interessen konnte nicht lange halten. Bis zu Konrads Tod ging der Machtkampf mit der Stadt weiter. Jetzt führte er ihn nicht mehr mit militärischen Mitteln, sondern mit Prozessen, durch Ausnutzung sozialer Gegensätze, Bestechung, Demagogie und List. Wie Gotfrid Hagen, der Chronist der innerstädtischen Vorgänge, berichtet, wandte sich der Erzbischof an die *richsten de hei bekante van den weveren* (Webern) *und den gemeinden,... dat si eme alle helpen soilden weder* (gegen) *de besten van der stat.*[17] Die Münzerhausgenossen wurden – was sicher stimmte – der Korruption und des Amtsmißbrauchs beschuldigt und ihrer Ämter und Lehen beraubt. Künftig wollte der Stadtherr sie ein- und absetzen. Diesem Akt folgten die Enteignung der reichen Mühlenerben und die Absetzung eines Bürgermeisters und der Schöffen. Der Erzbischof setzte neue Schöffen ein, unter ihnen Handwerker, kleine Kaufleute, erzbischöfliche Ministerialen, bisher unbedeutende Patrizier. Mit Eseln wurde die heilige Stadt Köln besetzt – so kommentierte der den Geschlechtern freundlich gesinnte Gotfrid Hagen die erzbischöfliche Entscheidung. Und bissig fuhr er fort: Die neuen Schöffen fragten erst beim Erzbischof an, wenn sie ein Urteil weisen sollten, ob es ihm auch genehm sei; es geschehe nichts, was der Erzbischof nicht wolle.[18] Ein Versuch der geächteten Kölner Geschlechter, ihre Herrschaft wiederherzustellen, schlug 1260 fehl und endete mit ihrer noch drückenderen Bestrafung und Herabsetzung. Einige konnten fliehen, andere wurden durch eine List des Erzbischofs gefangengenommen, vertrieben, verbannt, ihr Besitz konfisziert. Wieder andere ereilte die Todesstrafe. Konrads im Bündnis mit der antipatrizischen Opposition in der Stadt erzielter Sieg über die Kölner Geschlechter war der vollständigste, den je ein Erzbischof über seine Metropole errang. Aber er überdauerte kaum die Regierungszeit des kraftvollen Mannes.

Am 18. September 1261 starb Konrad von Hochstaden. Im Kölner Dom wurde er beigesetzt. Sein Grab ziert eine Bronzeplastik mit der Figur des jugendlichen Erzbischofs.

1 Vgl. zum Leben und Wirken des Erzbischofs H. CARDAUNS, Konrad von Hochstaden. Erzbischof von Köln (1238–61), Köln 1880; M. KETTERING, Die Territorialpolitik des Kölner Erzbischofs Konrad von Hochstaden (1238–1261), in: JbKGV 26 (1951), S. 1–84; H. STEHKÄMPER, Konrad von Hochstaden, Erzbischof von Köln (1238–1261), in: ebenda 36/37 (1961/62), S. 95–116; E. WISPLINGHOFF, Konrad von Hochstaden. Erzbischof von Köln (1205–1261), in: Rheinische Lebensbilder, Bd. 2, hg. v. B. POLL, Düsseldorf 1966, S. 7–24.

2 P. Moraw, Von offener Verfassung zu gestalteter Verdichtung. Das Reich im späten Mittelalter 1250 bis 1490, Frankfurt/Main/ Berlin 1989 (Propyläen Studienausgabe), S. 203.

3 Vgl. B. Leying, Niederrhein und Reich in der Königspolitik Konrads von Hochstaden bis 1256, in: Vestische Zeitschrift 73/75 (1971/73), S. 196.

4 Quellen zur Geschichte der Stadt Köln, Bd. 2, hg. v. L. Ennen/G. Eckertz, Köln 1863, Nr. 197, S. 194; Die Regesten der Erzbischöfe von Köln im Mittelalter, Bd. 3,1: (1205–1261), bearb. v. R. Knipping, Bonn 1909, Nr. 952.

5 Chronica Regia Coloniensis, hg. v. G. Waitz, Hannover 1880 (MGH. SS. in us. schol.), S. 278; Regesten der Erzbischöfe von Köln 3,1, Nr. 985.

6 Quellen zur Geschichte der Stadt Köln 2, Nr. 199, S. 196.

7 Vgl. Cardauns, Konrad von Hochstaden, S. 122.

8 Urkundenbuch für die Geschichte des Niederrheins, hg. v. Th. J. Lacomblet, Bd. 2, Düsseldorf 1846, Nr. 348, S. 184 (18. April 1249).

9 Vgl. Cardauns, Konrad von Hochstaden, S. 128.

10 Regesten der Erzbischöfe von Köln 3,1, Nr. 1579.

11 MGH. Epistolae saeculi XIII e regestis pontificum Romanorum selectae, Bd. 2, hg. v. C. Rodenberg, Berlin 1887, Nr. 706, S. 523.

12 Vgl. Stehkämper, Konrad von Hochstaden, S. 104f.

13 Quellen zur Geschichte der Stadt Köln 2, Nr. 303, S. 308 (29. Februar 1252).

14 Vgl. F. Petri, Territorienbildung und Territorialstaat des 14. Jahrhunderts im Nordwestraum, in: Der deutsche Territorialstaat im 14. Jahrhundert, Bd. 1, hg. v. H. Patze, Sigmaringen 1970 (Vorträge und Forschungen 13), S. 412ff.

15 Ex Mathei Parisiensis Cronicis maioribus, hg. v. F. Liebermann, in: MGH. SS. 28, Hannover 1888, S. 370.

16 Vgl. A. Wendehorst, Albertus Magnus und Konrad von Hochstaden, in: RhVjbll 18 (1953), S. 35ff.

17 G. Hagen, Dit is dat boich van der stede Colne, in: Die Chroniken der niederrheinischen Städte. Cöln, Bd. 1, Leipzig 1875 (Die Chroniken der deutschen Städte vom 14. bis in's 16. Jahrhundert 12), S. 56, Vers 1207ff.

18 Ebenda, S. 57f., Vers 1254f. und 1266ff.

Balduin

ERZBISCHOF VON TRIER
(1307–1354)

von Wolfgang Eggert

Der was ein klein man
unde det doch groß werk.
(Tileman Elhen von Wolfhagen,
Limburger Chronik, cap. 32)

Jahrzehnte nach dem Tode des Luxemburgers Balduin, der fast ein halbes Jahrhundert lang als Trierer Erzbischof fungierte, als Kurfürst des Reiches drei Könige erhob, von denen zwei seinem Geschlecht angehörten, der seinem Territorium ebenso Aufmerksamkeit widmete wie er die Politik in seiner Zeit entscheidend mitbestimmte, schrieb ein Chronist den obenstehenden Satz in sein Geschichtswerk. Er ist knapp und klar; gewiß steht außer Zweifel, daß er Bewunderung für eine Lebensleistung ausdrückt. Eine Lebensleistung, die auch heute noch Respekt abnötigt, jedoch, wenn die moderne kritische Forschung sie in den Blick nimmt, Umfeld und Hintergründe analysiert, nach Konzeptionen und Motiven fragt, sich in vielen Punkten als diffizil in der Beurteilung erweist, ja Spekulationen ein reiches Feld bietet. War Balduin der stets planvoll agierende Staatsmann, der zeit seines politischen Wirkens das Recht der Kurfürsten verteidigte, in eigener Kompetenz und ungehindert von päpstlichen Ansprüchen den deutschen König und künftigen Kaiser zu wählen, und war er somit letzten Endes einer der geistigen Väter der Goldenen Bulle? Oder war er vielmehr der Pragmatiker, der dieses Recht, wenn es ihm in gewissen Situationen opportun schien, hintanstellte – ein Mann, der sich grundlegend von den Interessen seines Hauses, seines Trierer Erzbistums und nicht zuletzt von seinem eigenen Vorteil leiten ließ? Dies und vieles mehr ist über ihn behauptet worden – wobei zu sagen ist, daß seine vielfältigen Aktivitäten auf verschiedenstem Gebiet und manche (heute noch?) nicht voll durchschaubaren Vorgänge der damaligen Zeit solche Wertungen begünstigen. Auf alle Fälle ist es einer der führenden Köpfe in der ersten Hälfte des 14. Jahrhunderts, dessen Leben und »groß werk« im folgenden vorgestellt werden soll.

Balduin wurde 1285 oder 1286 geboren, vielleicht in Luxemburg, vielleicht, wie sein Bruder Heinrich, in Valenciennes. Sein Vater war Heinrich VI., Graf von Luxemburg und Laroche sowie Markgraf von Arlon, der sein Leben verlor, als sein Sohn noch im zartesten Alter stand – 1288 in der Schlacht bei Worringen, wo Brabant und Geldern mit ihren jeweiligen Verbündeten um das Limburger Erbe fochten[1]; seine Mutter Beatrix, die ihrem Gatten insgesamt fünf Kinder gebar, entstammte dem Hause Flandern-Hennegau.[2] Als jüngerer Sohn für die geistliche Laufbahn bestimmt, wie es in seinen Kreisen nicht selten vorkam, verbrachte er seine frühen Jahre großenteils in Paris, an dessen Universität er auch – mit einer zweijährigen kriegsbedingten Unterbrechung – von 1299 bis 1307 studierte: vorwiegend Theologie und kanonisches Recht. Einige Jahre lang war er Dompropst von Trier, bevor die Mehrheit des dortigen Kapitels ihn am 7. Dezember 1307 zum Nachfolger des kurz zuvor verstorbenen Erzbischofs Diether von Nassau postulierte. Eine Empfehlung des französischen Königs Philipp des Schönen dürfte bewirkt haben, daß sich auch der Papst für ihn entschied. Es war Clemens V., der ihm 1305/06 noch den böhmischen Kanzler und Baseler Bischof Peter von Aspelt als künftigen Mainzer Metropoliten vorgezogen hatte – gewiß, weil er Balduin damals als noch zu jung für ein derart hohes Kirchenamt ansah. Jetzt jedoch weihte er ihn im März 1308 persönlich, und wenige Wochen später brach der derart Ausgezeichnete von Poitiers aus, wo der feierliche Akt stattfand, an die Mosel auf, um sein neues Amt anzutreten.

Schon auf dem Wege dorthin erfuhr er, daß er als Kurfürst in allernächster Zeit gefordert werden würde: man meldete ihm, daß König Albrecht I. von Habsburg nach zehnjähriger Regierungszeit einem Mordanschlag seines Neffen erlegen sei. Das Reich brauchte somit einen neuen Herrn. Hat man es Peter von Aspelt, dem »seit langem in politischen Händeln Erfahrene(n)«, hauptsächlich zuzuschreiben, oder gab Balduin, der »blutjunge Grafensohn«, den Ausschlag dafür, daß am 27. November 1308 sein älterer Bruder Heinrich in einhelliger Wahl deutscher König wurde – gegen den Willen des Königs von Frankreich, der seinen Bruder Karl von Valois gern an dessen Stelle gesehen hätte? Viel spricht für letzteres, wie man erst jüngst wieder feststellte – nicht zuletzt auch die soziale Herkunft Balduins, die ihm ein Anrecht auf hohe Positionen für sich und andere Angehörige seiner Familie als ganz natürlich erscheinen ließ.[3] Jedenfalls aber wird der rasante Aufstieg des Hauses Luxemburg in jenen Jahren durch die Erhebung Heinrichs ebenso dokumentiert wie dadurch, daß dessen Sohn Johann – aufgrund einer Heirat mit der Přemyslidin Elisabeth, welche wohl durch Peter von Aspelt vermittelt und vom Adel des Landes unterstützt wurde – 1310 das Königreich Böhmen gewinnen konnte. Heinrich, der die Perspektiven, die dieser Erwerb bot, wohl nicht gleich übersah, trieb indessen die

Vorbereitungen für seinen Romzug voran, mit dem er das alte, glanzvolle Kaisertum wieder zu Ehren bringen, der Reichsgewalt in Italien wieder Geltung verschaffen und, damit verbunden, auch Frankreich in seine Schranken verweisen und dessen Druck auf die deutschen Westgebiete entgegentreten wollte. Gerade hierin war er sich damals mit Balduin einig, der seinem Bruder von Beginn (Oktober 1310) an in Italien zur Seite stand; er verließ ihn dort erst im März 1313, um in schwieriger militärischer Lage Hilfe herbeizuholen. Jedoch bedurfte der im Juni 1312 zum Kaiser Gekrönte dieser dann nicht mehr; er ist am 24. August 1313 in Buonconvento, unweit von Siena, verstorben, und seine Pläne und Vorhaben starben mit ihm.

Balduin behielt diese Romfahrt, die Zeit des Zusammenseins mit dem ihm eng verbundenen Heinrich, tief im Gedächtnis; sie dürfte für ihn prägend gewesen sein. Mehrere Dezennien später, etwa um das Jahr 1340, ließ er eine Bilderhandschrift anfertigen, die sie zum Inhalt hat. Mehr als siebzig Miniaturen stellen Szenen aus jenen »alten Zeiten« dar; sie sind uns erhalten als bedeutende Zeugnisse damaliger Buchkunst.[4]

Die zweite Königswahl, an der Kurfürst Balduin beteiligt war, gestaltete sich entschieden schwieriger als die erste. Wieder gingen die Erzbischöfe von Mainz und Trier zusammen, und zwar zugunsten des Böhmenkönigs Johann, des Sohnes Kaiser Heinrichs; jedoch ließ sich Heinrich II. von Virneburg, der Kölner Metropolit, diesmal nicht, wie noch 1308 letztendlich, auf ihre Seite ziehen. Er wie auch einige weltliche Kurfürsten favorisierten den Habsburger Friedrich den Schönen als Prätendenten – eine Entscheidung, die weder für Peter noch für Balduin in Frage kommen konnte. Als sich nach intensiven Verhandlungen die Fronten immer mehr verhärteten, änderten beide jedoch ihre Pläne. An Johanns Stelle, der ihnen wohl schließlich doch ob seines geringen Alters und ungefestigten Charakters nicht durchsetzbar erschien, plazierten sie nun den erfahrenen – auch kriegserfahrenen – Herzog Ludwig von Oberbayern aus dem Hause Wittelsbach. Eine Doppelwahl ließ sich nicht mehr vermeiden; sie fand am 19. bzw. 20. Oktober 1314 statt: zunächst wurde Friedrich, einen Tag später Ludwig von ihren jeweiligen kurfürstlichen Anhängern vor Frankfurt – der eine diesseits, der andere jenseits des Mains – gewählt. Für jeden Kandidaten gab es dabei eine sächsische und eine böhmische Stimme, da sowohl Sachsen-Wittenberg und Sachsen-Lauenburg um das Kurrecht stritten (und hier jeweils eines der Lager bedienten), als auch Herzog Heinrich von Kärnten, der 1310 Johann als böhmischer König hatte weichen müssen, die Gelegenheit nutzte, sich auf Habsburgs Seite zu engagieren, während Johann selbst – sehr unwillig wegen der entgangenen Chance – für Ludwig plädierte. Damit waren Wirren im Reich für die nächsten Jahre programmiert; der Kampf um Macht und Einfluß nahm immens an Schärfe zu – ein Kampf, in dem auch Balduin gefordert wurde.

Wie Peter von Aspelt stand er zunächst weiterhin an Ludwigs Seite, unterstützte ihn, wenn es nötig schien, auch mit Truppen und schloß Mitte 1317 mit ihm, dem Mainzer Metropoliten und dem Böhmenkönig Johann zu Bacharach ein Bündnis gegen jedermann und besonders gegen »Herzog Friedrich von Österreich«. Dessen Anhänger Matthias von Bucheck, der 1321 nach dem Tode des Erzbischofs Peter, vom Papst ernannt, auf den Mainzer Erzstuhl gelangte, verstand er durch eine geschickte Politik zu »neutralisieren«, so daß der habsburgische Einfluß sich in den Rheingegenden nicht weiter ausbreiten konnte. Als sich schließlich 1322 durch die Schlacht bei Mühldorf am Inn eine Vorentscheidung über die zukünftige Herrschaft im Reich abzeichnete – hier wurde Friedrich von Ludwig entscheidend geschlagen und gefangengenommen –, war Balduin persönlich nicht zugegen; er führte damals, im Frühherbst jenes Jahres, seine Nichte Maria dem französischem König Karl IV. zu, der diese fast zur gleichen Zeit als Gemahlin nahm. König Johann freilich, der Bruder Marias, hat Ludwig damals wirkungsvoll unterstützt; sein Anteil an dessen Sieg ist nicht gering zu veranschlagen. Eine enge Allianz der beiden Herrscher in der folgenden Zeit ist daher nicht verwunderlich. Sie erhielt jedoch wenig später entscheidende Risse, da Ludwig im Frühjahr 1323 seinem gleichnamigen Sohn, der noch im Kindesalter stand, die Mark Brandenburg (und damit eine Kurstimme) übertrug, worauf auch der Böhme Ambitionen hegte. Die Folge war eine Wiederannäherung Johanns an Frankreich, welches dann ein weiteres Mal Ansprüche auf den deutschen Thron anmeldete, die jetzt auch mit Hilfe Habsburgs verwirklicht werden sollten. In dem verwickelten diplomatischen Spiel, welches sich damals und in der Folgezeit um Kandidaturen, Positionen, Verbindungen und Trennungen entspann, trat Balduin ziemlich zurück; er widmete sich meist anderen Aufgaben als der Reichspolitik, auf die wir später noch eingehen werden. Gewiß hat er, wie schon 1308 und 1314, französische Prätendenten auch jetzt nicht gefördert, und obwohl er sich etwa um die Mitte der zwanziger Jahre dem in Avignon residierenden Papst vorsichtig anzunähern begann, hatte er nichts weniger im Sinn, als dessen Anstrengungen in der Frage der deutschen Königswahl nachzugeben. Denn als Papst Johann XXII., seit geraumer Zeit der erklärte Feind Ludwigs, dessen 1327 begonnenen Romzug zur Erlangung der Kaiserkrone mit einem massiven Druck auf die Kurfürsten beantwortete, um diese zur Wahl eines Gegenkönigs zu zwingen – woraufhin sie auch wirklich eine Zusammenkunft für den 31. Mai 1328 ansetzten – , da brachte Balduin wieder einmal seinen Neffen, den Böhmenkönig Johann, als zu Wählenden ins Spiel und wußte mit geschickter Taktik zu erreichen, daß eine Entscheidung erst einmal hinausgezögert wurde. Bevor sie fiel, starb allerdings am 10. September jenes Jahres Matthias von Bucheck, der Mainzer Erzbischof – ein Ereignis, dessen Folgen für Balduin gravierend waren. Wurde er doch (wie übrigens schon einmal vor dem Amtsantritt dieses Kirchenfürsten, im Jahre 1320) vom Mainzer Domkapitel zum Administrator gewählt, während der Papst Heinrich (III.) von Virneburg, den gleichnamigen Neffen des Kölner Erzbischofs, zum neuen Metropoliten ernannte. Als Balduin diesmal zugriff, das Erzstift besetzte und als dessen *provisor* und *defensor* auch gegen die Stadt Mainz, die ihm Widerstand leistete, vorging[5], war er gezwungen, politisch eindeutig Stellung zu beziehen. Aufgrund der Umstände gab es für ihn nur eine mögliche Entscheidung: ein engeres Zusammengehen mit Kaiser Ludwig, gegen Papst Johann XXII.

Dieser, als über Siebzigjähriger 1314 auf den Apostolischen Stuhl gelangt, hatte dem Streit der beiden Könige Ludwig und Friedrich zunächst zugesehen, ohne etwas zu unternehmen, aber auch keinen von ihnen anerkannt. Getreu der damals herrschenden kurialen Anschauung, ein König bedürfe einer solchen Anerkennung (Approbation), ohne deren Erteilung er nicht regierungsfähig sei[6], hatte er lediglich 1317 verkündet, daß er das Imperium als vakant betrachte – wohinter stand: zumindest in Italien träte unter solchem Umstand der Papst an des weltlichen Herrschers Stelle. Als der Bayer nach dem Sieg bei Mühldorf allerdings die Hände frei bekam, um die Verhältnisse in diesem wichtigen Reichsteil zu ordnen, zeigte sich schnell, daß Johann nun weit über eine solche Ansicht hinauszugehen gewillt war. Im Oktober 1323 klagte er Ludwig an, die Herrschaft widerrechtlich auszuüben, und zwar diesseits wie jenseits der Alpen; er solle binnen drei Monaten auf sie verzichten, ansonsten verfiele er dem Bann. Ludwig war entschlossen, dem Widerstand zu leisten, doch seine Appellationen, welche in dieser Frage auf die Bekundung hinausliefen, der König sei, da von den Kurfürsten rechtmäßig gewählt, auch ohne päpstliche Approbation zur Regierung befugt, konnten den Papst nicht an weiteren, schärferen Maßnahmen hindern. Er verhängte am 23. März 1324 den Bann gegen den Wittelsbacher (in welchem dieser zeit seines Lebens verblieb), suchte mehrmals – wie im Jahre 1328 – einen anderen König gegen ihn aufzustellen und führte weitere Prozesse, die u. a. nun auch Ludwigs Anhänger in Bann und Interdikt taten.

Auch Balduin wurde aufgefordert, diese Prozesse in dem ihm unterstehenden Gebiet bekanntzumachen; jedoch hat er sich dem, wie er selbst einmal 1326 bezeugte, entschieden verweigert. Dies ist nicht verwunderlich, wenn man bedenkt, daß er bei einer Publikation auch das päpstliche Approbationsrecht anerkannt hätte, was seiner Auffassung von der unumschränkten Gültigkeit einer von den Kurfürsten – und damit auch von ihm – vorgenommenen Königswahl direkt entgegenstand. Seine herausgehobene Stellung im Reich sowie diejenige seiner Mit-Wähler wollte er gewahrt wissen; sie war zu behaupten gegen kuriale Ansprüche ebenso wie gegen Einflüsse, die von Westen her kamen. Der Verfolg dieser politischen Linie führte ihn über lange zeitliche Strecken hinweg an die Seite des Herrschers aus dem Hause Wittelsbach, was sich besonders in den dreißiger Jahren zeigt. An deren Ende jedoch, als sich zu Rhens und zu Frankfurt der Protest gegen Avignon in brisanten Verkündungen artikulierte, sollten die unterschiedlichen Positionen beider deutlich werden.

Nachdem Ludwigs Italienzug 1330 mit einem völligen Fiasko endete – so zwangen ihn die Römer, deren oberster Vertreter Sciarra Colonna ihn am 17. Januar 1328 wohl zum Kaiser gekrönt hatte, schon im August jenes Jahres, die Stadt zu verlassen, und seinen Absetzungsdekreten gegen Johann XXII. war ebensowenig Erfolg beschieden wie der Einsetzung eines Gegenpapstes –, unternahm er dann wiederholte Versuche, sich mit der Kurie zu verständigen, ja zog sogar 1333/34 eine Abdankung zugunsten seines Vetters, des Herzogs Heinrich von Niederbayern, in Erwägung. Mit dem greisen Johann jedoch war ein Arrangement auf keine Weise möglich, und auch dessen seit 1334 amtierender Nachfolger Benedikt XII. schwenkte, maßgeblich unter dem Druck Frankreichs, bald auf dessen harte Linie ein. Der Kaiser, enttäuscht, daß seine Bemühungen auf einen Ausgleich auch jetzt keinen Erfolg hatten, verbündete sich daher im Juli 1337 mit Englands König Eduard III., der einen Waffengang gegen seinen französischen Gegner Philipp VI. plante; gegen eine hohe Summe versprach er ihm militärische Hilfe. In der Folgezeit wuchs in Deutschland die Erbitterung gegen die unversöhnliche avignonesische Kurie stark an; es entstand eine Stimmung, die schließlich auch die Kurfürsten zum Handeln trieb. Einer Beratung mit Kaiser Ludwig am 15. Juli 1338 zu Lahnstein folgte am nächsten Tage ihre bekannte Zusammenkunft im Baumgarten zu Rhens, auf der sie, u. a. mit den Worten: *daz wir daz egenante riche und unser fürstlichen ere, die wir von yme han, … hanthaben, schirmen und schuren wollen nach aller unser macht und craft* den sogenannten Kurverein abschlossen[7] – ein Bündnis, dem dann auch andere Reichsstände beitraten. Eine gleichzeitig veröffentlichte Erklärung wandte sich noch einmal gegen päpstliche Ansprüche mit den Worten: Sobald jemand von den Kurfürsten des Reichs oder von der zahlenmäßigen Mehrheit dieser Fürsten – auch im Zwiespalt – zum römischen König gewählt ist, bedarf er keiner Benennung, Anerkennung, Bestätigung, Zustimmung oder Ermächtigung von seiten des päpstlichen Stuhles.[8]

Nichts liest man in diesen Dokumenten von Ludwig und seiner irregulären römischen Krönung, von den Prozessen gegen ihn, ja überhaupt von aktuellen Ereignissen – hier wurde »zeitlos gültiges Reichsrecht«[9] formuliert. Zu Recht wird angenommen, daß hier Balduins Art, die Dinge zu behandeln, Ausdruck gewinnt und daß zumindest im erstgenannten Dokument die »rechte Hand« des Trierers, sein Notar und Rat Rudolf Losse, konkret die Feder führte. Wenn wir hier »Trierer« sagen, so meinen wir dies wörtlich, denn allen Anstrengungen zum Trotz hatte er die Verwaltung des Mainzer Erzstifts nicht über 1336/37 hinaus halten können. Er mußte hier schließlich Heinrich von Virneburg das Feld überlassen, welcher, obwohl er seinen Sieg letztlich der Kurie verdankte, die endgültige Erringung des Erzbistums wesentlich durch eine Annäherung an Kaiser Ludwig erreichte. Im Jahre 1338 produzierte er sich als dessen unbedingter Anhänger, was besonders in einem aus seiner Kanzlei stammenden Schreiben hervorgeht, welches für den Papst die Rhenser Beschlüsse interpretiert. Da heißt es, die päpstlichen Prozesse gegen Ludwig, den »Kaiser der Römer«[10], seien zu widerrufen, die Eintracht des Imperiums mit der Kirche wiederherzustellen; geschähe dies nicht, so seien die Fürsten gezwungen, selbst in diesem Sinne aktiv zu werden. Balduin und seine Umgebung dagegen sahen die Dinge in einem ähnlichen Brief zurückhaltender: man möge in Avignon darangehen, den »zum Reich erwählten Ludwig von Bayern« wieder in den Schoß der Kirche aufzunehmen; dieser nämlich, dessen Macht und guter Ruf sich täglich mehrten, sei ja bereit, Genugtuung zu leisten.[11] Kein Hinweis findet sich hier selbst auf die Rhenser Erklärung, und schon gar nicht wird Ludwig »Kaiser« genannt – statt dessen erscheint eine Bezeichnung, die Balduins Ressentiments gegenüber der römischen Erhebung des Herrschers ebenso in sich trägt wie (wenn auch indirekt) den Hinweis auf dessen gültige Königswahl durch dafür zuständige Kurfürsten.

Jedoch blieb in der Folgezeit kein Raum für moderate Töne; die Verlautbarungen aus dem kaiserlichen Lager wurden immer aggressiver, die Frontstellung gegen Avignon immer deutlicher. Auf einem Frankfurter Tag wurde am 4. August 1338 das Gesetz »Licet iuris« verabschiedet, welches den von den Kurfürsten Gewählten jetzt auch als »wahren Kaiser« proklamierte und jeden Approbationsanspruch des Papstes noch einmal scharf zurückwies; ein Tag zu Koblenz Anfang September erhob den englischen König Eduard zum Generalvikar des Reiches und wiederholte die Beschlüsse der vorangegangenen Zusammenkunft wie die von Rhens. Anders als noch in Frankfurt war Balduin hier anwesend und folgte seinem Kaiser als Bündnispartner der Engländer; er fehlte auch nicht, als im März 1339, auf einer weiteren Frankfurter Zusammenkunft, die schrillsten Töne in Richtung Kurie ausgestoßen wurden. Nicht weniger verkündete man hier, als daß bei einer Weigerung des Papstes, einem römischen König die Kaiserkrone ohne vorherige Approbation zu geben, dieser sie dann erhalten könne von jedem *cristene ertzbischofe oder bisschofe, der yme dar zů gut ist.*[12] Alle Mäßigung, die der Trierer Erzbischof zuvor in Rhens so offensichtlich gezeigt hatte, schien hier aufgegeben, und auch den Kaisertitel hat er dem Bayern nun nicht mehr verweigert. Selbst die Abkehr Ludwigs vom englischen Bündnis und seine erneute Schwenkung hin zu Philipp VI. von Frankreich (von dem sich der Kaiser jetzt, 1341, wieder Fürsprache bei der Kurie erwartete), vollzog Balduin letztlich mit – und das, obwohl man es zu Trier, wie eine Denkschrift Rudolf Losses zeigt, in jenen Jahren lieber gesehen hätte, wenn der Kaiser, wie vorgesehen, kriegerisch gegen den westlichen Nachbarn gezogen wäre.

Hatte schon Ludwigs überraschender Frontwechsel sein Renommee schwer erschüttert, so war sein Handeln in der Tiroler Frage erst recht geeignet, Mißtrauen und Abneigung gegen ihn wachsen zu lassen. Johann Heinrich, Sohn König Johanns von Böhmen und Gatte der Margarete Maultasch, Gräfin von Tirol, war 1339 vom Kaiser mit jenem Gebiet belehnt worden – sehr gegen Ludwigs Willen, da er die blühende Grafschaft gerne dem Hause Wittelsbach zugeschlagen hätte. So griff er zu, als Margarete im Herbst 1341 ihren unreifen Gemahl aus dem Lande jagte: er erklärte zu Beginn des Jahres 1342 die Ehe der beiden für nichtig, verheiratete seinen eigenen Sohn Ludwig, den Markgrafen von Brandenburg, mit der Gräfin und vergab Tirol erneut – an diese beiden. Damit war der Graben zwischen ihm und der Kurie, deren Rechte er in unerhörter Weise verletzt hatte, noch tiefer geworden, und zwangsläufig wurden die Luxemburger jetzt seine erbitterten Feinde. Bei allem Zusammengehen, das es zwischen beiden über weite Strecken hinweg gab, hat Balduin doch zu Ludwig »kaum je ein näheres Verhältnis besessen…; er mochte ihn nicht«.[13] Vielleicht hat er ihn nicht nur als »Platzhalter« für einen König aus seinem Geschlecht empfunden, wie geäußert worden ist[14]; jedoch hatte er, als am 11. Juli 1346 sein Großneffe Karl, damals Markgraf von Mähren, von einer Mehrheit der Kurfürsten gegen Ludwig gewählt wurde, maßgeblichen Anteil daran. Dafür beschimpfte ihn Wilhelm von Occam, einer der führenden radikalen Theoretiker auf Ludwigs Seite, als *periurus* – als einen, der sich »über das Recht hinwegsetzte«; und tatsächlich: »Balduin hat die Rhenser Position 1346 aufgegeben.«[15] Er nahm es hin, daß Karl vor seiner Wahl dem Papst das Vikariatsrecht in Italien zugestand und ihm versprach, dort vor seiner Approbation nicht als Herrscher aufzutreten; er duldete die massive Hilfe, die Avignon dem Prätendenten leistete, und ebenso, daß erst nach erfolgter Approbation durch Clemens VI., Karls einstmaligen Erzieher, dessen Krönung im November 1346 zu Bonn stattfand. Ging es ihm wirklich darum, wie jüngst vermutet worden ist, mit jener Erhebung den Frieden im Reich zu erhalten? Hat er in Wahrheit mit seinen Ko-Elektoren und dem Gewählten abgesprochen, »daß die faktische Herrschaft Ludwig dem Bayern überlassen blieb, daß Karl nur ein Schattenkönig sein dürfe« – wohl wissend, daß dem Papst nun keine Möglichkeit mehr blieb, Kurfürsten und Imperium mit dem Interdikt zu bedrohen oder gar selbst einen Herrscher einzusetzen?[16]

Dann wäre er freilich der besonnene Politiker, als der er in diesem Zusammenhang benannt wird – ein Bewahrer auch eines erträglichen Zustands im Reich, nicht nur, wie oftmals festzustellen, von dessen Rechten. Aber wichtig für ihn dürfte doch in erster Linie gewesen sein, daß mit dem ihm in Charakter und Verhalten nicht unähnlichen Karl nun wieder ein Vertreter seines Geschlechtes den Thron innehatte. Er half dem Großneffen, der sich nach dem Tode Ludwigs des Bayern (am 11. Oktober 1347) relativ schnell gegen seine Widersacher durchsetzen konnte, mit Geld und auch persönlich: dreimal während jener Jahre fungierte er im Reich als dessen Statthalter. Im besten Einvernehmen mit dem jungen Herrscher hat er am 21. Januar 1354 sein Leben beendet – fast siebzigjährig und im Bewußtsein dessen, daß sich das Erbe des Hauses Luxemburg in guten Händen befand.

Balduin als Reichspolitiker – nur wenige markante Stationen seines diesbezüglichen Wirkens konnten hier aufgezählt werden. Aber schon sie machen die verschlungenen Pfade deutlich, auf denen er sich bewegen konnte und teilweise bewegen mußte. So sind die zu Anfang aufgeworfenen Fragen schwer zu beantworten; manches spricht für diese, manches für jene Sicht. Das »groß werk« des bedeutenden Luxemburgers würdigen heißt jedoch noch mehr in den Blick zu nehmen – den Territorialherrn, den Verwaltungs- und Finanzfachmann, den frommen Lenker seiner Diözese. Auch dies kann zum Schluß nur in aller Kürze geschehen.

Intensiv hat sich Balduin um den Ausbau seines Kurtrierer Territoriums gekümmert, und zwar durch Erweiterung und Arrondierung, besonders aber durch die Verbesserung seiner inneren Verwaltung. Was ersteres betrifft, so gelang ihm schon 1312, vier Jahre nach seinem Amtsantritt, der Erwerb von Boppard und Oberwesel – die einzigen, längst schon als Pfandschaft vergebenen Reichsbesitzungen, die im Trierer Einzugsbereich noch »zu haben waren«. Seine Positionen am Rhein wurden hierdurch gefestigt,[17] wenn auch in dieser Beziehung natürlich Koblenz herausragend blieb. Von Trier dorthin, die Mosel entlang, gab es schon vor 1308 Besitz des Kurstaates: Bernkastel, Wittlich, Zell und Cochem, auch Mayen in der Eifel sind hier zu nennen. Balduin fügte weiteres Gebiet hinzu, baute die Landbrücke zwischen den beiden markanten Punkten aus, was dazu führte, daß Kurtrier seinen Schwerpunkt allmählich an den Rhein hin verlagerte. »Durch Kauf, Tausch, Belehnung, Dienstvertrag, Pfandschaft«[18] hat er auch anderenorts sein Territorium gestärkt, so durch die zeitweise Inkorporation der Eifelabtei Prüm (seit 1347); ständig lag er in Fehde mit diesen und jenen Herren in der Umgebung, um sie in seine Botmäßigkeit zu zwingen. Oft war er dabei erfolgreich, manchmal nicht; es ist schon vorgekommen, daß die couragierte Gräfin Loretta von Sponheim ihn bei einer Fahrt auf der

Mosel gefangennahm und mehrere Wochen auf einer ihrer Burgen festhielt.[19] Letzten Endes konnte er das Geschlecht derer von Sponheim, ansässig auf der Starkenburg (bei Trarbach) bzw. in Kreuznach an der Nahe, mit militärischen Mitteln ebensowenig gefügig machen wie das der Westerburger rechts des Rheins; so hat er schließlich um 1350 Vertreter beider Häuser zu »obersten Amtmännern« im Mosel- und Mittelrheingebiet gemacht.[20]

Damit kommen wir zur inneren Verwaltung seines Staates, und hier hat er in der Tat Bedeutendes geleistet. Kurtrier wurde gegliedert in ein Ober- und ein Niederstift – mit Trier und Koblenz als Hauptorten – und das teilweise schon bestehende System von Ämtern und Kellereien zu einem Netz verdichtet.[21] Oft bildeten Burgen das Zentrum eines Amtes; jedoch ist in diesem Zusammenhang auch zu beachten, daß der Luxemburger in den »Sammelprivilegien«, die ihm 1332 von Ludwig dem Bayern sowie 1346 von Karl IV. ausgestellt wurden, die Freiung nach dem Recht der Reichsstadt Frankfurt am Main für eine nicht geringe Anzahl von Städten erwirkte, welche ebenfalls Amtssitze waren. Der meist ritterliche Amtmann war der Vertreter seines Herrn in vielen Belangen und als solcher bei schlechter Amtsführung absetzbar; er hatte die Bevölkerung des ihm unterstellten Gebietes zu schützen, übte Gerichtsrechte aus und leistete seinem Herrn, wenn nötig, militärische Hilfe, nicht zuletzt durch Berufung des Aufgebots. Im Rahmen von Balduins grundlegender Neuordnung der Verwaltung erhielt die Schriftlichkeit hervorragende Bedeutung. Der Erzbischof hat u. a. seine Kanzlei mit versierten Leuten besetzt – es sei noch einmal auf Rudolf Losse hingewiesen –, in großem Stil über Ein- und Ausgaben schriftlich Rechnung legen lassen, vor allem aber sein Archiv reorganisiert: um eine umfassende Übersicht (auch auf Reisen!) von seinen und seines Landes Rechten und Verpflichtungen zu haben, ließ er nach 1330 Urkundenkopiare, die sogenannten »Balduineen«, anfertigen – thematisch gegliederte, gut handhabbare, mit kostbaren Malereien verzierte Meisterwerke.[22]

Auch als »Finanzgenie« kann unser Erzbischof bezeichnet werden: das bei seinem Amtsantritt hoch verschuldete Kurtrier zu sanieren gelang ihm binnen weniger Jahre. Im weiteren Verlauf seiner Amtstätigkeit nahm er die unter seinem Vorgänger zum Erliegen gekommene Münzprägung wieder auf und ging gegen einige Herren vor, welche in seinem Gebiet unberechtigt Geld herstellten. Eine führende Rolle in der erzbischöflichen Finanzverwaltung spielten reiche Juden, an denen Balduin schon deshalb, weil er ihre Vermögen ausnutzen konnte, interessiert war. Er hat die Ansiedlung von Juden – oft von solchen, die aus Frankreich vertrieben worden waren – planmäßig gefördert, was wesentlich dazu beitrug, daß er, dessen Hochstift früher als terra pauper et sterilis galt, schließlich als pecuniosus und dives angesehen wurde.[23] Andererseits scheute er sich nicht, von seinem Neffen, dem König Karl IV., im Jahre 1349 Verschreibungen entgegenzunehmen, die ihm die Güter von damals erschlagenen oder noch zu erschlagenden (!) Juden einbrachten – als Ausgleich für Geld, das bei der Wahl Karls verauslagt worden ist.[24] Eine solche Handlungsweise ist wohl nicht nur nach den Maßstäben unserer Zeit mit aller Schärfe zu verurteilen.

Nicht nur um Trier und das ihm direkt untertane Territorium jedoch sorgte sich der Luxemburger[25] – er griff mindestens in zweifacher Hinsicht weit darüber hinaus. Auf die von 1328 bis 1337 während Verweserschaft des Mainzer Erzstifts wurde oben schon eingegangen; aber auch die Bistümer Speyer und Worms hat er auf ähnliche Art verwaltet.[26] Durch Peter von Zittau, den Abt von Königsaal, ist hierzu ein Ausspruch von ihm überliefert: Die Anklagen der Menschen wegen dieser Ämterhäufung würden ihn nicht anfechten, denn er hätte in den ihm unterstellten Kirchen die Unordnung beseitigt. Ein derartiges Motiv leitete ihn gewiß auch bei seiner intensiven Landfriedenspolitik, welche großräumig die ganze Region erfaßte. Genannt seien die ganz offensichtlich unter Balduins Führung abgeschlossenen Landfrieden von Kaiserslautern (1333; der Ort unterstand ihm damals als Reichspfandschaft) sowie »an Rhein und Maas« (1352). Der Schwerpunkt des ersteren lag im Mittelrhein-Mosel-Gebiet und umfaßte »verschiedene ›Länder‹, nämlich Teile des Trierer Erzstiftes und der Bistümer Mainz, Speyer und Worms, weiterhin die Grafschaften, Sponheim, Zweibrücken, Veldenz, Leiningen, die Rau-, Wild- und Rheingrafschaften und linksrheinische Gebiete der Pfalzgrafschaft«.[27] Der zweite wurde, wie der verwendete Name schon sagt, weiter nördlich wirksam; die Hauptpartner des Luxemburgers waren der rheinische Pfalzgraf und der Markgraf von Jülich, die Grafen von Loon und von Berg. Besonders diese Einung benutzte Balduin, um das Raubrittertum intensiv zu bekämpfen; es ist aber nicht zu übersehen, daß bei manchem Zug, den er gegen einen kleineren Herrn unternahm, seine territorialen Interessen mit im Spiel waren.

Aller hier geschilderten Aktivitäten ungeachtet war der Erzbischof ein gottergebener Mann, der sich nicht zuletzt um die Kirchenzucht in seiner Diözese bemühte. Durch Gründungen in Koblenz wie in Trier förderte er den Orden der Kartäuser, wobei er zeitweilig zu Sankt Alban, der Niederlassung in seiner Bischofsstadt, in einer eigens erbauten Zelle das strenge Leben dieser Mönche teilte.[28]

»Der kaum mittelgroße, kräftig gebaute, aber zierlich wirkende, behende Mann mit dem hochstirnigen Schädel, dem leichtgelockten Blondhaar, der hellen rosigen Haut und den ebenmäßigen Zügen« hatte »das Erbübel der Luxemburger«: er war kurzsichtig.[29] Jedoch blieb diese Unannehmlichkeit bei ihm auf das Körperliche begrenzt. In seinem Wirken kommt vielfach genau das Gegenteil zum Ausdruck: sein »groß werk« hat nicht nur seine Zeit geprägt.

1 Vgl. C. DIETMAR, Luxemburg und der Limburger Erbfolgestreit, in: BlldtLG 124 (1988), S. 303ff.

2 Vgl. die genealogische Tafel in: Balduin von Luxemburg, Erzbischof von Trier – Kurfürst des Reiches. Festschrift aus Anlaß des 700. Geburtsjahres, hg. v. F.-J. HEYEN, Mainz 1985, S. 143, sowie die dortigen Ausführungen von J. SCHOOS, Die Familie der Luxemburger, S. 132f.

3 E. SCHUBERT, Kurfürstentum und Wahlkönigtum, in: Balduin von Luxemburg, S. 105f.; dort auch die Zitate.

4 Edition: F.-J. HEYEN, Kaiser Heinrichs Romfahrt, Boppard am Rhein 1965.

5 Vgl. zu den Ereignissen K. H. DEBUS, Balduin als Administrator von Mainz, Worms und Speyer, in: Balduin von Luxemburg, S. 413ff.; hier S. 416ff. auch mögliche Motivationen des Erzbischofs und seiner Kontrahenten.

6 Vgl. D. Unverhau, Approbatio-Reprobatio. Studien zum päpstlichen Mitspracherecht bei Kaiserkrönung und Königswahl vom Investiturstreit bis zum ersten Prozeß Johanns XXII. gegen Ludwig IV., Lübeck 1973, S. 21ff. und S. 35ff.

7 Nova Alamanniae. Urkunden, Briefe und andere Quellen, besonders zur deutschen Geschichte des 14. Jahrhunderts, hg. v. E. E. Stengel, 1. Hälfte, Berlin 1921, Nr. 545 §1), S. 361. Nur König Johann von Böhmen fehlte, schloß sich jedoch später den Vereinbarungen an.

8 Quellen zur Verfassungsgeschichte des römisch-deutschen Reiches im Spätmittelalter (1250–1500), ausgew. und übers. v. L. Weinrich, Darmstadt 1983 (Ausgewählte Quellen zur deutschen Geschichte des Mittelalters. Freiherr vom Stein-Gedächtnisausgabe 33), Nr. 88, S. 288f.

9 H. Grundmann, Wahlkönigtum, Territorialpolitik und Ostbewegung im 13. und 14. Jahrhundert (1198–1378), in: B. Gebhardt, Handbuch der deutschen Geschichte, Bd. 1: Frühzeit und Mittelalter, 9. Aufl., hg. v. H. Grundmann, Stuttgart 1970 (Nachdruck 1981), S. 539. Vgl. auch E. E. Stengel, Baldewin von Luxemburg, jetzt in: ders., Abhandlungen und Untersuchungen zur mittelalterlichen Geschichte, Köln/Graz 1960, S. 208.

10 Vgl. auch die Feststellung in einer persönlichen Erklärung Heinrichs, *daß er mit dem Kurverein niemand anders als das römische Reich und seinen Herrn Kaiser Ludwig im Auge habe*. E. E. Stengel, Avignon und Rhens. Forschungen zur Geschichte des Kampfes um das Recht am Reich in der ersten Hälfte des 14. Jahrhunderts, Weimar 1930, S. 131ff., das Zitat S. 133.

11 Nova Alamanniae 1, Nr. 546 und 547, S. 362ff. Beide Schreiben blieben Entwürfe.

12 Nova Alamanniae, 2. Hälfte, T. 1, Berlin 1930, Nr. 613 § 8), S. 423.

13 Stengel, Baldewin, S. 205.

14 E. Lawrenz, Die Reichspolitik des Erzbischofs Balduin von Trier aus dem Hause Luxemburg (1308–1354), o. O. u. J. (1974), S. 225f.

15 Schubert, Kurfürsten und Wahlkönigtum, S. 114. Anders Stengel, Baldewin, S. 210f.

16 Schubert, Kurfürsten und Wahlkönigtum, S. 114f., das Zitat S. 115.

17 An Mittelrhein und unterer Mosel wurden durch Balduins Anstrengungen schließlich Kurköln, Kurpfalz und die Grafen von Katzenelnbogen territorialpolitisch aus dem Feld geschlagen.

18 Stengel, Baldewin, S. 183.

19 Im Juni/Juli 1328, vgl. J. Mötsch, Trier und Sponheim, in: Balduin von Luxemburg, S. 374f.

20 Ebenda, S. 400, sowie H. Gensicke, Selbstbehauptung im Westerwald, in: Balduin von Luxemburg, S. 399f.

21 R. Laufner, Die Ämterorganisation unter Balduin von Luxemburg, in: ebenda, S. 289ff.

22 Die Balduineen. Aufbau, Entstehung und Inhalt der Urkundensammlung des Erzbischofs Balduin von Trier, bearb. v. J. Mötsch, Koblenz 1980.

23 A. Haverkamp, Erzbischof Balduin und die Juden, in: Balduin von Luxemburg, S. 481.

24 Vgl. jetzt R. Schneider, Der Tag von Benfeld im Januar 1349: Sie kamen zusammen und kamen überein, die Juden zu vernichten, in: Spannungen und Widersprüche. Gedenkschrift für F. Graus, hg. v. S. Burghartz, H.-J. Gilomen u. a., Sigmaringen 1992, S. 269f.

25 Hier sei noch aufmerksam gemacht auf den Bau der Moselbrücke vor Koblenz 1343.

26 Debus, Balduin als Administrator, S. 433ff. Speyer unterstand ihm von 1331 bis 1337, Worms 1331/32 sowie 1335 bis 1337 (1343): ebenda, S. 436.

27 M. Nikolay-Panter, Landfriedensschutz unter Balduin von Trier, in: Balduin von Luxemburg, S. 344.

28 Vgl. J. Simmert, Solitariam vitam diligens. Balduin von Luxemburg und die Karthäuser 1330–1354, in: ebenda, S. 213ff.

29 Die Zitate: Stengel, Baldewin, S. 186 und Anm. 21 daselbst.

Albrecht II.

FÜRST UND HERZOG VON MECKLENBURG
(1329–1379)

von Wolfgang Huschner

>*»Er war einer Krone würdig, entschlossen in der Tat,*
gerecht in Kriegen und zuverlässig in Verträgen,
wofür ihm Ruhm gebührt.«
(Verse auf der Grabtafel Albrechts II.
in der Klosterkirche zu Doberan)

In der Ahnengalerie des Schweriner Schlosses, die von Großherzog Friedrich Franz II. (1842–1883) in Auftrag gegeben wurde, beginnt der Rundgang des Besuchers bei einem Gemälde, das Albrecht II., den Fürsten und ersten Herzog (seit 1348) von Mecklenburg, zeigt. Die vom Hofmaler Theodor Fischer (1817–1873) Mitte des 19. Jahrhunderts gefertigte Kopie folgte einem lebensgroßen Porträt des Herzogs, das 1589 von Cornelius Krommeny († nach 1598) gemalt worden war. Der wahrscheinlich aus den Niederlanden stammende Krommeny stand seit 1576 als Hofmaler in den Diensten des künstlerisch und wissenschaftlich engagierten Herzogs Ulrich von Mecklenburg-Güstrow (1555–1603). Nicht zuletzt auf Intervention seiner ersten Gemahlin, Elisabeth von Dänemark († 1586), ließ Herzog Ulrich die Doberaner Kirche, eine der bevorzugten Begräbnisstätten der landesherrlichen Familie, restaurieren und mehrere lebensgroße Porträts von Angehörigen des Herzogshauses malen. Dazu zählte auch das Bild des ersten mecklenburgischen Herzogs Albrecht II. Ob Krommeny alte Vorbilder dafür hatte, wissen wir nicht. Aus der Grabschrift Albrechts II. geht hervor, daß er hinter dem Chor bestattet worden sei, und neben drei Schilden ein Bild von ihm seine Ruhestätte ziere. Möglicherweise ersetzte Krommenys Werk ein bis dahin in der Grabstätte Albrechts II. angebrachtes Bild. Bei dem heute in der Klosterkirche befindlichen Porträt handelt es sich um eine von Joachim Heinrich Krüger 1750 gefertigte Kopie. Krommenys Gemälde wurde im fürstlichen Amtshause zu Doberan aufbewahrt, wo es der 1852 mit der Zusammenstellung der Ahnengalerie beauftragte Gelehrte G. C. Friedrich Lisch (1801–1883) entdeckte. So gelangte das Bild nach Schwerin und diente als Vorlage für die Kopie Fischers.[1]

Auf dem in der Schweriner Ahnengalerie befindlichen Gemälde kann man Albrecht II. in Rüstung und mit langen roten Schnabelschuhen bewundern, von denen einer sogar über den Bildrand hinausragt und so den vornehmen Stand des Herzogs zum Ausdruck bringen soll. Der Mode seiner Zeit entsprechend, trägt er zudem ein kurzes Obergewand, Schecke genannt, das in der Taille geschnürt ist, und einen tiefsitzenden goldverzierten Gürtel, den Dupfing (auch Dupsing oder Dusing). An einem solchen – vorzugsweise auf dem Harnisch getragenen – Gürtel, der als ritterliches Würdezeichen galt, hingen zumeist der Dolch, dessen Knauf man auf dem Bild erkennen kann, sowie eine (Almosen-) Tasche. An dem Dupfing Albrechts II. hängt jedoch kurioserweise eine Zange, die recht unterschiedliche Deutungen erfährt. So wird sie als Hinweis auf die Beschäftigung Albrechts mit der Goldschmiedekunst, aber ebenso als strafendes Instrument interpretiert, mit dessen Hilfe er Raubrittern die Ohren geschlitzt habe. Mit größerer Wahrscheinlichkeit handelt es sich aber um einen Irrtum des Künstlers.[2] Es stellt sich die Frage, inwieweit die prächtige Darstellung des Herzogs durch die künstlerischen Ambitionen der jeweiligen Maler beeinflußt worden ist, vor allem aber, ob das Gemälde Bezüge zu seiner Herrschaft im 14. Jahrhundert erkennen läßt. Versuchen wir eine Antwort darauf zu finden, indem wir uns eingehender mit der Biographie Albrechts II. von Mecklenburg beschäftigen.

Als Fürst Heinrich II. von Mecklenburg 1329 im Alter von über 60 Jahren starb, waren seine beiden Söhne, Albrecht und Johann, erst zehn bzw. drei Jahre alt. Beide stammten aus Heinrichs zweiter Ehe mit Anna, Tochter Herzog Albrechts II. von Sachsen-Wittenberg. Aus der Verbindung gingen noch ein weiterer Sohn und drei Töchter hervor. Dieser Sohn und eine Tochter verstarben jedoch bereits im Kindesalter. Agnes (um 1320 bis 1340) heiratete 1338 den Fürsten Nikolaus III. von Werle; Beatrix (1324–1399) war von 1349 bis 1395 Äbtissin des Ribnitzer Klarissenklosters.

Fürst Heinrich II. hinterließ seinen beiden Söhnen ein beachtliches, wenngleich schwieriges Erbe. In jahrelangen Auseinandersetzungen mit benachbarten fürstlichen Gewalten hatte Heinrich II. seinen Herrschaftsbereich bedeutend erweitern können. Außerdem behauptete er die Stellung des Landesherrn auch gegen die aufblühenden und immer selbstbewußter agierenden Seestädte Wismar und Rostock. Beides hatte der Fürst vor allem durch eine Vielzahl von Feldzügen erreicht. Aufgrund seines persönlichen Mutes, den er schon früh bei militärischen Unternehmungen bewies, erhielt Heinrich II. den ehrenden Beinamen »der Löwe«. Die Brandenburger Markgrafen belehnten den Mecklenburger nach und nach mit den Ländern Stargard mit Wesenberg, Lychen, Eldenburg und Strelitz. Heinrich II. setzte seinen Anspruch auf diese Belehnungen sowohl mit Waffengewalt als auch mit Verträgen durch. So erkannte beispielsweise Markgraf Woldemar von Brandenburg im Frieden von Templin 1316 u. a. die Belehnung des Mecklenburgers mit dem Land Stargard verbindlich an. Nachdem Markgraf Woldemar 1319 ohne männliche Erben aus dem Leben geschieden war, huldigten Adel und Städte der Prignitz und der Uckermark dem mecklenburgischen Fürsten. Als Heinrich II. zudem noch gezielt in die Belange der Mark Brandenburg eingriff, sah er sich alsbald einer Fürstenkoalition gegenüber, die eine hegemoniale Stellung des Mecklenburgers im Nordosten des Reiches zu verhindern suchte. Nachdem König Ludwig der Bayer (1314–1347) seinen ältesten Sohn Ludwig 1324 mit Brandenburg belehnt hatte, war den auf die Mark zielenden Intentionen Fürst Heinrichs II. bald endgültig ein Riegel vorgeschoben. 1325 verzichtete der Mecklenburger zugunsten Brandenburgs auf die Prignitz; die Uckermark war schon 1320 an Pommern-Wolgast verloren gegangen.

Für die Unterstützung, die Fürst Heinrich II. dem dänischen König Erich VI. Menved bei dessen Auseinandersetzungen mit Markgraf Woldemar von Brandenburg um Einflußsphären im Ostseeküstengebiet leistete, wurde ihm die Herrschaft Rostock mit Ausnahme der Warnemünder Burg verliehen. Nachdem Erich Menved 1319 gestorben war, okkupierte der Mecklenburger sogleich diesen dänischen Stützpunkt und nahm die Huldigung von Stadt und Herrschaft Rostock entgegen. Die Zugehörigkeit Rostocks zu Mecklenburg behauptete Heinrich II. auch gegenüber Erichs Nachfolger auf dem dänischen Thron. Außer in Rostock und Brandenburg engagierte sich Heinrich II. im Fürstentum Rügen, jedoch ohne bleibenden Erfolg. Die Erweiterung seines Herrschaftsbereiches und die Erwerbung einer Reihe von Pfandschaften außerhalb Mecklenburgs wies aber auch eine Kehrseite auf. Um über die erforderlichen Geldmittel für die häufigen militärischen Unternehmungen zu verfügen, hatte Heinrich II. einen Großteil seiner Schlösser und Vogteien an mecklenburgische Adlige verpfänden müssen. Zudem trugen ihm die Versuche, auch kirchliche Güter zu besteuern, die Feindschaft des Bischofs von Schwerin sowie Exkommunikation und Interdikt durch den Bischof von Ratzeburg ein. Außerdem mußte sich Heinrich II. wiederholt mit der Seestadt Wismar auseinandersetzen, die seit der Mitte des 13. Jahrhunderts die hauptsächliche Residenz der mecklenburgischen Fürsten war.[3]

Kurz vor seinem Tode bestellte Heinrich II. eine vormundschaftliche Regierung für seine noch minderjährigen Söhne. Dabei bewies der alte Fürst, daß er die Kräfteverhältnisse in seinem Herrschaftsbereich richtig einschätzte. Er berief sechzehn seiner Ritter sowie die Ratmannen von Wismar und Rostock zur Führung der Vormundschaft. Diesem Kollegium standen außerdem Graf Heinrich III. von Schwerin (1298–1344) sowie Herzog Rudolf I. von Sachsen-Wittenberg (1298–1356), Schwager des verstorbenen Fürsten, mit Rat und Tat zur Seite. Die Vormundschaft brach sofort mit dem expansiven und aggressiven Regierungsstil Heinrichs »des Löwen«. Ihr gelang es fast ausschließlich auf dem Verhandlungswege, den unter der Herrschaft Heinrichs II. erreichten Status quo zu erhalten. Vor allem dem geschickten Agieren des Grafen von Schwerin war es zu danken, daß innerhalb kürzester Frist

außerhalb und innerhalb des Landes ein relativ dauerhafter Friedenszustand hergestellt werden konnte.

Gleich zu Beginn wurde das seit Jahren gespannte Verhältnis zur Seestadt Wismar
normalisiert, in der die vormundschaftliche Regierung residieren sollte. Bereits im
Jahre 1292 hatte die Stadt dem Landesherrn verwehrt, seine Hochzeit dort zu feiern.
Den Hauptgegenstand der häufigen Unstimmigkeiten zwischen beiden Parteien
stellten aber die befestigten Fürstensitze außer- und innerhalb der Stadt dar. Als die
Wismaraner im Jahre 1276 eine Stadtmauer errichteten, führten sie den Bau so aus,
daß die Mauer Fürstensitz und städtische Siedlung voneinander trennte, die Burg
nun außerhalb der Stadt gelegen war. Im Jahre 1300 schlossen Fürst Heinrich I. von
Mecklenburg und sein Sohn Heinrich II. mit den Wismaranern einen Vertrag, wonach diese Burg zwecks Abrisses an die Stadt verkauft wurde. Die Fürsten verpflichteten sich überdies, künftig keine Burgen mehr vor den Mauern und zum Nachteil
der Stadt zu erbauen. Den Fürsten räumte man darauf einen Platz zur Errichtung
eines unbefestigten Hofes innerhalb der Mauern ein. Dieser Fürstenhof wurde inmitten der Stadt östlich der Pfarrkirche St. Georgen angelegt. Zehn Jahre später
spitzte sich das Verhältnis zwischen der Seestadt, die inzwischen auch die Vogtei und
den Zoll erworben hatte, und dem Landesherrn erneut gefährlich zu. In der
Reimchronik des Ernst von Kirchberg, einer wichtigen zeitgenössischen historiographischen Quelle für diesen Raum, wird wiederum eine Hochzeit als Grund für den
Zwist angegeben. Die Wismaraner sollen Fürst Heinrich II. verwehrt haben, die Vermählung seiner Tochter Mathilde mit dem Herzog Otto III. von Lüneburg in der
Residenzstadt Wismar zu feiern. Unabhängig davon, ob man dem Bericht in der
Reimchronik nun Glauben schenken mag, besaß die städtische Gemeinde jedenfalls
den Mut, dem Landesherrn die Stirn zu bieten. Bestärkt wurde sie darin durch die
nun häufiger abgeschlossenen und auch länger währenden Schutzbündnisse zwischen den Städten an der südlichen Ostseeküste. So hatten sich Wismar, Rostock,
Stralsund und Greifswald im Jahre 1308 zu gegenseitigem Beistand verpflichtet.
Fürst Heinrich II. brach den Widerstand der Stadt auf seine Art, mit Hilfe eines starken Heeres und dem dänischen König als Bundesgenossen. Der am 15. Dezember
1311 geschlossene Frieden reduzierte die zwischenzeitlich erlangten städtischen Freiheiten und Privilegien erheblich. Der Landesherr erhielt u. a. die Vogtei und den Zoll
unentgeltlich zurück. Überdies verzichtete die Stadt auf die Rückzahlung landes-
herrlicher Schulden. Außerdem ließ der Fürst in Wismar einen befestigten Hof mit
eigener Pforte und einem hohen Turm unmittelbar an der Stadtmauer errichten, der
damit fast den Charakter einer Zwingburg erhielt. Schon am 18. März 1329, knapp
zwei Monate nach dem Tode Fürst Heinrichs II., verkaufte die vormundschaftliche
Regierung im Namen des jungen Albrecht diesen befestigten Hof an die Stadt. Der
Turm, der sich bei dem in das Landesinnere führenden Mecklenburger Tor der Seestadt befand, wurde sogleich niedergerissen. Für den Landesherrn stellte man – wie
schon im Vertrag von 1300 – den Platz östlich der Georgenkirche zur Verfügung.
Der Fürstenhof zu Wismar blieb seither an dieser Stelle und bot auch keinen Anlaß
zu Streitigkeiten mehr. Er wurde später mehrfach umgebaut, allerdings nie mehr be-

festigt. Dies entsprach der sich im späteren Mittelalter wandelnden Herrschaftsarchitektur an den fürstlichen Residenzen. Die ehemals wichtigen Verteidigungsfunktionen traten mehr und mehr zurück, und die Fürstensitze nahmen den Charakter von repräsentativen Wohnanlagen mit relativ hohem Komfort an.[4]

Im Verlauf des Jahres 1329 erreichte die Vormundschaftsregierung Vertrags- und Friedensschlüsse mit den wichtigsten umliegenden fürstlichen Gewalten. Überliefert sind Abkommen mit den Herzögen Erich I. und Albrecht III. von Sachsen-Lauenburg, dem Markgrafen von Brandenburg sowie mit König Christoph II. von Dänemark und dessen Sohn Erich, von denen man die Herrschaft Rostock wieder zu Lehen annahm. Am 20. Mai 1330 einigte man sich mit Johann II. und Johann III. von Werle, die einer weiteren Linie des mecklenburgischen Herrscherhauses angehörten und sich bei der Bestellung der Vormundschaft für die beiden jungen Landesherren übergangen gefühlt hatten. Auch im Rahmen dieses Vertrages wurde ein Hilfs- und Landfriedensbündnis geschlossen. Ein Landfrieden wurde 1331 überdies mit Herzog Barnim IV. von Pommern vereinbart. Insgesamt war die Vormundschaftsregierung etwas mehr als sieben Jahre tätig. Während dieser Zeit hatte der junge Fürst Albrecht wohl oft an den Beratungen und Verhandlungen des Kollegiums, vor allem an denen in Wismar teilgenommen. Zudem führte er ein eigenes kleines Sekretsiegel und trat gelegentlich als Zeuge bei Urkundenausstellungen auf. In eine Schenkungsurkunde an das Kloster Doberan aus dem Jahre 1334 ließ Albrecht neben der Zustimmung durch die Vormundschaft auch seine eigene Willenserklärung eintragen. Wohl zu Ostern 1336 begann die selbständige Regierung Fürst Albrechts II. von Mecklenburg.[5]

Nach dem Bericht der Detmar-Chronik[6] erlebte die Seestadt Rostock um Pfingsten 1336 ein glanzvolles Fest. Fürst Albrecht II. von Mecklenburg feierte in ihren Mauern seine Vermählung mit Euphemia († 1363/1370), Schwester des Königs Magnus II. von Schweden (1319–1363), mit der er seit 1321 verlobt war. Aus dieser Ehe gingen die Söhne Heinrich (III.), Albrecht (III.) und Magnus sowie die Töchter Ingeburg und Anna hervor. Im Rahmen der Feierlichkeiten zu Rostock wurde Albrecht II. durch Herzog Erich von Sachsen-Lauenburg (1305–1361) zum Ritter geschlagen. In der letzten Juniwoche schiffte sich das Fürstenpaar in Warnemünde ein und setzte mit großem Gefolge nach Schweden über, um am Krönungsfest des königlichen Schwagers bzw. Bruders in Stockholm teilzunehmen. Hier erteilte Albrecht II. nun seinerseits dem schwedischen König den Ritterschlag.

Aus Schweden zurückgekehrt, sah sich Albrecht II. alsbald vor eine ernsthafte Bewährungsprobe gestellt. Er war gefordert, seine Position als Landesherr gegenüber dem mecklenburgischen Adel zu bestimmen. Nach dem Rücktritt der vormundschaftlichen Regierung begannen die mecklenburgischen Ritter, die nach den stürmischen Zeiten unter Heinrich »dem Löwen« mehrere Jahre Ruhe gehalten hatten, einander zu befehden sowie zu plündern und zu brandschatzen. Zweifellos hatten die Adligen aber die Entschlossenheit, die Fähigkeiten und Möglichkeiten des jungen Landesherrn unterschätzt. Albrecht II. eroberte 1336/37 viele adlige Burgen und ließ eine Reihe von ihnen niederbrennen. Mit diesem raschen und entschlossenen

Vorgehen ließ der Fürst erkennen, daß er das Land mit genauso starker Hand wie sein Vater, Heinrich »der Löwe« zu regieren gedachte. Im Unterschied zu ihm beschritt Albrecht dabei auch neue Wege, indem er die Interessen der Städte oftmals mit den seinigen in Übereinstimmung zu bringen versuchte. So hatte er die Seestädte Wismar und Rostock, deren kaufmännische Tätigkeit unter den häufigen Fehden und dem Straßenraub litten, 1336 auf seine Seite zu ziehen gewußt. Zusammen mit ihnen, einem starken Aufgebot aus Stargard und mit Unterstützung der Fürsten von Werle schlug Albrecht II. den Aufruhr nieder.[7]

In den Jahren 1336/37 hatte sich Albrecht II. wiederholt um die Schlichtung von Streitigkeiten im Kloster Doberan bemühen müssen, dem die mecklenburgischen Fürsten als ihrer Familiengrablege stets besondere Fürsorge angedeihen ließen. Die 1232 geweihte romanische Kirche des Zisterzienserklosters war 1291 durch einen Brand beschädigt worden. Der um 1295 begonnene Neubau der Kirche währte jedoch mehr als siebzig Jahre, wobei dazu sicher auch die langjährigen Streitigkeiten zwischen den sächsischen und den aus dem Ostseeraum stammenden, sogenannten wendischen Mönchen und Laienbrüdern beigetragen haben dürften. Letztere fühlten sich von den sächsischen Mönchen, die den Abt, Prior und Subprior stellten, ständig zurückgesetzt bzw. unterdrückt. Auch der Abt von Amelungsborn (bei Holzminden), dem Mutterkloster Doberans, stand als Visitator auf der Seite der sächsischen Gruppe. Als Fürst Albrecht II. bei seinen Vermittlungsversuchen für die wendischen Brüder Partei ergriff, führte dies zu heftigen Reaktionen seitens der Sachsen. Einem vergifteten Trank, der vielleicht dem Fürsten zugedacht war, fiel ein Knappe aus der Begleitung Albrechts II. zum Opfer. Später soll sogar versucht worden sein, zwei Anführer der wendischen Gruppe und auch Fürst Albrecht durch Hexerei zu vernichten. Der Plan wurde aber entdeckt, die vermeintliche Hexe zu Kröpelin verurteilt und auf dem Scheiterhaufen verbrannt. Die Lage beruhigte sich erst, als der sächsische Abt im Mai 1337 sein Amt niederlegte und das Kloster mit Hilfe der Äbte von Zinna, Lehnin, Dargun und Neuenkamp gründlich reformiert wurde.[8]

Neben der Doberaner Kirche bedurfte auch das noch junge Kloster Ribnitz des Schutzes und der Förderung durch den Landesherrn. Albrechts Vater hatte das Nonnenkloster, das zu dem von den Franziskanern betreuten Orden der heiligen Klara von Assisi gehörte, gegründet und recht großzügig ausgestattet. Noch kurz vor seinem Tode, im Januar 1329, bestätigte Fürst Heinrich II. der Stiftung zur Sicherung seines Seelenheils alle bisher übertragenen Besitzungen und Rechte und bedachte sie zudem mit einer Reihe weiterer Schenkungen. Er vefügte außerdem, daß seine Tochter Beatrix, Albrechts Schwester, gleichzeitig mit den anderen Nonnen in das Kloster eintreten sollte. Nachdem am Palmsonntag 1329 vier Schwestern des Klarissenordens aus Weißenfels (Thüringen) in Ribnitz eingeführt worden waren, weihte der Bischof von Schwerin im folgenden Jahr die Kirche zu Ehren des Heiligen Kreuzes, der Apostel Peter und Paul, des Erzengels Michael und aller Engel, der heiligen drei Könige und der heiligen Katharina. In Ribnitz erhob sich vor allem aus zwei Gründen jedoch schon früh Widerstand gegen die fürstliche Stiftung. Heinrich II. hatte dem Klarissenkloster u. a. das Patronat über die Pfarrkirche zu Ribnitz verliehen.

Außer den Ribnitzer Geistlichen wandte sich auch der Bischof von Schwerin gegen diese Unterstellung der Stadtkirche. Erst als Papst Johannes XXII. (1316–1334) den Lübecker Bischof mit der Weihe des Klosters beauftragte, fand sich der Schweriner zur Konsekration bereit. Außerdem befürchtete vor allem der Rat von Ribnitz – sicher nicht zu Unrecht – künftige Eingriffe in die städtischen Belange von seiten des Klosters. Mit der Stiftung war nämlich von vornherein die Absicht verbunden, das Amt der Äbtissin mit einer Prinzessin aus dem fürstlichen Hause zu besetzen. Diese Konstellation hatte jahrzehntelange Streitigkeiten zwischen dem Rat und dem Kloster Ribnitz zur Folge, die auch Albrecht II. wiederholt zu Schlichtungsversuchen zwangen. Dies begann sich erst zu ändern, nachdem Albrechts Schwester Beatrix 1349 Äbtissin von Ribnitz geworden war und durch ihren Bruder den nötigen Rückhalt erfuhr.[9]

Nach dem stürmischen Auftakt seiner selbständigen Herrschaftsausübung in den Jahren 1336/37 suchte Albrecht II. – wohl nach dem Vorbild der Vormundschaftsregierung – den Landfrieden durch Verträge mit benachbarten Fürsten zu sichern. Im Januar 1338 trat er einem großen Landfriedensbund bei, der für die Dauer von sechs Jahren – für die damaligen Verhältnisse eine relativ lange Zeit – zu Lübeck abgeschlossen wurde. Außer dem Mecklenburger waren daran der Bischof von Schwerin, die Herzöge von Sachsen-Lauenburg, Pommern-Stettin und Schleswig, die Grafen von Schwerin, Holstein, Gützkow und Schauenburg sowie die Fürsten von Werle beteiligt. Außerdem wurden die Städte Lübeck, Hamburg, Rostock und Wismar in das Schutzbündnis aufgenommen.[10] Die Bildung von Landfriedensbündnissen blieb auch später ein wichtiges Anliegen des mecklenburgischen Fürsten. Zu diesem Zweck schloß er eine Vielzahl von Verträgen ab. Wenn es erforderlich war, schützte oder erzwang er den Frieden auch mit Waffengewalt. So unternahm Albrecht II. 1353/54 zusammen mit seinem Bruder Johann, den Fürsten von Werle, dem Markgrafen von Brandenburg, dem Herzog Johann III. von Sachsen-Lauenburg (1344–1359) sowie einer Reihe von Städten eine großangelegte Strafexpedition, bei der mindestens 16 Schlösser von Raubrittern erobert wurden.[11] Frühzeitig bemühte sich Albrecht II. um ein gutes Verhältnis zu Lübeck, der führenden See- und Hansestadt im Ostseeraum, die zudem den Status einer Reichsstadt besaß. Infolge dieser Annäherung vertrauten die Lübecker dem Mecklenburger schon 1336 die Schirmvogtei über ihre Stadt an. Albrecht II. hat während seiner Regierungszeit oft in Lübeck geweilt. Meist ging es um Beratungen, Treffen mit anderen Fürsten und Repräsentanten der Stadt, um den Abschluß von Verträgen oder um die Teilnahme an Turnieren, die hier wiederholt ausgetragen wurden. Auch den beiden Seestädten Wismar und Rostock, die zu seinem Herrschaftsbereich gehörten, ließ Albrecht II. einen größeren Handlungsspielraum bei ihrer Mitwirkung im hansischen Bund als sein Vater. Natürlich verlangte er von ihnen, daß sie die Zugehörigkeit zur Hanse mit ihrer Treue zum Landesherrn in der Balance hielten. Besonders schwierig war das für Wismar, weil die Stadt mindestens bis zum Beginn der sechziger Jahre des 14. Jahrhunderts den hauptsächlichen Aufenthaltsort des Fürsten in seinem Herrschaftsbereich bildete. 1337 hatte Albrecht II. der Seestadt ihre Privilegien bestätigt und ihr außerdem für den Fall, daß er sich außerhalb des Landes aufhalten würde, das Recht der Selbsthilfe zugestanden. Das Verhältnis zwischen dem Landesherrn und seiner Residenzstadt war aufgrund unterschiedlicher Ziele oftmals kompliziert und keineswegs spannungsfrei.[12] Dennoch bemühten sich beide Seiten immer wieder um einen Interessenausgleich. 1339 vermittelte beispielsweise Herzog Rudolf I. von Sachsen-Wittenberg mit Hilfe Rostocker Ratmannen zwischen Albrecht II. und dem Rat von Wismar. Andererseits gewährte der Landesherr seinen beiden Seestädten Schutz und trat für die Bestätigung bzw. Erweiterung ihrer Handelsprivilegien ein. Auf seine Fürsprache hin gewährte König Magnus von Schweden und Norwegen 1340 den Rostockern Zollfreiheit in seinen Reichen. Zehn Jahre später erwirkte Albrecht II. auch für die Wismaraner ein königliches Privileg.[13]

Nachdem sich der Fürst in den ersten fünf Regierungsjahren vornehmlich mit der Konsolidierung seiner landesherrlichen Stellung sowie mit inneren Problemen Mecklenburgs befaßt hatte, nahm er in den vierziger und fünfziger Jahren die Rangerhöhung und Erweiterung seines Herrschaftsbereiches verstärkt in Angriff. Vor allem erstrebte er die Lösung von der auf Herzog Heinrich den Löwen aus dem jüngeren Welfenhause (1142–1180) zurückgehenden sächsischen Oberlehnsherrschaft, die direkte Belehnung durch den König bzw. Kaiser sowie die Erhebung Mecklenburgs zum Herzogtum. Überdies wollte er erreichen, daß das Land Stargard aus der brandenburgischen Oberhoheit entlassen wurde.

1341/42 reiste Albrecht II. im Auftrag seines königlichen Schwagers an den Hof Kaiser Ludwigs des Bayern, um über eine Eheverbindung zwischen dem schwedischen Königshaus und den Wittelsbachern zu verhandeln. Der Mecklenburger scheint dort bei der Erledigung seiner Mission einen guten Eindruck hinterlassen zu haben.[14] Auf Drängen des Kaisers und dessen Sohnes, Markgraf Ludwig des Älteren von Brandenburg (1324–1351), übernahm Albrecht II. ein weiteres Mal die Schirmvogtei über die freie Reichsstadt Lübeck. Dadurch wurde der Fürst allerdings in die Konflikte zwischen Dänemark und Schweden hineingezogen, die nach dem Herrschaftsantritt von König Waldemar Atterdag (1340–1375) häufig ausbrachen, und aus denen er sich möglichst herauszuhalten suchte. Ebenso klug handelte er bei den Auseinandersetzungen zwischen den Wittelsbachern und den Luxemburgern um die führende Position im Reich. Solange nichts entschieden war, hielt er sich beide Türen offen. Die Verbindung zu den Wittelsbachern hatte der mecklenburgische Landesherr 1342 selbst hergestellt. Die Aufnahme der Beziehungen zu den Luxemburgern, König Johann von Böhmen und dessen Sohn Karl, gelang durch Vermittlung von Albrechts Onkel, dem Herzog Rudolf I. von Sachsen-Wittenberg. Unter dessen Protektion agierte in der Umgebung der Luxemburger zunächst nur Albrechts Bruder Johann, der 1344 volljährig geworden war. Er weilte am 11. Juli 1346 in Rhens, als die Kurfürsten – mit Ausnahme der Wittelsbacher in der Pfalz und in Brandenburg – den Luxemburger Karl IV. zum Gegenkönig Ludwigs des Bayern erhoben. Johann von Mecklenburg kämpfte wahrscheinlich an der Seite Karls IV. und dessen Vater in der Schlacht bei Crécy (25. August 1346) und verdiente sich dort den Ritterschlag. Ein Jahr später wohnte er in Prag der Krönung Karls zum böhmischen König bei. Fürst Johann befand sich auch in der Umgebung Karls IV., als dieser während seines gerade erst begonnenen Heerzuges gegen die Wittelsbacher in Bayern am 15. Oktober zu Taus die Nachricht vom Ableben des Kaisers (11. Oktober 1347) erhielt. Sobald der Mecklenburger die Kunde vom Tode Ludwigs des Bayern vernommen hatte, trat er – nun auch im Namen seines älteren Bruders – offen auf die Seite Karls IV. über. Denn jetzt neigte sich die Waagschale deutlich auf die Seite der Luxemburger, was aus mecklenburgischer Sicht durchaus wünschenswert war. Da der Sohn Ludwigs des Bayern, Ludwig der Ältere, über die Mark Brandenburg gebot, war die Lösung des Landes Stargard aus der brandenburgischen Oberhoheit von den Wittelsbachern nur sehr schwer zu erlangen. Bei Karl IV. glaubten die Mecklenburger dieses Ziel leichter und auch schneller erreichen zu können. Der Luxemburger verfolgte aber seine eigenen Absichten im Hinblick auf die Mark Brandenburg und den Ostseeraum.[15] Dabei waren ihm die Mecklenburger als Bundesgenossen zunächst sehr willkommen. Tatsächlich erhielten Albrecht und Johann auf Fürsprache Herzog Rudolfs I. von Sachsen-Wittenberg bereits am 16. Oktober 1347 das Land Stargard und alle übrigen märkischen Lehen direkt von König Karl IV. verliehen. Damit war zugleich die Aufhebung der brandenburgischen Lehnshoheit über die mecklenburgischen Fürsten verbunden. Am 8. Juli 1348 erfüllte sich ein weiterer Wunsch der Mecklenburger. Im Rahmen einer Fürstenversammlung zu Prag erhob Karl IV. die beiden Brüder zu Herzögen von Mecklenburg. Dies geschah wiederum durch Vermittlung des Herzogs Rudolf I., der zuvor förmlich auf die sächsische Lehnshoheit über Mecklenburg verzichtet hatte. Der Herzog von Sachsen-Lauenburg vollzog diesen Schritt der Überlieferung nach erst 1360.[16]

Mit der reichsunmittelbaren Stellung seines Hauses und der Länder Mecklenburg und Stargard hatte Albrecht II. unter aktiver Mitwirkung Johanns ein wesentliches Ziel seiner Regierung erreicht. Die Wittelsbacher in der Mark Brandenburg gaben sich allerdings nicht so leicht geschlagen, zumal sie durch König Waldemar IV. von Dänemark, den Schwager Markgraf Ludwigs, Unterstützung erhielten. Der Däne sah zudem seine Lehnshoheit über die Herrschaft Rostock durch die Mecklenburger und Karl IV. bedroht. Dieser hatte nämlich 1348 die neuen Herzöge Albrecht und Johann nicht nur mit Mecklenburg, sondern auch mit Gnoien belehnt, das zur Herrschaft Rostock gehörte. Allerdings wurde die Lage der Wittelsbacher in der Mark schwierig, als der sogenannte »falsche Woldemar« im Jahre 1348 die politische Bühne betrat. Dieser gab sich als der von langer Pilgerfahrt heimgekehrte Markgraf Woldemar von Brandenburg aus, der in Wirklichkeit schon 1319 gestorben war. Die Gegner der wittelsbachischen Markgrafen, wie der Erzbischof von Magdeburg, Herzog Rudolf I. von Sachsen-Wittenberg und zunächst auch König Karl IV., stärkten dem falschen Woldemar den Rücken. Bald schloß sich auch Herzog Albrecht II. dem falschen Markgrafen an. Vor allem gemeinsam mit seinem Onkel, dem Herzog Rudolf I., schmiedete der Mecklenburger Pläne hinsichtlich einer Aufteilung der Mark Brandenburg, falls der falsche Woldemar ohne Erben sterben sollte.[17] Als sich aber Karl IV. infolge seiner Einigung mit den Wittelsbachern im Jahre 1349 von Woldemar distanzierte, suchte auch der Mecklenburger den Ausgleich mit den wittelsbachischen Markgrafen. Am 23. Juni 1350 einigte man sich im Vertrag zu Friedland. Der wittelsbachische Markgraf von Brandenburg und seine Brüder, Ludwig der Römer und Otto, verzichteten darin auf alle lehnsherrlichen Ansprüche in bezug auf Stargard und akzeptierten damit die reichsunmittelbare Verleihung dieses Landes an die Mecklenburger. Überdies gestanden sie den Herzögen Albrecht und Johann Land und Stadt Fürstenberg zu, die diese vom falschen Woldemar zu Lehen erhalten hatten. Im Gegenzug fanden sich auch die beiden Herzöge zu Zugeständnissen bereit, die einzelne märkische Lehen betrafen. Zudem sollte der Frieden zwischen den einstigen Gegnern durch Eheverträge dauerhafter gesichert werden. Ingeburg, Tochter Albrechts II., wurde zunächst dem Markgrafen Otto von Brandenburg versprochen. Als jedoch Markgräfin Kunigunde von Polen, die Gemahlin von Ottos älterem Bruder Ludwig dem Römer, 1357 starb, verlobte sich Markgraf Ludwig im Einvernehmen mit Herzog Albrecht II. noch im gleichen Jahr mit Ingeburg. 1360 heiratete der brandenburgische Markgraf Ludwig der Römer die mecklenburgische Herzogstochter. Im Rahmen eines 1350 getroffenen Abkommens mit König Waldemar IV., in dem die dänische Lehnshoheit über das Rostocker Land bekräftigt wurde, verabredete man auch ein mecklenburgisch-dänisches Eheprojekt. Der älteste Sohn des Herzogs, Heinrich (III.), sollte mit Margareta, einer Tochter des dänischen Königs, vermählt werden. Bald darauf schloß Waldemar IV. einen neuen Vertrag mit Albrecht II., der an Stelle der inzwischen verstorbenen Margareta nun die Vermählung der Königstochter Ingeborg mit Heinrich (III.) vorsah. Außerdem wurde die Belehnung der mecklenburgischen Herzöge mit Land und Stadt Rostock erneut geregelt.[18]

Herzog Johann von Mecklenburg hatte seinen älteren Bruder seit den vierziger Jahren des 14. Jahrhunderts bei der Regierung und durch die Vertretung der Familien- und Landesinteressen an Königs- und Fürstenhöfen wirkungsvoll unterstützt. Auf politischem, militärischem und diplomatischem Gebiet hatte er sich Albrecht II. als durchaus ebenbürtig erwiesen. Er forderte nun einen eigenen Herrschaftsbereich, in dem Stargard das Kernland bilden sollte. Am 25. November 1352 wurde zu Wismar die Teilung zwischen den beiden Brüdern offiziell vollzogen. Außer Stargard erhielt Johann u. a. noch Sternberg und eine Reihe märkischer Pfandschaften. Doch beschlossen Albrecht und Johann 1355 keine Realteilung durchzuführen, sondern die mecklenburgischen Länder und Herrschaften zur gesamten Hand vom deutschen und dänischen König zu Lehen anzunehmen. Deshalb bezeichneten sich sowohl Albrecht als auch Johann in ihren Urkunden als *dei gracia dux Magnopolensis, Stargardie et Rozstok dominus* bzw. *van der gnade godes hertoghe tu Mekellenborch, tu Stargarde vnde Rozstok herre.*[19]

Schon während der Auseinandersetzungen mit den wittelsbachischen Markgrafen von Brandenburg begann sich Albrecht II. um den Erwerb der Grafschaft Schwerin zu bemühen. Die Grafen von Schwerin waren infolge von Teilungen in mehrere Linien (Schwerin, Wittenburg, Boizenburg) aufgespalten. Dennoch versuchte man auch die Gesamtinteressen des gräflichen Hauses zu wahren. Trotzdem gelang es Albrecht II. und Johann, im Jahre 1343 mit Graf Nikolaus II. von Boizenburg und

Crivitz einen Vertrag zu schließen, in dem dieser den beiden Fürsten das Nachfolgerecht in seinem damaligen Herrschaftsbereich sowie in allen weiteren Gebieten, die ihm inner- und außerhalb der Grafschaft Schwerin noch zufallen könnten, einräumte. Als die Schweriner Linie 1344 im Mannesstamm erloschen war, übernahm Nikolaus II. auch Wittenburg, während in Schwerin fortan Graf Otto I. regierte. Im Juni 1345 erweiterte Nikolaus II. den Erbfolgevertrag mit den beiden Mecklenburgern um Wittenburg und Grevesmühlen.[20] Jedoch distanzierte sich Nikolaus II. später wieder von den Mecklenburgern und schloß mit Graf Otto I. von Schwerin und dessen Bruder Nikolaus III., der durch Heirat seit 1329 Graf von Tecklenburg war, inhaltlich gleichlautende Erbverträge ab. Als Graf Nikolaus II. 1349 starb, kam es zwischen den mecklenburgischen Herzögen und den Angehörigen des Schweriner Grafenhauses zum Kampf um das Erbe. Erst im Oktober 1352 schlossen beide Parteien in Wismar einen Friedensvertrag, worin Graf Otto I. der größte Teil seines Erbes zugestanden wurde.[21] Nach dem Tode Graf Ottos brachen die Kämpfe aber erneut und in gleicher Heftigkeit aus; sie dauerten dann auch mehr als zwei Jahre an. Herzog Albrecht II. ignorierte bei seinem Vorgehen das zweifellos bestehende Erbrecht der beiden noch lebenden Grafen, Nikolaus III. von Tecklenburg und dessen Sohn Otto II., und versuchte, sich widerrechtlich sowie unter Anwendung von Gewalt in den Besitz der Grafschaft Schwerin zu setzen. Als dies mißlang, einigte man sich im Dezember 1358 schließlich darauf, die Grafschaft Schwerin für 20 000 Mark Silber an Herzog Albrecht und dessen Sohn Albrecht III. zu verkaufen. Die Summe sollte in vier Raten entrichtet werden. Nachdem die erste Zahlung geleistet worden war, übergaben die beiden Tecklenburger am Sonntag Letare (31. März) 1359 die Grafschaft Schwerin an die Herzöge von Mecklenburg.[22] Bald darauf nannte sich Albrecht II. in seinen Urkunden Herzog von Mecklenburg, Graf von Schwerin, der Länder Stargard und Rostock Herr. Die zweite Rate erhielten die Tecklenburger zwar noch, danach stellten die Mecklenburger jedoch die Zahlungen ein. Die Albrecht II. auf seiner Grabtafel nachgesagte Vertragstreue entsprach somit in diesem und vielen anderen Fällen nicht den Tatsachen.

In der Folgezeit hielt sich Albrecht II. häufiger in Schwerin auf, wo ihm nun das gräfliche Schloß zur Verfügung stand; dieses war im Unterschied zu seinem Wismarer Wohnsitz befestigt. Schwerin bildete neben Wismar und Rostock allmählich einen dritten Ort mit Residenzcharakter, der sich durch besondere politische, administrative, repräsentative und kulturelle Merkmale auszeichnete. Als wichtigste Residenz und Landeshauptstadt setzte sich Schwerin aber erst in der Neuzeit durch.[23]

Den überlieferten Urkunden nach hielt sich Albrecht II. im Rahmen seiner reisenden Herrschaftsausübung zudem besonders häufig in Sternberg und Doberan auf. Wie auch andernorts weilte der Herzog mit seinem Gefolge oftmals nicht nur tageweise, sondern mehrere Wochen lang in Doberan, bevor er zur nächsten Station weiterreiste. Die Abtei hatte während dieser Zeit die Lasten der Bewirtung und teilweise der Beherbergung zu tragen, was ihre wirtschaftlichen Möglichkeiten zuweilen überstieg. Dies mußte wohl auch der Herzog einsehen; zumindest für das Jahr 1361 ist eine Urkunde überliefert, in der Albrecht II. dem Kloster Doberan die Befreiung von Gastungspflichten und anderen Leistungen von Mai bis Michaelis (29. September) zugestand.[24]

In den sechziger und siebziger Jahren des 14. Jahrhunderts engagierte sich Albrecht II. politisch vornehmlich in Schweden und Dänemark. Die Verbindungen nach Schweden reichten bis in die Herrschaftszeit von Albrechts Vater zurück. Fürst Heinrich der Löwe hatte 1321 ein Bündnis mit dem damals noch unmündigen König Magnus II. von Schweden geschlossen. Im Zusammenhang mit diesem Vertrag erfolgte bereits die Verlobung von Heinrichs Sohn Albrecht (II.) mit Euphemia, der Schwester des schwedischen Königs. In den fünfziger Jahren vermittelte Albrecht II. mehrmals zwischen seinem königlichen Schwager und Lübeck bzw. den Seestädten an der südlichen Ostseeküste. Familiäre Bande wurden auch zum dänischen Königshaus geknüpft. Durch die Verlobung von Albrechts ältestem Sohn Heinrich mit Ingeborg, einer Tochter König Waldemars IV. Atterdag, sollte ein 1350 geschlossenes Bündnis zwischen Mecklenburg und Dänemark dauerhafter gestaltet werden. Diese Verträge waren aber nur solange von Wert, wie die politischen Positionen der daran Beteiligten wenigstens halbwegs gefestigt und die Interessenlagen, die zu ihrem Abschluß führten, in etwa die gleichen blieben. Doch änderten sich diese sowie die Kräftekonstellationen im Ostseeraum zu jener Zeit relativ häufig. Dabei war Herzog Albrecht II. fast immer mit von der Partie. Stets den eigenen Vorteil suchend, war er bestrebt, sich jeweils der überlegenen Seite anzuschließen. Diese Politik glich einem Vabanquespiel und verlief daher auch nicht immer glücklich. So hatte das in der ersten Hälfte der fünfziger Jahre ausgeprägte Engagement Albrechts II. für die Belange des schwedischen Herrschers zur Folge, daß König Waldemar seine Tochter Ingeborg, die am herzoglichen Hof zu Wismar erzogen wurde, 1354 wieder nach Dänemark zurückholen ließ. Als sich im Jahre 1356 Erich, der älteste Sohn von König Magnus II., mit Unterstützung von großen Teilen des schwedischen Adels gegen seinen Vater stellte, versuchte Herzog Albrecht II. – wie zehn Jahre zuvor beim Konflikt zwischen Wittelsbachern und Luxemburgern im Reich – möglichst großen Nutzen für die mecklenburgische Hausmacht daraus zu ziehen. Er beschloß, den jungen Erich zu unterstützen, der ihm bzw. seinen Söhnen dafür u. a. Festungen und beachtliche Lehen in Schweden übertrug. Im Gegenzug verbündete sich König Magnus II., der seine Position gegenüber den schwedischen Großen zu festigen trachtete, mit dem dänischen Herrscher gegen seinen aufständischen Sohn und dessen Anhänger. Auch hier sollten Familienbeziehungen das Bündnis festigen helfen. Hakon, der zweite Sohn Magnus' II., der seit 1355 zudem König von Norwegen war, wurde 1359 mit Margareta, einer weiteren Tochter König Waldemars IV. von Dänemark, verlobt. Bald sollte sich aber herausstellen, daß der mecklenburgische Herzog diesmal auf die falsche Partei gesetzt hatte. Der schwedische Königssohn starb nämlich im Juni 1359 an der Pest. Als sich König Magnus II. bald darauf wieder von Waldemar IV. zu distanzieren begann, schloß Albrecht II. am 17. August 1359 erneut ein Bündnis mit dem schwedischen Herrscher. Nachdem im Laufe des folgenden Jahres aber die überlegene Position König Waldemars im Norden offensichtlich geworden war, hielt es Albrecht II. für geraten, auf dessen Seite zu wechseln. Am 10.

August 1360 schloß er mit Waldemar IV. einen Vertrag, der in bezug auf beider schwedische Ambitionen gegenseitigen Beistand vorsah. Allerdings nahm der König, der Dänemark die beherrschende Stellung im Ostseeraum zu verschaffen trachtete, in der Folgezeit kaum Rücksicht auf dieses Abkommen.[25]

Im Jahre 1363 eröffnete sich für Albrecht II. zum ersten Mal die reale Möglichkeit, einem Mitglied seiner Familie zur schwedischen Königskrone zu verhelfen. Ein neuerlicher ernster Konflikt zwischen König Magnus II. und den Großen führte dazu, daß Abgesandte des schwedischen Adels dem mecklenburgischen Herzog die schwedische Krone für einen seiner Söhne anboten. Durch seine Ehe mit Euphemia kamen sie als Thronkandidaten in die engere Wahl. Die Entscheidung war sicher nicht leicht zu treffen. Im Falle einer Zusage mußte das mecklenburgische Königtum erst mit Waffengewalt gegen Magnus II. und dessen Sohn Hakon von Norwegen durchgesetzt werden. Offenbar rechnete sich Albrecht II. in der damaligen Situation aber genügend Erfolgschancen aus, denn er nahm die Offerte der Schweden an. Da im Juni 1363 Christoph, der älteste Sohn König Waldemars IV., gestorben war, mußte in Betracht gezogen werden, daß Albrechts Sohn Heinrich, der inzwischen mit der dänischen Prinzessin Ingeborg vermählt war, dereinst die Krone Dänemarks tragen könnte. Der mecklenburgische Herzog designierte den schwedischen Abgesandten deshalb seinen zweiten Sohn, Albrecht III., als künftigen König von Schweden.

Gründe, Chancen und Folgen des nun einsetzenden intensiven Engagements der Mecklenburger in Skandinavien werden in der Geschichtsforschung sehr unterschiedlich beurteilt. So wird die Skandinavienpolitik aufgrund ihres letztlichen Scheiterns bzw. ihrer späteren Auswirkungen auf die mecklenburgische Landesgeschichte teilweise recht negativ bewertet. Es stellt sich jedoch die Frage, was in dieser Hinsicht von einem Fürsten des 14. Jahrhunderts, dessen überwiegend erfolgreiche Territorialpolitik zur Erweiterung, Rangerhöhung und inneren Stabilisierung seines Herrschaftsbereiches geführt hatte, erwartet werden konnte. Daß Albrecht II. das schwedische Angebot aufgrund einer »realen« Abwägung eigener Möglichkeiten und eventueller künftiger Schwierigkeiten nicht ausschlug, kann man ihm wohl nicht zum Vorwurf machen. War es in dieser Zeit nicht oft genug vorgekommen, daß durch die häufigen Wechselfälle in der Politik, die sich oftmals schnell und extrem ändernden Kräftekonstellationen im Ostseeraum mehr zu erreichen war, als man kurz zuvor noch voraussehen konnte? Hatte die Erfahrung nicht gezeigt, daß sich meistens derjenige im Nachteil befand, der neue Entwicklungen nicht rechtzeitig erkannte oder sich bietende Gelegenheiten ungenutzt verstreichen ließ? Und erwarteten die Mitglieder des mecklenburgischen Herzogshauses von Albrecht II. nicht, daß er diese Möglichkeit beim Schopfe packte? Zudem dürfte über das Problem im Rahmen der Familie und auch mit potentiellen Bündnispartnern beraten worden sein.

Obwohl es Albrecht II. nicht gelungen war, Lübeck auf seine Seite zu ziehen, begann er im November 1363 mit Unterstützung der Grafen von Holstein sowie der Seestädte Wismar und Rostock das Unternehmen, welches zunächst äußerst glück-

lich verlief. Schon im Februar 1364 wurde Albrecht III. vom schwedischen Reichsrat zum König gewählt, während man Magnus II. für abgesetzt erklärte. Die Entscheidungsschlacht zwischen Albrecht III. und Magnus II. fand im folgenden Jahr
statt. Dabei errangen die Anhänger des Mecklenburgers einen vollständigen Sieg.
Magnus II. geriet in Gefangenschaft und entsagte sechs Jahre später schließlich dem
Thron. Hakon, der nach Dänemark geflohen war, versuchte nun, mit Hilfe König
Waldemars in Schweden wieder Fuß zu fassen. In dieser Situation schaltete sich Albrecht II. auf diplomatischem Wege ein, da er dem Dänen militärisch nicht gewachsen war. Er vermittelte im Juli 1366 einen Vertrag zwischen seinem Sohn Albrecht III. und König Waldemar. Darin mußte der Mecklenburger dem dänischen
Herrscher gewaltige Landgewinne zugestehen, u. a. die Insel Gotland mit Wisby und
Schonen. Dafür erkannte Waldemar IV. aber Albrecht III. als König von Schweden
an. Die von Waldemar betriebene Aufrichtung einer dänischen Hegemonie im Ostseeraum traf jedoch auf den Widerstand der Städte, die jegliche kompakte Herrschaftsgewalt, welche die Gebiete nördlich und südlich des Meeres zu verbinden
trachtete, bisher zu verhindern gewußt hatten. Im Jahre 1367 schlossen niederlän-
dische, preußische und die Ostseestädte zu Köln ein militärisches Bündnis, das gegen den dänischen Herrscher gerichtet war. An die Seite dieser Kölner Konfödera-
tion traten dann die verbündeten Fürsten um Herzog Albrecht II. von Mecklenburg,
insbesondere die Grafen von Holstein sowie König Albrecht III. von Schweden. Die
große hansische Flotte agierte zusammen mit ihren Landetruppen sehr wirkungsvoll.
Anfang Mai 1368 wurde Kopenhagen erobert und bald darauf – mit Hilfe König
Albrechts III. – Schonen mit Ausnahme der Festung Helsingborg gewonnen, die sich
erst im September 1369 ergab. Während der Kampfhandlungen in Skandinavien
verteidigte Albrecht II. seine Stellung in Mecklenburg. König Waldemar versuchte
nämlich, deutsche Fürsten als Bündnispartner zu gewinnen. Seine größten Hoffnungen setzte der dänische Herrscher dabei offenbar auf mecklenburgische Anrai-
ner. So traten beispielsweise die Herzöge von Pommern-Wolgast auf die Seite König
Waldemars. Sie wurden aber im November 1368 von Herzog Albrecht II. und den
Fürsten von Werle bei Damgarten besiegt. Trotzdem gelang es Waldemar IV., eine
gefährliche Koalition gegen die Hanse und ihre fürstlichen Verbündeten ins Leben
zu rufen. Ihr gehörten u. a. die Herzöge Magnus von Braunschweig und Erich IV.
von Sachsen-Lauenburg sowie Markgraf Otto von Brandenburg an. Aber auch in
dieser Situation bewies Albrecht II. sein militärisches und diplomatisches Format.
Im Oktober 1369 ertrotzte er einen Waffenstillstand mit dem Brandenburger. Nach
einigen erfolgreichen militärischen Operationen Albrechts II. fanden sich im Juni
1370 auch die Herzöge von Braunschweig und Sachsen-Lauenburg zum Abschluß
eines mehrjährigen Friedens bereit. Trotz der überwiegend erfolgreichen Aktionen
der Mecklenburger und ihrer Verbündeten sollte sich jedoch der Krieg gegen König
Waldemar für sie nicht auszahlen. Die Hansestädte waren an einer weiteren Stärkung
des Hauses Mecklenburg genauso wenig interessiert wie zuvor an einer übermächtigen Stellung des dänischen Königs. Ohne das Anliegen ihrer fürstlichen Verbündeten zu berücksichtigen, handelten sie mit dem dänischen Reichsrat einen Vertrag aus,

der als Stralsunder Friede von 1370 in die Geschichte eingegangen ist. Darin wurden u. a. alle einstmals an die Städte erteilten Privilegien und Rechte in Dänemark bestätigt.[26]

Das nur eigene Interessen berücksichtigende Vorgehen der Städte führte bald zu einer Annäherung zwischen den ehemaligen Kriegsgegnern. Zudem war die Stellung König Albrechts III. aufgrund eines großen Bauernaufstandes in Schweden schwierig geworden. Am 30. Oktober 1371 schloß man erneut ein Abkommen. Darin verzichteten Albrecht II. und sein Sohn Heinrich auf alle dänischen Eroberungen. Im Gegenzug erkannte Waldemar IV. den Sohn Heinrichs und seiner Tochter Ingeborg, Albrecht (IV.), als Thronfolger in Dänemark an. Die Nachkommen seiner zweiten Tochter Margareta und Hakons von Norwegen sollten auf andere Weise abgefunden werden. Der gemeinsame Enkel von Albrecht II. und Waldemar IV. wuchs fortan am dänischen Königshof auf. Wenn Albrecht II. geglaubt haben sollte, einem Mitglied seiner Familie damit den Weg zum dänischen Thron weitgehend geebnet zu haben, so mußte er sich vier Jahre später eines Besseren belehren lassen. Als König Waldemar IV. am 24. Oktober 1375 gestorben war, eilte seine Tochter Margareta aus Norwegen herbei und bereitete mit viel diplomatischem Geschick die Wahl ihres Sohnes Olaf zum neuen König vor. Margareta agierte in Dänemark mit solch durchschlagendem Erfolg, daß die mecklenburgische Anhängerschar am dänischen Hof bald schrumpfte und sich zunehmend in die Defensive gedrängt sah. Am 3. Mai 1376 wählte der dänische Reichstag den Sohn Margaretas und Hakons von Norwegen zum neuen König.[27]

Herzog Albrecht II. war während dieser Zeit nicht untätig geblieben. Er schmiedete bereits an einer Koalition, die seinem Enkel zum dänischen Thron verhelfen sollte. Dabei zog er noch einmal alle Register seines Könnens. Er bemühte sich mit Erfolg darum, daß Kaiser Karl IV. für den mecklenburgischen Thronkandidaten eintrat, wobei auch imperiale Ambitionen gegenüber Dänemark eine Rolle gespielt haben könnten.[28] Um dem wachsenden Einfluß Margaretas zu begegnen, ließ der Herzog seinen Kandidaten, Albrecht (IV.), schon zu einem relativ frühen Zeitpunkt als dänischen König die politische Bühne betreten und agierte als sein Vormund. So belehnte Albrecht (IV.) die Grafen von Holstein, welche wiederum die Bündnispartner der Mecklenburger waren, mit Schleswig. Wesentlich für die nun mit Waffengewalt zu entscheidende Thronfrage war die Haltung der Hansestädte, die sich im Frieden von Stralsund 1370 ein Mitspracherecht bei einer künftigen dänischen Königserhebung ausbedungen hatten. Nach langem Zögern erkannten die Städte Ende Juni 1376 die Wahl Olafs an und schlossen im August Frieden mit Hakon von Norwegen. Trotzdem sah Albrecht II. die Thronfrage offenbar noch nicht endgültig als entschieden an. Vielleicht wollte er auch nur günstige mecklenburgische Positionen in Dänemark für die Zukunft sichern. Jedenfalls dachte er nicht daran aufzugeben. Im September segelte der Herzog mit einer Flotte von Rostocker und Wismarer Schiffen nach Kopenhagen und versuchte, die Stadt zu erobern, was aufgrund der zu geringen Kontingente aber nicht gelang. Es kam daraufhin zu langwierigen Verhandlungen zwischen den streitenden Parteien, die aber zu keinem Ergebnis führten. Unterdessen sah sich Albrecht II. nach weiteren Bundesgenossen um. Er schreckte überdies nicht davor zurück, die Aufmerksamkeit der Seeräuber, welche die Ostsee seit geraumer Zeit unsicher machten, auf dänische Schiffe und die dänische Küste zu lenken.[29] Militärische Unterstützung erfuhr Albrecht II. u. a. durch Herzog Albrecht von Braunschweig und Dietrich, Sohn des Grafen Ulrich von Hohnstein. Diese verpflichteten sich ihm und seinen Söhnen am 4. März 1378 zu einem halbjährigen Kriegsdienst als Mitgift für die Gräfin Adelheid, Tochter Ulrichs von Hohnstein, mit welcher der Mecklenburger wohl nicht lange zuvor eine zweite Ehe geschlossen hatte. Aus dieser Verbindung war möglicherweise noch ein Sohn namens Albrecht hervorgegangen, der jedoch nicht lange lebte.[30]

Mitten in den Vorbereitungen zu einem neuen Feldzug nach Dänemark, der für das Frühjahr 1379 vorgesehen war, starb der Herzog am 18. Februar 1379 in Schwerin.[31] Er wurde in der Doberaner Klosterkirche feierlich beigesetzt. Diese war während seiner Regierung vollendet und 1368 vom Schweriner Bischof Friedrich von Bülow (1366–1375) im Beisein Albrechts II. und seines Sohnes Heinrich geweiht worden. Sie präsentierte sich nun in der Form einer aus Backstein errichteten, gotischen dreischiffigen Basilika mit Querhaus und Kapellenkranz. Die Gruft Albrechts II. und weiterer Angehöriger des mecklenburgischen Herzogshauses befindet sich hinter dem Hochaltar, unter dem sogenannten Oktogon, das im ersten Drittel des 14. Jahrhunderts erbaut wurde.

Nach dem Tode Albrechts II. wurden viele seiner Bemühungen zunichte gemacht. Es fehlte der Spiritus rector und dynamische Politiker, der für eine weiterhin erfolgreiche mecklenburgische Skandinavienpolitik wirken konnte. Herzog Heinrich III. bemühte sich zwar noch auf dem Verhandlungswege, die Thronprätendenz seines Sohnes zur Geltung zu bringen, verfolgte dieses Ziel aber nicht mehr so konsequent wie sein Vater. Zudem starb Albrecht (IV.), der sich seit 1381 nicht mehr König, sondern nur noch als »wahrer Erbe des Königreichs Dänemark« bezeichnete, bereits 1388.

König Albrecht III. konnte sich aus eigener Kraft in Schweden nie so recht durchsetzen. Wie vor ihm Magnus II., mußte er stets auf die Interessen der schwedischen Großen Rücksicht nehmen. Zudem war er ständig auf Unterstützung aus dem mecklenburgischen Hausmachtbereich im südlichen Ostseeraum angewiesen. Das funktionierte solange, wie sein Vater Albrecht II. dort die Fäden in der Hand hielt. Als Albrecht III. nach dem Tode des Herzogs in den achtziger Jahren versuchte, sich eine vom schwedischen Adel unabhängige Position aufzubauen, stellten sich die Großen gegen ihn. Außerdem brachte ihn Königin Margareta zunehmend in Bedrängnis. Im Jahre 1389 verlor Albrecht III. die Entscheidungsschlacht gegen die dänisch-schwedischen Kontingente. Wie einst König Magnus II. geriet nun Albrecht III. in Gefangenschaft, aus der er erst 1393 wieder entlassen wurde.[32] Wenn die Skandinavienpolitik Albrechts II. somit auch keine dauerhaften Folgen zeitigte, so bleibt als seine historische Leistung die territoriale Ausgestaltung und Rangerhöhung Mecklenburgs bestehen. Er brachte die Position des Landesherrn gegenüber dem Adel zur Geltung und zeichnete sich durch eine umfangreiche Landfriedenspolitik aus. Hinsichtlich seiner Fähigkeiten in Politik, Diplomatie und Kriegskunst spielte er im Konzert der fürstlichen Mächte im norddeutschen und skandinavischen Raum eine der ersten Geigen.

Albrecht II. war es auch, der dem niederhessischen Ritter Ernst von Kirchberg den Auftrag erteilte, eine mecklenburgische Reimchronik in mittelhochdeutscher Sprache zu verfassen, die den Charakter einer mecklenburgischen Hofhistoriographie trägt. Zudem spiegelt die bemerkenswerte Buchmalerei dieser Handschrift den künstlerischen Einfluß des Prager Hofes zur Zeit der Luxemburger wider.[33] Die farbenfrohe Titelinitiale der Reimchronik zeigt Herzog Albrecht II. mit seinem Sohn Albrecht III. als König von Schweden, beide prächtig gekleidet. Mecklenburgischer Stierkopf, Rostocker Greif und die Farben der Grafschaft Schwerin zieren die drei Banner Albrechts II. Gemeinsam mit seinem Sohn hält er jenes mit den drei goldenen Kronen auf blauem Grund – Symbol der schwedischen Königswürde.

Auf dem Gemälde in der Schweriner Ahnengalerie ist Albrecht II. mit Schwert, Lanze und Schild, den wichtigsten ritterlichen Herrschaftszeichen, dargestellt. Der große Bidenhander oder Zweihander in seiner Rechten, ein fast mannshohes Schwert, kam jedoch erst gegen Ende des 15. Jahrhunderts in Deutschland auf. Die Lanze mit dem zipfelförmigen Banner, das auf goldenem Grund einen schwarzen Stierkopf zeigt, könnte die Belehnung Albrechts II. mit dem Herzogtum Mecklenburg durch den König symbolisieren. Dieser Stierkopf unterscheidet sich jedoch von dem im Banner Albrechts II., das auf dem Titelblatt der Kirchberg-Chronik zu sehen ist, und auch von jenen in den großen Siegeln sowie in den Sekretsiegeln Albrechts II.[34] Bis Anfang des 16. Jahrhunderts taucht in keinem mecklenburgischen Wappen- oder Siegelbild ein Stierkopf mit Nasenring auf. Seine Verwendung seit der ersten Hälfte des 16. Jahrhunderts entbehrt jeglicher historischen Grundlage.

Am Ende seiner Regierungszeit gehörten drei Kernländer zum Herrschaftsbereich Albrechts II. Wohl deshalb vereint das auf dem Bild dargestellte geteilte und halbgespaltene Wappenschild den mecklenburgischen Stierkopf (mit Nasenring), den Rostocker Greifen sowie die Farben der Grafschaft Schwerin. In den vier großen Siegeln, die während der Regierungszeit Albrechts II. Verwendung fanden, ist jedoch allein der Stierkopf zu sehen. Erst 1366 tauchen in den kleineren Sekretsiegeln die drei nebeneinander stehenden Schilde seiner Herrschaftsbereiche auf.[35] Eine Zusammenziehung der drei Schilde in einem Wappen, wie auf dem Gemälde zu sehen, erfolgte dann im Laufe des 15. Jahrhunderts. Bis in die zweite Hälfte jenes Jahrhunderts dominierte das Nebeneinanderstehen der drei Schilde im mecklenburgischen Wappen, wie es auch in der Arkade des Oktogons, unter dem Albrecht II. ruht, zu sehen ist.[36]

Das Gemälde in der Schweriner Ahnengalerie kann sicher nur eine ungefähre Vorstellung vom Äußeren des Herzogs vermitteln. Insbesondere in den heraldischen Darstellungen spiegelt sich die eigentliche Entstehungszeit des Bildes im ausgehenden 16. Jahrhundert wider. Dennoch werden wesentliche Ergebnisse der Regierung Albrechts II. deutlich. Betrachtet man zudem das nächste Porträt in der Ahnengalerie, das Albrecht III. in voller Pracht als König von Schweden zeigt, sollte man eines bedenken: Die Erlangung der schwedischen Krone – der einzigen Königswürde, die ein mecklenburgischer Herrscher je erhielt – durch einen Nachfahren des Obodritenfürsten Niklot war vor allem ein Werk des wohl bedeutendsten mecklenburgischen Herzogs, Albrecht II., den man daher sicher zurecht »den Großen« nennen kann.

1 G. C. F. Lisch, Über des Herzogs Ulrich von Mecklenburg-Güstrow Bestrebungen für Kunst und Wissenschaft, in: MecklJbb 35 (1870), S. 8ff.; F. Schlie, Die Kunst- und Geschichts-Denkmäler des Grossherzogthums Mecklenburg-Schwerin, Bd. III: Die Amtsgerichtsbezirke Hagenow, Wittenburg, Boizenburg, Lübtheen, Dömitz, Grabow, Ludwigslust, Neustadt, Crivitz, Brüel, Warin, Neubukow, Kröpelin und Doberan, Schwerin 1899, S. 637–642; Die Kirche zu Doberan. Ein Führer durch ihre geschichtlichen und religiösen Denkmäler, zusammengestellt v. Dr. Kühne, Doberan o.J., S. 10f., 24–27, 33–37; Die Bau- und Kunstdenkmale in der mecklenburgischen Küstenregion. Mit den Städten Rostock und Wismar, Berlin 1990, S. 255–257 und 260; E. u. J. Borchardt, Mecklenburgs Herzöge. Ahnengalerie Schloß Schwerin, Schwerin 1991, S. 16–19. Über den vielseitigen Gelehrten Georg Christian Friedrich Lisch vgl. P.-J. Rakow, Friedrich Lisch (1801–1883) – Geheimer Archivrat und bürgerliche Forscherpersönlichkeit, in: Rostocker Wiss. hist. Manuskripte, H. 13, 1986; Mecklenburg in Bildern. Mit geschichtlichen Erläuterungen von G. C. F. Lisch zu 100 farbigen Ansichten aus der J. G. Tiedemannschen Hof-Steindruckerei in Rostock, neu hg. v. H. Lietz/P.-J. Rakow, Bremen 1994, S. 7–12.
2 Daß der Künstler jedoch die Zange statt eines Degenbrechers malte, wie auch vermutet wird, ist nicht anzunehmen, denn jene spezielle Dolchform fand erst im Laufe des 16. Jahrhunderts Verbreitung. W. Boeheim, Handbuch der Waffenkunde. Das Waffenwesen in seiner historischen Entwicklung vom Beginn des Mittelalters bis zum Ende des 18. Jahrhunderts, Leipzig 1890, S. 139 und 295f.; A. v. Heyden, Die Tracht der Kulturvölker Europas. Vom Zeitalter Homers bis zum Beginne des XIX. Jahrhunderts, Leipzig 1889, S. 96ff.
3 Th. Fischer, Heinrich der Löwe von Mecklenburg. I. Seine Beziehungen zu Brandenburg, II. Seine Kämpfe gegen Wismar und Rostock, Diss. Rostock 1888; M. Hamann, Mecklenburgische Geschichte von den Anfängen bis zur Landständischen Union von 1523, Köln/Graz 1968 (Mitteldeutsche Forschungen 51), S. 161ff.; K. Schmaltz, Kirchengeschichte Mecklenburgs, Bd. I: Mittelalter, Schwerin 1935, S. 134ff.; J. Traeger, Die Bischöfe des mittelalterlichen Bistums Schwerin, Leipzig [1980], S. 63ff.
4 Mecklenburgisches Urkundenbuch, hg. v. Verein für mecklenburgische Geschichte und Altertumskunde, 25 Bde., Schwerin 1863–1977, 4, 5 und 8, Nr. 2603, 3501, 5038; G. C. F. Lisch, Geschichte der fürstlichen Residenz-Schlösser zu Wismar, Schwerin und Gadebusch, in: MecklJbb 5 (1840), S. 5ff.; F. Schlie, Die Kunst- und Geschichts-Denkmäler des Grossherzogthums Mecklenburg-Schwerin, Bd. II: Die Amtsgerichtsbezirke Wismar, Grevesmühlen, Rehna, Gadebusch und Schwerin, Schwerin 1898, S. 186ff.; F. Techen, Geschichte der Seestadt Wismar, Wismar 1929, S. 12ff. und 24.
5 Mecklenburgisches UB 8, Nr. 5060, 5066, 5081, 5145, 5254, 5487; G. C. F. Lisch, Über die Vormundschaft und den Regierungsantritt des Fürsten Albrecht II. (I.) des Großen von Mecklenburg, in: MecklJbb. 7 (1842), S. 1–51; H. Witte, Mecklenburgische Geschichte, Bd. I: Von der Urzeit bis zum ausgehenden Mittelalter, Wismar 1909, S. 202f.; W. Strecker, Die äußere Politik Albrechts II. von Mecklenburg, in: MecklJbb 78 (1913), S. 13ff.
6 Die Detmar-Chronik, hg. v. K. Koppmann, Bd. 1: Von 1101–1395, Leipzig 1884 (Die Chroniken der deutschen Städte 19), S. 187–597.

 7 STRECKER, Politik, S. 26f.
 8 LISCH, Vormundschaft, S. 39ff.; STRECKER, Politik, S. 22ff.
 9 Mecklenburgisches UB 7 und 8, Nr. 4497, 4556, 4960, 4964, 5001, 5002, 5016, 5017, 5019–5022, 5047, 5114, 5155, 5156, 5192, 5193 usw.; P. KÜHL, Geschichte der Stadt und des Klosters Ribnitz in Einzeldarstellungen, Neubrandenburg 1933, S. 173ff.; K. SCHMALTZ, Kirchengeschichte Mecklenburgs, Bd. I: Mittelalter, Schwerin 1935, S. 154f.
10 Mecklenburgisches UB 9, Nr. 5844.
11 STRECKER, Politik, S. 29.
12 F. HUSCHNER, Wismars Kampf für städtische Autonomie im 13. und 14. Jahrhundert, in: Wismarer Beiträge. Schriftenreihe des Archivs der Hansestadt Wismar, H. 7, Wismar 1991, S. 29–35.
13 Mecklenburgisches UB 9 und 13, Nr. 6057, 7500.
14 G. C. F. LISCH, Die Gefangennehmung des Fürsten Albrecht von Mecklenburg durch den Grafen Günther von Schwarzburg im J. 1341, in: MecklJbb 15 (1850), S. 43–50.
15 H. STOOB, Kaiser Karl IV. und der Ostseeraum, in: HGBll 88 (1970), S. 163ff.
16 Mecklenburgisches UB, Nr. 6794, 6860, 8776; W.-D. MOHRMANN, Karl IV. und Herzog Albrecht II. von Mecklenburg, in: BlldtLG 114 (1978), S.354ff.
17 Mecklenburgisches UB 10, Nr. 6958; STRECKER, Politik, S. 65.
18 Mecklenburgisches UB 10 und 14, Nr. 6958, 7076, 7086, 7087, 7130, 8368; STRECKER, Politik, S. 56ff.; J. SCHULTZE, Die Mark Brandenburg. 2. Bd.: Die Mark unter Herrschaft der Wittelsbacher und Luxemburger (1319–1415), Berlin 1961, S. 130; MOHRMANN, Karl IV., S. 364ff.
19 Mecklenburgisches UB 13 und 18, Nr. 7679, 8048, 8049, 10470; STRECKER, Politik, S. 86ff.
20 Mecklenburgisches UB 9, Nr. 6289, 6538.
21 Ebenda 13, Nr. 7669.
22 Ebenda 14, Nr. 8593, 8594.
23 K. NEITMANN, Was ist eine Residenz? Methodische Überlegungen zur Erforschung der spätmittelalterlichen Residenzbildung, in: Vorträge und Forschungen zur Residenzenfrage, hg. v. P. JOHANEK, Sigmaringen 1990 (Residenzenforschung, 1), S. 11–43; Fürstliche Residenzen im spätmittelalterlichen Europa, hg. v. H. PATZE/W. PARAVICINI, Sigmaringen 1991 (Vorträge und Forschungen, 36), S. 466ff.
24 Mecklenburgisches UB 15, Nr. 8893.
25 STRECKER, Politik, S. 94ff.
26 J. GÖTZE, Von Greifswald bis Stralsund. Die Auseinandersetzungen der deutschen Seestädte und ihrer Verbündeten mit König Valdemar von Dänemark 1361–1370, in: HGBll 88 (1970), S. 83–122; A. v. BRANDT, Der Stralsunder Friede. Verhandlungsablauf und Vertragswerk 1369–1376. Eine diplomatische Studie, in: ebenda, S. 125ff.
27 E. HOFFMANN, Die dänische Königswahl im Jahre 1376 und die norddeutschen Mächte, in: ZGesSchleswHostG 99 (1974), S. 141ff.
28 MOHRMANN, Karl IV., S. 379ff.
29 STRECKER, Politik, S. 242 mit Anm. 105. Vgl. auch H. BEI DER WIEDEN, Die Seepolitik der Herzöge von Mecklenburg, in: BlldtLG 126 (1990), S. 17ff.
30 Mecklenburgisches UB, 19, Nr. 11088; F. WIGGER, Stammtafeln des Großherzoglichen Hauses von Meklenburg, in: MecklJbb 50 (1885), S. 171 und 180.
31 STRECKER, Politik, S. 116ff.
32 HAMANN, Mecklenburgische Geschichte, S. 186ff.
33 W. KNOCH, Ernst von Kirchberg, seine Herkunft und seine Auseinandersetzung mit der Sprache in der mecklenburgischen Reimchronik, in: MecklJbb 104 (1940), S. 1ff.; V.-G. EWALD/ E. FRÜNDT, Der Einfluß des böhmischen Stils auf die Bildkünste in Mecklenburg und Bran-

denburg im späten 14. und frühen 15. Jahrhundert, in: Karl IV., Politik und Ideologie im 14. Jahrhundert, hg. v. E. ENGEL, Weimar 1982, S. 318.

34 Vgl. beispielsweise das (4.) große Siegel Albrechts II., welches sich erstmalig 1371 an einer Urkunde findet (Mecklenburgisches UB 18, Nr. 10186; Abb. in: ebenda 16, Titelblatt) und bis zum Ende der Regierungszeit des Herzogs benutzt wurde. Ebenso zeigt die etwa aus der zweiten Hälfte des 14. Jahrhunderts stammende und heute im Ostfenster der Pribislavkapelle des Doberaner Münsters angebrachte Wappenscheibe den schwarzen Stierkopf mit goldener Krone, Halsfell, heraushängender Zunge und aufgerissenem Maul.

35 Mecklenburgisches UB 16, Nr. 9513 B, 9559.

36 G. C. F. LISCH, Blätter zur Geschichte der Kirche zu Doberan, in: MecklJbb 13 (1848), S. 418f. und 19 (1854), S. 342ff.; C. TESKE, Die Wappen der Großherzogthümer Mecklenburg, ihrer Städte und Flecken, Görlitz 1885.

Eberhard II.

GRAF VON WÜRTTEMBERG
(1344–1392)

von Eberhard Holtz

In schönen Sommertagen, wann lau die Lüfte wehn,
Die Wälder lustig grünen, die Gärten blühend stehn,
Da ritt aus Stuttgarts Toren ein Held von stolzer Art,
Graf Eberhard der Greiner, der alte Rauschebart.
(aus Ludwig Uhland, Graf Eberhard der Rauschebart)

Nicht die Werke mittelalterlicher Chronisten, sondern die der Dichtung des 18. und 19. Jahrhunderts haben Eberhard II. von Württemberg, den Mann mit dem seltsamen Beinamen Rauschebart, Greiner oder Zänker, weit über Schwaben hinaus bekannt werden lassen. Neben Kerner und Schiller prägte besonders Uhland mit seinem eingangs angeführten Balladenzyklus das Bild des Grafen als das eines Kriegshelden.[1] Seine Gedichte vom Überfall im Wildbad, von den Schlachten bei Reutlingen und Döffingen führen uns in eine Zeit, in der sich Schwaben in einer von heftigen Auseinandersetzungen begleiteten Umbruchphase befand. Die hier ansässigen, sich nach ihrer Stammburg bei Stuttgart benennenden Württemberger unterschieden sich bis in die Mitte des 13. Jahrhunderts kaum von anderen Grafenfamilien. Im Jahre 1092 tritt uns ein Konrad als Ahnvater des Geschlechtes entgegen, für das 1136 der Grafentitel bezeugt ist. Anders als bei anderen Dynasten dieses Ranges klaffte jedoch lange Zeit zwischen den älteren und jüngeren Württemberger Grafen eine genealogische Lücke: von dem Ururgroßvater Eberhards, dem Vater des Grafen Ulrich I., fehlte jede Spur, bis 1983 ein Hermann als vermutliches Bindeglied urkundlich nachgewiesen werden konnte.[2]

Besagter Ulrich I. war es auch, der den Aufstieg des Grafengeschlechtes mit einer spektakulären Aktion einleitete. Am 5. August 1246 ging er in der Schlacht bei Frankfurt am Main als Bannerträger des Stauferkönigs Konrad IV. mit seinen Truppen in das Lager des Gegenkönigs Heinrich Raspe über und führte damit Niederlage und Flucht des staufischen Heeres herbei. Der Stellungswechsel brachte Ulrich eine Reihe von Vergünstigungen ein, doch genauso günstig erwies sich sein erneuter Übergang zu den Staufern, die ihn 1259 sogar zum Marschall des Herzogtums Schwaben einsetzten. Durch Erwerbung von Reichslehen und Vogteirechten, durch Erbschaft und Kauf konnte er den am mittleren Neckar liegenden Besitz der Württemberger Grafen verdoppeln. Seine Nachfolger setzten diese Politik, wenngleich unter veränderten Rahmenbedingungen, fort. Der Tod des letzten staufischen Herzogs von Schwaben 1268 hatte zugleich das Ende des Herzogtums bedeutet, dessen Territorium in viele kleine und mittlere Herrschaften zersplitterte. Hinzu kamen etwa 30, zumeist auf Königsgut entstandene Reichsstädte, die immer stärker zu einer ökonomischen und politischen Konkurrenz des Adels wurden. Der Ausfall der bisherigen territorialen Hegemonialmacht führte zu einem gewissen Machtvakuum, in das die Württemberger hineinzustoßen suchten. Dieses Bestreben kollidierte nicht nur mit den Intentionen anderer Dynasten und der Reichsstädte, sondern auch mit denen der Zentralgewalt, die unter König Rudolf von Habsburg (1273–1291) begonnen hatte, entfremdetes Königsgut zurückzufordern und mit Hilfe von Landvogteien neu zu ordnen.[3]

Für die Württemberger Grafen spielte besonders die Landvogtei Niederschwaben, welche ihnen erstmals 1298 übertragen worden war und die sie seit 1330 als Pfand besaßen, eine wichtige Rolle. Sie wurden als Landvögte vom König mit Aufgaben wie der Friedenswahrung, der Steuereintreibung oder der Rechtsprechung betraut und nahmen Herrschaftsfunktionen gegenüber den Reichsstädten wahr.[4] Da die Grafen ihr Amt zum Ausbau der eigenen Machtbasis auf Kosten dieser Städte nutzten, blieben Konflikte nicht aus. Als 1310 König Heinrich VII. (1308–1313) mit Eberhard I. (1279–1325) in Streit geriet, folgten die Reichsstädte unverzüglich seinem Aufruf zum Krieg, in dessen Verlauf auch die Burg Württemberg und die Grablege der Grafen im Stift Beutelsbach zerstört wurden. Eberhard verlor fast alle Besitzungen, mußte fliehen und konnte erst nach dem Tod Heinrichs sein Land wieder in Besitz nehmen.

Die Probleme in Schwaben, die Auseinandersetzungen mit Königen, Dynasten und Reichsstädten um die Vormachtstellung in dieser Region wurden Eberhard II. gewissermaßen in die Wiege gelegt. Wo diese allerdings stand, ist genauso unbekannt wie das Datum seiner Geburt. Das in der Regel mit 1315 angegebene Geburtsjahr ist quellenmäßig nicht zu belegen. Vermutlich wurde Eberhard erst um 1320 als ältester Sohn des Grafen Ulrich III. und dessen Gemahlin Sophie von Pfirt geboren. Angeblich bekam er damals den Beinamen Greiner, weil sein Weinen im Mutterleib zu vernehmen war. Über seine Kindheit und Jugend wissen wir genausowenig wie über seine Bildung, seine Fähigkeiten und Charaktereigenschaften, so daß wesentliche Züge der Persönlichkeit Eberhards im dunkeln bleiben.[5]

In das Rampenlicht der Geschichte trat der Greiner erstmals 1344, als er nach dem Tod des Vaters gemeinsam mit seinem jüngeren Bruder Ulrich die Herrschaft übernahm. Beide setzten die Politik ihrer Vorgänger fort, ihren Besitz durch Erwerbung von Gütern und Rechten schrittweise auszubauen. Das enge Verhältnis zu Kaiser Ludwig dem Bayern (1314–1347) wurde ebenfalls beibehalten. Der Herrscher begab sich sogar persönlich nach Stuttgart, um am 17. August 1344 seinen »lieben Landvögten« die Privilegien zu bestätigen; andere Zugeständnisse folgten. Ludwig hatte auch allen Grund, sich nach Parteigängern umzusehen. Die vom Papst unterstützte fürstliche Opposition wurde immer stärker und erhob im Juli 1346 den Luxemburger Karl zum König. Während zahlreiche schwäbische Adlige in das Lager des Gegenkönigs überwechselten, verhielten sich Eberhard und Ulrich abwartend. Erst nach dem Tod Ludwigs erkannten auch sie im November 1347 Karl IV. an. Wie dies geschah, schildert der Chronist Matthias von Neuenburg: *Die Grafen Eberhard und Ulrich von Württemberg aber schickten ihre Geheimschreiber zum König und nach Brandenburg zu Markgraf Ludwig* (dem Sohn Ludwigs des Bayern) *und forschten, wem sie sich zu unterwerfen hätten. Da nun die zum König geschickten früher zurückkehrten, unterwarfen sie sich diesem, nachdem ihnen siebzigtausend Gulden versprochen waren, bereuten es aber sehr, als die anderen vom Markgraf zurückkamen und ein Angebot von hunderttausend Gulden brachten.*[6]

Dieses Werben um die Württemberger zeigt anschaulich, welche Bedeutung ihrer Parteinahme zugemessen wurde. Karl IV. honorierte Eberhards und Ulrichs Übertritt nicht nur mit Geld, sondern bestätigte ihnen unverzüglich die Privilegien und ließ ihnen andere Vergünstigungen zukommen, so Verschreibungen auf jüdischem Besitz in schwäbischen Reichsstädten, wo 1349 mit seiner Billigung Judenpogrome veranstaltet wurden. Der Greiner seinerseits erwies sich als zuverlässiger Verbündeter des Luxemburgers. Seinem persönlichen Einsatz war es zu danken, daß Mitte Mai 1349 der zum Gegenkönig Karls gewählte Günther von Schwarzburg in der Nähe von Eltville eine Niederlage erlitt und bald darauf auf die Krone verzichtete.

Eberhard und Ulrich hatten bis 1349 ihre Position in Schwaben sehr zum Unwillen der Reichsstädte stärken können, die den Landvögten im Januar 1348 gar auf Weisung Karls IV. die Huldigung leisten mußten. Die Städte befürchteten, daß ihre politische Selbständigkeit durch diese Aufwertung der Landvögte beschnitten werden und sie selbst in württembergische Abhängigkeit geraten könnten, und schlossen am 10. August 1349 ein gegen die Grafen gerichtetes Bündnis. Neben dem Kampf um die politische Vorherrschaft drehte sich der Konflikt vor allem um die Flucht württembergischer Untertanen in die Reichsstädte bzw. ihre Aufnahme zu Aus- oder Pfahlbürgern, mit der sie sich der gräflichen Herrschaft zu entziehen suchten. Diese besonders zwischen Eßlingen und den Grafen geführten Auseinandersetzungen hatten 1349 infolge der Bevölkerungsdezimierung durch die Pest eine drastische Verschärfung erfahren. Obwohl sich Karl IV. um einen Ausgleich zwischen beiden Seiten bemühte und 1350 und in den folgenden Jahren durch die Errichtung von Landfriedenseinungen einen Krieg verhindern konnte, blieb diese Frage ein latenter Streitpunkt.[7]

Der Pestwelle verdanken wir übrigens die Existenz von Urbaren der Städte und Ämter Stuttgart, Waiblingen, Leonberg und Asperg, durch die sich die Grafen um 1350 einen Überblick über ihre verbliebenen Einnahmequellen zu verschaffen suchten und die eine einzigartige Quelle ihrer Einkünfte und Besitzungen darstellen.[8] Diese Besitzungen wurden auch in den fünfziger und sechziger Jahren durch Kauf kontinuierlich erweitert. Ein Teil des dafür notwendigen Geldes scheint aus der Ehe des Greiners mit Elisabeth, einer Tochter des Grafen Heinrich VIII. des Reichen von Henneberg-Schleusingen, zugeflossen zu sein. War schon die Mitgift seiner Frau beträchtlich gewesen, so fiel Eberhard 1353 nach dem Tod der Schwiegereltern ein Teil der hennebergischen Besitzungen zu, die er 1354 für 90000 Gulden an den Bischof von Würzburg verkaufte.

Neben dem Ausbau ihrer Machtpositionen zeigten die Grafenbrüder ein zunehmendes Engagement außerhalb Schwabens. Eberhard nahm 1352 als Kriegshauptmann Herzog Albrechts II. von Österreich, Ulrich 1354 an der Seite Karls IV. an der erfolglosen Belagerung Zürichs teil. Im gleichen Jahr findet man den Greiner als Waffengenosse des Königs an einem Zug gegen Würzburg beteiligt, das sich gegen seinen Bischof aufgelehnt hatte. Mit der verwitweten Herzogin Marie von Lothringen verabredete er 1353 die Ehe zwischen seiner einzigen Tochter Sophie und dem minderjährigen Herzog Johann, übernahm für diesen die Regentschaft und knüpfte über das lothringische Herzogshaus Kontakte zum französischen Hof. Anfang Juni 1355 weilte Eberhard in Paris, wurde dort Lehnsmann König Johanns des Guten und trat gegen eine Soldverschreibung sogar in dessen Dienste, die jedoch auf dem Papier blieben.

Wesentlich schwerwiegendere Folgen besaß demgegenüber das am 26. September 1359 geschlossene Bündnis der Grafen mit Herzog Rudolf IV. von Österreich, in dem sie sich u. a. verpflichteten, eine Kandidatur des Habsburgers bei einer eventuellen Königswahl zu unterstützen. Dies mußte natürlich auf den inzwischen die Kaiserwürde tragenden Karl IV. mehr als befremdlich wirken, zumal sich Rudolf mit königlichen Abzeichen und Würden schmückte, *Fürst zu Schwaben und im Elsaß* nannte und offensichtlich die Wiedererrichtung des schwäbischen Herzogtums anstrebte. Delikaterweise war der Herzog Karls Schwiegersohn. Wohl deshalb vermied der Kaiser ein direktes Vorgehen gegen ihn, schlug jedoch umso entschlossener gegen Eberhard und Ulrich los. Er forderte von ihnen im Juli 1359 auf einem Reichstag in Nürnberg, sich wegen des Abschlusses unerlaubter Bündnisse, unberechtigter Inbesitznahme von Burgen sowie Übergriffen auf die niederschwäbischen Reichsstädte zu verantworten. Da die Grafen nicht einzulenken gewillt waren, rief Karl IV. gegen sie zum Krieg auf und beteiligte sich Ende August persönlich an der Belagerung Eberhards in Schorndorf. Der Greiner und sein Bruder gaben nun nach und verhinderten damit eine ähnliche Zuspitzung der Situation wie bei den Auseinandersetzungen nach 1310. Karl IV. war ebenfalls nicht daran gelegen, die Grafen ins politische Abseits zu drängen, wovon nur die Reichsstädte profitieren konnten. Ihm kam es vor allem darauf an, daß Eberhard und Ulrich am 31. August ihr Bündnis mit Rudolf IV. aufsagten, der dadurch ebenfalls zum Nachgeben gezwungen war.

Der Kaiser nutzte konsequent die Situation zu einer Art Revindikationspolitik, um der Königsmacht in Schwaben verstärkte Geltung zu verschaffen. Hatte er bereits Anfang 1359 die Auslösung der niederschwäbischen Landvogtei aus württembergischem Pfandbesitz durch die Reichsstädte bestätigt, so entsetzte er nun die Grafen endgültig ihres Amtes als Landvögte. Außerdem bekräftigte er am 4. November 1360 sein damals gegebenes Versprechen, die Landvogtei sowie städtische Rechte und Ämter nicht mehr zu veräußern. Darüber hinaus mußten die Württemberger der Einlösung von Pfandschaften durch die Reichsstädte und den Kaiser zustimmen, wobei letzterer eine Reihe von Klostervogteien wieder an das Reich zog.

Andererseits bemühte sich Karl IV. um ein annehmbares Verhältnis zu den Grafen. Noch vor Schorndorf bestätigte er ihnen alle Privilegien und Reichslehen. Wenig später erlaubte der Kaiser den Wiederaufbau der im Krieg zerstörten gräflichen Burgen und versprach, die in Württemberg lebenden Juden nicht zu besteuern. Persönlich setzte er sich 1361 für die Schlichtung andauernder Streitigkeiten Eberhards und Ulrichs mit Eßlingen sowie der Grafen untereinander ein. Der Greiner hatte angesichts der Kinderlosigkeit seines Bruders wohl schon länger darauf hingewirkt, daß das gemeinsam regierte Land nicht geteilt, sondern als Ganzes seinem einzigen Sohn vererbt werden sollte. Bereits 1352 mußte ihm Ulrich zusichern, keine Teilung des Landes ohne rechtzeitige Vorankündigung zu begehren. Im Oktober 1361 ließ Eberhard ohne ersichtlichen Anlaß die Räte seines Bruders gefangensetzen und befahl den gemeinschaftlich regierten Burgen und Städte, ihm als alleinigem Herrn zu huldigen. Ulrich beschwerte sich daraufhin beim Kaiser, der einen Vergleich vermittelte. Am 3. Dezember 1361 verabredeten die Brüder die Unveräußerlichkeit und Unteilbarkeit ihres Landes sowie die Verwaltung der Einkünfte, die Übernahme von Kriegskosten und eine Regierung durch Amtmänner zu gleichen Teilen. Nur bei der Lehensvergabe wurde Eberhard eine Vorrangstellung eingeräumt. Karl IV. bestätigte den Vertrag und verlieh den Grafen im Oktober und Dezember 1361 eine Reihe neuer Privilegien. Er befreite Eberhard und Ulrich von auswärtigen Gerichten, übertrug ihnen die Gerichtsbarkeit über ihre Untertanen und nahm sie als König von Böhmen in ein direktes Lehnsverhältnis auf. Die Grafen erlangten außerdem die Bestätigung ihres Besitzes, die Streichung aller Schulden bei den Juden und die Zusicherung, daß auch die weiblichen Nachkommen Eberhards als Erben der Reichslehen und namentlich seine Tochter Sophie auch der böhmischen Lehen anerkannt wurden. All diese Verträge und Privilegien bedeuteten einen wichtigen Markstein in der Entwicklung Württembergs zu einem geschlossenen Territorium. Der bei anderen Dynasten durchaus üblichen Aufsplitterung der Herrschaft in mehreren Linien wurde ein Riegel vorgeschoben, und die weibliche Erbfolge konnte gesichert werden. Durch die Gerichtstandsprivilegien erhielten die Württemberger Grafen erstmals ausschließlich den König als zuständige Rechtsinstanz zugewiesen, wodurch die Grundlage für die Schaffung einer einheitlichen Gerichtsorganisation der Grafschaft gegeben war.[9]

Veränderungen vollzogen sich zu dieser Zeit auch in den Familienverhältnissen des Grafenhauses. Im Jahre 1361 fand in Stuttgart die Hochzeit von Eberhards Tochter Sophie mit Herzog Johann von Lothringen statt, mit dem der Greiner 1367 sogar eine gegenseitige Erbverbrüderung für den Fall verabredete, daß einer der beiden Familien aussterben sollte. 1362 folgte die Heirat seines Sohnes Ulrich mit Elisabeth, der bereits verwitweten Tochter Kaiser Ludwigs des Bayern. Am 24. Juli 1366 schließlich starb Eberhards Bruder Ulrich, wodurch der Greiner endgültig die alleinige Regierung der Grafschaft übernahm.

Kurze Zeit später, im Frühjahr 1367, wurde Eberhard im Wildbad von Gefolgsleuten des Grafen von Eberstein überfallen. Hintergrund dieser Aktion war der verzweifelte Kampf des niederen Adels um die Sicherung seiner politischen und wirtschaftlichen Existenz, welche durch die ausgreifende Territorialpolitik der Württemberger Grafen immer mehr eingeengt wurde. Der Handstreich schlug allerdings fehl, da der im Bade weilende Greiner und sein Sohn durch einen Bauern rechtzeitig gewarnt wurden, so daß sie buchstäblich das nackte Leben retten konnten. Die anschließende Fehde brachte Eberhard kaum Erfolge, obwohl der Kaiser ausdrücklich seine Hilfe zusicherte und selbst die Reichsstädte Truppen zur Belagerung von Neu-Eberstein entsandten. Die Ebersteiner fanden Rückhalt beim Kurfürsten von der Pfalz, der die städtischen Kontingente zum Abzug von Neu-Eberstein bewegte. Wenngleich sich dieser Konflikt bis 1385 hinzog, gelang es Eberhard insgesamt gesehen wie kaum einem anderen Fürsten jener Zeit, den Einfluß des niederen Adel zurückzudrängen und dessen eigenständige Herrschaftsbildung zu unterbinden.[10]

Zu Beginn der siebziger Jahre verschärften sich die Beziehungen zwischen Eberhard und den Reichsstädten erneut. Karl IV. und sein Sohn Wenzel hatten am 24. April 1370 mit zahlreichen schwäbischen Städten Bündnisse geschlossen, die bis zum Ableben des Kaisers bzw. bis zur Neuwahl eines Königs währen sollten. Diesen Bündnissen war am 6. Dezember 1370 der Abschluß eines Landfriedens gefolgt, der ebenfalls im wesentlichen die schwäbischen Reichsstädte umfaßte und zu dessen Hauptmann Graf Ulrich von Helfenstein eingesetzt wurde. Sowohl die Bündnisse als auch der Landfrieden deuten darauf hin, daß Karl IV. im Falle seines Todes politischen Rückhalt für seinen Sohn in Schwaben sichern wollte, dessen Wahl zum Nachfolger auf den Thron er anstrebte. Eberhard und andere Adlige sahen indes in all diesen Einungen zuerst einmal eine nicht zu unterschätzende Kräftesammlung der Reichsstädte und blieben dem Landfrieden fern. Eher halbherzig führte der 1371 wieder als Landvogt Niederschwabens erwähnte Graf auch den Kampf gegen die den Landfrieden störenden Ritter, deren »Gesellschaft mit dem Schwert« er aus dem Kreis der zu Befehdenden ausnahm. Diese Eigenmächtigkeit rief bei den durch den Kaiser zur Unterstützung Eberhards entbotenen Reichsstädten Empörung hervor, die noch wuchs, als ihre Befürchtungen über die am 6. Januar 1372 abgeschlossene »Rittergesellschaft mit der Krone« beim Greiner kein Gehör fanden.[11] Das Maß war voll, als der Landfriedenshauptmann Ulrich von Helfenstein von einigen Rittern überfallen und verschleppt wurde. Durch den Kaiser ermuntert, griffen die Städte für die Befreiung des Helfensteiners zu den Waffen, wandten sich aber zuerst gegen Eberhard, den sie als Urheber des Überfalls vermuteten. Doch jener hatte offenbar nur auf diesen Augenblick gewartet. Überraschend griff er die sich sammelnden städtischen Truppen am 7. April 1372 bei Altheim an und brachte ihnen eine schwere Niederlage bei.

Ohnmächtig mußten die Reichsstädte zusehen, wie im Mai 1372 der Helfensteiner Graf in der Gefangenschaft ermordet wurde, woran -nach ihrer Auffassung – nur Eberhard Schuld haben konnte. Groll mußten sie auch gegen den Kaiser hegen, von dem sie sich in Stich gelassen fühlten. Zwar verbot Karl IV. die »Rittergesellschaft mit der Krone« und rief mehrmals zum Kampf gegen sie auf. Die Niederlage der Städte schien ihm aber nicht ungelegen zu kommen, benötigte er doch dringend Geld, um die Erwerbung der Mark Brandenburg von den Wittelsbachern bezahlen zu können. Was lag da näher, als den Sieger von Altheim zu entsprechenden Verhandlungen über außerordentliche Geldabgaben zu bevollmächtigen, die dieser ab Ende 1372 mit den Reichsstädten führte.

Während die südwestdeutschen Reichsstädte den Großteil der Kosten für die 1373 vom Kaiser erworbene Mark Brandenburg zu tragen hatten und dadurch finanziell geschwächt wurden, befand sich Eberhard auf einen Gipfel seiner Macht. Von Karl IV. erlangte er 1374 das Recht, eine eigene Hellermünze zu schlagen, und versprach als Gegenleistung, die Königswahl Wenzels zu unterstützen. In den 1373 und 1375 abgeschlossenen schwäbischen Landfrieden besaß Eberhard als Landfriedenshauptmann gegenüber den Reichsstädten eine exponierte Stellung. Im Dezember 1375 schloß er ein Bündnis mit den Bayernherzögen, durch das er verstärkten Druck auf die Reichsstädte ausüben konnte, in deren innere Angelegenheiten er sich in seiner Funktion als Landvogt zunehmend einzumischen begann. Vergeblich hatten diese Städte 1374 den Kaiser gebeten, Eberhard der niederschwäbischen Landvogtei zu entsetzen. Karl IV. stellte sich hinter seinen Landvogt und befahl den Bürgern Gehorsam.[12]

Diese sahen sich wenig später neuen Angriffen auf ihren Geldbeutel ausgesetzt. Der Kaiser mußte die Zustimmung der Kur- und anderer Fürsten zu der am 10. Juni 1376 erfolgten Königswahl Wenzels mit entsprechenden Vergünstigungen regelrecht erkaufen und zog zu diesem Zweck die Reichsstädte zu Verpfändungen und außerordentlichen Abgaben heran. Dagegen schlossen sich am 4. Juli 1376 vierzehn Reichsstädte Schwabens zu einem Städtebund zusammen und verweigerten dem neuen König die Anerkennung.[13] Als der Kaiser dem Greiner die Unterstützung der Wahl Wenzels honorierte und ihm am 24. August die Schultheißenämter von Eßlingen und Schwäbisch Gmünd sowie die Stadt Weil verpfändete, suchte letztere beim Städtebund Rückhalt und wurde dessen Mitglied. Um die widerspenstigen Reichsstädte in die Knie zu zwingen, belagerte Karl IV. zusammen mit Eberhard und anderen Adligen im Oktober 1376 vergeblich Ulm, den Vorort des Bundes. Er überließ nun vor allem den Württembergern die Weiterführung des Kampfes, in dessen Verlauf es am 21. Mai 1377 zur bekannten Schlacht vor Reutlingen kam. Die Bewohner jener Stadt hatten einen Zug in württembergisches Gebiet unternommen und dort Vieh geraubt. Graf Ulrich, der Sohn des Greiners, lauerte den heimziehenden Reutlingern vor der Stadt auf, um ihnen das Vieh wieder abzujagen. In dem sich anschließenden Gefecht beging er den Fehler, seine Ritter zu Fuß gegen die

Städter kämpfen zu lassen, wurde selbst verwundet und unter Zurücklassung von etwa 70 Toten in die Flucht geschlagen. Nach älterer Überlieferung soll Eberhard dermaßen über den Mißerfolg Ulrichs empört gewesen sein, daß er das Tafeltuch zwischen sich und seinem Sohn entzwei schnitt.

Der Sieg von Reutlingen stärkte nicht nur das Selbstbewußtsein des Städtebundes und dessen weiteren Zulauf, sondern zwang den Kaiser und seinen Sohn, Ende Mai 1377 mit den Reichsstädten Frieden zu schließen. In diesem Zusammenhang erhielten einige Städte das Zugeständnis, fortan nicht mehr unter die Landvogtei der Grafen von Württemberg oder Hohenlohe zu gelangen. Um den Greiner für diese Einschränkung seines Machtbereiches als Landvogt zu entschädigen, verpfändete ihm Karl IV. am 29. September 1377 die Reichsstadt Aalen und weitere Orte. Für die Bundesstädte mußte dies wie eine Provokation wirken. Sie verbündeten sich am 13. Februar 1378 mit den Habsburgern und setzten den Krieg gegen Eberhard, der seinerseits nicht an Frieden dachte, erfolgreich fort. Die Kriegführung beschränkte sich von beiden Seiten auf die Verwüstung des platten Landes, auf das Niederbrennen von Dörfern und Feldern, das Abhauen von Bäumen und Rebstöcken, das Rauben von Vieh. Dabei sollen es nach Darstellung städtischer Chronisten besonders schlimm die Württemberger getrieben haben. Sie ließen sogar Senf auf die öden Felder säen, um ein Nachwachsen des Getreides zu verhindern. Alles in allem litt natürlich Eberhard unter diesem Krieg mehr als die vor allem vom Handwerk und Handel lebenden Städte, zumal sich seine Erfolge auf die Eroberung zweier Eßlinger Dörfer und das Niederbrennen der Stadt Wimpfen im Tal beschränkten.

Angesichts der Überlegenheit der Reichsstädte griff Karl IV. Ende August 1378 erneut in den Konflikt ein. Er nötigte Eberhard zum Ausgleich mit dem Städtebund, zwang ihn zur Herausgabe von Verpfändungen und der in Beschlag genommenen Stadt Giengen, der er die Reichsunmittelbarkeit bestätigte. Am schlimmsten traf den Greiner aber der erneute Entzug der Landvogtei Niederschwaben, durch die er sich vielfältige Einnahmen und Eingriffsmöglichkeiten gegenüber den Reichsstädten verschafft hatte. *Der Krieg ward ... verrichtet nach der stete willen* kommentierte der Nürnberger Patrizier und Zeitzeuge Ulman Stromer treffend die Entscheidung des Kaisers.[14] Wirtschaftlich durch den Krieg schwer angeschlagen, verlor Eberhard damit vorerst seine dominierende Stellung in Schwaben an den Städtebund, der sich 1381 mit den rheinischen Städten verbündete und schließlich fast alle Reichsstädte Süddeutschlands umfaßte.

Doch bereits nach 1360 hatte der Greiner bewiesen, daß er Rückschläge zu überwinden verstand. Zunächst suchte er Rückhalt bei König Wenzel, der ihm 1380 die Privilegien und die Befreiung von auswärtigen Gerichten bestätigte sowie ein Jahr später gestattete, die im Krieg zerstörten Burgen wieder aufzubauen. Zum erneuten Aufschwung der Grafschaft trug auch die 1380 vollzogene Heirat von Eberhards gleichnamigem Enkel mit Antonia Visconti, der Tochter des Herrn von Mailand, bei. Deren Mitgift, die für die bescheidenen württembergischen Verhältnisse gewaltig war, nutzte Eberhard offenbar, um trotz der schweren Niederlage weitere Besitzungen zu erwerben.

Auf dem Felde der Politik trat Eberhard ebenfalls wieder stärker in Erscheinung. So beteiligte er sich im April 1382 an der Ehinger Einung, mit der ein seit November 1381 von den Reichsstädten gegen die schwäbischen Ritter geführter Krieg beigelegt und der Landfrieden gesichert werden sollte. Gleichzeitig wurde vereinbart, Untertanen der jeweils anderen Herrschaften nur dann aufzunehmen, wenn diese mit ihrem ganzen Hab und Gut übersiedelten und von ihren früheren Herrn nicht zurückgefordert werden würden. Aufgrund dieser Festlegungen ließ Eberhard 1382 und 1383 zahlreichen Bewohnern seiner Grafschaft den Eid abnehmen, das Land nicht zu verlassen, und legte ihnen ein ausgeklügeltes System gegenseitiger Bürgschaften auf.[15]

Im März 1383 trat der Greiner dem Nürnberger Herrenbund, einer von König Wenzel gegen den rheinisch-schwäbischen Städtebund initiierten Vereinigung der Fürsten, bei. Für diesen Bund besiegelte er am 26. Juli 1384 die »Heidelberger Stallung«, durch die der zwischen beiden Seiten drohende Krieg zeitweilig verhindert und eine friedliche Einigung über die Streitigkeiten vereinbart wurden. Eberhard zum Beispiel stritt sich seit geraumer Zeit mit einigen Reichsstädten um verschiedene Herrschaftsrechte, so mit Eßlingen um die Vogtei Nellingen. Die Städte wiederum klagten über die württembergische Münzprägung, so daß 1385 König Wenzel den Greiner aufforderte, seine alte »böse« Hellermünze abzutun. Ein weiterer Zankapfel war die Verschuldung Eberhards bei den Reichsstädten. Erst als sich diese im Januar 1387 bei anderen Fürsten über die Säumigkeit des Grafen beschwerten, konnten die Modalitäten der Rückzahlung geregelt werden. Dennoch währten die Streitigkeiten darüber auch noch 1388 fort, so daß die Städte schließlich zur gewaltsamen Pfändung württembergischen Besitzes griffen.

Es war angesichts dieser Querelen kaum verwunderlich, daß Eberhard bei den Städtebürgern kein gutes Ansehen genoß. In einem um 1385 von einem städtischen Autor verfaßten Lied über die Reichsfürsten finden sich über den Greiner Zeilen wie: *ich hort dein lob nie sagen noch singen* oder *Ewerhard von Wirtenberg, du tribest von jaren wunderwerk mit untugend und hoffart groß*.[16] In noch schärferem Gegensatz stand der rheinisch-schwäbische Städtebund zu den Bayernherzögen, deren Übergriffe den schon länger zwischen Reichsstädten und Fürsten drohenden Krieg Anfang 1388 auslösten. Vergeblich beschwerten sich die schwäbischen Städte am 8. Februar 1388 bei Eberhard darüber, daß dessen Sohn Ulrich die Wittelsbacher unterstützte. Da auch die Streitigkeiten wegen der Vogtei Nellingen und der Schuldenrückzahlung des Grafen fortbestanden, unternahmen die Städte nach dem Scheitern aller Friedensbemühungen Anfang August von Augsburg aus einen Zug durch württembergisches Gebiet in Richtung Weil und verwüsteten in üblicher Weise das gegnerische Land.

Angesichts der verheerenden wirtschaftlichen Folgen dieser Art von Kriegführung suchte Eberhard eine rasche Entscheidung. Auf dem Friedhof des in der Nähe Weils liegenden Dorfes Döffingen hatten sich württembergische Truppen sowie Bauern der Umgebung verschanzt und wurden am 23. August von der Vorhut der Städter belagert. Das weiterziehende städtische Hauptheer sah sich plötzlich durch Ulrich von Württemberg angegriffen, konnte jedoch die Attacke, bei der der Graf den Tod fand, abwehren. Die Württemberger wichen zurück, wurden aber vom inzwischen angerückten Greiner angeblich mit den Worten *niemand achte auf meinen Sohn, daß er erschlagen ist, und fechte mannlich, da die Städte alle dahinten fliehen* zum Stehen gebracht. Der Kampf entbrannte aufs neue und tobte weiter, bis das städtische Heer in die Flucht geschlagen wurde. Eberhard hatte den Sieg durch den Tod seines Sohnes teuer erkauft. Umso erfreulicher war für ihn die Nachricht, die er bei seiner Rückkehr nach Stuttgart erfuhr und mit dem Ausruf *Sei es Gott gedankt, Fink hat wieder Samen!* aufgenommen haben soll: am 23. August 1388, dem Tag der Döffinger Schlacht, war hier sein Urenkel Eberhard geboren worden.[17]

Dem auch nach der Schlacht von Döffingen fortwährenden Kampf wurde schließlich durch das Eingreifen des Königs ein Ende gesetzt, der die kriegführenden Seiten zu einem Reichstag nach Eger beschied. Dort erließ er im Mai 1389 einen Reichslandfrieden, mit dem jegliche Städtebünde verboten und damit die Niederlage der Reichsstädte besiegelt wurden. Eberhard gehörte zu den Hauptsiegern des sogenannten Städtekrieges. Anders als andere Fürsten und König Wenzel, die von den Reichsstädten nach deren Niederlage erhöhte Geldzahlungen forderten, hielt er sich jedoch maßvoll zurück. Zwar sicherte er sich gegenüber Eßlingen die Vogtei Nellingen und den Besitz Obereßlingens, doch in weiteren Verträgen mit Städten wie Weil, Reutlingen oder Ulm ging es ihm um einen wirklichen Ausgleich, so daß in der Folgezeit verschiedene Reichsstädte sogar Rückhalt bei ihm suchten.

Der Greiner konnte zu Ende seines bewegten Lebens auf ein erfolgreiches politisches Werk zurückblicken. Als er am 15. März 1392 in Stuttgart starb, hinterließ er seinem Enkel und Nachfolger eine Grafschaft, die in ihrer Ausdehnung und in ihrem politischem Stellenwert hinter vielen Fürstentümern nicht zurückstand. Dies verdankte Eberhard weniger der gewaltsamen Eroberung fremder Gebiete durch militärische Gewalt. Meist griff er in entscheidenden Auseinandersetzungen wie im Kampf gegen die Ebersteiner oder in den Schlachten bei Altheim und Döffingen erst zum Schwert, nachdem er von seinen Gegnern angegriffen worden war. Viel entscheidender war sein politisches Geschick, das Kräftespiel zwischen König, Fürsten und Reichsstädten für sich zu nutzen, durch eine einträgliche Heiratspolitik und mittels Ämter als Landvogt oder Landfriedenshauptmann, vor allem aber durch den ständigen, auch in Krisenzeiten kaum geminderten Erwerb von Gütern und Herrschaftsrechten eine fürstenähnliche Position zu erlangen.[18] Darin liegt Eberhards Hauptleistung, wenngleich man andererseits nicht vergessen darf, daß insbesondere die Auseinandersetzungen mit den Reichsstädten die finanziellen Potenzen der Grafschaft Württemberg aufs äußerste beanspruchten und die durch die Pestwelle hervorgerufenen wirtschaftlichen Schwierigkeiten verstärkten. Obwohl die Grafschaft noch längst kein gefestigtes Territorium darstellte, schuf Eberhard wichtige Voraussetzungen für den weiteren Aufstieg seines Hauses, das 1495 die Herzogs- und 1806 die Königswürde erlangte. Mit Eberhards Namen ist gleichzeitig die Entwicklung Stuttgarts zur unumstrittenen Residenz Württembergs verbunden. Die Stadt wurde unter ihm nicht nur ein bevorzugter Aufenthaltsort, sondern zugleich Finanzzen-

trum und Sitz der gräflichen Verwaltung.[19] Hier fand Eberhard auch in der Stiftskirche seine letzte Ruhestätte. In der Reihe der berühmten, von Sem Schlör zwischen
1576 und 1608 geschaffenen Grafenstandbilder der Kirche ist er genauso dargestellt,
wie es sich spätere Generationen nicht zuletzt durch Uhlands Gedichte vorgestellt
haben mögen: als erfolgreicher Feldherr und streitsüchtiger »Zänker« mit mächtigem
Rauschebart und gezogenem Schwert.

1 Hier zitiert nach L. Uhland, Werke, hg. v. H.-R. Schwab, Bd. 1, Frankfurt/Main 1983,
   S. 230–239, siehe auch R. Krauss, Württembergische Fürsten in Sage und Dichtung, Stuttgart 1894, S. 8f.
2 Vgl. H. Decker-Hauff, Die Anfänge des Hauses Württemberg, in: 900 Jahre Haus Württemberg, hg. v. R. Uhland, 3. Aufl., Stuttgart/Berlin/Köln/Mainz 1985, S. 25ff. Zur Geschichte Württembergs im Mittelalter und der Regierungszeit Eberhards siehe Chr. F. Stälin, Wirtembergische Geschichte, Bd. 1–3, Stuttgart/Tübingen 1841–1856, besonders Bd. 3,
   S. 227ff.; K. Weller/A. Weller, Württembergische Geschichte im südwestdeutschen Raum,
   10. Aufl., Stuttgart 1989; Württembergische Regesten von 1301 bis 1500, I. Altwürttemberg,
   T. 1, Stuttgart 1916.
3 Vgl. zur Situation in Schwaben und den dortigen Auseinandersetzungen K. S. Bader, Der
   deutsche Südwesten in seiner territorialstaatlichen Entwicklung, 2. Aufl., Sigmaringen 1978;
   H. Niethammer, Graf Eberhard der Greiner und sein Sohn Ulrich in den Kämpfen der Jahre
   1367–1388, in: Württembergische Vierteljahrshefte für Landesgeschichte 41 (1935), S. 1–31;
   K. Weller, Die Grafschaft Württemberg und das Reich bis zum Ende des 14. Jahrhunderts,
   in: ebenda 38 (1932), S. 113–163, sowie in: ZWLG 4 (1940), S. 18–47 und S. 209–237.
4 H.-G. Hofacker, Die schwäbischen Reichslandvogteien im späten Mittelalter, Stuttgart 1980
   (Tübinger Beiträge zur Geschichtsforschung 8).
5 Vgl. die zusammengetragenen Quellen- und Literaturbelege zur Persönlichkeit Eberhards bei
   G. Raff, Hie gut Wirtemberg allewege. Das Haus Württemberg von Graf Ulrich dem Stifter
   bis Herzog Ludwig, Stuttgart 1988, S. 151–162.
6 Die Chronik des Mathias von Neuenburg, übers. v. G. Grandaur, 3. Aufl., Leipzig o. J. (Geschichtsschreiber der deutschen Vorzeit 84), S. 153f.
7 Vgl. H. Angermeier, Königtum und Landfriede im deutschen Spätmittelalter, München
   1966, S. 193ff. Zu den in Schwaben während der Herrschaft Eberhards abgeschlossenen Städ-
   tebünden und Landfrieden s. Die Urkunden und Akten der oberdeutschen Städtebünde vom
   13. Jahrhundert bis 1549, hg. v. K. Ruser, Bd. 2: Städte- und Landfriedensbündnisse von
   1347 bis 1380, Göttingen 1988, S. 558ff. und S. 1002ff.
8 Altwürttembergische Urbare aus der Zeit Graf Eberhards des Greiners (1344–1392), bearb. v.
   K. O. Müller, Stuttgart/Berlin 1934 (Württembergische Geschichtsquellen 23).
9 Vgl. zu den Ereignissen von 1359 bis 1361 und deren Bedeutung Hofacker, Reichslandvogteien, S. 245ff.
10 Vgl. W. Rösener, Landesherrliche Integration und innere Konsolidierung im württembergischen Territorialstaat des ausgehenden Mittelalters, in: Europa 1500. Integrationsprozesse im
   Widerstreit: Staaten, Regionen, Personenverbände, Christenheit, hg. v. F. Seibt/W. Eberhard, Stuttgart 1987, S. 156f.
11 Vgl. K. Ruser, Zur Geschichte der Gesellschaften von Herren, Rittern und Knechten in Süd-
   deutschland während des 14. Jahrhunderts, in: ZWLG 34/35 (1975/76), S. 27f. und S. 51ff.
12 Vgl. Hofacker, Reichslandvogteien, S. 268ff.; Angermeier, Königtum und Landfriede,
   S. 255ff.

13 Vgl. zu folgendem E. HOLTZ, Reichsstädte und Zentralgewalt unter König Wenzel (1376–1400), Warendorf 1993 (Studien zu den Luxemburgern und ihrer Zeit 4).

14 U. STROMER, Puechel von meim geslechet und von abentewr, in: Die Chroniken der fränkischen Städte. Nürnberg, Bd. 1, Leipzig 1862 (Die Chroniken der deutschen Städte vom 14. bis in's 16. Jahrhundert 1), S. 38.

15 Vgl. H.-M. MAURER, Masseneide gegen Abwanderung im 14. Jahrhundert, in: ZWLG 39 (1980), S. 30ff.; RÖSENER, Integration, S. 157f.

16 R. v. LILIENCRON, Die historischen Volkslieder der Deutschen vom 13. bis 16. Jahrhundert, Bd. 1, Leipzig 1865, S. 103.

17 Beide Zitate bei STÄLIN, Wirtembergische Geschichte 3, S. 345f. und S. 347.

18 Vgl. die Auflistung der Erwerbungen ebenda, S. 290ff. und S. 353f.

19 Vgl. P.-J. SCHULER, Zum Itinerar der Grafen von Württemberg im 14. Jahrhundert, in: Festschrift für Berent Schwineköper. Zu seinem siebzigsten Geburtstag, hg. v. H. MAURER/ H. PATZE, Sigmaringen 1982, S. 459ff.; H. DECKER-HAUFF, Geschichte der Stadt Stuttgart, Bd. 1: Von der Frühzeit bis zur Reformation, Stuttgart 1966, S. 207ff.

Johann II. von Nassau

ERZBISCHOF VON MAINZ
(1397–1419)

von Eberhard Holtz

Ach du vergiftig slange,
wie gelept du ie so lange!
Du bist dinem stifte
ein rechte dodes vergifte,
du wueste hufe der missetat,
alles laster an dir stat.
Dins namen du unwirdig bist,
ein verkeufer des antichrist
(Aus einem zeitgenössischen Lied
über das Konstanzer Konzil)

Unter den zahlreichen prachtvollen Denkmälern des Mainzer Doms befindet sich auch die Grabplatte des Erzbischofs Johann II., die als ein Höhepunkt des »weichen Stils« der mittelrheinischen Plastik gilt. Kurioserweise ist sie einem Mann gewidmet, der – alles andere als weich – zu den energischsten und rücksichtslosesten Fürsten seiner Zeit gehörte. Johanns Eltern waren Margarete, eine Burggräfin von Nürnberg, und Graf Adolf I. von Nassau-Wiesbaden-Idstein, dessen gleichnamiger Großvater 1298 als römisch-deutscher König von der Mehrheit der Kurfürsten abgesetzt wurde. Seitdem hatten die Nassauer Grafen die höchste weltliche Würde des Reiches nicht mehr erringen können. Dafür gelangten sie 1346 mit der Wahl von Johanns Onkel Gerlach zum Mainzer Erzbischof in den Besitz des höchsten geistlichen Amtes Deutschlands, das sie mit wenigen Unterbrechungen in dem folgenden Dreivierteljahrhundert innehatten. Daß dieses Amt den Nassauern nicht einfach in den Schoß fiel, sondern hartnäckig erstritten werden mußte, zeigte besonders das Beispiel von Johanns Bruder Adolf. 1373 gewählt, verteidigte er seinen Erzstuhl in jahrelangen Kämpfen gegen den von Kaiser Karl IV. lancierten Gegenkandidaten, wobei er sich sogar im 1378 ausbrechenden Schisma dem in Deutschland weder vom Kaiser noch von den meisten Fürsten anerkannten, in Avignon residierenden Gegenpapst anschloß.[1]

Der Aufstieg des Bruders zum Erzbischof blieb nicht ohne Einfluß auf Johann. Dieser war nach eigenen Angaben 1376 *ein kleyner knabe und nicht in dutschen landen, sonder in Ungarn zu schule* gewesen. Möglicherweise erhielt er dort eine geistliche Ausbildung, denn für 1383 ist – da er das 18. Lebensjahr erreicht hat – seine Aufnahme als Kanoniker in das Würzburger Domstift bezeugt. Diese Daten deuten darauf hin, daß Johann um 1364 und nicht, wie in der Literatur ohne jeden Quellenbeleg häufig zu finden, 1360 geboren wurde. Ab 1386 läßt sich sein Lebenslauf besser rekonstruieren. In diesem Jahr erhielt er sein väterliches Erbteil zugesprochen, auf das er allerdings im Falle der Erlangung eines Bistums wieder verzichten sollte. Zu diesem Zeitpunkt gehörte der Nassauer zum engeren Kreis seines Bruders Adolf, für den er diplomatische Missionen erfüllte und als Zeuge in Urkunden auftrat. Im Jahre 1387 erlangte er die Würde eines Propstes am Stift St. Peter zu Fritzlar, wodurch die kurmainzische Position gegenüber dem hessischen Landgrafen bekräftigt wurde, und 1389 ist Johann als Kanoniker in Köln und Mainz bezeugt. Als Erzbischof Adolf 1390 starb, wählte das Domkapitel Konrad von Weinsberg, den Kandidaten der einflußreichen Pfalzgrafen, zum Nachfolger. Johann, der bezeichnenderweise bei der Wahl nicht anwesend war, wurde damit übergangen. Er gelobte aber schriftlich gegenüber Konrad seinen Gehorsam, was sich dieser wohl nicht ohne Grund in sein Ingrossator-Buch vermerken ließ. Die Karriere des Nassauers schien vorerst beendet, zumal er und seine Familie Schulden machen und sogar die Stadt Wiesbaden an den Mainzer Erzbischof verpfänden mußten.[2]

Doch der Tod Konrads am 19. Oktober 1396 gab Johann erneut eine Chance. Nur fünf Tage später schloß er mit den Pfalzgrafen in Oppenheim einen folgenschweren Bündnisvertrag, in dem er u. a. versprach, die Pfälzer bei der Erlangung aller von ihnen angestrebten *eren und wirdikeiten* zu unterstützen, außer sie seien wider Gott und Recht. Johann wollte sich durch den Oppenheimer Vertrag die Unterstützung der Pfalzgrafen bei seiner Kandidatur für den Mainzer Erzstuhl sichern. Doch warum ließen sich Kurfürst Ruprecht II. von der Pfalz und seine Verwandten in ein Bündnis mit dem wenig exponierten Domherrn ein, dessen Bruder man im Mainzer Bistumstreit noch bekriegt hatte? Das lag an den *eren und wirdikeiten*, die erstrebt werden sollten und hinter denen sich nichts anderes als der Königstitel verbarg. In Johann sahen die Pfälzer einen besseren Gewährsmann als in seinem Gegenkandidaten Jofried von Leiningen, der durch die Erzbischöfe von Köln und Trier und den Markgrafen von Baden unterstützt wurde. Diese wiederum gehörten zu den größten politischen Konkurrenten der Pfalzgrafen und hätten deren weitreichende Absichten gewiß nicht ohne weiteres unterstützt.[3]

Die Pläne der Pfalzgrafen schienen vorerst durchkreuzt zu werden, als am 17. November 1396 ein Wahlausschuß von fünf Domherren Jofried von Leiningen in Mainz zum neuen Erzbischof wählte. Von Baden und Kurköln finanziell unterstützt, wendeten die Leininger Grafen über 100000 Gulden zur Durchsetzung ihres Zieles auf und handelten sich damit von seiten der Anhänger Johanns im Domkapitel den Vorwurf der Bestechung ein. Da sich der Papst in Rom jedoch das letzte Wort bei der Mainzer Bischofswahl vorbehalten hatte, bestand für den Nassauer noch eine kleine Chance, die er konsequent nutzte: Ende November brach er in die ewige Stadt auf.

Pfälzische Abgesandte stellten inzwischen an der Kurie die Wahl Jofrieds als bestochen dar und verwiesen außerdem darauf, daß hinter dem Leininger der von Frankreich gestützte Gegenpapst stände. So war der Boden für eine erfolgreiche Mission schon bereitet, als Johann in Rom eintraf. Am 24. Januar 1397 providierte ihn Papst Bonifaz IX. zum Erzbischof, und am 7. Juli 1397 forderte dieser die Untertanen des Mainzer Erzstifts zur Huldigung auf. Außerdem erlaubte er dem Nassauer, alle Gegner ihres Amtes zu entheben, und räumte ihm freien Spielraum zum Vorgehen gegen Jofried ein. Mit dieser Entscheidung überging der Papst auch das Reichsoberhaupt König Wenzel, der sich für den Leininger eingesetzt hatte.[4]

Johann war am Ziel seiner Wünsche. Doch die an den Papst zu entrichtenden üblichen Abgaben zwangen ihn zur Aufnahme von Krediten bei italienischen Bankhäusern, vor deren Rückzahlung er Rom nicht verlassen durfte. Deshalb konnte er erst im September 1397 in sein Erzbistum zurückkehren, wo er im zähen Ringen mit der leiningschen Partei des Domkapitels seine Macht auszubauen begann. Mit Versprechungen und Geldmitteln zog er die Stadt Mainz und eine Reihe von Adligen auf seine Seite und zwang seine Gegner zur Unterwerfung. Als auch die Erzbischöfe von Köln und Trier Jofried die weitere Unterstützung versagten, mußte der Leininger schließlich auf das Erzbistum verzichten.[5]

Wie ein Fuchs erschlich er sich das Mainzer Erzbistum, vermerkte ein Chronist durchaus zutreffend, und er fügte hinzu, daß der Nassauer es danach wie ein Tyrann regierte und bei seinem Tod schimpflich zurückließ. Die hier angesprochene geistliche wie weltliche Herrschaft Johanns über sein Erzbistum ist noch wenig erforscht. Was die erstere betrifft, kann man wohl davon ausgehen, daß der Nassauer mit kirchlichen Dingen wenig vertraut war, sich hierbei auf sachkundigere Angehörige des Mainzer Klerus stützte. Die geistlichen Fragen ordnete er sowieso fast völlig seinem ambitiösen Streben nach Macht unter, das sich in einem außerordentlich aktiven Engagement in der Reichspolitik niederschlagen sollte. Bei der Ausübung seiner territorialen Herschaft sah sich Johann wie bereits seine Vorgänger mit mannigfaltigen Schwierigkeiten konfrontiert. So entsprach die materielle Basis des Erzbistums gar nicht so recht seiner Bedeutung als größte Kirchenprovinz Deutschlands, der ein Dutzend Suffraganbistümer zugeordnet war. Der Besitz der Mainzer Diözese erstreckte sich zersplittert auf Gebiete um Mainz, Aschaffenburg und Erfurt sowie im Rheingau, in Hessen und im Eichsfeld. Die zerstreuten weltlichen und geistlichen Rechte brachten dem Erzbischof viele Gegner ein und waren schwer zu behaupten. Vor allem mit den Landgrafen von Hessen und von Thüringen sowie den Pfalzgrafen bei Rhein gab es häufig Auseinandersetzungen. Weitere Probleme resultierten aus den durchaus erfolgreichen Bestrebungen der beiden wichtigsten Städte des Stiftes, Mainz und Erfurt, die Rechte der Erzbischöfe zurückzudrängen und nur noch ihre formelle Oberhoheit anzuerkennen; ähnliche Versuche unternahmen die Inhaber der Mainzer Suffraganbistümer.[6] Für Johann speziell kam hinzu, daß die Durchsetzung seiner Anerkennung viel Geld verschlang. Als er vom November 1397 bis zum November 1398 sein Erzbistum bereiste und die Huldigung der Untertanen entgegennahm, war er zu zahlreichen Verpfändungen gezwungen. Etwa zwei Drittel der rund 50 Ämter des Erzstiftes befanden sich schließlich in fremder Hand.[7]

Die Bedeutung des Erzbischofs von Mainz lag in erster Linie in seiner Stellung als Kurfürst und Erzkanzler, als vornehmster Fürst des Reiches überhaupt, die ihn zu einem der wichtigsten Widerparte des Papstes wie des Königs werden ließ. Und wie gut Johann diesen Trumph auszuspielen vermochte, sollte als erster König Wenzel zu spüren bekommen. Die Unzufriedenheit mit dem Luxemburger war allgemein: vor allem die rheinischen Kurfürsten sahen sich, da der Herrscher seit 1389 sein Königreich Böhmen nicht verlassen hatte, von wichtigsten politischen Entscheidungen ausgeschlossen. Erst 1397 kam er wieder an den Rhein und versuchte, die Kurfürsten zu beschwichtigen. Er ließ ihnen Vergünstigungen zukommen und erteilte Johann im Januar 1398 die Regalien. Damit hatte der Nassauer seine Anerkennung als Erzbischof endgültig durchgesetzt. Mit ihm kam eine Persönlichkeit in das Kurkolleg, deren Skrupellosigkeit und Gerissenheit schon den Zeitgenossen auffielen. Die Chronisten charakterisieren ihn als intriganten und listigen Mann, der von kleiner Gestalt, aber *an verstand und anschlägen klug und groß* war; im Volksmund wurde der Nassauer das »Hänschen« genannt.[8] Johann zur Seite trat nach dem Tod des Vaters im Januar 1398 Ruprecht III. als Kurfürst der Pfalz. Die Hilfe der Pfälzer für die Erlangung des Erzstuhls zahlte der Nassauer nun zurück, indem er Ruprecht bei der Erringung der Königswürde unterstützte. Die Situation schien günstig, da Wenzel im August 1398 wieder nach Böhmen zurückkehrte, wo er in heftige Adelskämpfe verstrickt wurde.

Seit dem Frühjahr 1399 spannen Johann und Ruprecht zusammen mit den Erzbischöfen von Köln und Trier ein bedrohliches Bündnisnetz gegen Wenzel, in das innerhalb eines Jahres weitere bedeutende Fürsten einbezogen wurden. Die Frage des Gegenkönigs wurde lange Zeit offen gehalten, doch als sich die rheinischen Kurfürsten auf einer Zusammenkunft Anfang Juni 1400 in Frankfurt am Main für Ruprecht aussprachen, sahen sich andere Fürsten in ihren Hoffnungen getäuscht und verließen die Opposition. Der Plan einer Thronveränderung wurde noch mehr gefährdet, als der vom Frankfurter Tag heimwärts ziehende Herzog Friedrich von Braunschweig am 5. Juni 1400 in einer Privatfehde bei Fritzlar erschlagen wurde. Da die Täter in Mainzer Diensten standen, geriet der Erzbischof in den Verdacht, Drahtzieher der Aktion gewesen zu sein. Obwohl man ihm das Mittel des politischen Mordes durchaus zutrauen konnte, war Johann jedoch wirklich unschuldig, wie er es sogleich öffentlich beteuerte. Die Tat hätte auch für sein Bemühen, die Fürstenopposition gegen Wenzel zusammenzuschmieden, wenig Sinn gehabt.

Auch ohne wesentliche Beteiligung anderer Fürsten nahmen die vier rheinischen Kurfürsten am 20. August 1400 in Oberlahnstein die Absetzung König Wenzels vor. Mangelnde Aktivitäten bei der Beilegung des Schismas und der Sicherung des Landfriedens, Veräußerung von Reichsrechten und -gebieten und andere Vorwürfe standen als Begründung in dem Absetzungsurteil, mit dem Johann von Mainz dem Luxemburger die Königswürde absprach und die anwesenden Kurfürsten ihrer Wenzel geleisteten Treueide entband. Am folgenden Tag wurde in Rhense Ruprecht von der Pfalz zum König gewählt. War bei der Königsabsetzung von 1298 der Nassauer Adolf das Opfer der Kurfürsten gewesen, so hatte sich hundert Jahre später die Situation umgekehrt: der Nassauer Johann verkündete die Thronenthebung des Königs und mochte wohl bei diesem Akt eine gewisse Genugtuung für seinen Urgroßvater verspürt haben.[9]

Ruprecht verdankte seine Königswürde wesentlich dem umsichtigen Vorgehen Johanns. Daß dieser sich in das ganze Unternehmen einließ, hatte wohl vor allem eine Ursache: aufgrund der territorialen Nachbarschaft zur Pfalz sah der Mainzer Erzbischof große Chancen, wesentlich stärker seinen Einfluß auf den König und die Reichspolitik geltend zu machen. Die Abhängigkeit des neuen Königs von seinen Wählern wurde noch in Oberlahnstein sichtbar. Ruprecht mußte ihnen versprechen, in der Kirchenfrage auf ihren Rat zu hören und verlorene Reichsgebiete wiederzugewinnen. Er bestätigte ihre Privilegien, widerrief ihnen lästige Zölle am Rhein und gelobte, neue nur mit ihrer Zustimmung zu errichten. Mit Johann verbündete er sich auf Lebenszeit und bestätigte ihm den Besitz aller Reichspfandschaften.

Der neue König vermochte seine Position innerhalb eines Jahres soweit zu festigen, daß er Ende 1401 einen Romzug zur Erlangung der Kaiserwürde in Angriff nehmen konnte. Auf diesem Zug allerdings fehlte Johann, da er sich seit dem Sommer 1401 im Krieg mit Hessen befand. Ihm zur Seite standen als Verbündete neben den thüringischen und meißnischen Wettinern auch die Mörder Friedrichs von Braunschweig, vor die sich der Nassauer schützend stellte, so daß er nun auch mit den Welfenherzögen in kriegerische Auseinandersetzungen verwickelt wurde. Der Krieg gegen den alten Rivalen Hessen sollte vier Jahre dauern.[10] Johann führte ihn mit wechselndem Erfolg und mit einer Rücksichtslosigkeit, die selbst vor der Niederbrennung von Klöstern auf gegnerischem Gebiet nicht Halt machte und ihm den päpstlichen Bann einbrachte. Die Auseinandersetzungen zeigten, daß der Nassauer nicht nur das Waffenhandwerk verstand, sondern auch mit beißenden Worten seine Gegner zu bekämpfen wußte. Besonders aufschlußreich ist ein Briefwechsel von 1404/05 mit den Wettinern, die inzwischen in das Lager der Gegner Johanns gewechselt waren. Beide Seiten sandten ihre Briefe, die vor Schmähreden strotzten, jeweils an die Stadt Frankfurt, die den Inhalt dann weiterleitete. So tat Johann die Vorwürfe Markgraf Wilhelms I. von Meißen gegen Übergriffe der Mainzer Seite mit den Worten ab, daß *an den und den obgenanten sachen er offenberlichen luget, als wyt yme sin alter hals ist.* Außerdem betitelte er den Markgrafen als alten Schulmeister, worauf dieser folgendes antwortete: *unde alz er uns nennet eynen schulmeister, alz wist, daz wir czu nye keyner schule gegangen habin, daz wir leider wider schriben noch lesen*

konnen, unde uns were leid, daz wir solche schulen gesucht hetten, da wir gelernet het-
ten solche tugke, als er gelart hat. In den tugken und kunst, die er kan, wir nye schuler
noch meister gewest sind, alz er ist. Mit dieser Einschätzung Johanns traf der Markgraf
augenscheinlich ins Schwarze, denn Johann »entschuldigte« sich bei ihm und bat
ihm, nicht zornig zu sein, wenn er ihn Schulmeister genannt hätte, *wann wir da-*
midde nyt einen rechten schulmeister, der ander leute togend und erberkeyd leret und
auch die selber gelernet hait, gemeynet hain, wann wir wol wißen, daß er nye zuo rech-
ter schule gewest ist, da man togend, zucht, ere und gerechtheid lernet.[11]

Ruprecht, der im April 1402 von seinem Romzug – erfolglos und ohne Kaiserkrone – zurückgekehrt war, hatte einen Waffenstillstand zwischen den Konfliktparteien vermitteln können. Bei den weiteren Verhandlungen zur Schlichtung der zahlreichen Streitpunkte verfügte der König im Februar 1403 die Rückgabe der
hessischen Städte Eschwege und Sontra, die von Landgraf Balthasar von Thüringen
in Beschlag genommen und 1400 an Johann weitergegeben worden waren, an Hessen. Da der Mainzer diese wichtigen Orte aber nicht herausgeben wollte, entbrannte
der Krieg im August 1403 aufs Neue.

Die Entscheidung Ruprechts gegen Johann verdeutlicht, daß die vielen lokalen
Reibungspunkte zwischen der Pfalz und dem Erzbistum, die durch den Oppenheimer Vertrag überdeckt worden waren, nun wieder in den Vordergrund rückten.[12]
Bereits im September 1402 hatte Johann ein Bündnis mit Markgraf Bernhard von
Baden, einem entschiedenen Gegner Ruprechts, abgeschlossen und dadurch offensichtlich den König verstimmt. Zwar einigten sich beide im Juni 1403 über ihre territorialen Differenzen und schlossen erneut ein Bündnis auf Lebenszeit, aber ihr Verhältnis hatte einen ernsthaften Riß bekommen. Dieser vergrößerte sich noch, als
Ruprecht Anfang 1405 bei einem Zug gegen Raubburgen in der Wetterau auch gegen Anhänger Johanns vorging und dem Mainzer außerdem die Errichtung einer
Burg und einer Zollstätte bei Höchst verweigerte.

Nun begann sich Johann offen gegen den König zu wenden. Am 20. März 1405
schloß er Frieden mit dem hessischen Landgrafen Hermann und verbündete sich
zwei Monate später sogar mit diesem und den Braunschweiger Herzögen. Johann
machte sich damit den Rücken für ein Vorgehen gegen den König frei, der dank einer
aktiven Landfriedenspolitik und der 1403 erlangten Anerkennung durch den römischen Papst seine Position in – für den Nassauer – bedrohlicher Weise hatte stärken
können. Am 14. September 1405 schloß der Mainzer Erzbischof mit Graf Eberhard III. von Württemberg, Markgraf Bernhard von Baden und 18 Reichsstädten
den Marbacher Bund zu gegenseitigem Beistand. Der Vertrag hatte viele Klauseln
und Vorbehalte; vor allem Johann entledigte sich seiner Hilfspflicht für die anderen
Mitglieder soweit wie möglich. Obwohl es dem Bund an einem festen Zusammen-
schluß mangelte, stellte seine Existenz für Ruprecht eine nicht zu unterschätzende
Gefahr dar, fanden sich doch in ihm Kräfte zusammen, die aus den verschiedensten
Gründen mit seiner Politik unzufrieden waren.[13]

Da ein militärisches Vorgehen gegen den Bund nicht geraten schien, verlegte sich
der Pfälzer aufs Verhandeln. Auf einem Tag in Mainz Anfang des Jahres 1406 wur-

den in Klage und Gegenklage die vor allem territorialen Streitigkeiten zwischen Johann und dem König aufgelistet, ohne daß eine Einigung erreicht werden konnte. Angesichts der drohenden Umklammerung ließ Ruprecht in seinen Bemühungen um einen Ausgleich mit Johann jedoch nicht nach. Er erreichte ihn im Februar 1407. Der Erzbischof versprach, den Marbacher Bund nicht zu verlängern und kein Bündnis ohne Wissen des Königs abzuschließen. Letzteres mußte Ruprecht dem Nassauer für Verträge mit Reichsangehörigen ebenfalls zusichern, was eine deutliche Einschränkung seiner königlichen Würde darstellte. Die Einigung beider Widersacher sollte aber wiederum nicht lange währen. Der vorher besonders von territorialen Streitpunkten geprägte Konflikt verlagerte sich nun auf die Ebene der europäischen Politik.

Im Herbst 1408 erreichte die Fürsten des Reiches die Nachricht, daß die Kardinalskollegien in Rom und Avignon sich auf ein Konzil geeinigt hätten, um das Schisma zu beenden und gegebenenfalls ein neues Kirchenoberhaupt zu wählen. Sie waren zur Stellungnahme gefordert – und die fiel unterschiedlich aus. Johann von Mainz wurde einer der entschiedensten Anhänger des Konzils, während Ruprecht am Papst in Rom festhielt.[14] Als der König für Anfang 1409 einen Reichstag nach Frankfurt berief, setzte der Nassauer kurz davor eine Synode in Mainz an, wo er den Klerus seiner Diözese – vor allem die im Pfälzer Fahrwasser schwimmenden Bischöfe von Worms und Speyer – für den vom Konzil zu wählenden Papst gewinnen und den folgenden Reichstag vor vollendete Tatsachen stellen wollte. Doch konnte er seinen Plan nicht durchsetzen, genausowenig wie es Ruprecht auf dem Reichstag gelang, die Fürsten auf den römischen Papst festzulegen.

Im Juni 1409 wurde die Kirchenfrage weiter verschärft, als das in Pisa tagende Konzil zwar einen neuen Papst wählte, die beiden anderen aber keineswegs an Abdankung dachten. Während König Ruprecht am römischen Papst festhielt, unterstützte Johann sofort den Konzilspapst, der ihn am 23. August 1409 zum Legaten der Mainzer Diözese ernannte. Der Erzbischof suchte offensichtlich das Schisma zum Ausbau seiner Stellung als höchster geistlicher Würdenträger des Reiches vor allem gegenüber dem König zu nutzen. Das beiderseitige Verhältnis verschlechterte sich noch mehr, als Johann Versuche zur Reaktivierung des Marbacher Bundes unternahm und darüber hinaus am 7. Juli 1409 Vasall König Karls VI. von Frankreich wurde, wo man ebenfalls zum Konzilspapst hielt.

Johanns Aktivitäten setzte der König eigene entgegen. Er ließ sich vom römischen Papst die Ermächtigung geben, gebannte Kleriker durch Leute seines Vertrauens zu ersetzen und alle Einkünfte von Schismatikern zu requirieren. Außerdem wurden seine Lande aus dem geistlichen Jurisdiktionsbereich des Mainzer Erzbischofs herausgelöst und der Hoheit des Wormser Bischofs unterstellt. Ähnlich verfuhr der Papst mit Hessen.[15] Die Frage der Obedienz wurde damit vom Territorium abhängig gemacht und nicht vom Kirchensprengel, wie überhaupt die Überschneidung von Diözesan- und Territorialgrenzen zu einer Verquickung der geistlichen Konflikte mit den weltlichen führte. Als sich der König mit Landgraf Hermann von Hessen verbündete und für Juni 1410 einen gemeinsamen Angriff auf Johann verabredete, wurde dessen Lage bedrohlich. Bevor der Krieg jedoch ausbrechen konnte, starb Ruprecht überraschend am 18. Mai 1410.

Der plötzliche Tod des Herrschers stellte die Kurfürsten vor die Wahl eines neuen Reichsoberhauptes. Sachsen und Brandenburg votierten für Wenzel, der seine Königswürde auch nach der Absetzung nicht aufgegeben hatte, aber für Johann nicht akzeptabel war. Deshalb entbot der Mainzer gemäß seinem Recht zur Einberufung des Königswahltages seine Kurkollegen für Anfang September 1410 nach Frankfurt am Main.[16] Hier kam es unter den rheinischen Kurfürsten zur Spaltung, die aus dem territorialen Gegensatz Mainz-Kurpfalz und der unterschiedlichen Haltung in der Kirchenfrage resultierte. Am 21. September wurde Wenzels Bruder, der Ungarnkönig Sigmund, vom Trierer und Pfälzer Kurfürsten zum König erwählt. Hinzu kam seine eigene, allerdings zu Unrecht beanspruchte Kurstimme als früherer Markgraf von Brandenburg, die bei der Wahl vom Burggrafen Friedrich VI. von Nürnberg geführt wurde, da Sigmund in Frankfurt nicht anwesend sein konnte.

Für Johann jedoch war auch der Ungarnkönig nicht akzeptabel, weil dieser sich nicht eindeutig für den Konzilspapst ausgesprochen hatte. Kurzerhand verhängte er über Frankfurt das Interdikt, so daß der Gegenpartei die Bartholomäus-Kirche, der traditionelle Wahlort, verschlossen blieb und die Erhebung des Luxemburgers auf dem Kirchhof erfolgte. Wenig später, am 1. Oktober, inszenierte Johann von Mainz die Königswahl seines Kandidaten, des Markgrafen Jost von Mähren, der ein Vetter Sigmunds und der rechtmäßige Vertreter der Brandenburger Kurwürde war. Zwar konnte Jost bei der Wahl ebenfalls nicht anwesend sein und mußte sich durch Abgesandte vertreten lassen, doch besaß seine Erhebung eine bessere Legitimation als die Sigmunds: er konnte die Mainzer, Kölner und Brandenburger sowie die böhmische und sächsische Kurstimme – also die Mehrheit – auf sich vereinen. Wieder schien sich Johann eine von ihm abhängige Kreatur auf dem Thron schaffen zu wollen, mußte doch Jost am Tag vor der Wahl dem Mainzer und dem Kölner Erzbischof versprechen, die Königswürde nur mit deren Zustimmung aufzugeben und kein Abkommen mit den Gegnern ohne ihre Einwilligung zu schließen. Am 26. Dezember erhielt Johann außerdem durch Jost Privilegien und Zölle bestätigt.

Wenzel hatte zwar merkwürdigerweise für die Wahl seines Vetters gestimmt, beanspruchte aber ebenfalls weiterhin die Königswürde. Für die erstaunten Zeitgenossen trat damit der Umstand ein, daß es nun nicht nur drei Päpste, sondern auch drei deutsche Könige gab, die zudem aus derselben Familie stammten. Diese Situation währte allerdings nur kurze Zeit, da Jost bereits am 18. Januar 1411 starb. Für Johann ergab sich damit wieder die Frage, welchen der beiden verbleibenden Könige er anerkennen sollte. Nach intensiven Verhandlungen der Kurfürsten und einem Ausgleich zwischen den beiden luxemburgischen Brüdern einigte man sich schließlich auf Sigmund, dessen Königswahl am 21. Juli 1411 wiederholt wurde.

Der Mainzer Erzbischof konnte mit dem Kompromiß zufrieden sein, bekannte sich der neue König doch nun zum Konzilspapst, bestätigte die Privilegien der Mainzer Kirche und versprach, keine neuen Zollstellen am Rhein ohne Zustimmung Johanns zu errichten. Anfangs schien das Verhältnis des Nassauers zum Herrscher ein leidliches zu sein, vor allem gab es im Vergleich zu Ruprecht keine territorialen Konflikte zwischen ihnen, da Sigmund keine Hausmacht im Reich besaß. Aber daß der Luxemburger mit der Einlösung seiner Wahlversprechen zögerte und erst im Sommer 1414 ins Reich kam, verstimmte den Mainzer. Zwar versöhnte er sich Ende Oktober/Anfang November mit dem König, der ihm die Zölle des Erzstifts bestätigte und die Landvogtei in der Wetterau übertrug, doch die Harmonie war nur äußerlich. Es kam zum Eklat, als Johann wenig später demonstrativ nicht an Sigmunds Krönung in Aachen teilnahm. Daraufhin äußerte der König, der aufgrund seiner fehlenden Hausmacht zunehmend Rückhalt bei den Reichsstädten suchte, gegenüber Frankfurt am 13. Dezember 1414 offen sein Bedauern, Johann die Landvogtei übertragen zu haben, und klagte außerdem über die schlechte Münze und den drückenden Zoll des Erzbischofs bei Höchst.

Der Konflikt zwischen König und Erzbischof setzte sich auf dem Konstanzer Konzil fort, das 1414 zur Überwindung der Kirchenspaltung einberufen worden war. Am 12. Januar 1415 traf Johann persönlich in Konstanz ein und erregte durch sein Auftreten sofort das Mißfallen vieler Konzilsteilnehmer.[17] Statt, wie es angemessen gewesen wäre, in geistlichen Würden zu erscheinen, hielt er als einziger Prälat in weltlicher Kleidung und wie zum Krieg gewappnet mit einer Schar von 600 Mann zu Pferde Einzug in die Stadt. Mit dieser Machtdemonstration wollte Johann möglicherweise dem Konzilspapst Johannes XXIII. den Rücken stärken, jedoch ohne Erfolg. Dieser wurde Mitte Februar zum Rücktritt genötigt, worauf Johann das Konzil verließ. Als Grund für diesen Schritt schob er seinen Gesundheitszustand vor, der einen Aufenthalt im Bad notwendig machen würde. Starrsinnig hielt er am Konzilspapst fest, selbst als dieser im März nach mißglückter Flucht vom Konzil endgültig für abgesetzt erklärt und von Kurfürst Ludwig III. von der Pfalz in Gewahrsam genommen wurde. Mit dieser unflexiblen Haltung forderte Johann den König als Schirmherrn der Kirchenversammlung heraus, der ihm am 15. März 1415 die Wetterauer Landvogtei entzog. Außerdem beraubte er sich dadurch jeder Möglichkeit, größeren Einfluß auf das Konzil zu nehmen, und drängte sich in eine politische Isolierung. Selbst das Mainzer Domkapitel, das seinen Erzbischof in der Kirchenfrage bisher unterstützt hatte, war nicht mehr bereit zu folgen.

Auch mit der Stadt Mainz, die von Anfang an zu ihm gehalten und in den zahlreichen Auseinandersetzungen ihres Herrn stets zu vermitteln versucht hatte, geriet Johann im gleichen Jahr in Konflikt.[18] Die Mainzer gingen gegen ihn sogar ein Bündnis mit dem Kurfürsten der Pfalz ein. Doch Johann, der sich im Juli 1415 wieder einmal mit Sigmund ausgesöhnt hatte, erlangte bei diesem am 10. Januar 1416 das Verbot des Bündnisses und erreichte darüber hinaus acht Tage später die Ladung der Stadt vor das geistliche Gericht des Konstanzer Konzils, wo er sich über die Besteuerung des Klerus durch die Bürger beschwert hatte. Der Konflikt wurde schließlich am 15. Juni 1417 durch den Kurfürsten von der Pfalz gütlich beigelegt.

Die letzten Lebensjahre Johanns waren durch eine Politik des Lavierens zwischen dem Reichsoberhaupt und den übrigen rheinischen Kurfürsten gekennzeichnet. Im April 1416 ermahnte der in Frankreich weilende König noch das Konstanzer Konzil, sich vor den Umtrieben des Mainzers in acht zu nehmen, doch bereits zwei Monate später sah man diesen als Vermittler eines erneuten Ausgleichs zwischen Sigmund und Wenzel, bei dem letzterem u. a. die Einlösung der an Kurpfalz verpfändeten elsässischen Landvogtei zugesprochen wurde. Diese Festlegung traf natürlich den Pfälzer Kurfürst Ludwig III. empfindlich und verschärfte seine ohnehin schon gespannten Beziehungen zu Johann, welchen er wohl nicht ohne Grund verdächtigte, den in Heidelberg gefangenen Konzilspapst befreien zu wollen. Doch der Nassauer stritt eine Beteiligung an dem rechtzeitig entdeckten Vorhaben rundweg ab. Am 2. August führte Erzbischof Werner von Trier schließlich eine Aussöhnung herbei, und am 23. September sah man beide Kontrahenten mit den beiden anderen rheinischen Kurfürsten im Bund von Bingen vereint. Dieses Bündnis richtete sich zwar in erster Linie gegen die Reichsstädte, konnte aber auch gegen den König aktiviert werden, der Anfang 1417 in einen heftigen Konflikt mit dem Kurfürsten der Pfalz, einem seiner treuesten Parteigänger, geriet. Als die rheinischen Kurfürsten am 7. März 1417 in Boppard den Binger Bund bekräftigten, sah sich Sigmund auf einmal einer nicht zu unterschätzenden Kräftesammlung gegenüber: vergeblich waren seine Versuche gewesen, Johann von Nassau mit der Rückgabe der Wetterauer Landvogtei am 15. Januar 1417 und der Verleihung der Reichslehen am 23. Februar auf seine Seite zu ziehen. Doch erreichte der König immerhin, daß der Mainzer Erzbischof als französischer Vasall einem gegen Frankreich gerichteten Bündnis mit England am 2. Mai 1417 die Zustimmung gab und im gleichen Jahr auch den vom Konstanzer Konzil gewählten neuen Papst anerkannte.

Im Jahre 1418 wurde Johann zusammen mit den anderen rheinischen Kurfürsten in einen Konflikt mit der Stadt Köln verstrickt, der der letzte in seinem von Kämpfen reichen Leben sein sollte. Am 23. September 1419 starb er in Aschaffenburg. König Sigmund, der sich gerade auf einem Feldzug gegen die Türken befand, als er die Nachricht vom Tod des Nassauers erfuhr, konnte aufatmen: das Reich hatte einen seiner eigenwilligsten Fürsten verloren, der allerdings auch zu den unbeliebtesten gehörte. Geradezu vernichtend ist das Urteil über Johann in dem eingangs angeführten Lied über das Konstanzer Konzil. Beinahe seine gesamte Amtszeit war der Erzbischof in Querelen, Intrigen und Streitigkeiten mit Königen, Fürsten und Städten verstrickt, doch nehmen sich seine Erfolge vor allem beim Ausbau des Mainzer Territoriums bescheiden aus.[19] Auch wenn er 1400 bzw. 1403 zum Vormund und Verweser der beiden hessischen Abteien Hersfeld und Fulda gewählt wurde und die Städte Hanau und Babenhausen pfandweise für das Erzstift erwarb, gegen den großen Konkurrenten Hessen konnte er sich nicht dauerhaft durchsetzen. Bereits unter seinem Nachfolger ging die Mainzer Führungsposition in dieser Region an die Landgrafen verloren. In der Reichspolitik war Johann den Herschern gegenüber ein ebenbürtiger Partner; vier Könige hat er als Erzbischof erlebt, von denen die Absetzung des einen und die Wahl der drei anderen ganz entscheidend von seiner Mitwirkung bestimmt wurden. Nicht zu Unrecht wird er deshalb mit zwei seiner Vorgänger auf dem Mainzer Erzstuhl verglichen: mit Siegfried III. von Eppenstein, der die Könige Heinrich Raspe und Wilhelm von Holland gegen die Staufer auf den

Thron lancierte, und mit Peter Aspelt, der die Wahl Heinrichs VII. und Ludwigs des Bayern zum deutschen und Johann von Luxemburg zum böhmischen König bewerkstelligte. Beiden Erzbischöfen wurde mit ihren Grabplatten, auf denen sie zusammen mit den von ihnen erhobenen Königen dargestellt sind, ein eindrucksvolles Denkmal gesetzt. Und auch Johanns Grablegung stand denen seiner Vorgänger in ihrem Symbolgehalt nichts nach: als einziger Mainzer Erzbischof ließ er sich mit Stiefeln und Sporen und mit dem großen Zeremonialschwert begraben.

1 Eine umfassende Biographie Johanns II. von Nassau steht bis zum heutigen Tage ebenso aus wie eine ausführliche Darstellung zur Geschichte des Mainzer Erzbistums im Spätmittelalter. Immer noch unentbehrlich für die Geschichte der Nassauer Grafen mit zahlreichen Verweisen auf die Mainzer Erzbischöfe aus diesem Haus: F. W. TH. SCHLIEPHAKE, Geschichte von Nassau. Von den ältesten Zeiten bis auf die Gegenwart, fortges. v. K. MENZEL, Bd. 1ff., Wiesbaden 1866ff., für die hier interessierende Zeit besonders Bd. 5: K. MENZEL, Geschichte von Nassau von der Mitte des vierzehnten Jahrhunderts bis zur Gegenwart, Bd. 1, Wiesbaden 1879. Außerdem DERS., Johann II., in: Allgemeine Deutsche Biographie, Bd. 14, Leipzig 1881, S. 764–776. Wichtigste Quellengrundlage für die Reichspolitik Johanns sind die ersten sieben Bände der Deutschen Reichstagsakten, München 1867–1878. Zum Mainzer Erzbistum zuletzt F. JÜRGENSMEIER, Das Bistum Mainz. Von der Römerzeit bis zum II. Vatikanischen Konzil, 2. Aufl., Frankfurt/Main 1989 (Beiträge zur Mainzer Kirchengeschichte 2), siehe auch K. WENCK, Die Stellung des Erzstiftes Mainz im Gange der deutschen Geschichte, in: ZVhessGLkd 43 (1909), S. 278–318.
2 Vgl. zur Geschichte Johanns bis zu seiner Wahl und Anerkennung als Erzbischof A. PH. BRÜCK, Vorgeschichte und Erhebung des Mainzer Erzbischofs Johann II. von Nassau, in: AmrhKG 1 (1949), S. 65ff.; DERS., Zur Geschichte des Mainzer Kurfürsten Johann II. von Nassau bis zum Jahre 1405, Diss. Frankfurt/Main 1943; R. GERITS, Zur Geschichte des Erzbischofs Johann II. von Mainz 1396–1419. T. 1: Sein Regierungsantritt, Diss. Halle 1882.
3 Vgl. A. GERLICH, Habsburg-Luxemburg-Wittelsbach im Kampf um die deutsche Königskrone. Studien zur Vorgeschichte des Königtums Ruprechts von der Pfalz, Wiesbaden 1960, S. 106ff.
4 Vgl. zu Johanns Aufenthalt in Rom Chronicon Moguntinum, hg. v. C. HEGEL, Hannover 1885 (MGH. SS. in us. schol.), S. 70ff.
5 Vgl. BRÜCK, Vorgeschichte, S. 82ff.
6 Vgl. M. STIMMING, Die Entstehung des weltlichen Territoriums des Erzbistums Mainz, Darmstadt 1915 (Quellen und Forschungen zur hessischen Geschichte 3); TH. HUMPERT, Die territoriale Entwicklung von Kurmainz zwischen Main und Neckar, in: Archiv des Historischen Vereins von Unterfranken und Aschaffenburg 55 (1913), S. 1ff.
7 Vgl. PH. A. BRÜCK, Die Huldigungsreise des Mainzer Kurfürsten Johann II. von Nassau, in: Hessisches Jahrbuch für Landesgeschichte 2 (1952), S. 39ff.
8 Vgl. die Zusammenstellung von Quellenzitaten bei H. E. HUCKERT, Die Politik der Stadt Mainz während der Regierungszeit des Erzbischofs Johann II. (1397–1419), Diss. Leipzig 1877, S. 122ff.; BRÜCK, Geschichte, S. 129f.
9 Vgl. GERLICH, Habsburg-Luxemburg-Wittelsbach, S. 241ff.; E. STHAMER, Erzbischof Johann II. von Mainz und die Absetzung König Wenzels, Jena 1909, S. 29ff.
10 Vgl. F. KÜCH, Beiträge zur Geschichte des Landgrafen Hermann II. von Hessen, in: ZVhessGLkd 19 (1894), S. 60ff.

11 Urkunden der Markgrafen von Meissen und Landgrafen von Thüringen 1396–1406, hg. v. H. ERMISCH, Leipzig 1902 (Codex diplomaticus Saxoniae Regiae I B 2), Nr. 577ff.

12 Vgl. zu den Beziehungen Johanns zu König Ruprecht M. SCHAAB, Geschichte der Kurpfalz, Bd. 1: Mittelalter, Stuttgart/Berlin/Köln/Mainz 1988, S. 123ff.; A. GERLICH, König Ruprecht von der Pfalz, in: Pfälzer Lebensbilder, Bd. 4, hg. v. H. HARTHAUSEN, Speyer 1987 (Veröffentlichungen der Pfälzischen Gesellschaft zur Förderung der Wissenschaften in Speyer 80), S. 34ff.; HUCKERT, Politik, S. 53ff.

13 Vgl. Deutsche Reichstagsakten unter König Ruprecht, 2. und 3. Abt., hg. v. J. WEIZSÄCKER, Gotha 1885/1888 (RTA 5 und 6), S. 711ff. bzw. S. 1ff.

14 Vgl. zur Haltung Johanns in der Kirchenfrage A. GERLICH, Zur Kirchenpolitik des Erzbischofs Johann II. und des Domkapitels von Mainz 1409–1417, in: ZGO 66 (1957), S. 334ff.; DERS., Territorium, Bistumsorganisation und Obödienz. Die Mainzer Kirchenpolitik in der Zeit des Konzils von Pisa, in: Zeitschrift für Kirchengeschichte 72 (1961), S. 46ff.

15 Vgl. zum Verhältnis Johanns zu Hessen J. SCHMITT, Zur Geschichte der Beziehungen zwischen Hessen und Mainz im Ausgange des grossen Schismas 1409–1416, Diss. Marburg 1909.

16 Zur Wahl und Regierungszeit Sigmunds und der Rolle Johanns zuletzt S. WEFERS, Das politische System Kaiser Sigmunds, Stuttgart 1989 (Veröffentlichungen des Instituts für Europäische Geschichte Mainz, Abt. Universalgeschichte 138), S. 5ff. Vgl. auch HUCKERT, Politik, S. 79ff.

17 Zur Rolle Johanns auf dem Konzil vgl. GERLICH, Kirchenpolitik, S. 340ff.

18 Zum Verhältnis Johanns zu Mainz vgl. HUCKERT, Politik, besonders S. 96ff.; H. SCHROHE, Mainz in seinen Beziehungen zu den deutschen Königen und den Erzbischöfen der Stadt bis zum Untergang der Stadtfreiheit (1462), Mainz 1915 (Beiträge zur Geschichte der Stadt Mainz 4), S. 157ff.

19 Vgl. K. E. DEMANDT, Geschichte des Landes Hessen, 2. Aufl., Kassel/Basel 1972, S. 324f.

Friedrich I.

KURFÜRST VON DER PFALZ
(1449–1476)

von EBERHARD HOLTZ

das wir den egenanten unsern vettern
zu unserm sone offnemen und alsslange er
oder ob von ime natürliche eliche sone
würden geborn leben keyne eliche gemahel nemen
(aus der sogenannten Arrogation von 1451)

Friedrich I. von der Pfalz gehört zu den wenigen mittelalterlichen deutschen Fürsten, deren Taten schon zu Lebzeiten ein literarisches Denkmal gesetzt wurde. Matthias von Kemnat, Kleriker und Hofkaplan in Heidelberg, widmete seinem Brotherrn eine im Stile des Fürstenlobs geschriebene Chronik, auf deren Grundlage der von 1467 bis 1472 am Pfälzer Hof weilende Meistersinger Michael Behaim eine Reimchronik schuf.[1]

Wenngleich beide Chronisten den Kurfürsten einseitig als Held ohne Fehl und Tadel darstellen, vermitteln sie uns dennoch viele Einzelheiten über sein Leben. So kennen wir – im Gegensatz zu anderen Fürsten – neben dem Geburtsort Heidelberg auch das genaue Geburtsdatum des Pfälzers: Mittwoch, den 1. August 1425, um 8 Uhr morgens.

Als zweiter Sohn des Wittelsbacher Kurfürsten Ludwig III. von der Pfalz (1410–1436) und dessen Gemahlin Mathilde von Savoyen wurde Friedrich in eine Dynastie hineingeboren, die zu den bedeutendsten des Reiches zählte und mit Ludwig dem Bayer (1314–1347) und Ruprecht III. (1400–1410) die Königswürde getragen hatte. Seit dem 13. Jahrhundert waren die Wittelsbacher in die bayerische und in die pfälzische

Linie gespalten, welche sich wiederum untereinander zersplitterten. Bei den Pfälzern existierten ab 1410 neben der Kurlinie noch die Linien Pfalz-Mosbach, Pfalz-Simmern-Zweibrücken sowie bis 1448 Pfalz-Neumarkt. Die pfälzischen Gebiete stellten einen beachtlichen, wenn auch zerstreut liegenden Besitzkomplex dar, der sich besonders im Rhein-Neckar-Gebiet um Heidelberg, im Elsaß und in der Oberpfalz konzentrierte. Neben dieser bedeutenden Hausmacht verfügten die Pfalzgrafen über wichtige Würden. Sie waren als Kurfürsten an der Wahl des Königs beteiligt und bekleideten das Amt des Erztruchsessen. Bei Thronvakanz oder Abwesenheit des Herrschers vom Reich übten sie das Reichsvikariat aus. Des weiteren stand ihnen bei Gerichtsverfahren, in denen der König Prozeßpartei war, die Funktion eines Richters über den Herrscher zu.[2]

Dank Michael Behaim wissen wir über Friedrichs Kindheit und Erziehung recht gut Bescheid. Zusammen mit seinen Brüdern erlernte der Prinz Lesen, Schreiben und Rechnen. Mit den Sieben Freien Künsten und der Heiligen Schrift wurde er ebenso vertraut gemacht wie mit antiker Dichtung. Eine Vorliebe entwickelte er zur Musik, besonders zum Orgel-, Harfen- und Lautenspiel. Mittelpunkt der Erziehung blieben jedoch ritterliche Übungen – Reiten, Laufen, Springen, Fechten, Schießen, Steine stoßen und Jagen –, bei denen sich Friedrich ebenso wie durch sein fürstliches Auftreten vor allen anderen Jünglingen hervorgetan haben soll.[3]

Hervorragende Bildung und Eigenschaften allein reichten jedoch nicht aus, um in der großen Politik ein Wort mitzureden. Hierfür war der Besitz eines Fürstentums nötig, das für den Zweitgeborenen in weiter Ferne zu liegen schien. Denn nach dem Tod des Vaters folgte 1436 Friedrichs älterer Bruder Ludwig IV. in der Kurwürde. Für den Zwölfjährigen übte bis 1442 Pfalzgraf Otto von Mosbach die Regentschaft aus und verwaltete auch die vor allem im Elsaß liegenden Besitzungen, die Friedrich und seinem jüngeren Bruder Ruprecht zugesprochen worden waren. Um eine weitere Aufsplitterung der kurpfälzischen Gebiete zu verhindern, trat Friedrich nach erreichter Volljährigkeit im Oktober 1443 sein Erbteil für acht Jahre an Ludwig ab. Noch vor Ablauf dieser Frist starb der Kurfürst überraschend am 13. August 1449 im blühenden Alter von 25 Jahren. Er hinterließ einen einjährigen Sohn namens Philipp, für den Friedrich die Vormundschaft übernahm.

Die ersten politischen Aktivitäten des neuen Regenten waren auf eine Vermittlung in dem 1449 ausbrechenden, hauptsächlich zwischen dem in Franken regierenden Markgrafen Albrecht Achilles von Brandenburg und einer Reihe von Reichsstädten unter Führung Nürnbergs geführten Krieg gerichtet. Eine Einbeziehung in diesen Konflikt mußte er aufgrund seiner ungefestigten Position als Administrator unbedingt vermeiden, zumal er zur gleichen Zeit an der Seite des Grafen Schaffried von Leiningen in eine Fehde mit den Grafen von Lichtenberg und den gegen die Pfälzer Lehnsabhängigkeit kämpfenden Grafen von Lützelstein verwickelt wurde. Die Auseinandersetzungen verlangten Friedrich höchste Aufmerksamkeit ab, weil hinter der lützelstein-lichtenbergischen Koalition Markgraf Jakob I. von Baden, Erzbischof Dietrich von Mainz sowie Pfalzgraf Stephan von Zweibrücken und sein Sohn Ludwig von Veldenz standen, die mit Kurpfalz wegen verschiedener Punkte in Streit lagen.[4]

Angesichts dieser feindlichen Allianz entschloß sich der Administrator zur Ausführung eines bereits 1450 ins Auge gefaßten, politisch ungewöhnlichen Planes: die Übernahme der Kurwürde an Stelle seines minderjährigen Neffen. Obwohl er vergeblich andere Fürsten für dieses Vorhaben zu gewinnen suchte, Baden und Kurmainz dadurch sogar zu einem antipfälzischen Bündnis trieb, entschloß sich Friedrich am 16. September 1451 dennoch zu diesem Schritt. Er adoptierte seinen Neffen und versprach, selbst keine Ehe einzugehen. Außerdem vereinigte er sein väterliches Erbe mit den Gebieten der Kurpfalz. Dafür sollte ihm an Stelle Philipps die Kurwürde mit allen zugehörigen Rechten und Ämtern zufallen.

Diese merkwürdige, als Arrogation bezeichnete juristische Konstruktion einer Adoption, bei der nicht der Adoptivsohn in die Rechte des Adoptivvaters, sondern der Vater in die des Sohnes eintrat, war als Nachfolgeregelung für die weltlichen Kurfürsten in den Bestimmungen der Goldenen Bulle von 1356 nicht vorgesehen. Obwohl sich Friedrich von der Mutter Philipps, den eng an Kurpfalz gebundenen Bischöfen von Worms und Speyer sowie wichtigen Vertretern des pfälzischen Adels die Zustimmung dazu geben ließ, konnte diese Art Erlangung der Kurwürde nur vom Oberhaupt des Reiches legitimiert werden. Zu diesem Zweck wurde eigens eine Gesandtschaft zu König Friedrich III. nach Österreich abgefertigt, die der Herrscher jedoch nicht empfing. Für Friedrich I. war dies indes kein Grund, von dem einmal beschrittenen Weg abzuweichen. Gestützt auf Bündnisverträge mit seinen bayerischen Verwandten, den Herzögen Albrecht III. und Ludwig IX., sowie mit einer Reihe von Reichsstädten, bekräftigte er am 13. Januar 1452 auch ohne königliche Zustimmung die Arrogation in Heidelberg, ließ die Urkunde von den anwesenden Pfälzer Notabeln mitbesiegeln und nahm die Huldigung als Kurfürst entgegen.[5]

Der so zur Kurwürde Gelangte ging tatkräftig an die Sicherung seiner Position. Zuerst wandte er sich gegen die ihn befehdenden Lützelsteiner, begann im September 1452 die Belagerung ihrer Stammburg und erlangte nach hartem Kampf, bei dem er durch einen Pfeil am Schienbein verwundet wurde, im November die Übergabe der Feste. Die Grafen flohen, und Friedrich gliederte ihren Besitz der Pfalz an. Widerstand mußte der Kurfürst auch in den eigenen Landen niederschlagen, wo sich Amberg und andere Städte der Oberpfalz der Arrogation zu widersetzen suchten. Im März 1453 wurden kurfürstliche Gesandte, die in Amberg über die Anerkennung Friedrichs verhandelten, sogar tätlich angegriffen und eingesperrt. Entschlossen ging der Kurfürst gegen die Stadt vor, belagerte und eroberte sie im Februar 1454. Fünf Ratsherren wurden öffentlich enthauptet, Amberg selbst verlor einige Privilegien und mußte sich unterwerfen.[6]

Wichtiger noch waren die Erfolge, die Friedrich I. auf diplomatischem Gebiet erlangte. Papst Nikolaus V. erkannte ihn nach längerem Zögern im Januar 1453 de facto als Kurfürst an, indem er dem mit Kurpfalz verbündeten Erzbischof von Trier und dem Bischof von Worms auftrug, die Rechtmäßigkeit der Arrogation zu überprüfen und gegebenenfalls zu billigen. Der Trierer Kurfürst gab daraufhin ebenso wie sein Kölner Amtsbruder im März 1453 seine Zustimmung zur Arrogation, im Dezember folgten die Kurfürsten von Sachsen und Brandenburg.[7] Nicht unwesentlich zur Stabilisierung seiner Position trugen auch die Verträge mit dem König von Frankreich, den Herzögen von Anjou und Lothringen und den Grafen von Württemberg bei, die Friedrich im April 1453 schloß.

Nur die Pfalzgrafen Stephan von Simmern und Ludwig von Veldenz, Markgraf Jakob von Baden und Erzbischof Dietrich von Mainz machten dem neuen Kurfürsten nach wie vor Schwierigkeiten. Sie verbündeten sich im Januar 1453 und forderten im Mai den Verzicht Friedrichs auf die Kurwürde und die Einsetzung eines neuen Administrators, welcher ihre Streitigkeiten mit Kurpfalz beilegen sollte. Diese Streitigkeiten wurden im Juli durch einen Spruch vermittelnder Fürsten entschieden, der u. a. auch die Lehnshoheit der Kurpfalz über Veldenz bestätigte. Doch Ludwig wollte sich mit dieser Entscheidung nicht abfinden und provozierte im Juli 1455 den Krieg mit Friedrich. Eine Vorentscheidung in dem äußerst rücksichtslos geführten, vor allem auf die Niederbrennung von Dörfern gerichteten Konflikt fiel, als der Veldenzer die Aushungerung und Einnahme seiner Stadt Bergzabern im August nicht verhindern konnte. Nachdem die Markgrafen Bernhard II. und Karl I. von Baden Anfang September einen Ausgleich mit dem Kurfürsten gefunden hatten, sah sich auch Ludwig von Veldenz zu Friedensverhandlungen gezwungen, in deren Ergebnis er am 3. Oktober 1455 die kurpfälzische Lehnshoheit anerkennen mußte. Als im Juli 1456 der Erzbischof von Mainz ebenfalls einlenkte, die Bemühungen von Friedrichs Bruder Ruprecht um den vakanten Trierer Erzstuhl zu unterstützen versprach und am 17. August die Arrogation bestätigte, hatte der Pfälzer die allgemeine Anerkennung seiner Kurwürde auch ohne königliche Legitimierung durchgesetzt.[8]

Die überraschende Einigung Friedrichs mit dem Mainzer Erzbischof vollzog sich vor dem Hintergrund einer allgemein wachsenden Unzufriedenheit mit dem inzwischen zum Kaiser gekrönten Friedrich III. Der Herrscher war nach ersten, sich nicht als durchsetzbar erweisenden Versuchen zur Reform der politischen und kirchlichen Verhältnisse des Reiches kaum noch in dieser Richtung aktiv geworden und verhielt sich ähnlich passiv bei der Organisierung von Abwehrmaßnahmen gegen die Türken, die nach der Eroberung von Konstantinopel 1453 direkt die Reichsgrenzen bedrohten. Bereits 1454 wurden deshalb in Fürstenkreisen Pläne gefaßt, Friedrich III. abzusetzen oder ihm einen Mitkönig an die Seite zu stellen. Als Kandidat für diese Würde bot sich Herzog Albrecht VI. von Österreich, der Bruder und zugleich entschiedener Gegner des Kaisers, an. Ihm versprach Kurfürst Friedrich I. gegen die Zusicherung einer ungestörten pfälzischen Expansion im Elsaß am 12. November 1454 bei einer eventuellen Königswahl seine Stimme.

Doch bald zeigte der Pfälzer selbst Ambitionen auf die Krone. Er und der Mainzer Erzbischof initiierten trotz Verbot des Kaisers Ende November 1456 einen Kurfürstentag in Nürnberg und legten dort den Plan vor, Friedrich III. einen Mitregenten an die Seite zu stellen. Um seinen eigenen Anspruch auf diese Würde zu unterstreichen, war Friedrich I. in überaus prunkvollem Aufzug in die Stadt gekommen. Die kurfürstlichen Königswahlpläne scheiterten jedoch, da die anderen Kurfürsten ihre Interessen zu wenig berücksichtigt sahen und die alten territorialen Streitigkeiten zwischen Mainz und Kurpfalz erneut ausbrachen.[9]

Diese und andere Streitpunkte ließen 1458 in Südwestdeutschland drohende Kriegswolken heraufziehen. Die Versuche des Markgrafen Albrecht Achilles von Brandenburg, seinen Machtbereich in Franken mit Hilfe des Landgerichts Nürnberg auszuweiten, veranlaßten Herzog Ludwig den Reichen von Bayern, sich im Februar 1458 mit Friedrich I. von der Pfalz zum Schutz vor Eingriffen dieses Gerichtes zu verbünden. Daraufhin schloß Albrecht Achilles im Juni 1458 ein Bündnis mit Erzbischof Dietrich von Mainz, Graf Ulrich V. von Württemberg und Pfalzgraf Ludwig von Veldenz, die mit Friedrich I. in territoriale und finanzielle Streitigkeiten verwickelt waren. Die Entstehung dieser beiden feindlichen Koalitionen bildete allerdings kein Hindernis dafür, daß sowohl Albrecht Achilles als auch Friedrich I. die Inbesitznahme der Reichsstadt Donauwörth durch Ludwig von Bayern im Oktober 1458 unterstützten, und man, wenn auch erfolglose, Verhandlungen zur Beilegung der Konflikte führte. Dabei soll es im Januar 1459 auf einem Fürstentag in Bamberg zu einem Zwischenfall gekommen sein, als Albrecht Achilles dem Pfälzer Kurfürsten mit groben Worten die Unterstützung eines adligen Friedbrechers vorwarf. Friedrich erwiderte, Albrecht lüge wie *ein Fleisch Verkeuffer*, zog seinen Degen und konnte nur mit Mühe von einer Bluttat abgehalten werden.

Herzog Ludwig von Bayern sah sich inzwischen wegen der Eroberung von Donauwörth bedrängt: Kaiser Friedrich III. verkündete im Februar 1459 die Reichsexekution gegen den Wittelsbacher und ernannte im Juni keinen anderen als Albrecht Achilles zu einem der Hauptleute. Bevor der Krieg offen zum Ausbruch kam, gelang es päpstlicher Vermittlung, die verfeindeten Seiten im Juli 1459 zu Verhandlungen in Nürnberg zu bewegen. Hier zeigte sich Albrecht Achilles als ein erfolgreicher Ränkeschmied. Auf sein Betreiben wurde Friedrich I. die angebliche Absage des Tages mitgeteilt, worauf der Pfälzer nicht persönlich in Nürnberg erschien, sondern nur durch Gesandte vertreten war. Der damit allein anwesende Ludwig von Bayern ließ sich arglos in das von Albrecht inszenierte Schiedsverfahren ein, bei dem der Bischof von Eichstätt, ein Verbündeter des Markgrafen, eine Schlüsselstellung besaß. So war es kein Wunder, daß die Streitigkeiten Friedrichs I. mit dem Erzbischof von Mainz, den Grafen von Württemberg und Ludwig von Veldenz einseitig zuungunsten des Pfälzers entschieden wurden und in dieser Form im September öffentlich verkündet werden sollten.

Erst jetzt merkte Herzog Ludwig, wie er hintergangen worden war, und unterrichtete unverzüglich seinen Vetter von dieser als »blinde Sprüche« in die Geschichte eingegangenen Entscheidung. Obwohl Friedrich I. gegen das Zustandekommen des Verfahrens protestierte, erklärte der Bischof von Eichstätt im September das Urteil als rechtens.

Die »blinden Sprüche« waren jedoch nur mit Gewalt durchzusetzen, so daß im Oktober der Krieg zwischen der wittelsbachischen Koalition und den mit Albrecht Achilles verbündeten Fürsten offen ausbrach. In Franken zeigte sich bald eine Überlegenheit Ludwigs von Bayern, der im April 1460 den Bischof von Eichstätt zur Unterwerfung zwang und im Juni auch Albrecht Achilles zum Einlenken nötigte. Der Markgraf mußte die Eingriffe des Nürnberger Landgerichts gegenüber Ludwig abstellen und die Nichtigkeit der »blinden Sprüche« erklären. Ebenso erfolgreich entwickelten sich für die Wittelsbacher die Ereignisse in der Pfalz. Hier kam es am 4. Juli 1460 bei Pfeddersheim zur entscheidenden Schlacht zwischen Friedrich I. und Landgraf Ludwig II. von Hessen auf der einen und Erzbischof Diether von Mainz, Ludwig von Veldenz und den Grafen von Leiningen auf der anderen Seite. Friedrich ließ seine Truppen einen Scheinangriff mit schwachen Kräften auf den Gegner ausführen, um diesen dann aus dem Hinterhalt zu überraschen und zu besiegen. *Heute Kurfürst oder nie* soll der Feldruf der Pfälzer gewesen sein, was den Stellenwert des Sieges für Friedrich unterstreicht. Am 18. Juli schloß der Erzbischof von Mainz Frieden mit Friedrich, verzichtete auf alle seine Ansprüche an ihn, erklärte die »blinden Sprüche« für ungültig und schloß wenig später sogar ein Bündnis mit dem Pfälzer. Auch Graf Ulrich von Württemberg mußte von seinen Forderungen Abstand nehmen. Nur Ludwig von Veldenz beharrte im Widerstand, der erst im Juni 1461 gebrochen werden konnte, als ihn Friedrich mit überlegenen Truppen bei Meisenheim einschloß und zur Unterwerfung zwang.[10]

Der Beendigung der Kämpfe im Sommer 1460 folgte eine Reihe verwirrender diplomatischer Aktivitäten, die nicht nur die Beilegung der territorialen Streitigkeiten, sondern Fragen der umstrittenen Reichs- und Kirchenreform zum Inhalt hatten. So erklärten sich Friedrich I., Ludwig von Bayern und Erzbischof Diether von Mainz im Herbst 1460 bereit, eine Wahl Georgs von Böhmen zum deutschen König zu unterstützen. Um dem entgegen zu wirken, unternahm der Kaiser den Versuch einer Annäherung an Friedrich I. und stellte sogar die Bestätigung der Arrogation in Aussicht, indem er ein entsprechendes Urkundenformular am 1. Dezember 1460 den anderen Kurfürsten zur Besiegelung zusandte.

Daß es dann doch nicht zu einer kaiserlichen Beglaubigung der Arrogation kam, hing mit der sich Anfang 1461 immer stärker gegen die Politik Friedrichs III. wie des Papstes artikulierenden fürstlichen Opposition zusammen. Neben dem Konflikt zwischen dem Kaiser und den Wittelsbachern trat hierbei immer mehr der Streit Erzbischof Diethers von Mainz mit der Kurie in den Vordergrund. Diether beschwerte sich auf einem Fürstentag in Nürnberg im März 1461 über die päpstlichen Geldforderungen anläßlich seiner 1459 zum Erzbischof erfolgten Wahl und erreichte, daß die anwesenden Fürsten nicht nur schriftlich ihren Unmut über die Untätigkeit des Kaisers äußerten, sondern sich auch gegen die zunehmenden Geldforderungen des Papstes wandten. Da Diether sich diesen Forderungen widersetzte, wurde er im August 1461 von Papst Pius II. für abgesetzt erklärt und an seiner Stelle der Mainzer Domherr Adolf von Nassau zum Erzbischof erhoben. Gestützt auf den Beistand des Kaisers und anderer Fürsten, konnte sich zwar der Nassauer im Mainzer Domkapitel gegenüber Diether durchsetzen, jedoch fand letzterer weiterhin Rückhalt im Erzstift. Da auch die endgültige Aussöhnung zwischen Friedrich III. und Ludwig von Bayern wegen Donauwörth scheiterte, der Kaiser im Juli Albrecht Achilles, Ulrich von Württemberg und Karl von Baden zu Reichshauptleuten gegen den Wittelsbacher ernannte, stand in Südwestdeutschland ein neuer Krieg ins Haus.[11]

Friedrich I. erreichte die Nachricht von der Entsetzung Diethers in der Oberpfalz, wo er sich an der Seite Ludwigs des Reichen am Kampf gegen Albrecht Achilles beteilzte. Sogleich erkannte er die vom Mainzer Bistumsstreit ausgehende Gefahr, aber auch Chance. Am 19. November 1461 schloß er ein Bündnis mit Diether, das er sich durch die Verpfändung von mainzischen Orten an der Bergstraße gut bezahlen zu lassen wußte. Den so erlangten Besitz ließ sich Friedrich auch nicht vom Papst streitig machen, der ihn im Januar 1462 vergeblich zur Herausgabe der Orte aufforderte und im Februar den Bann über ihn verhängte. Im Dezember 1461 unternahm der Pfälzer Kurfürst einen ersten Kriegszug gegen Adolf von Nassau, der jedoch die Position Diethers nicht verbessern konnte.

Neben der nun voll entflammenden Mainzer Stiftsfehde fanden auch die Kämpfe in Bayern ihre Fortsetzung, so daß sich wie bereits kurz zuvor zwei mächtige Koalitionen auf zwei getrennten Kriegsschauplätzen gegenüberstanden: Markgraf Albrecht Achilles, Graf Ulrich von Württemberg, Landgraf Heinrich III. von Hessen, Markgraf Karl von Baden mit seinen Brüdern Bischof Georg von Metz und Erzbischof Johann von Trier, Ludwig von Veldenz, der Bischof von Speyer und Adolf von Nassau auf der einen, Friedrich I. von der Pfalz, Herzog Ludwig von Bayern, Landgraf Ludwig von Hessen, Herzog Albrecht VI. von Österreich, König Georg von Böhmen, Herzog Sigmund von Österreich, die Bischöfe von Bamberg und Würzburg sowie Diether von Isenburg auf der anderen Seite.

Während Herzog Ludwig am 19. Juli 1462 Albrecht Achilles in der Schlacht bei Giengen schlagen, aber nicht entscheidend besiegen konnte, gelang Friedrich I. ein durchschlagender Erfolg. Graf Ulrich von Württemberg, Markgraf Karl von Baden und Bischof Georg von Metz waren mit ihren Truppen in die Pfalz eingedrungen, um den im Rhein-Main-Gebiet gegen Adolf von Nassau kämpfenden Kurfürsten in den Rücken zu fallen. Völlig überraschend wandte sich Friedrich in Richtung Heidelberg und brachte den Gegner bei Seckenheim in eine strategisch aussichtslose Lage. Am 30. Juni 1462 kam es mittags zur Schlacht, die anfänglich durchaus kritisch für die Pfälzer abzulaufen schien. Friedrich wurde das Pferd unter dem Leib getötet, und er drohte in Gefangenschaft zu geraten, doch dann gelang ihm unter Ausnutzung des Terrains ein überragender Sieg. Fast 500 Adlige wurden als Gefangene abgeführt, darunter Karl von Baden, Ulrich von Württemberg und Georg von Metz. Angeblich soll Friedrich nach seinem glanzvollen Einzug in Heidelberg seine Gefangenen zum Siegermahl geladen, ihnen dort aber Brot vorenthalten und – als diese sich darüber verwunderten – auf die zerstörten Felder verwiesen haben. Georg brachte man nach Mannheim in Verwahrung, die beiden anderen wurden im Heidelberger Schloß in Ketten gelegt.

Wichtiger als alle militärischen Erfolge erwies sich für Friedrich dieser Faustpfand. Der Kurfürst konnte seinen Gefangenen harte Bedingungen diktieren, nach deren Annahme sie erst ihre Freiheit zurückerhielten: Georg mußte sich zur Zahlung eines Lösegeldes von 60000 Gulden, Karl und Ulrich gar von 100000 Gulden bereit erklären. Vorteile wußte Friedrich auch aus der Beendigung der Mainzer Stiftsfehde zu ziehen, in der Adolf von Nassau durch die Eroberung von Mainz im Oktober 1462 endgültig als Sieger hervorgegangen war. Er söhnte sich mit dem Papst aus, der ihn schließlich aus dem Bann entließ, und setzte durch, daß sein Bruder Ruprecht zum

Nachfolger des im Februar 1463 verstorbenen Erzbischofs Dietrich II. von Köln erwählt wurde. Angesichts der Unsicherheit seines wichtigsten Bundesgenossen, der
angeblich sogar Adolf Unterstützung versprochen haben soll, verzichtete Diether im
November 1463 auf das Erzbistum und erhielt dafür eine hohe Abfindung.

Nachdem Herzog Ludwig von Bayern im August 1463 Frieden mit Albrecht Achilles und dem Kaiser geschlossen hatte, schien die allgemeine Beilegung der regionalen
Konflikte auch einen neuen Weg zu einer Verständigung Friedrichs I. mit dem Reichsoberhaupt zu eröffnen. Im Jahre 1464 wurden Verhandlungen über eine kaiserliche
Bestätigung der Arrogation geführt, wofür sich auch andere Fürsten bei Friedrich III.
verwendeten. Der junge Philipp von der Pfalz unterrichtete darüber hinaus den Kaiser in einem Brief über sein Einverständnis mit der vormundschaftlichen Regierung.
Friedrich III. stellte jedoch Geldforderungen, ließ mißtrauisch untersuchen, ob der
Brief Philipps auch ja aus freien Stücken geschrieben sei, und lehnte – als sich dies als
wahr erwies – die Anerkennung der Arrogation dennoch ab. Er brüskierte den Pfälzer Kurfürst außerdem in aller Öffentlichkeit, indem er ihn 1466 nicht zum Reichstag nach Ulm einlud. Friedrich I. wiederum beharrte ausdrücklich auf seiner Würde
als Kurfürst. Er ließ den gerade mündig gewordenen Philipp am 8. Januar 1467 erneut sein Einverständnis mit der Regentschaft erklären und proklamierte – als der
Kaiser 1468 in Italien weilte – öffentlich seinen Anspruch auf das Reichsvikariat.[12]

Während dieser Zeit blieb Friedrich seinem Ruf als erfolgreicher Feldherr und Territorialfürst treu. Als Landvogt des Elsaß kämpfte er 1466 in einer Fehde an der Seite
der dortigen Reichsstädte gegen den Grafen Johann von Lupfen und zwang ihn, sich
unter pfälzische Lehnsherrschaft zu stellen. Seine Verwicklung in den Streit um das
Erbe der 1467 aussterbenden älteren Linie der Grafen von Leiningen brachte ihm
eine Reihe von Dörfern ein. 1468/69 unterstützte er seinen Bruder Ruprecht im
Kampf gegen das Kölner Domkapitel um die Rückgabe entfremdeter Güter, ließ
diese besetzen und erhielt für seine Aufwendungen 35000 Gulden Entschädigung.[13]

Im Januar 1469 begann mit dem Weißenburger Krieg der letzte große Konflikt
Friedrichs I. Ausgelöst wurde er durch Bestrebungen des Kurfürsten, das an zuneh-
mendem Zerfall des geistlichen Lebens leidende Kloster Weißenburg im Elsaß zu re-
formieren und mit Mönchen der Bursfelder Observanz zu besetzen. Neben diesen
religiösen Motiven spielten aber wohl auch einige handfeste politische Aspekte eine
Rolle: Friedrich suchte offensichtlich, Stadt und Abtei unter seine Kontrolle zu bringen. Er schickte eine Kommission nach Weißenburg, die den Abt seines Amtes enthob und ihn sowie weitere Mönche zur Flucht zwang. Doch bald ereigneten sich in
der Stadt Übergriffe auf die Kommissionsmitglieder und die inzwischen eingezoge-
nen neuen Mönche, die ihrerseits Weißenburg verlassen mußten. Daraufhin begann
Friedrich im Juli 1469 mit einer Blockade der Weißenburger, die allerdings nicht
zum gewünschten Erfolg führte. Während sich die elsässischen Reichsstädte um eine
Vermittlung bemühten, erklärten Kaiser und Papst die Reform des Klosters für nichtig und verlangten die Wiederherstellung der alten Ordnung. Der so bestärkte Abt
kehrte am 30. Oktober in Frauenkleidern heimlich nach Weißenburg zurück und
ließ sich wieder in sein Amt einführen.

Nachdem am 27. November 1469 ein Eroberungsversuch an den Mauern Weißenburgs gescheitert war, mußte sich der sonst so erfolgreiche Friedrich nach Vermittlung der elsässischen Reichsstädte am 6. Februar 1470 zu einem Vergleich bequemen. Der vorgesehene endgültige Friedensschluß wurde jedoch durch das Eingreifen des Kaisers verhindert. Friedrich III. ernannte Ludwig von Veldenz zu seinem Hauptmann, der die Weißenburger zum Vertragsbruch und zum Vorgehen gegen die Pfälzer bewegte und zugleich erneut die pfälzische Lehnsherrschaft abzuschütteln suchte. Er wurde jedoch durch Friedrich I. bald so in militärische Bedrängnis gebracht, daß der Kaiser im Dezember 1470 gegen den Pfälzer Kurfürsten den Reichskrieg erklären mußte. Außerdem entzog er Friedrich I. die elsässische Landvogtei und übergab sie Ludwig. Dieser fand aber weder als Landvogt im Elsaß Anerkennung, noch konnte er sich gegen den überlegenen Friedrich durchsetzen. Am 2. September 1471 mußte er die pfälzische Lehnshoheit anerkennen, auf die Landvogtei verzichten und eine Reihe von Orten an Kurpfalz abtreten. Ende 1471 schloß Friedrich I. ebenfalls Frieden mit Stadt und Kloster Weißenburg. Er wurde als Landvogt anerkannt, und die neuen Mönche fanden endgültig ihre Aufnahme im Kloster, während der alte Abt in seinem Amt bestätigt wurde.[14]

Nach der erfolgreichen Beendigung des Weißenburger Krieges bemühte sich Friedrich I. erneut um einen Ausgleich mit dem Kaiser. Er erklärte sich zu einem Gerichtsverfahren bereit, in dem Friedrich III. seine Vorwürfe vorbringen sollte, forderte aber andererseits Einstellung des Reichskrieges, Rückübertragung der elsässischen Landvogtei und Schadenersatz für deren Entzug. Der Kaiser lehnte dies ab und forderte von Friedrich I. als Bedingung für eine Aussöhnung den Verzicht auf alle Eroberungen, auf die Landvogtei und auf das Lösegeld der bei Seckenheim gefangenen Fürsten. Da der Kurfürst darauf nicht einging, ließ er auf dem Augsburger Reichstag im Mai 1474 gegen ihn ein förmliches Gerichtsverfahren unter Leitung von Albrecht Achilles eröffnen, nahm dann den Prozeß selbst in die Hand und verkündete am 27. Mai 1474 – nachdem die Pfälzer Abgesandten der Gerichtsverhandlung unter Protest den Rücken gekehrt hatten – das Urteil: Friedrich I. wurde zur Führung der Kurwürde und zur Ausübung der Kurrechte für unwürdig erklärt und wegen Majestätsverbrechen in Acht und Aberacht getan.[15]

Die Vorwürfe des Kaisers, die sich besonders gegen den Gebrauch und die Ausübung der Kurwürde ohne seine Zustimmung und gegen das Vorgehen des Pfälzers im Weißenburger Krieg richteten, waren formal gesehen begründet. Strittig dagegen erwies sich das Prozeßverfahren, da sich beide Seiten auf verbreitete Rechtsanschauungen stützen konnten. Letztlich entscheidend allerdings war, daß der Kaiser nicht die Mittel besaß, das gefällte Urteil durchzusetzen, und auch keinen Versuch dazu machte. Trotzdem beharrte er auf seiner Rechtsposition, die er anläßlich der Landshuter Hochzeit Herzog Georgs von Bayern mit der polnischen Königstochter Hedwig im November 1475 mit seiner Forderung gegenüber Philipp von der Pfalz zum Ausdruck brachte, das Amt des Erztruchsessen zu übernehmen. Dieser lehnte das zwar prinzipiell ab, trug aber als Kompromiß dem Kaiser die Speisen auf.

Obwohl Friedrichs I. Herrschaft durch das Fehlen der kaiserlichen Legitimation rechtlich angreifbar und damit zu einem gewissen Grade instabil blieb, regierte er die Pfalz – von den meisten Fürsten als Kurfürst akzeptiert – ungehindert bis zu seinem Tode. Als er am 12. Dezember 1476 starb, hinterließ er seinem Nachfolger Philipp ein um zahlreiche Besitzungen erweitertes Kurfürstentum. Verdienste hat sich Friedrich ebenfalls bei der inneren Gestaltung der Kurpfalz erworben.[16] In seiner Regierung stützte er sich neben dem kurfürstlichen Rat bei wichtigen politischen Anlässen wie der Arrogation auf die zusammengrufenen Notabeln des Landes, zu deren Repräsentanten auch die abhängigen Bischöfe von Speyer und Worms zählten. Vertreter des Bürgertums, vor allem Juristen, spielten unter ihm in der Verwaltung eine zunehmende Rolle. Im Gerichtswesen setzte Friedrich nicht nur die Schaffung von einheitlichen Dorfgerichten durch, sondern schuf im Jahre 1462 mit dem pfälzischen Hofgericht auch eine einheitliche Appellationsinstanz, die für erhöhte Rechtssicherheit der Untertanen vor Ansprüchen anderer Gerichte sorgte.

Wohl am deutlichsten hat Friedrich seine Handschrift bei der Organisation des Heeres hinterlassen, das sich aus disziplinierten, zum Teil aus Schweizern rekrutierenden Söldnertruppen sowie aus der gut ausgebildeten Reiterei des Lehnsaufgebotes zusammensetzte. Das Paradestück bildete jedoch die Artillerie, die von den bekanntesten Experten geführt wurde und bei einer Reihe von Belagerungen ihre Schlagkraft zeigte.[17] Der Unterhalt von Söldnern sowie die häufigen Kriege ließen unter Friedrich I. die von seinen Vorgängern übernommene Schuldenlast der Pfalz weiter anwachsen. Dennoch konnte aufgrund der wirtschaftlichen Stärke des Landes und durch die infolge der territorialen Zuwächse gestiegenen Geldeinnahmen aus Steuern, Zöllen, Zehnten, Regalien und Lösegeldern verhindert werden, daß die Schulden zu einem gravierenden Problem wurden.

Die wachsende politische Stärke und die sich verbessernde ökonomische Entwicklung des Landes wirkten sich positiv auf das kulturelle und geistige Leben der Pfalz aus. Friedrich selbst war ein Freund der Musik und versuchte sich mit eigenen Gedichten. Er ließ in Heidelberg das 1462 abgebrannte Regierungsgebäude sowie die Schloßkapelle und das Predigerkloster neu errichten. Augenmerk widmete er auch der Heidelberger Universität, der 1452 eine Reform unterzogen wurde. So änderte der Kurfürst die Besoldung der Professoren, öffnete die Alma mater für ausländische Dozenten und zog in der Philosophie Vertreter des Realismus nach Heidelberg, was zu heftigem Streit mit den Anhängern des Nominalismus führte. Infolge der wachsenden Nachfrage nach Spezialisten in der Verwaltung des Landes wurde der Lehrbetrieb der Juristenfakultät auf weltliches Recht ausgedehnt.

Unter Friedrich I. wurde Heidelberg Sammelpunkt bedeutender Gelehrter und Künstler, bildete sich am Hof ein Kreis von Humanisten aus, zu denen Peter Luder, der Kanzler und spätere Bischof von Speyer Matthias Ramung und der bereits erwähnte Matthias von Kemnat gehörten.[18] Dennoch blieb die Hofhaltung eher bescheiden. Friedrich war ein einfacher Mensch, der Prunk und modische Extras ablehnte. Als ihm zum Beispiel Herzog Karl der Kühne von Burgund ein wertvolles Festkleid neuester Mode schenkte, ließ er es verlängern, weil es ihm zu kurz war, und stattete darüber hinaus seinen Hofnarren mit ähnlichen Kleidern aus. Mäßigkeit zeigte der Kurfürst auch beim Essen. Er beköstigte sich vornehmlich von Obst und Gemüse und besaß offensichtlich eine gute, von Kraft und Ausdauer geprägte körperliche Konstitution, wie sie für seine strapaziösen militärischen Unternehmungen nötig war. Hier zeichnete er sich durch Tapferkeit, rasches Erfassen der Situation und Entschlußkraft aus.

In seinen letzten Lebensjahren zeigte der tief religiöse Friedrich eine besondere Verbundenheit zu den Mönchen des Heidelberger Barfüßer-Klosters. Hier fand er auch bis zur Verwüstung des Grabes durch die Franzosen 1693 und der später erfolgten Umbettung in die Jesuitenkirche seine letzte Ruhestätte. Die den Kurfürsten abbildende Grabplatte ist nicht mehr erhalten. Chronisten beschreiben Friedrichs Gestalt als wohlgeformt, sein Gesicht als edel geschnitten mit braunen Augen; ein erhaltenes, um 1460 entstandenes Bild vermittelt einen ähnlichen Eindruck. Von seinen Feinden als böser Fritz tituliert, von seinen Anhängern der Siegreiche genannt, war er ein machtbewußter, in seinen Mitteln nicht wählerischer Mann, der zu den herausragendsten, durch die Umstände der Arrogation aber zugleich merkwürdigsten Fürsten des 15. Jahrhunderts gehörte.

Letzteres betraf insbesondere auch die Familienverhältnisse Friedrichs. Als Vormund und Adoptivvater sorgte er für eine gute Bildung Philipps, machte ihn früh mit dem Waffenhandwerk vertraut und wies ihm die Oberpfalz zur eigenständigen Verwaltung zu. Obwohl die von ihm ins Auge gefaßte Vermählung seines Mündels mit der Erbin der Grafschaft Katzenelnbogen die Schaffung eines nahezu einheitlichen kurpfälzischen Territoriums vom Neckar bis zur Mainmündung ermöglicht hätte, akzeptierte er die Ablehnung Philipps, der eine Tochter Herzog Ludwigs von Bayern zur Frau nahm. Um nicht das Erbe seines Neffen in Frage zu stellen, hatte Friedrich bei der Arrogation auf eine eigene Heirat verzichtet. Er unterhielt aber eine außereheliche Beziehung zu der Augsburger Bürgerstochter Clara Dett, die er wahrscheinlich 1459 in München kennenlernte und die ihm zwei Söhne – Friedrich und Ludwig – gebar, von denen der erstere bereits 1474 starb. Beiden Söhnen ließ der Kurfürst eine gediegene Erziehung zuteil werden, vermied es aber strikt, ihnen Titel und Würden zukommen zu lassen, die der Nachfolge seines Neffen in irgendeiner Weise bedrohlich werden könnten. Erst nach ausdrücklicher Zustimmung Philipps Anfang 1472 heiratete er Clara Dett. 1473 regelte er durch eher bescheidene Verschreibungen den Unterhalt von Frau und Söhnen. Kurfürst Philipp erhob den überlebenden Ludwig zum Grafen von Löwenstein, dessen Nachkommen noch heute leben.

---

1 Des Matthias von Kemnat Chronik Friedrich I. des Siegreichen, in: Quellen zur Geschichte Friedrich's des Siegreichen, hg. v. C. HOFMANN, Bd. 1: Matthias von Kemnat und Eikhart Artzt, München 1862, S. 1ff.; Michel Beheims Reimchronik, in: ebenda, Bd. 2: Michel Beheim und Eikhart Artzt, München 1863, S. 1ff. (Quellen und Erörterungen zur bayerischen und deutschen Geschichte 2 und 3). Weitere grundlegende Quellensammlungen zur Geschichte Friedrichs I.: K. MENZEL, Regesten zur Geschichte Friedrichs des Siegreichen Kurfürsten von der Pfalz, in: ebenda, Bd. 2, S. 213ff.; CH. J. KREMER, Urkunden zur Geschichte des Kurfürsten Friedrichs des Ersten, von der Pfalz, Frankfurt/Leipzig 1765.

2 Vgl. zur Geschichte der wittelsbachischen Pfalzgrafen L. Häusser, Geschichte der rheinischen Pfalz nach ihren politischen, kirchlichen und literarischen Verhältnissen, Bd. 1, Heidelberg 1845, S. 70ff.; E. Ziehen, Mittelrhein und Reich im Zeitalter der Reichsreform 1356–1504, Bd. 1, Frankfurt/Main 1934, S. 116ff.; H. J. Cohn, The Government of the Rhine Palatinate in the 15th century, Oxford 1965; M. Schaab, Geschichte der Kurpfalz, Bd. 1: Mittelalter, Stuttgart/Berlin/Köln/Mainz 1988, S. 69ff.

3 Vgl. K. Wassermannsdorff, Die Erziehung Friedrich's des Siegreichen, Kurfürsten von der Pfalz. Aus Michael Beheim's Reimchronik mitgeteilt, Heidelberg 1886. Weitere Literatur zur Person und Regierung des Kurfürsten: Ch. J. Kremer, Geschichte des Kurfürsten Friedrichs des Ersten, von der Pfalz, Frankfurt/Leipzig 1765; K. Menzel, Kurfürst Friedrich der Siegreiche von der Pfalz. Nach seinen Beziehungen zum Reiche und zur Reichsreform in den Jahren 1454–1464 dargestellt, Diss. München 1861; Ders., Friedrich der Siegreiche, in: Allgemeine Deutsche Biographie, Bd. 7, Leipzig 1878, S. 593–603; N. Feeser, Friedrich der Siegreiche, Kurfürst von der Pfalz 1449–1476, Neuburg 1880; F. Ernst, Kurfürst Friedrich I. der Siegreiche von der Pfalz 1425–1476, in: Deutscher Westen – Deutsches Reich, Kaiserslautern 1938 (Saarpfälzische Lebensbilder 1), S. 45–59; B. Rolf, Kurpfalz, Südwestdeutschland und das Reich 1449–1476. Die Politik des Pfalzgrafen und Kurfürsten Friedrich des Siegreichen, Heidelberg 1981.

4 Vgl. zur Fehde ebenda, S. 9f.; Eickhart Artzt's. Chronik von Weissenburg, in: Quellen zur Geschichte Friedrich's des Siegreichen 1, S. 148ff.; F. Battenberg, Die Lichtenberg-Leiningensche Fehde vor dem Kammergericht Kaiser Friedrichs III., in: ZGO 124 (1976), S. 105ff.

5 Vgl. zur Arrogation Rolf, Kurpfalz, S. 32ff.; Schaab, Geschichte der Kurpfalz 1, S. 175f.

6 Vgl. Häusser, Geschichte der rheinischen Pfalz 1, S. 339ff.

7 Vgl. zu den Verhandlungen, die Ende 1452 allerdings vergeblich auch am Kaiserhof geführt wurden H. Weigel, Kaiser, Kurfürst und Jurist. Friedrich III., Erzbischof Jakob von Trier und Dr. Johannes von Lysura im Vorspiel zum Regensburger Reichstag vom April 1454, in: Aus Reichstagen des 15. und 16. Jahrhundert, Göttingen 1958 (Schriftenreihe der historischen Kommission bei der Bayerischen Akademie der Wissenschaften 5), S. 92ff.

8 Vgl. K. Krimm, Baden und Habsburg um die Mitte des 15. Jahrhunderts. Fürstlicher Dienst und Reichsgewalt im späten Mittelalter, Stuttgart 1976 (Veröffentlichungen der Kommission für geschichtliche Landeskunde in Baden-Württemberg B 89), S. 118ff.

9 Vgl. A. Bachmann, Die ersten Versuche zu einer römischen Königswal unter Friedrich III., in: Forschungen zur Deutschen Geschichte 17 (1877), S. 277ff.; Rolf, Kurpfalz, S. 72ff.

10 Vgl. ebenda, S. 85ff.; G. Frh. v. Hasselholdt-Stockheim, Herzog Albrecht IV. von Bayern und seine Zeit, Leipzig 1865, S. 33ff.; A. Kluckhohn, Ludwig der Reiche, Herzog von Bayern. Zur Geschichte Deutschlands im 15. Jahrh., Nördlingen 1865, S. 79ff.

11 Vgl. zu diesen Ereignissen und den folgenden Auseinandersetzungen Krimm, Baden und Habsburg, S. 112ff. und S. 135ff.; A. Bachmann, Deutsche Reichsgeschichte im Zeitalter Friedrich III. und Max I., Bd. 1, Leipzig 1884, S. 39ff., S. 113ff. und S. 246ff.; K. Menzel, Diether von Isenburg, Erzbischof von Mainz 1459–1463, Erlangen 1868; Kluckhohn, Ludwig der Reiche, S. 155ff.

12 Vgl. Rolf, Kurpfalz, S. 48ff.

13 Vgl. Häusser, Geschichte der rheinischen Pfalz 1, S. 381ff.; Zum Streit in Köln der sich 1474 zum Reichskrieg mit Burgund ausweitete: H. Grüneisen, Die westlichen Reichsstände in der Auseinandersetzung zwischen dem Reich, Burgund und Frankreich, in: RhVjbll 26 (1961), S. 50ff.

14 Zum Weißenburger Krieg vgl. Eikhart Artzt's. Vom Weissenburger Krieg, in: Quellen zur Geschichte Friedrich's des Siegreichen 2, S. 259ff.; Deutsche Reichstagsakten unter Kaiser Friedrich III. 8. Abt., 1. Hälfte: 1468–1470, bearb. v. I. Most-Kolbe, Göttingen 1973 (RTA 22,1), S. 125ff.; Rolf, Kurpfalz, S. 114ff.

15 Vgl. K.-F. Krieger, Der Prozeß gegen Pfalzgraf Friedrich den Siegreichen auf dem Augsburger Reichstag vom Jahre 1474, in: ZHF 12 (1985), S. 257ff.

16 Vgl. zu folgendem Schaab, Geschichte der Kurpfalz 1, S. 185ff.

17 Vgl. O. Bezzel, Geschichte des Kurpfälzischen Heeres von seinen Anfängen bis zur Vereinigung von Kurpfalz und Kurbayern 1777 nebst Geschichte des Heerwesens in Pfalz-Zweibrücken, München 1925 (Geschichte des Bayerischen Heeres 4,1), S. 7ff.

18 Zum Hofleben vgl. M. Backes, Das literarische Leben am kurpfälzischen Hof zu Heidelberg im 15. Jahrhundert. Ein Beitrag zur Gönnerforschung des Spätmittelalters, Tübingen 1992 (Hermaea. Germanistische Forschungen N. F. 68).

𝔅𝔬𝔤𝔦𝔰𝔩𝔞𝔴 X.

HERZOG VON POMMERN
(1474–1523)

von HEIDELORE BÖCKER

Im Ober-Hertzogthumb Wenden / das jetzt Pommern heisset /
regierte damals der tapffere Fürst Bugißlaus /
… welcher mit grossem herzlichem lob dermassen regieret /
das (welchs vorhin in denselben landen vngebräuchlich) jeglicher
eine freye sichere Reyß vnd fahrstraß habe können …
(Des Fürtrefflichen Hochgelahrten Herrn Alberti Krantzii Wandalia,
Lübeck 1636, Buch XIIII, Cap. XVIII)

Zeitgenossen und Nachkommen spendeten Herzog Bogislaw X. viel Lob und hohe Anerkennung. Der Sekretär Herzog Philipps I., eines Enkels Bogislaws X., Thomas Kantzow († 1542), meinte: *Und ist diesser Bugslaff wol einer von den furnhemisten unter den pomerischen Forsten zu halten; …* , und er wußte dem hinzuzufügen: *sein Reim ist gewest D.U.I.W., das ist: ›Der Uren ich warte‹, domit er stets eine Gedechtnus des Tots gehapt. (On Zweiffel wirt er auch der Uren zur Selickheit genossen haben.)* Auch der pommersche Adlige Joachim von Wedel (1552–1609) sprach von *Bugislav magno oder X, dem pommerschen monarchen, …*[1]

Nicht so die benachbarten Brandenburger! Da antwortete der Kurfürst Albrecht Achilles (1470–1486) dem Unterhändler des Königs von Ungarn, Georg von Stein, im Juni 1479, Herzog Bogislaw habe die Fürstentümer und das Land von ihm als seinem Lehnsherrn empfangen und seiner Lehnspflicht Genüge getan, doch: *got geb, das sie es wol halten, du wayßt, was es fur leut sind.* Bogislaws Gemahlin, die brandenburgische Markgräfin Margareta, schrieb damals an den Kurfürsten von Sachsen: *Das ist eyn Sweres, das eyn forste van dem andern zal lehn entfangen, denn es were dann eyn keyszer ader konigk.* Dieser Konflikt, Gebieter über das gesamte Herzogtum Pommern zu sein, es wirtschaftlich und politisch zu festigen und dennoch die Reichsunmittelbarkeit nicht zu erlangen, sollte den Herzog bis an sein Lebensende beschweren.[2]

Herzog Bogislaw X. lebte und wirkte in einer Zeit, die nicht nur in Pommern von entscheidenden Veränderungen geprägt war. Diese bewirkten in der Markgrafschaft Brandenburg schon seit der Mitte des 15. Jahrhunderts und wenig später auch im Herzogtum Mecklenburg eine Festigung staatlicher Verhältnisse, die uns von einer Ablösung der Landesherrschaft durch den Territorialstaat sprechen läßt.[3] Trotz aller Erschwernisse aber hielt der Pommer Schritt, und die Chronisten seines Landes taten recht daran, sein Engagement wie auch sein staatsmännisches Geschick zu würdigen.

Tugend und Leistungen dieses Fürsten hervorzuheben, dazu diente dem Chronisten Thomas Kantzow allerdings bereits ein scharfer Mißklang, den er in dessen Kindheit und Jugend sah: *Der Verstand an ime war zimlich, aber doch nicht allzu scherff. Er redete nhur slecht Kuechenlatein, dan in den beiderleyen was er in der Jugent versewmet. ... Sonst aber was er von einem grossen, herlichen Gemüte, das in keinem Dinge verzagte, sonder stets empor drengte. Darum ist nicht wunder, das er aus sollicher Nichtikeit, darin ine die Mutter verstoßen hette, zu so herlicher Acht gkhomen ist*, und er erzählte, die Eltern Bogislaws, Herzog Erich II. von Pommern-Wolgast und seine Gemahlin Sophia, hätten sich unversöhnlich entzweit. So sei die Mutter mit ihren Kindern für etwa ein Jahr nach Rügenwalde gezogen, wo sie diese aber vernachlässigt habe. Bogislaws Brüder, Kasimir und Barnim, seien zudem kurz nacheinander im jugendlichen Alter verstorben, was man folglich ebenfalls der Mutter anlastete.[4] Kantzow hatte damit eine Sicht fixiert, die so erbarmenswürdig war, daß auch spätere Geschichtsschreibung sich nicht von ihr zu lösen vermochte. Doch vermutlich handelte es sich bei dieser konkreten Bezugsebene weniger um Erlebnisse aus Bogislaws früher Jugend, noch dazu diesen Ausmaßes, als vielmehr um einen zum Zwecke der Betonung vordatierten Mutter-Sohn-Konflikt, als Bogislaw längst erwachsen war. Die Mutter war eine dominante Erscheinung, die nicht nur Kindheit und Jugend, sondern auch manches spätere Regierungsgeschäft des Sohnes entscheidend beeinflußt hat. Nachdem er aber eigene politische Erfahrungen gesammelt hatte und die Verantwortung für die Herrschaft über ein geeintes Herzogtum auf ihm lastete, da brach sich dieser Konflikt zwischen zwei durch Energie und Zielstrebigkeit auffallend ähnlich geprägten Persönlichkeiten Bahn in unwürdigem Streit.[5]

Die Mutter Bogislaws X., Herzogin Sophia, war eine Tochter des Herzogs Bogislaw IX. von Pommern-Stolp, jenes im 14. Jahrhundert von Pommern-Wolgast getrennten Teilherzogtums »östlich der Swine«. Der Vetter Bogislaws IX., Herzog Erich I. von Pommern-Stolp, König von Norwegen, Dänemark und Schweden, hatte diesen zu seinem Nachfolger als Beherrscher der drei nordischen Reiche ausersehen. Doch die Kindheit Sophias war überschattet von den nicht erfüllten Hoffnungen des Vaters und beeinflußt durch die unmittelbare Nähe des königlichen Verwandten. Ihr

Vater war im Streit mit dem Bischof von Kammin um die Herausgabe der Stift-schlösser in Acht und Bann geraten; der dänische Reichsrat hatte ihn als Nachfolger des nordischen Unionskönigs Erich I. abgelehnt und jenen 1438 abgesetzt.[6]

Nach dem Tod des Vaters (1446) hatte sich Sophia bis zu ihrer Vermählung (1451) mit einem entfernten Verwandten, dem jungen Herzog Erich II., in besonderer Ob-hut des kinderlosen Oheims befunden. Als jener Herzog Erich I. dann 1459 starb, trat Sophias Erbschaft in Kraft, von der ihr und ihrem Gemahl nach jahrelangen Streitigkeiten im pommerschen Herzogshaus schließlich zumindest der Osten des hinterpommerschen Landes verblieb. Aber auch die Verfügungsgewalt über die Län-der Lauenburg und Bütow ging maßgeblich auf die Mutter Bogislaws X. zurück. So-phias diesbezüglicher Einfluß basierte auf deren Beziehungen nach Polen; ihre um 1454 verstorbene Mutter, Maria, war eine Tochter Herzog Ziemowits IV. von Ma-sowien.[7]

Bogislaw X., gerade zehn Jahre alt, wurde 1464 mit der um vier Jahre älteren Anna, der Tochter Herzog Heinrichs IV. von Mecklenburg, verlobt, doch starb die Braut noch im selben Jahr. Im September 1465 erschienen dann Gesandte Herzog Erichs II. am Hofe des polnischen Königs Kasimir IV., die um Aufnahme seiner Söhne in *contubernium filiorum regis* ersuchten. Aus dem Anliegen scheint zunächst nichts geworden zu sein. Daraufhin bat der Herzog den König im August 1466 nochmals persönlich, er möge doch zumindest seinen älteren Sohn zu sich nehmen. Diesmal wurde Bogislaw, wie berichtet wird, in das Gefolge der Königssöhne aufge-nommen. Obwohl nicht bekannt ist, wie lange der Aufenthalt dort währte, ist es doch wahrscheinlich, daß er neben den vier älteren Söhnen König Kasimirs IV. den Unterrricht des hochgebildeten Geschichtsschreibers Johannes Długosz erfuhr. Ihm jedenfalls übertrug der König am 1. Oktober 1467 die Aufgabe, *Lehrer und Leiter* seiner Kinder zu sein.[8]

Indessen war im September 1464 Herzog Otto III. von Pommern-Stettin der Pest erlegen. Mit ihm war die Stettiner Linie des pommerschen Herzogshauses ausge-storben. Um sein Erbe war zwischen den Pommernherzögen der Wolgaster Linie, Erich II. und seinem Bruder Wartislaw X., sowie dem Kurfürsten Friedrich II. von Brandenburg ein heftiger Streit entbrannt. Der Konflikt weitete sich aus; die Her-zöge von Mecklenburg stellten sich auf die Seite der Brandenburger. Die Pommern gerieten dadurch in äußerste Bedrängnis. Da berief sich der pommersche Gesandte Matthias von Wedel in einer Rede vor dem Kaiser auf die Verwandtschaft der Her-zogin Sophia mit dem kaiserlichen Hause, und sie selbst übernahm es, die Hilfe des Polenkönigs zu erwirken. Am 19. August 1468 erschien sie in Danzig, erinnerte Kö-nig Kasimir IV. an ihre verwandtschaftlichen Beziehungen und bat, er möge ihrem Gemahl zu Hilfe eilen. Sie hatte Erfolg. Der von den Pommern als Vermittler ange-rufene König von Polen brachte am 27. August 1469 einen Waffenstillstand zu-stande.[9] Die Mecklenburger schlossen daraufhin am 21. Oktober 1469 mit Pom-mern Frieden. Bogislaw X. und sein nächstfolgender Bruder Kasimir wurden in jener Urkunde erstmals erwähnt; ihr Vater siegelte zugleich für seine beiden Söhne. Zwi-schen Pommern und der Mark aber ruhten die Waffen nur vorübergehend. Herzogin Sophia scheint deshalb noch wiederholt in Polen geweilt zu haben. Im August 1471 richtete jedoch Kaiser Friedrich III. Aufforderungen an zahlreiche norddeutsche Fürsten und Städte, dem Kurfürsten von Brandenburg gegen Pommern Beistand zu leisten. Unter Vermittlung Herzog Heinrichs IV. von Mecklenburg gelang es den Brandenburgern schließlich am 30. Mai 1472, zu Prenzlau mit den Herzögen von Pommern nicht nur einen Friedensvertrag zu vereinbaren: Der Kurfürst behielt Titel und Wappen der Herzogtümer Stettin, Pommern, der Kassuben und Wenden, er übertrug den Pommernherzögen ihr Land als Lehen der Mark![10]

Nur Wochen später fand der Triumph eine Krönung: Am 26. Juni 1472 teilte Kurfürst Albrecht Achilles von Berlin aus dem Herzog Wilhelm von Sachsen mit, daß einer der Söhne Herzog Erichs II. von Pommern seine Nichte Margareta, die Tochter Kurfürst Friedrichs II., selbst ohne Gut und Geld zur Frau nehmen wolle. Sein Vater beabsichtige, ihm schon jetzt einen Teil seines Landes zu überantworten; für die Braut verlange der Pommer nur Schmuck und Kleider.[11] Aber der Kurfürst hielt es zu dieser Zeit nicht für nötig, die dynastischen Beziehungen auf diese Weise enger zu flechten. Bogislaw, um den es dabei aller Wahrscheinlichkeit nach gegangen war, erlitt also eine erste persönliche Abfuhr von den Brandenburgern.

Die Ankündigung, Herzog Erich II. wolle diesem Sohn schon jetzt einen Teil seines Landes übertragen, scheint einige Zeit darauf tatsächlich realisiert worden zu sein. Hierfür sprechen zwei Urkunden: Am 13. Mai 1474 vereinbarten die Herzöge von Mecklenburg mit denen von Pommern ein Bündnis; außer Erich II. und Wartislaw X. wurden Bogislaw und Kasimir erwähnt. Waren hier die beiden Söhne Erichs möglicherweise auch nur als Erben genannt worden, stellte Bogislaw *van gades gnaden tho Stettin der Pamern etc. hertoge und furste to Rugen* doch am 1. Juli 1474, bereits vier Tage vor dem Tode seines Vaters, zu Stolp selbständig eine Lehnsurkunde aus, in der Erich II. nicht mehr erwähnt wurde und Bogislaw von *unsem lande und herschop* sprach.

Der Vater Bogislaws X. starb an den Folgen der wiederum im Lande herrschenden Pest am 5. Juli 1474. Im September des selben Jahres war das Ableben des Bruders Kasimir zu beklagen und möglicherweise um diese Zeit auch das der Brüder Wartislaw und Barnim. Auf den gerade zwanzigjährigen Bogislaw begann sich die Bürde zu legen, das einzig überlebende männliche Mitglied dieser Linie des Herzogsgeschlechts zu sein. Am 25. November 1474 fand auf dem Landtag zu Stargard die Huldigung der hinterpommerschen Stände statt, denen Bogislaw feierlich ihre Privilegien und Freiheiten bestätigte. Herzogin Sophia nahm ebenfalls daran teil und verzichtete zugunsten des Sohnes auf ihre Ansprüche. Gemeinsam empfingen sie aber noch 1474 die Treuegelöbnisse mehrerer Städte in Hinterpommern. Zu Beginn des Jahres 1475 folgte die feierliche Huldigung in einigen Städten Vorpommerns, die zu Bogislaws Herrschaft gehörten, so am 4. Januar in Wolgast, am 20. Januar in Wollin, am 23. Januar in Kammin.

Sehr bald schon nach seinem Regierungsantritt sollte sich die Unbeugsamkeit des jungen Herrschers zeigen, der sich selbst dem mächtigen und erfahrenen Kurfürsten Albrecht Achilles von Brandenburg entgegenstellte. Der Kurfürst berief sich auf den mit Bogislaws Vater 1472 zu Prenzlau vereinbarten Vertrag und verlangte auch von dem Sohn die Anerkennung der brandenburgischen Lehnshoheit. Bogislaw aber weigerte sich! Seine Mutter hielt es deshalb für geraten, am 10. Juni 1475 an Kaiser Friedrich III. ein Schreiben zu richten, in dem sie auf das jugendliche Alter ihres Sohnes (*eynen junghen heren von twintich jaren olt*) verwies.[12] Der Statthalter des Kurfürsten in der Mark, Markgraf Johann, scheint es daraufhin nicht gewagt zu haben, gegen die Pommern mit Waffengewalt vorzugehen.

Die Mutter stand dem jungen Landesherrn also nach wie vor zur Seite. Doch als sie mit der Forderung nach dem ihr verschriebenen Leibgedinge an ihn herantrat, nahm der vom Tatendrang erfaßte Sohn die Gelegenheit zum Anlaß, sich von ihr und ihren Eingriffen zu distanzieren. Er berief sich auf ihren Verzicht. – Jetzt also entstand jenes ernste Zerwürfnis, das die spätere Geschichtsschreibung – möglicherweise in des Sohnes Sinne – wie einen Schleier über die gesamten Mutter-Sohn-Beziehungen legte. Doch besonders die Mutter war es, die ihren Kindern Beharrlichkeit, ja Unbeugsamkeit vorlebte, und so gab sie auch in dieser Situation nicht ohne weiteres nach. Sie wandte sich mit der Bitte um Vermittlung an den Rat zu Danzig. Am 17. Oktober 1475 erschienen Abgesandte in Lauenburg, wo sich der Herzog und seine Mutter zur Verhandlung der Streitfrage eingefunden hatten. Es wurde vereinbart, Herzogin Sophia solle – wie vorher schon ihre Mutter – die Herrschaft Stolp besitzen. Die Herzogin zog sich dorthin zurück, das Verhältnis zu ihrem Sohn blieb getrübt, und dennoch ließ sie sich nicht völlig in den Hintergrund drängen. Im folgenden Jahr, 1476, reisten beide mit stattlich ausgerüstetem Gefolge durch Pommern und Preußen zur Marienburg, um König Kasimir IV. von Polen einen schon früher angekündigten Besuch abzustatten. Wieder nahm die Herzogin die Gelegenheit wahr, den König um Beistand gegen Brandenburg zu bitten, den der Pole allerdings nur sehr verhalten versprach. Auch verhandelte man über Lauenburg und Bütow.

Wie sich der Bruder des verstorbenen Vaters, Herzog Wartislaw X. von Pommern-Wolgast, seinem ihm um 20 Jahre jüngeren und auch in den Regierungsgeschäften unerfahreneren Neffen gegenüber verhielt, läßt sich denken. Wartislaw X. hatte sich im November 1475 erneut vermählt; gerade jetzt kam also in ihm kein Gedanke daran auf, daß sein Neffe einst über das von ihm regierte Land herrschen würde bzw. müßte. Vor Mai 1476 scheint er mit Bogislaw nicht zusammengekommen zu sein. Im Herzogtum Stettin, das Bogislaw mit dem Wolgaster Herzog Wartislaw X. gemeinsam besaß, erfolgte die Huldigung Bogislaws jedenfalls erst am 25. Januar 1477. Doch in jener zweiten Ehe Wartislaws X. blieben alle Anzeichen auf die erhoffte Nachkommenschaft aus. Da vermochte Kurfürst Albrecht Achilles wohl zu ahnen, welch ein Machtzuwachs dereinst auf Bogislaw X. zukommen würde. Jetzt erinnerte er sich an das 1472 geäußerte Interesse des pommerschen Herzogshauses an einer Ehe mit seiner Nichte Margareta. Am 27. Januar 1477 teilte er daher seinem Sohn, Markgraf Johann, mit, er wünsche, daß Herzog Bogislaw die Markgräfin Margareta,[13] Tochter seines verstorbenen Bruders Friedrich II., heirate. Mündlich soll er Bogislaw in dieser Zeit von der brandenburgischen Lehnshoheit befreit haben. Dies mag der Hauptgrund dafür gewesen sein, daß die Räte Bogislaws tatsächlich einen Monat später, am 28. Februar 1477, bei Markgraf Johann wegen einer Eheschließung mit der Brandenburgerin erneut vorstellig wurden. In Pommern war man darüber nicht ungeteilter Meinung. Namentlich Herzog Wartislaw X. riet dem Neffen von dieser Heirat entschieden ab. Bogislaw aber ging seinen eigenen Weg, wenngleich die Werbung nun auch keineswegs mehr so bedingungslos wie 1472 erfolgte. Jetzt fragten die Räte sofort mit an, was seine Gnaden ihr mitzugeben dächten, und erhielten die Zusicherung über 10.000 Gulden.

Die Vermählung Bogislaws und Margaretas fand vermutlich am 21. September 1477 statt. Der Herzog präsentierte seiner Gemahlin jährlich 400 Gulden aus den Zolleinnahmen zu Gartz an der Oder als Morgengabe, und Kurfürst Albrecht Achilles sprach von *unser mümen heirat nach allem gebür.* Einkünfte aus dem Zoll jener Oderstadt hatte auch Herzog Joachim von Pommern-Stettin seiner Gemahlin, der brandenburgischen Markgräfin Elisabeth, im Leibgedingebrief von 1437 verbürgt. Das Leibgedinge der aus der Mark stammenden Gemahlinnen gerade an diesen in den Auseinandersetzungen zwischen Brandenburg und Pommern so wichtigen Brennpunkt zu knüpfen, mag aber durchaus zu den klugen Berechnungen der Pommern gehört haben. Bald schon sollte sich zeigen, daß auch Bogislaws Gemahlin um die Regelmäßigkeit ihrer Einkünfte zu bangen hatte.

Der um sein Erbrecht kämpfende Hans (Johann) von Sagan war mit Hilfe des Ungarnkönigs Matthias Ende November 1476 in das von den Brandenburgern durch Heirat beanspruchte Glogauer Land eingefallen. Ende August 1477 war von ihm ein erneuter Waffenstillstand gebrochen worden. Der Kurfürst entwickelte daraufhin einen detaillierten Kriegsplan. Außer den eigenen Leuten (etwa 1000 Mann) waren darin vorgesehen: 1000 Wagen, zu jedem zehn Mann, 2000 Pferde, dazu als »Hilfsvölker« auch Bogislaw von Stettin, Magnus von Mecklenburg und Friedrich von Braunschweig mit je 300 Pferden.[14]

Herzog Wartislaw X. hingegen machte aus seiner Haltung keinen Hehl: Er hielt es nach wie vor für unakzeptabel, daß der hohenzollernsche Kurfürst den Herzogstitel über Pommern führte. Auch hatte er die Hoffnung auf Wiedererlangung der im Prenzlauer Frieden 1472 abgezwungenen Gebiete nicht aufgegeben. Als infolge des Glogauer Streites der Gegensatz zwischen der Mark und Ungarn entstand, trat er deshalb in Beziehungen zu König Matthias. Angesichts der kritischen Lage in der Mark im Frühjahr 1478 überfiel der Wolgaster Herzog schließlich die Grenzstadt Gartz, in der Werner von der Schulenburg als märkischer Hauptmann lag, und drei Tage darauf auch Vierraden.

Dem Kurfürsten war der Zwiespalt, in dem sich der junge Bogislaw nun befinden mußte, durchaus bewußt. Vom fränkischen Ansbach aus schrieb Albrecht Achilles am 16. April 1478 an seinen Sohn Johann, er solle erkunden, wie sich Herzog Bogislaw zu diesen Dingen stelle, auch ob die Stadt Stettin zu Bogislaw oder zu Wartislaw halte. Am 25. April kam die Antwort aus Berlin: *Herzog Bogislaw hat uns samt unserer Muhme geschrieben, daß ihm unser Verlust ›ein getreulichs layd‹ sei und er sich erbiete, in Freundschaft zu vermitteln.* Doch fügte Johann wohlweislich hinzu: *wir meynen aber, wer das nit glaubt, er fahr darummen zum teufel nit.* Er, der Markgraf, habe Bogislaw allerdings um Hilfe ersucht.[15]

Doch Bogislaw war wie sein Oheim Wartislaw ein Herzog von Pommern, und an der pommerschen Grenze brodelte es. Er verließ das märkische Heer in Schlesien, forderte als Ersatz für dort aufgewendete Kriegskosten das ihm aus väterlichem Erbe ohnehin zustehende Schloß Löcknitz und brachte es durch Überfall in seinen Besitz. Ende Mai 1478 bot sich die Gelegenheit weiterer Absprachen: Im pommerschen Anklam wurde die Hochzeit des Herzogs Magnus II. von Mecklenburg-Schwerin mit Sophia, einer Schwester Bogislaws, gefeiert. Aus diesem Anlaß kamen die beiden pommerschen Herzöge sowie zahlreiche andere Fürsten zusammen.

Indes beschleunigte der Kurfürst von Brandenburg die Vorbereitungen für ein Eingreifen seinerseits. Ende Juni 1478 traf er mit fränkischen Heeren in Berlin ein. Er stieß zur Oder vor, ließ seinen Sohn nach Süden hin sichern und drängte die Pommern im Gefecht zurück. Der Kurfürst brachte mit den Burgen Vierraden und Löcknitz die Zugänge in das Stettiner Land in seine Hand. Die Lage an der anderen Front aber nötigte ihn, auf ein weiteres Vorgehen zu verzichten. Er nahm die Vermittlung des in das Feldlager vor Löcknitz geeilten polnischen Gesandten Johann Sapiensky an; am 28. September 1478 kam ein vorläufiger Frieden mit beiden pommerschen Herzögen, Wartislaw X. und Bogislaw X., zustande. Die brandenburgische Lehnshoheit anzuerkennen, weigerten sich die Pommernherzöge jedoch auch weiterhin!

Ein Vierteljahr später, am 17. Dezember 1478, aber starb Herzog Wartislaw X. von Pommern-Wolgast im Alter von etwa 43 Jahren. Die Kinder aus seiner ersten Ehe waren bereits verstorben, die zweite Ehe war kinderlos geblieben. Der jetzt etwa vierundzwanzigjährige Neffe, Herzog Bogislaw X., war folglich von nun an alleiniger Herr des nach fast zweihundertjähriger Trennung wieder vereinten Pommern. Am 28. Mai 1479 wurde ihm in Stralsund gehuldigt.[16]

In Anbetracht der erlangten Machtfülle erschien dem Herzog von Pommern die Unterstellung unter die brandenburgische Oberhoheit nun noch weniger erträglich, zumal auch die Stände des Landes sich ablehnend dazu verhielten. Dennoch wurde am 26. Juni 1479 wiederum zu Prenzlau der 1472 von Bogislaws Vater akzeptierte Vertrag erneuert. Der Kurfürst von Brandenburg sollte alles das von Pommern erblich behalten, was er zuvor schon besessen hatte, ausgenommen die Stadt Gartz. Das übrige blieb dem Herzog von Pommern, der von seinen in der Uckermark getätigten Eroberungen nur Straßburg wieder zurückgab, dagegen aber das Herzogtum Pommern mit allen Herrlichkeiten als Lehen von Brandenburg empfing. Herzog Bogislaws Vater hatte in der Konsequenz des Stettiner Erbfolgestreits 1472 die Lehnshoheit der Brandenburger für Pommern-Stettin anerkennen müssen, er selbst nun, 1479, für das gesamte Herzogtum Pommern. Bei einem Besuch des brandenburgischen Kurfürsten am 1. August 1479 in Tangermünde verpflichtete er sich darüber hinaus, den Brandenburger gegen den König von Ungarn zu unterstützen.[17]

Es war eine bittere Situation für Herzog Bogislaw X. Sogar seine Schwäger hatten sich gegen ihn verschworen: Die genannte Einigung war auf Vermittlung der Herzöge Albrecht und Magnus von Mecklenburg zustande gekommen. In einem bereits am 23. Juni 1479 zu Prenzlau zwischen Kurfürst Albrecht Achilles und seinen drei Söhnen einerseits und den Herzögen von Mecklenburg andererseits vereinbarten Abkommen hatten erstere den Mecklenburgern für ihren Beistand gegenüber Bogislaw X. im Falle dessen erbenlosen Todes, also bei Heimfall seiner Lehen an Brandenburg, umfangreiche Ländereien in Pommern zugesichert. Da die Ehe des pommerschen Herzogs nun seit etwa zwei Jahren währte und noch immer ohne Anzeichen auf die Geburt eines Kindes war, rechnete man also bereits ziemlich bestimmt mit dem Aussterben des pommerschen Herzogsgeschlechts.

Welch ein Druck auf dem jungen Paar von Beginn ihrer Ehe an lag, brachte der Chronist Thomas Kantzow unumwunden zum Ausdruck: *Da er (Herzog Wartislaw) keine Erben hinterließ und Herzog Bogislaw nun allein als Herrscher im Lande Pommern war, drang ihn die Landschaft, daß er, ungesehen der Trauerzeit, von Stund an mit dem Beilager der Markgräfin fortfahren müsse, damit das Land nicht herrenlos sterbe.* Als die Ehe Bogislaws aber dennoch kinderlos blieb, war es ihm ein Leichtes, alle Schuld auf die Herzogin zurückzuführen und recht zwielichtige Nachrichten über ihr Leben und Treiben zu verbreiten. Von ihm hingegen berichtete der Chronist: *Herzog Bogislaw ist von ausgesprochen wohlgewachsenem, großen Körper gewesen, war gegenüber allen anderen wie ein Riese, hatte in der Jugend braunes Haar und ein herrliches, wackeres und männliches Angesicht. Der Verstand an ihm war geziemend, aber doch nicht allzu scharf, ... Sonst aber war er von großem, herrlichen Gemüt, das in keiner Situation verzagte.* Da man wußte: *Er wachte streng über seine Räte, Amtleute und Diener, aber so hart er durch sie gegen andere war, so konnte er ihnen gegenüber auch rasch ungnädig werden,*[18] sah man ihm wohl nach, daß er auch Margareta seinen Unmut fühlen ließ, sich von ihr abwandte und einen außerehelichen Sohn zeugte.

Engherzig verhielt sich der Herzog in jenen Jahren auch wiederum gegenüber seiner Mutter. 1479 war er erneut gegen die Herzogin vorgegangen; er hatte von ihr die Herausgabe des fürstlichen Schatzes an Gold, Silber, Tafelgeräten und Kleinodien verlangt, den sie aus dem Erbe König Erichs I. sowie ihres Gemahls, Herzog Erichs II., besaß.[19] Der Streit zog sich hin und erstreckte sich bald auch erneut auf die Einkünfte der Herzogin Sophia. Schließlich verließ sie im Jahre 1483 Pommern und wandte sich nach Preußen, um Hilfe und Beistand gegen ihren Sohn zu erlangen. Der ihr verbundene polnische König, Kasimir IV., wies noch im selben Jahr den Danziger Rat an, 1000 Mark, die die Stadt an ihn zu entrichten hatte, an die Herzogin zu zahlen; auch sorgte er dafür, daß ihr im Spital von St. Elisabeth zu Danzig eine Wohnung zur Verfügung gestellt wurde. Er schickte Gesandte an ihren Sohn, doch Bogislaw antwortete: *... wy weten werliken nicht, was noth sake se drenget heft, dat se ut unsen landen getagen is und uns unschuldig so jegen I. k. M. verklaget.*[20] Der pommersche Herzog aber mußte fürchten, die Freundschaft des Königs von Polen zu verlieren. Endlich kamen also die Verhandlungen zu einem Abschluß, demzufolge Sophia Einkünfte und Hebungen im Stolper und Schlawer Land zugebilligt wurden, andere Ansprüche aber aufgab. – Des Herzogs Unbeugsamkeit und Herrschsucht gegenüber Mutter und Gemahlin hatten sich verselbständigt und nichts mehr zu tun mit seiner sonstigen Tüchtigkeit, die landespolitisch für Pommern eine völlig neue Phase einleitete.

Um die Mitte des 15. Jahrhunderts schon waren in verschiedenen Territorien des Reiches die Landesherren in verstärktem Maße bestrebt, auf Kosten der Stände ihre eigene Machtstellung zu erweitern und zu stabilisieren. Die hohenzollernschen Kurfürsten von Brandenburg gingen auch in dieser Richtung am energischsten zu Werke. Ihre Maßnahmen wirkten auf die unmittelbar benachbarten Landesherrschaften stimulierend, dennoch war sowohl in Mecklenburg als auch in Pommern die landesherrliche Gewalt noch bis in die zweite Hälfte des 15. Jahrhunderts nur wenig spürbar. Frühere fürstliche Einnahmequellen waren – besonders im Laufe des 14. Jahrhunderts – verlorengegangen. Veräußerungen und Verpfändungen hatten das Ansehen der Herzöge beträchtlich sinken lassen. Die Landesherrschaft war unter verschiedene und keineswegs immer solidarisch agierende Linien des Herzogshauses geteilt. Fehden und kostspielige Hofhaltung erhöhten die Verschuldung – nicht zuletzt bei den Städten – ständig. Die Städte aber waren durch ihre engeren hansischen Bindungen politisch eindeutig stärker als die märkischen.

Die Festigung der Landesherrschaft und der Ausbau zum Territorialstaat erforderten also, den städtischen Forderungen nach Selbständigkeit entgegenzutreten und zugleich dem Unabhängigkeitsstreben des Adels wie auch dem Verlangen der Bistümer nach Reichsunmittelbarkeit zu begegnen. Aus den genannten Gründen konnten die entsprechenden Maßnahmen an der südlichen Ostseeküste, in Mecklenburg und Pommern, im Vergleich zu anderen deutschen Staaten erst jetzt, im letzten Viertel des 15. und zu Beginn des 16. Jahrhunderts, in die Wege geleitet werden. Ergriff in Mecklenburg namentlich Herzog Magnus II. die Initiative, so war es in Pommern Herzog Bogislaw X., der die herangereiften Bedingungen nutzte und die erforderlichen Veränderungen in Angriff nahm.[21]

Geordnete Zustände galt es vor allem in der Verwaltung des herzoglichen Besitzes zu schaffen. Hatten die Verhältnisse den Herzog anfänglich noch gezwungen, die Vogteien in herkömmlicher Weise, d. h. auf Lebenszeit und als Pfand, auszugeben, wurde 1480 bei der Einsetzung des Bernd Maltzan in Loitz bereits das Kündigungsrecht vorbehalten und dieser angewiesen, sich jeder Willkür zu enthalten. Im selben Jahr erhielt Nikolaus Schwerin aus den Schlössern Grimmen und Tribsees ein genau festgesetztes Einkommen an Lebensmitteln und Geld, während er über den Gesamtertrag jährlich Rechenschaft abzulegen und den Überschuß abzuliefern hatte. In ähnlicher Weise wurden von nun an die Vögte oder, wie sie bald genannt wurden, die Amtleute fast regelmäßig mit ihrem Amt betraut. Danach hatten sie die Aufgabe, das Schloß und das dazu gehörige Gebiet in gutem Zustand zu erhalten, das Gericht zu versehen, die Straßen zu schützen und die herzoglichen Hebungen einzufordern. Dafür wurden ihnen und einem genau festgesetzten Gesinde ein bestimmtes Deputat und eine Geldsumme verschrieben; diese sollten sie von den Erträgen der Domäne und von den Gefällen der Vogtei abziehen, alles übrige aber mit dem ihnen zugeordneten Schreiber oder Rentmeister verrechnen und an die herzogliche Kammer abliefern. Von den Gerichtsgefällen erhielt der Vogt im allgemeinen den dritten Pfennig. Neben dem Rentmeister standen ihm zur Aufrechterhaltung der Ordnung, zum Einfordern der Pachteinnahmen, Zinsen und sonstigen

Abgaben ein Amtmann und einige berittene Knechte zur Seite. Die Zahl der Vogteien veränderte sich; allmählich wurden anstelle der Vogteien größere Verwaltungsbezirke in Form von Ämtern gebildet, deren Grenzen fest bestimmt waren und in denen einzelne landesherrliche Schlösser oder Domänen noch besonderen Vögten unterstanden. Für alle diese Ämter gewann der Herzog die Angehörigen der einheimischen Adelsgeschlechter, bisweilen aber auch Geistliche, die durch Verleihung von Pfründen, Vikarien oder dergleichen für ihre Dienste entschädigt wurden. Sie wurden Beamte, die die Autorität des Herzogs aufrecht erhielten. Diese nach eigenem Ermessen auszuwechseln, behielt er sich vor.[22]

Um der Selbständigkeit des Adels zu begegnen, sah der Herzog auf strenge Handhabung des Lehnsrechtes. Er leitete die regelmäßige Ausstellung von Lehnbriefen ein und ließ Prozesse wegen unrechtmäßig in Besitz genommener Lehen bzw. der Einkünfte und sonstigen Nutzungen daraus vor seinem Hofgericht führen. Durch dieses Vorgehen wurde der Adel gezwungen, um Lehnbriefe, Bestätigung des Besitzes und Erlangung zur gesamten Hand nachzusuchen. Wurden Unstimmigkeiten offenbar, zog Herzog Bogislaw diese Güter ein.[23]

Um für das Einkommen des Herzogs bzw. der Landesherrschaft eine feste Grundlage zu schaffen, galt es auch, eine geordnete Steuerverfassung einzurichten und was von den alten landesherrlichen Abgaben verloren war, wenn möglich, wiederzugewinnen. Die alte Bede, die eine Grund- und Bodensteuer war, hatten die Herzöge fast völlig eingebüßt. Auch die Städte hatten die Erhebung der Bede durch Zahlung einer festen Summe an sich gebracht, die aber nur unregelmäßig geleistet wurde. Stettin zahlte zum Beispiel 1450 eine Orbar, wie diese Abgabe genannt wurde, von 350 Mark. 1478 dagegen quittierte Bogislaw nur über 100 Mark. Der Herzog war also bemüht, die verpfändete oder verschenkte Bede wieder einzulösen. Er war zudem bestrebt, direkte Abgaben vom Grundbesitz durch Landschösse zu erlangen, zu deren Erhebung jedoch die Zustimmung der Stände erforderlich war. Den ersten Versuch zur Genehmigung eines Landschosses unternahm Herzog Bogislaw X. vermutlich 1481, der aber erst 1482 bewilligt worden zu sein scheint. Seitdem ist der Landschoß fast regelmäßig nach Bewilligung der Stände erhoben worden. Von 1490 an liegen in nur bisweilen unterbrochener Folge die herzoglichen Quittungen über die Zahlung der Orbare zumindest noch seitens Stettins vor; die Stadt entrichtete jetzt jährlich 1250 Mark oder 416 bzw. 417 Gulden.

Herzog Bogislaw X. verstand es auch, die alte, nicht der Zustimmung der Stände unterliegende sogenannte Fräuleinsteuer wieder zu beleben. Es handelte sich dabei um eine direkte Abgabe vom Land je nach Größe der Hufe sowie des Hauses, die bei der Vermählung einer herzoglichen Tochter oder Schwester erhoben wurde. In Pommern kam sie nun erstmals wieder in Anwendung, als 1484 und 1486 die beiden Schwestern Bogislaws, Margareta und Katharina, sich mit den Herzögen Balthasar von Mecklenburg bzw. Heinrich von Braunschweig vermählten. Darüber hinaus wurden bisweilen außerordentliche Steuern für besondere Zwecke, Reisen, Kriegszüge usw., ausgeschrieben.[24]

Die ständische Macht zu entkräften, gelang Bogislaw durch das bewährte Mittel, die Gesamtlandstände möglichst selten einzuberufen, dafür aber ein Kollegium der Landräte und – nach Hinzutreten der Städte – zusätzlich einen »gemeinen Rat« als ständische Institution zu schaffen. Da der Herzog auf der Existenz beider Räte bestand, wurde ein Übergewicht des Adels gegenüber den Städten gesichert. Durch seine im Lande durchgesetzte Finanzpolitik machte er das Zusammentreten der Landstände zur Bewilligung von Steuern unnötig. Ohne offiziell gegen die seit dem 14. Jahrhundert vor sich gehende Entwicklung vorzugehen, bildete Bogislaw X. also in mehr oder weniger verhüllter Weise eine neue, von den Landständen weitgehend unabhängige Regierungsform aus.

Die auf das Erstarken der landesherrlichen Gewalt gerichtete Politik fand weiterhin ihren sichtbaren Ausdruck darin, daß Herzog Bogislaw X. seinen Einfluß auf die Geistlichkeit Schritt für Schritt erweiterte. Sein Hauptziel war es dabei, eine beherrschende Stellung über das Bistum Kammin zu erlangen. Diese Bestrebungen gingen in Pommern bis in das 14. Jahrhundert zurück. Bogislaws X. gleichnamiger Großvater war im Streit mit dem Bischof von Kammin um die Herausgabe der Stiftschlösser noch in Acht und Bann geraten. Seine Mutter, Herzogin Sophia, hatte sich, nachdem Bischof Henning 1469 verstorben war, dann allerdings bereits in die Neubesetzung des Kamminer Bistums eingeschaltet. 1472 wurde, wie berichtet wird, auf Veranlassung der Herzogin der junge Graf Ludwig von Eberstein postuliert. Wegen seiner Jugend und des Mangels an den kirchlichen Weihen erhielt er zwar nicht die Bestätigung, führte aber dennoch die Verwaltung des Stiftes. Über die unmittelbare Mitwirkung bei der Wahl der Bischöfe hinaus unterstrich der Herzog seinen Anspruch gegenüber der Geistlichkeit durch eine stärkere Heranziehung der Klöster zu Steuern und Abgaben. Der Erhöhung der Einnahmen diente auch die Ablösung mancher Rechte, namentlich des Einlagerrechtes, das den Herzog zu freier Einkehr in Städten oder Klöstern berechtigt hatte. Bogislaw schloß 1494 mit den vorpommerschen Klöstern und der rügenschen Geistlichkeit Verträge ab, durch die sie sich zur Zahlung einer bestimmten Summe verpflichteten, während er auf sein Einlagerrecht verzichtete. Durch diese Maßnahme gewann der Herzog überdies einen bedeutenden Einfluß auf die Verwaltung der Klostergüter. Schließlich war er bestrebt, seine Patronatsrechte auszuweiten und damit in verstärktem Maße bei der Besetzung der Pfarrstellen mitzuwirken. Darin aber lag zugleich der Anspruch eingeschlossen, ein Oberaufsichtsrecht über das Kirchengut auszuüben und Rechenschaft zu fordern.[25]

Weiterhin zielte der pommersche Landesherr darauf ab, die geistliche Gerichtsbarkeit einzuschränken. Er beabsichtigte, dem fürstlichen Hofgericht als höchster Gerichtsinstanz allgemeine Anerkennung zu verschaffen. Das Hof- und Kammergericht wurde neu eingerichtet und war, oft unter dem Vorsitz des Herzogs, tätig; mit ihm wollte er eine Berufungsinstanz für das gesamte Land errichten. Im allgemeinen aber sichere Zustände zu schaffen, war bei dem noch stets herrschenden Raubwesen unmöglich. Die Vogteigerichte, die am 3. April 1486 eingesetzt wurden, waren wohl eine Zeitlang imstande, einige Sicherheit zu gewährleisten, aber die Selbsthilfe war nicht ganz zu beseitigen. Vor allem aber stieß Bogislaw bei den Städten auf Widerstand, denn diese wollten weder ihre eigene Gerichtsbarkeit noch die althergebrachte Appellation an eine andere Stadt aufgeben. Nur bisweilen gelang es dem Herzog, die städtischen Gerichte in seine Gewalt zu bringen, so daß sie dann von fürstlichen Richtern gehalten wurden.

Bogislaw X. hatte sich anfangs mit den Städten noch besonders gut stellen müssen, um ihre Huldigung zu erlangen, was ihm bei Stettin erst im Januar 1477 und bei Stralsund im Mai 1479 gelang. Zum Dank dafür, daß sie ihm im brandenburgischen Krieg Hilfe geleistet hatten, war ihnen zudem vom Herzog das sogenannte goldene Privileg von 1452 bestätigt worden, durch das schon Wartislaw IX. den Städten alle ihre bisherigen Rechte anerkannt hatte. Bereits 1475 war Bogislaw X. mit der Stadt Köslin in einen Konflikt geraten, in dessen Verlauf die Bürger den Herzog sogar kurzzeitig gefangengenommen hatten. Erst nach Ablauf von fünf Jahren konnte er die Stadt zu der wenn auch erheblichen Sühnezahlung von 3000 rheinischen Goldgulden bewegen. Möglicherweise aber veranlaßte diese Strafe wiederum neun pommersche Städte, im Mai 1481 das zehn Jahre zuvor mit Kolberg und Köslin geschlossene Verteidigungsbündnis gegen Anwendung von Gewalt zu erneuern.[26]

Die Position des Landesherrn gegenüber den Städten veränderte sich in entscheidendem Maße erst gegen Ende der achtziger Jahre zu seinen Gunsten. 1486 griff er in Schlawe in die städtische Gerichtsbarkeit ein. Im Jahre 1489 erließ der Herzog eine neue Münzordnung. Zahlreiche fremde Münzen und die pommerschen Vinkenaugen, die mit der Zeit immer schlechter geworden waren, wurden verboten. Eine neue Landesmünze mit einer Prägung nach gleichem Schlage im ganzen Lande wurde eingeführt; von diesen neuen Schillingen sollten sechzehn für eine Mark und achtundvierzig für einen Gulden gelten. Die Städte, die das Münzregal besaßen, wurden genötigt, sich dieser neuen Ordnung ebenfalls zu fügen; viele stellten das eigene Münzen überhaupt ein. Seine Hofhaltung, für die er schon 1487 eine neue Ordnung entworfen hatte, wurde noch fester dadurch geregelt, daß er 1490 begann, in Stettin an Stelle des alten Schlosses ein neues zu bauen. Er erhob den Stettinern gegenüber alte landesherrliche Forderungen und geriet mit dem Rat der Stadt in einen heftigen Streit. Dennoch erzwang der Herzog die Anerkennung der Appellation Stettiner Bürger an das Hofgericht, eine Erhöhung der Orbare sowie die Erweiterung der herzoglichen Schloßfreiheit. 1494 gelang es ihm, die der Stadt Stargard verliehene Zollfreiheit zumindest teilweise zu revidieren.[27]

Gegen Stralsund, das wegen des Strandrechts auf Rügen, der städtischen Lehngüter und der Gerichtsbarkeit seinen besonderen Verdruß erregt hatte, wagte Bogislaw X. hingegen noch nichts zu unternehmen. Er schlichtete vielmehr nicht nur einen Streit, der zwischen Stargard und Stralsund entstanden war, zugunsten dieser Stadt, sondern überließ ihr auch 1486 gegen Zahlung einer Geldsumme die Vogtei und das ganze Gericht. Trotz des Absinkens der wirtschaftlichen Macht und des politischen Einflusses der Hanse war Stralsund noch immer stark genug, seine Privilegien und Freiheiten gegenüber dem Herzog zu behaupten, ja zu erweitern. Wegen ihrer ähnlichen Stellung zum Landesherren zeigte sich Stralsund zudem besonders mit den mecklenburgischen Städten Rostock und Wismar verbunden. Verschiedentlich versuchten die Ostseestädte, ihre Privilegien gegenüber den Landesfürsten und Dänemark durch zeitlich begrenzte Bündnisse zu sichern. Dies und die Auseinandersetzungen um das Strandrecht waren die wichtigsten Gründe, die im November 1483 auch die sechs wendischen Städte wieder zusammenführten, um ihre Bürger, Einwohner und Untertanen vor Übergriffen und Gewalttaten der Fürsten, Ritter und Herren zu schützen.

Verwandte Aufgabenstellungen zur Festigung der Landesherrschaft führten andererseits ebenso zu Vereinbarungen der Fürsten. So verbanden sich beispielsweise die Herzöge von Mecklenburg am 12. Juli 1482 mit Bogislaw X. Um die dritte Schwester des pommerschen Herzogs, Katharina, warb 1486 Heinrich I. von Braunschweig-Wolfenbüttel. Sie wurde ihm nicht nur im August dieses Jahres angetraut, sondern Bogislaw erwies sich dem neuen Schwager auch dadurch freundlich gesinnt, daß er gleich nach der Hochzeit seine Mannschaft aufbot, um dem Braunschweiger gegen Hildesheim und andere Städte Beistand zu leisten. In gleicher Weise, doch weniger erfolgreich half Bogislaw X. 1487 dem Gemahl seiner Schwester Sophia, Herzog Magnus II. von Mecklenburg-Schwerin, gegen die Stadt Rostock vorzugehen; die Bürger verwüsteten allerdings Rügen und nötigten den Pommern zum Abzug. Er selbst erfuhr die Hilfe des Markgrafen von Brandenburg und der Herzöge von Mecklenburg, als sich der Ritter Bernd Maltzan auf Wolde beharrlich weigerte, wegen der gegen ihn erhobenen Anschuldigungen vor dem herzoglichen Gericht zu erscheinen. Ihm wurden seine Lehen aberkannt, und als er diesem Urteil Gewalt entgegensetzte, zerstörte man Ende August 1491 dessen bei Demmin gelegene Burg Wolde.

Grundsätze, die die brandenburgischen Kurfürsten Friedrich II. und Albrecht Achilles entwickelt hatten und die in den sogenannten Meißnischen Regeln zusammengefaßt waren, machte sich auch Bogislaw zu eigen. Überdies fanden Vorgänge im benachbarten Mecklenburg ihre Parallelen in Pommern. So ist die Anwesenheit von Juden in Pommern u.a. durch das Judenprivileg vom 30. Dezember 1481 und den Eintrag im Einnahmeregister des Bistums Kammin vom 3. September 1490 bezeugt. Mit dem genannten Privileg stellte Herzog Bogislaw X. 22 namentlich aufgeführte Juden gegen Zahlung von 50 rheinischen Gulden jährlich für die Dauer von sechs Jahren unter seinen Schutz. Am 24. Oktober 1492 aber wurden in der mecklenburgischen Stadt Sternberg in Anwesenheit von Herzog Magnus II. 27 Juden unter dem Vorwurf der Hostienschändung oder der Beihilfe dazu hingerichtet, ihre Glaubensgenossen des Landes verwiesen. Trotz der erkauften Privilegien unternahm Herzog Bogislaw X. offenbar nichts, als es im selben Jahr auch in pommerschen Städten zu Unruhen und Judenverfolgung kam.[28]

Dem Nachweis seiner Ansprüche diente die zunehmende Ordnung der Verwaltung, wie sie die noch erhaltenen Reste der Kanzleibücher, die Verzeichnisse von Lehns- und Leibgedingebriefen, Geleitsregister, eine Forstordnung von 1492, eine Festsetzung des Briefgeldes, eine Taxenordnung usw. zeigen. Herzog Bogislaw X. hatte es verstanden, tüchtige Männer zur Mitarbeit zu gewinnen. Als Kanzler stand ihm anfangs Klaus Damitz zur Seite, der schon seinem Vater gedient hatte. Später hatten Tamme Schöning, Georg Kleist, Peter Tetze, Jürgen Kameke und Balthasar Seckel dieses Amt inne; Heinrich Borck und Adam Podewils gehörten zu seinen Räten. Ein besonderes Verdienst der Friedenswahrung mit dem benachbarten Brandenburg kam Werner von der Schulenburg zu. Kurfürst Albrecht Achilles hatte ihn zu seinem Hofmeister ernannt und ihm Löcknitz als Lehen übertragen; Herzog Bogislaw X. von Pommern aber setzte ihn als Hauptmann des Landes Stettin ein und übergab ihm Stadt und Schloß Penkun als Eigentum. Wenn die Waffen zwischen beiden Landesherren längere Zeit schwiegen, so beruhte das wohl nicht zuletzt auf diplomatischem Geschick und Eigeninteresse dieses Mannes.

Der stets schwelende Konflikt mit den Brandenburgern spitzte sich wiederum zu, als Kurfürst Albrecht Achilles 1486 starb und dessen Sohn und Nachfolger, Kurfürst Johann, nun seinerseits von Bogislaw X. die Anerkennung der Brandenburger Lehnsherrschaft über Pommern forderte. Doch der Herzog hatte nicht die Absicht, auch weiterhin auf die Unabhängigkeit seines Landes zu verzichten. Er wußte die Entscheidung durch Winkelzüge hinauszuzögern, aber auch den Verdacht der Brandenburger zu nähren, er wolle die unmittelbare Reichsbelehnung und das Recht der Session im Reichstag erlangen.

Die Spannungen zwischen Pommern und Brandenburg nahmen außerdem zu, weil Bogislaw seine kinderlose Gemahlin Margareta, Tochter des Kurfürsten Friedrich II., außerordentlich schlecht behandelte. Als Margareta 1489 starb, eröffnete sich Bogislaw X. die Aussicht auf eine zweite, glänzendere Heirat mit Anna, der Tochter König Kasimirs IV. Die Verbindung wurde in Polen begrüßt; Bogislaw hatte die Landschaften Lauenburg und Bütow als polnisches Lehen in Besitz, hinsichtlich unablässiger Reklamationen der preußischen Stände sah man den pommerschen Herzog als Garant des preußischen Besitzes nicht ungern. Schon am 7. März 1490 wurden zu Grodno die Bedingungen besprochen, im Januar des folgenden Jahres führte man Bogislaw die noch keine fünfzehn Jahre zählende Braut zu, mit der er am 2. Februar 1491 in großer Pracht zu Stettin seinen Einzug hielt.[29]

Gestützt auf die einflußreiche polnische Verwandtschaft und veranlaßt durch die vom König Maximilian I. 1491 direkt an ihn erlassene Forderung der Reichshilfe, was als indirekte Anerkennung der Reichsunmittelbarkeit angesehen werden konnte, weigerte sich Bogislaw jetzt von neuem und mit großer Bestimmtheit, sein Land von Brandenburg zu Lehen zu nehmen. Die Brandenburger protestierten gegen diesen Bruch des Prenzlauer Vertrages von 1479; die Lage spitzte sich zu, die Entscheidung des Streites durch die Waffen schien unvermeidlich. Der König mahnte jedoch zu Frieden und Einigkeit. Kurfürst Johann, der seinerseits von jeher kriegerische Auseinandersetzungen mit den Nachbarn zu vermeiden suchte, gab schließlich nach, indem er sich am 26. März 1493 bei einer Zusammenkunft in Pyritz mit Bogislaw einigte. In dem hier geschlossenen Vertrag befreite der Kurfürst für sich und seine Erben Bogislaw und dessen Nachkommen für »ewige Zeiten« von der Pflicht des Lehnsempfangs und verzichtete auf jegliche Herrschaft und Obrigkeit über die Pommernherzöge, ihre Lande und Untertanen!

Dieser Vertrag wurde allerdings ergänzt durch eine schon zwei Tage später zu Königsberg getroffene Erbeinigung. Bogislaw X. beurkundete unter Anerkennung der Lehnsherrschaft Brandenburgs für den Fall des Aussterbens seines Hauses den Anfall seiner Lande an die Mark; auch verpflichtete er sich, nicht um eine anderweitige Belehnung, d. h. beim Reich, nachzusuchen. Das erstere fiel dem Herzog sicher nicht schwer, denn 1492 war ihm eine Tochter geboren worden, und bei Vertragsschluß stand schon die nächste Entbindung seiner jungen Gemahlin unmittelbar bevor. Die Hoffnung auf Anerkennung der Reichsunmittelbarkeit gab er hingegen nicht auf. Bald sandte er Boten an den König, unzweifelhaft in der Absicht, eine Ladung zu dem für 1495 ausgeschriebenen Wormser Reichstag zu erlangen. Schon war das Ladungsschreiben für ihn auch ausgefertigt, da gelang es den märkischen Räten jedoch, die Absendung zu hintertreiben und sogar durchzusetzen, daß in dem für den Kurfürsten ausgestellten Lehnbrief vom 15. Juli 1495 die pommerschen Lande als Zubehör der Mark bezeichnet wurden. Zwar bestätigte der König zugleich auch den Pyritzer Vertrag, die Beschlüsse des Wormser Tages aber wurden dem Herzog lediglich vom Kurfürsten von Brandenburg übermittelt.

Mit der 1495 entstehenden Liga von Venedig, der auch König Maximilian I. beitrat, begannen die Kämpfe zwischen Aragon-Kastilien, Frankreich und dem Hause Habsburg um die Vorherrschaft in Italien. 1496 richtete der König an alle deutschen Fürsten die Aufforderung, sich an seinem Unternehmen nach Italien zu beteiligen. Bogislaw X. von Pommern sah eine Gelegenheit, sich der Gunst des Königs zu versichern, und stellte sich mit 300 Pferden in dessen Dienst. Die Mittel dazu wurden durch eine über zwei Jahre erhobene Steuer aufgebracht, das Land unter den Schutz der Könige von Dänemark und Polen sowie der Herzöge von Mecklenburg gestellt und die Regierung dem Bischof von Kammin und dem Kanzler Kleist anvertraut. Am 16. Dezember 1496 brach der Herzog von Stettin aus auf und gelangte über Berlin, Wittenberg, Leipzig, Naumburg, Coburg und Bamberg am 17. Januar 1497 nach Nürnberg, wo er bis zum 15. Februar verweilte. Das nächste Ziel war Worms, wo der Reichstag am 9. April 1497 eröffnet werden sollte. Da aber die Ankunft König Maximilians I. nicht zu erwarten war, brach Bogislaw vorzeitig nach Innsbruck auf, wo er am 6. April vom König und dessen Gefolge, darunter die Herzöge Friedrich und Johann von Sachsen, Erich von Braunschweig und mehrere Bischöfe, ehrenvoll empfangen wurde.

König Maximilian I. aber hatte den Zug nach Italien schon unternommen, bevor die Hilfe der Fürsten eingetroffen war. So faßte der Herzog von Pommern nun den Entschluß, gleich anderen Fürsten jener Zeit eine Pilgerreise nach Jerusalem zu unternehmen. Er schickte also den größten Teil seines fürstlichen Gefolges unter Führung Werner von der Schulenburgs nach Pommern zurück, reiste selbst am 15. April 1497 von Innsbruck ab und langte am 24. April über Trient in Venedig an. Von hier aus stattete er der Universität Padua einen Besuch ab und begab sich dann unter dem Pilgernamen »Bruder Georg« am 4. Juni in einer 55 Teilnehmer zählenden Pilgergemeinde auf See. Unterwegs wurden sie von türkischen Seeräubern überfallen, was der Nachwelt Gelegenheit gab, des Herzogs große Tapferkeit zu rühmen. Über Rhodos und Zypern gelangten sie schließlich am 3. August auf den Boden des

Heiligen Landes, wo sie am 20. August in Jerusalem eintrafen. Das heilige Grab soll Bogislaw dreimal besucht haben; er wurde dort von dem Ordensbruder Hans von Preußen zum Ritter geschlagen und erteilte diese Würde danach selbst mehreren seines Gefolges. Am 30. August verließ die Gesellschaft Jerusalem und war am 18. November wieder in Venedig, wo sie der Doge und die Signoria ehrenvoll aufnahmen. Doch hier, in Venedig, mußte der Herzog auch erfahren, daß seine Mutter, die Herzogin Sophia, inzwischen, am 24. August 1497, in Stolp verstorben war.[30] So ließ er für sie am 22. November in der St. Markuskirche zu Venedig eine Seelenmesse lesen, und der Herzog von Venedig sandte dem Pommern dazu acht Männer, die ihn mit drei Barken zur Kirche begleiteten.

Von Venedig aus besuchte Herzog Bogislaw, über Ravenna und San Loretto reisend, Rom, wo Papst Alexander VI. ihn am 18. Dezember in feierlicher Audienz empfing, zum Christfest mit Hut und geweihtem Schwert ehrte und ihm durch die Erteilung wichtiger Privilegien wie dem Recht, »De non evocando«, seine Gunst erwies. Von Rom brach Bogislaw X. am 19. Januar 1498 auf. Sein Weg führte über Florenz, Bologna und Verona zurück nach Innsbruck, wo er am 12. Februar eintraf. Auch der König verlieh ihm nun verschiedene Rechte, so die Berechtigung des Schlagens pommerscher Goldmünzen und der Erhöhung von Zöllen, aber eine Entscheidung über die erhoffte Reichsunmittelbarkeit erlangte der Herzog nicht. Am 13. März verließ er Innsbruck und erreichte über Nürnberg, Coburg, Wittenberg und Spandau, wo er dem erkrankten Kurfürsten Johann noch einen Besuch abstattete, am 12. April 1498 Stettin.[31]

Hatte Bogislaw X. also auch nicht das erreicht, was er eigentlich beabsichtigt hatte, so blieb die große Reise doch nicht ohne gewichtige Wirkungen. Der Herzog hatte die Verhältnisse des Reiches kennengelernt und von zahlreichen Fürsten und Herren Anregungen erhalten. Er war mit den geistigen Bewegungen des Humanismus und der Rechtswissenschaft bekannt geworden und hatte gesehen, welchen Vorteil die Einführung des römischen Rechts den Bestrebungen der Fürsten nach Erweiterung ihrer Macht brachte. Deshalb hatte er schon in Padua den berühmten Juristen Petrus von Ravenna mit seinem Sohn Vincentius bewogen, mit ihm nach Pommern zu ziehen, wo er ihn zu seinem Rat ernannte und ihm am 3. Mai 1498 die gerade vakante Rektorwürde der Universität Greifswald erteilen ließ.[32]

Der Anspruch auf seine alleinigen Hoheitsrechte verstärkte sich nach der Rückkehr von der Reise, auf der er in Italien und am Hofe König Maximilians I. in Innsbruck die neue Renaissancekultur kennengelernt hatte. Nicht ohne Eindruck wird der großartige Empfang in Venedig gewesen sein, wo man ihm zu Ehren Szenen aus seiner Pilgerfahrt als Komödie aufführte. In Innsbruck trug der rechtsgelehrte Petrus von Ravenna dem erkrankten König lateinische Verse vor, in denen er den Ruhm des Pommernherzogs pries. Der scharfsinnige Jurist Johann von Kitscher aus Meißen, den Bogislaw X. ebenfalls als seinen Rat gewonnen hatte, dichtete eine »Tragicomödia von der Jerusalemfahrt des erlauchten Pommernfürsten« (gedruckt 1501), die er Bogislaws Sohn Georg I. widmete. Aber auch in Bildern sind Motive dieser Pilgerfahrt schon früh dargestellt worden. Der Herzog selbst ließ *die geschichte, wie es ime mit den Turcken ergangen, auf eine tafel malen und an einen pfeiler der Sanct Otten kirchen* (zu Stettin) *hangen, da man es noch diesen tag sehen mag,* rühmte später Thomas Kantzow.[33]

Kurzum, die Reise zu König, Papst und heiligem Grab hatte dem Pommernherzog hohe Anerkennung, ja Verherrlichung eingebracht, die er für die weitere Festigung seiner Herrschaft zu nutzen gedachte. Noch von Innsbruck aus hatte er seine Gemahlin brieflich aufgefordert, die Amtsvögte zur prompten Einzahlung der Gefälle anzuhalten. Nun suchte er, seine Herrschaft gegenüber den Städten, seine Pläne gegen Brandenburg, die Einführung eines neuen Lehnsrechtes und des römischen Rechtsverfahrens mit Hilfe der neuen Rechtsgelehrten durchzusetzen; doch Bogislaw stieß auf entschiedenen Widerstand.

Zwischen Brandenburg und Pommern waren schon bald nach Bogislaws Rückkehr von der Wallfahrt neue Zwistigkeiten entstanden. Kurfürst Johann war am 9. Januar 1499 verstorben; sein Sohn und Nachfolger, Kurfürst Joachim I., forderte zunächst einmal die Herausgabe der Mitgift von Bogislaws erster, kinderlos verstorbener Gemahlin. Der Herzog verwahrte sich dagegen, indem er Margareta noch jetzt, neun Jahre nach ihrem Tod, des Ehebruchs bezichtigte. Schwerwiegender aber war, daß der neue Kurfürst die Gültigkeit des Pyritzer Vertrages von 1493 und damit wiederum die getroffenen Absprachen über das Lehnsverhältnis in Frage stellte. Schließlich sah sich Bogislaw am Ende des Jahres 1500 genötigt, das Lehnsrecht der Brandenburger über Pommern anzuerkennen und das Erbrecht des Kurfürsten daran zu bestätigen. Auch die Stände stimmten dieser Regelung zu. Dagegen erhielt Bogislaw X. für sich und seine Erben das Recht, mit den Diensten beim König bzw. Kaiser zu bleiben.

Auch seine Bemühungen um den Ausbau einer festen Residenz in Stettin verliefen nicht komplikationslos, ja er sah sich sogar gezwungen, seine Ansprüche gegenüber der zweitgrößten Stadt seines Landes vor dem Reichskammergericht geltend zu machen. Durch seinen 1502 vorgetragenen Plan, das herzogliche Schloß auf Kosten der Stadt zu erweitern, kam es wiederum zum offenen Bruch mit Stettin. Der Herzog verfiel jetzt auf ein anderes Mittel: Er begab sich mit seinem gesamten Hof in die weiter im Binnenland gelegene Oderstadt Gartz und schnitt von dort aus den Stettinern alle Zufuhr ab, bis sie am 5. Januar 1503 endlich so weit waren, sich mit einer Geldbuße, Verweisung der Rädelsführer, Abtretung des zum Schloßbau gewünschten Bodens und Veränderung in der Besetzung der städtischen Schöffenbank den Frieden zu erkaufen.[34]

Für Herzog Bogislaws Gemahlin, die ihm so jung angetraute polnische Königstochter Anna, sind innerhalb von elf Jahren acht Lebendgeburten nachzuweisen: fünf Söhne und drei Töchter. Sie starb im Alter von 27 Jahren, am 12. August 1503. Von der Last des Gedankens an ein erbenloses Erlöschen dieses Herzogsgeschlechts hatte sie ihn befreit; er hat sie zweifelsohne geliebt. *Wir wollen,* so hatte er im Hinblick auf die baldige Heimkehr am Neujahrsabend 1497 von Rom aus an sie geschrieben, *mehr Freude miteinander haben, als ein Schiff von hunderttausend Last Rosenblätter zu tragen vermag, als Körner im Meere sind und Wasser durch die Schleuse von*

Rügenwalde läuft. Dort, wo auch sein Vater, Herzog Erich II., beigesetzt worden war, im Kloster Eldena bei Greifswald ließ er sie zur letzten Ruhe betten.[35]

Der Herzog mag sich in der folgenden Zeit in noch größerer Unerbittlichkeit auf die Regierungsgeschäfte konzentriert und dabei seine Räte überfordert haben. Sein treuer Berater Werner von der Schulenburg hatte bereits vorher in den Dienst Brandenburgs gewechselt. Die ausländischen Gelehrten waren in Greifswald feindselig aufgenommen worden. Als dann die Unternehmungen, die der Herzog nach ihrem Rat gegen Stralsund eingeleitet hatte, im wesentlichen scheiterten, wandte er sich von ihnen ab, so daß sie 1503 das ungastliche Land wieder verließen und einem Ruf Kurfürst Friedrichs des Weisen nach Wittenberg folgten. Der Konflikt mit den Stralsundern spitzte sich indes zu; die Bürger weigerten sich mit Nachdruck, den Forderungen des Landesherrn hinsichtlich der Lehngüter, der eigenen Gerichtsbarkeit und Münze wie auch wegen des Zolls nachzugeben. Wie vordem den Stettinern, sperrte der Herzog nun Stralsund die Zufuhr von der Landseite her. Das aber hatte am 17. Januar 1504 die Kriegserklärung seiner mächtigsten Stadt zur Folge. Da weder der Herzog noch seine Anhänger unter dem rügenschen Adel der Stadt militärisch zu trotzen vermochten, mußte er sich schließlich auf einen Kompromiß mit ihr verständigen. Das Abkommen lautete: Vom Zoll zu Damgarten soll Stralsund befreit sein, sonst aber soll der Herzog seine Zölle behalten wie bisher. Ungeachtet der Stralsunder Privilegien soll der Rat sein Recht bei Herzog Bogislaw suchen, der einzelne Bürger aber sein Recht nirgends woanders als vor dem Rat finden, und wenn er appellieren will, so soll es ihm überlassen bleiben, sich nach Lübeck zu wenden.[36]

Herzog Bogislaw X. hat die Macht einer Stadt wie Stralsund nicht zu brechen vermocht, die Unabhängigkeit der Städte insgesamt jedoch eingeschränkt. Er war es, der die Rollen der Zünfte bestätigte, über den Ausgang von Streitigkeiten entschied und die Anerkennung der fürstlichen Appellationsinstanz erreichte. Andererseits erlebte der pommersche Handel unter Bogislaw X. einen erheblichen Aufschwung. Der Herzog sorgte sich um die Sicherheit des Verkehrs und bekämpfte Zollerhöhungen seitens benachbarter Herrscher energisch. Als von Brandenburg und Böhmen 1511 in Breslau eine Niederlage neu eingerichtet wurde, setzte er sich sofort mit Polen und Sachsen in Verbindung. Auch wegen der Frankfurter Niederlage kam es um diese Zeit zu einem Handelskrieg mit Brandenburg, bei dem Bogislaw den Märkern die Oder sperrte, was er 1519 noch einmal tat.[37]

Unter den Fürsten hat Herzog Bogislaw vielfache Beziehungen gepflegt und Verbündete gewonnen. Mit Dänemark im Bunde bekämpfte er 1511/1512 nicht nur Stralsund, sondern auch andere Hansestädte. Mit Polens Königshaus verband ihn schon von der Mutter her und dann durch seine zweite Gemahlin nahe Verwandtschaft. Obwohl es auch hier nicht an Streitigkeiten fehlte, stand er doch fast stets zu den polnischen Herrschern in engem Verhältnis. Zwar hatte er es abgelehnt, als Lehnsträger Polens zu erscheinen, als 1501 auch an ihn die Einladung zur Königswahl erging, doch schloß er 1512 mit seinem Schwager Sigismund ein Bündnis und sperrte 1519 den Söldnerscharen, die dem Deutschen Orden zu Hilfe eilen wollten, den Weg durch Pommern. Den wiederholt an ihn ergangenen Forderungen und Befehlen des Kaisers, dem Orden gegen Polen beizustehen, leistete er keine Folge. Mit Polen wollte er es nicht verderben, und dem Hochmeister war er als einem Hohenzollern ohnehin feindlich gesinnt. Gleichartige Bedingungen und Ziele, gestützt durch die Ehen seiner Schwestern Sophia und Margareta, verbanden ihn hingegen auch mit den Mecklenburgern.

Seit 1487 war Bogislaws Schwester Katharina mit Herzog Heinrich I. von Braunschweig-Wolfenbüttel vermählt. Während seiner großen Reise hatte der Herzog 1497 auch den Kurfürsten Philipp von der Pfalz in Heidelberg aufgesucht; er knüpfte daran an, gab seinen ältesten Sohn Georg I. zum Studium nach Heidelberg und vermählte ihn im Mai 1513 mit Amelia, der Tochter jenes Kurfürsten von der Pfalz. Von 1518 an studierte sein Sohn Barnim IX. auf der Universität Wittenberg, denn, so Thomas Kantzow, er *kham ... mit Hertzog Friederiche, dem Churfursten von Sachsen, in sonderliche Khuntschafft...*[38] Der Gegensatz, in dem Bogislaw zu Brandenburg stand, mag diese Freundschaft befördert haben, denn Sachsen befand sich bereits damals in der Frage der Nachfolge Kaiser Maximilians I. im Gegensatz zur Mark. Das dynastische Interesse beider Landesherren berührte sich zudem in ersten Ansätzen einer Erforschung ihrer Landesgeschichte. 1517 hatte Kurfürst Friedrich der Weise von Sachsen Georg Spalatin, einen Freund Martin Luthers, mit der Abfassung einer sächsischen Geschichte beauftragt. Auch an den Pommernherzog hatte sich der Kurfürst mit der Bitte gewandt, dort nach Schriften über sächsische Geschichte zu sehen. Auf Empfehlung seines Rates Valentin von Stojentin beauftragte Herzog Bogislaw X. den Rektor der Treptower Ratsschule und Lektor im Kloster Belbuck, Johannes Bugenhagen, damit. Aus dieser Tätigkeit erwuchs eine »Pomerania«, die erste zusammenhängende Darstellung pommerscher Geschichte, die Johannes Bugenhagen nach etwas über einem halben Jahr bereits vollendet hatte und dem Herzog und seinen Söhnen am 27. Mai 1518 mit einem Widmungsschreiben überreichte.[39]

Vieles ließ sich nun seit langem gut an, dennoch waren die Brandenburger unvermindert und mit allen Mitteln bemüht, sowohl die Festigung der pommerschen Landesherrschaft als auch das Ansehen des Herzogs beim Kaiser zu untergraben. Kurfürst Joachim I. nahm sich unzufriedener pommerscher Vasallen an, legte zur Vermeidung des Durchgangszolls eine eigene Handelsstraße nach Preußen an und strebte endlich mit Hilfe von Kaiser und Papst danach, Einfluß auf die Bischofswahl von Kammin zu nehmen. Im Bistum Kammin hatte Bischof Benedikt 1498 zugunsten seines Koadjutors, des Kolberger Dekans Martin Karith, resigniert. Dieser war nach Studium in Rostock und Greifswald wiederholt im Dienst des Herzogs tätig gewesen. Auch auf der Reise ins Heilige Land hatte er ihn begleitet, und als Rat des Herzogs wirkte er weiter, nachdem er Bischof geworden war. Das Bistum geriet immer mehr in Abhängigkeit vom Landesherrn, seitdem dieser vom Papst in Rom auch das wichtige Recht erhalten hatte, die Propststellen in den Kapiteln seines Landes zu besetzen. Dennoch stand Bischof Martin auch mit Brandenburg in Verbindung. Von hier aus versuchte man, ihn, als er wegen seines fortgeschrittenen Alters beim Papst die Ernennung eines Koadjutors beantragte, dahingehend zu beeinflussen, daß er hierfür den jungen Grafen Wolfgang von Eberstein in Betracht zöge. Der Graf war brandenburgisch gesinnt, und der Kurfürst hoffte, durch ihn im Kamminer Stift und darüber hinaus an Einfluß zu gewinnen. Als wirklich dessen Bestellung in Rom durchgesetzt worden war, da protestierten 1518 Herzog Bogislaw, das Domkapitel und die Geistlichkeit der Diözese energisch. Bischof Martin selbst bat den Papst schließlich um Rücknahme dieser Ernennung und bekannte, daß er den Archidiakon von Pasewalk, Erasmus von Manteuffel, zu seinem Koadjutor bestimmt habe. Für diesen dem Herzog treu ergebenen Mann wurde nun mit aller Kraft in Rom gewirkt, bis der Papst nicht umhin kam, die Wahl Manteuffels am 12. Oktober 1519 zu bestätigen. Als Bischof Martin am 2. Dezember 1521 starb, erhielt Erasmus von Manteuffel das Bistum Kammin, obgleich man auch noch jetzt in Brandenburg bemüht war, den Bischofsstuhl mit einem genehmeren Kandidaten zu besetzen.[40]

Inzwischen war Kaiser Maximilian I. am 12. Januar 1519 verstorben. Bei Herzog Bogislaw X. regte sich sofort der Gedanke, seinem Ziel, der Beseitigung der brandenburgischen Lehnshoheit, über dessen Nachfolger näher zu kommen. Obwohl nun selbst schon in fortgeschrittenem Alter, kam es ihm darauf an, bei den Reichstagen zu Worms 1521 und Nürnberg 1523 persönlich anwesend zu sein. Hatte er in Worms infolge des Protestes der Brandenburger auch auf die Session unter den Reichsfürsten verzichten müssen, erlangte er doch nach Abschluß des Reichstages am 28. Mai 1521 die Ausstellung eines kaiserlichen Lehnbriefes. Obgleich Kaiser Karl V. sofort erklärte, daß durch diese Belehnung den Rechten Brandenburgs kein Abbruch geschehen solle, entstand unter den Hohenzollern über das Verhalten des Kaisers helle Empörung. Kurfürst Joachim I. setzte alles in Bewegung, um den Widerruf der Belehnung zu erreichen. Herzog Bogislaw X. sah sich gezwungen, schon im Frühjahr 1522 erneut nach Nürnberg zu reisen, wo über den Sessionsstreit eingehend verhandelt wurde. Die märkischen Gesandten lehnten jeden Vergleich ab. Der Herzog zog nochmals im Februar 1523 nach Nürnberg; erneut wurde vor dem Reichsregiment gestritten, und wieder kam es zu keinem Entscheid. Bald noch der Rückkehr von Nürnberg sollte der in das 70. Lebensjahr gelangende Herrscher spüren, daß er seine Kräfte zu sehr verausgabt hatte. Er starb – nach annähernd 50 Regierungsjahren – am 5. Oktober 1523 zu Stettin. Die Beisetzung fand am Sonntag darauf, am 11. Oktober, im Chor der St. Ottenkirche zu Stettin statt, das feierliche Begängnis nach der Sitte der Zeit erst mehrere Wochen später, am 22. November 1523.[41]

Der im Dienste der Söhne und Enkel jenes Herzogs Bogislaw X. von Pommern stehende Chronist Thomas Kantzow fand zahlreiche Worte des Ruhmes über ihn, doch merkte er über dessen letzte Lebensjahre auch an: *... obgleich etliche sich gegen ihn gesträubt haben, ... hat er sie dennoch so bald gezähmt, daß es ihm keine große Mühe gekostet hat, darum ist er (roh und) ungeschlacht geworden und in zwei große Laster verfallen: das eine, ... Hurerei, Ehebruch und Wohlleben ... und nicht ersah, wann etwas zu tun oder zu beratschlagen war, so daß oftmals seine Söhne und die Räte ... kommen mußten, was sie dann sehr verdross und es ihm (bisweilen) vorwarfen. ... Das andere Laster war, daß die Ohrenblaser ... großes Gehör bei ihm hatten ... Und sollte wohl aus* *gar geringen Ursachen einem alten, treuen Rat, Diener oder Untertanen so ungnädig und gehässig werden, daß er alle getanen Dienste vergaß und ihn nicht mehr sehen oder hören wollte. Also sind seine vornehmsten und treuesten Räte in Ungnade gekommen, Werner von der Schulenburg, Georg Kleist, Ewald Massow, sein Hofmarschall, ... und ist kaum einer von seinen Räten oder Dienern hingegangen, daß die ›Afterkosers‹ nicht einen Pfeil auf ihn gefedert hätten... Deshalb,* so schlußfolgerte der Chronist, seien auch die Räubereien und Gewalttätigkeiten wieder überaus häufig geworden, die Unsicherheit im pommerschen Lande in erschreckendem Maße gewachsen.[42] Ob aber die Schuld allein in der dem Herzog nachgesagten Vernachlässigung seiner Regierung lag, ist zu bezweifeln, sahen wir ihn doch auch in seinen letzten Regierungsjahren in rastloser Tätigkeit, bei der er allerdings seine Kräfte vorwiegend im Streben nach Unabhängigkeit seines Landes von der Lehnshoheit der Kurfürsten von Brandenburg verzehrte. Daß ihn in diesem, bald ein halbes Jahrhundert durchziehenden, immer wieder von Rückschlägen gezeichneten Unterfangen schließlich Enttäuschung, Unduldsamkeit, Mißtrauen und Starrsinn befielen, mag zuzubilligen sein, zumal ihm auch der hinterpommersche Adel mehr denn je seine Unterstützung versagte.[43]

Aus der Sicht späterer Forschungen wird bemängelt, weder er noch seine Söhne hätten im Unterschied zu anderen Landesherren die Einführung der Reformation zur Stabilisierung ihrer Herrschaft genutzt. Herzog Bogislaw X. hat Martin Luther in den Jahren 1521 bis 1523 vermutlich noch wiederholt in Wittenberg predigen hören, indes, das Verhältnis des alternden Landesherrn, der das vornehmlichste Ziel seiner Herrschaft – deren unmittelbare Unterstellung unter das Reichsoberhaupt – in noch so enttäuschender Ferne sah, blieb zu jenem anderen Problemkreis einer neuen Lehre in Distanz. Wohl verstand er es jedoch, sich bietende Gelegenheiten zu nutzen: Bereits im Juli oder August 1522 hatte er die Güter des sich der Lehre Luthers zuwendenden Prämonstratenserklosters Belbuck unter seine Verwaltung gestellt. Eine Beschwerdeschrift der Unterkirchherrn zu Stralsund vom 21. September 1523 – und damit aus jener Stadt, die sein Durchgreifen stets abzuwehren vermochte – veranlaßte ihn schon am darauffolgenden Tag zu einem strengen Verbot aller Unruhen in dieser Stadt. Den Konvent des Klosters Belbuck aber ließ er bestehen. Auch wirkte in seiner Residenzstadt Stettin der protestantische Prediger Paul vom Rode; er ließ ihn gewähren.[44]

Herzog Bogislaw X. war stets gewillt, seine fürstliche Autorität durch eine zielstrebige Finanz-, Verwaltungs-, Wirtschafts- und Herrschaftspolitik und unabhängig vom Einfluß der Stände durchzusetzen. Mit Energie und Konsequenz gelangen ihm damit die Festigung der Landesherrschaft, der Ausbau zum Territorialstaat.[45] Die ungeteilte Herrschaft kam ihm dabei zugute. Er selbst aber hat es versäumt, etwa ebenso, wie sein großer Widersacher, der brandenburgische Kurfürst Albrecht Achilles, der 1473 mit der »Dispositio Achillea« die Unteilbarkeit der Herrschaft festsetzte, diese auch für das Herzogtum Pommern zu verfügen. So haben erneute Landesteilungen, anwachsender Zwiespalt durch die Kirchenreformation umd zunehmende Selbständigkeit bei Adel und Städten die pommersche Landesherrschaft schon in den dreißiger Jahren des 16. Jahrhunderts aufs neue geschwächt.

1 Des Thomas Kantzow Chronik von Pommern in hochdeutscher Mundart, hg. v. G. GAEBEL, Berlin 1897, besonders S. 316, S. 334 und S. 393; vgl. dazu auch A. HAAS, Wahlsprüche einzelner Mitglieder des pommerschen Herzogshauses, in: PommMonatsbll 35 (1921), S. 22f.; Hausbuch des Herrn Joachim von Wedel auf Krempzow Schloss und Blumberg erbgesessen, hg. v. J. Frh. v. BOHLEN BOHLENDORFF, Tübingen 1882, S. 8. Die wichtigsten Quellen bieten darüber hinaus: J. C. DÄHNERT/G. KLINCKOWSTRÖM, Sammlung gemeiner und besonderer Pommerscher und Rügischer Landes-Urkunden, Gesetze, Privilegien, Verträge, Constitutionen und Ordnungen, Stralsund 1765ff.; Diplomatische Beiträge zur Geschichte Pommerns aus der Zeit Bogislafs X., hg. v. R. KLEMPIN, Berlin 1859; Codex diplomaticus Brandenburgensis. Sammlung der Urkunden, Chroniken und sonstigen Geschichtsquellen für die Geschichte der Mark Brandenburg und ihrer Regenten, 1.–4. Hauptteil = 35 Bde., hg. v. A. F. RIEDEL, Berlin 1838–1869 (künftig zitiert: CDB, A–D); Codex diplomaticus Brandenburgensis continuatus. Sammlung ungedruckter Urkunden zur Brandenburgischen Geschichte, hg. v. G. W. v. RAUMER, 2 T., Berlin/Stettin/Elbing, 1831–1833.

2 Politische Correspondenz des Kurfürsten Albrecht Achilles, hg. v. F. PRIEBATSCH, 3 Bde., Leipzig 1894–1898 (Publicationen aus den Königlich-Preußischen Staatsarchiven 59, 67, 71), Bd. 2, Nr. 579 S. 540f.; CDB, B 5, Nr. 2005, S. 295f.

3 E. MEUTHEN, Das 15. Jahrhundert, München/Wien 1980 (Oldenbourg Grundriß der Geschichte 9); P. MORAW, Von offener Verfassung zu gestalteter Verdichtung. Das Reich im späten Mittelalter. 1250 bis 1490, Berlin 1985 (Propyläen Geschichte Deutschlands 3); J. SCHULTZE, Die Mark Brandenburg, Bd. 3, Berlin 1963; M. HAMANN, Mecklenburgische Geschichte. Von den Anfängen bis zur Landständischen Union von 1523, Köln/Graz 1968 (Mitteldeutsche Forschungen 51); M. WEHRMANN, Geschichte von Pommern, Bd. 1: Bis zur Reformation (1523), 2. Aufl., Gotha 1919; Historia Pomorza (Geschichte von Pommern), hg. v. G. LABUDA, Bd. 1, T. 1, Poznań 1969, 2. Aufl. 1976, S. 651ff. (B. Wachowiak).

4 Des Thomas Kantzow Chronik, S. 316f. und S. 392.

5 Vgl. dazu auch M. WEHRMANN, Die Herzogin Sophia von Pommern und ihr Sohn Bogislaw X., in: BSt 5 (1901), S. 133–175.

6 Z dziejów Słupska i Ustki (Aus der Geschichte von Stolp und Stolpmünde), Poznań-Słupsk 1958 (Biblioteka Słupska 1); R.-G. WERLICH, Bogislaw IX. von Pommern-Stolp – ein Pommer in den dynastischen Plänen der nordischen Reiche in der ersten Hälfte des 15. Jahrhunderts, in: Pommern. Geschichte-Kultur-Wissenschaft, 2. Kolloquium zur Pommerschen Geschichte, hg. v. d. Ernst-Moritz-Arndt-Universität, Greifswald 1991, S. 37–58.

7 Vgl. Genealogie des pommerschen Herzogshauses, bearb. v. M. WEHRMANN, Stettin 1937 (Veröffentlichungen der Landesgeschichtlichen Forschungsstelle für Pommern 1,5), besonders S. 105ff.; A. HOFMEISTER, Genealogische Untersuchungen zur Geschichte des pommerschen Herzogshauses, in: PommJbb 32 (1938), S. 1–117, besonders S. 97ff.; W. WEGNER, Die Herzöge von Pommern aus dem Greifen-Hause, ca. 1100–1637, Göttingen 1962 (Genealogische Tafeln zur mitteleuropäischen Geschichte 3); E. RYMAR, Kilka uzupelnień do genealogii książąt zachodnio-pomorskich w XV–XVI wieku (Einige Ergänzungen zur Genealogie der westpommerschen Fürsten im 15.–16. Jahrhundert), in: Przegląd Zachodnio-pomorski 19 (1975), H. 2, S. 175–186; R. CRAMER, Geschichte der Lande Lauenburg und Bütow, T. 1 und 2, Königsberg 1858; A. CZACHAROWSKI, Spór o ziemię leborską i bytowska w latach 1455–1526 (Der Streit um die Lande Lauenburg und Bütow in den Jahren 1455–1526), in: Roczniki Historyczne 21 (1953/54), S. 304–313; Dzieje ziemi bytowskiej (Geschichte des Landes Bütow), hg. v. ST. GIERCZEWSKI, Poznań 1972; E. v. PUTTKAMER, Die Lande Lauenburg und Bütow – internationales Grenzgebiet, in: BSt 62 (1976) S. 13ff.; Die Staatsverträge des Deutschen Ordens in Preußen im 15. Jahrhundert (1398–1467), bearb. v. E. WEISE, 2 Bde., Marburg 1958; O. KOSSMANN, Polen im Mittelalter, 2 Bde., Marburg 1971–1985; O. HEINEMANN, Die Bünd-

nisse zwischen Polen und Pommern von 1348 und 1466, in: Zeitschrift der Historischen Gesellschaft für die Provinz Posen 14 (1899), S. 323–330; J. MALLEK, Königliches Preußen, Ordensstaat und Herzogtum Preußen im 15. und 16. Jahrhundert. Entfremdung oder wirtschaftliche und politische Annäherung, in: BlldtLG 115 (1979), S. 1–14.

8 Joannis Długossii seu Longini Canonici Cracoviensis Historiae Polonicae libri XIII, neu hg. v. J. DABROWSKI, Warszawa 1964, lib. XIII, 354, 377; Joannis Długossi annales seu cronicae incliti regni Poloniae. Historiae Polonicae libri XII, hg. v. A. PRZEZDZIECKI, Krakau 1876.

9 Cronica de ducatu Stettinensi et Pomeraniae gestorum inter Marchiones Brandenburgenses et duces Stettinenses. Anno Domini 1464, mitgeteilt v. J. G. L. KOSEGARTEN, in: BSt 16 (1857), H. 2, S. 73–129; P. GÄTHGENS, Die Beziehungen zwischen Brandenburg und Pommern unter Kurfürst Friedrich II. (1440–1470), Gießen 1890; F. RACHFAHL, Der Stettiner Erbfolgestreit (1464–1472). Ein Beitrag zur Brandenburg-pommerschen Geschichte des 15. Jahrhunderts, Breslau 1890; DERS., Zur Geschichte des Stettiner Erbfolgestreites, in: BSt 41 (1891), S. 261–278; B. WACHOWIAK, Glówne etapy procesu przężwyciezania rozdrobnienia feudalnego na Pomorzu Zachodnim w XV wieku (Hauptetappen der Überwindung der feudalen Zersplitterung in Westpommern im 15. Jahrhundert), in: Studia i Materiały do Dziejów Wielkopolski i Pomorza 1 (1956), H. 2, S. 5–53; M. WEHRMANN, Hohenzollernsche Fürstinnen im Herzogshaus von Pommern, in: PommMonatsbll 25 (1911), S. 120–125; H. BÖCKER, Zur Wirksamkeit politischer Ehen auf die Beziehungen zwischen Pommern und Brandenburg während des 15. Jahrhunderts, in: Pommern. Geschichte-Kultur-Wissenschaft, S. 70–80.

10 CDB, A 21, Nr. 36, S. 488–490, Nr. 38, S. 491–494; B 5, Nr. 1899, 1900, S. 157–159, Nr. 1921, S. 179f.

11 Politische Correspondenz 1, Nr. 420, S. 423f.

12 Aktenstücke und Briefe zur Geschichte des Hauses Habsburg im Zeitalter Maximilians I., gesammelt v. J. CHMEL, Bd. 1, Wien 1834 (Monumenta Habsburgica 1), S. 431–441.

13 H. BÖCKER, Margaretha, Markgräfin von Brandenburg, Herzogin von Pommern und Fürstin von Rügen, in: Fürstinnen und Städterinnen. Frauen im Mittelalter, hg. v. G. BEYREUTHER/ B. PÄTZOLD/E. UITZ, Freiburg/Basel/Wien 1993, S. 190–211.

14 W. BRANDT, Der märkische Krieg gegen Sagan und Pommern. 1476–1479, Diss. Greifswald 1898; W. WEISTHANNER, Die Kämpfe des Kurfürsten Albrecht Achilles gegen die Herzöge von Pommern 1478, in: FBPG 54 (1943), S. 375–380.

15 CDB, C 2, Nr. 183, S. 226f.; Politische Correspondenz 2, Nr. 383, S. 370f., Nr. 391, S. 378f.

16 K. FRITZE, Hansisches Bürgertum und Fürsten in der Konfrontation. Stralsunds Konflikte mit den Pommernherzögen in der zweiten Hälfte des 15. Jahrhunderts, in: Hansische Stadtgeschichte – Brandenburgische Landesgeschichte. Hansische Studien VIII, hg. v. E. ENGEL/ K. FRITZE/J. SCHILDHAUER, Weimar 1989 (Abhandlungen zur Handels- und Sozialgeschichte 26), S. 158–170.

17 Codex diplomaticus Brandenburgensis continuatus 2, Nr. 45, 46, S. 42–44.

18 Des Thomas Kantzow Chronik, S. 329, S. 391–393; vgl. auch H. BETHE, Die Bildnisse des pommerschen Herzogshauses, in: BSt 39 (1937), S. 71–99, und 41 (1939), S. 99–102; K.-O. KONOW, Die Bildnisse Herzog Bogislaws X., in: ebenda 60 (1974), S. 61–74.

19 Klage-Artikel des Herzogs Bogislaf 10. gegen seine Frau Mutter, Herzogin Sophie, nach 1480, den 30. Mai übergeben, in: KLEMPIN, Diplomatische Beiträge, Nr. 1, S. 477–479.

20 Zitiert nach WEHRMANN, Herzogin Sophia, S. 168f.

21 H. BÖCKER, Die Festigung der Landesherrschaft durch die hohenzollernschen Kurfürsten und der Ausbau der Mark zum fürstlichen Territorialstaat während des 15. Jahrhunderts, in: Brandenburgische Geschichte, hg. v. I. MATERNA / W. RIBBE, Berlin 1995, S. 169–230; M. SPAHN, Verfassungs- und Wirtschaftsgeschichte des Herzogtums Pommern von 1478 bis 1625, Leipzig 1896 (Staats- und sozialwissenschaftliche Forschungen 14,1); Z. JABŁOŃSKI, Pomorze

Zachodnie w dobie przemian gospodarczych i politycznych za panowania Boguslawa X 1474–1523 (Westpommern in der Zeit der wirtschaftlichen und politischen Wandlungen unter der Herrschaft Bogislaws X. 1474–1523), in: Sprawozdania Polskiej Akademii Umiejetnosci 52 (1951), S. 619–625; T. Cieślak, Ze studiów nad reformami gospodarczymi Boguslawa X (Zu den wirtschaftlichen Reformen Bogislaws X.), in: Zapiski Towarzystwa Naukowego w Torunio 17 (1954), H. 3/4, S. 115–126; H. Sauer, Hansestädte und Landesfürsten. Die wendischen Hansestädte in der Auseinandersetzung mit den Fürstenhäusern Oldenburg und Mecklenburg während der zweiten Hälfte des 15. Jahrhunderts, Köln/Wien 1971 (Quellen und Darstellungen zur hansischen Geschichte 16); J. Schildhauer, Fürstenstaat-Stände-Stadt in Mecklenburg und Pommern an der Wende vom 15. zum 16. Jahrhundert, in: JbRG 15,2 (1988), S. 52–62.

22 Vgl. zum Beispiel K. Heuer, Das Amt Ueckermünde, in: PommJbb 29 (1935), S. 1–86; T. Cieślak, Sprawa zbiegów chłopskich w interwencjach gdanskich Boguslawa (Die Frage der entlaufenen Bauern in den Beschwerden Bogislaws X. in Danzig), in: Zapiski Towarzystwa Naukowego w Toruniu 16 (1950), H. 1–4, S. 115–119.

23 Vgl. Weisthum des Lehn-Prozesses, mit dem darnach entschiedenen Moltzanschen Rechtsfall de anno 1490, in: Klempin, Diplomatische Beiträge, Nr. 6, S. 491–503; K.-O. Konow, Der Maltzansche Rechtsfall. Zur Rechtspraxis Bogislaws X., in: BSt 62 (1976), S. 36–52.

24 Verzeichnis des gemeinen Pfennigs, wie er in Pommern 1495 erhoben worden, in: Klempin, Diplomatische Beiträge, Nr. 12, S. 536–539; M. Wehrmann, Landschoß und Fräuleinsteuer zur Zeit Bogislaws X., in: PommMonatsbll 16 (1902), S. 3–11.

25 A. Uckeley, Zustände Pommerns im ausgehenden Mittelalter. Eine kirchenkundliche Geschichtsstudie, in: PommJbb 9 (1908), S. 51–142; E. Bütow, Staat und Kirche in Pommern im ausgehenden Mittelalter bis zur Einführung der Reformation, in: BSt 14 (1910), S. 85–148, und 15 (1911), S. 79–132; M. Wehrmann, Vatikanische Nachrichten zur Geschichte der Caminer Bischöfe im 14. Jahrhundert, in: ebenda 8 (1904), S. 129–145; Ders., Bischof Marinus von Kammin (1479–1482). Ein Italiener auf dem Kamminer Bischofsstuhle, in: ebenda 18 (1914), S. 119–160; Ders., Graf Ludwig von Eberstein als Postulat von Camin (1469–1480), in: PommMonatsbll 11 (1897), S. 33–37 und S. 49–55; R. Marciniak, Dobra Kapituły Kamieńskiej do połowy XV w. (Die Güter des Domkapitels zu Kammin in Pommern bis zur Mitte des 15. Jahrhunderts), Szczecin 1970.

26 M. Wehrmann, Bogislaw X. und Köslin, in: PommMonatsbll 22 (1908), S. 50–53.

27 Herzog Bogislaw 10. ordnet sein Hofwesen neu, 1487, 9. Oktober, in: Klempin, Diplomatische Beiträge, Nr. 5, S. 489–491; Die Münze Bogislaws 10., in: ebenda, Anhang, S. 581–606; F. Hasenritter, Die pommerschen Hofordnungen als Quellen für die Hof- und Landesverwaltung, in: BSt 39 (1937), S. 147–182, besonders S. 149; K.-O. Konow, Herzog Bogislaw X. von Pommern und Landgraf Wilhelm I. von Hessen. Zur Bedeutung des sog. Wallfahrts-Schillings aus dem Jahre 1492, in: ebenda 73 (1987), S. 55–64; Ders., Die pommersche Münzordnung aus dem Jahre 1489, in: ebenda 75 (1989), S. 7–26.

28 Ders., Die Judenverfolgung in Pommern im Jahre 1492, in: ebenda 78 (1992), S. 17–27.

29 Entwurf zu den Hochzeitsfeierlichkeiten bei der Vermählung des Herzogs Bogislaf 10. mit der Prinzessin Anna von Polen (1490, 1. Februar) zu Stettin, Verzeichnis der Aussteuer der Prinzessin Anna von Polen, Verzeichnis der Hebungen, welche Herzog Bogislaw 10. seiner Gemahlin Anna zum Leibgedinge verschrieb, in: Klempin, Diplomatische Beiträge, Nr. 7, 8, 9, S. 503–535. Vgl. auch O. Kossmann, Polnische Prinzessinnen auf pommerschem Thron?, in: ZOF 25 (1976), S. 403–437.

30 V. Bülow, Verlassenschaftsinventar der Herzogin Sophia von Pommern, in: BSt 29 (1879), S. 456–465.

31 J. Müller, Venetianische Aktenstücke zur Geschichte von Herzog Bogislaws X. Reise in den Orient im Jahre 1497, in: ebenda 29 (1879), S. 167–298; G. Haag, Ein Schreiben Herzog Bo-

gislaws 10. von Pommern an die Signoria von Florenz, in: ebenda 33 (1883), S. 360–362; M. WEHRMANN, Die Reise Herzog Bogislaws X. von Pommern in das heilige Land, in: PommJbb 1 (1900), S. 33–50; DERS., Bogislaws X. Fahrt nach Palästina, in: PommMonatsbll 14 (1900), S. 46–48, und 15 (1901), S. 19–26; DERS., Brandenburgs Verhalten während der großen Reise Bogislaws X., in: ebenda 15 (1901), S. 19–26; DERS., Bogislaw X. in Rom, in: ebenda 19 (1905), S. 62f.; DERS., Beziehungen pommerscher Fürsten zu Florenz, in: BSt 18 (1914), S. 59–81.

32 Vgl. auch M. WEHRMANN, Pommern auf der Universität Bologna, in: PommMonatsbll 4 (1890), S. 17–60; K. SPADING, Niederländer an der Greifswalder Universität. Ein Beitrag zur Geschichte der geistig-kulturellen Beziehungen in der Zeit der Hanse, in: Autonomie, Wirtschaft und Kultur der Hansestädte. Hansische Studien VI, hg. v. K. FRITZE/E. MÜLLER-MERTENS/W. STARK, Weimar 1984 (Abhandl. zur Handels- und Sozialgeschichte 23), S. 190–204.

33 Des Thomas Kantzow Chronik, S. 364; H. BETHE, Die Kunst am Hofe der pommerschen Herzöge, Berlin 1937.

34 T. CIEŚLAK, Rewolty szczecińskie w r. 1428 i 1524, ich konsekwencje prawne (Die Stettiner Aufstände in den Jahren 1428 und 1524 und ihre rechtlichen Folgen) in: Zapiski Towarzystwa Naukowego w Toruniu 16 (1950), H. 1–4, S. 103–114; H. HANNES, Auf den Spuren der Greifenherzöge in Pommern, in: BSt 67 (1981), S. 7–25.

35 Verzeichnis der Weihnachtsgeschenke, welche Herzog Bogislaf 10. 1491 an seinem Hofe austheilte, Briefe des Herzogs Bogislaf 10. an seine Gemahlin Anna während der Wallfahrt nach Jerusalem, …in: KLEMPIN, Diplomatische Beiträge, Nr. 11, S. 535f., Nr. 13, S. 540–546; M. WEHRMANN, Der Tod der Herzogin Anna (1503), in: PommMonatsbll 15 (1901), S. 171–173.

36 Gutachten über den gegen Stralsund (1511) zu unternehmenden Kriegszug, in: KLEMPIN, Diplomatische Beiträge, Nr. 15, S. 552–557; M. WEHRMANN, Stralsund und Herzog Bogislaw X. von Pommern. in: BSt 36 (1934), S. 121–143; DERS., Eine Audienz Danziger Gesandten bei Herzog Bogislaw X. im Jahre 1511, in: PommMonatsbll 13 (1899), S. 86–92; T. CIEŚLAK, Z dziejów polityki Bogusława X wobec miast Pomorza Zachodniego (Zur Geschichte der Politik Bogislaws X. gegenüber den Städten Westpommerns), in: Zapiski Towarzystwa Naukowego w Toruniu 15 (1949), H. 3/4, S. 79–88.

37 M. WEHRMANN, Die Fraustädter Verhandlung 1512, in: Zeitschrift der Historischen Gesellschaft für die Provinz Posen 17 (1902), S. 49–55.

38 Des Thomas Kantzow Chronik, S. 388; M. WEHRMANN, Pommersche Fürsten auf Universitäten, in: PommMonatsbll 29 (1915), S. 51–53; DERS., Herzog Barnim IX. in Wittenberg, in: ebenda, 32 (1918), S. 41–43.

39 H. BOLLNOW, Die pommerschen Herzöge und die heimische Geschichtsschreibung, in: BSt 39 (1937), S. 1–35; Johannes Bugenhagens Pomerania, hg. v. O. HEINEMANN, Stettin 1900 (Quellen zur Pommerschen Geschichte 4); G. F. A. STRECKER, Über Pommerns Gesandte an Bugenhagen, in: PommMonatsbll 27 (1913), S. 124f.

40 R. SCHMIDT, Das Stift Cammin, sein Verhältnis zum Herzogtum Pommern und die Einführung der Reformation, in: BSt 61 (1975), S. 17–32; E. GÖRIGK, Erasmus Manteuffel von Arnhausen, der letzte katholische Bischof von Cammin (1521–1544). Ein Lebens- und Charakterbild, Braunsberg 1899; DERS., Der Streit des Bischofs Erasmus von Manteuffel mit dem Benediktinernonnenkloster vor Kolberg, in: PommMonatsbll 28 (1914), S. 85–89; G. SCHMIDT, Die Familie von Manteuffel (Stamm Poplow des pommerschen Geschlechts), Berlin 1913.

41 M. WEHRMANN, Begräbniß Herzog Bogislaws X. (1523), in: PommMonatsbll 15 (1901), S. 179f.; H. L., Das Epitaphium auf Bogislaw X. in der Schloßkirche zu Stettin, in: ebenda, 12 (1898), S. 140–142.

42 Des Thomas Kantzow Chronik, S. 381–383; B. WACHOWIAK, Walka z rozbojem na Pomorzu

Zachodnim na przełomie XV i XVI wieku (Der Kampf gegen die Räuberei in Westpommern um die Wende vom 15. zum 16. Jahrhundert), in: Szczecin 10 (1958), S. 33–38.

43 M. Małowist, Über die Frage der Handelspolitik des Adels in den Ostseeländern im 15. und 16. Jahrhundert, in: HGBll 75 (1957), S. 29–47; H. Wernicke, Fürstenreformation und Adel. Gedanken zur Lage und zum Verhalten des Adels im Herzogtum Pommern in der ersten Hälfte des 16. Jahrhunderts, in: JbRG 15,2 (1988), S. 63–75.

44 M. Wehrmann, Zur Reformationsgeschichte Stralsunds, in: PommJbb 6 (1905), S. 51–76; Ders., Bogislaws X. Erlaß an die Stadt Stralsund vom 24. September 1523, in: PommMonatsbll 15 (1901), S. 148–151; Ders., Herzog Bogislaw X. von Pommern und Martin Luther, in: ebenda 45 (1931), S. 57–63; Ders., Pommern in der Zeit der beginnenden Reformation, in: BSt 21 (1918), S. 1–69; W. Daap, Kloster Belbuck um die Wende des 16. Jahrhunderts, in: ebenda 16 (1912), S. 3–71.

45 J. E. Benno, Bogislaw X., Herzog von Pommern. Ein historisches Gemälde, Cöslin 1822; V. Bülow, Bogislaw X., Herzog von Pommern, in: Allgemeine Deutsche Biographie, Bd. 3, Leipzig 1876, S. 48–55; D. Huschenbett, Die deutsche Literatur des Mittelalters. Verfasserlexikon, Bd. 1, Berlin/New York 1978, S. 927; R. Schmidt, Bogislaw X., Herzog von Pommern, in: Lexikon des Mittelalters, Bd. 2, München/Zürich 1983, Sp. 326f.; T. Cieślak, Bogusław X – 1474–1523 – twórca nowoczesnego państwa? (Bogislaw X. – 1474–1523 – Begründer eines modernen Staates?), in: Przegląd Zachodni 6 (1950), Nr. 5/6, S. 427–434.

Tafel 1
ARNULF

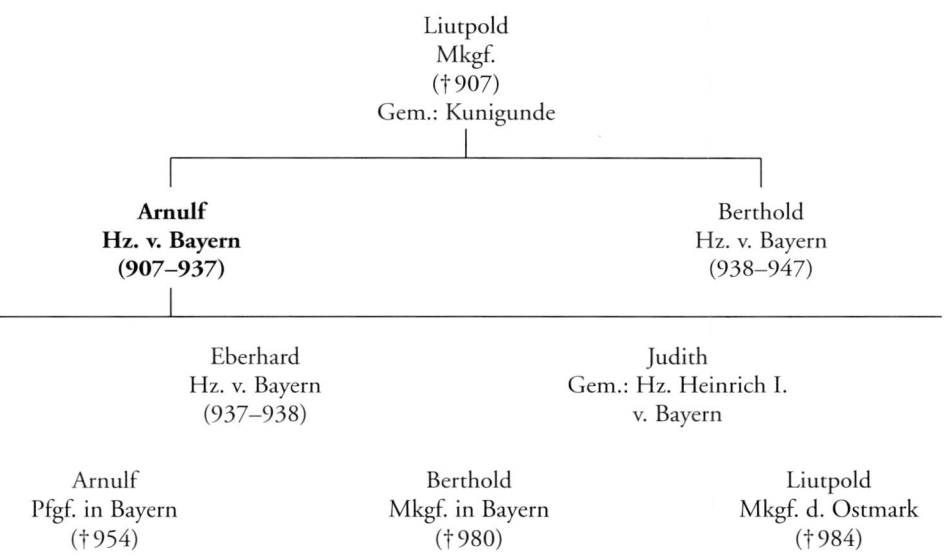

Liutpold
Mkgf.
(†907)
Gem.: Kunigunde

Arnulf
Hz. v. Bayern
(907–937)

Berthold
Hz. v. Bayern
(938–947)

Eberhard
Hz. v. Bayern
(937–938)

Judith
Gem.: Hz. Heinrich I.
v. Bayern

Arnulf
Pfgf. in Bayern
(†954)

Berthold
Mkgf. in Bayern
(†980)

Liutpold
Mkgf. d. Ostmark
(†984)

Tafel 2

BRUN

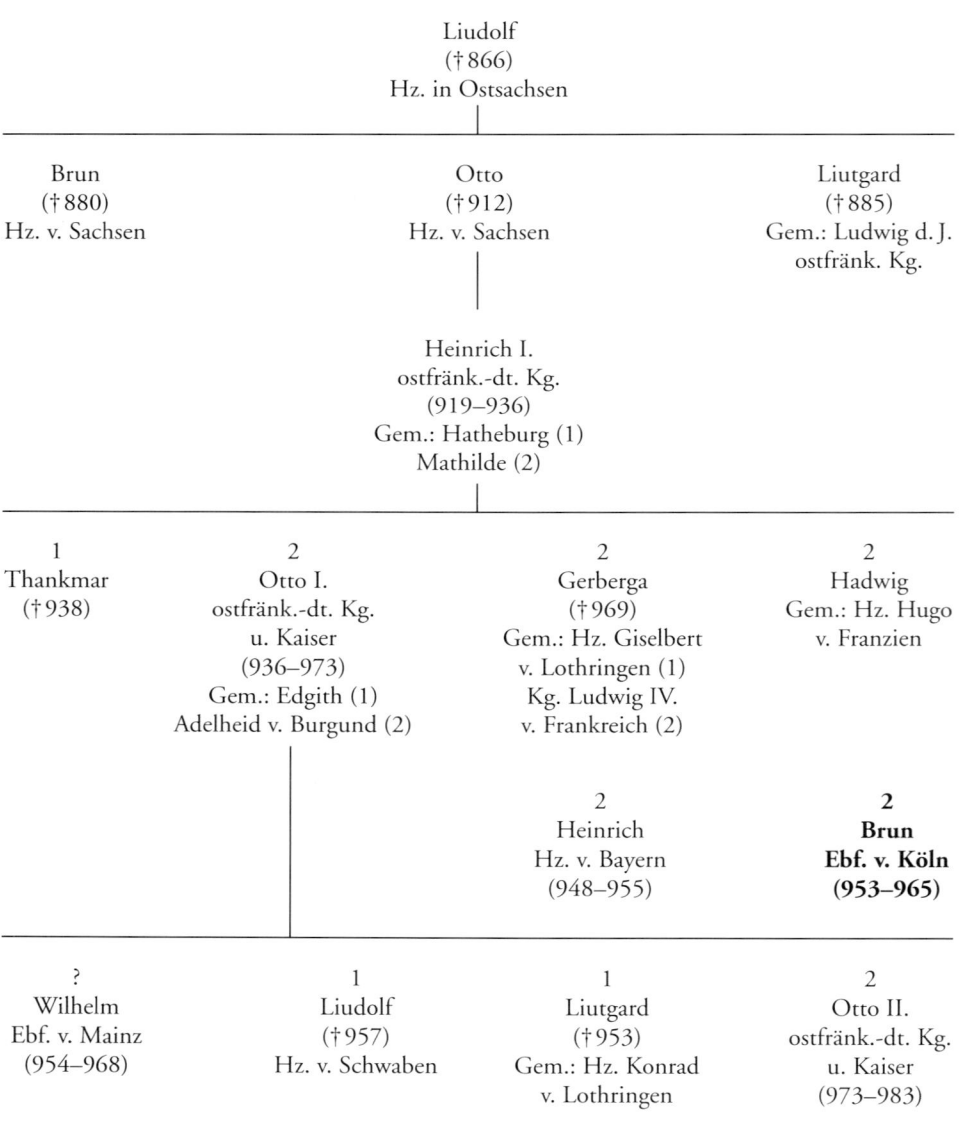

Liudolf
(† 866)
Hz. in Ostsachsen

Brun	Otto	Liutgard
(† 880)	(† 912)	(† 885)
Hz. v. Sachsen	Hz. v. Sachsen	Gem.: Ludwig d. J.
		ostfränk. Kg.

Heinrich I.
ostfränk.-dt. Kg.
(919–936)
Gem.: Hatheburg (1)
Mathilde (2)

1	2	2	2
Thankmar	Otto I.	Gerberga	Hadwig
(† 938)	ostfränk.-dt. Kg.	(† 969)	Gem.: Hz. Hugo
	u. Kaiser	Gem.: Hz. Giselbert	v. Franzien
	(936–973)	v. Lothringen (1)	
	Gem.: Edgith (1)	Kg. Ludwig IV.	
	Adelheid v. Burgund (2)	v. Frankreich (2)	

		2	2
		Heinrich	**Brun**
		Hz. v. Bayern	**Ebf. v. Köln**
		(948–955)	**(953–965)**

?	1	1	2
Wilhelm	Liudolf	Liutgard	Otto II.
Ebf. v. Mainz	(† 957)	(† 953)	ostfränk.-dt. Kg.
(954–968)	Hz. v. Schwaben	Gem.: Hz. Konrad	u. Kaiser
		v. Lothringen	(973–983)

Tafel 3
EKKEHARD I.

Ekkehard
Gf. (um 950)

Günther
Mkgf. v. Merseburg
(965–982)

Ekkehard I.
Mkgf. v. Meißen
(985–1002)
Gem.: Schwanhild

Gunzelin
Mkgf. v. Meißen
(1002–1009)

Brun
Gf.
(† 1009)

Liudgard
(† 1012)
Gem.: Werner, Mkgf.
d. sächs. Nordmark

Hermann
Mkgf. v. Meißen
(1009–1032)
Gem.: Reglinde v. Polen

Ekkehard II.
Mkgf. v. Meißen
(1032–1046)
Gem.: Uta v. Ballenstedt

Eilward
Bf. v. Meißen
(1016–1023)

Oda
Gem.: Kg. Boleslaw I.
v. Polen

Günther
Ebf. v. Salzburg
(1024–1025)

Tafel 4
OTTO VON NORTHEIM

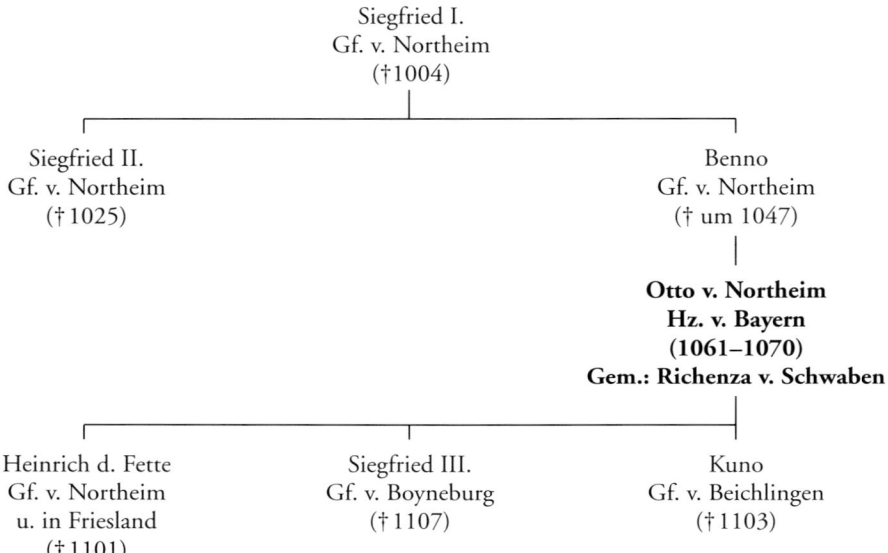

Siegfried I.
Gf. v. Northeim
(†1004)

Siegfried II.
Gf. v. Northeim
(†1025)

Benno
Gf. v. Northeim
(† um 1047)

**Otto v. Northeim
Hz. v. Bayern
(1061–1070)
Gem.: Richenza v. Schwaben**

Heinrich d. Fette
Gf. v. Northeim
u. in Friesland
(†1101)

Siegfried III.
Gf. v. Boyneburg
(†1107)

Kuno
Gf. v. Beichlingen
(†1103)

Tafel 5
ADALBERT I. VON SAARBRÜCKEN

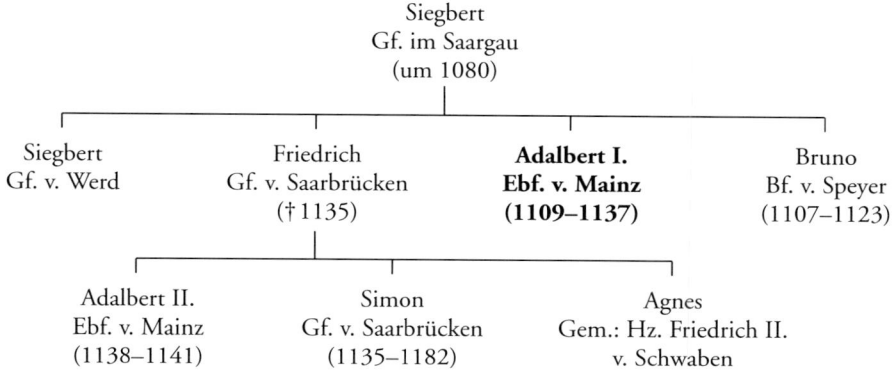

Siegbert
Gf. im Saargau
(um 1080)

Siegbert
Gf. v. Werd

Friedrich
Gf. v. Saarbrücken
(† 1135)

**Adalbert I.
Ebf. v. Mainz
(1109–1137)**

Bruno
Bf. v. Speyer
(1107–1123)

Adalbert II.
Ebf. v. Mainz
(1138–1141)

Simon
Gf. v. Saarbrücken
(1135–1182)

Agnes
Gem.: Hz. Friedrich II.
v. Schwaben

Tafel 6
KONRAD

Berthold II.
Hz. v. Schwaben
(1092–1098)
Gem.: Agnes v. Rheinfelden

Berthold III.	Agnes	Petrissa
Hz. v. Zähringen	Gem.: Gf. Wilhelm II.	Gem.: Gf. Friedrich
(1111–1122)	v. Burgund	v. Pfirt
Gem.: Sophia v. Bayern		

Konrad	Liutgard	Judith
Hz. v. Zähringen	Gem.: Gottfried v. Calw,	Gem.: Gf. Ulrich v.
(1122–1152)	Pfgf. bei Rhein	Gammertingen
Gem.: Clementia		
v. Namur		

Konrad	Berthold IV.	Rudolf
(† um 1140)	Hz. v. Zähringen	Bf. v. Lüttich
	(1152–1186)	(1167–1191)

Adalbert	Hugo	Clementia
Hz. v. Teck	Hz. v. Ulmburg	Gem.: Heinrich d. Löwe
(1152–1195)		Hz. v. Bayern u.
		Sachsen (1)
		Gf. Humbert
		v. Savoyen (2)

Tafel 7
HEINRICH DER LÖWE

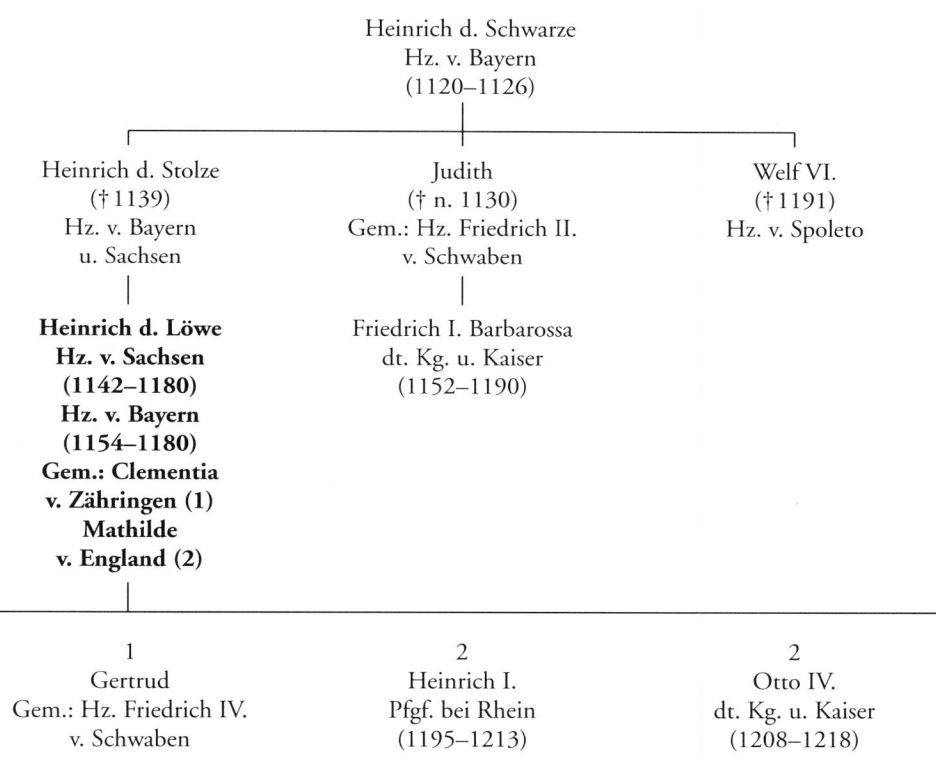

Heinrich d. Schwarze
Hz. v. Bayern
(1120–1126)

Heinrich d. Stolze
(† 1139)
Hz. v. Bayern
u. Sachsen

Judith
(† n. 1130)
Gem.: Hz. Friedrich II.
v. Schwaben

Welf VI.
(† 1191)
Hz. v. Spoleto

Heinrich d. Löwe
Hz. v. Sachsen
(1142–1180)
Hz. v. Bayern
(1154–1180)
Gem.: Clementia
v. Zähringen (1)
Mathilde
v. England (2)

Friedrich I. Barbarossa
dt. Kg. u. Kaiser
(1152–1190)

1
Gertrud
Gem.: Hz. Friedrich IV.
v. Schwaben

2
Heinrich I.
Pfgf. bei Rhein
(1195–1213)

2
Otto IV.
dt. Kg. u. Kaiser
(1208–1218)

Tafel 8
ALBRECHT DER BÄR

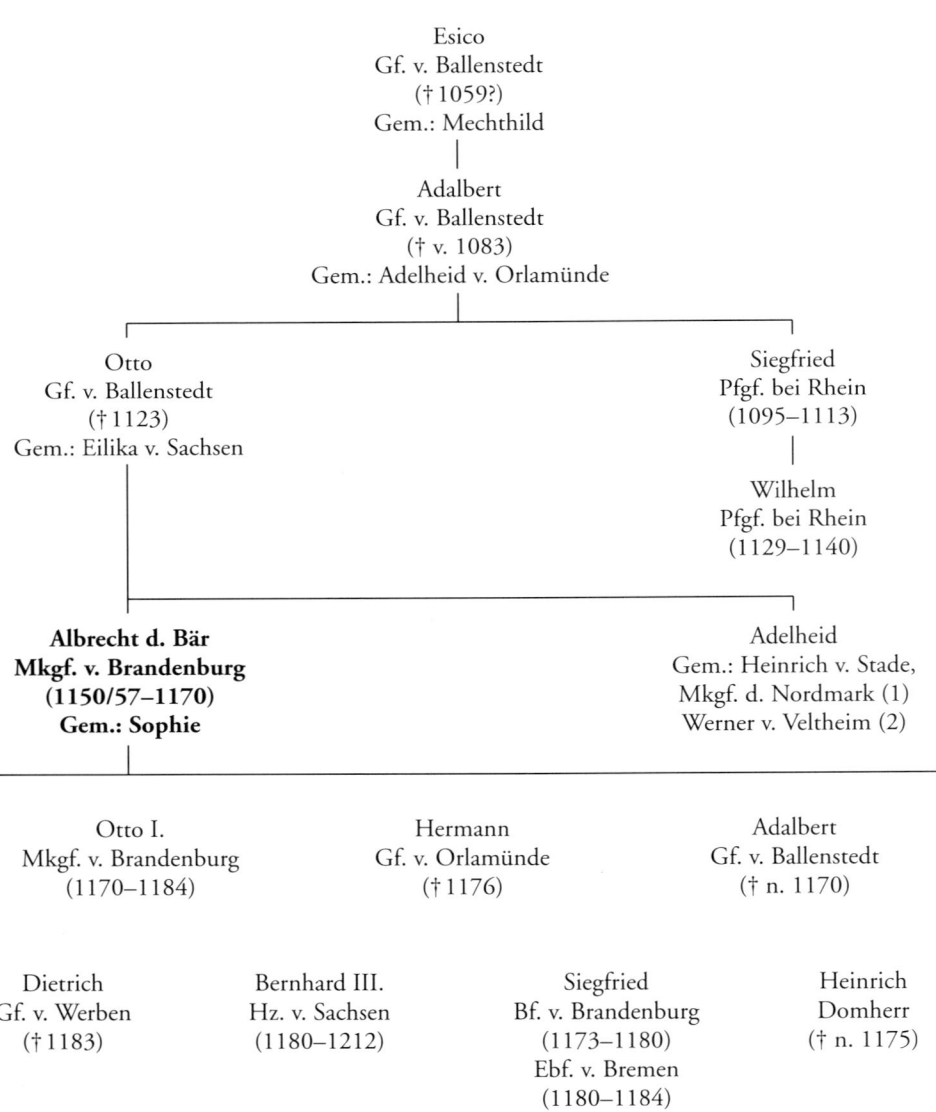

Esico
Gf. v. Ballenstedt
(† 1059?)
Gem.: Mechthild

Adalbert
Gf. v. Ballenstedt
(† v. 1083)
Gem.: Adelheid v. Orlamünde

Otto
Gf. v. Ballenstedt
(† 1123)
Gem.: Eilika v. Sachsen

Siegfried
Pfgf. bei Rhein
(1095–1113)

Wilhelm
Pfgf. bei Rhein
(1129–1140)

Albrecht d. Bär
Mkgf. v. Brandenburg
(1150/57–1170)
Gem.: Sophie

Adelheid
Gem.: Heinrich v. Stade,
Mkgf. d. Nordmark (1)
Werner v. Veltheim (2)

Otto I.
Mkgf. v. Brandenburg
(1170–1184)

Hermann
Gf. v. Orlamünde
(† 1176)

Adalbert
Gf. v. Ballenstedt
(† n. 1170)

Dietrich
Gf. v. Werben
(† 1183)

Bernhard III.
Hz. v. Sachsen
(1180–1212)

Siegfried
Bf. v. Brandenburg
(1173–1180)
Ebf. v. Bremen
(1180–1184)

Heinrich
Domherr
(† n. 1175)

Tafel 9
HEINRICH II. JASOMIRGOTT

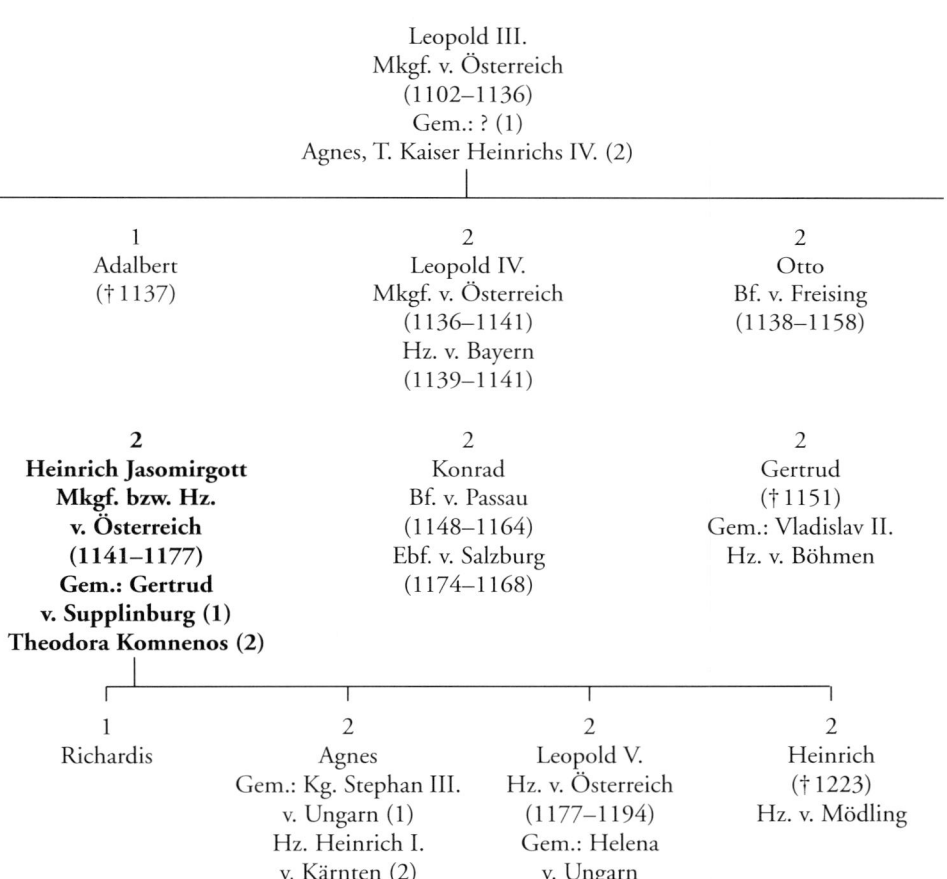

Leopold III.
Mkgf. v. Österreich
(1102–1136)
Gem.: ? (1)
Agnes, T. Kaiser Heinrichs IV. (2)

1	2	2
Adalbert	Leopold IV.	Otto
(† 1137)	Mkgf. v. Österreich	Bf. v. Freising
	(1136–1141)	(1138–1158)
	Hz. v. Bayern	
	(1139–1141)	

2	2	2
Heinrich Jasomirgott	Konrad	Gertrud
Mkgf. bzw. Hz.	Bf. v. Passau	(† 1151)
v. Österreich	(1148–1164)	Gem.: Vladislav II.
(1141–1177)	Ebf. v. Salzburg	Hz. v. Böhmen
Gem.: Gertrud	(1174–1168)	
v. Supplinburg (1)		
Theodora Komnenos (2)		

1	2	2	2
Richardis	Agnes	Leopold V.	Heinrich
	Gem.: Kg. Stephan III.	Hz. v. Österreich	(† 1223)
	v. Ungarn (1)	(1177–1194)	Hz. v. Mödling
	Hz. Heinrich I.	Gem.: Helena	
	v. Kärnten (2)	v. Ungarn	

Tafel 10
LUDWIG I. DER KELHEIMER

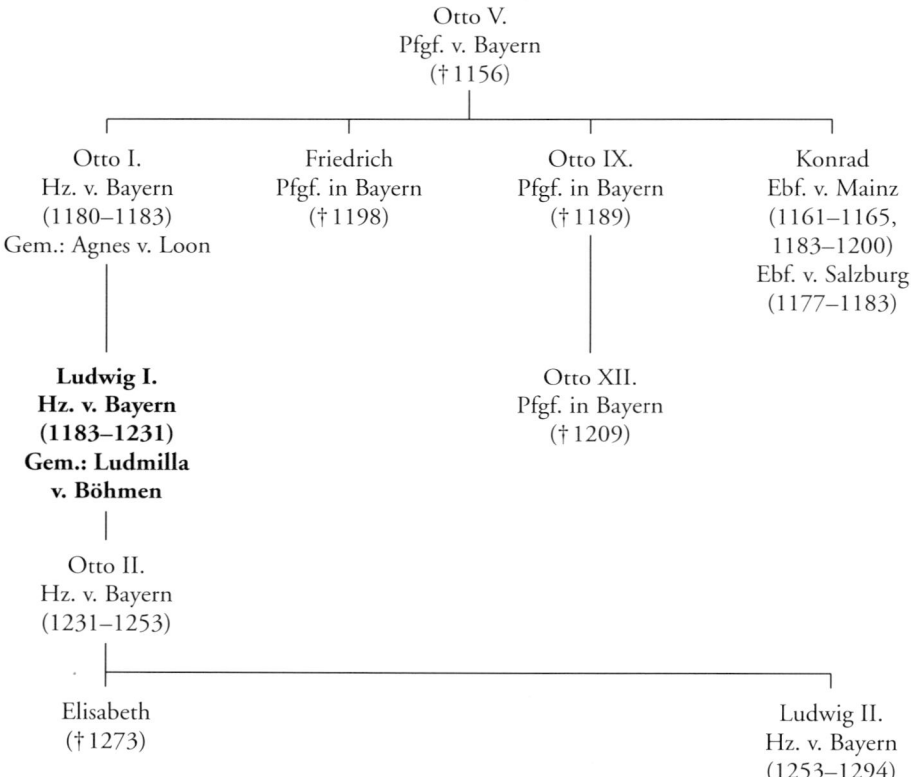

Otto V.
Pfgf. v. Bayern
(† 1156)

Otto I.
Hz. v. Bayern
(1180–1183)
Gem.: Agnes v. Loon

Friedrich
Pfgf. in Bayern
(† 1198)

Otto IX.
Pfgf. in Bayern
(† 1189)

Konrad
Ebf. v. Mainz
(1161–1165,
1183–1200)
Ebf. v. Salzburg
(1177–1183)

**Ludwig I.
Hz. v. Bayern
(1183–1231)
Gem.: Ludmilla
v. Böhmen**

Otto XII.
Pfgf. in Bayern
(† 1209)

Otto II.
Hz. v. Bayern
(1231–1253)

Elisabeth
(† 1273)

Ludwig II.
Hz. v. Bayern
(1253–1294)

Tafel 11
HERMANN I.

Ludwig II.
Ldgf. v. Thüringen
(1140–1172)
Gem.: Jutta v. Schwaben

Ludwig III.
Ldgf. v. Thüringen
(1172–1190)
Gem.: Margarete v. Kleve (1)
Sophie v. Galizien (2)

Hermann I.
Ldgf. v. Thüringen
(1190–1217)
Gem.: Sophie v. Sommerschenburg (1)
Sophie v. Bayern (2)

Friedrich
(† 1229)
Gem.: Lukardis v. Ziegenhain

Heinrich Raspe
Gf. v. Hessen
(† 1180)

Jutta
Gem.: Gf. Hermann III. v. Ravensberg

1
Jutta
(† 1235)
Gem.: Mkgf. Dietrich v. Meißen

2
Irmgard
(† um 1244)
Gem.: Gf. Heinrich v. Anhalt

2
Ludwig IV.
Ldgf. v. Thüringen
(1217–1227)
Gem.: Elisabeth v. Ungarn

2
Konrad
Hochmeister d.
Deutschen Ordens
(1239–1240)

1
Hedwig
(† um 1225)
Gem.: Gf. Albrecht II. v. Orlamünde

2
Hermann
(† 1216)

2
Heinrich Raspe
dt. Kg.
(1246–1247)
Gem.: Elisabeth v. Brandenburg? (1)
Gertrud v. Österreich (2)
Beatrix v. Brabant (3)

2
Agnes
(† v. 1247)
Gem.: Hz. Heinrich v. Österreich (1)
Hz. Albrecht I. v. Sachsen (2)

Tafel 12
BARNIM I.

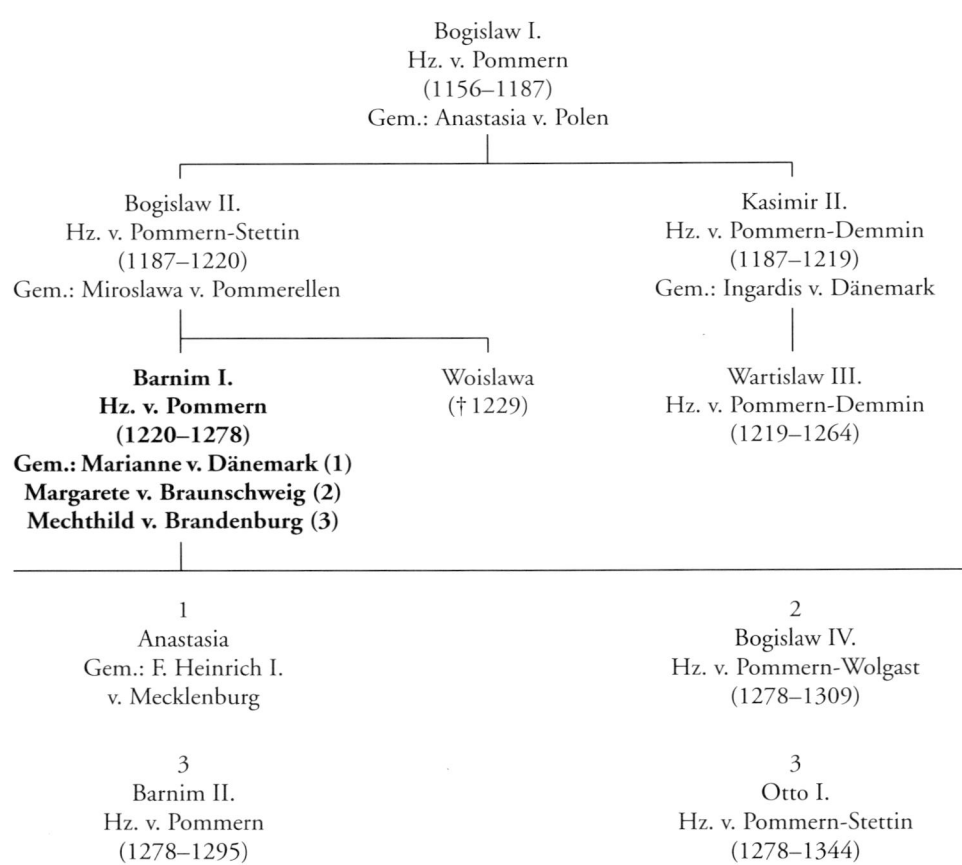

Bogislaw I.
Hz. v. Pommern
(1156–1187)
Gem.: Anastasia v. Polen

Bogislaw II.
Hz. v. Pommern-Stettin
(1187–1220)
Gem.: Miroslawa v. Pommerellen

Kasimir II.
Hz. v. Pommern-Demmin
(1187–1219)
Gem.: Ingardis v. Dänemark

Barnim I.
Hz. v. Pommern
(1220–1278)
Gem.: Marianne v. Dänemark (1)
Margarete v. Braunschweig (2)
Mechthild v. Brandenburg (3)

Woislawa
(† 1229)

Wartislaw III.
Hz. v. Pommern-Demmin
(1219–1264)

1
Anastasia
Gem.: F. Heinrich I.
v. Mecklenburg

2
Bogislaw IV.
Hz. v. Pommern-Wolgast
(1278–1309)

3
Barnim II.
Hz. v. Pommern
(1278–1295)

3
Otto I.
Hz. v. Pommern-Stettin
(1278–1344)

Tafel 13
KONRAD VON HOCHSTADEN

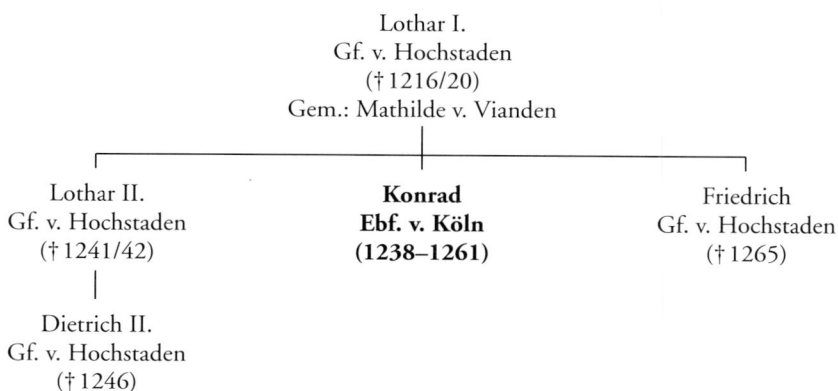

Lothar I.
Gf. v. Hochstaden
(† 1216/20)
Gem.: Mathilde v. Vianden

Lothar II.
Gf. v. Hochstaden
(† 1241/42)

Konrad
Ebf. v. Köln
(1238–1261)

Friedrich
Gf. v. Hochstaden
(† 1265)

Dietrich II.
Gf. v. Hochstaden
(† 1246)

Tafel 14
BALDUIN

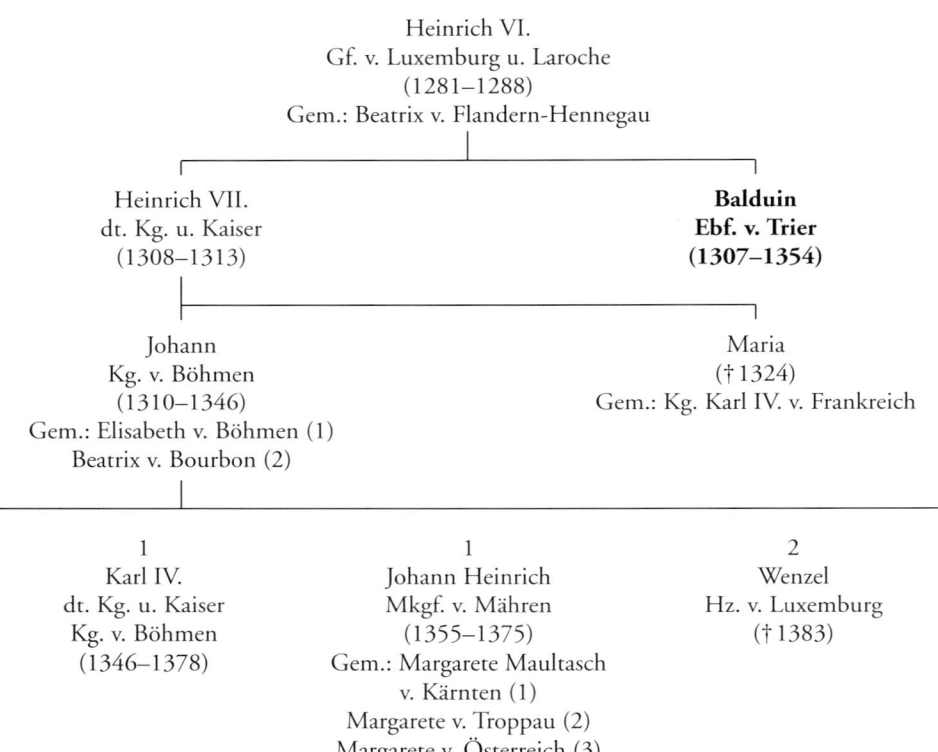

Heinrich VI.
Gf. v. Luxemburg u. Laroche
(1281–1288)
Gem.: Beatrix v. Flandern-Hennegau

Heinrich VII.
dt. Kg. u. Kaiser
(1308–1313)

**Balduin
Ebf. v. Trier
(1307–1354)**

Johann
Kg. v. Böhmen
(1310–1346)
Gem.: Elisabeth v. Böhmen (1)
Beatrix v. Bourbon (2)

Maria
(† 1324)
Gem.: Kg. Karl IV. v. Frankreich

1
Karl IV.
dt. Kg. u. Kaiser
Kg. v. Böhmen
(1346–1378)

1
Johann Heinrich
Mkgf. v. Mähren
(1355–1375)
Gem.: Margarete Maultasch
v. Kärnten (1)
Margarete v. Troppau (2)
Margarete v. Österreich (3)

2
Wenzel
Hz. v. Luxemburg
(† 1383)

Tafel 15
ALBRECHT II.

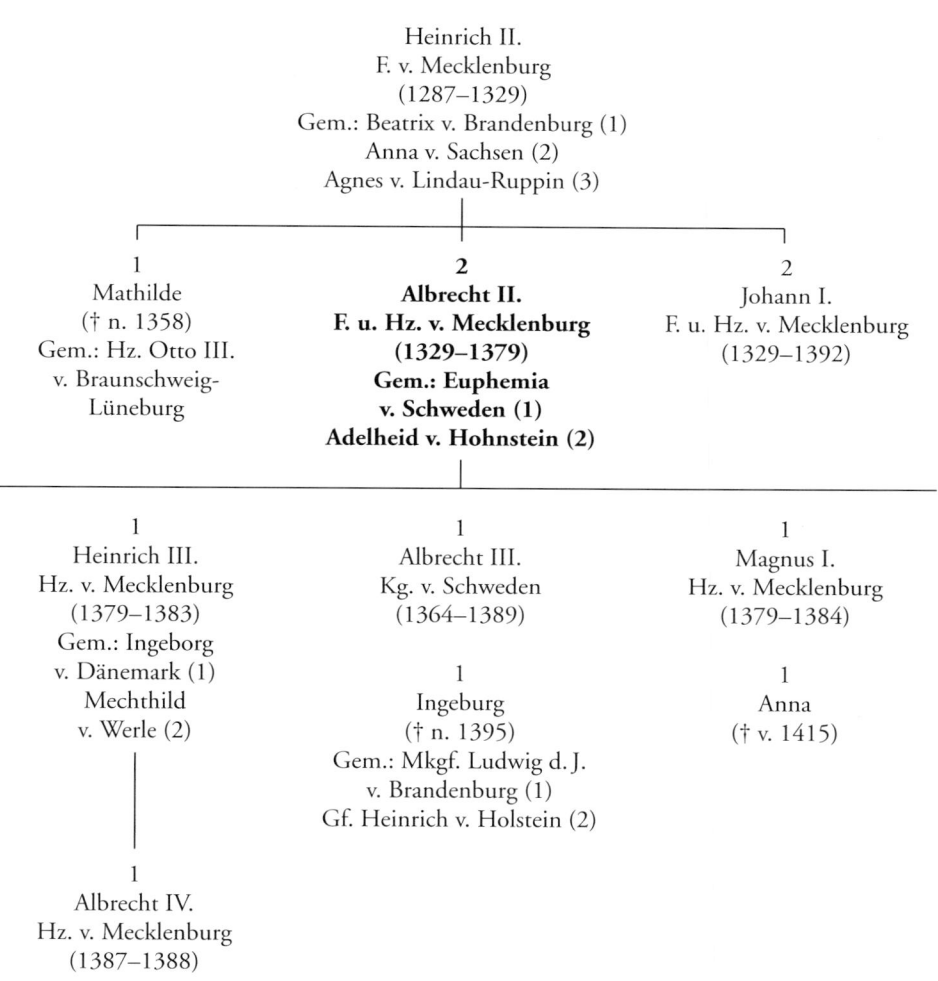

Heinrich II.
F. v. Mecklenburg
(1287–1329)
Gem.: Beatrix v. Brandenburg (1)
Anna v. Sachsen (2)
Agnes v. Lindau-Ruppin (3)

1
Mathilde
(† n. 1358)
Gem.: Hz. Otto III.
v. Braunschweig-
Lüneburg

2
Albrecht II.
F. u. Hz. v. Mecklenburg
(1329–1379)
Gem.: Euphemia
v. Schweden (1)
Adelheid v. Hohnstein (2)

2
Johann I.
F. u. Hz. v. Mecklenburg
(1329–1392)

1
Heinrich III.
Hz. v. Mecklenburg
(1379–1383)
Gem.: Ingeborg
v. Dänemark (1)
Mechthild
v. Werle (2)

1
Albrecht III.
Kg. v. Schweden
(1364–1389)

1
Magnus I.
Hz. v. Mecklenburg
(1379–1384)

1
Ingeburg
(† n. 1395)
Gem.: Mkgf. Ludwig d. J.
v. Brandenburg (1)
Gf. Heinrich v. Holstein (2)

1
Anna
(† v. 1415)

1
Albrecht IV.
Hz. v. Mecklenburg
(1387–1388)

Tafel 16
EBERHARD II.

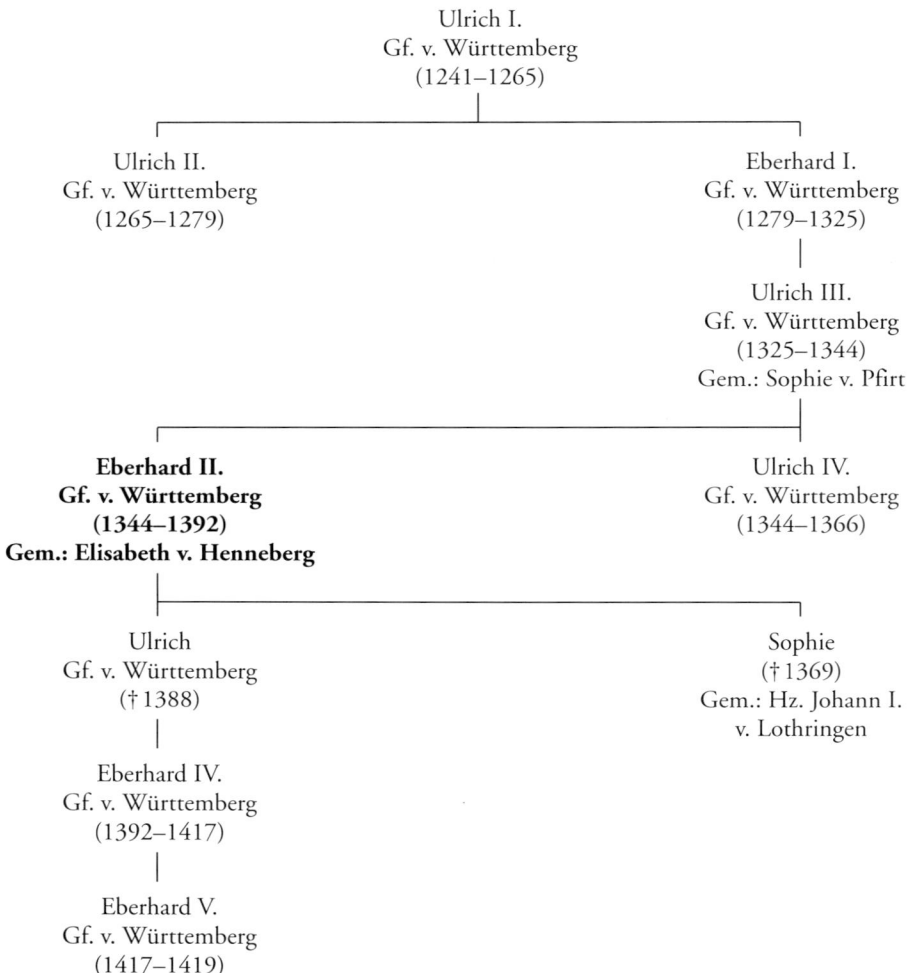

Ulrich I.
Gf. v. Württemberg
(1241–1265)

Ulrich II.
Gf. v. Württemberg
(1265–1279)

Eberhard I.
Gf. v. Württemberg
(1279–1325)

Ulrich III.
Gf. v. Württemberg
(1325–1344)
Gem.: Sophie v. Pfirt

**Eberhard II.
Gf. v. Württemberg
(1344–1392)
Gem.: Elisabeth v. Henneberg**

Ulrich IV.
Gf. v. Württemberg
(1344–1366)

Ulrich
Gf. v. Württemberg
(†1388)

Sophie
(†1369)
Gem.: Hz. Johann I.
v. Lothringen

Eberhard IV.
Gf. v. Württemberg
(1392–1417)

Eberhard V.
Gf. v. Württemberg
(1417–1419)

Tafel 17
JOHANN II. VON NASSAU

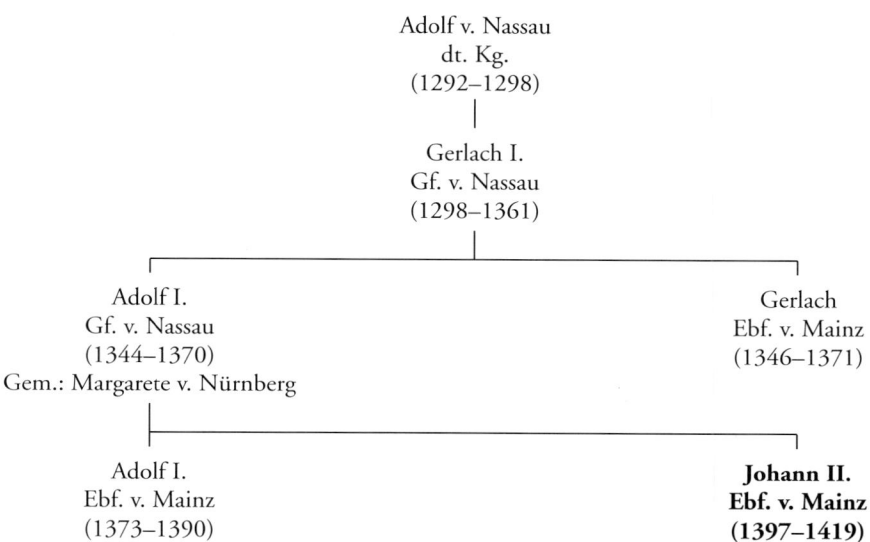

Adolf v. Nassau
dt. Kg.
(1292–1298)

Gerlach I.
Gf. v. Nassau
(1298–1361)

Adolf I.
Gf. v. Nassau
(1344–1370)
Gem.: Margarete v. Nürnberg

Gerlach
Ebf. v. Mainz
(1346–1371)

Adolf I.
Ebf. v. Mainz
(1373–1390)

**Johann II.
Ebf. v. Mainz
(1397–1419)**

Tafel 18
FRIEDRICH I.

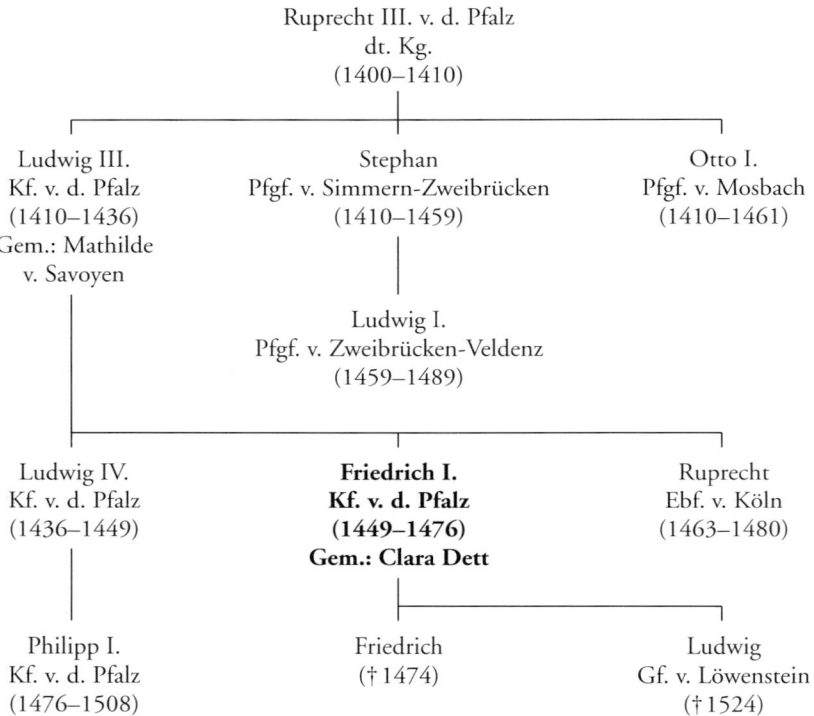

Ruprecht III. v. d. Pfalz
dt. Kg.
(1400–1410)

Ludwig III.
Kf. v. d. Pfalz
(1410–1436)
Gem.: Mathilde
v. Savoyen

Stephan
Pfgf. v. Simmern-Zweibrücken
(1410–1459)

Otto I.
Pfgf. v. Mosbach
(1410–1461)

Ludwig I.
Pfgf. v. Zweibrücken-Veldenz
(1459–1489)

Ludwig IV.
Kf. v. d. Pfalz
(1436–1449)

Friedrich I.
Kf. v. d. Pfalz
(1449–1476)
Gem.: Clara Dett

Ruprecht
Ebf. v. Köln
(1463–1480)

Philipp I.
Kf. v. d. Pfalz
(1476–1508)

Friedrich
(† 1474)

Ludwig
Gf. v. Löwenstein
(† 1524)

Tafel 19
BOGISLAW X.

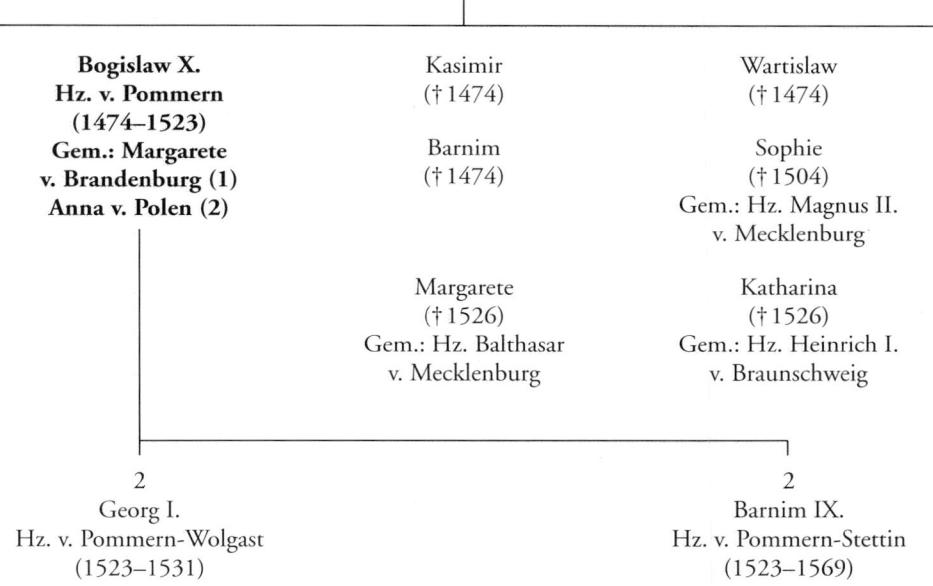

Erich II.
Hz. v. Pommern
(1457–1474)
Gem.: Sophie v. Pommern

Bogislaw X.
Hz. v. Pommern
(1474–1523)
Gem.: Margarete
v. Brandenburg (1)
Anna v. Polen (2)

Kasimir
(† 1474)

Barnim
(† 1474)

Wartislaw
(† 1474)

Sophie
(† 1504)
Gem.: Hz. Magnus II.
v. Mecklenburg

Margarete
(† 1526)
Gem.: Hz. Balthasar
v. Mecklenburg

Katharina
(† 1526)
Gem.: Hz. Heinrich I.
v. Braunschweig

2
Georg I.
Hz. v. Pommern-Wolgast
(1523–1531)

2
Barnim IX.
Hz. v. Pommern-Stettin
(1523–1569)

PERSONENREGISTER

Abelin, Bf. v. Oldenburg (1035–1062)   128

Abraham, Abt v. Kolbatz (um 1249)   297

Acerbus Morena, Geschichtsschreiber († 1167)   218

Adalbert, Ebf. v. Hamburg–Bremen (1043–1072)   15, 22f., 30, 39, **120–139**, 144f.

Adalbert, Abt v. Weißenburg, Ebf. v. Magdeburg (968–981)   16, 39, 59, 68, 75, **77–86**, 98

Adalbert I., Ebf. v. Mainz (1109–1137)   24f., 41, **163–173**, 223

Adalbert II., Ebf. v. Mainz (1138–1141)   170

Adalbert III., Ebf. v. Salzburg (1168–1177; 1183–1200)   255, 266

Adalbert (Vojtech), Bf. v. Prag (983–997)   80

Adalbert, Abt von Allerheiligen in Schaffhausen (1120)   176

Adalbert, Gf. v. Babenberg († 906)   46f.

Adalbert, Gf. v. Ballenstedt († vor 1083)   222, 233

Adalbert, Gf. v. Ballenstedt († nach 1170)   232

Adalbert, Gf. v. Sommerschenburg (11. Jh.)   121, 210

Adalbert, Hz. v. Teck (1152–1195)   183

Adalbert, S. Mkgf. Leopolds III. v. Österreich, († 1138)   245f.

Adam v. Bremen, Geschichtsschreiber († nach 1081)   22, 121–127, 129–133, 135f.

Adela v. Elten, M. Bf. Meinwerks v. Paderborn, († vor 1028)   113, 116

Adelheid, 2. Gem. Kaiser Ottos I., († 999)   66f., 89, 103–106, 108

Adelheid, Schw. Mkgf. Albrechts d. Bären v. Brandenburg   222

Adelheid v. Hohnstein, 2. Gem. Hz. Albrechts II. v. Mecklenburg   341

Adolf v. Nassau, röm.-dt. Kg. (1292–1298)   33, 37, 358, 362

Adolf I. v. Nassau, Ebf. v. Mainz (1373–1390)   359

Adolf II. v. Nassau, Ebf. v. Mainz (1461–1475)   375–377

Adolf II. v. Schauenburg, Gf. v. Holstein (1131–1164)   209f.

Adolf I., Gf. v. Nassau-Wiesbaden-Idstein (1344–1370)   358

Agnes v. Poitou, 2. Gem. Kaiser Heinrichs III., († 1077)   126, 133, 140, 142, 144, 156f.

Agnes, T. Kg. Ottokars I. v. Böhmen, († 1283)   271

Agnes v. Goseck, M. Ebf. Adalberts v. Hamburg-Bremen   121

Agnes v. Loon, M. Hz. Ludwigs I. v. Bayern, († 1191)   263

Agnes, Gem. Hz. Ottos II. v. Bayern, (1201–1267)   269, 274

Agnes, Schw. Hz. Albrechts II. v. Mecklenburg, († 1340)   327

Agnes, M. Hz. Heinrichs Jasomirgott v. Österreich, († 1143)   245f., 258

Agnes, T. Hz. Heinrichs Jasomirgott v. Österreich, († 1182)   251, 254, 256f.

Agnes v. Saarbrücken, Gem. Hz. Friedrichs II. v. Schwaben   172

Agnes, T. Ldgf. Hermanns I. v. Thüringen, († vor 1247)   287

Agnes v. Rheinfelden, Gem. Hz. Bertholds II. v. Zähringen   176

Agnes v. Zähringen, Schw. Hz. Konrads v. Zähringen   177, 179

Agnes v. Andechs († 1262)   272

Aicher, Lorenz, Prior v. St. Emmeram in Regensburg († 1507)   45

Albert I. v. Harthausen, Bf. v. Freising (1158–1184)   252

Albert I. v. Brabant, Bf. v. Lüttich (1191–1192)   280

Albert III., Gf. v. Bogen (1165–1198)   264–266

Albert IV., Gf. v. Bogen († 1242)   268

Albert, Gf. v. Löwenstein (12. Jh.)   181

Albertus Magnus, Philosoph († 1280)   311f.

Albo, Bf. v. Passau (1166–1168)   255

Albrecht I., röm.-dt. Kg. (1298–1308)   316

Albrecht I., Ebf. v. Magdeburg (1205–1232)   285

Albrecht III., Hz. v. Bayern-München (1438–1460)   372

Albrecht der Bär, Mkgf. v. Brandenburg (1150/57–1170)   26–28, 41, 210, **221–233**, 238, 242, 247

Albrecht (Achilles), Mkgf. v. Brandenburg(-Ansbach) (1440–1486), seit 1470 Kf.   371, 374–378, 383, 386–388, 390, 395f., 403

Albrecht II., Hz. v. Braunschweig (1361–1384)   341

Albrecht v. Orlamünde, Gf. v. Holstein (1203–1225)   287

Albrecht II., Fürst v. Mecklenburg (1329–1379), seit 1348 Hz.   34, 43, **326–345**

Albrecht III., Hz. v. Mecklenburg (1385–1388, 1395–1412), Kg. v. Schweden (1364–1389)   330, 336, 338–342

Albrecht IV., Hz. v. Mecklenburg, dän. Thronprätendent († 1388)   340f.

Albrecht VI., Hz. v. Mecklenburg (1477–1483)   389

Albrecht I., Mkgf. v. Meißen (1190–1195)   280f.

Albrecht II., Hz. v. Österreich (1330–1358)   349

Albrecht VI., Hz. v. Österreich (1424–1463)   373, 376

BILD- UND QUELLENNACHWEIS

Bayerisches Nationalmuseum München   S. 207
Bildarchiv Preußischer Kulturbesitz, Berlin   S. 221
Bischöfliches Dom- und Diözesemuseum Mainz   S. 206 u.
Brandenburgisches Landeshauptarchiv, Potsdam   S. 202
Fürst Thurn und Taxis, Zentralarchiv – Hofbibliothek, Regensburg   S. 193 o.
Herzog August Bibliothek, Wolfenbüttel: Cod. Guelf. 105 Noviss. 2°.   S. 197 – (Das
    Evangeliar Heinrichs des Löwen ist gemeinschaftliches Eigentum des Landes Niedersachsen,
    des Freistaates Bayern, der Bundesrepublik Deutschland und der Stiftung Preußischer Kultur-
    besitz.)
Landesamt für Denkmalpflege Sachsen-Anhalt   S. 198
Landesarchiv Magdeburg – Landeshauptarchiv, Rep. U 1, I Nr. 30 / Foto: Ulrich Arndt, Magde-
    burg   S. 193 u.
Landesdenkmalamt Baden-Württemberg, Stuttgart   S. 206 o.
Landeshauptarchiv Koblenz   S. 203
Mecklenburgisches Landeshauptarchiv, Schwerin, M. Thur   S. 205 und Schutzumschlag
Museen der Stadt Köln, Rheinisches Bildarchiv   S. 201 r.
Staatliche Museen Kassel   S. 208
Staatliche Museen zu Berlin, Preußischer Kulturbesitz, Münzkabinett   S. 44, 96, 120, 186
Staatliches Museum Schwerin   S. 204
Staatsbibliothek zu Berlin, Preußischer Kulturbesitz   S. 61, 140, 305, 346, 370
Stift Klosterneuburg / Foto: Archiv für Kunst und Geschichte, Berlin   S. 199
Universitätsbibliothek Heidelberg   S. 200
Verlagsarchiv   S. 87, 112, 163, 174, 194, 195, 196, 201 l., 234, 245, 262, 276, 292, 315, 326,
    358, 383